22

LUDGER LÜTKEHAUS

NICHTS

Abschied vom Sein
Ende der Angst

Haffmans Verlag
bei Zweitausendeins

Die Erstausgabe erschien 1999 im Haffmans Verlag Zürich
Vom Autor neu durchgesehene und hier und da revidierte Neuausgabe.

1. Auflage als Zweitausendeins-Taschenbuch Nr. 22, September 2010.

Umschlaggestaltung: Heine/Lenz/Zizka Projekte GmbH, Frankfurt.
Foto auf der Umschlagseite: Gudrun und Helmut Meinshausen.
Herstellung: Urs Jakob, Werkstatt im Grünen Winkel, CH-8400 Winterthur.
Satz: Fotosatz Reinhard Amann, Aichstetten.
Druck und Bindung: CPI – Clausen & Bosse, Leck.
Printed in Germany.

Dieses Buch gibt es nur bei Zweitausendeins im Versand, Postfach, D-60381 Frankfurt am Main, Telefon 069-420 8000, Fax 069-415 003.
Internet www.Zweitausendeins.de, E-Mail Service@Zweitausendeins.de.
Oder in den Zweitausendeins-Läden 2× in Berlin, Düsseldorf, Frankfurt am Main, Freiburg, 2× in Hamburg, Hannover, Köln, Leipzig, Mannheim, München, Nürnberg und Stuttgart.
Oder in den Zweitausendeins-Shops in Augsburg, Bonn, Braunschweig, Bremen, Darmstadt, Dresden, Erfurt, Göttingen, Karlsruhe, Kiel, Koblenz, Konstanz, Ludwigsburg, Marburg, Münster, Neustadt an der Weinstraße, Oldenburg, Osnabrück, Speyer, Tübingen und Ulm.

In der Schweiz über buch 2000. Postfach 89, CH-8910 Affoltern a.A.
In Österreich über Buchkontor, Kriemhieldplatz 1, A-1150 Wien

ISBN 978-3-86150-922-6

INHALT

PROLOG IM HIMMEL

Lange, sehr lange, ja, fast schon von Ewigkeit zu Ewigkeit hatte er an diesen Termin gedacht. Und nun war der Tag gekommen: Er würde nicht mehr länger allein sein! Bisher hatte es nur ihn und sonst nichts gegeben. Doch das war auf die Dauer zuwenig, zumal nichts wirklich sehr wenig war. Nein, das sollte sich ändern. Aus nichts sollte etwas werden – und nicht bloß etwas, sondern etwas Gutes, das unendlich viel besser als nichts war. Licht sollte werden, wo vorher Finsternis war.

Daß er das schaffen würde, daran hatte er keinen Zweifel: Wer sollte ihn daran hindern, da er doch allein war und nichts ihn stören konnte? Und an ihm sollte es nicht liegen. Zeit genug hatte er gehabt, genau zu planen, womit er beginnen wollte, was dann kommen und wie sich alles vollenden sollte. Zu dumm dafür war er sowieso nicht, im Gegenteil: Er war sehr klug. Bisher war ihm eigentlich überhaupt kein Fehler unterlaufen. Und da er auch noch einen ziemlich guten Charakter hatte, war nicht zu befürchten, daß er etwas Schlechtes machen würde.

Ja, wenn er sich ausmalte, *wie* gut alles werden würde; wie *sie* sich freuen und darüber staunen würden, was er sich alles für sie ausgedacht hätte, wurde seine Vorfreude riesengroß, beinahe größer als er selber, wenn das überhaupt möglich gewesen wäre.

Ein letztes Mal überdachte er alles noch einmal; und gerade, es war an einem Montag, wollte er anfangen zu schaffen, da fiel ihm plötzlich eine Frage ein, die er sich bis dahin noch nicht gestellt hatte, so gut sonst alles von ihm bedacht worden war: Warum sollte denn *überhaupt* etwas werden und nicht nichts bleiben? Sicher, bisher hatte er ja immer geglaubt, daß selbst dann, wenn nicht alles so gut werden würde, wie er es sich vorgestellt hatte, es besser als nichts wäre. Aber wieso denn »besser«? »Besser« für wen? Und »besser« als was?

Besser für ihn – zweifellos. Das war ja der Grund gewesen, warum er überhaupt auf diese Idee gekommen war. Er wollte nicht mehr allein sein. Vielleicht war er das schon zu lange gewesen. Außerdem ließ sein Mitteilungsbedürfnis es auf die Dauer einfach nicht zu, daß er alles für sich behielt.

Aber war es auch besser für sie, wo sie doch noch gar nicht waren, ohne ihn nie sein würden und es unter diesen Umständen für sie gar kein »besser« und schon gar nicht ein »schlechter« gab? Und dann: »Besser« als was? Ja, wie konnte etwas denn »besser« als das sein, was überhaupt nicht *war*, ja, ganz und gar *nichts* war? Und wie konnte dieses »schlechter« als etwas sein?

Er runzelte die Stirn: Das hatte er tatsächlich noch nicht bedacht, obwohl es keinen unpassenderen Moment für seine Überlegungen hätte geben können. Besser, er überschlief das Ganze noch eine Nacht.

Der folgende Tag war so schön, daß er am liebsten sofort mit dem Schaffen angefangen hätte. Doch es ging ihm nicht anders als am Vortag. Wieder dieselben Fragen, wieder dieselben Bedenken. Wurde er krank? Waren es seine Bedenken, die ihn angekränkelt hatten? Hatte er jedenfalls erst einmal angefangen zu denken, konnte er damit auch nicht mehr aufhören. »Besser« für wen? Immer galt das nur für ihn. »Besser« als was? Als nichts? Jedes »besser«, jedes »schlechter« zerrann ihm unter den Händen, sobald er das »etwas« mit dem »nichts« zusammenbrachte. Offensichtlich hatte dieses »etwas« keinen Vorzug vor dem »nichts«. Es gab hier einfach keinen Vergleich. Auf dieses vertrackte »nichts« schien überhaupt keiner der Begriffe zuzutreffen, die er sich bisher immer gemacht hatte. Und stellte er sich dann auch noch vor, daß ihm vielleicht wirklich nicht alles so gut gelingen würde, wie er es sich vorgenommen hatte, dann wußte er nicht einmal mehr, ob es denn auch nur für ihn besser sein würde, wenn es für sie gar nicht immer und unter allen Umständen gut wäre.

Andererseits, *durfte* denn alles überhaupt gut oder gar sehr gut werden – so gut, so mächtig, so klug, so vollkommen wie er? Bei aller Güte stockte er hier von neuem. Denn etwas mußte er doch auch für sich ganz allein behalten. Ein kleiner Unterschied wäre nicht schlecht. Und ob es dafür ausreichte, daß er schon so unendlich lange er war, sie aber nur durch ihn sein würden?

Nun, man würde ihnen irgendwie anmerken können, woher sie gekommen und daß sie vorher nichts gewesen wären. Aber würde das allein genügen, daß sie nicht so vollkommen wären wie er, zumal er noch gar nicht geklärt hatte, ob dieses vertrackte »nichts« wirklich schlechter war? Vielleicht reichte ein »nichts« nicht. Vielleicht wäre es gut, wenn es für sie noch ein zweites, zukünftiges gäbe. Würde er sich dann nicht noch besser von ihnen unterscheiden können?

Aber der Unterschied durfte keinesfalls zu groß werden. Was er schaffen wollte, da hatte er keinen Zweifel, mußte mindestens das Beste von allem Möglichen sein. Denn sonst gab es ja überhaupt keinen Grund für das, was er vorhatte. Warum sollte überhaupt etwas sein, wenn es nicht das Bestmögliche und auf jeden Fall besser als nichts wäre?

Doch auch während der nächsten Tage ging es ihm nicht besser, die Nächte schlief er immer schlechter. Und Freitag nacht wälzte er sich völlig schlaflos hin und her. Er fühlte sich von allen guten Geistern verlassen. »Besser«, »schlechter«, »besser« für wen, »besser« als was? Ja, was sollte er ihnen denn sagen, wenn es für sie manchmal so schlecht wäre, daß sie am liebsten gar nicht mehr wären? Fast ging es schon ihm so, auch wenn ihm diese Möglichkeit leider Gottes von vornherein verschlossen war, ewig, wie er nun einmal war. Wenn das dabei herauskäme, dann wäre doch alles umsonst – und nicht nur umsonst, sondern sogar schlechter als alles andere. Wäre es nicht besser, dem zuvorzukommen? Doch wie und mit was? Für einen Moment verschlug es ihm den Atem: etwa ganz einfach, ganz leicht mit diesem vertrackten »nichts«? Dann fehlte doch höchstens ihm etwas, aber niemandem sonst, und selbst ihm würde eigentlich nichts fehlen. Warum also nicht alles beim alten lassen – beim Alten, wie er mit einem Anflug von Heiterkeit bemerkte, bei sich?

So leicht konnte er allerdings von seiner Lieblingsidee noch nicht lassen. Den ganzen Samstag kämpfte er mit sich. Erst am Abend begann er, sich an den neuen Gedanken zu gewöhnen, zumal wenn er bedachte, daß der eigentlich nur auf den alten Zustand hinauslief, der so schlecht ja nun auch nicht war.

Und am Morgen des siebenten Tages, er hatte zum ersten Mal wieder besser geschlafen, wurde ihm vollends klar: Wenn er seine Ruhe auf die Dauer wiederhaben wollte, und das brauchte er dringend, weil ihn die letzte Woche doch sehr erschöpft hatte, ließ er besser ein für allemal die Finger davon. So beschloß er schließlich, das Schaffen ganz zu lassen.

In den nächsten Wochen und Monaten trauerte er manchmal noch seinem schönen Plan nach. Aber die Zeit, von der er wirklich sehr viel hatte, schloß auch diese Wunde. Und wenn er später daran zurückdachte, sagte er sich immer häufiger: »Mein Gott, was für einen Fehler hätte ich beinahe gemacht!«

Freilich war er auch eine außergewöhnliche Gestalt. Ja, was er in jener schaffensarmen, aber um so gedankenreicheren Woche erlebt hatte – einer wie er, der sonst alle seine Pläne ausführte, hatte seinen liebsten Beschluß zurückgenommen –, war so unglaublich, daß auch ganz andere Geschichten im Umlauf sind, sei es, daß es neben ihm doch noch andere Wesen gab, die er nicht kannte und die nicht so besonnen waren wie er, oder daß er selber am Ende auf den alten Plan zurückgekommen war. Aber das steht auf einem anderen Blatt.

ÜBERSICHT

Das Blatt oder die Blätter, auf denen die Gegengeschichte zu der im »Prolog im Himmel« erzählten, einen Text von Günther Anders umerzählenden »Kosmologischen Humoreske« steht, sollen im folgenden aus einer anderen Optik als bisher gelesen werden. Sie sind beschrieben mit den Mythen und Ideologemen, den Urteilen und Vorurteilen, den Obsessionen und Phobien einer Zivilisation, die sich lange Zeit mit einer gänzlich unverdienten Metapher die »abendländische« nannte und heute die – inzwischen konkurrenzlos globalisierte – »westliche« nennt. Nicht nach Sonnenuntergang – gen Sonnenaufgang hat sich meistens ihr Blick gerichtet, auch wenn sie manchmal vom »Untergang des Abendlandes«, dem »Ende der Geschichte«, von Götter- und Menschheitsdämmerung sprach. »Es werde Licht!« lautet ihr kategorischer Imperativ. Von den Schöpfungserzählungen der »Genesis« bis zur entfesselten Produktion der Moderne und einer Postmoderne, die die Moderne verabschiedet zu haben glaubt, um sie noch weiter zu treiben als bisher, hat der Wille zum Schaffen und Machen diese Zivilisation geprägt. Mit ihrem Gott, auch wenn er nun seit längerem tot ist, teilt sie die Überzeugung, daß zu schaffen gut, ja »sehr gut« sei. Von ihm unterscheidet sie sich freilich darin, daß alles immer noch besser gemacht werden kann. Doch dazu muß sie wie er ganze neue Welten schaffen.

Wenn diese Zivilisation Metaphysik trieb, war es eine Lichtmetaphysik. Wenn sie ihre Frohbotschaft verkündete, war es die des »Logos«, des vom Geist erfüllten schöpferischen Wortes, in dem das Leben als das Licht war, das den Menschen leuchtete. Ihr philosophisch-theologischer Widerschein, der ontologische Glaube, der ihrer Apotheose des

Schaffens zu Grunde lag, war die Identifikation des Seins mit dem Guten und des Guten mit dem seienderen Sein, des Nichtseins mit dem Schlechten und des Schlechten mit dem weniger, wenn überhaupt seienden Sein. Der »Positivismus«, in einem umfassenderen Sinn als üblich verstanden, war und ist ihre Basisideologie.

Die Schöpfergestalten, die diese Zivilisation jenseits wie diesseits kreierte, hatten nie einen Zweifel daran, daß dazusein oder hierzusein etwas höchst Wünschenswertes sei. Deswegen konnten sie zum Beispiel in ihrer originärsten »generativen« Eigenschaft ihren Kindern »das Leben schenken«, auf daß diese ihnen »das Dasein verdankten«, obwohl es schwierig war, Wesen, die noch gar nicht waren, überhaupt etwas zu schenken und dann auch noch etwas, ohne das »sie« nicht etwa ärmer gewesen wären und über dessen Annahme »sie« nicht hatten entscheiden können. Und deswegen erblickten ihre Kinder auch gemäß der Metapher vom Sonnenaufgang, den die generativen Schöpfer einst selbst erlebt zu haben glaubten, in der Stunde der Geburt frohgemut »das Licht der Welt«, auch wenn da nichts in der Finsternis gewesen war und selbst ohne das »Licht« nicht in der Finsternis geblieben wäre. Eine Elternmetaphysik. »Seid fruchtbar und mehret euch!« lautet folgerichtig der zweite, dem ersten, daß Licht werden solle, korrespondierende Imperativ dieser Zivilisation, bevor der dritte an den Untertan Gottes ergeht, sich seinerseits die Erde untertan zu machen.

Keine Lichtmetaphysik, keine Seinsverherrlichung, keine Frohbotschaft vom »Licht der Welt« und dem »Geschenk des Lebens« freilich ohne Schatten. Um den Mythos einer geglückten Schöpfung und eines anfänglich ungetrübten Seins mit der desolaten Verfassung der Welt, wie sie nun einmal ist, zu harmonisieren, mußte eine Fallgeschichte kommen – mit atemberaubendem Tempo folgt sie der Schöpfungsgeschichte nach –, in der das Leben, nach wie vor das Erstrebenswerteste unter der Sonne, verloren wurde, weil die Untertanen Gottes sich verführen ließen, sein zu wollen wie Er. Seitdem ist die Geburt eine Schmerzensgeburt. Eva, die verführt-verführende »Mutter aller Lebendigen«, wird damit gestraft. Der Tod aber trifft alle: Er ist »der Sünde Sold«. Die Verfinsterung des Nichtseins, Nichtmehrseins ist die andere Seite, das Widerspiel dieser Zivilisation, das perhorreszierte Nichts der Widersacher, den sie fürchtet wie die ontologische Pest. Die Unfähigkeit, sich mit dem Tod zu versöhnen, ist der Preis, den sie für ihre Obsessionen zahlt.

Die unbelebte Natur, wie sie sie sich einst dachte, war von der Furcht vor dem Leeren, dem »horror vacui«, erfüllt. Nun drohen ihr am Ende aller Dinge die Schreckensbilder des entropischen Kälte- oder Wärmetods oder eines alles verschlingenden »Schwarzen Lochs«.

Die belebte Natur sieht sie angetrieben vom brutalen »struggle for life«, der keinen Todestrieb kennt und so auch kein Gegenmittel, wenn das Dasein als bewußt gewordenes, antizipierendes, dem Wissen nicht entgehen kann, daß ihm der Sonnenuntergang sicher ist.

Den bedingungslosen Kampf ums Dasein und Weitersein aber verbindet diese Zivilisation mit dem zwanghaften Willen zum Mehrhaben und Mehrwerden. Auf Selbstbehauptung und Selbststeigerung kommt es ihr an. Mit ihrem zur Produktionswut eskalierten Schöpfungsfuror sucht sie sich immer paranoider gegen die Drohung des Untergangs zu wappnen.

Der Mensch, der die von ihr geschaffene Welt bewohnt, ist der inkarnierte Wille zu einem Über-Leben, das unablässig über sich selbst hinausschaffen muß.

Die Gesellschaft, in der er sich findet, ist nur in dem Maße bei sich, wie sie in der Steigerung der Macht und des Besitzes permanent expandiert.

Die Geschichte, die er entwirft, kommt nur in dem Maße

zu sich, wie sie über sich hinaus fortschreitet. Doch sie hat andere Formen angenommen als die des Fortschritts im Bewußtsein der Freiheit.

Wirtschaft heißt in dieser Zivilisation die rücksichtslose Praxis einer Wertschöpfung, die allem den Mehrwert abgewinnen muß.

Die Technik, die dieser Zivilisation zur zweiten Natur geworden ist, ist inzwischen zum Mittel aller Mittel avanciert, mit dem sie nun selber schafft.

Und ihre Wissenschaft, die seit je davon durchdrungen ist, daß sie um so mehr schaffen und machen kann, je mehr sie weiß, zugleich davon, daß sie alles machen darf, machen soll, ja, machen muß, was sie machen kann, bringt vollends Licht in die Finsternis. Am Ende verspricht sie, selbst das Risiko einer möglicherweise verfehlten Schöpfung zu kontrollieren und der noch als »Beil des Nichts« über den Häuptern hängenden Drohung des Todes zuvorzukommen. »Vernichtung dem Vernichter!« lautet ihre Maxime.

Im Zuge ihrer fortschreitenden Erhellungsgeschichte hat diese Zivilisation zwar den alten Himmel entvölkert, sosehr die Altgläubigen an seinen vertrauten Bewohnern festhalten und der neoesoterische Spiritismus wieder für metaphysische Überbevölkerung sorgt: Nur noch theologisch-kosmologische Humoresken vermögen ihn wieder zu füllen.

Diesseits wiederum hat das Ende der gesellschafts- und geschichtskritischen Utopien das »Prinzip Hoffnung« mit seiner famosen Ontologie des »Noch-Nicht-Seins« im eiskalten Wasser der wissenschaftlichen, technischen und kommerziellen Berechnung ertränkt.

So sind womöglich liebgewordene Leitvorstellungen des Abendlandes vom »Sinn des Daseins«, dieser knappsten aller Ressourcen, dahin. Aber nach der Maxime »Vom Sinn zum Fun!« hat die Unterhaltungsgesellschaft auch schon längst ihre Kompensationsprogramme produziert: die primitivsten und zugleich effektivsten Sinnprothesen, die je hergestellt wurden. Noch wo sie ihre Mitglieder idiotisiert, vermittelt sie ihnen die frohe Botschaft, daß es eine Lust zu leben sei. Die ontologische Bedeutung der allgegenwärtigen Reklame etwa ist es, mit den Gütern, für die sie wirbt und mit denen sie für sich wirbt, das Leben zum Billigpreis als Spaß auszuschreien. Schopenhauers Metapher vom »Geschäft des Lebens«, das die Kosten nicht deckt, schreibt sie mit positivem Saldo um. Und tagtäglich beweist sie, daß es möglich ist, die Menschen so zu konditionieren, das sie wollen, was sie sollen. Daher das tiefe Einverständnis, das alles durchzieht: Es ist oder wenigstens es wird »alles, alles gut«.

Im übrigen sind die Überzeugungen dieser Zivilisation nicht grundsätzlich ins Wanken geraten: Sie denkt wirklich rundum positiv. Das »Prinzip Hoffnung« mutiert zu Science-fiction. Technik und Wissenschaft sind unerachtet einiger Irritationen nach wie vor die Hoffnungsträger: Es gibt Bedenken, doch keinen ernsthaften Widerstand gegen sie. Die Verheißungen des alten Himmels sind nur verblaßt, damit die Zukünfte neuer Welten heraufziehen können. Kurzum: Die Lichtspiele der westlichen Lichtmetaphysik sind keineswegs untergegangen in Nacht und Finsternis. Hegels »Eule der Minerva«, die erst mit einbrechender Dämmerung, wenn eine, vielleicht *die* Gestalt des Lebens, alt geworden ist, ihren Flug beginnt, hat nie zu ihrem Emblem getaugt. Wie von Hegels Fortschrittsmetaphysik selbst vorgedacht, gewinnt sie vielmehr noch den Verdüsterungen des spekulativen Karfreitags die Auferstehungseuphorie eines dialektisch gehobenen Osterspaziergangs durch die Geschichte ab. Und so macht diese Zivilisation, indem sie immer mehr schafft und macht, weiter wie bisher.

Gerade so aber strebt sie, gelenkt von einer in der Tat dialektischer denn je agierenden List der Unvernunft, immer zielstrebiger ihrem Sonnenuntergang zu, ohne sich das wirklich eingestehen zu können und auch nur irgendwie darauf vorbereitet zu sein. Die meisten Tendenzen des gegenwärtigen Zeitalters, die die Philosophie zu nennen hätte, wenn sie »ihre Zeit in Gedanken erfassen« wollte, deuten darauf hin.

Den kosmologischen Schöpfungsanfang, auf den die westliche Zivilisation auch als wissenschaftlich entzauberte nicht gerne verzichtet, stellt sie sich als »Big Bang« vor: Das Understatement bringt die Einheit von Kreation und Destruktion in der Explosion auf einen immerhin witzigen Begriff.

Etwas ernsthafter korrespondiert dem jener »Big Bang«, mit dem das Atomzeitalter auf dem Testgelände von »Trinity« beginnt. Und wenn in der Folge die »Enola Gay«, das vom Hiroshima-Piloten auf den Namen seiner Mutter getaufte Bombenflugzeug, ihrem »Little Boy« ein weiteres, bisher ungeahntes Leben schenkt, dann leuchtet der Welt von Gnaden der zur Physik gewordenen Lichtmetaphysik ein Licht, das heller als »tausend Sonnen« ist. Seitdem strahlt die vom Willen zur Selbstbehauptung und Selbststeigerung regierte Erde in triumphalem Unheil. Die prägnanteste, luzideste Formel, die Wissenschaft bisher ersann: »$E = mc^2$«, bezeichnet die explosive Transsubstantiation des schöpferischen »Logos«. Über den alten Unterschied zwischen den Fusionen als Signum des Eros und den Spaltungen des Thanatos sind seine Kettenreaktionen längst hinaus. Mit Lichtgeschwindigkeit und demnächst noch schneller schreitet er in die Zukunft fort.

Seit der Entdeckung der »Double Helix« demonstriert die theologisch vorphantasierte schöpferische Allmacht ihr biorealistisches Potential. Nach der Physik und im Verein mit der Erzeugung künstlicher Intelligenzen sind die Biowissenschaften zur neuen Leitdisziplin geworden. Eine wie nie zuvor kreativ gewordene Technologie hat nicht nur den alten Unterschied zwischen Schöpfer und Geschöpfen aufgehoben, daß diese zwar dieses und jenes, in einem besonders schöpferischen Moment sogar einen Schöpfer, aber nicht sich selber erschaffen konnten; sie zeigt dem alten Schöpfer auch, wie er es noch besser hätte machen können und sollen.

Wissenschaft und Technologie teilen allerdings mehr denn je mit dem alten Schöpfer die Überzeugung, daß zu schaffen gut, wenn nicht sehr gut sei. Sie sind der Angriff auf die alte Schöpfung und ihre Fortsetzung mit »anderen«, neuen Mitteln zugleich. Der Titan Prometheus, den ihre Kritiker gerne zur Symbolfigur technischer Hybris machen, stimmt bei aller Insubordination in seiner Eigenschaft als Feuerbringer und Menschenmacher mit dem alten Gott überein. Nicht umsonst reimte sich schon der biblische Schöpfergott bei Paulus auf den Töpfergott, der vom Schaffen nicht anders als vom Machen sprach. Der Schöpfer war immer schon der Macher. Die Genetik schließt nicht nur in ihrem Namen an die »Genesis« an. Gott ist der erste Biotechnologe, nur daß er noch nicht ganz so exakt arbeitet, während die Genetik ihren Schöpfungstag schon vor dem Abend lobt.

Eine nachhaltigere Irritation geht freilich von dem fortgesetzten »Big Bang« der Bevölkerungsexplosion aus, die inzwischen so laut detoniert, daß die Zyniker schon nach den fälligen »Gegenexplosionen« verlangen und die generativen Schöpfer immerhin nachdenklich zu werden beginnen. In den westlichen und verwestlichten Teilen der Welt, die es gelernt haben, die Implosionen der Lust von den Explosionen der Selbstvermehrung abzukoppeln, ist das paradoxerweise mehr als in den östlichen Regionen und Traditionen der Fall, deren Positivismus, Seinsobsession und Schöpfungswahn eigentlich weit weniger entwickelt ist – so wenig, daß Geburt und Wiedergeburt in ihnen keineswegs als etwas Wünschenswertes, gar als der Beginn eines Lichtfestes gelten.

In bezug auf die allzu glatten Gleichungen zwischen Lebensanschauung und Praxis ist also mit einigen Komplikationen zu rechnen. Es wird sich noch zeigen, wie »westlich« »östliches« Denken gelegentlich sein kann und wie globalisiert das »westliche«. Die von Nietzsche so genannte »indische Circe, das Nichts«, entfaltet ihre Verführungskraft jedenfalls auch nur begrenzt in den Ländern des Sonnenaufgangs, umgekehrt eher manchmal dort, wo das Abendland seinen Namen verdient. Keine falschen Oppositionen also! Die christliche Frohbotschaft »Ex oriente lux« hat die Konvergenz der Kulturen im Zeichen des Lichts beizeiten ausgedrückt.

Ein so felsenfestes »Haus des Seins« wie das auf den Ruinen der in der Tat eher abendländischen Antike errichtete christlich-römische, auf dessen Altären um jeden Preis dem generativen Wahn geopfert wird, läßt ohnehin keinen Zweifel daran, daß auch in der westlichen Welt weiterhin auf die Schöpfer zu rechnen ist. Im Geist einer möglichst unbefleckten Empfängnis triumphiert hier das unverhütete Verhängnis.

Die generativen Schöpfer aber inkarnieren nur, was auf allen Ebenen, physisch und metaphysisch, individuell und gesellschaftlich, ökonomisch, technisch und wissenschaftlich, seit je und heute mehr denn je über Sein oder Nichtsein entscheidet: den obsessiven Willen zum Schaffen und Machen, einen Positivismus, für den das Dasein allemal das Gute und das Mehrwerden, Mehrhaben das noch Bessere ist. Überall sind Legionen von Schöpfern am Werk, die das Schaffen und Machen nicht lassen können – wie jene nur geringfügig überdurchschnittliche Gestalt, die »am Anfang schuf« und deswegen auch nicht für einen anderen »Prolog im Himmel« gut genug war.

Andere Maximen, andere Gestalten sind nun gefragt: skeptischere, die nicht so felsenfest wissen, ob sie überhaupt das »Haus des Seins« bewohnen wollen; weniger positivistische, für die es keineswegs ausgemacht ist, ob die Geburt ein Geschenk, die Welt ein Licht und der Tod der Übel größtes ist; gelassenere, die das Schaffen und vielleicht auch das Sein, wenn es Zeit dafür ist, lassen können; weniger geschäftige, die nicht mit allen wissenschaftlichen, technischen und kommerziellen Mitteln in der Welt herumpfuschen müssen, damit das, was die Schöpfer aller Sorten schon gemacht haben, fatalerweise immer noch besser wird. Sie sind selten, aber es gibt sie, auch in der so sehr auf die Schöpferfiguren und ihre Frohbotschaften fixierten westlichen Tradition. Dieses Buch bringt einige von ihnen zu Gehör. Und wo das nicht ausreicht, gibt es einer radikaleren Position Stimme.

In seinem Zentrum steht die Auseinandersetzung mit dem Axiom, das es für den ontologischen Kern, für *das* Vorurteil des westlichen Denkens hält: eben dem, daß das Sein etwas Gutes, je mehr und je länger davon, desto besser, das Nichtsein aber etwas prinzipiell Schlechteres, wenn nicht der Inbegriff des Schlechten sei. Es ist das eingefleischteste Vorurteil: Aus der Apotheose des Schaffens und dem Kult der Geburt, dem Trauma des Todes und dem Horror des Nichts spricht es lebens- und sterbensnah. Wenn Ideologien durch affirmativ interessiertes Denken gekennzeichnet sind, so ist dieses Vorurteil im höchsten Maße ideologisch, nicht bloß die Ideologie einer Interessengruppe, einer Klasse, einer Nation; der Wille zum Sein selber denkt vielmehr, was er will: die Affirmation des Seins, die Positivität dessen, was herrscht und was ist.

In einer Zeit, die sich postmetaphysisch versteht, aber das andauernde »metaphysische Bedürfnis« am falschen Platz und in unmündigen Formen, esoterisch, spirituell und religiös mit der Restauration der Orthodoxien und Fundamentalismen befriedigt, greift dieses Buch ein altes metaphysisches Thema auf, indes aus existentiellen Motiven und mit der Absicht einer Revision. Es will – auch – zeigen, daß Metaphysik einen »Sitz im Leben« hat, freilich einen ziemlich riskanten. Es versucht, die Präokkupationen eines Denkens zu revidieren, das seinsfixiert, »ontozentrisch« in seinen Werthierarchien, »ontomorph« in seinen Begriffen und Vorstellungen und bedingungslos »ontophil« in seinen Antrieben ist.

Den symptomatischsten Ausdruck hat dieses Denken in seinem paranoiden, »nihilophoben« Verhältnis zum Nichtsein, zum »Nichts« gefunden. Nicht die »Seinsvergessenheit«, wie es die Todtnauberger Schule beklagt – die *Nichtsvergessenheit* bezeichnet das wahre »Schwarze Loch« seiner ontologischen Amnesie. Nichtsvergessenheit, Nichtsangst und Seinsgier bilden sein »ontopsychologisches«, »ontopathologisches« Syndrom. Und gerade damit arbeitet dieses Denken der Vernichtung und Selbstvernichtung zu. Das ist die – vielleicht tragische – Ironie der so seinsfixierten westlichen Seinsgeschichte.

Die Tradition der Nichtsvergessenheit ist zu verabschieden, wenn dieses Denken seinen Obsessionen und Phobien entkommen soll. Allerdings schließt das die Absage an tiefverwurzelte Impulse und Anschauungen ein. Die Überwindung der Nichtsangst fordert in einem sehr bestimmten Sinn, den das Folgende erläutern wird, den Abschied vom Sein. Deswegen ist es unvermeidlich, daß es selbst in der so unverfänglich scheinenden metaphysischen Abstraktion um Bedenklichstes geht. Die Philosophie soll – wenn sie überhaupt etwas »soll« – das Leben leichter, nicht schwerer machen, als es ohnehin schon ist. Sie kann das jedoch nur, wenn sie zeigt, daß das Nichts nicht der Schrecken aller Schrecken wie das Sein nicht der Güter höchstes ist; wenn sie die Schulden, die Lasten, die Pflichten nicht übernimmt, welche die Ideologie der Schöpfer den Menschenkindern mit dem »Geschenk des Lebens« oktroyiert hat. Wer der Seinsverherrlichung, dem Schaffenswahn und der Nichtsvergessenheit aber so widersprechen will, daß nach der von Nietzsche formulierten Todesanzeige nicht nur der seit längerem tote frühere höchste Herr, sondern auch die bisherigen höchsten Werte auf der Strecke bleiben, der wird auf dem Boden einer seit nunmehr zweihundert Jahren den Nihilismus »überwindenden« Tradition zuverlässig von neuem den Nihilismus-Vorwurf provozieren.

Das wäre eigentlich noch nicht weiter schlimm – inzwischen sind wir in Sachen Nihilismus doch einiges gewöhnt. Das »anthropofugale« Denken etwa mit seiner Proklamation des – für es durchaus wünschenswerten – Todes des Menschen scheint uns weit größere Erschütterungen zuzumuten. Bei näherem Zusehen gibt es sich indessen als eine Neuauflage des Vitalismus zu erkennen: Es will das Leben retten. Deswegen soll mit masochistischem Ingrimm der primäre Übeltäter wider den Heiligen Geist des Lebens eliminiert werden, während er hier nur für mehr schlecht als recht gehalten wird, sich dafür allerdings gefallen lassen muß, daß sein zentrales ontologisches Paradigma, sein liebstes Vorurteil dem Verdikt verfällt.

Das Buch wird also wohl den Nihilismus-Vorwurf verdienen, sogar im striktesten, buchstäblichsten Sinn. Vielleicht hatte Marx mehr denn je recht, als er in einer bis heute unbekannt gebliebenen Variante der 11. Feuerbach-These, weit von dem ihm sonst immer nachgesagten Geschichts-»Positivismus« entfernt, formulierte: »Die Philosophen haben den Nihilismus immer nur überwunden, es kömmt darauf an, ihn zu vollenden.« Ihn zu vollenden, heißt, die ontologischen Hierarchien und Präokkupationen von Grund auf zu verabschieden, denen zufolge das Sein der Wert der Werte ist.

Diesen Hierarchien bleibt aber noch ein unvollendeter, tatsächlich bestens überwindbarer Nihilismus verbunden, der seinen Gottesdienst des Nichts als das bloß umgewertete Gegenbild des alten Seinsgottesdienstes feiert, gleich ob als »aktiver« oder als »passiver« Nihilismus, als Botschaft der Zerstörung oder der Selbstzerstörung. Vollendeter Nihilismus erschüttert die Ordnung des Seins und seiner Werte im Zeichen eines wortwörtlich verstandenen Nichts, ohne dieses als neues »summum bonum« zu inthronisieren.

Das heißt freilich auch, daß vollendeter Nihilismus mit dem Nichts nicht die Vernichtung und Selbstvernichtung meint, die der unvollendete Nihilismus unter dem bloßen Namen des »Nichts« intendiert. Und vollendeter Nihilismus muß auch nicht jener böse Feind sein, der tunlichst zu überwinden wäre, im Gegenteil: Wenn die Seins- und Schaffensobsessionen des westlichen Denkens in der Verkehrung aller seiner Selbstbehauptungs- und Selbststeigerungsimpulse eben die Katastrophe herbeiführen, die es um jeden Preis vermeiden will; wenn es sich so paranoid gegen das »Nichts« wappnet, daß die Vernichtung um so sicherer die Folge ist, dann wird gerade ein vollendeter Nihilismus das Antidot dagegen sein. Wenn das westliche Denken unfähig ist, sich mit dem Tod zu versöhnen, kann gerade ein vollendeter Nihilismus entkrampfend wirken. Wenn die Schöpfungswut, der generative Wahn die Schöpfer weiterhin antreibt, frohgemut ihren Geschöpfen »das Geschenk des Lebens« und das »Licht der Welt« zuzumuten, dann wird gerade ein vollendeter Nihilismus, der auf weiteres Schaffen und Machen verzichten kann, weiterer Verfinsterung zuvorkommen. Ja, selbst wenn er alle Sinnstiftungen sinnlos macht, muß das dem Leben nicht den Nerv rauben, sondern kann es von den Sinnhypotheken entlasten, die es nie einlösen, durch die es vielmehr eher in den Tod getrieben werden kann. Vollendeter Nihilismus ist keineswegs jene verdüsterte Lebens- und Weltanschauung, die der Daseins-Positivismus als so leicht zu erledigenden Pessimismus schätzen gelernt hat. Und er arbeitet auch nicht dem realen »Annihilismus« zu, während der theoretische Antinihilismus sich nur zu oft als Wegbereiter des praktischen Nihilismus erweist.

Deswegen wird dieses Buch mit Schärfe Grenzen zu ziehen versuchen: eben die zwischen unvollendetem und vollendetem Nihilismus, Pessimismus und Nihilismus, zwischen Vernichtung und Nichts, Annihilismus und Nihilismus, vor allem aber zwischen einem Sein, das nicht das Gute, und einem Nichts, das nicht das Schlechte, die Finsternis, die Leere und der Mangel wie freilich auch nicht das »Ganz Andere« einer ungeahnten Fülle ist.

Derlei Rückversicherungen werden natürlich von dem Odium nicht befreien können, das für den seinsgläubigen, positivistisch gesunden Menschenverstand seit je auf dem negativen, bestenfalls pessimistischen, melancholischen, depressiven, aber nun vollendet nihilistischen liegt. Es ist das Odium, zumindest von suspekten Antrieben bestimmt zu sein, auch dort, wo es um etwas so Abstraktes wie das Nichts geht, während das Denken im Sinne des Seins so gesund, so normal scheint, daß es für selbstverständlich gilt. Die Psychologie der Weltanschauungen sucht allemal weniger in den Seinsfreunden als im nihilistischen »Negativismus« ihren originären Stoff. Und es ist ja auch richtig, daß ein Buch wie dieses seine Genealogie, seine Erfahrungsanstöße und Motive, seine spürbaren polemischen Absichten hat. Eine Philosophie, die keine Feindschaften kennt, ist nichts wert.

Um gleich die Probe aufs Exempel zu machen und so persönlich zu werden, wie das in diesen Dingen nötig ist: Wenn einige der zutiefst polemischen Autoren des unüberwundenen 19. Jahrhunderts mit Hohn, ja Erbitterung über eine Tradition geurteilt haben, für die »alles sehr gut« war, bis die »Sünde« kam und die »Hölle« kommen mußte, so stimmt der Autor dieses Buches mit ihnen überein. Er glaubt, daß das Christentum nicht nur seine Liebesbotschaft an die Macht und die Herrlichkeit verraten, sondern zwei lebens- und sterbenswichtige Dimensionen des Menschlichen auf lange Zeit verhunzt hat: die Liebe und den Tod.

Die Liebe mit der Verwerfung der nur für den generativen Zweck tolerierten Lust, es sei denn, daß sich die Caritas einen erotischen Gnadenakt gestattete. Über die Sexualfeindlichkeit des Christentums müßte man heute kein Wort mehr verlieren, wenn sie nicht mit dem generativen Wahn eine fatale Allianz eingegangen wäre und in seiner römischen Form weiterhin einginge. Es herrscht die Logik einer instrumentellen Sexualvernunft. Die Sterilisierung der Lust geht mit der Nichtsterilisierung der Generativität einher. Eine der wenigen zuverlässigen Schöpfungsfreuden wird rigide der zwanghaften Erzeugung untergeordnet. Eine Religion von moralisch Verschnittenen gibt ein beschnittenes Leben weiter. Die Auferstehung des Fleisches hat sie nie fleischlich gemeint.

Brutaler freilich noch die Verhunzung des Todes durch seine Verbindung mit Gericht, mit »Hölle«, mit Angst. Allem himmlischen Tandaradei von Gnade und Barmherzigkeit zum Trotz, ausgeklügelter als alle anderen Glaubenssysteme, hat das Christentum den Menschen Angst gemacht, Lustangst, Todesangst. Eine äußerst vorbehaltliche Erlösung für das »Ende aller Dinge« wie die Schöpfung ohne Lust für den Anfang war die doppelte Botschaft. Auf den Sadismus der Liebesreligion neben ihrem Masochismus war stets Verlaß.

Am gnadenlosesten aber hat das Christentum sich hier an denen vergangen, von denen es behauptete, daß sie ihm am meisten am Herzen lägen: den Kindern. Das, um für einen Moment ganz unchristlich zu sprechen, ist dem Christentum nicht zu verzeihen.

Und wer zu so harschen Urteilen gelangt, wird wohl seine Ursachen, wenn nicht Gründe dafür haben – nur daß eben alles Denken seine Genealogie hat, nicht als Jungfernzeugung eines Heiligen Geistes entsteht, ja gerade aus seiner Genealogie seine Legitimität bezieht: Wovon man sprechen will, darüber muß man eine Erfahrung haben. Im Widerspruch zu den Annahmen des objektivistischen »common sense« ist die starre Entgegensetzung von Geltung und Genese nicht triftig. Begriffe ohne Anschauungen bleiben nun einmal leer – wie freilich auch persönliche Anschauungen ohne korrektive Begriffe blind.

Andererseits hat das Christentum dem Leiden Stimme gegeben wie kaum eine andere Tradition. Wenn es die Menschen wie die Natur »fallen«ließ, so schärfte es zugleich das Bewußtsein für ihre Befreiungsbedürftigkeit von dem Leiden des Lebens. Vom rückhaltlos frohgemuten Positivismus der Moderne, der solche Erschütterungen nicht mehr kennt, ist es insofern durch Abgründe getrennt.

Bei aller Servilität gegenüber dem Herrn der Schöpfung war es gelegentlich sogar so dissonanzbewußt, daß es den Prozeß der Theodizee, den das Alte Testament mit dem Buch der unverdienten Leiden, dem Buch Hiob, eröffnet hatte, bis zur klagenden Frage seines gottverlassenen Erlösers am Kreuz vorantrieb. Die Frage wurde auch nicht dadurch entschärft, daß sie sich als Zitat aus dem 22. Psalm zu erkennen gab. Der »Atheismus im Christentum« konnte mit Grund bei den Bekennern des »Prinzips Hoffnung« eine diskutable Sache sein. Die Idee eines leidenden Gottes- und Menschensohns ist die vielleicht größte Idee des Christentums, die Identifikation des Schöpfers mit der Kreatur, die Erlösung vom Leiden durch Leiden das homöopathische Mittel gegen das, was es sich mit seiner Schöpferideologie eingehandelt hat.

Aus der Perspektive dieses Buches noch weniger zu vergessen, daß das Christentum neben dem Schöpfungsjubel, der unvergleichlich bei Haydn ertönt und noch in der »Zarathustra«-Musik nachhallt, auch eine Todesmusik geschaffen hat, aus der wie nirgends sonst die Sehnsucht nach ewiger Ruhe, nicht der Todesterror spricht; daß vor seinen großen Kathedralen, die steingewordene Lichtmetaphysik sind, romanische Krypten und Basiliken das Dunkel gesucht haben; ja, daß seine Mystiker so suggestiv vom Nichts zu reden wußten, daß selbst die Zustimmung atheistischer, obschon unvollendeter Nihilisten wie die Schopenhauers ihnen sicher war.

Sie alle meinten freilich mit dem Nichts das Alles, mit der ewigen Ruhe das ewige Lebenslicht, das ihnen leuchten sollte in der Finsternis. Wie am Anfang, so auch am Ende: der Sieg des Lichts. Zuletzt wie zuerst blieb es immer bei einem metaphysischen Glauben, dessen ontologisches Paradigma nie angetastet wurde. Der unendliche Vorzug des Seins blieb das Basisaxiom. Das verbindet das Christentum doch wieder mit dem Positivismus der säkularisierten Welt.

Der allerdings verdient in der gegenwärtig auf allen Kanälen siegreichen Variante, die den Weg vom verlorenen, aber nicht vermißten Sinn zum Fun zurückgelegt hat und dem Leben als Lifestyle applaudiert, nicht mehr den Respekt einer differenzierten Tradition, nur noch Verachtung. Das Leben, das er als »Spaß« offeriert, ist vorbehaltlos mit sich einverstanden. Es kennt keinen Abstand mehr, geschweige denn jenen distanzierten Blick, der sich Philosophie nennt.

Die Auseinandersetzung mit dem tradierten und dem avancierten Positivismus der globalisierten westlichen Welt, mit dem ontologischen Paradigma, das ihr als Basisideologie zu Grunde liegt, mit der Nichtsvergessenheit, der sie unterliegt, wird im folgenden in zwei Schritten versucht. Der erste Teil des Buches vergegenwärtigt und pointiert die Grund-Frage der neuzeitlichen Philosophie: »Warum ist überhaupt Etwas und nicht vielmehr Nichts?«; der zweite nimmt die symptomatischsten Formen der Nichtsvergessenheit zum Ausgangspunkt, um nach dem vertracktesten aller ontologischen Themen zu fragen, das der Grund-Frage ihre Abgründigkeit gibt: eben dem Nichts.

Die Grund-Frage wird auf ihren existentiellen Kern hin gelesen: als Hamlet-Frage. Die Begründung dafür wird ihre Genealogie und Geschichte geben: Sie zeigt, daß es noch in der grundgründlichsten metaphysischen Abstraktion um ein, um *das* Lebensproblem geht. »Sein oder nicht sein, das ist die Frage«, korrekter übersetzt und zugleich radikaler verstanden als in der üblichen Version, nicht bezogen auf das faktische Sein oder Nichtsein nach dem Tode, sondern auf die Frage, ob und warum, aus welchem »Grund«, das heißt welchen »Worumwillens« wegen, »überhaupt Etwas« sein soll, sein will – oder nicht! Das »ob« fordert das »warum«, die Frage nach dem »warum« eskaliert zu der nach dem »ob überhaupt«. Hamlet und seinesgleichen treiben noch einmal Metaphysik, um herauszufinden, was die Schulweisheit und die nicht ganz verschulte sich über Leben und Sterben, Geburt und Tod einschließlich des freien Todes träumen läßt.

Das erste Kapitel des ersten Teiles nimmt vertiefend die schon berührten Schöpfungsfragen auf, um auf dem Hintergrund einer »Konversionsontologie«, die von der platonischen Metaphysik über die Patristik und Scholastik bis zur nur scheinbar ganz anders denkenden Philosophie des 20. Jahrhunderts das Sein und das Gute als Wechselbegriffe, Wechselwerte bestimmt, die Grund-Frage zu exponieren. Sie stellt sich in dem Moment mit allem Nachdruck, wo der Vorzugscharakter des geschaffenen, kontingenten Seins angesichts der Möglichkeit eines leichteren und einfacheren, auf jeden Fall leidfreien Nichtseins ins Wanken gerät und der seit Hiob im Herzen der Tradition rumorende Prozeß der Theodizee zur »Biodizee«, ja zur »Ontodizee«, zur Frage nach der Rechtfertigung des Lebens, des geschaffenen Seins eskaliert. Das ist ausgerechnet in der Philosophie des Gottesfreundes Leibniz der Fall. Seitdem irritiert die Grund-Frage die Philosophie; in welchem Maße, soll die Rekonstruktion der charakteristischen Etappen ihrer Geschichte zeigen. Ihr soll in möglichst zugespitzter Form die Frage abgewonnen werden, die in der Tat grundlegend – oder auch grundnehmend – ist für die Entscheidung über Sein und Nichtsein, Leben und Sterben, Geburt und Tod.

Für die gewünschte Zuspitzung ist es außerordentlich günstig, daß sich die Geschichte der Grund-Frage unerachtet einiger moderierender Intermezzi als die einer fortschreitenden Radikalisierung erweist. Am deutlichsten wird das in der Philosophie des 19. Jahrhunderts, im verzweifelten »Kampf ums Sein« zwischen Nietzsche und Schopenhauer. Diese Auseinandersetzung verdient besondere Beachtung, weil sie den Kern, auch den wunden Punkt ihres Denkens betrifft und ins Zentrum der zugleich metaphysisch wie existentiell verstandenen Grund-Frage führt. Im 20. Jahrhundert, zumal im Seinsrettungsversuch Heideggers und bei Sartre, zeigt sich, wie sehr gerade ein Denken, das die Tradition zu »verwinden« glaubt, ihrem ontologischen Zentralparadigma hörig bleibt. Zum Ende der vorläufigen Geschichte der Grund-Frage, rechtzeitig zum Jahrhundert-, zum Jahrtausendende, wird sie von einer Philosophie, die seit den Tagen von Leibniz erfahren hat, als was sich die beste aller möglichen Welten nicht nur bei den kleineren Debakeln, etwa einem Erdbeben von Lissabon, sondern in Auschwitz und Hiroshima entpuppt, am provozierendsten im Werk von Günther Anders formuliert.

Die Philosophie profitiert von der fatalen Gunst der historischen Stunde. Denn jetzt ist Hamlet, ausgestattet mit der inzwischen zweifelsfreien Möglichkeit eines zum Globocid gesteigerten Suicids, freilich nach wie vor mit einem zweiflerischen philosophischen Temperament begabt, auf allen Ebenen und wie noch nie zuvor mit seiner Frage konfrontiert. War es bisher die Aufgabe der Philosophie, die Menschen vor allem vor den »eigenen« Tod zu stellen, so sind sie jetzt als Gattung vor den Tod gestellt. Und nach dem Tod Gottes gibt es auch keinerlei Seinsgarantieschein mehr. Die Archive des Ewigen Lebens sind verbrannt. Nun ist erstmals wirklich ontologische Achsenzeit. Existentiell wie epochal korrespondiert die Grund-Frage nun einer »Grenzsituation«, die diesen Namen in vollem Umfang verdient. Ja, die Bombe als bisher gründlichste, als die wahre Fundamentalontologin spitzt die Frage in unerhörter Weise zu: »Warum ist überhaupt *noch* Etwas, warum nicht vielmehr endlich und endgültig Nichts?«

Das hindert Hamlet indessen nicht, wie das Werk von Anders auch zeigt, an seiner Frage festzuhalten und zumal nach dem Nichts zu fragen, von dem eine ganze Welt sonst um so weniger wissen will, je näher sie der Vernichtung und Selbstvernichtung ist. Je nichtiger sich die alten Seins- und Sinngaranten erwiesen haben, desto mehr läuft die Grund-Frage auf die unvorgreifliche, nicht präokkupierte Frage nach dem Nichts als ihren brisantesten Teil zu. Wenn Hamlet noch als Nihilist bekennender Teleologe wäre, dann würde er denken, daß die »Lichtung« des Nichts das eigentliche Ziel der Geschichte der Grund-Frage sei.

Umgekehrt: Je vorbehaltloser er nach dem verteufelten Antipoden des Seins als Gegenbegriff und »Gegenmöglichkeit« (Heidegger) zu fragen riskiert, desto radikaler kann er die Grund-Frage im ganzen formulieren.

Und dazu scheint Hamlet entschlossen. Er weiß, daß er seiner Frage gar nicht entgehen könnte, selbst wenn er das wollte, nicht nur als Kandidat eines freien Todes, als Liebender und potentieller Vater, sondern schon in seiner Eigenschaft als Geborener, der ein verdunkeltes »Licht der Welt« erblickt hat, und als zuverlässig Sterbender, der die noch ungewisse Ruhe eines restlosen Schweigens ersehnt. Aber er will ihr gar nicht entgehen. Jener Mut, den der junge Schopenhauer im Briefwechsel mit Goethe dem Ödipus des Sophokles zuschreibt und zum Prüfstein des Philosophen macht: der Mut, keine Frage auf dem Herzen zu behalten, gleich was sich daraus ergeben mag, ist auch der seine. Wenn beide eine Tugend haben, so ist es die der »metaphysischen Zivilcourage«.

Ja, am Ende wird Hamlet auch keine Antwort auf dem Herzen behalten. Insofern unterscheidet er sich wiederum von den Philosophen, die ihre »déformation professionnelle«, die zwanghafte »Quaestionitis«, mit der ihnen eigenen Frömmigkeit des Denkens gerne so weit treiben, daß keine Antwort mehr droht. Auch nicht die philosophische Skepsis, die sich jedes Urteils zu enthalten versucht, und nicht einmal östliche Weisheitslehren, die einen »mittleren Weg« zwischen Sein und Nichtsein gehen wollen, können angesichts seiner Fragen verfangen, die nach Entscheidung verlangen.

Nach dem Nichts zu fragen, wie es der zweite Teil dieses Buches versucht, zwingt freilich bei aller Hamlet nachzuempfindenden Allergie gegen die »Schulweisheit« dazu, sich mit dem auseinanderzusetzen, was sie darüber gedacht hat, es sei denn, man wollte zur Gilde der – gewissermaßen »autogenen« – Selbstschöpfer gehören. Diese Auseinandersetzung ist nicht ohne einige Strapazen möglich. Aber sie hat in der »Sache«, eben dem vertrackten Nichts, ihren Grund. Es erweist sich als überaus schweres, vielleicht als das schwierigste Thema der Metaphysik, zumal dank seiner unvermeidlichen Paradoxien. Nicht umsonst war die Philosophie immer wieder versucht, das Nichts überhaupt als legitimes Thema zu verabschieden und die Akten über die Nichtsfrage zu schließen. Manchmal kam sie so dem Ideal völliger Nichtsvergessenheit sehr nahe. Wenn das entstehende und vergehende,

»geschaffene« und »schaffende« Dasein sich nur der Irritation durch das Nichts entziehen könnte! Nach Lage der menschlich-sterblichen und geburtlichen Dinge muß es sich aber nun einmal mit dem herumschlagen, was seine Grenze, seinen Gegenbegriff und seine Gegenmöglichkeit markiert.

Unter diesen Umständen behilft es sich am besten gegen die philosophischen Vertracktheiten des Nichts, indem es die Schwierigkeiten beim Schopf nimmt, um sich hoffentlich am Ende an den eigenen Haaren aus dem Sumpf zu ziehen, wohl wissend, daß das Nichts am allerwenigsten ein Sumpf ist.

Die von der eleatischen Philosophie bis zur Heidegger-Kritik so triumphal verkündete Behauptung, jeder Versuch, das Nichts zu denken und zu sagen, sei nur um den Preis eines selbstwidersprüchlichen, nichtssagenden Nichtdenkens möglich, soll demgemäß beim Wort genommen werden: Gerade dann, wenn man das Nichts als das zu verabschieden versucht, worüber man schweigen muß, weil man nicht logisch davon sprechen kann, hat man es in seiner unvermeidlichen, die Logik wie die Ontologik sprengenden Paradoxie ausgesprochen und gedacht.

Die Schulweisheit, vor allem in ihrer Eigenschaft als »ancilla theologiae«, beide zusammen als typische Vertreterinnen des ontologischen Zentralparadigmas des »Abendlandes«, wissen ohnehin bei aller prinzipiellen Amnesie doch dies und jenes vom Nichts. Ihre Nichtsvergessenheit ist relativ und spezifisch und gerade so um so symptomatischer. Das zeigt sich ironischerweise zunächst in der Frage, in der die Nichtsphilosophie ihre erkenntniskritische Kompetenz unter Beweis stellen und zugleich höchst affirmativ der ontologischen Entschärfung, der Retheologisierung des Nichts die Wege bereiten kann: ob das Nichts ein absolutes oder nur ein relatives sei. Ausgerechnet Schopenhauer, unerschrockener Exponent des europäischen »Nirwanismus«, plädiert hier für eine Lösung, die im Rücken des relativierten Nichts das absolute Sein wiederentdeckt.

Deutlicher noch wird die spezifische Symptomatik der Nichtsvergessenheit in den Formen, die das »ontomorphe« und »ontozentrische« Denken dem Nichts gibt: positivierenden Formen, die es vergöttlichen, schöpferisch machen, »verseien«, negativierenden, die es verteufeln, berauben, entleeren. Hier ist die Darstellung, anders als im ersten Teil, der bei allem existentiellen Interesse noch die historischen Konturen erkennen läßt, nicht an einer Geschichte der Nichtsvergessenheit, sondern an charakteristischen Extrempositionen interessiert – obwohl auch das noch viel zuviel Ordnung in etwas bringt, das nach traditioneller Anschauung mit dem Chaos einige Ähnlichkeit haben soll. Immerhin ist dieser zweite Teil sachgemäß der erheblich kürzere.

Die negativierenden Entstellungsformen dominieren insgesamt. So gegensätzlich aber auch die Wertungen sind, kommen alle darin überein, daß aus der Optik des Seins verstanden werden soll, was aus ihr nicht zu verstehen ist; daß nach seinsorientierten Hierarchien gewertet werden soll, was überhaupt nicht taxierbar, geschweige denn abzuwerten ist. In »ontopsychologischer« Absicht ist den Angst- und den Sehnsuchtsphantasien nachzugehen, die sich nicht nur die Schulweisheit vom Nichts träumen läßt.

Doch dann ist es Zeit, es endlich als das gelten zu lassen, was es allein »sein« kann: nichts als nichts, »nichtsiges Nichts«, das gerade, indem es *nichts* ist, nicht *ist*, an keinem Ort, nirgends, in keiner Zeit, nie.

Formulierungen wie das »nichtsige Nichts« scheinen indes geeignet, sämtliche Urteile und Vorurteile über die platten Verstiegenheiten der Metaphysik zu bestätigen. Für den noch gesunden philosophierenden Menschenverstand, der den Schrecken von Heideggers »nichtendem Nichts« nicht vergessen hat, wird es entweder als eine ebenso tiefsinnige wie müßige Nachbildung erscheinen, deren nichtige Prätentiösität auch der gesuchteste Neologismus nicht überdecken kann. Oder schlimmer, es geht um eine bloße Tautologie, wenn nicht Trivialität: Ja, bei Gott, was sonst sollte denn das Nichts sein? Es wird sich aber zeigen, daß diese Trivialität untrivial genug ist, um sowohl dem positivistisch gesunden Menschenverstand wie einer nichtsvergessenen Tradition zu widersprechen, die allemal auf ein ontozentrisch gedachtes Nichts fixiert war. Im Zeichen des tautologisch-nichtsigen Nichts wird allen Positivierungen wie Negativierungen der Grund entzogen. Strikt von dem Schrecken der Vernichtung unterschieden, verliert das Nichts seinen bedrohlichen Charakter – wie auf der anderen Seite den verheißungsvollen, den es dem vereinzelten und ruhelosen Dasein versprechen mag. Ontologisch wie axiologisch ist es nichts als nichts, inkommensurables, unabwertbares, unaufwertbares Nichts.

Gerade so aber wird dem Sein der Vorzug genommen, den die Konversionsontologie ihm stets wie selbstverständlich vor dem Nichts zuerkannt hat. Das Sein hat keinerlei Vorrang vor Nichts – so lautet die Antwort auf die Grund-, die Hamlet-Frage der neuzeitlichen Philosophie. Sie entzieht radikaler als einst das Mißlingen aller philosophischen Versuche in der Theodizee, die nach dem Tode Gottes keinen Gegenstand mehr hat, allen sich philosophisch verstehenden Versuchen in der Bio-, der Ontodizee den Boden.

Wenn in der Frage nach dem Grund eines auch in seinen glücklicheren Formen leidbehafteten Lebens überhaupt etwas den Vorrang verdiente, so wäre es das Nichts: Das ist der harte Kern der negativen Ontologie Schopenhauers. Die Singularität eines einzigen Leidens entscheidet angesichts der Gegenmöglichkeit eines völlig leidfreien, um kein Sein und schon gar kein gutes Sein betrogenen Nichts über die verfehlte Schöpfung. Aber man muß gar nicht von neuem in die Falle einer – wenn auch nur relativen – Positivierung des Nichts gehen. Es genügt vollauf zu sehen, daß das Sein keinerlei Vorrang vor dem Nichts haben kann, wenn dieses ist, was es allein ist: *nichts* – und also nicht *ist.*

Hamlet muß deswegen keineswegs zum Selbstmörder werden. Im Gegenteil wird er sich von der größeren Seelenruhe griechischer oder buddhistischer Weisheit anstecken lassen. Jedenfalls wird er sein Leben, da er nun einmal lebt, gelassen zu Ende leben und es, wenn es Zeit dafür ist, ebenso gelassen lassen. Zwar ist er immer noch gezeichnet von einer Seinsgeschichte, die ihn um jeden Preis auf ihre Obsessionen festlegen wollte und dafür den Schrecken des Todes und der Finsternis in die Arme trieb. Aber sein Krankheitsgewinn ist unübersehbar: Der Nihilismus, wie er ihn nun buchstäblich versteht, kann erstaunlicherweise eine Lehre des in jedem Sinn gelassenen Lebens, eine Lebens- und Sterbenshilfe sein.

Einige vorgreifende Schlußfolgerungen können allerdings zeigen, wie sehr er damit nach wie vor den Seins- und Schaffensobsessionen einer Welt widerspricht, die um jeden Preis auf Selbstbehauptung, Selbstvermehrung, Selbststeigerung fixiert ist, auch um den eines völlig unfreien Verhältnisses zum Leben und Sterben. Im Widerspruch zur Licht- und Geschenkideologie der Elternmetaphysik hätte Hamlet eher von einem *»Diktat der Geburt«* zu sprechen. Im Widerspruch zum tradierten Todesdenken, das sich paradoxerweise daraus nährt, daß es die Schrecken des partiellen Todes beschwört, würde er für die Überwindung der Furcht durch den *»ganzen Tod«* plädieren.

Eine Philosophie der »Gebürtlichkeit«, der »Natalität«, der »Geworfenheit« ist vom Buch Hiob, von den düsteren Geburtsanzeigen der griechischen Tragödie, den »Fall«-Geschichten der Gnosis, in der christentumskritischen Moderne von Lichtenberg und Lessing, von Kants Transformation des Elternrechts in Elternpflicht und Kinderrecht, von Schopenhauers Neognosis, Bahnsens Realdialektik, Nietzsches Anti-Gnosis, schließlich in unserem Jahrhundert von Heidegger, Hannah Arendt, Hans Jonas, Günther Anders und, auf der Gegenseite, von Emile Cioran, angedeutet, aber nicht entfaltet worden. Das hat natürlich damit zu tun, daß das auf Selbstbehauptung fixierte Leben einerseits nicht gerne hinter sich zurückgeht, andererseits sich mit dem ihm unausweichlich bevorstehenden Sterben weitaus massiver konfrontiert fühlt als mit Fragen der Geburt.

Der wesentlichste Grund für die augenfällige Disproportion der bisher nur in der Form der Maieutik reüssierenden Geburtsphilosophie zur sehr viel entwickelteren Todesphilosophie, die metaphysisch weit besser verwertbar war und ihrerseits die Auseinandersetzung mit der Geburt verdrängte, liegt indes im Positivismus der abendländischen Tradition und der Elternmetaphysik, die ihren Schöpfungsmythen souffliert: Wenn Geborenwerden ein Geschenk, die Welt ein Licht und überhaupt zu sein gut oder gar »sehr gut« ist, dann kann man sich über die Geburt allenfalls noch selbstgefällige oder dankbare Gedanken machen. Die Eitelkeit und das Danken sind dem Denken aber nicht günstig.

Östliches Denken ist hier wieder andere Wege gegangen: Die Geburt wird so problematisch empfunden, daß sie massiv zum Thema wird. Ja, die beherrschenden Karma-Vorstellungen sowohl des Hinduismus wie des Buddhismus, vom Westen stets auf eine immanente Unsterblichkeitslehre reduziert, entspringen primär der Auseinandersetzung mit dem Diktat der Geburt. Allerdings überdecken gerade sie die buchstäbliche »Geworfenheit« des Daseins wieder mit einer ideologisch fatal nutzbaren Reinkarnationsmythologie. Eine radikale Philosophie der Geburt muß sowohl gegen westliche Geburtsvergessenheit wie östliche Rechtfertigungsideologeme argumentieren.

Das Diktat der Geburt ist zwar der Art, daß es mit dem Dasein zusammenfällt; Wesen, die nicht, »noch nicht« sind, können auch beim besten Willen nicht »a priori« befragt werden, ob sie sein wollen oder nicht. »Diktat« heißt nicht, daß sie gegen, wohl aber, daß sie ohne ihre Einwilligung geboren werden, wie Kants Philosophie der Freiheit mit Nachdruck zeigt und selbst ein so lebensfreundlicher Geist wie Goethe im Harfnerlied trostlos beklagt: »Ihr drängt ins Leben uns hinein ...« Dieses Diktat muß keineswegs »a posteriori« von den einmal Geborenen ratifiziert oder gar mit dem obligaten Dank beantwortet werden.

Nicht deswegen, weil das angebliche »Licht der Welt« in Wahrheit Finsternis und das »Geschenk des Lebens« ein Dansergeschenk wäre – wenn es nach den Schöpfern ginge, die es »nur gut meinen« und das Beste wollen, könnte es in der Tat das Aussehen eines Geschenkes haben. Der Morgenglanz der Welt, das erste Lächeln der Kinder, die innige Freude der Eltern – das alles soll keineswegs bestritten werden. Freilich beschenken die Geber, sofern das Leben überhaupt ein Geschenk sein kann, recht besehen sich selber. Denn ohne die Lebendigkeit der Kinder wäre es für die »Erwachsenen« als die Invaliden des Lebens überhaupt nicht mehr auszuhalten.

Fragwürdig ist jede Obligation für das »Geschenk des Lebens« auch nicht deswegen, weil die Metaphern hier allzu sehr hinkten, insofern da kein Jemand ist, dem etwas geschenkt würde, keiner, der nach dem Dunkel das Licht erblickte. Die Schöpfer werden zweifellos das Dasein selber für das Geschenk aller Geschenke halten, in dem Geschenk und Empfänger zusammenfallen – nicht anders, als es in bezug auf das Diktat der Geburt der Fall ist, wo auch keinem Jemand etwas diktiert wird.

Fragwürdig ist jede Obligation hier vielmehr aus Gründen der Freiheit und einer Ontologie, die den Vorzug des

Seins durch die »Nichtsigkeit« des Nichts in Frage stellt. Der Freiheit: Auch Geschenke darf man ablehnen, selbst wenn sich dabei eine gewisse Unhöflichkeit nicht vermeiden läßt. Geschenktem Gaul schaut man am allermeisten ins Maul. Und Diktate muß man ablehnen können, auch wenn die Herren des Seins das meist nicht zulassen wollen und ihre Sklaven mit der Freiheit nichts im Sinn haben. Just die dem Schaffen, dem Sein so wohlgesinnte jüdische Tradition hat als Inbegriff dieser Freiheit eine Befragung der Geschöpfe durch den Schöpfer vor ihrer Erschaffung imaginiert. Sagen sie nein, so werden sie aus dem Buch des Lebens gestrichen. Und sie können, sie dürfen nein sagen.

Aus Gründen der Ontologie: Gerade wenn das Geschenk mit dem Leben zusammenfallen soll, ist paradoxerweise ohne dieses Geschenk niemand ärmer, wie seine Vorenthaltung niemandem einen Zwang antut. Es verschlägt nichts, daß die Schöpferideologie es als Unglück, als Nachteil denunziert, nicht geboren zu sein, und die Elternmetaphysik keine größere Drohung aussprechen zu können glaubt als den Wunsch, die Existenz der Geschöpfe rückwirkend zu annullieren: »Wärest du nie geboren ...!« Niemand hätte darunter gelitten, niemand hätte dieses Unglück je erlebt. Das Nichtgeschenk der Geburt nimmt, das Diktat der Nichtgeburt diktiert niemandem etwas. Ja, wenn das Nichtsein prinzipiell nicht »schlechter« oder gar »schlecht« sein kann, dann ist unter allen, selbst besten Umständen der Vorzug des Geborenseins dahin. Das Diktat der Geburt kann mit ihm nicht kompensiert werden.

Die meisten Geborenen, wenn man sie befragt, werden sich natürlich des Lebens freuen. Das entspricht ihrem Willen zum Dasein, ihrem Lebensgefühl, abgesehen davon, daß Wesen, die nun einmal leben, nur sehr schwer von sich abstrahieren können und das schon gar nicht gerne tun. Und wenn sie es täten, würden sie, da sie auf dem Standpunkt ihres Daseins stehen, sich alles zu nehmen glauben. Daß kein Ungeborener je einen, seinen Verlust erlebt, sehen sie nicht.

Außerdem erschweren Eltern- wie Kindschaft die Auseinandersetzung. Wenn den Geborenen überhaupt ein Diktat der Geburt bewußt wäre, würden sie frohen Mutes und vollen Herzens verkünden, daß sie es immer schon gewollt hätten. Bereitwillig würden sie die Entlastung gewähren, die ihnen die Elternmetaphysik abverlangt. Die unfrohe Botschaft Emile Ciorans vom »Nachteil, geboren zu sein«, die die »verfehlte Schöpfung« ins Herz der Finsternis treffen will, muß jedenfalls keineswegs die Schlußfolgerung aus dem Diktat der Geburt sein. Hamlet kann auch hier zu gelasseneren Ergebnissen kommen.

Es bleibt aber die bedenkliche Tatsache, daß die Schöpfer durchweg unbedenklich ihren Geschöpfen ein Leben oktroyieren, das selbst im besten Fall, unter der Voraussetzung eines vollständig glücklichen Daseins, keinen Vorrang vor dem Nichtsein haben kann, zu schweigen von den Fällen, wo das Nichtsein relativ besser als ein zum Leiden gewordenes Leben ist. Hamlet weiß, daß er zwar vielleicht Ophelia und sich, aber keinem Ungeborenen etwas nimmt, wenn er das Schaffen von möglichem Dasein unterläßt.

Diese Einsicht aber kann sich die Elternmetaphysik nicht gestatten. Sie hält am Geschenkcharakter des Lebens fest. Und wenn dem der Leidenscharakter des Lebens widerspricht, muß sie unter allen Umständen versuchen, das Leiden zu rechtfertigen. Sie tut das vor allem, indem sie es moralisch und pädagogisch begründet: Leiden ist Prüfung oder Strafe. Und wo die Elternmetaphysik sich mit offensichtlich unverdientem Leiden konfrontiert sieht wie dem, das schon mit der Geburt gegeben ist, sorgt sie mit ihren Hilfskonstruktionen dafür, daß die Leidensrechnung aufgeht. Sie sind als »Erbsünde«, als »Karma« bekannt: Die Leidenden verdienen, was sie leiden – auch wenn denen, die ohnehin im Elend sind, vielleicht unter der Ungerechtigkeit einer sozial depravierten Geburt leiden, so noch ein moralischer Tritt mitgegeben wird.

Die christliche Erbsündenlehre soll den schreienden Widerspruch zwischen individueller Schuldlosigkeit und dem kollektiven Leiden in einer an sich für gut erklärten Schöpfung kitten. Am massivsten sind diese Schuldkonstruktionen indes vom Hinduismus ausgebeutet worden, der in ihnen den Heiligenschein seines brutalen Kastensystems gefunden hat: Wie es dir geschieht in der Geburt, ist es nur gerecht.

Ja, die Geburt als solche ist gerecht. Hier schlägt die Kühnheit östlichen Denkens, das die Geburt nicht als Geschenk, sondern als Leiden zu verstehen wagt, in potenzierte Ideologie um. Das ist die symptomatischste Bedeutung des Karma-Gedankens: Das Diktat der Geburt wird auf eine notwendige Vergeltungskausalität zurückgeführt. Aus dem Diktat wird die Tat. Schopenhauers Willensmetaphysik, die sonst der Schöpfungsideologie von Grund auf widerspricht, nimmt denselben Etikettenschwindel vor, wenn sie das *Diktat* der Geburt dem *Willen* zum Leben anlastet.

Wie anders aber sehen die Schlußfolgerungen aus, wenn das Diktat nicht verleugnet wird. Gerade weil es schon mit der Geburt gegeben ist und von keinem Vorzug des Seins kompensiert werden kann, erlegt es, sozusagen nach dem Verursacherprinzip, allen Schöpfern die Pflicht auf, ihren Geschöpfen das Leben so frei und so gut wie möglich zu machen: »Handle so, als ob es als Geschenk betrachtet werden könnte!« lautet der kategorische Imperativ einer vor allem die Ansätze Kants aufnehmenden Kritik der generativen Vernunft. Dieser Imperativ impliziert eine ebenso einseitige, asymmetrische wie umfassende und unbedingte Verantwortung, wie neuerdings selbst ein so positiver, vom unendlichen Vorzug des Seins durchdrungener Geist wie Hans Jonas gezeigt hat.

Eine völlige Umverteilung der Rechte und Pflichten ist die Folge. Nach der tradierten Elternmetaphysik obliegt nicht etwa den Gebern die Verantwortung für die unerbetene, wenn auch nicht verbetene Gabe, vielmehr den Empfängern die Rechenschaft für den Gebrauch ihrer »Talente«, vorab ihres »Talents«, zu sein. Für die Geber ergeben sich so statt Verantwortungspflichten Verfügungsrechte, für die Empfänger statt Anspruchsrechten Dankespflichten. Sie schulden die Gegengabe. Der eigentliche Sinn des generativen »Geschenks« ist die Schuldproduktion. Deswegen gibt es auch keine Zukunftsverantwortung der Geber, sondern nur die Rechenschaftspflicht der Empfänger für das Empfangene. Das begründet die Herrschaft der Vergangenheit über die Zukunft, der Eltern über die Kinder, der Schöpfer über die Geschöpfe, die für alle Formen der Elternmetaphysik, für ihre genealogische Ontologie so charakteristisch ist. Der patrilineare Familienroman des Christentums hat ihr den stärksten Ausdruck gegeben, indem noch die Erlösung der Geschöpfe auf ihre Kosten geht: Der Sohn ist es, der zur Versöhnung des Vatergottes sterben muß. Jetzt aber ist den Gebern die Bringschuld und alle Verantwortung auferlegt, und die Empfänger haben statt Schulden Rechte.

Verantwortung freilich ist, anders als es das allzu schlichte Plädoyer für die gute, weil realistische Verantwortungsethik im Gegensatz zur schlechten, weil unrealistischen und latent terroristischen Gesinnungsethik will, eine heikle Kategorie mit konkurrierenden Konsequenzen. Aus der Perspektive des Diktats der Geburt berührt sie in einer außerordentlich ambivalenten Weise die Wege der Freiheit. Einerseits resultiert aus ihr die Fürsorgepflicht denen gegenüber, denen die Geburt ohne ihre Einwilligung oktroyiert wurde, andererseits aber die Verpflichtung auf die Einräumung und Erhaltung ihrer größtmöglichen Freiheit.

An einer nie hinlänglich in Frage gestellten, eher für

selbstverständlich gehaltenen Praxis der Elternmetaphysik: der Taufe der unmündigen Kinder, läßt sich konkret demonstrieren, welche Implikationen das hat. Während die Apologeten der Taufe dem Diktat der natürlichen Geburt das der geistlichen hinzufügen und das Heil der Kinder als Rationalisierungsgrundlage dafür bemühen, wird die ernstgemeinte Freiheit eines Christenmenschen zumindest Ratifizierungsmöglichkeiten einschließen, wie sie historisch etwa mit der Idee der Wiedertaufe verbunden sind. Noch besser wäre es, auf die mündige Wahl zu warten: im Zweifel für die Freiheit. Aber diese Geduld brachte und bringt die Elternmetaphysik nur selten auf.

Welche aktuellen Konsequenzen die scheinbar so menschen- und lebensfremde Rede vom Diktat der Geburt einschließt, zeigt die ökologische Frage, ob die Determination nachkommender Generationen zugunsten eines unterstellten materiellen Wohlstands legitim sein kann; außerdem jene gen-ethische Frage, die die Rationalisierungsgrundlagen der Biotechnik betrifft: ob die forcierte genetische Determination mit einem unterstellten eugenischen Wohlstand gerechtfertigt werden kann, ja, ob sie überhaupt zu rechtfertigen ist, wenn ein Vorzug des Daseins vor dem Nichtsein nicht begründet werden kann. In bezug auf beide Fragen gilt, daß eine durch das Diktat der Geburt schon prekäre Freiheit nicht ohne Not weiter eingeschränkt werden darf.

Die radikalste Form der Freiheit bleibt freilich die Freiheit zum Tode. Allein diese Freiheit balanciert das Diktat der Geburt. Erst mit ihr wird es revisionsfähig, die Entscheidung der Schöpfer widerrufbar. Nur als »Neinsagenkönner« werden die Geschöpfe vom »Gemächsel« zu Subjekten, die sich wählen können. In der Spannung von Diktat der Geburt und Freiheit zum Tode bewegt sich die existentielle Freiheit.

Die Freiheit zum Tode gibt es nur als individuelle; kollektiv, wie es die Untergangsphantasien der nachschopenhauerischen und der anthropofugalen Philosophie suggerieren und die nekrophilen, guruzentrischen Sekten als Präludium für den Globocid eines weltweiten Jonestown inszenieren, gibt es sie nicht – um so weniger, als schon die Geburt Diktat genug ist. Die »kollektive Selbsttötung« ist immer gesteigertes Diktat.

Allem Gerede von der Freiheit eines Christenmenschen zum Trotz wollte die christliche Tradition aber auch von der individuellen Freiheit zum Tode nie etwas wissen. Ganz im Gegenteil hat sie in dem Maße, wie sie das Diktat der Geburt zugunsten der Ideologie vom »Geschenk des Lebens« verdrängte, die Freiheit zum Tode tabuisiert. Statt mit ihr das Diktat zu balancieren, hat sie es mit dem Ausstiegsverbot potenziert. In bezug auf den Tod ist das Christentum am krassesten hinter die Antike zurückgefallen. Diese hat zwar auch ihr Versprechen, Philosophieren heiße Sterbenlernen, in der Metaphysik Platons nur als Einübung in ein höheres Leben ausgelegt. Die christlich-asketische Tradition hat das Sterbenlernen denn auch prompt als Selbstabtötung – die einzig legitime Freiheit zum Tode – verstanden. Es fehlt in der antiken Philosophie aber nicht an großen Beispielen, die dieses Versprechen wörtlich nehmen und zeigen, nicht nur sagen, daß der Tod nichts Negatives sein muß.

Der sogenannte »Tod« des Sokrates, dieses im Geiste angeblich schon so christlichen Mannes, der sich indes den traumlosen Schlaf als freundliche Metapher des Nichts denken konnte, ja, der dem Tod als dem Arzt der Ärzte dankbar opferte; die Subversion Epikurs, der den Tod insgesamt »entübelte« und die Macht der Götter an der Grenze zum freien Tode enden ließ, die zu überschreiten ihnen anders als den sterbefähigen Menschen nicht möglich war; ganze Kommunen wie die von Massilia und Keos, die den Sterbewilligen sogar den freien Tod ermöglichten – das alles bezeugt eine nicht einzuschüchternde Autonomie in den letzten Dingen, die dem Christentum nur als Inbegriff hybrider Gottes- und Seinsferne erscheinen konnte. Es wollte seit je – und in seiner römischen Version will es das mehr denn je – das Leben diktieren. Auf dem Boden eines unendlich guten Seins konnte schon gar kein Raum für das Nein zum Leben sein. Deswegen mußte der Selbstmörder zum verwerflichsten Antipoden des Schöpfers werden, die Judas-Figur zum Gegenspieler des Erlösers, der freie Tod zur eigentlichen Sünde wider den Heiligen Geist – obwohl der Erlöser selber dem freigewählten Tod nicht gar so ferne war. Deswegen durfte der Selbstmörder aber auch am allerwenigsten dem Leben entrinnen können: Krank, nein, böse zum Tode war er, ohne wirklich sterben zu können. Zum höllischen ewigen Leben blieb er verdammt.

Und es handelt sich bei diesen Verdikten nicht etwa nur um die sadistischen Obsessionen abgelebter Zeiten. Noch heute verurteilt vielmehr eine in ihren Entscheidungen über Tod und Leben nach wie vor von der christlichen Tradition beherrschte, außerdem vom obligaten Positivismus geprägte Welt diejenigen, die menschenwürdig, das heißt frei sterben wollen, menschenunwürdig, das heißt unfrei zu leben. Wenn schon der Eingang ins Leben keine Sache der Freiheit ist, dann darf offenbar der Ausgang schon gar nicht frei sein. Das Diktat der Geburt vollendet sich in der Diktatur des Lebens. Zynischerweise dient dabei ausgerechnet die Euthanasie-Diktatur des Nationalsozialismus als Rationalisierungsgrundlage.

Das gestörte Verhältnis zum freien Tod aber ist nur das signifikanteste Symptom einer Zivilisation, die das Sterben insgesamt wieder verlernt oder nie erlernt hat. Zum ganzen, zum restlosen Tod, zum definitiven Ende verhält sie sich so unfrei, daß sie sich mit ihm weniger denn je versöhnen kann. Das Töten, das Vernichten, ja, das beherrscht sie seit je und heute mehr denn je, ihre Welt ist voller Morden, die Bilder davon sind in ihr allgegenwärtig. Aber immer ist es der aggressive Tod, der Tod als Killer, der Tod als Feind.

Für die Bibel war er die erste aller Strafen, mit der das Paradies endete. Und auch dann, wenn man den Mythos vom Sündenfall als Metapher einer Bewußtseinsgeschichte liest, derzufolge das menschliche Leben dem Tod erst in dem Moment wirklich zum Opfer fällt, wo es vom Baum der antizipierenden Erkenntnis ißt, wird der Tod als Katastrophe gedacht. Mehr noch als zwischen »Frau« und »Schlange« ist Todfeindschaft zwischen dem Leben und dem Tod gesetzt.

Der Knochen-, der Sensenmann, den das Christentum dann allen Versprechungen seiner »Friedhöfe« zum Trotz imaginierte, war der menschliche Körper, aber gesehen mit dem bösen Blick, ohne das schöne Fleisch, das war wie Gras; der Tod, den man zwar in sich hatte, aber wahrgenommen von außen, schreckenerregend, häßlich und brutal; der alle gleichmachende, auf das Gerippe reduzierte, personifizierte Tod-Feind, wie er dem hinfälligen Leben gewalttätig entgegentrat, nicht der »Zwillingsbruder des Schlafes«, den erst die klassizistischen Renaissancen wiederentdeckten, und wenn »Freund Hein«, dann wieder ein solcher, dem die Heimführung der Seele anvertraut war. Es brauchte schon die Musik eines Schubert, um Schrecken und Verheißung miteinander zu versöhnen.

Ein Beispiel aus unseren Tagen: das eines Dichters, den der Traditionalismus für einen christlichen hält – Reinhold Schneiders –, zeigt allerdings, mit welcher Konsequenz sich im Herzen der Tradition selber die Konversion zum ganzen Tode, die Abwendung von ihren Sterblichkeits- und Unsterblichkeitsphantasmen wie ihrer Lebensideologie ereignen kann.

Noch in der nachchristlichen Welt aber ist das Schreckbild Tod in jenen Moribunden zu erkennen, die von einer zwanghaft auf das Leben fixierten Medizin um jeden Preis am Leben gehalten werden und gerade so, gespickt mit Schläuchen und Drähten wie einst der blutigste Blutzeuge, den noch Gesunden Furcht und Elend des Sterbens präsentieren.

Der theoretische Reflex dieser Schreckbilder ist an einer Psychologie abzulesen, die ihre denkbar plausibelste Entdeckung: die des Todestriebs, befehdet wie keine andere sonst. Deswegen die Pathologisierung des Todestriebs als »Nekrophilie«, als Todessucht und (Selbst-)Zerstörungslust, als leibhaftig gewordener Nihilismus, deswegen das Unvermögen, die »Nekrophilie« von der »Thanatophilie«, der vielleicht masochistischen, aber unaggressiven Neigung, wenn nicht Liebe zum Tode, zu unterscheiden, unverständig durchaus, weil sie als Gegengewicht zu dem Vorauswissen eines den Tod antizipierenden Daseins unersetzlich ist. Der Todestrieb gehört – hoffentlich! – zu seiner Grundausstattung. Wenn es ihn nicht gäbe, dann müßte man ihn erfinden.

Im Schrecken des Todes aber ist das perhorreszierte »Nichts« gegenwärtig, dessen radikalster Repräsentant er für den obsessiven Willen zum Dasein, zum Weitersein ist. Auch wo der Tod nicht mehr als »der Sünde Sold« gilt, hängt er als »Beil des Nichts« über allen Köpfen. Und deswegen muß man sich mit allen Mitteln gegen ihn behaupten. »Les jeux sont faits, rien ne va plus, nichts geht mehr, nur noch das Nichts?« Das kann doch niemand wollen.

So versucht die nachchristliche Moderne die Todeskrankheit, den Tod als Krankheit, mit biomedizinischen und technischen Mitteln zu kurieren. Sie schließt aber auf ihre Weise nur an einen Glauben an, der bei allem Reden von Tod, Sterblichkeit und Endlichkeit allemal seine Hoffnung auf die Unsterblichkeit setzte. Daß Leben sterblich ist, konnte er nie gelten lassen. Die Verdrängung des Sterbens ist ältesten Datums, keineswegs nur eine Neurose der gottlosen Moderne.

Das ewige Leben blieb für den Glauben zwar risikoreich, weil es unter der Drohung des Gerichtes stand: Vor den Eingang in die Unsterblichkeit hatte der strenge Richter aller Sünder die Todesfurcht als die wahre Furcht des Herrn gesetzt. Aber noch größer war offenbar das Risiko, nicht mehr zu sein, nichts zu sein: lieber ein Schrecken ohne Ende als der Schrecken des Endes. So setzte sich der »struggle for life« bis ins Jenseits fort. Die »ars moriendi« wurde als »ars vivendi et permanendi« geübt. Das ist noch für das christlich geprägte westliche Mißverständnis östlicher Reinkarnationslehren charakteristisch. Der unbelehrte Wille zum Weiterleben betrügt sich mit »spirituellen« Bildern von der nächsten Seelenwanderschaft.

Bekämpft mit alledem wird freilich nicht eigentlich das Nichts, sondern die Vernichtung, die das nichtsige Nichts genausowenig wie überhaupt etwas ist; gemeint ist das Sterben der noch Lebenden, nicht der ganze Tod. Er entzieht wie das nichtsige Nichts allen Phobien wie freilich auch allen »Philien« den Grund: eine sich selbst vernichtende Vernichtung. Er ermöglicht die zuverlässigste Überwindung der Furcht.

Es mag sein, daß diese Unterscheidung für das Leben, das mit jeder Faser am Dasein hängt, wenig hilfreich, wenn nicht der blanke Hohn ist, jedenfalls weitaus schwerer zu akzeptieren als die Unterscheidung zwischen Nichts und Vernichtung in bezug auf das Nichtentstehen, Nichtgeborenwerden von »noch nicht« Seiendem, wo die »Vernichtung« nur Möglichkeiten, nicht Wirklichkeiten betrifft. Epikurs ebenso gelassene wie triftige Erkenntnis, daß der Tod kein Übel sei, weil er allein »ist«, wenn die Menschen nicht sind, solange sie aber sind, er nicht ist, hat sie nur schwer überzeugen können: Ihr Wille zum Dasein starrt obsessiv auf die Vernichtung.

Immerhin könnten sie versuchen, sich das schöne selbstironische Paradoxon des Vorsokratikers Epicharmos aus Krastos zu eigen zu machen: »Sterben, nein, das bleibe fern, doch tot sein – das macht mir nichts aus«, vor allem »mir«. Aber solch fröhliche Todeswissenschaft hat eine gleichermaßen nichts- wie todesvergessene Tradition am allermeisten vergessen. Im Widerspruch zu ihr und den aktuellen Formen der Todesparanoia, in der sie fortlebt, sind deswegen weiterhin die todesphilosophischen Schlußfolgerungen der Nichtswissenschaft zu ziehen.

Das Resultat ist keine Feier, keine neue todessüchtige Frohbotschaft, aber doch eine Apologie des ganzen Todes, eine »Thanatodizee« als Gegenentwurf zur mißlingenden Biodizee: Nur, gerade der partielle Tod hält die Angst und den Schrecken noch am Leben, von denen der ganze Tod wie das Nichts von der Vernichtung nichts mehr weiß. Er ist, wenn nach dem Diktat der Geburt »Etwas« und nicht mehr Nichts ist, der legitime Platzhalter des nichtsigen Nichts. Wie das Nichtsein, das Nichtgeborensein keine Abwesenheit und keinen Mangel kennt, ist in ihm mit dem Leben auch das Sterben und Vergehen vergangen. »Noch-Nicht« und »Nicht-Mehr« sind wieder, was sie waren – nichts. Das verspricht zum Ende, das ein Ende sans phrase, ein endliches Ende intendiert, Gelassenheit, ja, eine unverhoffte Leichtigkeit im Umgang mit dem Tod wie dem Nichts.

Doch bis dahin ist es noch eine kleine Wegstrecke. Einstweilen fordert der Geist der Schwere noch einen gewissen Tribut: in der Zumutung eines Denkens, das vertrauten Vorstellungen einer vom Willen zum Sein, zum Weitersein und Mehrwerden, Mehrhaben, zum Schaffen und Machen beherrschten Zivilisation widerspricht; in der Zumutung auch von Schwierigkeiten für das Denken, die in bezug auf das nichtsige Nichts groß zu nennen, eine Untertreibung ist.

Um das Buch gleichwohl so zugänglich wie möglich zu halten, ist es so geschrieben, daß es auch Leser, die nicht fachphilosophisch ge- oder verbildet sind, erreichen kann. Es setzt nur die Bereitschaft voraus, sich mit existentiellen Fragen philosophisch auseinanderzusetzen, das heißt gemäß dem Ödipus-Portrait Schopenhauers mit dem Mut, keine Frage auf dem Herzen zu behalten – und gegebenenfalls keine Antwort.

»Bei der Hand nehmen«, wie es die vordergründig benutzerfreundliche, latent autoritäre und infantilisierende Metaphorik der trivialphilosophischen Unterhaltungsgesellschaft möchte, will das Buch seine Leser freilich nicht. Weder kann es das, noch wäre das wünschenswert. Es versucht also nicht, das philosophisch erreichte Problem- und Komplexitätsbewußtsein allzusehr zu unterbieten. Dabei ist es, wie schon bisher offensichtlich, dem Jargon des Faches nicht immer entgangen. Es führt vielmehr etliche Neologismen (»Bio«-, »Onto-«, »Genodizee«, »Konversionsontologie«, »Ontozentrik«, »Ontomorphie«, »Ontophilie«, »Ontoerotik«, »ontologische Indifferenz«, »Theolosophie«, »Insistenzialismus«, »Nirwanismus«, »Nichtsvergessenheit«, das »verseite«, das »nichtsige« Nichts ...) selber ein. Aber es wurde auf fortlaufende Erläuterung, generell auf existentielle Übersetzbarkeit geachtet. Die »Kritik der generativen Vernunft« wird plastischer, wenn sie der »Elternmetaphysik« und dem »Diktat der Geburt« gilt, die »Thanatodizee«, die »Thanatophilie« hoffentlich überzeugender, wenn sie sich auf den »ganzen Tod« bezieht. Das hochgerüstete Theoriedesign der Fachphilosophie kann jedenfalls nicht der Lebens- und Sterbensweisheit letzter und bester Schluß sein. Die Philosophie der Antike, die, wie neuerdings wieder verstärkt bemerkt, als elementar praktische, an Lebensführung orientierte, dem neuzeitlichen Verständnis der Philosophie als Theorie widerspricht, dann vor allem Schopenhauer und Nietzsche, die wie wenige andere erreicht haben, daß Philosophie die Menschen bewegt, in unseren Tagen das Werk von Günther Anders mit seiner prägnanten Kreuzung von »Metaphysik und Journalismus« setzen andere Maßstäbe. Auch der Stimme der Dichter wird mehr Bedeutung eingeräumt, als in einer »strengen« philosophischen Untersuchung legitim sein mag.

Dieses Buch ist ebenfalls nicht an einer Philosophie interessiert, die auf Philosophiegeschichte und Exegese schrumpft. Das wäre zwar nicht das Ende der Philosophie, wie man sich in der zeitgenössischen akademischen Szene überzeugen kann, aber wohl das Ende des Philosophierens.

Natürlich soll damit nicht der Philosophievergessenheit das Wort geredet werden. Wer nach einer mehrtausendjährigen Geschichte der Philosophie unvermittelt aus dem Stand der Unschuld, dem hohlen »Bauch des Seins« philosophieren wollte, würde vermutlich nur allzubald dem Geist der Leere zum Opfer fallen. Deswegen erhalten Geschichte und Exegese in der Darstellung der historischen Umrisse der Grund-Frage und der Formen der Nichtsvergessenheit das nötige Gewicht. Die Lektüre ist aber auf die primären Texte beschränkt: Auf die Frage nach ihrer Überzeugungskraft kommt es an.

Die Sekundär- und Tertiärliteratur wurde soweit wie möglich zur Kenntnis genommen. Die Auseinandersetzung mit ihr findet aber bis auf wenige Ausnahmen nur implizit statt. Die Quellenangaben sind auf das Nötigste beschränkt. Das Buch hat keinen schulphilosophischen Ehrgeiz. Es macht auch keinen Versuch, den Fragen der Genealogie und der Priorität Rechnung zu tragen. Es orientiert sich am meisten an einigen Denkern der Antike, zumal des Hellenismus, in der Neuzeit an einem »linksschopenhauerianisch« und zugleich nihilistisch radikalisierten Schopenhauer, an Nietzsches Analysen ohne seine Therapien, in der

Gegenwart an Günther Anders' »metaphysischer Zivilcourage«.

Von den jüngsten Autoren seien summarisch nur die Arbeiten genannt, mit denen das Buch sich in der Fragestellung und einigen Ergebnissen berührt:

Franz-Josef Wetz: »Das nackte Daß. Die Frage nach der Faktizität«. Pfullingen 1990; »Lebenswelt und Weltall. Hermeneutik der unabweisbaren Fragen«. Stuttgart 1994;

Ulrich Steinvorth: »Warum überhaupt etwas ist. Kleine demiurgische Metaphysik«. Reinbek 1994;

Manfred Geier: »Das Glück der Gleichgültigen. Von der stoischen Seelenruhe zur postmodernen Indifferenz«. Reinbek 1997.

Diese Arbeiten zeigen nachdrücklich, daß nach dem Ende der Utopien, aber auch im Widerspruch zum blinden zerstörerischen Selbstlauf des konkurrenzlos globalisierten westlichen Systems metaphysische Fragen in existentieller Absicht wieder zum Thema werden können. Wie sollte das auch anders sein, wo dem entstehenden und vergehenden Dasein, das sein und schaffen kann oder nicht, die Hamlet-Frage radikaler denn je gestellt ist. Schon »im Anfang« hätte sie bei etwas mehr an des »Gedankens« durchaus wünschenswerter »Blässe« nahegelegen. An den Anfang kehrt deshalb dieses Buch zusammen mit denen, die gedankenlos den Anfang setzten, zunächst noch einmal zurück, bevor es dorthin gelangen kann, wohin es kommen will und alles kommen muß und wovon so sachgerecht lakonisch wie möglich sein Titel spricht.

Das höchst bedenkliche Faktum freilich, daß man unerachtet aller intendierten Lakonie darüber so viele Worte machen kann, vielleicht machen muß, wie dieses Buch sie macht, sorgt immerhin für eine gewisse ironische Pointe: Mit allem Etwas, auch der Nichtsvergessenheit, die das Buch zu revidieren versucht, teilt es die erheiternde Bestimmung, »much ado about nothing«, viel Getue um nichts zu sein. Das ist nach Lage des Nichts im Abendland unvermeidlich. Erst mit seinem letzten Wort kann das Buch wirklich lakonisch, erst nach seinem letzten Wort nichtsgerecht wortlos sein.

ERSTER TEIL

Die Hamlet-Frage der neuzeitlichen Philosophie

1. KAPITEL

Am Anfang war was? Der »Logos« der Frohen Botschaft gerät in Schwierigkeiten. Dr. Fausti Weheklag. Plumpes Etwas und reines Nicht. Die Hamlet-Frage. Georg Büchners Fels des Nihilismus. Von der Theodizee zur Biodizee. Hiob verflucht den Tag seiner Geburt. Kant über das Mißlingen aller Versuche in der Theodizee. Warum schuf der Schöpfer? Das Prinzip der Fülle. Eine Konversionsontologie. Begegnung mit dem Sein – Begegnung mit dem Nichts. Verfehlte Schöpfung. Die Grund-Frage der neuzeitlichen Philosophie. Elternmetaphysik. Der gesunde Menschenverstand, das Nein und das Nichts.

»Am Anfang schuf Gott den Himmel und die Erde«: Unvermittelt setzt der biblische Schöpfungsbericht ein, mit einem selbstherrlichen Akt, der keiner Begründung zu bedürfen scheint. Nichts ist ihm voraufgegangen; der Schöpfergott hat sich keine Gedanken gemacht. Warum er eine Schöpfung will, warum sie gar sein soll, verrät er uns jedenfalls nicht. Daß er sie will, versteht sich von selber. Ob das von ihm Geschaffene gut war oder gar, wie er dann am sechsten Tag sieht, »sehr gut«, stellt sich naturgemäß erst im nachhinein heraus. Belobigt werden die vollendeten Tatsachen. Der Schöpfer hat eine augenfällige Neigung zum »fait accompli«.

Sein Selbstlob kann freilich nur bestätigen, daß »ein jegliches *nach seiner Art*« gut war. Ob es relativ schlechter, gar absolut schlecht gewesen wäre, wenn er es überhaupt nicht geschaffen hätte – diese Frage stellt sich ihm auch am siebenten, dem Ruhetag, wo eigentlich Zeit zum Nachdenken gewesen wäre, nicht. Wie viele nach ihm ist er ein Macher und kein Lasser.

»Im Anfang *war*...«: die Wiederaufnahme des Schöpfungsberichtes in den ersten Worten des Evangeliums nach Johannes geht eine Stufe weiter zurück: auf ein Sein, das der »Logos« ist – das »Wort«, durch das alles geworden ist; den »vernünftigen Grund«, mit dem man im griechischen Wortgebrauch Rechenschaft für etwas gibt. Doch auf dieser Grundlage erübrigt sich ebenfalls jede weitere Frage. Daß alles Leben durch den schöpferischen »Logos« werden sollte, ist so klar wie das Licht, das da »leuchtet in der Finsternis« – auch wenn diese es ihrem Wesen gemäß nicht ergriffen hat. Im »Wort« war das »Leben«. Und das »Leben« war das »Licht« der Menschen. Die heilige Dreifalt von »Logos«, »Licht« und »Leben« steht über einer Schöpfung, die der Beginn eines Lichtfestes ist. »Veni creator spiritus«, »komm, Schöpfer Geist«, heißt es seitdem. Der Schöpfer ist Geist, wie der Geist Schöpfer ist. Nicht nur alles in seiner Art ist gut; *daß* Leben ist, ist gut; zu sein, ist gut: Lebens- als Lichtmetaphysik von »Logos« Gnaden.

Vermutlich ist es der Finsternis zuzuschreiben, wenn fast zweitausend Jahre später vier deutsche Autoren bei ihrer Übersetzung des »Logos« andere Wege gehen. Friedrich Nietzsche erzählt den Anfang des Johannes-Evangeliums unter dem Titel »Menschliches, Allzumenschliches« nach. Es geht um die *»Historia in nuce«*, die ganze Geschichte »in einer Nuß«: »Die ernsthafteste Parodie, die ich je hörte, ist diese: ›im Anfang war der Unsinn, und der Unsinn *war*, bei Gott! und Gott (göttlich) war der Unsinn.‹« (Sämtliche Werke, ed. Colli/Montinari, Krit. St.-Ausg., München 1980, II 388). In Nietzsches blasphemischer Parodie wird die frohe johanneische Botschaft gleichsam kopflos. Zunächst darf der alogisch gewordene Gott die Existenz des Unsinns im Anfang bestätigen; ein veränderter Akzent und die ironische Lächerlichkeit eines Kommas (»*war*, bei Gott!«) reichen dafür aus. Dann steigert sich die Parodie zur Apotheose des Unsinns.

Die Heiterkeit, die sich dabei trotz aller Ernsthaftigkeit einstellt, wird in Fritz Mauthners »Wörterbuch der Philosophie« unwiderstehlich, Artikel »Gotteswort«: »Es ist schwer, ernst zu bleiben, wenn man den Begriff *Gottes Wort* untersuchen will.« Warum? Ist doch Gott nicht bloß Wort, sondern sogar Antwort, »die Antwort auf die schönste und kindlichste Frage, auf das ewige Warum und das Warum des Warum« (ed. Lütkehaus, Wien 1997, II 7, 19). Doch wie lautet sie? »Wirklich«, wortwirklich, wortwörtlich: »Im Anfang war das Wort, und Gott war ein Wort.« Man muß nur den allzu bestimmten Artikel ersetzen, und schon weiß man, was es mit dem »Logos« auf sich hat. Der von der kritischen Philosophie so unnötig bemäkelte »ontologische Gottesbeweis«, der aus dem Begriff Gottes seine Existenz deduziert, erhält sein ironisches Recht: Der Begriff ist sogar die einzige Realität der Sache! »Von dem monumentalen ersten Satze« des Johannes-Evangeliums bleibt am Ende »nichts übrig als die Wörtchen ›im‹ und ›und‹« (Beiträge zu einer Kritik der Sprache, ed. Lütkehaus, Wien 1999, I 51 ff.).

Das hätte auch Nietzsches »Fröhlicher Wissenschaft« gefallen können. Sein »Zarathustra« gewährt dem auf das bloße Wort gekommenen Gott zwar einen gewissen mildernden Umstand, indem er den »Unsinn« als »Ohne-Sinn«, nicht als Wider-Sinn erläutert (IV 100). Vom »Logos« des vernünftigen Schöpfungswortes ist gleichwohl nichts mehr übriggeblieben. Der Philosoph, der den Tod Gottes verkündet, muß sich eher fragen, mit welchem »Wort« er es nun halten will: »Wenn er ein Wort fände, das ausgesprochen die Welt vernichten würde, glaubt ihr, er spräche es nicht aus?« (VII 496).

Nietzsche spricht das weltvernichtende Wort letzten Endes nicht aus, im Gegenteil: er bekämpft es mit aller Leidenschaft. Sein Lehrer Schopenhauer indessen, der Anti-Logiker, der Anti-Evangelist der Epoche, voller Hohn auf die Nachgeburt des Johannes-Evangeliums in der Hegelschen »Logik«, hatte es ausgesprochen. Wie hatte er die Frohe Botschaft glossiert! Will man den »Logos« oder einen seiner griechischen Vorgänger, den »Nous« des Anaxagoras, als Grund der Welt behaupten (Werke, ed. Lütkehaus, Zürich 1988, II 674), dann muß man den Optimismus verfechten. Doch das »schreiende Zeugniß einer ganzen Welt voll Elend« zeigt, daß sie nur das Werk eines erkenntnislos schaffenden Willens sein kann. Die »Ruhe des allgenugsamen Nichts« wäre das einzig Vernünftige gewesen. Daß sie nicht mehr herrscht, ist der schlagendste Beweis, daß es mit dem »Logos« nicht weit her sein kann. Nicht einmal richtig rechnen kann er. Denn sonst hätte er beizeiten bemerkt, wie katastrophal die Schöpfungsbilanz ausfallen würde. Dem »Logos« fehlt selbst der nötige Calcul.

Unter diesen Umständen muß auch die Rolle des Heiligen Geistes umgeschrieben werden. Hatte der metaphysische Familienroman des Christentums ihn mit Vater und Sohn einträchtig agieren lassen, so ruft Schopenhauer in seinem antitrinitarischen Mythos (II 732) den »heiligen Geist« als Geist der »entschiedenen Verneinung des Willens zum Leben« zusammen mit dem klug gewordenen Menschensohn gegen den weltschöpferischen Vater auf. Zum Widerruf einer verfehlten Schöpfung hat die Negativkarriere des schöpferischen Wortes geführt.

Schon vor Schopenhauer und Nietzsche gerät es in Bedrängnis. Mit dem Glauben, daß alles wert ist, zugrunde zu gehen und es besser wäre, »daß nichts entstünde«, kommt bei beiden nur der populärste Widerpart des »Logos« der Schöpfung zu Wort: seine nihilistische Unheiligkeit, Mephisto. Und wenn sie ihm auch nicht bis zur letzten Konsequenz folgen, der Schopenhauer absagende Nietzsche sogar wieder zum Anti-Mephistopheliker wird, lassen sie den Mephistophelismus doch so nahe an sich heran, wie es sich für einen deutschen Philosophen in der Tradition des Doktor Faustus gehört.

Fausts Tragödie ist exemplarisch für die neuzeitliche Krisengeschichte des »Logos«. Schon bei seinem Übertragungsversuch der ersten Zeile des Johannes-Evangeliums stockt Faust: »Im Anfang war das *Wort*!« Oder der »*Sinn*«*?* Oder die »*Kraft*«*?* Nein, im Anfang war die »*Tat*«*!* (v. 1224 ff.). In der Abfolge seiner Einfälle entfernt Faust sich immer mehr von der logisch-sinnhaften Schöpfungstradition, um sich der unvermittelten Tathandlung anzunähern, die am Anfang der »Genesis« steht. Den geistesgeschichtlichen Weg, der am Ende zum Schopenhauerschen Willen führen wird, legt Faust innerhalb weniger Zeilen zurück. Aber auch die »Tat«, von der er »getrost schreibt«, hätte nicht für einen überzeugenden anfänglichen Anfang genügt. Das Zutrauen auf den »Geist«, der ihm »hilft«, wird von der Gegenwart eines ganz anderen »Geistes« persifliert.

Traditionsgemäß müßte der Anfang im Zeichen »der heilsam schaffenden Gewalt« (v. 1379 f.) stehen. Das Goethische Weltspiel verherrlicht sie am Anfang wie am Ende denn auch. Doch es stellt ihr einen Gegenspieler entgegen, dem es weiß der Teufel nicht an Kraft der Negation fehlt. Die Faust-Tragödie ist der Schauplatz, auf dem der »Logos« der Schöpfung mit seinem mephistophelisch-nihilistischen Widerpart kollidiert.

Dem scheiternden Versuch, eine Botschaft zu übersetzen, die sich selber als »frohe« versteht, ohne sich einstweilen als solche ausweisen zu können, geht Fausts abgebrochener Selbsttötungsversuch vorauf. Vor dem »Sinn« der Welt wird der der persönlichen Existenz fragwürdig. Auch auf die »Gefahr« hin, »in's Nichts dahin zu fließen«, scheut Faust die »dunkle Höhle« des Todes nicht, in welcher sich »Phantasie« und nur die Phantasie »zu eigner Qual verdammt« (v. 714 ff.). Das Gefahrenbild des Nichts, das Höhlenbild des Todes bleibt noch der Schöpfungsidee und ihrer Lichtmetaphysik hörig, aber es hindert den Willen zur Selbstvernichtung nicht.

Dann ruft österlicher Glockenklang und Chorgesang Faust ins Leben zurück. Von neuem ist er »in Werdelust schaffender Freude nah«. Die Feier der Auferstehung bekräftigt die Idee der Schöpfung; Ostern ist gleichsam die Genesis noch einmal. Doch der wiederbelebte »Logos« des Anfangs spricht nur solange, bis er sich in Fausts Übertragungsversuch in eine Mehrzahl von Wörtern auflöst, von denen keines das wahre ist.

Das ist der angemessene Moment, jenen »stets verneinenden Geist« auftreten zu lassen, der nicht bloß anklagender »Advocatus diaboli«, sondern der Diabolus höchstpersönlich in der Rolle des Chefanklägers gegen die Schlechtigkeit der Weltverfassung, die verfehlte Schöpfung ist. Er weiß sich als Teil eines uranfänglichen »Nichts«, dem sich mit dem »Etwas« der »plumpen Welt« auch nur etwas entgegenstellt, das besser gar nicht entstanden wäre. Denn alles, ausnahmslos alles, »was entsteht«, ist für ihn nur »wert, daß es zu Grunde geht« (v. 1339ff.). »Etwas gegen Nichts«, lautet die dramatisch-metaphysische Paarung. Die Idee der Schöpfung favorisiert das »Etwas« gegenüber dem »Nichts«. Doch für Mephisto zeigt sich das wert- und sinnlose, nichtige »Etwas« als bloße Tarnform des »Nichts«. Würde er noch an die Schulphilosophie glauben, dann würde er vielleicht von einer Pseudo-, einer »Ontomorphose« sprechen: das »Etwas« – ein überflüssiger Umweg ins Nichts. Da gäbe es doch direktere Wege ...

Davon will der gerade auferstandene Faust zwar noch nichts wissen. Läßt man ihm aber nur genügend Zeit, dann zögert er nicht, im »Dasein« wieder die »Last«, im Leben das Verhaßte, im Tod das Erwünschte zu entdecken (v. 1570f.). Mephisto kann es sich unter diesen Umständen leisten, nicht mehr die Rolle des theoretischen und praktischen Nihilisten, sondern die des Lebensfreundes zu spielen. Und Faust kann den Teufel sogar überbieten: Mit seiner Verfluchung der Hoffnung, des Glaubens und »vor allem der Geduld« zerschlägt der menschliche »Halbgott« nach der Einsicht des wehklagenden Geisterchors die »schöne Welt« so gründlich, daß nur noch übrigbleibt, die »Trümmern in's Nichts« hinüberzutragen (v. 1609 ff.) – in jenes Nichts, in dem sie von Anfang an besser geblieben wäre.

Auf der Trümmerstätte der Welt wird folgerichtig jener Kontrakt geschlossen, der so oder so, mag Faust sich an das Nichtige verlieren oder sich in nie zu befriedigender Begierde immer wieder sagen, daß es mit allem nichts ist, am Nichts nicht vorbeiführt. »Zu Grunde« zu gehen, ist dem »Etwas« in jedem Fall bestimmt. Faust selber *will* sogar am Ende der Gretchen-Tragödie so gründlich zu Grunde gehen, daß er auch seinen eigenen Anfang widerruft: »O wär' ich nie geboren!« (v. 4596). Vor ihm sind schon Gretchen und das gemeinsame Kind zu Grunde gegangen. Der schuldbewußte Vater spricht angesichts einer kindsmörderischen Mutter, der die »Welt« zum »Grab« geworden ist, und eines schuldlos gemordeten Kindes den Selbstwiderruf aus. Ist Faust zu Beginn der Selbstmörder, der am Leben bleibt, so am Schluß der Überlebende, der die eigene Geburt verneint.

Das ist die neue Logik einer »ab ovo« verfehlten Schöpfung; die Frohe Botschaft gibt sich als gänzlich unfrohe zu erkennen. Von ihr bleibt fünf weitere Daseinsakte später, wenn Faust stirbt, für den Geist, der immer schon wußte, daß es mit dem »Etwas« nichts ist, nur noch der finale Abgesang von Golgotha übrig: »*Mephisto:* Er fällt, es ist vollbracht./*Chor:* Es ist vorbei./*Mephisto:* Vorbei! Ein dummes Wort./Warum vorbei?/Vorbei und reines Nicht, vollkommnes Einerlei./Was soll uns denn das ewge Schaffen,/Geschaffenes zu nichts hinwegzuraffen?/Da ists vorbei! Was ist daran zu lesen?/Es ist so gut als wär es nicht gewesen,/Und treibt sich doch im Kreis als wenn es wäre./Ich liebte mir dafür das Ewig-Leere« (v. 11594 ff.).

Eine unverhohlen nihilistische »recherche du rien perdu«. Die Parodie der letzten Worte des Erlösers am Kreuz, blasphemischer noch als Nietzsches Parodie des Johannes-Evangeliums, quittiert das Leben als ein überflüssiges Pensum zum Abarbeiten, das Ende als eines, das auch den Anfang des »ewgen Schaffens« verschlingt: Schädelstätte der Genesis. Als das, was besser nicht wäre und nie gewesen wäre, geht das »Etwas« wieder zu dem nichtigen Grunde, dem es entstammt. Die Indifferenz des »reinen Nicht«, das »vollkommne Einerlei« des »Ewig-Leeren« macht den Kreislauf des Lebens zwischen Geburt und Tod, der das Sein nur simuliert, zur Farce. »Und siehe da, es war alles sehr gut«, wie der Schöpfer sich in seiner Eitelkeit selber bescheinigt hatte? Mitnichten! »Herzlich schlecht« hatte der verneinende Geist schon in den theatralisch-himmlischen Vorspielen auf das »ewig recht« des göttlichen Herrn gereimt. Nicht nur die »schöne Welt«, die Idee der Schöpfung selber wird mit dem nichtigen »Etwas« zerschlagen.

Gewiß ist das keineswegs des »Faust«-Dichters letztes Wort. Mephisto ist selbstverständlich ebensowenig Goethe wie Faust, vielmehr ein Teil von jener – ihrerseits schöpferischen – Kraft, die stets das Ganze schafft. So läßt der »Faust«-Dichter denn auch keinen »Deus« und keine »Dea ex machina« unbemüht, doch wieder die Seins- als Heilsordnung zu restaurieren. Die »heilsam schaffende Gewalt« bleibt so rege, daß sie nicht nur Gretchen und Faust rettet, sondern das Licht der Schöpfung zum seligen Ende enthusiastisch feiert. Theaterchristentum? Romantikparodie? Eine um den Preis der Verkitschung erpreßte Versöhnung? Wie auch immer: Eine ganze Prozession anziehend-hinanziehender menschen- und gottesmütterlicher Marien stellt sich ein, um dann doch das Versprechen der Geburt zu erfüllen. Die diversen »Patres Ecstatici, Profundi et Seraphici« beeilen sich, »das Nichtige« zugunsten des »Dauersterns« ewiger

Liebe zu »verflüchtigen«. Und der Chor frühverstorbener »seliger Knaben« kann die Nationalhymne der Positivität intonieren – vom »Dasein so gelind«, allen, allen, die da sind (v. 11862ff.).

Der Dichter des »Faust«-Schlusses schreibt unversehens so, als ob er Weihwasser getrunken hätte. Leistet er sich am Ende einen wahrhaft mephistophelischen Scherz, frömmer als fromm werdend – und alle Welt glaubt ihm aufs Wort?

Der Glaube an die Werke des ersten Tages indes ist nicht so einfach wiederherzustellen. Die voraufgegangene Tragödie ist durchaus dissonanter: Sie konfrontiert den überkommenen »Logos« der Schöpfung auf allen Ebenen des Weltspieles, der existentiellen von Geburt, Tod und Selbsttötung, der religiösen von Gott und Teufel, der metaphysischen von Sein und Nichts, mit dem Abgrund der Frage, warum es überhaupt ein »plumpes«, leidendes und leidenmachendes nichtiges »Etwas« gibt und geben soll, wenn das »reine Nicht« die Tragödie des Lebens erübrigen kann.

Nicht ganz so philosophisch prinzipiell, in der Konsequenz aber noch radikaler spricht der Geist der Verneinung aus Fausts älterem Bruder Hamlet. »Sein oder nicht sein«: Hamlets inzwischen zu Tode zitierte Frage ist keineswegs so trivial, wie es sich die abgedroschene Schulweisheit zwischen Himmel und Erde, aber nie willens, auch einmal zur Hölle zu gehen, träumen läßt. Denn wenn Hamlet vordergründig nur nach der Unbekannten in seiner selbstmörderischen Rechnung fragt: dem Sein oder Nichtsein, das nach dem Tode kommen könnte, so ist dabei für ihn längst ausgemacht, daß er sich töten würde, könnte er des endgültigen Endes nur sicher sein. Krank zum Tode ist er. Nur weiß er noch nicht, ob er auch wirklich die »ewige Ruhe« erreichen kann.

Anders als bei Faust, für den in der dunklen Höhle des Todes die *Gefahr* des Nichts lauert, gilt hier die Furcht dem Sein, der inständige Wunsch dem Nichtsein. Daß das Elend des Lebens zu so langem Leben kommt, ist allein dieser Furcht zuzuschreiben. Beschreibt man sie als »Todesfurcht«, verkennt man, daß sie gerade dem Nicht-Tod gilt. So faszinierend ist das Nichtsein, daß der verheißungsvolle Gleichklang von »Sterben – Schlafen – Schlafen!« gleich mehrfach beschworen, in einem definitiven »no more« kulminiert (III 1).

Mit Faust trifft Hamlet sich wiederum im Selbstwiderruf: »Es wäre besser, meine Mutter hätte mich nicht geboren.« Undenkbar, daß ein Hamlet jemals selber zu jenem noch selbstgewissen Schöpfervater werden wollte, der im »König Lear«, dem auf dem Standpunkt der »Schöpfer« stehenden Gegenentwurf zum »Hamlet«, Dank und Gehorsam der Kinder als Tribut »seines Fleisches« einfordert, als schuldige Antwort auf die »Wohltat« des Lebens, und den »Fluch« der »Unfruchtbarkeit« deswegen verhängt, weil sein eigener »Schöpfungskeim« Undank und Ungehorsam zeugte. Nein, auf dem Standpunkt dieser »Pflichten der Natur«, von der guten Tochter Cordelia noch einmal anerkannt, steht Hamlet nicht mehr. Er trägt schon an seinem Vater, seiner Mutter schwer genug. »I say we will have no more marriages« – keine Zeugungsgemeinschaften mehr! Dieses zweite »no more« ist die Schlußfolgerung aus dem ersten, das der potentielle Selbstmörder ersehnt. Wenn »alles« ohnehin »für nichts« ist, wie Hamlet schon früh erkennt (II 2), während die Komödianten des Seins noch so tun, als machten sie ihren Lärm um »etwas«, ist dieses »no more« Ziel und Präventionsmaxime zugleich. Nach der Einsicht Edgars im »King Lear« (V 3) müssen »Menschen dulden/Ihr Scheiden aus der Welt wie ihre Ankunft«. In diesem Sinn ist für Hamlet alles, was »von Geburt« ist, »schuldlos, weil die Natur nicht ihren Ursprung wählt« (I 4). Doch die »readiness«, die eben deswegen »alles sein« soll, erschöpft sich weder dem Tod noch der Geburt gegenüber in einem passiv hinnehmenden Akt.

Ophelia allerdings braucht derlei Ziele und Maximen nicht mehr: Entschiedener als der zaudernde Selbstmörder Hamlet, kommt sie einem Gretchen-Schicksal zuvor, indem sie beizeiten wieder in dem Element untergeht, dem sie entstammt: »adown adown!« Für den überlebenden Laertes ist dieses »Nichts«, das sie im Wahne ist, zwar »mehr als Etwas«: »This nothing's more than matter.« Sie selber aber will nur ins »Todesbett« und »niemals wiederkehren«, »never again« (IV 5). Das sechsmal wiederholte »niemals«, das aus König Lear als Klage ohne Trost über den Tod seiner guten Tochter herausbricht, ist für die nicht weniger gute Tochter Ophelia definitiver Wunsch geworden. Und nun stimmen auch die Väter der Lear-Tragödie, noch vor dem wahnsinnigen Lear der verhinderte Selbstmörder Gloster, in diesen Wunsch ein.

Unter diesen Umständen versteht es sich, daß priesterliches Pflichtgefühl der selbstmörderischen »gewesenen Frau« das christliche Begräbnis verweigern muß. Denn vorsätzlich darf man seine »eigne Seligkeit« nicht suchen (V 1). Nur logisch, daß der »Ewige« als von sich selber und seinen Werken überzeugter Schöpfervater den Selbstmord verboten hat (I 2). Und hier rettet keine »Stimme von oben« das Selbstmörderisch-Weibliche. Schon gar nicht zieht ein »*Ewig*-Weibliches« den an innerem Gift dahinsiechenden Melancholiker Hamlet »hinan«.

Angesichts des offenen Grabes, von dem Hamlet noch nicht einmal weiß, daß es für Ophelia bestimmt ist; angesichts des Totenschädels Yoricks, der im Leben des »Königs Spaßmacher« war, nun aber so grinst, daß den Lebenden aller Spaß vergeht, wird Hamlet zwar noch einmal von der Nichtigkeit des sterblichen Lebens gepackt: Was ist es mit der Größe eines Alexander, eines Cäsar, wenn jetzt nur noch ihr Staub ein Loch in einer Mauer verstopft. Mit Nichtigem die Löcher des Nichts für eine nichtige Dauer schließen! Dieses »Vanitas«-Gefühl empfindet den gleichmacherischen, vernichtenden Tod noch einmal als Übel. Man darf die Dinge nicht »allzu genau betrachten« (V 1). Wenn man das nur lassen könnte!

Doch eben die letzthinnige Nichtigkeit des Lebens ist es, die aus dem Leben ein Übel macht. »Da kein Mensch wirklich besitzt, was er verläßt« – so weiß es die »readiness«, die »alles ist«, wo es mit allem nichts ist –, was kommt es da darauf an, es frühzeitig zu verlassen? Mag's sein. »Let be« – »not to be« (V 2).

»Der Rest ist Schweigen« – jenes Schweigen, an das der verhinderte Selbstmörder Hamlet jetzt endlich glauben kann, ein wahrhaft abschließendes Schweigen, das – mit dem meist überlesenen Doppelsinn von »rest« – das Sein, mit dem es im ganzen nichts war, ganz zur Ruhe bringt. Auch über den toten Hamlet könnte Mephisto sagen: »Es ist vollbracht.«

Auch der »Hamlet«-Dichter kommt nicht ganz ohne die obligatorischen »Engelscharen« aus; aber er verurteilt sie, den Toten »zur Ruh« zu singen (V 2). Das ist auch das mindeste, was man von ihnen verlangen kann, wenn Hamlet dazu verurteilt wurde, eine aus den Fugen gegangene Zeit wiedereinzurichten. »Verfluchte Bosheit, daß jemals ich dazu geboren ward« (I 5).

Im übrigen verzichtet der Hamlet-Dichter auf jenen euphorischen Urmütter- und Urväterhausrat, den der Faust-Dichter mit seinen Marien, Patres und seligen Knabenchören nicht entbehren mochte. Was noch folgt, ist unter »Feldmusik und allen Kriegsgebräuchen« allein eine absurde militärische Totenfeier, deren Lärm das Schweigen nicht respektiert. Wie auch sonst im Leben »much ado about nothing«, »viel Getue um nichts«, wo alles schließlich »für nichts« ist. Satz und Gegen-Satz: »Much ado about nothing« und »the rest is silence«: Das Schweigen allein ist das, was dem Nichts entspricht.

Warum also überhaupt dieses Getue machen? Warum das

ruhestörende »Etwas« einem »Nichts« vorziehen, das ruhiger, frei von Furcht, auch weniger illusorisch als der ganze Seinslärm ist und gerade dann, wenn es seine sowieso unvermeidlichen Siege feiert, ein stiller Sieger ist? Hamlet ist wie Faust kein Mephisto; die nihilistische Frage, was das »ewge Schaffen« denn soll, wenn statt eines »reinen Nicht« nur das »Etwas« einer »plumpen«, am Ende doch nichtigen Welt dabei herauskommen kann, stellt er nicht ausdrücklich. Aber diese Frage liegt auch in der Konsequenz des Hamletschen »sein oder nicht sein«, das einen nicht weniger abgründigen Sinn als die mephistophelische »recherche du rien perdu« gewinnt. Und der Hamlet-Dichter bietet nicht die Versöhnung, die Goethe als Gegenzauber zum mephistophelischen Nihilismus inszeniert.

Die Tragödie des revolutionären Nihilismus, Georg Büchners Drama »Dantons Tod«, geht noch weiter: Sie feiert vorbehaltlos den neuen Gottesdienst des Nichts. Die zentrale Szene für die finale Krisis des schöpferischen »Logos« ist ein philosophisches Gespräch, das eine atheistische Ausgangsthese und ein felsenfestes atheistisches Resultat hat. Der Ort ist ein Gefängnis, nur der Geist ist so frei wie vorher nie.

Der revolutionäre Prokurator von Paris, Chaumette, wird in der Rolle des von Schopenhauer glossierten »Philosophen Anaxagoras«, des Anwaltes des »Nous«, von dem amerikanischen Aufklärer Thomas Payne im neuen Anti-Glauben »katechisiert« (ed. Bergemann, München 1965, 38 ff.). Nach den Regeln eines konsequenten Verstandesgebrauches, der die Halbheiten deistisch akkomodierter Aufklärer vom Typus Voltaires verschmäht, geht die philosophische Beweisaufnahme ihren gleichermaßen nüchternen wie tödlichen Gang. *»Es gibt keinen Gott«:* Die vor dem offiziellen »Tod Gottes« bei Nietzsche noch begründungsbedürftige These wird mit provozierendem Nachdruck formuliert.

»Entweder hat Gott die Welt geschaffen oder nicht. Hat er sie nicht geschaffen, so hat die Welt ihren Grund in sich, und es gibt keinen Gott, da Gott nur dadurch Gott wird« – soweit gilt der christliche Gottesbegriff noch –, »daß er den Grund alles Seins enthält.« Der »Grund« meint zunächst die »Ursache«, muß aber auch den Ansprüchen an eine »gescheute«, vernünftig begründete Schöpfung genügen.

Gott kann aber die Welt gar nicht geschaffen haben. Denn entweder hat die Welt einen Anfang. Dann muß Gott, von Ewigkeit her ruhend, plötzlich vom schöpferischen Furor gepackt, »einmal eine Veränderung in sich erlitten haben, die den Begriff *Zeit* auf ihn anwenden läßt«. Doch das widerspricht dem »Wesen Gottes« – ein Problem, das die Schöpfungstheologie seit je irritiert, zu schweigen von der Frage, was denn wiederum diese Veränderung motiviert, welchen Grund der Grund, welchen anfänglicheren Anfang der Anfang hat.

Oder die Schöpfung ist ewig, Gott und die Schöpfung sind im Sinn des Spinozistischen Pantheismus eins. Es steht aber nicht gerade gut um die »himmlische Majestät«, wenn »der liebe Herrgott in jedem von uns Zahnweh kriegen, den Tripper haben, lebendig begraben werden oder wenigstens« – das gilt selbst unter idealistischen Prämissen – »die sehr unangenehmen Vorstellungen davon haben kann«. Blasphemischer geht es schwerlich: Ging der »liebe Herrgott« einst in eine reine Jungfrau und Gottesgebärerin ein, so laboriert er nun an einer Geschlechtskrankheit.

Mit den unfrommen konkretistischen Exempeln für die Misere eines in die Schöpfung verwickelten Gottes ist jenes Thema angeschlagen, das am Schluß dem Schöpfergott gründlicher den Garaus machen wird, als ein bloßer philosophischer Schluß es kann: die Erfahrung des Schmerzes. Die Welt ist weiß Gott nicht vollkommen. Wie also sollte etwas Vollkommenes ihr Grund sein? Kann man sich denn

Gott überhaupt »nur als schaffend denken«? Gewiß, das ist sehr menschlich, weil wir Menschen schaffen müssen, »um uns nur immer sagen zu können: wir sind!« Denn uns geht es nicht etwa um das Geschaffene, sondern um eine indirekte Seinsvergewisserung und Selbstbestätigung. Doch gerade weil dieses »elende Bedürfnis« so menschlich ist, ist es nicht göttlich. Der Schöpfer ist die anthropomorphste Figur, die je geschaffen wurde. Was sollte eine »harmonisch in sich ruhende, ewige Seligkeit« auch veranlassen können, menschliche »Brotmännchen« – so das infantile Bild – zu kneten? »Warum ist der Mensch? Warum ist der Mensch?« – die insistierend wiederholte Frage taugt im »Woyzeck« nur noch zu blankem Hohn auf die »göttliche Weisheit« (125). Oder helfen ihr vielleicht Kinderspiele weiter: »Warum? Darum. Aber warum darum?« (129). Ein sich selbst genügender Gott hat in sich jedenfalls kein Schöpfungsmotiv.

Also treibt ihn im Gegensatz zu dem egoistischen Impuls menschlicher Schöpfer »überschwengliches Liebesbedürfnis« an, wie wir uns gerne in die Ohren flüstern, »bloß um uns zu Göttersöhnen zu machen?« (39). Aber warum ähneln wir dann eher verlorenen Söhnen, die er »in Schweineställen oder auf den Galeeren« erziehen läßt? Da hat man es doch mit einer bescheideneren Genealogie einfacher.

Kann Gott aber »nur was Unvollkommenes schaffen, so läßt er es gescheuter ganz bleiben«. Nur eine vollkommene Schöpfung wäre eine sinnvolle Schöpfung; nur die Unterlassung der Schöpfung wäre eines »gescheuten« Gottes würdig, wenn die Welt unvermeidlich unvollkommen ist.

Wenn man das »Unvollkommne wegschafft« – dieses »Wegschaffen« ist der Restbestand einer gleichsam »invertierten« Kreativität –, dann kann man Gott vielleicht mit den Mitteln des Verstandes demonstrieren, wie Spinoza es versucht hat. Es ist aber auch ein Verstand danach. »Das Gefühl«, in dessen Namen nun die Philosophie spricht,

»empört sich dagegen«. Es sagt: »Man kann das Böse leugnen, aber nicht den Schmerz.« Er ist das »fundamentum inconcussum« des Realismus.

Leugnen kann man das Böse, das hier nicht das moralisch Böse, sondern das Übel eben des Schmerzes und der Unvollkommenheit meint, indem man es als eigentlich nichtseiend abqualifiziert. Das war der Weg der überkommenen positiven Ontologie gewesen. Der Schmerz aber ist der praktizierende negative Ontologe: Er zeigt, was ist. Sein Zeugnis gilt schlechthin, selbst wenn er nur eine Singularität wäre: »Das leiseste Zucken des Schmerzes, und rege es sich nur in einem Atom, macht einen Riß in der Schöpfung von oben bis unten.« Dieser »ungeheure Riß«, der auch Büchners Lenz zerreißt (81), reicht tiefer als einst derjenige, der den Vorhang im Tempel beim Tod des gottverlassenen Gottessohnes zerriß.

Wenn es nur beim »leisesten Zucken des Schmerzes« bliebe! Doch die schmerzgepeinigten Menschen brüllen so laut, daß »die häßlichen Töne« nur für unheilbare Harmonisten und rohe Götter zu himmlischer Sphärenmusik werden können – so die von Büchner brieflich vorgebetete (166) negative Fragelitanei des vierten Aktes (59f.), die das antike Bild vom Perillos-Stier, in dessen glühendem Leib die Menschen gefoltert werden, bis ihr Schrei »wie ein wollüstiger Hauch« in Tyrannenohren stirbt, auf das Verhältnis der Menschenkinder zu ihrem Schöpfervater überträgt. Ja, Büchners Lenz hört gerade in dem, »was man gewöhnlich die Stille heißt«, die »entsetzliche Stimme, die um den ganzen Horizont schreit« (84). So schreit er seinerseits sein »Titanenlied«, den »Triumphgesang der Hölle«, so speit er die Welt »dem Schöpfer ins Gesicht« (78). Und auch, wenn er wieder ruhiger ist, empfindet er menschlicher als der alte Gott: »Wär ich allmächtig, (...) ich könnte das Leiden nicht ertragen, ich würde retten, retten« (83). Aber der Himmel ist bloß »ein dummes blaues Aug« (78), die Sonne, in deren Licht der »Logos« der Schöpfung einst strahlte, im Anti-Märchen des »Woyzeck« »ein verwelkt Sonneblum«, die Erde für das verwaiste Menschenkind »ein umgestürzter Hafen« (130).

Die Frage: »Warum leide ich?«, die sich auf den nicht zu leugnenden Schmerz-Realismus gründet, wird so ihrerseits zum »Fels des Atheismus« (78). Auf diesen neuen, antipetrinischen, antichristlichen »Felsen« kann man getrost die atheistische Gegenkirche bauen.

Denkbar ist zwar noch die Ausflucht eines vertieften, nicht bloß auf das Positive kaprizierten Pantheismus, der in Gott alles in allem, das Unvollkommene wie das Vollkommene, das Gute wie das Böse, das Leiden wie die Seligkeit umfassen will. »Das Resultat freilich würde gleich Null sein.« Statt zurück zu Gott »kämen wir zum Nichts« (40).

In Büchners Welt gibt es auch Gegenstimmen, unter anderem die altvertrauten christlichen. Wenn selbst ein »sonst frommes Gemüte (...) bitter die Vorsehung« nach dem »Warum?« von Schmerz und Tod fragt, feiern sie die »heilgen Schmerzen« nach wie vor als Weg zu Gott. Das Leiden, nicht das gotteslästerliche epikureische Gebet des Genusses (17), ist der wahre Gottesdienst (70, 321). Durchs Kreuz zum Heil, auch wenn am Ende die ganze Welt die Rolle des »gekreuzigten Heilands« übernehmen muß (97). Aber warum denn so strapaziöse Erlösungswege, wenn das alles »gescheuter« hätte erspart werden können?

Doch vielleicht ist das Leben gar nicht erlösungsbedürftig, die Natur vielmehr »in allen ihren Äußerungen sich unmittelbar selbst genug« (146). So will es die »Grundansicht«, die Büchner die *»philosophische«* im Gegensatz zur *»teleologischen«* nennt. Die letztere mündet in einen »progressus in infinitum«. Ob aber die *»philosophische«* Auskunft: »Alles ist um seiner selbst willen da«, sich nicht auch in einem »ewigen Zirkel« bewegt? »Warum? Darum. Aber warum darum?«

Schließlich, vor allem ist da die Gegenstimme der Künstler, der Dichter, denen ihr Autor souffliert. Sie verherrlichen die »glühende, brausende und leuchtende, (...) sich jeden Augenblick neu gebärende Schöpfung« in allen ihren Formen (30). Und wie gerne eifern sie dem Schöpfer nach: »Der liebe Gott hat die Welt wohl gemacht, wie sie sein soll, und wir können wohl nicht was Besseres klecksen; unser einziges Bestreben soll sein, ihm ein wenig nachzuschaffen« (72, 182). »Das Gefühl, daß, was geschaffen sei, Leben habe«, soll alle Wertungen und Fragen erübrigen. Aber diese Schöpfungs- und Schöpfermimesis steht im Zeichen eines Künstlerrealismus, der idealistischer Wirklichkeitsverachtung opponieren will. Wenn es nicht ums Darstellen und Nachschaffen geht, sondern ums Sein; wenn es Menschen gibt, »die unglücklich sind, unheilbar, bloß weil sie *sind*« – ein »entsetzlicher Gedanke« (102) –, und wenn alle dem leiseren oder auch lauteren »Zucken des Schmerzes« nicht entgehen, dann ist die Frage wieder da: »Warum leide ich?«, und mit ihr die Antwort, die einen »Riß in der Schöpfung von oben bis unten« macht und den Glauben an einen göttlichen Schöpfungsgrund zerreißt. »Es wurde ein Fehler gemacht, wie wir geschaffen wurden« (26). Ja, der einstmals so »gescheute«, so logische »Logos« hat nicht nur diesen Fehler gemacht – wie für die philosophischen und poetischen Anti-Evangelisten, für die er im »Un-«, im »Ohne-Sinn« untergeht, ist die Schöpfung als ganze einer, ein Fehler von weltumfassenden, weil weltschaffenden Ausmaßen.

Wenn aber der Glaube, daß es gut sei, zu sein und zu schaffen, so von Grund auf zerstört wird, dann wird das Leiden nicht nur zum »Fels des Atheismus«, sondern auch des Nihilismus. Die Schöpfung ist nicht mehr positive Schöpfung aus nichts – die neue Lehre lautet vielmehr, auch wenn sie »verrückt« und so pathetisch klingt, wie es sich nun einmal für ein Glaubensbekenntnis gehört: »Das Nichts hat sich ermordet, die Schöpfung ist seine Wunde, wir sind seine Blutstropfen, die Welt ist das Grab, worin es fault« (50). Woyzecks Grübelei, ob »das Nein am Ja oder das Ja am Nein schuld« sei (122), erübrigt sich nun. Das Nichts rückt vom Antipoden des Schöpfergottes zu seinem Substitut auf. Aber es ist mit derselben schöpferischen Erblast an Leiden geschlagen, die schon ihm den Garaus gemacht hat. »Gott ist tot! Und wir haben ihn getötet!«, sehr wohl. Doch Danton hat eine noch fatalere Botschaft als Nietzsches »toller Mensch« zu verkünden: »Das Nichts ist tot! Und es hat sich selber getötet!« Die Schöpfung entspringt einer doppelten Verneinung: der Selbstnegation des Nichts. Das Sein ist das beklagenswerte Nicht-Nichts.

Damit haben sich auch die alten Vorzeichen verkehrt. Der einst der Natur zugeschriebene »horror vacui« ist dem »horror creationis«, dem Schrecken vor dem »Gewimmel«, das sich mit der Schöpfung breitmacht (50), gewichen. Das einzig sinnvolle Ziel der Welt kann nur die potenzierte Negation der Selbstnegation des Nichts sein, die Wiederherstellung des nihilistischen Paradieses, das am Anfang war. Die Welt löst nicht wie in den alten Schöpfungslehren das Chaos ab – sie »ist das Chaos. Das Nichts ist der zu gebärende Weltgott«: so das apodiktische Urteil und das Bekenntnis, in dem die negative Litanei der in der Welt verlorenen Göttersöhne kulminiert. Selbst sie können die Götter noch nicht ganz lassen. Für ihre Art der negativen Theologie muß nun das Nichts Gott sein, vergöttlichtes Nichts. Aber es ist der in der Schöpfung getötete und aus dem »Bauch des Seins«, des leidenden Seins, *wieder*zugebärende Gott. Das Nichts ist Alpha und Omega, die Welt ein Irrtum und ein Umweg und hoffentlich eine Episode zwischen zwei Nichtsen, die besser unterblieben wäre.

Das war schon die Botschaft des Mephistophelismus gewesen. Doch Büchners »Danton« verkündet sie nicht mit mephistophelischer Süffisanz, die noch das Vergnügen gewährt, gegen den Herrn des Seins recht zu behalten, sondern aus einer Leidenserfahrung heraus, wie sie aus Hamlet, aus Ophelia, aus Faust spricht, und mit einer bis dahin unerhörten Konsequenz.

Die Geburt als individuelle Schöpfung? Die Kinder schreien aus dem einzig »gescheuten« Grund, kaum daß sie geboren sind (32), weil sie spüren, welch brutalem Götzen sie in der Welt geopfert werden (60). Wenn sie es auch lernen, komödiantisch kalauernd mit Worten zu spielen, ist es doch »traurig, in welche Umstände einen anderer Umstände versetzen können! Was für Wochen«, so Valerio in »Leonce und Lena«, »hab ich erlebt, seit meine Mutter in die Wochen kam! Wie viel Gutes hab ich empfangen, das ich meiner Empfängnis zu danken hätte?« (93). Und zum seligen Ende »äfft der Tod die Geburt«. Wahrhaftig, »das war der Mühe wert, mich so groß zu füttern (...). Bloß Arbeit für den Totengräber!« (55) Wenn die Schöpfung der Selbstmord des Nichts ist, dann die Geburt eine Leichenproduktion, »much ado about nothing«, viel Geschrei um nichts.

Das Leben? Für den ausgebeuteten Teil der Menschen, die so »unselig« sind, daß sie glauben, noch »donnern helfen« zu müssen, wenn sie »in Himmel kämen« (114), ist es »der Mord durch Arbeit« (10). Von diesem Strick kann man sich losschneiden. Das Leben im ganzen aber »ist nicht die Arbeit wert, die man sich macht, es zu erhalten« (27), ein sinnloser Zirkel, in dem das Leben tatsächlich, aber nun ganz anders, als es die »*philosophische* Grundansicht« glaubte, keinen Zweck hat: Arbeiten, um zu leben. Leben, um zu arbeiten. Das ist dieselbe absurde Relation zwischen Aufwand und Ertrag, wie sie Schopenhauers negative Lebensbilanz errechnet.

Wenn das Leben aber der Arbeit entrinnt, dann verfällt es der Ewigkeit der Langeweile, der einzigen Ewigkeit, die es nach dem Untergang des Himmels noch gibt; in ihrer lähmenden Intensität ist sie jedoch nur um so tödlicher. Ein plausibles Schöpfungsmotiv wäre es, »daß – vor Erschaffung der Welt – Gott Langeweile hatte –« (109) – die Schwierigkeit nur, das Schöpfungswerk nicht gleich in endlos gedehnten Gedankenstrichen ersterben zu lassen. Unter Menschen ist die Langeweile immerhin zuverlässig das Motiv für alle möglichen kreativen Divertissements. Leben heißt die Lebenszeit totschlagen. Wie die Schöpfung der Selbstmord des Nichts ist, so das Leben der Selbstmord der leeren Zeit.

Wenn es das Leben nicht mehr bei sich aushält, dann weicht es in den Wahnsinn aus. Er mag »des armen Hamlet Feind« sein (11) – für Büchners Ophelia Lucile ist er der einzige verbliebene Freund. Sie hat am Wahnsinn »ein reizendes Kind geboren« (58) – reizender, als es »die allgemeinen fixen Ideen« sind, »welche man die gesunde Vernunft tauft«. In dieser Hinsicht war freilich schon das Angebot der Tradition nicht schlecht: Der – relativ – »glücklichste Mensch«, der raffinierteste Epikureer »war der, welcher sich einbilden konnte, daß er Gott Vater, Sohn und Heiliger Geist sei« (58), dreipersönlich, aber eines verrückten Wesens. Der »Logos« lebt nur noch im Wahnsinn fort.

Wenn der Weg in den Wahn aber nicht offensteht oder nicht mehr zum »Wegschaffen« des Schmerzes ausreicht, dann bleibt der Weg in den freien Tod. Julie wählt ihn mit einer »Phiole«, die sie anders als Faust austrinkt. Sie begrüßt in ihr den »liebsten Priester, dessen Amen« sie und Danton »zu Bette gehn macht« (60). Und auch die wahnsinnige Lucile ist so klug, daß sie mit einem »Vivat« auf den guillotinierten König indirekt ihr Ende begehrt (63). Wenn das Nichts der wiederzugebärende »Weltgott« ist, so werden die beiden Frauen mit ihrem Selbstmord zur Gottesgebärerin.

Sie sterben ihren Geliebten nach: Der Tod, den die Menschen wie alles »wohl leiden müssen« (62), soll die Trennung der Lebenden von den Toten vermeiden. Dieser bewegende Doppelselbstmord ist neben der Freundschaft der zum Tode Verurteilten der einzige Lichtschein, der in der Welt des Büchnerschen »Danton« leuchtet. Aber er eröffnet keinen romantisch-nächtigen Vereinigungsraum der Unsterblichkeit. Das Schlummer-, das Wiegenlied, das Julie und Lucile ihren Geliebten singen, kennt kein Erwachen. Wie die verwelkte Sonnenblume des Anti-Märchens aus dem »Woyzeck« geht die Sonne des Lebens zur Niewiederkehr unter.

Für Danton sind Grab, Ruhe und Nichts vollends eins; sie werden zum »Asyl« des Lebens. Die Tradition hatte sich in Gott ewige Ruhe versprochen. Doch die »höchste Ruhe« ist im Nichts. Also ist das Nichts auch von hierher gesehen Gott (50).

Als hoffnungsvollerer Hamlet und konsequenterer Faust kehrt Danton denn auch in seiner »Freien Feld«-Szene von der lebensrettenden Flucht um, die eines »Christen« würdig gewesen wäre, während der Tod ihm *»alles«*, nicht bloß sein Gedächtnis zu nehmen verspricht (31 f.). Die Auslöschung kann nicht gründlich genug sein. Wenn die Welt dem Selbstmord des Nichts entspringt, dann ist der Tod dessen Ende, die individuelle Form der Negation der Selbstnegation des Nichts, Korrektur des Fehlers, welcher die verfehlte Schöpfung war. Suicidale Homöopathie hebt den einen Selbstmord mit dem anderen auf.

Freilich wird auch Danton noch als Nachfahre Hamlets von den alten Zweifeln erreicht. Ist im Nichts wirklich die ersehnte Ruhe? Und ist sie denn wirklich so ersehnt? Bei Lenz meldet sich sogar der alte »horror vacui« als »horror nihili«, als »namenlose Angst« vor der »schrecklichen Leere« eines »finsteren«, alles verschlingenden, alles »umsonst« machenden Nichts zurück. Und das »Sein in Gott« glänzt wieder wie Gott im Sein als der »ewige Himmel« des Glaubens im Leben (69). Die kreatürliche Furcht des Lebens, das doch nicht so einfach zum Tode will, spricht ebenfalls aus den dantonesken Nichtsanbetern: Vor dem Tod als solchem muß man sich ja nicht ängstigen, aber wohl vor dem Schmerz, von dem er eigentlich befreien soll (46). Das christlich inspirierte Schreckbild des Sterbens bei einem weiterlebenden Empfinden verdrängt das Sehnsuchtsbild des Todes, obgleich der Tod nur zum Schrecken werden kann, wenn er kein ganzer Tod ist.

Und dann ist da noch der »verfluchte Satz«, der den alten Ängsten ontologische Form gibt: »Etwas« – jenes »plumpe Etwas«, das sich für Mephisto dem Nichts entgegenstellt und doch nur wert ist, zu Grunde zu gehen – kann für Danton zwar aus nichts, aber »nicht zu nichts werden! Und ich bin etwas, das ist der Jammer!« (50). Der Schöpfungsfehler wäre unter dieser Voraussetzung unwiderruflich, der Selbstmord des Nichts paradoxerweise das einzige, was ewige Dauer hätte. Welch sublime Rache des alten Glaubens, daß er den gepeinigten Menschen allein die Verdammnis der Unsterblichkeit übrigläßt. Kein Todes-, ein Lebensurteil. »Die Welt ist der Ewige Jude«, zur Ruhelosigkeit verflucht. »Das Nichts ist der Tod, aber er ist unmöglich. O, nicht sterben können, nicht sterben können!« (50). Aus dem Gefängnis des Sarges, in dem das Leben liegt, gäbe es kein Entkommen. »Ja, wer an Vernichtung glauben könnte! dem wäre geholfen.« Doch »da ist keine Hoffnung im Tod; er ist nur eine einfachere, das Leben eine verwickeltere, organisiertere Fäulnis«. Leben ist die Krankheit zum Tode ohne Aussicht auf die Therapie durch ihn.

Daß es genug sein könnte, wenn sich das »Etwas« in seine »Atome« auflöste, scheint undenkbar. Was müßte sich ein zum Tode krankes Leben um diese Art von faulender Restewigkeit kümmern! Aber das »Etwas« ist ebensosehr auf die

Korrektur des Schöpfungsfehlers aus, daß ihm nur völlige Vernichtung genügt: Das ist die nihilistische Pointe. Im übrigen wird die Therapie der Lebenskrankheit, gleichwie es um die finale Vernichtung stehen mag, dem Schließer anvertraut, der das Gefängnis öffnet, damit die befreiende Exekution ihren Lauf nehmen, die Guillotine als »der beste Arzt« (61) die Krankheit des Lebens kurieren kann. Die zum Tode Verurteilten können getrost zur Nacht »die große Decke« über sich legen, »worunter alle Herzen ausschlagen und alle Augen zufallen« (60). Zuvor noch ein »ausglühender Olymp mit verbleichenden, versinkenden Göttergestalten«. Und dann ist der Rest für sie wirklich Schweigen, auch wenn das Leben – martialisch wie im »Hamlet« – weitergeht, indem es dem Leben Luciles zum Tode verhilft.

So kündigt Büchners »Danton« dem »Logos« der Schöpfung am radikalsten die Gefolgschaft auf, bis zur atheistischen und nihilistischen Konsequenz, unversöhnt im Gegensatz zum »Faust«, mit rücksichtslosen Antworten, wiewohl noch andauernden Hamletschen Zweifeln, auf Hamlets Fragen. Unabhängig von den Unterschieden im einzelnen kommen aber alle drei Tragödien darin überein, daß sie den Glauben an ein gutes, dem Nichtsein vorzuziehendes Dasein erschüttern, in dem sich die Tradition geborgen wähnte. Geburtswiderruf, Kindsmord, Zeugungsverzicht, die Selbstauslöschung im Wahn, Lebensverneinung, Todessehnsucht, Selbsttötung zeigen existentielle Formen einer Negation, die ins Herz der Frohen Botschaft von einem geschaffenen, geschenkten, sich bejahenden Leben zielt. Ein positives Verhältnis haben sie allein zum »reinen Nicht«, zum »Niemehr«, zu dem, was vor dem Anfang war, bevor im Anfang eine verfehlte Schöpfung die allgenugsame Ruhe zerriß, zum verlorenen und wiederzugewinnenden »Nichts«. »Sein oder nicht sein«: das stellt einen »Logos« in

Frage, der vom unglücklichen Bewußtsein nicht mehr in die eigene Sprache übersetzt werden kann.

In allen drei Tragödien, am deutlichsten im »Faust«, der sich gleich im Prolog als Neuinszenierung des »Buches Hiob« zu erkennen gibt, und im »Danton«, wird die Theodizee-Frage nach der Rechtfertigung eines für allweise, allgütig, allmächtig gehaltenen Gottes angesichts einer Weltverfassung aufgegriffen, die eher auf einen nicht ganz so gütigen, durchaus nicht weisen und alles in allem ohnmächtigen Gott zu verweisen scheint. Die Theodizee eröffnet einen förmlichen Prozeß, in dem die üblichen Rollenverhältnisse umgekehrt sind: Nicht mehr der Mensch, dem die Tradition sonst die ganze Last der Schuld auflädt, sondern Gott ist nun der Angeklagte, der zusehen muß, daß er mit Hilfe seiner Verteidiger, der »Advocati Dei«, gegen seine menschlichen oder auch »diabolischen« Ankläger, die »Advocati diaboli«, vor einem wie auch immer besetzten Gericht freigesprochen wird. Der Rechtfertigungszwang, bisher selbstquälerisch-masochistischer Natur, wird aggressiv gewendet. Eine unerhörte Anmaßung, eigentlich eine Blasphemie, wenn nicht die Attribute Gottes selber die Auseinandersetzung provozierten und die Tradition ihrerseits mit dem »Buch Hiob« den Theodizee-Prozeß legitimiert wie freilich auch mit der Wiederherstellung der alten Macht- und Rechtsverhältnisse entschieden hätte. Theologie und Theodizee laufen parallel, ja, sie sind gleichursprünglich, wenn man im biblischen »Es war alles sehr gut« den ersten Theodizeeversuch Gottes in eigener Sache erkennt. Der Verdacht, daß es doch nicht ganz so gut gewesen sein könnte, rumort im Untergrund. Und am Ende der Gottesgeschichte existiert die Theologie wie bei Büchner nur noch in Form der mißlingenden Theodizee fort.

Näherhin handelt es sich um eine »Pathodizee«, eine Rechtfertigung der von Gott vorausgesehenen und doch zugelassenen oder gar von ihm selber verhängten Leiden. Und wenn sie nicht mehr plausibel möglich ist, dann muß man entweder das Gottesbild revidieren, es von diesem oder jenem seiner Prädikate, der Allmacht oder der Allgüte oder der Allweisheit entlasten, Gott am Ende vielleicht ganz zu einem »Mann ohne (für den Menschen zugängliche) Eigenschaften« machen – oder die Büchnersche Frage: »warum leide ich?« führt in den Atheismus.

Indessen wird die Theo- und Pathodizee-Frage in allen drei Tragödien radikalisiert zu jener Frage, die – man verzeihe die natürlich nicht zu rechtfertigende Inflation von »Dizeen« – einleitend auf den Namen einer »Biodizee« getauft worden ist: Rechtfertigung des geschaffenen Lebens angesichts der Leiden des Lebens. Wie steht es um sie, wenn sich das Leben als von Gott oder seinen schöpferischen Stellvertretern kreiertes ohnehin nicht von selber versteht, angesichts des »leisesten Zuckens des Schmerzes« aber, zu schweigen von dem durchaus gewöhnlichen lauteren, und der »gescheuteren«, vernünftigeren Möglichkeit eines leidfreien Nichtseins zutiefst fragwürdig ist? Warum leide ich? Warum lebe ich – oder richtiger: warum werde ich gelebt, wenn ich leide, ohne daß ich hätte leben und leiden müssen?

Diese Zuspitzung läßt sich exemplarisch schon am »Buch Hiob« ablesen, auch wenn sein Biodizee-Charakter meist überlesen worden ist. Hiob ist wie kein anderer innerhalb der Gemeinde der Gottesanbeter für die rabiatesten Fragen gut.

Wie später Goethes »Herr« seinen »Knecht« Faust, so überläßt der biblische Gott seinen »Knecht« Hiob dem »Satan«, um die Probe auf die Gottesfurcht Hiobs zu machen. Wie im »Faust« geht es um ein Ergebenheits-Experiment, eine Art metaphysischer Wette. Wie es die Art höherer Herren ist, will Gott Applaus – und handelt sich, nicht besonders weitsichtig, erst einmal ziemlichen Ärger ein; denn der vermeintliche

»Knecht«, eindrucksvolles Gegenbild aller religiös und philosophisch Kniefälligen, steht zunächst gegen ihn auf. Angesichts der Ungerechtigkeit seines Geschicks wird er zum »Menschen in der Revolte«. Auch die professionellen Verteidiger Gottes können ihn nicht umstimmen. Sie sind zwar Experten der Schuld- und Verantwortungsumverteilung, wie verborgen die menschliche Schuld auch sei. Der Entschuldungsdrang gegenüber Gott reimt sich bei ihnen allemal auf den Beschuldigungszwang gegenüber dem Menschen. Doch sie werden am Schluß von Gott selber verworfen.

Hiob aber spitzt die Theodizee-Frage so sehr zu, daß sie nicht nur dem Lenker der Geschicke, sondern dem Schöpfer gilt: Wenn, wie Hiob es am Leibe seiner Lieben und am eigenen Leibe erfährt, der Gerechte ungerecht leidet – warum wurde er dann überhaupt geboren? Was soll das Verhängnis des Lebens, wenn das Nichtsein das Wünschenswertere ist? Hiobs Fluch trifft den Schöpfergott und den Mutterschoß, das physisch-metaphysische Elternpaar gleichermaßen: »Alsdann öffnete Hiob seinen Mund und verfluchte den Tag seiner Geburt (...) ›Vertilgt sei der Tag, an dem ich geboren, und die Nacht, welche sprach: Empfangen ist ein Mann! (...) Dunkel seien ihrer Dämmerung Sterne; sie harre auf das Licht, jedoch umsonst. (...) Weil sie meiner Mutter Leibespforte nicht verschloß und so das Leid verborgen hätte meinen Augen. (...) Warum denn ließest du mich aus dem Mutterschoß kommen? Ich wäre gestorben, ohne daß ein Auge mich sah. Wie nie gewesen, so wäre ich dann. (...) Wie die verscharrte Fehlgeburt bestünde ich nicht mehr.‹« Geburt ist Bedingung des Leidens, Nicht-Geburt nähme dem wie nie Gewesenen nichts, aber sie gäbe, was dem Geborenen nur der Tod noch geben kann: Stille, Ruhe, Sorgenlosigkeit, Leidfreiheit. Doch selbst der erlösende Tod ist denen verwehrt, die ihn wünschen: »›Warum schenkt Er dem Elenden das Licht und Leben den mit Bitternis Erfüllten, denen, die des Todes harren, doch umsonst (...), die Freude hätten bis zum Jubel, frohlockten, wenn ein Grab sie fänden; dem Manne, dessen Lebensweg im Dunkel liegt und den Gott ringsum eingeschlossen hat‹« (Hiob III, 1–23; X, 18). Der Herr über Leben und Tod versagt den leidend Lebenden selbst das, was nach dem Diktat der Geburt allein noch Erlösung bringen kann, was nicht mehr Dunkel wäre, sondern Löschung des schmerzenden Lebenslichtes. Ja, es ist so wenig mit dem Licht des Daseins, daß Hiob Gottes »Es werde Licht« seinen Widerruf der verfehlten Schöpfung entgegenstellt: »Jener Tag, er werde Finsternis« (III 1 ff.). Der Nacht- und Nichtsfreund Mephisto hat gewiß wie an Fausts Verfluchungen auch an denen Hiobs sein Wohlgefallen gehabt. Und Hiobs hartnäckige Warum-Fragen hallen noch in Büchners antwortloser Frage nach dem Warum des Leidens nach.

Doch dann wird dem Ankläger Gottes in einem wahrhaft beklagenswerten »salto transcendentale« von dem beklagten Gott höchstpersönlich das Recht der Anklage genommen. Just der in Frage gestellte Schöpfer schlägt mit dem Verweis auf seine über dem »Leeren« ausgespannten, »am Nichts« festgemachten Werke (XXVI 7) die Frage nach dem Sinn von Schöpfung, von Geburt und Leben nieder. Eine zirkuläre, also keine Antwort. Sinnreicherweise fällt er dabei auf eben die Art von Predigt zurück, mit der seine untauglichen Apologeten zuvor vergeblich versucht haben, ihn zu entlasten. Er führt sich auf wie eine Art Zoodirektor, der seinen Tierpark aufmarschieren läßt, damit's dem renitenten Menschen die Sprache verschlägt, oder auch wie einer der vielen höheren Herren, die nie auf das antworten, wonach sie eigentlich gefragt sind. Daß sie die Souveräne sind – das wußte man vordem.

Später wird Paulus, immer für eine Ergebenheitsadresse zu haben, der vom Schöpfergott vorgezeichneten Herrschaftslogik demütig folgen: Er versucht, die Anmaßung des Menschen, mit den willkürlichen göttlichen Gnaden- oder auch Ungnadenakten zu rechten, im Keim zu ersticken: »O Mensch! Wer bist du denn, daß du rechten willst mit Gott? Wird etwa das Gebilde zu seinem Bildner sagen: ›Warum hast du mich so gemacht?‹« (Röm. IX, 20). Genau das könnte das Gebilde zu seinem Bildner sagen. Doch für den Apologeten Gottes gilt keine schöpferische Verantwortlichkeit, sondern nur die Selbstherrlichkeit. Gott, so der erste Brief an die Korinther, ist der absolute Souverän über »Etwas« und »Nichts« (I, 28).

Augustinus schließt sich Paulus in begeistertem Kniefall an. Diese treuen Diener ihres Herrn kennen einfach keine größere Leidenschaft, als zu Kreuze zu kriechen – Gottesdienst von Servilitäts- und Masochismus-Gnaden. Nietzsche hat den sachgerechten Kommentar dazu gegeben, wo er die prägnante Beschimpfung Platos und der Platoniker durch Epikur als »Dionysiokolakes« übersetzt: Sie sind »Tyrannen-Zubehör«, Gottes »Speichellecker« (V 21). Ob der Bildner aber recht getan habe mit seiner Bildnerei – das eben war die Frage. Das von der Tradition als »luziferisch« diffamierte »non serviam«, »ich will, ich werde nicht dienen«, ist für den Geist, der aus der Frage spricht und möglicherweise in der Tat ein verneinender Geist ist, Ehrensache.

Was freilich das Buch Hiob betrifft, so darf man über den platten Machtsprüchen nicht vergessen, was vorangegangen ist. Wie steht es denn überhaupt mit dem Schöpfer und seinem Werk, wenn dieses den nur zu berechtigten Ansprüchen an seinen Verursacher nicht Genüge tun kann? Und Hiob findet im Laufe der Geschichte immer radikalere Nachfolger wie freilich auch Gegner, die ihn und sich wieder überzeugen wollen, daß alles Geschaffene »sehr gut« ist. Goethes Weltspiel eröffnet auf den Spuren Hiobs ein ganzes Theo- und Biodizee-Drama, Faust nimmt Hiobs Prozeß gegen Gott, Mephisto als »Advocatus« und »Diabolus« in Personalunion die Rolle des Neinsagers zur Schöpfung auf. Büchners »Danton« feiert auf dem »Fels des Atheismus« gleich den Gottesdienst des Nichts. Und wenn Kant das »Mißlingen aller philosophischen Versuche in der Theodizee« (Werke, ed. Weischedel IX, 103 ff.) diagnostiziert, dann zugleich aller Versuche in der Biodizee. Dieser denkwürdige Text des alten Kant, der von den Frommen im Lande wenn nicht Berufsverbot, so doch ein striktes Bußschweigen in allen religiösen Fragen auferlegt bekommen hat, spitzt die Hiob-Frage auf das riskanteste zu.

Zunächst versuchen die aus dem Buch Hiob bekannten Gottesfreunde die Anklage »wider die göttliche Gütigkeit«, die sich auf »ein Übergewicht des Übels über den angenehmen Genuß des Lebens« stützt, als fälschliche Annahme zurückzuweisen. Denn »ein jeder, so schlimm es ihm auch ergeht«, will »lieber leben als tot sein«. Selbst die wenigen, die den Selbstmord beschließen, gestehen das, solange sie ihn aufschieben, noch ein. Wenn sie aber »töricht genug sind«, den Selbstmord zu vollziehen, können sie »auch alsdann bloß in den Zustand der Nichtempfindung übergehen, in welchem ebenfalls kein Schmerz gefühlt werden« kann (110). Kurzum: Die tatsächliche Lebensbilanz fällt durchweg positiv, selbst im schlimmsten Fall nur indifferent, nicht negativ aus.

Nun, gerade mit dem letzteren würde sich so mancher Selbstmörder zufriedengeben: Nichtempfindung, Nichtsein ist ja genau das, was er wie Hamlet, wie Danton will. Überdies: Muß man denn vom »Übergewicht des Übels« sprechen? Reicht nicht das »leiseste Zucken des Schmerzes« aus, um »einen Riß in der Schöpfung von oben bis unten« zu machen? Und wie triftig ist es, daß jeder (noch) Lebende für das Leben votiere, die schiere Faktizität des Lebens seinen Vorzugscharakter beweise, also erst der praktizierende

Selbstmörder – so das auch heute noch populäre Totschlagsargument – überhaupt mitzureden berechtigt wäre, wenn er noch reden könnte?

Kant bestreitet diese Argumentation rundum. Im »Streit der Fakultäten«, zumal dem der philosophischen mit der medizinischen, stellt er die Intentionen der »Makrobiotik« Hufelands, der »Kunst, das menschliche Leben zu verlängern«, von Grund auf in Frage. Das »lange Leben« kann sehr wohl eine »lange Plage« sein. Wenn der Tod der Zwillingsbruder des Schlafes ist, so gilt umgekehrt auch: Soviel man vom Leben verschläft, soviel kann man sich von der Mühsal des Lebens ersparen. Im übrigen kann man nach Kants Einschätzung die Beantwortung der »Sophisterei« von Hiobs Freunden »sicher dem Ausspruche eines jeden Menschen von gesundem Verstande, der lange genug gelebt und über den Wert des Lebens nachgedacht hat, um hierüber ein Urteil fällen zu können, überlassen, wenn man ihn fragt: ob er wohl, ich will nicht sagen auf dieselbe, sondern auf jede andre ihm beliebige Bedingungen (nur nicht etwa einer Feen-, sondern dieser unserer Erdenwelt), das Spiel des Lebens noch einmal durchzuspielen Lust hätte« (110). Eben das war die Antwort Hamlets und Ophelias und des Büchnerschen Danton gewesen: »no more«, »never again«, schon gar keine ewige Wiederkehr. Kants eigener frohgemuter Zuruf an »alles Geschöpf« in dem vorkritischen »Versuch einiger Betrachtungen über den Optimismus«: »Heil uns, wir sind! und der Schöpfer hat an uns Wohlgefallen«, ist verhallt. Es fehlt nicht mehr viel, und es würde mit Hamlet, Ophelia, Danton heißen: »Weh uns, wir sind!«

Natürlich ist auch Kants Einschätzung nicht so »sicher«, wie er glaubt. Zuverlässig gäbe es weiterhin lebens- und gottesfreundliche Gegenstimmen. Aber das Votum des Kritikers der reinen Vernunft, des Hiobs der unreinen Theologie, der wahrhaftig genug von dem geforderten »gesunden

Verstande« und der Erfahrung eines langen Lebens hatte, ist bestimmt genug: Er verneint kategorisch, daß ein denkender Mensch das Leben noch einmal wollen könne, und zwar selbst unter den besten aller möglichen Erdenbedingungen, nicht bloß den empirisch mehr schlechten als rechten – nur die Feenwelten sind ausgeschlossen.

Um so prekärer die Konsequenzen für den Schöpfer. Wenn das »Übergewicht der schmerzhaften Gefühle über die angenehmen« nun einmal untrennbar mit der Natur des Menschen verbunden ist – so der zweite Rechtfertigungsversuch der Apologeten des gütigen Gottes –, dann findet sich sofort eine andere Frage ein: »woher nämlich der Urheber unsers Daseins uns überhaupt ins Leben gerufen, wenn es nach unserem richtigen Überschlage für uns nicht wünschenswert ist. Der Unmut würde hier, wie jene indianische Frau dem Dschingiskhan, der ihr wegen erlittener Gewalttätigkeiten keine Genugtuung, noch wegen der künftigen Sicherheit verschaffen konnte, antworten: ›Wenn du uns nicht schützen willst, warum eroberst du uns denn?‹« (110f.). Der Vergleich mit Dschingis Khan wird den biblischen Gott und seine irdischen Stellvertreter zweifellos gefreut haben, mehr noch die Analogie zwischen dem Schöpfungsakt und einer gewalttätigen Eroberung ohne die zu fordernden Schutzgarantien. Aber es geht nicht bloß um provokative Metaphern, sondern um eine Frage, die ins Herz der Schöpfungslehre zielt.

Selbst die Aussicht auf eine »überschwenglich große künftige Glückseligkeit«, die unter den »mühe- und trübsalvollen« Widerwärtigkeiten des »gegenwärtigen Lebens« nur verdient werden müsse, kann nicht beweisen, daß »uns Gott (...) doch aus Güte in die Welt gesetzet habe«. Denn daß es »nicht tunlich« gewesen sei, »das Geschöpf mit jeder Epoche seines Lebens zufrieden werden zu lassen«, das »kann zwar vorgegeben, aber schlechterdings nicht eingesehen werden«.

Und »doktrinale Machtsprüche«, die Demut und Gehorsam fordern, haben vor dem »Gerichtshofe der Vernunft« keine Stimme. Die Frage nach der Güte des Schöpfers stellt sich also unter verschärften Bedingungen von neuem.

Das hindert Kant dann zwar nicht, dem Glauben mit den Postulaten der reinen praktischen Vernunft doch noch ein Schlupfloch zu lassen. Aber alle dezidiert philosophischen Versuche in der Theodizee müssen mißlingen. Und sie mißlingen deswegen, weil in der Verbindung von Theo- und Biodizee ein plausibler Grund der Schöpfung wegen des zweifelhaften Wertes des Lebens fragwürdig geworden ist.

Dieses Mißlingen wird von Kant auch den diesseitigen Schöpfern nicht erspart. In der »Metaphysik der Sitten« markiert er mit Schärfe den Skandal, der im Diktat der Geburt liegt. »Von der Erzeugung eines mit Freiheit begabten Wesens durch eine physische Operation«, gleich ob durch Eltern oder durch den Schöpfergott, kann man sich gar keinen rechten Begriff machen. Den »Akt der Zeugung« muß man als einen solchen ansehen, »wodurch wir eine Person ohne ihre Einwilligung auf die Welt gesetzt, und eigenmächtig in sie herüber gebracht haben« (§ 28). Gerade deswegen dürfen die Schöpfer jeder Sorte ihre Geschöpfe nicht als ihr »Gemächsel«, ihr »Machwerk« ansehen. Im Gegenteil: Für ihre »Tat« liegt auf den Erzeugern die Verbindlichkeit, ihre unmündigen Kinder so zufrieden wie möglich zu machen und die mündigen unverzüglich in ihre Freiheit als »Weltbürger« zu entlassen. Allein die Freiheit balanciert also das Diktat der Geburt. Und wie steht es mit der Dankesverpflichtung, welche die irdischen und überirdischen Schöpfer von ihrem »Geschenk« ableiten zu können glauben? »Ich kann niemand nach *meinen* Begriffen von Glückseligkeit wohltun, indem ich ihm ein Geschenk aufdringe« (§ 31), ausgenommen die »Gestörten« und die »unmündigen Kinder«. Gerade die aber treten »mit lautem Geschrei« in die Welt, über dessen Bedeutung der Anthropologe Kant wiederholt nachdenkt (Anthropologie §82; 2. Teil, E). Ganz sicher über den Grund ist er sich nicht, wohl aber, daß daraus der Ton der Entrüstung, ja »Erbitterung« über das Unrecht der »Fesselung« ihrer Freiheit klingt. Und die größte aller »Fesselungen« ist die, welche die Kinder ohne ihre »Einwilligung« in die Welt gesetzt hat, eine »Wohltat«, die nur nach den Begriffen der Erzeuger eine ist, ein aufgedrungenes Geschenk.

Diese Empörung hallt noch in Kierkegaards Hiob-Deutung nach. Wie Kant erklärt auch Kierkegaard den »beamteten Tröstern« in der Rolle des »Advocatus Dei« den Krieg. Sie tragen nur ihren »Paragraphen über des Lebens Vollkommenheit« vor. Und Hiob reduzieren sie auf jenen Kastraten der Demut, der sich widerstandslos in Gottes Willen ergibt. Der Protagonist der Kierkegaardschen »Wiederholung« aber wiederholt die Revolte Hiobs in seinen »gewaltigen Schreien«. Es ekelt ihn ein »Dasein, welches unschmackhaft ist, ohne Salz und Sinn«. Und deswegen will er die Verantwortlichen kennenlernen: »Wer hat mich in das Ganze hinein betrogen, und läßt mich nun dastehen? (...) Wie bin ich in die Welt hineingekommen; warum hat man mich nicht vorher gefragt (...)? Ist das nicht Sache freien Entschlusses? (...) Wer ist denn da der verantwortliche Leiter (...)? Gibt es keinen verantwortlichen Leiter? An wen soll ich mich wenden mit meiner Klage? Das Dasein ist ja eine Diskussion, darf ich bitten, meine Betrachtung mit zur Verhandlung zu stellen? Wenn man das Dasein nehmen soll wie es ist, wäre es dann nicht das Beste, man erführe wie es ist? Was will das heißen: ›ein Betrüger‹? Sagt Cicero nicht, man finde einen Betrüger heraus, wenn man frage: wer hat den Vorteil (cui bono)?« Dieser blasphemische Verdacht verhallt zwar in dem reinigenden Gewitter, das Kierkegaards Protagonisten wie Hiob in die Schranken weist. Aber von Hiob über Kant bis zu Kierkegaard bleibt die Frage: »Warum bin ich (...) hineingestoßen worden, ich habe es nicht begehrt?« (Die Wiederholung, München 1955, 68 ff.).

Die prekären Fragen beginnen freilich schon vor den Zuspitzungen des Theodizee-Problems zur Biodizee mit der Schöpfungstheologie als solcher. Selbst die Idee einer guten Schöpfung durch einen gütigen Gott bringt die Schöpfungs- und Gottesfreunde in Schwierigkeiten. Denn warum schuf Gott überhaupt? Gewiß, noch der astrophysikalische Nachfahre der Schöpfungstheologie, die »Big Bang«-Theorie, starrt fasziniert auf die »Singularität«, von der das Weltall datieren soll. Für die Philosophie aber ist der wahre Urknall die Frage, was denn den Anfang des Anfangs motiviert.

Wie Arthur Lovejoy in seinem Werk »Die große Kette der Wesen« (Ffm. 1993) gezeigt hat, konkurrieren in dieser Frage von Anfang an nur schwer kompatible Vorstellungen miteinander: vor allem die eines Gottes, der nichts braucht und doch etwas tut und macht. Wenn Gott wie für die platonisch-aristotelische und dann auch die christliche Tradition das in sich vollkommen Gute ist, dann ist er auch vollkommen selbstgenügsam. In gewissem Sinn entspricht er sogar dem Nichts, mit dem er eigentlich nichts im Sinne hat: So wie dieses, weil es eben nichts ist, an sich nicht tangierbar ist, so ist er aus sich nicht motivierbar, weil er bedürfnislos ist. Zwischen der Unanfechtbarkeit des Nichts und der Autarkie Gottes bleibt kein Raum für die Idee der Schöpfung. Einen Impuls, warum Gott um seiner selbst willen etwas erschaffen sollte, kann es unter diesen Voraussetzungen jedenfalls nicht geben.

Am deutlichsten wird das bei Augustinus: Vom Standpunkt Gottes aus ist die Welt etwas Überflüssiges, das ihm keinerlei Nutzen bringen kann. Das Geschöpf geht dank diesem Kirchenvater so tief in die Knie, daß es bekennt, nur durch Gott zu sein, aber zugleich ohne jeden Grund in ihm zu sein. Augustinus weist schon die Frage nach einem

Grund des die Schöpfung begründenden göttlichen Willensaktes als in sich widersprüchlich, ja gottlos zurück: Den Grund aller Güte kann und darf man nicht nach seinen Gründen fragen. In Gott ist kein Mangel, also auch kein Bedürfnis, also auch keine Notwendigkeit. Was sollte da das Schöpfungsmotiv sein? (De civit. XII 14ff.).

Es sei denn, der Grund läge nicht in Gott, sondern in denen, um derentwillen er schafft. Das soll dann in der Tat des Schöpfungsrätsels Lösung sein, Büchners »Danton« glossiert sie: Gott ist nicht nur vollkommen gut in sich, sondern eben deswegen auch unendlich gütig. »Überschwengliches Liebesbedürfnis« treibt ihn an. Deswegen teilt er aller Welt von seiner überströmenden Güte mit – vorab dadurch, daß er ihr das Dasein erteilt. Damit ist allen Teilen gedient: der Welt wie den Menschen, weil sie sich getrost als Telos des Ganzen verstehen dürfen; Gott, weil er, wie eigentlich von ihm nicht anders zu erwarten, die Generosität höchstpersönlich ist.

Wäre er dann aber nicht ein weniger guter Gott gewesen, wenn er die Schöpfung unterlassen hätte? Und hätte er unter diesen Umständen nicht doch wieder um seiner selbst willen, auf jeden Fall aus »überschwenglichem Liebes*bedürfnis*« heraus geschaffen? Schon steht man wieder vor dem Ausgangsproblem, wie sich die unterstellte göttliche Selbstgenügsamkeit und der Schöpfungsimpuls miteinander vertragen.

Zwei Dichter der Neuzeit, die noch oder wieder in der christlichen Tradition stehen, spitzen das Problem in aller Schärfe zu. Für den Arianer John Milton, der Schöpfungs- und Zeugungsgeschichte parallelisiert, mußte Gott-Vater nicht einmal den Sohn zeugen, weil die Gottheit »es auf keine Weise« nötig hat, sich fortzupflanzen (Treatise of Christian Doctrine, V 85). Dann aber stellt sich um so mehr die Frage, die der Messias-Freund Klopstock am Ende der Aufklärung ungelöst stehenlassen muß: »Warum, da allein du dir genug warst, Erster, schufst du? (...) Wurdest du dadurch seliger, daß du Seligkeit gabst?« (Die Glückseligkeit aller, V 77ff.).

Diese intrikate Frage verblaßt freilich vor der anderen, wie sich denn ein seliger Gott mit der Erschaffung einer nicht ganz so seligen Welt zusammenreimt.

Relativ problemlos lassen sich Gott und die Welt zusammendenken, wenn diese wie für die griechische Kosmologie schon vorher als Chaos vorhanden ist, um dessen Ordnung, Verbesserung, Verschönerung es geht. Noch der platonische Demiurg aus dem »Timaios«, der christlichen Schöpfungsvorstellungen am nächsten kommt, ist der Ordner des Kosmos; er prägt der Welt seine Form auf. Er tut das, weil er nicht mißgünstig, gar neidisch ist, wie die Götter sonst wohl sind; er thront auch nicht wie die Götter Epikurs in entrückter Weltenferne, ganz unbekümmert um die Menschen (was diesen freilich gestattet, sich auch nicht um die Götter kümmern zu müssen), nein, er macht das Chaos zum Kosmos, weil er sich selber dem mitteilen will, was ohne seine Intervention sehr viel schlechter wäre, aber auch ohne ihn da ist.

Prinzipiell bleibt der griechischen Kosmologie die Idee einer Schöpfung aus nichts fern. Allerdings kennt die griechische Lebensanschauung sehr wohl das Entstehen, das Gezeugt- und Geborenwerden eines Daseins, das vorher nicht war und wieder nicht sein wird. Die griechische und die ihr folgende römische Tragödie und Philosophie, die noch nicht unter den Denk- und Blasphemie-Verboten des Christentums steht, wagt in bezug auf die individuellen »Genesis«- und Lebensfragen sogar Antworten, vor denen die »anima naturaliter christiana« wie vor dem leibhaftigen Gottseibeiuns zurückschaudern muß. Von Hesiod und Theognis über Sophokles und Euripides bis zu Seneca sagt sie dem Glauben an das »Geschenk des Lebens«, das »Licht der Welt«, den »Vorteil, geboren zu sein«, radikal ab: Das größte Glück ist für sie die Nicht-Geburt, das zweitgrößte der frühe Tod. Mit dieser düsteren Erkenntnis, die ins Herz der Frohen Botschaft vom Dasein trifft, wird das vom Pessimismus zum Nihilismus fortschreitende Anti-Evangelium der christentumskritischen Neuzeit Ernst machen.

Die christliche Schöpfungslehre aber, ein »Kreatianismus« im umfassenden Sinn, kreiert die Idee einer Schöpfung aus nichts in bezug auf die ganze Welt, weil sie die Grenze zwischen dem von Ewigkeit zu Ewigkeit aus sich seienden Gott und dem endlichen, bedingten, nicht notwendigen, nur durch ihn seienden Creatum so scharf wie möglich fixieren will. Schon im Alten Testament verkündet ausgerechnet das griechisch geschriebene zweite Makkabäer-Buch, daß »alles, was es da gibt«, am Himmel und auf der Erde, von Gott »aus dem Nichts erschaffen« sei (2. Makk. 7, 28). Den eigentlich entgegengesetzten kosmologischen Grundsatz, daß nichts aus nichts werde (»ex nihilo nihil fit«), sucht sich das christliche Denken in der Folge so anzueignen, daß gerade deswegen ein Schöpfer vorausgesetzt werden muß, der etwas aus nichts schafft.

Augustinus etwa geht mit Entschiedenheit hinter die Tohuwabohu-Vorstellungen der »Genesis« zurück, die ein »formloses und ungestaltetes Sein« voraussetzen (in bezug auf die Erschaffung des Menschen klingt das noch im paulinischen Töpfer-Bild an), um zu dekretieren, daß der allmächtige Gott, aller Axiome der Ontologie spottend, im Uranfang »aus dem Nichts ein Etwas gemacht« habe. »Du warst und sonst nichts, und aus nichts schufst du Himmel und Erde« (De civit. XII 333 ff.). Thomas von Aquin kommentiert den ersten Satz der »Genesis« kurz und knapp: »creare est aliquid ex nihilo facere«, »schaffen heißt, etwas aus nichts machen« (Summa theol. I qu. 45a 1). Noch für den atheistischen Nihilismus des Büchnerschen »Danton« ist diese Idee so in

Kraft, daß aus dem Nichts, wiewohl dessen Selbstmord, die Schöpfung wird. Ja, aus der »creatio ex nihilo« wird die »creatio nihili«, die Schöpfung des Nichts selber.

Im Begriff der »creatio ex nihilo« hat Ernst Bloch zwar schon vor allen weitergehenden ontologischen Problemen einen »philologischen Fehler« entdeckt: Gemeint sei »a nihilo, das heißt, am Anfang war nichts, vom Nichts her ist die Welt geschaffen, ex heißt dagegen natürlich aus Nichts, aus einem Material. Das a wurde mit ex vertauscht« (Leipziger Vorlesungen zur Geschichte der Philosophie, Ffm. 1985, IV 236). Diese Lesart wird in der Tat durch manchen kirchenväterlichen Schöpfungstheologen gestützt, nur daß der »Fehler« Methode hatte: Dem Geschaffenen haftet gleichsam ein Material-, ein Geburtsfehler an, der von Gott nicht zu verantworten ist, vielmehr aus der Herkunft aus nichts resultiert. Aber gleich ob nun »ex« oder »a nihilo«, die Intention ist deutlich genug: Die Superiorität des Schöpfers, die Abhängigkeit des Geschöpfes soll mit dem Begriff einer »Schöpfung aus nichts« so groß wie möglich gedacht werden.

Indessen handelt sich ausgerechnet mit diesem Kotau die Schöpfungstheologie gravierende Probleme ein. Denn die rigorose Grenzziehung verschärft die Frage nach dem Schöpfungsgrund. Je anfänglicher der Anfang ist, um so mehr möchte man wissen, was ihn motiviert.

Augustinus, nie um eine Antwort verlegen, die keine ist, antwortet auf die Frage, warum Gott Himmel und Erde gemacht habe: »weil er es gewollt hat« (De Genesi, Op. omnia III, 175). Und warum hat er es gewollt? Weil er es gewollt hat, basta, o sancta tautologia. Ebenso schlagend der Grund für die Erschaffung des Menschen: »Ut initium esset, homo creatus sit. Damit ein Anfang sei, wurde der Mensch erschaffen.« Sehr schön, das gibt dem Menschen ein ganz eigenes Pathos. Die der Servilität unverdächtige Philosophie der »Gebürtlichkeit« Hannah Arendts hat Augustinus' Satz immer wieder enthusiastisch zitiert. Aber warum soll denn ein Anfang sein? Gerade wenn etwas aus nichts entsteht, das vorher nicht, ja nichts war, warum soll es dann überhaupt sein? Einfach, damit es ist und nicht mehr nicht?

Gewiß, als guter Gott bietet der Schöpfer jederzeit die Gewähr, daß gut ist, was er tut und schafft. Aber warum ist es denn gut? Und für wen ist es das, wenn die Schöpfung erst den Empfänger schaffen muß, für den ihre Liebesgabe gut sein soll, und niemandem etwas genommen würde, wenn es die Schöpfung nicht gäbe, dem Geschöpf nicht, da es nicht existierte, dem Schöpfer nicht, da er stets an sich selbst genug hat? Eine fatale Konstellation: Die Schöpfung aus nichts wird mit einer Schöpfung aus Liebe verbunden, die gerade unter der Voraussetzung einer Schöpfung aus nichts keinen begründbaren Sinn hat.

Die Metaphysik antwortet mit einem zirkulären, von ihr gleichwohl für evident gehaltenen Axiom, seine Bedeutung kann kaum überschätzt werden: Das Geschaffene *ist*, weil es – wie Er – gut ist. Und es ist *gut*, weil es ist. Denn das Seiende ist das Gute, das Seinsollende, wie das Gute das wahrhaft Seiende ist; das Nichts ist das Schlechte, wie das Schlechte in Wahrheit nichtseiend ist. Das ist der Grund-Satz der abendländischen Ontologie. In der Sprache der Scholastik: »ens et bonum convertuntur«, Seiendes und Gutes sind konvertierbar, Wechselbegriffe, Wechselwerte. Eine Konversionsontologie.

Sie geht in erster Instanz auf die platonische Metaphysik zurück, ohne da schon in den Diensten einer Schöpfungstheologie zu stehen. Das Licht der platonischen Sonnen- und Höhlengleichnisse scheint einer wohlgeordneten und schöngeformten Ideenwelt, in der sich das Gute, das Wahre und das Sein wechselseitig erhellen. Die frohe Botschaft dieser Lichtmetaphysik: Das Gute ist – und es ist gut zu sein.

Ihre volle Bedeutung gewinnt diese Konversionsontologie allerdings erst für das Christentum. Denn hier muß die Gleichsetzung des Seins mit dem Guten die durch die Schöpfung aus nichts aufgerissene Kluft zwischen Schöpfer und Welt überbrücken. Der »Logos« der Schöpfung sagt: Wo Nichts war, soll Etwas werden, weil er zu wissen glaubt, daß Etwas schlechthin besser als Nichts sei. Gleich ob man die »creatio« »ex« oder »a nihilo« datiert – mit dem Nichts ist es nichts. Der »Logos« verneint in einer doppelten weltschöpferischen Negation, die im Gegensatz zu der selbstmörderischen Negation des Nichts in Büchners »Danton« von schlechthinniger Positivität ist, das Nichts – weil er ein euphorisches Verhältnis zum Sein hat. Ja, er ist Wiederholungstäter: Die »creatio continua«, die fortgesetzte Schöpfung, mit der er sie, die sonst ins Nichts kollabieren würde, im Dasein erhält, ist »negatio negationis continua«. Er hätte zwar prinzipiell die Möglichkeit, seine Geschöpfe wieder ins Nichts zurückfallen zu lassen: Die »annihilatio« ist das Pendant zur »creatio ex nihilo«, die seine Souveränität über das Sein und das Nichts bekräftigt. Nach der Logik der Konversionsontologie wäre die »annihilatio« der extremste Entzug der Gnade, deren größtes Geschenk und generöseste Bekräftigung die »creatio ex nihilo« und die »creatio continua« ist. Aber er macht von dieser Möglichkeit keinen Gebrauch. Ihm wie seinen Stellvertretern auf Erden ist daran gelegen, die Geschöpfe im Sein zu erhalten, freilich nicht unbedingt aus humanen Gründen: selbst dann nämlich, wenn das Sein die Hölle und das Nichtsein nicht notwendigerweise der Übel größtes ist.

Kein anderes Denken hat so wie das christliche das geschaffene Sein und das Nichts gegeneinandergestellt. Und es hat sogar insofern recht daran getan, als seine Schöpfungslehre als Vergegenwärtigung existentieller Schöpfungs-Fragen im mythologischen Gewande gelesen werden kann. Aber es hat das Rechte aus servilen Motiven getan: Es will allein den Ruhm des Schöpfers mehren. Deswegen stimmt es das Tedeum auf eine »Schöpfung aus nichts« an. Doch gerade damit sind spezifische Risiken verbunden. Es provoziert Fragen, die das Christentum unter allen Umständen beantworten muß, tunlichst bevor sie sich überhaupt stellen. Und das kann nur solange gelingen, wie das Christentum seine ontologischen Voraussetzungen aufrechtzuerhalten vermag. Glückt das nicht, droht statt des Tedeums die Anklage einer »verfehlten Schöpfung«, und zwar nicht wegen dieser oder jener Mängel, sondern einer als solcher verfehlten Schöpfung.

Kein anderes uns bekanntes Denken ist deswegen geradezu dazu verdammt, so himmlisch es sich auch fühlen mag, den Vorzugscharakter des Seins zu feiern und das Nichtsein als die nichtige Gegenmöglichkeit der Schöpfung zu verwerfen. Es sei denn, der Schöpfer wäre selber kein guter Gott und die Schöpfung schlecht oder gar böse. Aber diese Möglichkeit ist für die christliche Schöpfungstheologie ausgeschlossen. Heidegger hat mit einem seiner schlichten Begriffe aus dem Alemannischen von »Onto-Theo-Logie« gesprochen. Das trifft diese Konversionsontologie präzise: Sie ist gleichsam eine Ontologie »von Gottes Gnaden«. Sofern sie auf den Namen einer Philosophie Anspruch erhebt, kann man ihr getrost den Ehrentitel einer »Theo-Logo-Sophie«, kurz: einer »Theolosophie« verleihen.

Ein Nachkriegsautor, dem in der Reaktion auf die existenzialistische »Begegnung mit dem Nichts« noch einmal die hoffnungsvolle »Begegnung mit dem Sein« gelang, Helmut Kuhn, hat den Zusammenhang von Konversionsontologie und Theolosophie wünschenswert deutlich formuliert. Für ihn ergibt sich der »Sinn von Sein (...) aus der Beziehung des Seins zum Guten«: »das Gute ist das Sein, sofern es Seiendes konstituiert.« »Das Seiende als solches, d.i. als seiend, ist gut« (Das Sein und das Gute, München 1962, 61 u. 91). Dieser

»Sinn« enthüllt sich freilich nur der »Ontologischen Affirmation«, die zwar nicht mit einer alles Seiende gutheißenden »affirmativen Ontologie« verwechselt werden will, uns aber »in das Sein« bringt, sich ihm zuwendet als dem in ihm »selbst gegründeten«, sich selbst als »gut« affirmierenden »Um-Willen allen Tuns« (93; Begegnung mit dem Sein, Tübingen 1954, 46ff.), während die »Ontologische Negation« uns »vor das Nichts« bringt. Klipp und klar, ohne philosophische Verklausulierung: Das Gute ist »die Bejahung«, das Böse »die Verneinung des Seins«, das »Votum des Willens für das Nichts« (Das Sein und das Gute, 77 u. 83). Da weiß man wieder, woran man nach dem »Verlust der Mitte« ist: Mephisto als Existenzialist – das ist die aktualisierte Rolle des verneinenden Geistes, während die »Ontologische Affirmation« das bewährte »menschliche Gegenstück der göttlichen Sabbath-Betrachtung ist: ›Und siehe, es war sehr gut‹« (3). Diese Philosophie ist so affirmativ geworden, daß sie keinen anderen Ehrgeiz mehr hat, als Echo des Gotteswortes zum Sonntag zu sein. Mephisto soll wieder beten lernen.

Wenn das Sein aber das Gute ist, dann machen sich auch die Steigerungen von selber: Je mehr, je seiender etwas ist, um so besser ist es. Je besser, um so seiender. Und im Lobpreis der ewigen Dauer, der wahren »durée reelle«, drücken sich die Gleichungen der Konversionsontologie ihrem zeitlichen Sinn nach aus. Ludwig Feuerbach hat mit Recht betont, daß im Christentum »in Beziehung auf die Zeit der unendliche Wert (der Existenz) als unendliche Dauer sich bestimmt« (Werke V, Ffm. 1976, 125).

Anselm von Canterbury wiederum hat mit seinem »ontologischen Gottesbeweis« der Konversionsontologie in bezug auf das höchste Wesen selber bezeichnendsten Ausdruck gegeben: Im Begriff Gottes als desjenigen, »über das hinaus nichts Größeres gedacht werden kann«, ist das Sein wie selbstverständlich enthalten. Das Prädikat Gottes als des höchsten Wesens impliziert ein Existentialurteil. Gott wird das Sein zugesprochen, weil es wie Er im höchsten Maße gut ist. Und der ontotheologische Abglanz Gottes fällt auf alles, was ist und durch ihn ist: Zu sein ist in jedem Fall eine Auszeichnung: die erste, die größte und die höchste Gottesgabe.

»Was ist, ist gut und soll sein«, wird selbst in aufgeklärten Zeiten das Echo der Konversionsontologie lauten. Alexander Popes vielzitierten Satz kann man gar nicht fundamental genug verstehen: »Whatever is, is right.« Und noch in der Französischen Revolution wird mit dem »être suprême« sowohl das »höchste Sein« wie das Sein als Höchstes angebetet.

Der Preis für diese Positivierung ist freilich die Negativierung des Nichts, das – so sollte man denken – ja eigentlich so wenig ist, daß es gar keinem wertenden Vorzeichen eine Seinsbasis bieten kann. Das »Abendland« mit seinem entschlossenen Willen zur Selbst-, zur Seinsbehauptung hat es indessen mit wenigen charakteristischen Ausnahmen, von denen unter anderem die Hiob-, die Hamlet-, die Faust-, die Danton-Tragödie spricht, als das Schlechtere, ja Schlechtestmögliche interpretiert: als Finsternis und Leere, als fürchterlichen Abgrund, in dem es unterzugehen fürchtete. Die Nichtsvergessenheit war sein »Seinsgeschick«, freilich eines, das es sich selber schickte, weil es sich nicht ins Nichts schickte.

Wenn aber nach der Logik der Konversionsontologie das Sein der Wert, das Nichts der Unwert aller Werte ist – warum sollte man dann noch weiter nach dem »Logos« des Seins fragen müssen? Die tautologische Formel, die der biblische Schöpfergott für sich gefunden hat, nicht etwa bloß, weil er sich jedem weiteren Prädikat entziehen, jedes Bild verbieten wollte, sondern weil er seiner selbst ganz sicher war, immunisiert ihn denn auch gegen alle weiteren Seinsfragen. Gleich ob man übersetzt: »Ich bin, der Ich bin« oder

»Ich werde sein, der Ich sein werde«, gleich ob man sich an seine Gegenwart oder seine Zukünftigkeit hält – diese lakonische Formel, geradezu ein narzißtisches metaphysisches Bonmot, ist der Identitätssatz, in dem sich Gott und das Sein als das personifizierte Sein durchdringen. Und wenn er ist, der er ist, und sein wird, der er sein wird, dann darf auch das, was allein durch ihn ist, bei allen Unterschieden wissen, daß es ist und sein wird, was es gottseidank ist und sein wird.

Freilich werden gerade auf dem Boden der Konversionsontologie weitere Fragen unabweisbar: Wenn das Sein das Gute ist, warum dann nur eine endliche Menge in endlichen Qualitäten zu bestimmten Zeitpunkten davon? Warum nicht noch eher, warum nicht ein noch anfänglicherer Anfang, warum nicht noch mehr, nicht unendlich viel? Warum unterlassene Kreationsmöglichkeiten? Warum überhaupt da noch nichts, wo etwas sein könnte?

Hinsichtlich der heiklen Zeitfragen, die noch in Büchners »Danton« nachklingen, nahm die Theolosophie bei Augustinus ihre Zuflucht zu dem Konzept einer Zeit, die mit der Schöpfung selber überhaupt erst entstehen sollte, obwohl die Idee eines Anfangs der Zeit wieder Zeit voraussetzte. In der Gegenwart hat dieses Konzept unverhofft Unterstützung bei der Astrophysik gefunden, ohne daß deren Konsequenz freilich ebenfalls gezogen würde: daß dem Anfang in keinem Sinn mehr etwas vorausliegen kann.

Im übrigen suchte das von Lovejoy beschriebene »Prinzip der Fülle« eine Antwort zu geben. Die schöpferische Potenz war ihrer unerschöpflichen Quelle angemessen. Die geschaffene Natur machte keine Sprünge. Der Schrecken vor dem leeren Raum des Nichts, Negativ und zugleich Motiv des »Prinzips der Fülle«, hatte so sehr obsiegt, daß dem Nichts nichts mehr blieb.

Wie war das aber damit zu vereinbaren, daß, gemessen am überhaupt Denkbaren und Möglichen, doch nur ein relativ bescheidener Ausschnitt verwirklicht schien? Wie damit, daß bei allem »Gewimmel« das Kontinuum der Arten Zwischenräume übrigließ, in denen man sich gut und gerne weiteres vorstellen konnte? Nein, gerade wenn man die Logik der Schöpfung positiv beim Wort nahm, war es nicht gut um sie bestellt.

Fataler: Derselbe Monotheismus, dem der anfängliche Anfang und die Schöpfung aus nichts so wichtig waren, weil er die Grenze zwischen Schöpfer und Geschöpf unübersteigbar machen wollte, hatte es auch für nötig befunden, die qualitative Differenz zwischen ihnen zu betonen. Da war denn zwar das Sein prinzipiell gut, aber das menschliche Sein als das endliche gegenüber dem unendlichen doch etwas weniger gut. Aus dem Nichts kommend und ständig vom Rückfall in das Nichts bedroht, wenn Gott es nicht von Gnaden der »creatio continua« im Sein erhielt, war ihm eine Prise Nichtigkeit von Anfang an beigemischt. Das geschaffene Etwas war nicht einfach ein »Nicht-Nichts« von allerpositivster Positivität, sondern ein vom Nichts tingiertes Etwas. Warum aber überhaupt eine Schöpfung aus nichts, wenn das Geschaffene in gewissem Umfang nichtig ist? War der Schöpfergott doch nicht ganz so gut, doch mißgünstig, ein bißchen kleingeistig und eifersüchtig auf die Wahrnehmung seiner Sonderrechte bedacht? Oder hatte seine Macht Grenzen? Mußte man mit Hindernissen metaphysischer Natur rechnen? Gab es Gegenspieler? Dann aber zeichnete sich die alte Gefahr einer dualistischen Metaphysik wieder ab, die der christliche Monotheismus überwunden glaubte, mit ihr die Infragestellung des Guten als des einzig wahrhaften Seins, weil unter diesen Umständen offenbar auch das Schlechte eine Art von Realität gewann. Und wie stellt sich die Situation gar dar angesichts »einer ganzen Welt voll Elend«, in der das Übel durchaus die herrschende Seinsverfassung scheint!

Gerade also die zugespitzte Schöpfungslehre der christlichen Tradition führt auf heikelste Fragen, wenn die konversionsontologische Gleichung als Rechtfertigungsgrund für den »Logos« der Schöpfung nicht aufgeht.

Aber die Tradition hatte vor allem zwei Erklärungsmodelle im Repertoire, mit denen sie versuchen konnte, ihre Gleichsetzung des Seins und des Guten prinzipiell zu retten: ein moralisches und ein ontologisches.

Das geschaffene Sein war an sich gut gewesen. Doch dann hatte es selber in einem Akt der Insubordination einen Strich durch die gute Seinsordnung gemacht. Nach Anleitung des in die Finsternis gestürzten ehemaligen Lichtträgers hatte es der Versuchung zum »Sein-wollen-Wie« nachgegeben. Es hatte die ontotheologische Differenz zwischen Schöpfer und Geschöpf mißachtet und die Graduierung im doch nicht so einen und gleichen Sein aufheben wollen. Wohl hatte der Schöpfer das Geschöpf »nach seinem Bilde« geschaffen – und sich so selber, souverän, wie er war, über das von ihm verhängte Bilderverbot hinweggesetzt. Dieses Verbot aber war um so rigider wieder angewendet worden, wo das Geschöpf sich in ungehöriger Mimesis dem göttlichen Urbild gleichmachen wollte. Deswegen war es aus dem Sein in die Nichtigkeit gestürzt. Und es war gottlob selber dafür verantwortlich. Sündenfallmythos und Erbsündenlehre luden ihm mit der Deutung des Todes als »der Sünde Sold« die Verantwortung für die wesentlichste Form seiner Nichtigkeit auf. Freilich führte diese Antwort wieder auf die Ausgangsprobleme zurück: Wenn der Schöpfer das alles kommen sah, hätte er dann nicht besser die Finger davon gelassen? Nun mußten subtile Unterscheidungen zwischen einem bloß zulassenden und einem billigenden Vorwissen getroffen werden. Und der überragende Wert der menschlichen Freiheit war so entschieden zu verfechten, daß ihr alles andere nachgeordnet werden mußte.

Weit schlichter und zugleich frappierender die zweite Lösung: Die Konversionsontologie zerhaute einfach den »ontogordischen« Knoten. Zunächst bekräftigte sie, ohne sich von der Frage weiter irritieren zu lassen: Das Nichtige am Etwas ist eben seiner Herkunft aus dem Nichts zuzuschreiben. Hier zeigte sich der ganze Tiefsinn hinter dem von Bloch gerügten philologischen Schöpfungsfehler der »creatio ex nihilo«: Mit dieser Herkunft konnte sowohl die absolute Überlegenheit und Souveränität des Schöpfers wie die relative Miserabilität des Geschöpfes begründet werden.

Zugleich aber wurde die Realität des Nichtigen entkräftet: Das Nichtige am Etwas *ist* nicht wahrhaft. Der Tod gibt doch das schlagendste Beispiel. Das Schlechte ist nicht wirklich seiend, so sehr es zu sein scheint. Die Theorie der »Beraubung« (»steresis«, »privatio«), derzufolge alles Übel nur ein minderer Seinsgrad, ein »defizienter Modus von Sein« ist, der auf das Nichts hin als seine unterste Grenze tendiert, obwohl das Nichts als Nichts weder Grade noch ein Maximum oder Minimum kennt, soll die Gleichsetzung des Seins und des Guten retten. So leicht läßt sich das Gute sein Alleineigentum am Sein nicht nehmen. Im Gegenzug wird eher das Übel seiner Eigentümlichkeit beraubt.

Diese ontologische Operation ist es, die Büchners »Danton« mit der Wegschaffung des Unvollkommenen durch die Demonstrationen des Verstandes meint.

Doch zumal die Realität des Leidens war nur schwer zu dementieren. Die vom empörten Gefühl inspirierte, aber auch einem wirklichkeitsnäheren Verstande einleuchtende Replik des Büchnerschen »Danton« fegte eine ganze auf das Positive kaprizierte Ontologie vom Tisch: »Man kann das Böse leugnen« (was die guten Christen freilich nur in ihrer Eigenschaft als Ontologen, nicht als Moralisten und Anhänger einer rigorosen Strafgerichtsbarkeit wollten), »aber nicht den Schmerz« – das markierte unwiderruflich die Grenze aller Theosophistereien. Die »Gottesleugner« waren wenigstens keine Leidensleugner.

Selbst der Tod war als Sterben immerhin so wirklich, daß gerade die christliche Tradition aus ihm ihr größtes Kapital an Furcht und Schrecken schlagen konnte. Und die Hölle verdiente am allermeisten jenes Prädikat, das eigentlich Gott vorbehalten schien: Sie war das »ens realissimum«, das »seiendste Sein«. Und zu ihrer Ausmalung konnte man mühelos auf die vorhandenen Materialien: die Erfahrung der Welt, zurückgreifen. Kurz: Seinsverherrlichung, Schöpfungsglaube einerseits, Leidenserfahrung, Erlösungs- und Verdammnisvorstellungen andrerseits sind in der abendländischen Tradition eine überaus prekäre Verbindung eingegangen. Kein Wunder, daß die Gleichsetzung des Seins und des Guten, aus welcher der »Logos« der Schöpfung lebte, schon frühzeitig auf Widerspruch gestoßen ist.

Die spätantike Gnosis etwa als prononcierteste Opponentin der biblischen Schöpfungstheologie hat nie an ihn geglaubt. Die Gnosis enttarnte die Schöpfung des »Demiurgen« als Teufelswerk. Zwar hat sie nicht das Sein an sich verworfen, sondern das gefallene, in die Welt wie in ein Gefängnis »geworfene« Dasein. Dieser Impuls aber lebte um so bestimmter in den radikalen Formen der Mystik, zumal der jüdischen, und in den Ketzerbewegungen fort. Schließlich wird der gnostische Generalangriff auf die Idee der Schöpfung von einer neuzeitlichen Philosophie, welche den Glauben an die Güte des Seins wie an einen guten Gott vollständig in Frage stellt, mit verstärkter Kraft erneuert. Und ihr kommen nun auch die der abendländischen Seinsverherrlichung widersprechenden asiatischen Philosophien, besonders der atheistische buddhistische Nirwanismus, zu Hilfe.

Mit der Empörung des Gefühls und den Mitteln eines philosophischen Verstandes, der die fatale Positivität des Negativen demonstriert, bricht vor allen anderen Schopenhauer, Neognostiker und Eurobuddhist zugleich, mit dem konversionsontologischen Paradigma. Deswegen markiert seine Philosophie einen so tiefreichenden Einschnitt in der Geschichte des abendländischen Denkens. Schopenhauer erschüttert die Gleichsetzung des Seins und des Guten so sehr, daß bei ihm das Nichts geradezu zum Platzhalter des Guten avanciert und die Welt, in der sich Schopenhauers Demiurg, der Wille zum Leben, objektiviert, zur Hölle wird. Der »Logos« der Schöpfung verliert jeden Grund.

Gewiß, selbst Schopenhauer bleibt noch zu sehr der Tradition verhaftet, um die neue negative Gleichung so rückhaltlos aussprechen zu können, wie es der Nihilismus von Büchners »Danton« auf seinem Extrempunkt tut. Doch mit Schopenhauer ist das Sein für die Philosophie zu etwas zutiefst Negativem geworden, allenfalls gut für ein mehr oder minder entschlossenes Nein. Mephisto übernimmt das Regiment. Hamlet kann endlich hoffen, daß der Lärm um nichts im Nichts sein Ende findet. Und Danton darf sich beruhigen, wenn ihn die alten Ängste wieder plagen, daß im Nichts wirklich endgültig Ruhe ist.

Aber auch dort, wo die Antwort nicht so radikal ausfällt, gerät der »Logos« der Schöpfung in existenzbedrohliche Krisen. Hamlets »sein oder nicht sein« – das ist nun in der Tat die Frage, die radikalisierte Hamlet-Frage, und zwar nicht mehr in bezug auf die Unwägbarkeiten der Unsterblichkeit, das ist sekundär, wenn es überhaupt noch von Interesse ist, sondern in bezug auf die Entscheidung für oder gegen ein Sein, dessen Güte wie die Güte seines Grundes gleichermaßen fragwürdig werden. Die Frage mag »von des Gedankens Blässe« angekränkelt sein, aber sie ist kräftig genug, einer ganzen Tradition zu widersprechen.

Die seit je um die ersten und letzten Seinsgründe bemühte Metaphysik kann am allerwenigsten an ihr vorbei, so seinsaffirmativ ihre ererbten Grundsätze auch sind.

»Warum ist eher Etwas als Nichts?« lautet sie, die metaphysische Hamlet-Frage. Sie ist buchstäblich die Grund-Frage der neuzeitlichen Philosophie. Sie stellt den Grund-Satz der abendländischen Konversionsontologie von Grund auf in Frage.

Von Leibniz, der eigentlich nichts weniger als ein hamletisierender Geist ist, wird sie im Zusammenhang seines mißlingenden Versuches in der Theodizee formuliert: eine Frage, die auf eine Anklage reagiert und eine Rechtfertigung fordert. Von Heidegger wird sie mit dem Bezug auf Leibniz als die vom »Nichts selbst« erzwungene »Grundfrage (ohne Bindestrich) der Metaphysik« gekennzeichnet und zugleich fundamentalontologisch umformuliert: »Warum ist überhaupt Seiendes und nicht vielmehr Nichts?«

Die Frage gilt nicht etwa dem Urheber oder der Ursache in einem bloß kausalen Sinn und auch nicht dem beliebten »Woher?« und »Wohin?«, mit dem eine nur halbwegs säkularisierte Philosophie die Kinderfrage des Katechismus: »Wozu sind wir auf Erden?« zu aktualisieren trachtet. So gewendet, pflegt die Grund-Frage meist auf dem schnellsten Weg in den Hafen der Theologie zurückzuführen. Nein, sie gilt dem von der Tradition behaupteten vernünftigen Grund des Seins. Mehr als 2000 Jahre lang hat diese erklärt: Sein ist gut. Schaffen ist gut. Geschaffen-Werden ist gut. Je seiender, desto besser, jelängerjelieber. Der Vorzugscharakter des Seins ist überhaupt keine Frage. Und deswegen steht auch sein Grund nicht in Frage. Jetzt aber fragt die Philosophie: »Warum überhaupt Etwas, warum nicht Nichts?«

Auch das glückliche Bewußtsein kann die Frage stellen, die philosophische Verwunderung über das Sein auch Bewunderung sein. Doch vorab entspringt sie, wie in der Hamlet-, der Faust-, der Danton-Tragödie, wie in dem Prozeß, den Hiob gegen seinen Gott anstrengt, dem unglücklichen Bewußtsein, das wissen will, warum überhaupt Etwas ist, wenn zu sein nicht gut und nicht zu sein keineswegs schlecht ist. Das Leiden inspiriert die Frage – ohne daß sie darin aufginge –, weil es wie nichts anderes die Erfahrung dessen bestimmt, nach dessen Grund sie fragt. Sie problematisiert diesen Grund, aber sie selbst versteht sich insofern von selbst, als das Leiden sich nicht von selbst versteht, sondern seine Urheber und vielleicht seine Rechtfertigung zu wissen verlangt. Weit entfernt davon, durch diese Inspirationsquelle verdächtig zu werden, gewinnt die Frage aus dem Leiden ihre Authentizität und Legitimation. Wie die Frage: »Warum leide ich?« für Büchners »Danton« angesichts der Leidlosigkeit des Nichts zum »Fels des Atheismus« und Nihilismus wird, so für die Philosophie zum Grund der Grund-Frage, die potentiell ins Nichts führt. Das wäre das neue Anti-Evangelium, mit dem entschlossenen Nein zu dem anfänglichen Anfang, der im Zeichen des »Logos« stand, das endgültige Ende des ontotheologischen Seinsgottesdienstes.

Die Grund-Frage ist die säkularisierte Fassung der Theodizee-Frage nach der Rechtfertigung des für allmächtig, allweise, allgütig gehaltenen Gottes angesichts der Übel der Welt. Noch in ihren spekulativsten Formulierungen, in denen der gute alte Gott längst in den Tiefen der Fundamentalontologie untergegangen ist, hallt das Echo der Theodizee-Frage nach. Unter den Voraussetzungen der christlichen Tradition ist das unvermeidlich. Diese Genealogie hat sogar den Vorzug, daß sie den Kern der Grund- als Lebensfrage deutlicher macht, als es oft die Metaphysik tut. Aber die Theodizee wird eben, wie schon am »Buch Hiob« und seinen Nachfolgegeschichten bis zum »Mißlingen aller philosophischen Versuche in der Theodizee« bei Kant ablesbar, zur Biodizee eskaliert. Beide Fragen verschärfen einander: Die Frage nach der Rechtfertigung eines Lebens, das sich als Leiden zeigt und dem Nichtsein möglicherweise nicht vorzuziehen ist, geht vorab an den Schöpfergott, wie umgekehrt jeder theologische oder philosophische Versuch in der Theodizee mit der Frage, was es denn mit dem Geschenk des Lebens auf sich habe, auf seine härteste Probe gestellt wird.

Die Biodizee-Frage ist freilich schon umfassender, auch heikler als die Theodizee-Frage, weil sie dem – wie und von wem auch immer – kreierten Leben und seinen Urhebern insgesamt gilt. Sie alle, nicht nur der Schöpfergott als der primäre Täter, haben sich dem »Prinzip Verantwortung« zu stellen.

Historisch gewinnt sie immer mehr an Bedeutung, weil sie nicht mit dem »Tod Gottes« ihren Adressaten und ihre provokative Kraft verliert, sondern sich – wie zumal Nietzsche zeigt – gerade nach dem Verlust des bisherigen obersten Sinngebers massiver denn je erhebt. Und die neuzeitliche Philosophie macht aus der zur Biodizee zugespitzten Theodizee vollends etwas, das – um die bereits eingestandene Inflation von »Dizeen« auf die Spitze zu treiben – nach einem Begriff Nietzsches als »Kosmodicee« (I 197) oder als »Ontodizee«, nach dem Verständnis von Helmut Kuhn die »Rechtfertigung des Seienden im ganzen im Angesicht des Nichts« (Begegnung mit dem Sein, Tübingen 1954, 1), bezeichnet werden kann.

Von Leibniz über Hume, Kant, Schelling, Schopenhauer und Nietzsche, vergessene Denker wie Eduard von Hartmann, Philipp Mainländer, Julius Bahnsen, Fritz Mauthner, dann Scheler, Bergson, Heidegger, Sartre, Camus, Bloch, Jaspers, den Husserl-Schüler Eugen Fink, Adorno, Hans Jonas bis zu Hannah Arendt und Günther Anders wird die Frage gestellt. Der Metaphysikverdacht, unter dem sie – völlig zu Recht – bei Positivisten, Szientisten und Sprachanalytikern, zumal in der Heidegger-Kritik steht, hat ihr nicht den Garaus machen können. Längere Zeit sah es so aus, als ob sie angesichts einer alle Grenzen sprengenden, in ein Pluriversum zersplitternden »Welt« zu einer voreinsteinschen, wenn nicht vorkopernikanischen Naivität würde, wie sie sich allenfalls der Kopf eines »Seinshirten« aus dem schwarzen Walde ausdenken mochte, der unverdrossen seine Feld- und Holzwege ging, von den Schocks des multiplizierten »Multiversums« (Günther Anders) nach Hubble ganz zu schweigen, die der Frage buchstäblich den Boden zu entziehen scheinen. Aber derzeit fragt ausgerechnet die Makro- wie die Mikrophysik mit Vorliebe wieder nach jenem vertrackten »Nichts«, das die Naturphilosophie seit je umgetrieben hat. Die Grenzen zwischen Physik und Metaphysik sind auf dem Terrain der Physik selber fließend geworden. Und bei den gegenwärtigsten unter den zeitgenössischen Philosophen, bei Anders und Jonas, erlebt die Frage, motiviert und mehr denn je legitimiert durch die negative Inspiration einer das Sein von »überhaupt Etwas« ganz real in Frage stellenden Jetztzeit, emphatisch ihre Renaissance.

Ihre Formulierungen wechseln in aufschlußreicher Weise. Die Antworten sind höchst unterschiedlich. Welten scheinen zwischen Leibniz und Schopenhauer, Heidegger und Adorno, Bloch und Anders zu liegen. Aber die Zuspitzung der Frage ist die gleiche: Sie konfrontiert das auf seinen Grund befragte wirkliche oder mögliche Sein des »Etwas«, des »Seienden«, mit der Gegenmöglichkeit des Nichts.

Darin liegt die entscheidende Provokation. Die Frage fragt nicht nach einem Grund in dieser oder jener spezifischen Beziehung. Da läßt sich mancherlei Seinsgrund von Etwas für Etwas, von Dieser für Jenen, des Einzelnen für das Ganze, des Ganzen für die Einzelnen entdecken. Aber hier geht es um den Grund überhaupt angesichts der Alternative des Nichts. Die Frage hat einen dezidiert »komparativen« Sinn: »warum eher Etwas als Nichts« das Vorzuziehende sei. Das ist zumal unter den Bedingungen des leidenden Lebens eine frohgemute Unterstellung. Wie kann aber überhaupt das Sein von

»Etwas« das Bessere sein, wenn das »Nichts« wirklich nichts, also auch nicht irgendwie schlechter, geschweige denn das Schlechte ist? Die Frage ist im buchstäblichen Sinn »radikal«, weil sie dem Sein an die Wurzeln geht. Auch in diesem Sinn verdient sie den Titel einer Grund-Frage der neuzeitlichen Philosophie.

Noch mehr als andere metaphysische Fragen zeichnet sie sich indessen durch Abstraktion und Komplikation aus. »Etwas«, »Seiendes«, »Nichts« und dann noch zu allem Überfluß die doppelte Negation eines »nicht vielmehr Nichts« – das kann doch ein ernsthaftes Interesse an den Problemen des Lebens nicht bewegen. Und das einzige »wirklich ernste philosophische Problem« ist nach der Bestimmung von Camus' »Sisyphos« der Selbstmord, »die Entscheidung der Frage, ob das Leben sich lohne oder nicht« (Der Mythos von Sisyphos, Reinbek 1959,9). Soll man diese fürwahr sterbens- und lebensnahe Frage etwa in der Grund-Frage wiedererkennen?

Ja, wenn sie mit einem der ominösesten Lieblingsworte der Metaphysik nach dem Grund »überhaupt« fragt, so klingt sie so totalisierend, so prinzipiell, im pejorativen Sinn so metaphysisch, daß sie als philosophische Version der Hamlet-Frage nicht nur gelinde überdramatisiert wirken muß; sie scheint auch, wenn nicht auf eine unsinnige, so doch auf eine unbeantwortbare, »unfragbare, weil sich selbst überfragende Frage« (H. Kuhn) hinauszulaufen. Nach einem dem Sein von »überhaupt Etwas« im ganzen vorausliegenden Grund jedenfalls läßt sich nur mit abgründigem Tiefsinn fragen, weil damit entweder nach dem Wunder eines nichtseienden Grundes gefragt würde oder das Ganze doch nicht das Ganze wäre.

Deswegen ist es wichtig, daran zu erinnern, daß die Grund-Frage genealogisch eine Schöpfungs-, eine Theodizee-Frage ist, die existentiell zur Biodizee-Frage eskaliert.

Die Frage nach dem Grund für das Schaffen und Sein von »Etwas«, das sich nicht von selber versteht, ist ihre Kernzone. Und wenn sie nach dem Grund für das Sein von »überhaupt Etwas« fragt, dann nach einem, der es in Opposition zum »Nichts« auszeichnet – oder auch nicht. Allein diese Konfrontation gibt der Frage Konturen. Sonst könnte sie sich nur affirmativ innerhalb des Seins bewegen. Sie darf deshalb keinesfalls auf ihren ersten Teil beschränkt und um den Bezug auf das »Nichts« beschnitten werden. Erst diese Gegenmöglichkeit gibt der Frage ihren Grund – indem sie dem Befragten möglicherweise seinen Grund nimmt.

So verstanden, wird es freilich auch möglich, in der Grundsätzlichkeit der Frage ihren spezifischen Impuls zu erkennen. Ihre Geschichte zeigt, daß sie einen totalisierenden Überschwang entwickeln muß, weil sie nur so der Radikalität der ihr zugrunde liegenden Seinserfahrung gerecht werden kann. Das Sein ist ihr so fragwürdig geworden, daß sie sich nicht mehr mit Teilfragen begnügt, sondern ihr nur noch die umfassendste und rücksichtsloseste aller Fragen genügt.

Allerdings fragt sie damit keineswegs nach einem gänzlich Unbestimmten und Ununterschiedenen. Nach der triftigen Einsicht Heideggers, der mit der ihm eigensten gründlichsten Gründlichkeit noch hinter die Grundfrage auf *ihren* Grund, die transzendentale Bedingung der »Möglichkeit des Warum überhaupt« zurückgegangen ist, liegt vielmehr schon in der Frage »ein wenngleich vorbegriffliches Verständnis von (...) Sein (Nichts) überhaupt« (Vom Wesen des Grundes, Werke I 9, 169). Das könnte auf eine Vor-Frage vor der Grund-Frage hinauslaufen. Heidegger will mit seiner »Seinsfrage« darauf hinaus. Wer die Frage stellt, kann auch nur unterstreichen: Sein vorgängiges, vorbegriffliches Seinsverständnis ist sehr bestimmt. In gewissem Sinn weiß er immer schon, was »Sein« ist. Von einem auf das Leiden gegründeten Realismus ist es ihm jedenfalls als das Fragwürdige fürwahr »erschlossen«. Die Grund-Frage ist nicht voraussetzungslos. Im Gegenteil, das Seinsverständnis, das sie nicht nur voraussetzt, sondern dem sie entspringt, ist sogar so bestimmt, daß die bloß indirekte Bestimmung des Seins »via negationis«, nicht schlechthin Nichts, nicht nicht zu sein, ihr die entscheidende Zuspitzung gibt. Fern davon, die »erst-letzte Urantwort für alles Fragen« zu sein, provoziert gerade das der Frage vorausliegende Seinsverständnis die Frage nach dem Grund, »warum überhaupt Etwas ist und nicht vielmehr Nichts«. Die Frage bewegt sich gerade nicht im Zirkel des Seins, was sie tatsächlich gegenstandslos machte – sie beruht auf einer radikalen, umfassenden Alternative.

Mit ihr wird aus dem Sein von »überhaupt Etwas« etwas von Grund auf Problematisches. Nur sehr bedingt kann die Frage den Absichten einer vom Willen zur Selbsterhaltung inspirierten ontologischen Selbstvergewisserung dienen. Sie läßt die »Faktizität« des »nackten ›Daß‹« (Schelling, Natorp, Heidegger) keineswegs unangetastet. Die Auszeichnung der Frage durch den Existenzialismus darf nicht darüber hinwegtäuschen, daß sie innerhalb einer Tradition aufbricht, die trotz ihrer scharfen Unterscheidung von »Daß« und »Was«, »existentia« und »essentia«, das »nackte ›Daß‹« gar nicht kennt, sondern das Sein immer schon konversionsontologisch als das Gute ausgibt. Und dessen Vorzug vor dem Nichts will erst einmal demonstriert sein.

Die Frage gilt keinem »Ur-«, keinem »Weltexistenzrätsel« (Natorp, F.J. Wetz) im Sinn des bestaunten »Wunders aller Wunder«, »*daß* überhaupt Etwas ist«, womit das von der Verzur Bewunderung fortschreitende philosophische Staunen meist alsbald beim ersten Wundertäter ankommt und aus dem zweiten Teil der Frage nach der Gegenmöglichkeit des Nichts die gesicherte Gewißheit, daß nicht Nichts ist, geworden ist, sondern sie verlangt zu wissen, *warum* »überhaupt Etwas« ist. Und das heißt vorab: »Warum sollte, warum soll überhaupt Etwas sein und nicht vielmehr Nichts?«

Trotzdem scheint die Frage in anderen Hinsichten in der Tat zu unspezifisch, zu neutral, zu objektivierend. Der Unterschied z. B. zwischen »Etwas« und »Jemand« (Robert Spaemann) wird ignoriert. Der aber ist gravierend, zumal, wenn es um das Machen oder Vernichten von »Etwas« und die Geburt, den Tod oder die Tötung von »Jemand« geht.

Das »Nichts« freilich, das die Frage dem Sein von »überhaupt Etwas« entgegenstellt, ist etymologisch zwar das »Nicht-Etwas«, aber seinem Begriff nach bezeichnet es so schlechthin »Nichts«, daß es das »Nicht-Etwas« wie den »Niemand«, das Nicht-Sein von einzelnem Seienden wie das einer ganzen Welt gleichermaßen umfassen kann. Sub specie des Nichts, des rücksichtslosesten und unanfechtbarsten aller Gleichmacher, wird alles in jedem Sinn gleich. Das Nichts ist die zugleich in sich indifferenteste wie umfassendste Negation. Es leidet gleichsam unter keiner besonderen Form der Abwesenheit mehr. Und gerade das gibt der Grund-Frage wieder ihre Entschiedenheit und Schärfe. Denn wer nach schlechthin Nichts fragt, ist selber kein indifferentes Etwas, sondern so dezidiert, daß er auf die denkbar größte Distanz zum Sein geht. Gerade indem die Frage extrem abstrahierend verfährt, wie man nur im Zeichen einer totalen Negation abstrahieren kann, artikuliert sie den Impuls, dem sie entspringt.

Man kann der Grund-Frage also getrost ihre existentielle Spannweite wiedergeben, noch in ihrer metaphysischsten Formulierung den Hamlet-Ton mithören, so daß sie ihre Bedeutung für die Probleme des Lebens und Sterbens, von Geburt und Tod wiedergewinnt.

Damit aber hat der auf das Sein und das Nichts kaprizierte Metaphysiker eigentlich nur wenig im Sinn. Wir sehen ihn schon die fundamentalontologische Nase rümpfen! »Fiat prima philosophia, pereat vita!« ist die Maxime, der seine Sublimation aller Lebensprobleme am liebsten folgt. Insofern geht es bei ihm tatsächlich um »Scheinprobleme der Philosophie«, je grundsätzlicher, desto besser, weil desto risikoloser, in metaphysischer Totalabstraktion von vornherein stillgelegt. Warum wird man schließlich Metaphysiker? Damit man aus unanfechtbarer Distanz einen souveränen Blick auf das Sein des Seienden und das Nichten des Nichts werfen kann! Und nun soll ausgerechnet ihm zugemutet werden, sich nicht nur mit einem Mephisto herumzuschlagen, der es von Goethes Gnaden immerhin ansatzweise zu einem, wenn auch zutiefst problematischen Metaphysiker bringt; nein, auch die Hamlet-Rolle soll er übernehmen. Sich schließlich an den pseudophilosophischen Gesprächen des Büchnerschen »Danton« zu beteiligen – ist das nicht das Letzte, was einem honorigen Denker abverlangt werden kann?

Aber zum Glück hallen in der Grund-Frage nicht nur die alten theologischen Fragen nach, die den Metaphysiker mit den Hamlets, den Dantons, den Mephistos einerseits, den Gottesanbetern, den Seinsfreunden andererseits zusammenbringen können. Es geht vielmehr in der Tat um zugleich existentielle wie prinzipielle Seinsfragen. Die zur Biodizee-eskalierte Theodizee-Frage nimmt ontologische Gestalt an – wie umgekehrt noch der abstrakteste Versuch in der Ontodizee ihren existentiellen Kern nicht verleugnen kann.

In dieser Spannweite reicht die Frage freilich weit über den skizzierten Traditionsrahmen hinaus. Die Antwort, die der biblische Schöpfungsmythos einschließlich der zur Erklärung der Nichtigkeit und des Leidens des Lebens beigegebenen Fallgeschichte zu geben versucht, setzt die Frage voraus, bevor ein Hiob sie eigens stellt. Vor den expliziten Fragen, da waren die Antworten, wie der Schöpfer vor den Geschöpfen, das Diktat der Geburt vor seiner Infragestellung ist. Schon die Gleichsetzung des Seins und des Guten ist als vorauseilende Antwort auf die wenngleich noch unausdrückliche Frage zu verstehen.

Das hat bezeichnenderweise der ausgeprägteste zeitgenössische Restaurationsversuch der Konversionsontologie, der von Helmut Kuhn, am deutlichsten erkannt. Dem »Sein als Sein« soll zwar allemal der »Charakter der Selbstrechtfertigung« innewohnen, der »›Sinn von Sein‹« so konsolidiert sein, daß es sich seinem Wesen nach nicht in Frage stellen läßt. »Als in sich ruhend gibt es keinen Anlaß zu einer über es hinausgehenden Fragebewegung« (Begegnung mit dem Sein 3), schon gar nicht zu der »verzweifelt-vermessenen« Grund-Frage als »abstraktem philosophischem Ausdruck der Begegnung mit dem Nichts« (Begegnung mit dem Nichts 21). Dennoch ist die Frage für Kuhn unabweisbar. Und selbst die positivste Antwort, die dekretiert, »daß sie als nicht mehr zu befragende Antwort eine nicht mehr zu begründende Affirmation erfordert« (Das Sein und das Gute 32), reagiert auf die »Begegnung mit dem Nichts«.

In einer späten, eher beiläufigen Publikation nagt die »Ontologische Negation« sogar so sehr am Geist der »Ontologischen Affirmation«, daß Kuhn bekennt: Die Frage »setzt die innere Möglichkeit einer Überlegung voraus, die Sein gegen Nicht-Sein nicht nur abhebt, sondern abwägt. Der Gedanke, daß das Nicht-Sein vorzuziehen sein könnte, muß an den Denkenden herangetreten sein. Dann erst kann er sagen (und zu begründen versuchen), daß das Sein als solches gut ist. In dem Satz ›ens et bonum convertuntur‹ ist die Frage schon beantwortet. Es besteht bereits die abstrakte Möglichkeit der Frage, aber noch nicht der Anreiz, sie ausdrücklich zu stellen. Dieser Anreiz ergibt sich erst mit dem Wanken des Prinzips der metaphysischen Tradition, die aus der Überzeugung vom Gut-Sein des Seins lebt« (Philos. Rundschau 1970, 112).

Unter allen Umständen aber soll menschliches Leben davon überzeugt werden, daß zu leben gut ist, daß es als geschaffenes, gezeugtes, geborenes Leben ein Geschenk ist, welches höchsten Dank verdient. Die Menschenkinder begegnen einer generativen Frohbotschaft. Die ihrerseits zum Schöpfer avancierenden Geschöpfe wiederum bestätigen sich in dieser Rolle, daß sie aus besten Gründen dazu geworden sind: die Schöpfungslehre als Elternmetaphysik. Die Rückübersetzung der Theologie in Anthropologie durch Ludwig Feuerbach weist hier die Wege: Der biblische Schöpfer gibt sich als das göttliche Urgeschöpf zu erkennen, das sich der menschliche Schöpfer zur Affirmation und Apotheose *seines* Schöpfertums schuf. »Nach seinem Bilde schuf er ihn ...« – als *göttlichen* Schöpfer von *Menschen* erschuf er sich ihn. Sich einen Schöpfer, sich als Geschöpf schaffen – das vertauscht zwar die Rollen; aber es bekräftigt nur um so mehr, was der generativen Lust das Liebste ist: den Willen zur Schöpfung.

Der romantische Naturphilosoph Lorenz Oken, im Anschluß an Kants kühnen Versuch, »den Begriff der negativen Größen in die Weltweisheit einzuführen«, der Schöpfer einer womöglich noch kühneren Null- und Nichtsphilosophie, spricht den generativen Gehalt des Schöpfungsmythos prägnant aus, wenn er die Schöpfungsgeschichte des Etwas aus dem Nichts als »Zeugungsgeschichte der Welt« apostrophiert (Lehrbuch der Naturphilosophie, 3. A. Zürich 1843, § 19). Die Lehre von der Notwendigkeit der »creatio continua« wiederum signalisiert mit der mythologischen Chiffre, daß das Dasein bejaht werden muß, wenn es nicht ins Nichts zurückfallen soll.

In den Phantasmagorien der Unsterblichkeit schließlich, der »recreatio«, mögen diese noch christlich oder als mißverstandene östliche Wiedergeburtsvorstellungen artikuliert werden, bekräftigt das sich selbst bejahende Leben, daß es weiter sein will und nicht vielmehr nicht.

Mythos und Metaphysik reagieren nur auf Existenzfragen, die unhintergehbar sind, seitdem es eine »menschlich« genannte Form des Lebens gibt, die nicht einfach ist, entsteht und vergeht, sich erneuert und sich vermehrt wie instinktbestimmtes natürliches Leben, sondern sich zu sich selber verhält, verhalten muß. Ungeachtet aller Entschiedenheit der Lebenstriebe zur Selbsterhaltung des Individuums wie der Gattung, ungeachtet auch aller vorreflexiven Lebenslust *ist* menschliches Leben nicht fraglos, keine Tat-Sache, sondern eine Tat-Handlung, so wie es keine Ur-Sachen, sondern Ur-Heber hat. Nicht »vollendete Tatsachen« bestimmen es – undeterminierte Möglichkeiten und Gegenmöglichkeiten irritieren es.

Daran können selbst die subtilsten Versuche nichts ändern, der Alternative von Bejahung und Verneinung, Sein und Nichtsein zu entgehen durch eine Urteilsenthaltung, wie sie am konsequentesten von der skeptischen griechischen Philosophie entwickelt worden ist, oder durch ein Weder-Noch, das zumal die östliche Philosophie, im Westen die Mystik eindrucksvoll kultiviert hat. Die erkenntnistheoretische, die meditative Bedeutung dieser Haltungen steht außer Frage, die psychologische nicht minder: Die östliche Philosophie hat das Bewußtsein für die Intensität des »Anhaftens« noch, gerade in der scheinbar negativsten Form der Negation, im Streben nach Nichtexistenz genauso stark wie dem nach Existenz, geschärft. Aber ganz abgesehen von den logischen Schwierigkeiten, die daraus resultieren, daß auch ein Weder-Noch zu Bejahung und Verneinung eine Verneinung zweiter Ordnung bleibt – noch die tiefste Meditation, die dialektischste Logik führten nicht an der unhintergehbaren existentiellen Basisalternative vorbei: Menschliches Leben muß sich zu Sein und Nichts verhalten. Unvermeidlich muß es zwischen Sein und Nichts wählen. Selbst wenn es diese Alternative entschärft, etwa indem es das Nichts relativiert, im Wandel der Formen nur *ein* Sein erkennt und keinen Anfang und kein Ende gelten läßt, hat es gewählt. Es geht um kein Rätsel, das man lösen oder nicht lösen könnte, sondern um eine Frage, die man beantworten muß. Und selbst wenn man sie nicht begründet beantworten kann, muß man sie faktisch beantworten; denn was man nicht beantworten kann, muß man entscheiden.

Das Pathos, mit dem die existentialistische Philosophie von der »Wahl« spricht, aktualisiert nur eine hochparadoxe alte Wahrheit: Menschliches Leben steht unter dem *Diktat* einer Wahl*freiheit*, unter einem Wahl*zwang*, dem es nicht entrinnen kann. Und der betrifft vorab nicht diese oder jene Möglichkeit, sondern das Dasein überhaupt, das selbstgeschaffene fremde wie das fremdgeschaffene eigene. Die »Eigentlichkeit« des menschlichen Daseins liegt darin, daß just der angebliche »Hirt des Seins«, der im schwarzen Wald des Nichts sich um das Sein sorgt, kein selbstverständliches Sein kennt.

Das hätte er vielleicht gerne. Diesem Wunsch ist die Identitätsformel seines Schöpfergottes entsprungen, die symptomatischste Formel, welche die Selbstverleugnung eines problematischen Wesens je ersann. Menschliches Leben aber ist genausowenig die fraglose Höchstselbigkeit eines Gottes wie es die fraglose Instinktselbigkeit des Tieres ist. Eine immer brüchige Identität prägt vielmehr die abgründige Offenheit seines Daseins. Deswegen ist der Mensch nicht nur der Ja-Sager des Lebens, sondern auch der »Warum-Frager« (Heidegger) und Nein-Sager, jedenfalls der »Neinsagenkönner« (nach dem präzisen Begriff Max Schelers), der »Asket des Lebens«, der »ewige Protestant gegen die bloße Wirklichkeit«, der sich in dem Maße emanzipiert, wie er sich vom Diktat des Seins emanzipiert. Dank eines außergewöhnlich ergiebigen Programmierfehlers, den der blinde Wille zum Leben im Laufe der Evolution begangen hat, ist die Fähigkeit zum Nein und zum Nichts seine Spezialität. Seine natürliche Mitgift ist eine Instinktlücke, die er als das »fragende Tier« (Fritz Mauthner) gar nicht schließen kann, selbst wenn er das mit Hilfe seiner »sinnstiftenden« Erfindungen oder seiner Etablierung vermeintlich fragloser Selbstverständlichkeiten wieder versucht.

Mit dem Menschen als dem neinsagenden Tier kommt die Negation in die Welt. Und erst mit der Fähigkeit zur Negation kommt der Mensch als solcher zur Welt und, wie nicht ein Gott, sondern er will, nötigenfalls auch wieder aus ihr heraus. In der Negation geht der Mensch am weitesten auf Distanz zu sich und zur Welt, macht er den radikalsten Gebrauch von der Wahlfreiheit, die seine prekäre Auszeichnung, von dem Wahlzwang, der sein konstitutiver Defekt ist. Das Nein und das Nichts, das er dem Ja und dem Sein entgegenstellen kann, reißt einen Raum auf, der so weit reicht wie der von Goethes »Faust«: »Vom Himmel durch die Welt zur Hölle.«

Die Negationsfähigkeit des Menschen aber betrifft am radikalsten seine spezifische Mitgift: daß menschliches Leben nicht bloß entstehendes und vergehendes, sondern bewußt geschaffenes, gezeugtes, geborenes und sterbliches, tötbares Leben ist. Es kann sich bejahen oder verneinen, bekräftigen oder widerrufen. Es kann sich vermehren oder vernichten. Als Todesbewußtsein weiß es vom gewissen Ende und verhält sich dazu: Aus dem sterblichen Leben ist menschliches »Sein zum Tode« geworden. Mit der Möglichkeit der Selbsttötung, mit der der Mensch seine prekäre Würde als »Neinsagenkönner« zur aktiven Selbstnegation steigert, ist das »factum brutum« des Todes antizipierbar und zugleich das Diktat der Geburt, die grund-legende Grenzsituation menschlicher Existenz, Inbegriff kreatürlicher Determination, revozierbar, die »Geworfenheit« des Menschen verwerfbar geworden. Die singuläre Bedeutung dieser Möglichkeit liegt darin, daß sie, die nur den Tod zu betreffen scheint, sowohl aus dem Tod wie dem Leben potentielle Freiheitsakte macht. Und über das Schaffen von anderem Leben, den Wurf weiterer »Geworfenheit«, entscheidet nicht mehr allein der Trieb und das Naturgeschick. Die Schöpfer jeder Provenienz verhalten sich zu einem problematischen, bloß möglichen »Etwas«, das ein »Jemand« sein, aber auch ein »Niemand«, schlicht »Nichts« bleiben kann. Hier, mit der Gegenmöglichkeit eines »Nichts«, das nicht einmal mehr als die Negation eines »Jemand« bestimmt ist, sondern nichts außer den Schöpfern trifft und betrifft, gewinnt die von der Grund-Frage aufgerissene Alternative ihre größte Radikalität, ihre buchstäblichste Authentizität.

Kurz: Menschliches Leben kann sich wollen – oder auch nicht. Es kann sterben wollen – oder auch nicht. Es kann anderes Leben wollen – oder auch nicht. Es war einmal nicht. Es wird einmal nicht sein. Es mußte nicht sein. Es muß nicht sein. Es konnte sein. Es kann sein. Es kann etwas sein lassen. Es kann etwas unterlassen. Es kann das Sein lassen. Von Kants Trias Gott, Freiheit und Unsterblichkeit ist eine radikalisierte Freiheit übriggeblieben, deren Ausmaß sich in der Entscheidung über Schöpfung und Sterben, Geburt, Tod und Selbsttötung bestimmt. Und deswegen ist menschliches Leben mit jener Frage konfrontiert, die der scheinbar fraglose Anfang des Schöpfungsberichts und der johanneischen Frohbotschaft in vorauseilender Antwort überspringt, die aber um so nachhaltiger von der Tragödie und Metaphysik der Neuzeit gestellt wird, der mephistophelisch und dantonesk zugespitzten Hamlet-Frage der Metaphysik: »Warum, zum Teufel, *soll* denn überhaupt etwas Geschaffenes sein und nicht vielmehr nicht? Warum *will* denn überhaupt etwas Lebendes sein und nicht vielmehr nicht? Warum überhaupt Etwas und nicht vielmehr Nichts?« Die Frage rückt allen Schöpfern zu Leibe. Und mit ihr fragen die Lebenden als Geborene und Sterbliche nach dem Grund, um dessentwillen sie sind, gegebenenfalls noch sind, und manche von ihnen eine ganze Unsterblichkeit lang sein wollen. Sie brauchen diesen Grund – und möglicherweise finden sie ihn nicht.

Von solchen Abgründen aber will der gesunde Menschenverstand nur ungern wissen. Mit Hamlet und seinesgleichen hat er schon gar nichts im Sinn, vielleicht etwas mit Faust, aber nur dem fleißig Strebenden und schließlich Erlösten, nicht dem scheiternden Übersetzer des sinnlos gewordenen »Logos«, und noch weniger mit einem Mephisto, der das »plumpe Etwas« und das »ewge Schaffen« im »reinen Nicht« untergehen läßt.

Deswegen liebt der gesunde Menschenverstand es, soweit er überhaupt – ungesunderweise! – philosophiert, die Frage zu diskreditieren. Das kann auf verschiedenen Wegen geschehen. Wo der »Herr« noch herrscht, wird er Frage und Fragesteller »blasphemisch« nennen. Und er hätte recht damit, wenn man imaginäre Instanzen lästern könnte. Wo das nicht ausreicht, wird er Frage und Fragesteller unter Pathologieverdacht stellen. Die Geschichte der Melancholieabwehr bezeugt das bis zu einem Mann namens Freud, der soviel vom Elend des Lebens wußte, daß er dem »Todestrieb« und »Nirwanaprinzip« die Dignität eines Prinzips und eines Triebes einräumte und doch die Frage nach »Sinn und Wert des Lebens« diagnostizierte als »krank«. Und er hatte recht damit: Hamlet und seinesgleichen sind zum Tode krank, nur daß Freud selber zu den Hamlets zählte. Seine Diagnose pflegt der therapeutische Menschenverstand gerne zu zitieren, nicht aber den verzweifelt komischen Fortsetzungssatz des Todkranken, in den »Trauer und Depression« und Pessimismus münden: »Mir geht ein ›advertisement‹ im Kopf herum, das ich für das kühnste und gelungenste Stück amerikanischer Reklame halte: ›Why live, if you can be buried for ten dollars?‹« (Ges. Briefe, Frankfurt/M. 1960, 429).

Wo schließlich der gesunde Menschenverstand als der wissenschaftlich avancierte »common sense« herrscht, wird er Frage und Fragesteller unter Sinnlosigkeitsverdacht stellen: Worte ohne Sinn, Sätze ohne Aussage, eine Frage ohne Bedeutung, geschweige denn Aussicht auf Antwort. Und er hat in gewissem Sinn recht damit. Denn in Frage gestellt ist tatsächlich der »Sinn« von »überhaupt Etwas«.

Die Frage selber freilich ist nichts weniger als sinnlos, sondern geradezu beängstigend sinnvoll: weil sie den Grund des Seins unter Grund- und Sinnlosigkeitsverdacht stellt. Positivistischer Sinnlosigkeitsverdacht, Pathologiediagnose und Blasphemievorwurf konvergieren vielmehr ihrerseits darin, daß sie die Frage und die drohende Antwort gleichermaßen zu unterlaufen versuchen.

Die Frage ist auch nichts weniger als gegenstandslos, sondern geradezu beängstigend gegenständlich, weil sie die unvermeidlich zu entscheidende, nicht auf die unendlich lange Bank einer nie beantwortbaren Frage zu schiebende Alternative zwischen Sein und Nichts zu ihrem Gegenstand, wahrhaftig einem sui generis, macht. Nicht die Frage ist rechtfertigungsbedürftig, sondern der ontologische Glaube, den sie in Frage stellt, und die Schöpfer und Macher, die sie wie selbstverständlich in ihrem Sinn entscheiden.

Ganz anders Hamlet.

Immer schon mit einer Intellektualität begabt, die nur er selber als des »Gedankens Blässe« diskreditiert, seelisch mit der Sensibilität der Melancholie, voluntativ mit einer Unentschlossenheit, die ihn nur schwer zu endgültigen Ergebnissen kommen läßt, geht er unter die Philosophen, wo er auf verwandte fragende und zweifelnde Geister trifft, die sich an ihm und dem Doktor Faust orientieren, allerdings auch auf blauäugige Positivisten, die so schwadronieren wie der selbstgefällige biblische Gott, und auf rücksichtslose Negativisten, die so zynisch und direkt reden wie Goethes verneinender Geist oder leidende Revolutionäre, die auf den Schmerz als »Fels des Atheismus« und des Nihilismus bauen. Nun ist das Drama zwischen Sein und Nichts, inspiriert von der Nichtigkeit und dem Leiden des Lebens, mit philosophischer Gründlichkeit eröffnet.

Ohnehin umgetrieben auf einem ganzen »Meer von Plagen«, scheut Hamlet auch die Anstrengung des Begriffs nicht, die Doktor Fausts Lieblingsbeschäftigung ist, noch in den Gefängnissen dieser Erde ein Divertissement der Freiheit verheißt und Sankt Mephisto im Verein mit philosophisch versierten Pastorensöhnen als fröhlich-unfröhliche Wissenschaft treibt. Noch in der Rolle des abstraktesten Metaphysikers möchte Hamlet den »Logos« des Seins kennenlernen, der ihm wie allen »im Anfang« als Licht des Lebens verheißen wurde, in dessen Verlauf aber bis zum Wunsch des Nichtseins im »Un-«, im »Ohne-Sinn« entschwunden ist. Nur die höheren Herrschaften wandeln droben im Licht. Doch für komplexere Zwischenwesen, die in weltlichen Regionen ihr zerrissenes Leben leben und es sich denkend noch schwerer wie freilich manchmal auch ganz leicht machen, gelten so positive Gewißheiten nicht. Wird Hamlet, nachdem der »Herr« lange genug das Sagen hatte, am Ende mit Mephisto und seinen Genossen eine schwarze Messe über das Nein und das Nichts statt des Gottesdienstes des Seins und des Lichts halten, die auch riskantere Konsequenzen nicht scheut, mögen diese nur das »Etwas« der »plumpen Welt« im ganzen oder, etwas bescheidener, dafür um so nachdrücklicher, das gezeugte, geborene, sterbliche, tötbare Leben betreffen?

Bedenklichstes kündigt sich jedenfalls an. Die Zuspitzung der Grund-Frage im Laufe ihrer geschichtlichen Entfaltung wird die Bedenken nicht mindern.

2. KAPITEL

Leibniz fragt sich, warum es eher Etwas als Nichts gibt. Hume und Kant können alles hinwegdenken. Die beste aller möglichen Welten oder keine Welt? Lösungsversuche nach dem Prinzip des unzureichenden Grundes. Je schlechter, desto besser?

Zuerst begegnet Hamlet im Kabinett der Metaphysiker der Schulweisheit des Herrn Gottfried Wilhelm Leibniz, dieses perückenumrahmten »Advocatus Dei«, der den Prozeß einer zusehends skeptischer werdenden Neuzeit gegen den guten alten Gott mit einem Freispruch erster Klasse beendet: einem Lobgesang auf »die beste aller möglichen Welten«. Ihre prästabilierte Harmonie kann Hamlet, geschweige denn Mephisto samt seinen Vorgängern und Nachfahren von Voltaire bis Schopenhauer, nur ein maliziöses Lächeln entlocken.

Tatsächlich, harmonistischer, frömmer als Leibniz scheint man sich nicht an einem Prozeß beteiligen zu können, der bis zur Exekution des Weltenschöpfers gehen wird. Schon der Titel seiner »Essais de Theodicée sur la Bonté de Dieu, la Liberté de l'Homme et l'Origine du Mal« sorgt ebenso umständlich wie weitsichtig dafür, daß die »Güte Gottes« und der »Ursprung des Übels« nicht unvermittelt aufeinanderprallen, sondern in der »Freiheit des Menschen« ihre Pufferzone finden. Zu allem Überfluß kann man kaum betulicher und abschreckend vernünftiger als Leibniz beginnen.

Warum geschieht, warum existiert etwas? Weil es einen zureichenden Grund hat. Das »Prinzip *des zureichenden Grundes*«, ohne den nichts geschieht und sich »keine Tatsache als wahr oder existierend, keine Aussage als richtig erweisen kann« (Monadologie § 32) ist für Leibniz eines der beiden großen Prinzipien unseres Vernunftgebrauchs, in sich evident. Man kommt an ihm nicht vorbei.

Mit ihm kommt man freilich auch immer weiter zurück. Es hat offenbar eine Neigung zu allergründlichster Gründlichkeit. So wird am Ende »die erste Frage, die man mit Recht stellen darf, die sein, *warum es eher Etwas als Nichts gibt*« (De rerum originatione radicali, ed. Gerhardt VII 303; Vernunftprinzipien der Natur und der Gnade § 7).

Das ist Leibniz' traditionsbildende Formulierung der Grund-Frage. »*Pour quoy il y a plustôt quelque chose que rien*«, »quod aliquid potius existit quam nihil«, lautet sie französisch und lateinisch. Das läßt der Übersetzung Spielraum auch für ein »lieber« oder »vielmehr« statt des »eher« und vor allem für ein groß- oder kleingeschriebenes »E(e)twas« oder »N(n)ichts«, durchaus keine Quisquilien, wie sich besonders noch für das großgeschriebene Nichts zeigen wird. Da Leibniz aber im folgenden Satz mit dem substantivierten »le rien« fortfährt, kann man sich getrost für das großgeschriebene Nichts entscheiden. Das in sich unterschiedslose und deswegen umfassende (Irgend-)»Etwas« ist konfrontiert mit der umfassenden Negation »Nichts«.

Im Widerspruch zu kirchenväterlichen Frageverboten geht es ausdrücklich um eine rechtmäßige Frage. Warum sollte sie auch unrechtmäßig sein, wenn sie bloß den Prinzipien des Vernunftgebrauchs entspringt, nicht etwa einem Akt metaphysischer Insubordination, und in letzter Instanz auf den Grund aller Gründe führt, jenes Wesen, das den zureichenden Grund seiner Existenz in sich selber trägt; und das wird nach dem geltenden Sprachgebrauch »*Gott* genannt«. Die Grund-Frage durchläuft die Reihe aller bedingten, kontingenten Dinge, die prinzipiell sein konnten und sein können oder auch nicht, so konsequent, daß sie beim Unbedingten anlangt, das allein aus sich ist. In ihm findet sie Halt. Die Grund-Frage als Weg zu Gott.

Alsbald freilich führt sie in eine ganz andere Richtung. Mit ihr sind von Anfang an spezifische Risiken verbunden. Denn ohne einen letzten Grund aller Gründe hängt alles in der Luft, ja, sogar Gott selber, wenn er nicht in sich notwendig ist. Gerade das Prinzip des zureichenden Grundes kann in einen unendlichen Regreß münden und sich unverhofft als das »Prinzip des unzureichenden Grundes« (H. Blumenberg) entpuppen. Ohne einen ersten, unter allen Umständen zu denkenden Grund, so Leibniz' Zeitgenosse Samuel Clarke, wäre alles so labil, daß es dem Abgrund des Nichts zutaumelte. In der Frage nach dem zureichenden Grund ist eine Bombe versteckt, die schon bei Hume und Kant detoniert.

In Humes »Dialogen über natürliche Religion« (Hamburg 1968, 74ff.) schreibt zwar nicht etwa der Skeptiker oder der Deist, sondern der Vertreter der Orthodoxie der Grund-Frage einen »vernünftigen Sinn« zu: »Warum existiert diese bestimmte Reihenfolge von Ursachen von Ewigkeit her und nicht eine andere oder überhaupt gar keine? (...) Was war es denn, das entschied, daß etwas existiere, nicht nichts, und das dieser einzelnen Möglichkeit mit Ausschluß aller übrigen Wirklichkeit verlieh?« Äußere Ursachen oder der Zufall können es nicht gewesen sein, »das *Nichts*« selber noch viel weniger, weil es nichts hervorbringen kann, vielmehr gerade die verworfene Alternative ist. Es bleibt nur jenes notwendig existierende Wesen als Grund, den die Orthodoxie »Gott« nennt. Wie bei Leibniz also die Grund-Frage als Weg zu Gott. Doch das kann die Gegenseite keineswegs überzeugen. Denn »nichts, was klar vorgestellt werden kann, enthält einen Widerspruch«. Und »alles, was wir als seiend vorstellen, können wir auch als nichtseiend vorstellen«. Kurzum: Eine cartesianisch klare Vorstellung, die sich auch auf das Nichtsein erstreckt, kann widerspruchsfrei selbst den angeblich notwendigen Grund des Etwas als des Nicht-Nichts hinwegdenken.

Radikaler noch Kant. In einem kühnen Gedankenexperiment hat er in der »Kritik der reinen Vernunft« auch an das »höchste Wesen« die Frage nach seinem Grund gestellt – unerhörterweise stellt es sie dort an sich selber:

»Die unbedingte Notwendigkeit, die wir, als den letzten Träger aller Dinge, so unentbehrlich bedürfen, ist der wahre Abgrund für die menschliche Vernunft. (...) Man kann sich des Gedankens nicht erwehren, man kann ihn aber auch nicht ertragen: daß ein Wesen, welches wir uns auch als das höchste unter allen möglichen vorstellen, gleichsam zu sich selbst sage: Ich bin von Ewigkeit zu Ewigkeit, außer mir ist nichts, ohne das, was bloß durch meinen Willen etwas ist; *aber woher bin ich denn*? Hier sinkt alles unter uns, und die größte Vollkommenheit, wie die kleinste, schwebt ohne Haltung bloß vor der spekulativen Vernunft, der es nichts kostet, die eine so wie die andere ohne die mindeste Hindernis verschwinden zu lassen« (2. A. 641).

»Aber woher bin ich denn?«: Die Frage, die die fromme Vernunft so gerne den Menschen stellen läßt, um auf dem schnellsten Wege zu Gott zu kommen, wird hier unmittelbar an ihn selber zurückgegeben und droht, ihn im Abgrund versinken zu lassen. »Die Namenserklärung« eines *»absolut notwendigen* Wesens« teilt Kant noch mit Leibniz: Sie bezeichnet etwas, »dessen Nichtsein unmöglich ist« (620f.). Aber damit ist gutnominalistisch für den Kritiker auch der sprachlichen Vernunft noch nichts über die Existenz dieses Wesens ausgemacht. Die spekulative Vernunft rückt ihm vielmehr zu Leibe, ohne daß sie das etwas kostete. Sie souffliert ihm einen Monolog, in dem die Selbstinfragestellung hart an den Rand seiner philosophischen Selbstvernichtung führt. Kant wird im Zuge seiner Polemik gegen den ontologischen und den kosmologischen Gottesbeweis nicht müde, die Möglichkeit des Hinwegdenkens zu unterstreichen, »es mag existieren was da wolle« (643). »Nichtsein kann gedacht

werden«, lautet die Botschaft, die der von Parmenides inaugurierten Bindung des Denkens an das Sein, der Behauptung der Undenkbarkeit des Nichtseins widerspricht. Die Kontingenz, hier verstanden als Nichtnotwendigkeit für das Denken, wird von Kant auf alles Dasein einschließlich des göttlichen ausgedehnt.

Schon der vorkritische Kant war unerachtet seines »einzig möglichen Beweisgrundes zu einer Demonstration des Daseins Gottes« ein wahrer Meister im Hinwegdenken. Unser »Weltsystem« hatte er ohne größeres Bedauern im Gedankenexperiment liquidiert (ed. Hartenstein III 66f.). Neben Gott hinderte da nur die Unmöglichkeit, denkend alles hinwegzudenken, daß die Frage des Metaphysikers bejaht wurde, ob es möglich sei, daß ganz und gar nichts existiere. Doch jetzt gibt es nichts mehr, was die Vernunft an ein schlechthin notwendiges Dasein bände, »sondern sie kann solches, jederzeit und ohne Widerstreit, in Gedanken aufheben« (Krit. d.r. Vern. 2. A. 646). Logischen Widerstreit kann es in bezug auf das Nichtsein schon deswegen nicht geben, weil er keine Grundlage hätte, wenn es nichts gäbe; »denn *es ist nichts mehr*, welchem widersprochen werden könnte« (622). Das Nichtsein ist logisch wie ontologisch immun.

Teleologisch gesehen, ist die Situation noch heikler. Kants »Kritik der Urteilskraft« zeigt, daß man im Reich der Natur als »System der Zwecke« immer nur von bedingten zu weiteren bedingten Zwecken fortschreiten kann, auf diesem Wege aber nie einen unbedingten Endzweck erreicht. Dem unendlichen Regreß der immer unzureichenden Gründe entspricht der unendliche Progreß der nie endenden Zwecke. Da »Zweck« aber als der Begriff eines Objektes verstanden wird, der den finalen Grund seiner Wirklichkeit enthält (Kritik der Urteilskraft § 83 f.), steht damit die »raison d'être« alles Seienden in Frage.

Das beginnt relativ harmlos mit den Naturdingen: Wozu

sind »die Dinge der Welt da« und haben »diese oder jene Form«? Schwieriger wird es schon mit der Frage, »warum es denn nötig sei, daß Menschen existieren (welches, wenn man etwa die Neuholländer oder Feuerländer in Gedanken hat, so leicht nicht zu beantworten sein möchte)« (§ 67). Das scheint zwar einen gewissen eurozentrischen Bonus zu gewähren: Von einem Neuholländer oder Feuerländer kann »man«, selbst das aufgeklärte europäische »man«, offenbar besser als von *den* Menschen abstrahieren. Doch zwischen den Zeilen ist die Altersironie Kants zu spüren, die längst alle Menschen »anthropofugal«, menschenflüchtig, als Neuholländer oder Altfeuerländer enttarnt hat.

Vollends fatal wird es mit dem »Endzwecke des Daseins einer Welt, d.i. der Schöpfung selbst« (§ 84), in den die teleologische Kette der bedingten Zwecke münden müßte, wenn sie nicht im Leeren enden soll. Hier reißt Kant, wenn er »im winterhalben Jahre 1784« Naturrecht liest, alles Dasein in einen Strudel, dem schließlich auch Gott nicht entgeht. »Warum«, so die unerhörte Frage, die – wie dann erst wieder bei Schopenhauer und Nietzsche – rücksichtslos das Lebensproblem hinter dem metaphysischen aufreißt, »warum hat also das Daseyn einen Werth? Weil es Gott gefiel.« Sehr schön. Doch wenn dem so ist, dann »hat es an sich selbst keinen Werth«, vielmehr nur einen bedingten, hypothetischen, dessen Bedingung ihrerseits wieder begründungsbedürftig ist. Warum gefiel das Dasein Gott? Dieses Gefallen, das für die Verehrer der göttlichen Selbstherrlichkeit hinreichen mag, aber nicht für die Philosophie, taugt nicht mehr, absolute Werte zu stiften, schon gar nicht das Dasein als Wert aller Werte. Ja, in der Rolle des neuen Hiob, der »das Mißlingen aller philosophischen Versuche in der Theodizee« wie in der Biodizee diagnostiziert, steht Kant, wie gezeigt, nicht an, die Gründe des »Welturhebers« angesichts eines nicht wünschenswerten Daseins völlig in Frage zu stellen.

Der autokratische Schöpfer ist am Ende so wenig für eine Antwort gut, daß die Frage auf ihn selber zurückschlägt; denn »ich kann nun auch fragen, warum hat das Daseyn eines Gottes einen Werth« (Akademie-Ausgabe Bd. 27/2 1321). Gott schrumpft in dem Maße auf den Träger eines unbestimmten Artikels, wie der Wert allen Daseins fraglich wird. Der vermeintliche Stabilisierer aller Dinge, der zuverlässigste aller Gründe stellt sich als philosophisch unzureichend heraus. Ins Bodenlose hat die Frage geführt.

Das ist nicht Kants letztes Wort. Es kommt ihm vielmehr gerade darauf an, die Unzulänglichkeit der teleologischen Vernunft darzutun. Seine Kritik an ihr bricht die Kette der immer nur bedingten, letzten Endes grund- und haltlosen Zwecke mit einer Ausnahmeregelung ab: Die vernünftigen und moralischen Wesen werden als »Zweck in sich selbst« bestimmt, bei dem »nicht mehr gefragt werden« kann, »wozu er existiere« (Kr. d. U., § 83 f.). Und in der Postulatenlehre der »Kritik der praktischen Vernunft« wird das zuvor mit soviel Scharfsinn erschütterte Dasein Gottes wie das unsterbliche und freie Dasein des Menschen wieder nach Kräften befestigt.

Dennoch traut sich die kritisch werdende spekulative Vernunft bei Kant schon an den »Abgrund« heran, die bis dahin zureichenden Gründe allen Daseins im Zeichen einer totalisierten Kontingenz in Frage zu stellen und im Gegenzug ein in jedem Sinn unantastbares Nichtsein zu denken.

In so schwindelerregende Abgründe will Leibniz sich keineswegs verlieren. Nein, Gott als der zureichende und auch zureichend gute Grund aller Gründe, der dem Denken des Nichtseins den definitiven Riegel vorschiebt, ist notwendig. Er ist *von* Ewigkeit. Und er ist ebenso notwendig von Ewigkeit *zu* Ewigkeit. Sterbliche Menschen mögen sich fragen, ob sie ihre Rolle auf Erden noch einmal spielen wollen (Theodizee, ed. Buchenau, § 253). Aber »die Existenz

Gottes« – Leibniz' Antipode Pierre Bayle wird hier von ihm zustimmend zitiert – ist *»kein Produkt seines Willens. Er existiert nicht weil er existieren will, sondern auf Grund der Notwendigkeit seiner unendlichen Natur«* (§ 183). Das ist die Rückversicherung gegen die Risiken, die in der Willensabhängigkeit der Existenz liegen, obwohl es einschließt, daß just der Allmächtige hier keine freie Wahl hat. Genug, an das notwendige und ewige Wesen läßt sich die Frage, »warum es eher dieses Etwas als Nichts gibt«, nicht stellen. Nur in bezug auf endliche, bedingte, nicht notwendige, kontingente Wesen hat die Grund-Frage ihren Sinn.

Poppers Axiom, Theorien müßten »riskant«, das heißt: falsifizierbar formuliert sein, wenn sie etwas besagen sollen, kann man insofern auf die Grund-Frage und ihren Gegenstand ausweiten: Sie besagt nur dann wirklich etwas, wenn sie das Risiko der Falsifizierbarkeit – hier nicht bloß einer Theorie, sondern des Befragten und des Fragenden – einschließt. Eine Grund-Frage, die nicht den Kopf kosten könnte, wessen auch immer – was wäre sie schon wert?

In bezug auf problematische, nicht selbstverständliche Wesen allerdings genügt die Grund-Frage dieser Forderung um so mehr. Auf dem Hintergrund der Entgegensetzung von Notwendigem und Kontingentem, Unendlichem und Endlichem ist die Frage unabweisbar, warum der Grund aller Gründe *»eher Etwas als Nichts«* und warum er es »eher auf diese als auf jede andere Weise« gewollt hat. »Contingens est, quod potest esse et non esse«, »kontingent ist, was sein kann und nicht sein kann«, hatte Thomas von Aquin erklärt (Summa theologiae 1,86,30). Leibniz schließt hier zwar durchaus an: Die Kontingenz aller Dinge, von ihm verstanden sowohl als logisch widerspruchsfreie Hinwegdenkbarkeit wie als ontotheologische Nichtnotwendigkeit (F. J. Wetz), die aus der Welt das Resultat eines freien Aktes macht, umreißt den Spielraum des Schöpfers. Aber sie stellt ihn auch unter einen unerhörten Rechtfertigungsdruck. Gerad weil die Welt sein konnte oder auch nicht, ist eine Antwort gefordert, warum sie ist. Hier ist nicht einfach nach faktischer Kausalität gefragt, sondern nach einem vernünftigen Grund, der »raison d'être« – eben dem »Logos« der Schöpfung, den die Tradition unterstellt. Seins- und Vernunftgrund sind in ihr eines. Es sei denn, man würde an eine absolut indifferente göttliche Wahlfreiheit (Theodizee 469ff.) oder nach dem Vorbild einer irrationalistischen Theologie, die in der Gnade Gottes etwas völlig Grundloses, Selbstherrliches sieht (§ 5), an eine grundlose Schöpfungsgnade glauben.

Doch das ist Leibniz' Sache nicht. Er setzt vielmehr auf »die Vernunftprinzipien der Natur und der Gnade«. Um so höher aber auch der Anspruch an den Schöpfungsgrund. Gerade weil er keiner »völligen, absolut unbestimmten Indifferenz« entspringen soll, wie sie nur das Nichts hätte (§ 320), ist die Frage um so dringlicher, *»warum es eher Etwas als Nichts«* gibt.

Leibniz' »eher« oder »lieber« hat den Vorzug, deutlicher als die späteren Formulierungen der Grund-Frage, die dem »Warum überhaupt« gelten, dem Vorzugscharakter nachzufragen, den das Etwas vor dem Nichts haben soll. Ohne Zweifel hat das Seiende Ursachen; aber auch Gründe, gar gute Gründe, so großer Beliebtheit der Fehlschluß von der letzten bzw. ersten aller Ursachen auf den höchsten Grund aller Gründe sich erfreuen mag? Nicht: Wodurch kam es zum Etwas und zu diesem Etwas? Sondern: Warum sollte das Etwas und just dieses Etwas sein? Die Grund-Frage zielt auf das Worumwillen, mit Heideggers prägnantem Begriff gesagt, und auf das Worumsollen, um dessentwegen ein Etwas, das sein konnte oder auch nicht, ist und nicht nicht. Und da ist die Kluft zwischen dem Notwendigen und dem Zufälligen, zwischen Schöpfer und Geschöpf klaftertief.

Man muß nur die Fragerichtung umkehren. Mit Gott mag ein gläubiger Geist, dem die Kritik der dogmatischen Vernunft noch nicht den Star gestochen hat, ohne größere Mühe zum Notwendigen kommen; wie aber kommt man von diesem zu dem, was nicht sein mußte, zurück? Gott muß Auskunft geben, zumindest sein philosophischer Stellvertreter, der, wenn er denkt, seine Gedanken nachdenkt, für ihn.

Da für Leibniz aber der einzig zureichende Grund aller Gründe auf dem Boden der christlichen Lehre durch die traditionellen Attribute der Gottheit: Allmacht, Allweisheit und Allgüte, ausgezeichnet ist und er nur aus Güte, nicht etwa aus eigensüchtigen Motiven geschaffen haben kann, stellt sich mit der Grund-Frage zugleich die, ob der Weg vom Nichts zum Etwas, die Verfassung der Welt und diese Attribute miteinander vereinbar sind. Die davon ausgehende Irritation ist der eigentliche Stachel im Fleische des scheinbar so apologetischen Theodizee-Denkers Leibniz. Hier erreicht er eine Radikalität in seinen Überlegungen, wie sie – gewiß eine ironische Pointe – danach erst wieder der Leibniz-Gegner Schopenhauer riskiert.

Den Ansatzpunkt markiert die Lehre von der »creatio ex nihilo« und der »creatio contiua«, von der Schöpfung aus Nichts, die »im Anfang« war und die beständiger Erneuerung bedarf, wenn das Etwas nicht wieder ins Nichts zurücksinken soll (§ 299). Das Nichts ist die Herkunfts- wie die Zukunftsalternative, gegen die das Etwas behauptet werden muß.

Es war einmal überhaupt keine Welt. »Ohne Gott gäbe es überhaupt keinen Grund für die Existenz (...) der Dinge« (§ 187). Es war möglich, »überhaupt keine Welt zu erschaffen«. Ja, in der Entscheidung über die Existenz der Welt liegt die Freiheit des göttlichen Willens, während in allen Wesensfragen die Notwendigkeiten des göttlichen Verstandes regieren. Sein oder Nichts – das ist die einzige wirkliche

Frage. Wäre es aber nicht der »beste Entschluß« gewesen, die Hervorbringung einer Welt »ganz und gar« zu unterlassen, »in welcher Übel enthalten sind«, während auf der anderen Seite – und das gibt der Alternative die entscheidende Schärfe – »*das Nichts einfacher und leichter als irgendetwas*« ist? (Theodizee Anhang 1, 412f.; Vernunftprinzipien der Natur und der Gnade §7, Hervorhebung L. L.).

Eine fürwahr riskante Formulierung! Leibniz setzt sich nicht nur über das von ihm in anderem Zusammenhang vertretene Axiom hinweg, daß das Nichts zwar benannt, aber nicht gedacht werden könne (Opuscules et Fragments inédits, Paris 1903, 255) – er konstatiert die unvergleichliche Leichtigkeit des Nichts. Das ist um so frappanter, als Leibniz sonst der platonisch-christlichen Konversionsontologie mit der Gleichsetzung des Seins und des Guten und der entschiedenen Abwertung des Nichts folgt. Auf ihrem Boden ist die Schöpfung ein selbstverständlich positiver Akt, die »creatio continua« die verstärkte Bejahung, die aus der doppelten Verneinung der Nichts-Möglichkeit resultiert. Nun aber stellt sich die Frage nach dem Vorzug des Etwas vor dem Nichts, wenn das Nichts nicht trotz, sondern gerade wegen seiner »völligen, absolut unbestimmten Indifferenz« schlechthin einfacher und leichter als das kompliziertere und schwierigere Etwas ist. Die Paradoxie, daß das weniger Plausible *ist*, erzwingt die Frage. Das Etwas wird mit einem Nichts konfrontiert, das ihm gegenüber nicht unerhebliche Vorzüge zu haben scheint.

Bevor Leibniz, dieser Enthusiast des Superlativs, überhaupt seine Lehre von der »besten aller möglichen Welten« verkünden kann, muß er sich mit der weit schwerer wiegenden Möglichkeit gar keiner Welt herumschlagen. Ja, diese Möglichkeit setzt den eigentlichen Maßstab für den Versuch in der Theodizee, den der philosophische »Advocatus Dei« unternimmt. Jetzt zeigt sich, welche Risiken das Christentum mit seinem Tedeum auf den Schöpfer aus Nichts eingegangen ist. Rechtfertigung des Seins oder Vorzug des Nichts, Ontodizee oder Nihilismus: Diese Alternative, die von Schopenhauer rücksichtslos aufgerissen werden wird, bezeichnet schon bei Leibniz der Sache nach den ganzen Spielraum der Grund-Frage.

Die Theodizee-Fragen im engeren Sinne fallen freilich in der Folge nur um so schwerer ins Gewicht. Wenn die Existenz der Welt schon als solche angesichts der Möglichkeit eines leichteren und einfacheren Nichts prekär ist, um wievielmehr steht sie dann unter dem Anspruch, sich als die wirklich beste aller möglichen Welten zu erweisen. Nur ihre superlativische Essenz könnte die problematische Existenz legitimieren. Theodizee und Ontodizee radikalisieren einander; in der Grund-Frage sind beide implizit zusammengefaßt: *»Warum gibt es eher Etwas als Nichts?«*, das heißt: Warum schafft der Schöpfer aller Dinge überhaupt Etwas, wenn dieses Etwas nicht das Beste von allem Möglichen ist? Ist das per se schon einfachere und leichtere Nichts nicht um so besser, je schlechter das Etwas ist? Wie kann aber die Welt überhaupt das Beste von allem Möglichen sein, wenn sie nicht besser als Nichts ist? Die problematische Verfassung der Welt gefährdet den zureichenden Grund ihrer Existenz ebensosehr, wie ein unzureichender Existenzgrund von Anfang an die Hypothese von der besten aller möglichen Welten zu unterlaufen droht.

Die Welt aber enthält zweifellos Übel. Das Etwas ist nicht bloß komplizierter und schwieriger, sondern mit Mängeln, und zwar nicht diesen oder jenen empirischen Mängeln, sondern mit konstitutiven Geburtsmängeln behaftet. Leibniz räumt das trotz seiner Ableitung des physischen vom moralischen Übel und der letztinstanzlichen Begründung aller Übel im unvermeidlichen »malum metaphysicum«, der Endlichkeit der Geschöpfe (§21), durchaus ein. Wie kann aber ein Etwas, das, *wenn* es ist, notwendig unvollkommen ist, besser als Nichts sein?

Selbst ein so frommer Zeitgenosse von Leibniz wie der Erzbischof Fénelon entdeckt im Wesen der Dinge »keinerlei Vorherbestimmung zur Existenz«, im Gegenteil: Ihr unvollkommenes Wesen enthält für sich genommen einen Grund für ihr Nichtsein (Traité de l'existence et des attributs de Dieu II 5,5). Und Leibniz fragt gleich, obschon mit der gebotenen Vorsicht: »Warum, könnte jemand sagen, hat sich Gott (...) nicht enthalten, überhaupt Dinge hervorzubringen, anstatt unvollkommene zu erschaffen?« (Theodizee 449 f.). Der Tod etwa mag nach einem von Leibniz zustimmend zitierten deutschen Sprichwort »immer eine Ursache haben wollen« (§ 131), noch mehr aber das Leben als die Bedingung der Möglichkeit des Todes.

Leibniz bezieht sich auf die Theodizee seines Vorgängers, des Erzbischofs William King (Theodizee 441 ff.). Aber auch er hatte seine Zuflucht nur zu einer verkappt dualistischen kosmogonischen Arbeitsteilung nehmen können. Der Schöpfergott war zwar der »in jeder Hinsicht vollkommene Vater«, der seinen Kindern alle nur mögliche Vollkommenheit mitgab; aber es hat leider Gottes auch das Nichts als Mutter mitgemischt, zu deren Lasten das Unvollkommene geht. Seitdem bestehen sie aus Sein und Nichtsein gleichermaßen – wobei freilich auch das Nichtsein als das Unvollkommene in gewisser Weise ist. Warum also, noch einmal, ist das Etwas überhaupt, *wenn* es an diesem Geburtsmakel laboriert?

Nun mag man wie King und Leibniz das Übel in der Tradition der Lehre vom bloß »privativen« Charakter des Übels und des Bösen auf ein »Fast-Nichts« (»prope nihil«) schrumpfen lassen; warum aber nicht gleich, das wäre doch logischer, auf ein »ganzes Nichts«? Im unscheinbaren »fast« liegt die fatale Seinsdifferenz.

Da ist zum Beispiel für einen guten Christen der Glaube an die Hölle als die definitive Form des Übels. Der im Vergleich zu weitaus gnadenloseren Kirchenvätern humane Leibniz bevölkert sie zwar sehr zurückhaltend. Aber auch er läßt keinen Zweifel daran, daß ein Teil der geschaffenen Wesen der ewigen Verdammnis anheimfallen wird. Und die Verdammnis ist für ihn im Gegensatz zu seiner sonstigen Lehre vom »privativen« Charakter des Übels der Schmerz aller Schmerzen von fatalster Positivität. Gewiß haben die Verdammten unerachtet des göttlichen Vorwissens ihre Strafe selber zu verantworten. Doch welchen Sinn sollte in ihrem Fall eine Schöpfung mit diesem vorhersehbaren Ausgang haben? Das Dasein immer noch als die höchste Gottesgabe, wenn es die Bedingung der Möglichkeit ewiger Verdammnis ist? Etwas wollen, heißt für Leibniz, sich der Existenz eines Wesens zu erfreuen. Fragt sich nur, wer sich der Existenz dieses Etwas erfreuen kann. Müßte man für diese Wesen nicht mit dem griechischen Waldgott Silen das Beste darin sehen, wenn sie nicht geboren worden wären (§ 260)? Wäre hier nicht sogar der Schöpfer mit Recht zu verfluchen (§ 5)?

Kant reißt deswegen in seinen Mutmaßungen über das »Ende aller Dinge«, in deren Zusammenhang er das Thema der Biodizee wiederaufnimmt, die Kluft zwischen der Idee der Schöpfung und der Vorstellung ewiger Verdammnis rigoros auf: »Ein System, wornach alle *verdammt* zu sein bestimmt wären, konnte wohl nicht Platz finden, weil sonst kein rechtfertigender Grund da wäre, warum sie überhaupt wären erschaffen worden; die *Vernichtung* aller aber eine verfehlte Weisheit anzeigen würde, die, mit ihrem eignen Werk unzufrieden, kein ander Mittel weiß, den Mängeln desselben abzuhelfen, als es zu zerstören.« Ja, »wozu, könnte man fragen, waren auch die wenigen, warum auch nur ein einziger geschaffen, wenn er nur dasein sollte, um ewig verworfen zu werden? welches doch ärger ist als gar nicht sein«

(ed. Weischedel, IX 177). Daß das »gar nicht sein« immerhin »arg« sein soll, unerachtet der Frage, wie es das als solches sein kann, ist noch der Tribut an die Schöpfungstheologie. Aber sub specie der Verdammnis ist das Nichtsein keineswegs die schlechteste aller Möglichkeiten. Spätestens hier werden die schönen Gleichungen der Konversionsontologie zuschanden: Das Nichtsein ist der Übel größtes wie das Sein der Güter größtes nicht.

Das Beispiel ist jedenfalls drastisch genug, die Abgründe zu illuminieren, die sich in bezug auf die angeblichen Vorzüge des Etwas vor dem schon an sich und in diesen Fällen wahrhaftig einfacheren und leichteren Nichts auftun, und der Grund-Frage eine extreme Dimension zu geben. Das metaphysische Übel der Endlichkeit und Unvollkommenheit aber ist unabhängig von allen Fragen nach den letzten Dingen für alles Geschaffene konstitutiv. Angesichts der damit einhergehenden Vorzüglichkeiten kehrt sich die Blickrichtung um; die Frage nach dem zureichenden Grund, warum es eher Etwas als Nichts gibt, verwandelt sich unversehens in die, warum es nicht eher Nichts als Etwas gibt. Von Anfang an wird sie selbst bei einem erklärten Gottes- und Schöpfungsfreund wie Leibniz nicht gleichgewichtig gedacht, wie es die nüchterne Entgegensetzung von Etwas und Nichts in seiner Formel zu sagen scheint, sondern mit einem überraschenden Akzent auf dem Nichts. Fragt die Theodizee im traditionellen Verständnis nach der Rechtfertigung des Negativen, so tut sie das hier gerade angesichts der Negation aller Negationen: des allen Unvollkommenheiten zuvorkommenden Nichts. Das Etwas, wie auch immer die höhere metaphysische Rechenkunst es in den Gesamtzusammenhang der relativ besten aller möglichen Welten verrechnen mag, ist immer von mängelbehafteter Qualität. Das Nichts aber in seinem einfachen und leichten »Wesen« ist allen diesen Mängeln entzogen.

Muß die Theodizee nach einem drastischen, mit Grund kakophonen Wort Eduard von Hartmanns in jedem Fall eine »Kakodizee« einschließen (Phänomenologie des sittlichen Bewußtseins, 3. A. Berlin 1924, 592), eine »Rechtfertigung des Schlechten«, so muß diese im Blick auf ein Etwas, das möglicherweise nicht besser als Nichts, geschweige denn das Beste von allem Möglichen ist, einen fundamentalen Sinn gewinnen. Für die Existenz des Übels, den Sinn des Leidens *im* Leben etwa, lassen sich viele gute Gründe angeben. Die Frage ist aber, *warum überhaupt* das Leben ist, *wenn* es leidend und mängelbehaftet ist. Der zur Ontodizee eskalierende Theodizeeprozeß verlangt insofern nicht nur die Rechtfertigung Gottes angesichts der Übel *in* der Welt, sondern des Übels *der* Welt.

Um so enttäuschender bleiben freilich Leibniz' Antwortversuche hinter der von ihm eröffneten Grund-Frage als radikalisierter Theodizee- und Ontodizee-Frage zurück. Was zu beweisen wäre, wird für die Lösung ausgegeben. Noch einmal: *Ob* der Schöpfer die beste aller möglichen Welten geschaffen hat, in Anbetracht dessen, daß auch überhaupt keine Welt möglich war, und ob das ohnehin leichtere und einfachere Nichts nicht um so besser gewesen wäre, als das Etwas so mangelhaft ist, wie es ist – das war die doppelte Frage. *Daß* der Schöpfer die beste aller möglichen Welten geschaffen haben *muß*, da er eine geschaffen *hat* und sonst keine geschaffen hätte: das soll die Antwort sein (Theodizee §8). »Er hat es getan, also hat er es auch gut getan« (58). Das kann man eine »petitio pricipii« nennen. Nietzsche findet sie so staunenswert, daß er sie nur im Sperrdruck zitieren muß, um sie zu erledigen (XII 264): »Leibniz: ›Man muß mit mir ab effectu urtheilen: weil Gott diese Welt, so wie sie ist, gewählt hat, *darum ist sie die beste*.‹« Die schiere Faktizität der Welt »beweist« ihre Optimalität. Der üblicherweise »naturalistisch« genannte, richtiger »ontologistische« Fehlschluß vom Sein aufs Gesolltsein, von der Tatsache auf den Wert, gestattet es, mit dem tradierten ontotheologischen Gottesdienst fortzufahren.

Noch weniger überzeugend die Immunisierungsstrategie, die Leibniz mit seinem erkenntniskritischen Zentralargument für die Hypothese von der besten aller möglichen Welten verfolgt: Die Unendlichkeit des Weltalls soll die Möglichkeit, überhaupt von besseren Möglichkeiten zu sprechen, ausschließen (§ 195). Über Einzelnes in der Welt kann man urteilen, nicht aber über das Ganze, das etwas Unabsehbares ist. Dafür ist allein die unendliche Vernunft Gottes kompetent. Er ist der Spezialist fürs Generelle. Theodizee als »Pantodizee«: Rechtfertigung von allem durch das Ganze.

Aber Leibniz selber unterwirft es mit seiner superlativischen Hypothese der Taxation. Und mag die Welt anders als die Einzeldinge extensiv unabsehbar sein – konfrontiert mit dem Nichts wird sie zu einem umrissenen Etwas, das als Ganzes zur Verhandlung steht.

Leibniz läßt denn auch keine Gelegenheit aus, für den Vorzugscharakter des Etwas zu plädieren. Seine positive Ontologie, der Schopenhauer den Gegenentwurf einer negativen Ontologie entgegenstellen wird, beharrt darauf, daß das Gute »unverhältnismäßig größer« als das Übel sei, ja, »bis ins Unendliche wachsen« könne, während alles Negative, empirisch nicht anders als metaphysisch, beschränkt sei (Anhang I 415). Den Biodizee-Test darauf macht Leibniz mit der Frage, ob die Menschen ihr Leben noch einmal leben wollen. Im Gegensatz zu seinen Gegnern in der Theodizee und der Antwort, die Kant als neuer Hiob geben wird, ist Leibniz sich sicher, daß nur wenige Menschen »beim Herannahen des Todes nicht zufrieden wären, das Leben noch einmal bei gleich großen Gütern und Übeln zu durchleben« (§ 13), wenn ihrer nicht die Verheißungen des zukünftigen Lebens harrten. »Da capo« also zur Wiederkehr des Lebens. Nur besagt das Beispiel nicht, was es besagen soll; denn es geht für Hiob und seinesgleichen nicht um das Weiterlebenwollen im Angesicht des Todes, sondern um die Bejahung oder Verneinung des Tages der Geburt, nicht um die Größenverhältnisse zwischen dem Guten und dem Übel im Leben, sondern um den behaupteten Vorrang des Etwas vor dem Nichts.

In dieser Frage hilft allein der Rückgriff auf die konversionsontologische Gleichsetzung des Seins und des Guten, des Schlechten und des Nichtseins. In einem deutschen Entwurf für seine »Theodizee« hat Leibniz diese Gleichsetzung und die Tradition, der sie entstammt, klar ausgesprochen: Entsprechend der platonisch-christlichen Lichtmetaphysik verhalten sich »nichts« und »etwas« zueinander wie der – kleingeschriebene! – »schatten« und das – großgeschriebene! – »Liecht« (Zit. nach: Positionen der Negativität, München 1975, 106). Diese Gleichsetzung gestattet einerseits die Entmächtigung des Übels zu einem minderen Seinsgrad, einem »defizienten Modus« des Seins: andererseits partizipiert selbst das Übel, insofern es doch noch *ist*, an der Güte des Seins. Und überhaupt keine Welt – das wäre die völlige Abwesenheit des unter allen Umständen guten Seins, mit dessen Erschaffung sich die göttliche Güte den Geschöpfen mitteilen will. Aber das kann natürlich auch nicht die Frage beantworten, warum und für wen denn das Sein gut, und zwar so gut ist, daß noch das Übel besser als das Nichtsein ist, wenn das Nichtsein wirklich Nichts, also weder gut noch übel, oder gar ein einfacheres und leichteres Nichts ist und die Schöpfung überhaupt erst alle Probleme schafft, die dann die Hypothese von der besten aller möglichen Welten lösen muß.

Eduard von Hartmann, sonst auch mit Leibniz sympathisierend, hat seine Lehre drastisch karikiert: Wenn das Etwas, und möge es noch so schlecht sein, immer den Vorzug vor einem Nichts verdiente, welches das einzige wirkliche Übel wäre, dann kann es recht besehen auch vom Übel gar nicht genug geben; dann wäre es »das non plus ultra des Wahnsinns, (...) um ein großes Übel zu vermeiden, auf ein Wohl« zu verzichten, denn man ließe sich ja so gleich zweimal ein Wohl entgehen, »und der Mensch, der alle nur denkbaren körperlichen und geistigen Qualen gleichzeitig im äußersten Maße erduldet, wäre glücklich zu preisen selbst in diesem Moment gegen den unempfindlichen Zustand des Chloroformierten, um nicht zu sagen gegen den friedlichen Schlummer des Todes« (Philosophie des Unbewußten, ed. Lütkehaus, 525).

Man kann aber auch getrost Leibniz selber noch einmal das Wort überlassen. Sein »schulgerechter Beweis« für die Bestmöglichkeit der Welt läßt kaum eine von den Paradoxien aus, in die sich die fromme Vernunft verwickelt, wenn sie um jeden Preis den Vorzugscharakter der Schöpfung zu demonstrieren versucht. Wie zu erwarten, läuft dieser Beweis darauf hinaus, daß »eine Welt, in welcher das Übel einbegriffen ist, besser sein kann als eine Welt ohne Übel« (Anhang I 414), wenn sie im Ganzen das größere Gute ermöglicht – mit der Konsequenz freilich, daß eine übellose Welt nicht bloß übel, sondern sogar übler als eine Welt mit Übeln wäre. Die Unvollkommenheit der geschaffenen Dinge wiederum, die sich ihrer Herkunft aus dem Nichts verdankt, soll vermöge ihrer gleichzeitigen Teilhabe am Sein nicht bloß besser als eben das Nichts sein, das seinerseits einfacher und leichter ist, sondern auch vollkommener, als ihre vollkommene Vollkommenheit es wäre. Ja, ausgerechnet der »Überfluß der göttlichen Güte« sorgt dafür, daß Gott »das Unvollkommene mehr als das Nichts« liebt (Theodizee 450). Leibniz folgt hier wieder der erzbischöflichen Logik William Kings, der das Paradox des Christentums als Theodizee in einen Satz zusammenpreßt: »Die Unvollkommenheit erwuchs also aus der Unendlichkeit von Gottes Güte.« Halleluja!

Da kann der zweifellos unvollkommen geschaffene

menschliche Verstand nur die Waffen strecken, zumal, wenn er das militante Exempel liest, mit dem Leibniz alle diese Paradoxien aufzulösen versucht: Ein Heerführer wird selbstverständlich jederzeit »einem großen Siege und einer kleinen Verwundung den Vorzug vor einem Zustand ohne Verwundung und ohne Sieg geben« (Anhang I 413). Kann man sinnfälliger dartun, daß das Übellose in der Tat im Ganzen übler als das Übel wäre? Aber wer sprach denn auch von kleinen Verwundungen und großen Siegen? Das einfachere und leichtere Nichts erübrigt beide. Und es braucht nicht einmal einen Heerführer. Es verspricht vielmehr die Vermeidung des Lebenskriegs.

Nein, es steht nicht gut um das Gelingen der zur Ontodizee eskalierten Theodizee bei Leibniz. Hat Mephisto nicht recht, wenn er mit den Parodien von Voltaire über Schopenhauer bis zu Eduard von Hartmann auf die beste aller möglichen Welten schallend über diesen Gottes- und Seinsfreund lacht?

Nichtsdestoweniger kann man Leibniz' Lehre vom Guten des Schlechten für ihn selber durchaus gelten lassen. Denn er formuliert die Frage nach dem zureichenden Grund des Etwas von Anfang an in Konkurrenz zum Nichts, und zwar zu einem einfacheren und leichteren Nichts, von dem bei allem, dessen es bezichtigt wird, eine Attraktion ausgeht, die sonst nur der unendlichen Leichtigkeit des Seins zugeschrieben wird. Weil Leibniz einen Vorrang begründen will – als Theolosoph eines guten Schöpfergottes begründen muß –, muß er auch das Etwas dieser Konkurrenz aussetzen und Komparative, am Ende Superlative in die Debatte um das Etwas und das Nichts einführen. Das geht, wie die weitere Geschichte der Grund-Frage zeigen wird, nicht notwendigerweise zugunsten des Etwas aus. Die List der mephistophelischen Vernunft kann vielmehr auch aus frommen Geistern ihr nihilistisches Kapital schlagen.

3. KAPITEL

Schelling grübelt über die »Unseligkeit alles Seyns«. Das Steckenpferd der idealistischen Philosophie. »Ich frage, also bin ich.« Antworten für Gottes Ohr. Der Logos der Tautologik. Der halbierte Gott. Mephisto will Schöpfer werden.

Wenn Leibniz fragt, *»warum es eher Etwas als Nichts gibt«*, dann meint er noch in aller Deutlichkeit die Frage, warum Gott die Welt schuf. Eine Philosophie hingegen, die durch die Erschütterungen des Kantischen Kritizismus gegangen ist, kann mit den Worten des alten schlichten Glaubens nicht mehr ohne weiteres operieren. So fängt sie von der »Bewegung« im *»unendlichen* Subjekt« zu räsonieren an. Doch selbst wenn sie am Ende wieder genauestens über das »Absolute« Bescheid weiß, kann sie nicht an der Frage vorbei, wie und warum denn dieses zu einem Objekt gekommen ist, das nicht ganz so absolut wie es selber ist.

In Schellings Philosophie, die an die Tradition der Mystik, zumal Jakob Böhmes anschließt, was einen gnostisch bösen Blick auf die Schöpfung nicht hindert, stellt sich das Problem so dar: Vor dem Anfang ist das *»unendliche* Subjekt« noch völlig frei von allem und gegen alles »gegenständliche«, alles »Etwas-Seyn«. Mit dessen Anfang jedoch, den Schelling »ausdrücklich als ein Zufälliges«, Kontingentes denkt, der sein konnte oder auch nicht, wird es »befangen mit dem Seyn«, ein »anderes und sich selbst Ungleiches«: Das ist der »Grund-Widerspruch, wir können sagen, das Unglück in allem Seyn«. Die »ganze Construktion fängt also (...) mit einer *Dissonanz* an«. Um so entschiedener stellt sich die Frage, was den »Urzufall« des »ersten Anfangs« erklärt – für Schelling überhaupt die wichtigste Frage (ed. K.F.A. Schelling I 10, 99ff.).

In seiner Philosophie nimmt denn auch die Irritation, die von der Grund-Frage ausgeht, ostinate Formen an. Im »System der gesammten Philosophie« (1804) erhebt sie sich als die »letzte Frage des am Abgrund der Unendlichkeit schwindelnden Verstandes«: »warum ist nicht nichts, warum ist etwas überhaupt?« (ed. Schröter Erg. Bd. II 85). Der Schwindel, der schon Kant angesichts der Hinwegdenkbarkeit aller Dinge bis hin zur Selbstinfragestellung des göttlichen Grundes gepackt hatte, erfaßt auch Schelling. Ein Abgrund öffnet sich, in dem alle Sicherheiten so versinken, daß dem Verstand allenfalls die Angstlust einer bodenlosen Spekulation bleibt. Aus Leibniz' sachgerecht »erster«, nämlich auf den zureichenden Grund der Schöpfung bezogener Frage ist zwar Schellings »letzte« geworden – es mag ja auch wohl sein, daß der Verstand schwindelerregende Probleme dieser Art erst als letzte erörtern möchte. Einen irgendwie nachordnenden Sinn hat die »letzte Frage« für Schelling jedoch nicht, im Gegenteil: Für ihn wie für Leibniz ist ausgemacht, daß es um eine äußerste Frage geht.

Das Wort »überhaupt«, das bei Schelling das Leibnizsche »eher« verdrängt, verdient in diesem Zusammenhang nicht bloß gelehrsame Beachtung. Es ist eines jener Wörter, zu denen die Philosophie, zumal die deutsche als notorische Tiefsinnselite, besondere Zuneigung entwickelt hat. Ihren ganzen Nachdruck kann sie in dieses Wort legen, ohne sich weiter über seinen Sinn erklären zu müssen. Gleichwohl nimmt dieses »überhaupt« unterschiedliche Bedeutungen an. Totalisierend kann es verstanden werden: »Warum ist irgend etwas und nicht gar nichts?« Radikalisierend, indem es dem einzelnen Seienden ganz prinzipiell an die Wurzeln geht: »Warum ist eigentlich etwas und nicht nichts?«

Wie aber auch immer: Grundsätzlicher kann überhaupt nicht gefragt werden. Mit dem »überhaupt« signalisiert die Frage, daß sie unüberbietbar ist.

Schelling will mit ihr dezidiert aufs Ganze gehen. In den »Aphorismen zur Einleitung in die Naturphilosophie« (1806) erfaßt der Schwindel den Verstand am Abgrund der Unendlichkeit so sehr, daß Schelling die Frage, in der das »überhaupt« dem »etwas« nun vorgeordnet wird, mit allem Nachdruck versieht: *»Warum ist nicht nichts, warum ist überhaupt etwas?«* (ed. K.F.A. Schelling I 7, 174). Die späte »Philosophie der Offenbarung« sieht in der »letzten« Frage schlüssigerweise, weil schon bei Schelling inzwischen ein Menschenleben darüber hingegangen ist, die »allgemeinste« und immerwährende Frage: »Die letzte Frage ist immer: warum ist überhaupt etwas, warum ist nicht nichts?« Wenn ich »bis an die Grenze alles Denkens gehen will, so muß ich ja auch als möglich anerkennen, daß überall nichts wäre« (ed. Schröter, Erg. Bd. VI 8 und 242).

Nun, diese Formulierung, so umfassend sie ist, kann auch als Frage nach der »Realität des (...) Seyenden« verstanden werden. In diesem Sinn ist sie ja der idealistischen Philosophie liebstes Steckenpferd. Aber die »Philosophie der Offenbarung« spart die lebensnäheren wahren Gründe der Grund-Frage nicht aus. Das Warum zielt wie bei Leibniz auf den Rechtfertigungsgrund des Etwas. Doch die Trostlosigkeit der Geschichte; die Sinnlosigkeit jedes zielgerichteten Handelns, das in der endlosen Reihe der Zwecke keinen letzten Zweck erreicht; die dem »alten Buch« des traurigen Predigers Salomo abgelauschte Überzeugung von der Eitelkeit und Wahnhaftigkeit von allem, was sich unabläßlich müht und abarbeitet – kurz: daß »alles umsonst« ist, treibt das denkende Ich »unausbleiblich zu der Meinung von der Unseligkeit alles Seyns, einer Meinung, die in so vielen und schmerzlichen Lauten aus alter und neuer Zeit sich kundgegeben«. Noch genauer, noch existentieller, noch mehr ad hominem: »Gerade Er, der Mensch, treibt mich zur letzten verzweiflungsvollen Frage:

warum ist überhaupt etwas? Warum ist nicht nichts? –« (Erg. Bd. VI 6ff.).

In dieser Form schließt die Frage nicht mehr unmittelbar an den göttlichen Grund aller Dinge, sondern an die prekäre Existenz des Menschen als eines geschichtlichen Wesens an. Der Philosoph der Offenbarung scheint bemüht, den letztverantwortlichen Grund vor dem großen »umsonst« zu bewahren. Doch die Signale, daß es um eine zur Ontodizee eskalierende Theodizee geht, sind angesichts der beigebrachten »schmerzlichen« alten Zeugen und der Rede von einer »Unseligkeit«, die nicht etwa nur »Unglücklichkeit« meint, deutlich genug. Der Mensch sollte als Zweck der Zwecke die sonst sinn- und zwecklose »Welt begreiflich machen«, indem sie wenigstens in ihm und dem Gang seiner Geschichte ein Ziel erhielt. Und nun muß man gerade bei ihm »an einem wahren Grunde der Welt vollends verzweifeln«. Gerade der Mensch potenziert die sinnlose Seinsgeschichte; gerade er treibt nur um so unausbleiblicher »zu der Meinung von der Unseligkeit alles Seyns«. Die schwindelerregende wird zu einer »verzweiflungsvollen« letzten Frage, die als solche kaum noch eine Frage ist.

Das ist trotz der Ähnlichkeit in der Formulierung der Frage ein gänzlich anderer Ton als bei Leibniz. Spürbarer als bei ihm steht hinter den Problemen der Metaphysik ein irritierter Glaube und ein existentiell beunruhigtes Herz. Von Verzweiflung war bei Leibniz schon gar nicht die Rede. Verschärft um die drängende Frage nach dem Sinn des Menschen und der Geschichte, ist nun nach dem Rechtfertigungsgrund »alles Seyns« gefragt. Eine Rettung vor dem Abgrund ist nur möglich, wenn es seinen Vorzug gegenüber dem Nichts behaupten kann. Doch darum sieht es angesichts seiner »Unseligkeit« einstweilen nicht gut aus.

Diese Zuspitzung zeigt noch einmal klar, daß die Grund-Frage nicht, wie es Schellings Formulierungen gelegentlich nahelegen, auf eine erkenntnistheoretische Frage zu reduzieren ist. Realitätsfragen sind letzten Endes nicht gemeint. »Wenn irgend etwas existirt«, sagt Schelling zwar tatsächlich sehr hypothetisch in diesem Sinn, aber sofort mit dem Zusatz, daß »zum mindesten ich *selbst* existire« (a.a.O. 163). Das liebe Ich möchte sich nun doch nicht mit allem Etwas in Frage stellen.

Später wird Hermann Lotze die im erkenntnistheoretischen Sinn mißverstandene Frage nicht einmal für widerlegungsbedürftig halten: »Worin besteht nun oder wie entsteht diese Wirklichkeit dessen, was an sich nur denkbar ist? Daß nun diese Frage unbeantwortbar und in sich widersprechend ist, bedarf keines ausführlichen Beweises: worin es eigentlich liegt und wie es zugeht oder gemacht wird, daß überhaupt etwas ist und nicht lieber Nichts ist und daß überhaupt etwas geschieht und nicht lieber Nichts geschieht, dies wird ewig unsagbar bleiben« (System der Philosophie II 31). Trotz des großgeschriebenen »lieberen Nichts«, das sich der Tradition Schopenhauers verdankt, ist hier die Frage nach dem Warum einer problematischen Welt auf die selbstwidersprüchliche Frage nach der Wirklichkeit des an sich bloß Denkbaren, recht besehen, auf einen müßigen Akt der »Neugier« geschrumpft, der keine Aussicht auf eine Antwort hat. Wer die Grund-Frage in diesem Sinn mißverstehen wollte, könnte – wie schon Kants im Hinwegdenken geübter »Metaphysiker« – nicht umhin einzuräumen, daß es zumindest eine Frage und einen Fragenden, also »überhaupt etwas« gibt.

Ob überhaupt etwas ist: so mag man eine erkenntnistheoretische Arbeitsbeschaffungsmaßnahme für beschäftigungslose Akademiemitglieder formulieren. Schelling selber mokiert sich weidlich über die, »welche recht eigentlich darüber erstaunen, daß nicht nichts ist, und sich nicht satt darüber wundern können, daß wirklich etwas existirt«. Die »in so vielen schmerzlichen Lauten aus alter und neuer Zeit« bekräftigte »Unseligkeit alles Seyns« verbürgt nur zu sehr, daß überhaupt etwas ist. Das Leiden ist für Schelling wie für Büchner der Fels des Realismus. Es verifiziert, was der leidende Mensch gerne anders, vielleicht sogar lieber überhaupt nicht hätte und was leider Gottes doch ist. »Denn nur zu vieles ist«, spitzt Schelling seine Kritik am »subjektiven Idealismus« Fichtes zu, »das das Ich ganz anders wollte, wenn das äußere Seyn von ihm abhienge« (ed. K.F.A. Schelling I/10, 92).

Fern davon, daß die Realitätsfrage die Grund-Frage überböte oder gar erübrigte, treibt die nur zu gewisse Realität gerade die Grund-Frage heraus. Warum überhaupt etwas ist, das zweifellos ist, aber so »unselig« ist, »daß ich an einem (...) wahren Grunde der Welt vollends verzweifle« – das ist die Frage. »Kann ich jene letzte Frage nicht beantworten«, kann ich keinen »höchsten Bezug« und keinen »letzten Halt« auffinden, räumt noch der lammfromm gewordene Schelling ein (Erg. Bd. VI 8), »so sinkt alles andere für mich in den Abgrund eines bodenlosen Nichts«. Wenn auch nur im Konditionalis, sieht Schelling die Welt nach dem Prinzip des unzureichenden Grundes in dieser Bodenlosigkeit versinken, weil der Vorzugscharakter des Etwas vor dem Nichts vollends fraglich geworden ist.

Das Nichts freilich ist hier nicht mehr wie bei Leibniz das Einfachere und Leichtere, auch nicht wie in Schellings Naturphilosophie das von allem Sein völlig Unbefangene und Freie, sondern das Abgründige schlechthin. Die Frage, ob es als Nichts auch nur bodenlos sein kann, wird nicht gestellt.

Die Grund-Frage wird andererseits dadurch nur um so dramatischer. Kein Wunder, daß Schelling, kaum daß er sie formuliert, ja, manchmal, bevor er sie überhaupt richtig zuläßt, seine Zuflucht zu Antworten nimmt, die das voraussetzen, was in Frage steht. »Ewige Affirmation« ist für ihn so sehr das »Wesen unserer Seele«, in dem sie mit der *»absoluten Affirmation«* als dem »*Wesen* des Absoluten selbst« zusammenstimmt, daß das »absolute Licht, die Idee Gottes« als unbedingte, unendliche Selbstbejahung, ohne weitere Umstände in die erkennende Vernunft einschlagen kann. Es ist die »Sancta Triplicitas« des Johannes-Evangeliums von »Logos«, Sein und Licht, die hier ihre Auferstehung feiert; alle verneinenden Geister, die kraft Negation ihre Freiheit als distanzierte Wesen behaupten wollen, werden in die Finsternis verbannt. »Kraft dieser Affirmation« kann Schelling nun zweifelsfrei erkennen, *»daß das Nichtseyn ewig unmöglich«* und die Grund-Frage, sorgsam eingepackt in eine gnadenreich verschachtelte philosophische Periode, »auf ewig verdrungen« sei »durch die Erkenntniß, daß das *Seyn* nothwendig ist. (...) Die absolute *Position* der Idee Gottes ist in der That nichts anderes als die absolute Negation des Nichts, und so gewiß die Vernunft ewig das Nichts negirt, und das Nichts nichts ist, so gewiß affimirt sie das *All*, und so ewig ist *Gott*« (Erg. Bd. II 85).

Die Vernunft erschöpft sich so sehr in Affirmation, daß sie es mit dem nichtseienden Nichts, bei dem sie offenbar vergessen hat, daß es zuvor das Bodenlose war, gleich zu einer doppelten Negation bringt. Die Bekräftigung des Seins und des Lichts, die Verneinung des Neins und des Nichts stehen gleichsam unter Reimzwang, wie sehr auch ein Mephisto unter Assistenz entlaufener Pastorensöhne und philosophisch begabter Tragödienhelden mit unwillkommenen Erinnerungen an die »Unseligkeit alles Seyns« die restabilierte Harmonie stören mag. Daß das »Nichts nichts ist«, das wußten sie vordem. Doch für sie bedeutete das keine »absolute Affirmation«, sondern die Annihilation aller Leiden.

Gibt es denn nicht überdies bei all dem ewigen und absoluten Lichtwesen endliche »Mittelwesen«, die aus »Realität und Nichtrealität« gemischt sind (ed. K.F.A. Schelling I 7,

174)? Sie haben doch einen Anfang durch Entstehen und Geburt und ein Ende durch Auflösung oder Tod. Sie geben sich in den »schmerzlichen Lauten aus alter und neuer Zeit« kund. Und ist nicht in bezug auf dieses problematische Etwas am allermeisten zu fragen, warum es überhaupt ist und nicht statt seiner nichts?

Doch statt sich an diese so spezifische wie radikale Frage zu halten, nimmt Schelling als philosophischer Totalisator lieber seine Zuflucht zum »All«. Auf die Frage nach dem Grund des Etwas soll »nicht das Etwas, sondern nur das All oder Gott die vollgültige Antwort« sein, weil das All dasjenige ist, »dem es schlechthin unmöglich ist nicht zu seyn«, während es dem Nichts »schlechthin unmöglich ist zu seyn«. Der »Logos« rettet sich in die Tautologik. Kann das aber der »verzweiflungsvollen Frage« gerecht werden, zu welcher »gerade Er, der Mensch«, die Philosophie trieb? Warum ist das Geborene? Weil es ein Ewiges gibt! Warum ist das Sterbende? Weil es ein Unvergängliches gibt! Warum ist das Endliche? Weil es ein Unendliches gibt! Warum ist ein aus Realität und Nichtrealität gemischtes Mittelwesen? Weil es ein reines Sein gibt! Kurz: Warum ist der Mensch? Weil es einen Gott gibt! Sehr schön: Antworten, für das Ohr Gottes wie geschaffen. Aber sie offerieren auch nur Auskünfte, die so nichtssagend wie das Nichts nichtseiend sind. Schellings Selbsteinschätzung, daß durch die doppelte Erkenntnis der Notwendigkeit des Seins und der Unmöglichkeit des Nichtseins die Grund-Frage »auf ewig verdrungen« sei, wird dem unfreiwillig gerecht. Was man nicht beantworten kann, das muß man verdrängen.

Freilich kann man gegen Tautologien nur schwer etwas einwenden. Schelling vermeidet mit ihrer Hilfe die Schwierigkeiten, die sich ergeben, wenn man wie Leibniz aus dem Etwas und dem einfacheren und leichteren Nichts konkurrierende Größen macht. Dafür hatte Leibniz' Formulierung der Grund-Frage den Vorzug, daß sie eine echte Frage war, während Schelling sie nun so beantwortet, daß sie sich gar nicht mehr stellt. Die Philosophie darf sich nicht zu tief in die ewigen Jagdgründe begeben, wenn es um den zureichenden Grund eines Seins gehen soll, das sein konnte und sein kann oder auch nicht. Andernfalls könnte sie die Frage gleich lassen. Auch ein notwendig und ewig gedachtes Sein stünde unter dem Mutationszwang, der Schöpfungsgrund eines zufälligen, nicht ewigen Wesens zu werden. Gott hat es in jedem Fall schwer, zu einer Welt zu kommen – am schwersten indessen, wenn dieses Wesen ein unseliges ist, das mit dem Dasein nichts weniger als identisch ist. Und nun soll es mit den tautologischen Formeln eines göttlichen Seins abgespeist werden, das ist, weil es ist, wie das Nichts der Tautologik des Seins willfährig mit dem Echo antwortet, daß es nichts ist, weil es nichts ist. A = A. Non-A = Non-A. Amen, so sei – nein, so ist es! Was denn sonst. Doch warum muß dann die »Vernunft« im Zeichen des Seins das Nichts noch eigens negieren? Weil sie weder dem Sein noch dem Nichts so recht traut?

Wie auch immer, die Absicht ist klar: Es geht Schelling um die *»absolute Affirmation«* des Seins. Selbst dort, wo er sich am tiefsten auf die »Unseligkeit alles Seyns« einläßt: in den »Philosophischen Untersuchungen über das Wesen der menschlichen Freiheit«, seiner Theodizee, sucht er den Riß der Schöpfung um jeden Preis zu kitten.

Wie bei Leibniz geht es um die Güte Gottes, die Freiheit des Menschen und den Ursprung des Bösen. Den heiklen Fragen, welche das mit sich bringt, geht Schelling hier nicht aus dem Weg. Die Schöpfung ist »keine Begebenheit, sondern eine That« (ed. K.F.A. Schelling I 7, 395); also muß man fragen, ob Gott, »wenn er gewollt, eine bessere Welt als diese hätte erschaffen können« (397). »Hat überhaupt die Schöpfung eine Endabsicht, und wenn dies ist, warum wird diese nicht unmittelbar erreicht, warum ist das Vollkommene nicht gleich von Anfang?« (403). Schöpfung müßte auf jeden Fall, das ist die von Leibniz gesetzte Norm, die beste aller möglichen Schöpfungen, ja eigentlich, das geht über Leibniz hinaus, unmittelbar zur Vollkommenheit hin sein. Doch dem ist nicht so. Und das hängt nun nicht mehr wie für die Theodizee-Tradition mit den notwendigen Defekten des Geschöpfes, sondern dem Schöpfer zusammen. Der wird zwar unerhört dynamisiert: Daß Gott »nicht bloß ein Seyn«, sondern ein »Werden« und ein »Leben« sei (403), ist der erste Glaubensartikel der theosophischen Lebensphilosophie. Aber damit wird der prekäre Schöpfungsprozeß auch in den Schöpfer hinübergetragen.

Im Sog nächtigerer Erfahrungen, inspiriert durch die abgründige Mystik Jakob Böhmes, schränkt Schelling die »Sancta Triplicitas« von »Logos«, Sein und Licht sogar so weit ein, daß er in Gott zwischen der Existenz des lichten göttlichen Wesens und dem dunklen »Grund seiner Existenz« unterscheidet (357ff.) – »Grund« verstanden als Basis, als Fundament. Dieser »Dualität« liegt als Einheitspunkt nur die »absolute *Indifferenz*« des »Urgrundes oder vielmehr *Ungrundes*« voraus, dessen einziges Prädikat die »Prädikatslosigkeit« ist, ohne daß er »deswegen ein Nichts oder ein Unding wäre« (407).

Fraglich allerdings, wie denn der *»Ungrund«* zum Grunde kommt. Außerdem lastet die Indifferenz des »Ungrundes« dem »Grund der Existenz« um so mehr die Folgelasten auf. Zumal in der Beschreibung der »unergreiflichen Basis der Realität«, der Dunkelheit aller »Geburt«, deren Grund in einem Wollen als dem »Urseyn« verankert wird, das unbewußt, irrational, also alles andere als ein Grund nach Art des »Logos« ist, erreicht Schelling eine Illusionslosigkeit wie nach ihm erst wieder Schopenhauer. Noch der alles in allem positiver gestimmte Eduard von Hartmann und Ernst Bloch, der »marxistische Schelling«, werden die Überzeugung teilen, daß man zugunsten des »Was«, des Wesens, alles mögliche sagen mag, der Grund für das »Daß« der Existenz aber im Dunkeln liegt. Das »anfänglich Regellose« ist für Schelling »an den Dingen (...) der nie aufgehende Rest, das, was sich mit der größten Anstrengung nicht in Verstand auflösen läßt, sondern ewig im Grunde bleibt. Aus diesem Verstandlosen ist im eigentlichen Sinne der Verstand geboren. Ohne dies vorausgehende Dunkel gibt es keine Realität der Kreatur; Finsternis ist ihr nothwendiges Erbteil.«

Daß der göttliche »Ungrund« sich als Negation des Grundes definiert und »die Dinge ihren Grund in dem haben, was in Gott nicht *Er Selbst* ist« (359 f.) – eine desolatere Auskunft, wie verklausuliert, wie mythologisierend auch immer, läßt sich auf die Frage nach dem Grund des Etwas nicht geben. Der Schöpfer kann seine Hände nur in Unschuld waschen, indem Gott halbiert wird. Die Theodizee ist nur noch so möglich, daß Gott selber in den Strudel gerissen wird.

Aber, das ist die Entlastung, welche diese Zuspitzung gestattet, nun ist der ganze Schöpfungsprozeß mitsamt dem nie aufgehenden dunklen Rest aller Geburt auch so tief im göttlich-ungöttlichen Grund und dieser wieder im *»Ungrund«* verankert, daß das problematische Etwas, das sein kann oder auch nicht, mit seinen Fragen in ihm untergeht. Schöpfung ist Selbstgeburt, »Selbstoffenbarung« Gottes, die alles aus sich entlassen soll, in Wahrheit alles Endliche verschlingt. »Die Frage (...), warum Gott (...) nicht vorgezogen habe, sich überhaupt nicht zu offenbaren«, da er doch notwendig vorhersah, was alles »aus der Selbstoffenbarung folgen würde«, verdient unter diesen Umständen nicht einmal eine »Erwiderung« (402 f.). Denn dann hätte er gleich auf das eigene Leben verzichten müssen. Zugunsten der Affirmation Gottes wird die Grund-Frage gleich ganz kassiert.

Folgerichtig ist das Nichtsein, für eine authentische Grund-Frage die provozierende Gegenmöglichkeit der Schöpfung, nun nicht etwa wirklich Nichtsein, wie es die sonst so geschätzten Grundsätze der Tautologik nahelegen, sondern eine Potentialität minderen Seinsranges, die nach vollem aktualem Sein strebt. Der »unendliche Mangel an Seyn« und der damit einhergehende »Hunger nach Seyn« treibt nach den Formulierungen aus Schellings später »Philosophie der Mythologie« (II/1, 294; II/2, 49) ein »Nichtseyendes« um, das keines ist. Denn am Sein hängt, zum Sein hin drängt hier alles.

Mehr noch ist für Schellings frühe Mythologie »das Licht oder das ideale Princip (...) als ein ewiger Gegensatz des finstern Princips das schaffende Wort, welches das im Grunde verborgene Leben aus dem Nichtseyn erlöst, es aus der Potenz zum Actus erhebt«, bis am Ende aller Schöpfungstage durch das Wort alles gut und »Gott Alles in Allem« ist (404ff.). Die johanneische Einheit von »Logos«, Sein und Licht wird doch wieder restauriert. Alle »Dualität« ist dann verwunden und mit ihr auch das Böse, das seinerseits in einer charakteristischen Beziehung zum Nichtsein steht. Wie man es im Lande Mephistos von ihm erwarten darf, ist es vom Nichts fasziniert. Es verlockt den Menschen zur »Aufnahme des Nichtseienden in seine Imagination«. Der »Anfang der Sünde« ist, »daß der Mensch aus dem eigentlichen Seyn in das Nichtseyn übertritt« (390f.).

Aber nun ist Mephisto keineswegs mehr der Freund des »reinen Nicht«, der Wiederhersteller eines einfacheren und leichteren Nichts, in dem der »Widerstreit aufgehoben« wäre, so wie die Krankheit »durch den Tod geendigt« wird (371); nicht mehr der Nihilist, der weiß, daß das »Etwas« der plumpen Welt allein wert ist, zu Grunde zu gehn – nein, nun ist das Mephistophelische an ihm, daß er mit dem schöpferischen »Logos« in hybrider Mimesis konkurriert.

Selber will er »schaffender Grund« werden. Im Bösen ist »der sich selbst aufzehrende und immer vernichtende Widerspruch, daß es kreatürlich zu werden strebt, eben indem es das Band der Kreatürlichkeit vernichtet« (390f.). Und auch der Mensch strebt im Bösen danach, die ihm nur geliehene, von ihm unabhängige Bedingung der Existenz »in seine Gewalt« zu bekommen – indes vergeblich. In dieser Vergeblichkeit liegt »die allem endlichen Leben anklebende Traurigkeit, (...) der Schleier der Schwermut, der über die ganze Natur ausgebreitet ist, die tiefe unzerstörliche Melancholie alles Lebens« (399). Aber sie spricht keineswegs gegen die Kreation des Lebens, sondern nur gegen ein kreatürliches Leben, das Kreativität usurpiert. Luzifer und seinesgleichen wollen nicht Nichts, sie wollen wieder sein wie Gott, kreativ sein wie Gott. Und deswegen werden sie »ins Nichtseyn« verstoßen (404) – jedoch in ein Nichtsein, das wieder keines ist: Im Leben konnte das Böse nur vermöge seiner mißbrauchten Teilhabe am Guten versuchen zu schaffen. Es war und blieb immer ein Sein von des guten Gottes Gnaden. »Im Sterben aber wird es von allem Guten geschieden und bleibt zwar zurück als Begierde, als ewiger Hunger und Durst nach der Wirklichkeit, aber ohne aus der Potentialität heraustreten zu können. Sein Zustand ist daher ein Zustand des Nichtseyns, ein Zustand des beständigen Verzehrtwerdens der Aktivität« (405).

Was bei Schelling mit der »Unseligkeit alles Seyns« und der Frage nach dem dunklen Grund der Existenz begann, endet so mit der Apotheose und der traditionsgemäßen Monopolisierung der Schöpfung. Statt der Theodizee Gottes geht es wieder um die Rechtfertigungsbedürftigkeit des anmaßenden menschlichen Schöpfers. Und die Affirmation des wie auch immer komplizierten göttlichen Seins erzwingt die Diskriminierung des Nichts, das nicht Erlösung oder Alternative der Schöpfung, sondern ihre subalterne

Bedingung, ihre Vor- wie ihre Schwundstufe ist. Wenn die Grund-Frage wirklich den Ungrund alles Seins offenbaren soll, sind andere Geister gefragt.

4. KAPITEL

Mephistopheles Schopenhauer, der halbierte Christ. Die Geburt der Philosophie aus dem Geist der Perplexität. Ödipus vor der Sphinx des Daseins. Negative Ontologie. Der Tod als praktizierender Nihilist. Das Spiel ist die Kerze nicht wert. Der atheistische Hiob. Eine Anti-Pascalsche Wette. Das »liebere gar nichts«. Der grundlose Wille. Die Selbstkritik des Lebens. Tantalos und kein Ende? Pathodizee. Himmelfahrt ins Nichts.

Die Dunkelheit und Grundlosigkeit des »Wollens« als »Urseyns«, die »Unseligkeit alles Seyns« – das läßt nicht nur in den Prioritätsfragen, sondern in der Substanz eine weit größere Nähe zwischen Schopenhauer und Schelling erkennen, als Schopenhauer sie wahrhaben wollte. Aber welche Kluft liegt zwischen Schellings *»absoluter Affirmation«* und Schopenhauers Negation! Mit welchem Ingrimm verhöhnt er die Apologien dessen, was ist! Wie rücksichtslos vollzieht er tatsächlich die »Umwertung aller Werte«, die Nietzsche nur »jenseits von Gut und Böse«, aber nicht diesseits von Sein und Nichts propagieren wird! Das Denken, das seit Parmenides und Platon keine andere Bestimmung kannte, als dem Sein zu entsprechen, widerspricht ihm nun. Die »Geste« der Philosophie wird eine ganz andere. Vormals zum Dank für die schöne Gottesgabe des Seins verpflichtet, »bedankt« sich das denkende Leben nun für das, was unbedachter Schöpferwahn ihm aufgeladen hat. Der Seinsgottesdienst der »Ontotheologie« (Der handschriftliche Nachlaß, ed. Hübscher II 103) – Schopenhauer übernimmt von Kant das neuerdings immer nur mit Heidegger verbundene Wort –, der bis dahin das Singen und Sagen hatte, weicht dem »schwarzen« Gottesdienst des Nichts. Schopenhauer ist der vom subalternen Dienst am »Herrn« emanzipierte Mephistopheles der Metaphysik. Indessen ist selbst er nicht nur der Philosoph in der Revolte, nicht nur Mephistopheliker – das christliche Erbe schlägt wie dann in konträrer Weise bei Nietzsche auch bei ihm noch durch. Er ist der halbierte Christ.

Die christliche Tradition hatte versucht, den Glauben an die gute Schöpfung und die Notwendigkeit der Erlösung zu vereinen. Nach Schopenhauers Deutung ist im christlichen Gott der *Weltschöpfer«* in »gewaltsamer und absurder Weise mit dem *Weltüberwinder* und in gewissem Sinne Weltvernichter« verbunden worden (HN III 654f.). In der Gnosis war diese Konstruktion auseinandergebrochen. Sie hatte mit dem zum Teufel umgedeuteten Demiurgen die Idee einer guten Schöpfung verworfen, um desto entschiedener auf das Erlösungsmotiv zu setzen.

Schopenhauer, soweit er Neognostiker ist, tut zwar einerseits desgleichen. Auch er verwirft die Idee der Schöpfung. Auch sein Demiurg, der Wille, ist Teufel, nicht Gott. Schopenhauer sucht unter allen Umständen Erlösung von einer Welt, die als geschaffene nie gut oder gar »sehr gut« war, vielmehr – mit einem gnostisch transformierten Wort Wittgensteins gesagt – prinzipiell und in allem »der Fall« und eine Falle ist. Befreiung gibt es nur auf dem Wege ihrer restlosen Verneinung.

Aber Schopenhauer übernimmt zugleich vom Christentum, das den Widerspruch zwischen Schöpfungs- und Erlösungsmotiv mit dem Mythos vom Sündenfall und der Erbsündenlehre zu kitten versucht hatte, die Idee der Schuld und der ewig gerechten Strafe. Die »Fallgeschichte« der Geburt wird wieder zur Sündenfallgeschichte. Die Anklage gegen die verfehlte Schöpfung und ihren Schöpfer richtet sich am Ende wieder gegen den menschlichen Kläger, das christliche Gebot des Masochismus setzt sich durch.

Christlich inspiriert auch die Idee einer »Umkehr« von Grund auf und die Verheißung eines »ganz anderen« Seins, das sich für den nihilistischen Mystiker im Nichts auftut. Kurz: Schopenhauer ist »Anti-Christ« und »Philosophus christianissimus« (nach der begrenzt triftigen Formel Paul Deussens) in einem. Mit dem Kläger und Ankläger und dem Rechtfertiger, dem rabiaten Verneiner und dem letzthinnigen Bejaher, dem Nihilisten und dem Mystiker muß man gleichermaßen bei Schopenhauer rechnen.

Nichtsdestoweniger ist er nach seinem eigenen Wort der »Eine«, der mit einer noch nicht dagewesenen Radikalität »die Frage aufzuwerfen wagt, warum nicht lieber gar nichts sei, als diese Welt« (ed. Lütkehaus II 673). Das Bewußtsein, daß es sich um eine gewagte, vielleicht hybride Frage handelt, ist ausgeprägt, kein Wunder bei dem, was und wen sie in Frage stellt.

Bei Leibniz war das »eher« noch an das »Etwas« gebunden, nicht an das an sich leichtere und einfachere Nichts. Bei Schopenhauer hingegen rückt das Nichts, zum »gar nichts« totalisiert und als das »Liebere« favorisiert, in die erste Frageposition auf. Daß Schopenhauer in der Sprache des Christentums dem »gar nichts« nur »diese Welt«, nicht das »Etwas überhaupt« entgegenstellt, entschärft die Frage vorerst nicht. Der gute Gott mit seinen guten Schöpfungsgründen, der bei Leibniz noch alles prästabiliert hatte, bleibt ohnehin auf der Strecke. Die Frage könnte also in der Tat ein Wagnis mit unabsehbaren Konsequenzen sein.

Auf jeden Fall ist sie nicht irgendeine Frage. Schon gar nicht erschöpft sie sich in der Wiederholung einer zur Formel heruntergekommenen Formulierung, mit der ein routinierter Metaphysiker im Rahmen der unvermeidlichen Glasperlenspiele seiner Zunft hantieren kann. Stellt er sie als gleichsam anfänglicher, weder philosophiehistorisch abgebrühter noch von der »ewigen Affirmation« des »absoluten

Lichts« oder der Selbstaffirmation des eigenen blinden Lebenswillens korrumpierter Geist, dann wird ihr Pathos geradezu identisch mit dem Pathos der Philosophie. Hier muß sich der von Schopenhauer geforderte Mut zur Wahrheit zeigen, denn sie ist vor allen anderen die Frage des Ödipus, die der Philosoph, wenn er einer sein will, nicht auf dem Herzen behalten darf, ohne Rücksicht auf die »Iokaste in sich« und »alle Götter«, um derentwillen die »Aufklärung« hintertrieben wird (Der Briefwechsel mit Goethe, ed. Lütkehaus 16).

Um der Frage das größte Schwergewicht zu geben, natürlich auch, um den eigenen Anspruch gebührend hoch zu setzen, schließt Schopenhauer an die Bestimmung des Anfangs der Philosophie an, wie sie wiederum an deren europäischem Anfang in der Antike vorgenommen worden ist. Platon hatte im »Theaitet« (ed. Stephanus 155 d) das »thaumazein«, das Erstaunen, das Sich-Verwundern, für das im höchsten Maße philosophische Gefühl, mehr: für eine Leidenschaft, buchstäblich ein »Pathos« erklärt und keinen anderen Anfang der Philosophie als diesen gelten lassen. Gleichwohl sollte das Erstaunen nicht überhand nehmen – verständlich genug, wenn es schon Platons Sokrates wie später seine philosophischen Kollegen von Kant bis Schelling immer mehr darob »ordentlich schwindelte«. So wurde die Philosophie von Platon unverzüglich als die Götterbotin, die »Regenbogin« Iris mythologisiert, die Verbindung zwischen Himmel und Erde schafft: eine Brückenheilige sozusagen. In dieser Rolle ist sie zwar die »Tochter des Thaumas«, also eben des Erstaunens und der Verwunderung. Doch dieses Gefühl gewinnt im Rahmen solch himmlischer Genealogie einen emphatisch positiven Sinn: Wenn das philosophische Pathos sich in der weiteren Geschichte zwischen Be- und Verwunderung zu orientieren sucht, so bei Platon mit einer unübersehbaren Neigung zur ersteren. Das Seinswunder, von dem die Theolosophie später noch dann begeistert phantasiert, wenn sie nicht mehr explizit in der Rolle der »ancilla theologiae« das in der Tat wunderlichste aller Wunder: die Schöpfung aus nichts, feiert, verdankt sich nicht der Ver-, sondern der Bewunderung.

Vorsichtiger, eher an der Verwunderung orientiert, Aristoteles im Anfang seiner »Metaphysik«. Weil die Menschen sich verwundern, weil sie ratlos sind, fangen sie seit je mit dem philosophischen Nachdenken an. Das beginnt mit den »Unbegreiflichkeiten des Alltags«, führt Schritt für Schritt zu immer größeren Fragen und endet bei der »Entstehung des Alls«: Philosophie hat es mit den »obersten Grundlagen und Gründen« zu tun (ed. Gohlke 982 b).

»Abgründen« hätte Schopenhauer wohl lieber diese Verbindung des Anfangs der Philosophie mit dem Anfang des Alls zu Anfang der aristotelischen »Metaphysik« präzisiert. Für ihn ist die philosophische Verwunderung keineswegs eine Bewunderung, das Erstaunen kein Bestaunen – »nil admirari«, »nichts bewundern!« lautet vielmehr nach der Horazischen Formel der kategorische philosophische Imperativ. Vor lauter Bewunderung für das platonisch-aristotelische »thaumazein« ist oft vergessen worden, daß schon vor Platon bei dem »lachenden Philosophen« Demokrit das »nichts bewundern!« propagiert, die »athaumastia«, die Bewunderungslosigkeit gar in den Rang einer philosophischen Tugend erhoben worden ist. Dort galt sie der Abwehr des andrängenden Begehrens: Notwehr gegen die verführerischen Objekte der Begierde, eine Art von methodischem Understatement. Und Schopenhauer verbindet die »athaumastia« mit dem »thaumazein«: »Nichts bewundern!« heißt: »Sich über alles verwundern.« Seine Verwunderung ist entschiedene Bewunderungslosigkeit, Verwunderung nicht bloß im Sinn einer lebenspraktischen Maxime, sondern eines prinzipiellen Seinsverhältnisses, und zwar eines negativen, das dem fragwürdigen Sein im ganzen gilt.

Selbst die »Verwunderung« ist noch viel zu schwach. Sie wird überboten von der »Perplexität« über die unbegreifliche Existenz der Welt einschließlich jenes Daseins, das »zu seiner Verwunderung« plötzlich da ist, obwohl es »zahllose Jahrtausende hindurch« nicht gewesen ist und in Kürze wieder ebenso lange nicht sein wird (I 67; II 185. 198; VI 258). Schon bei Schelling hatte »das bloße Dasein« nicht nur »als ein Wunder (...) das Gemüth mit Staunen« erfüllt, sondern »bereits in den frühesten Ahndungen die Gemüther mit Entsetzen und einer Art von heiligem Schrecken« überfallen (ed. K. F. A. Schelling I 7, 198): ein ambivalentes Wunder!

Bei Schopenhauer aber steigert sich die Verwunderung zur vollendeten ontologischen und existentiellen Perplexität. Sie geht weit über die Verwunderung als bloßen Anfang der Philosophie hinaus. Sie ist grundlegendes Lebens- und Weltgefühl. Ein Gefühl der Be-, der Entfremdung macht sich breit, das alles erfaßt: Weltfremdheit total, nichts ferner als das schöne Märchen vom »Urvertrauen«. Was ist und lebt, ist in der Welt, wohl wahr; Dasein heißt: in der Welt sein. Aber das philosophierende Dasein fällt aus der Welt heraus. Es zeigt eine »Grundstörung«, die dem Leben als der gründlichsten aller Störungen entspricht.

Für das normale menschliche Bewußtsein, welches noch nicht vom Baum der Erkenntnis gegessen hat; welches sein Paradies bewahren möchte und den tradierten Denkverboten gehorcht, scheint sich »alles, wie es ist und daß es sei«, angefangen beim »eigenen Daseyn«, endend beim »Daseyn überhaupt«, »von selbst zu verstehen« (II 184 ff.). Es ist ein integrierender Teil der Welt. Der Intellekt als Organon des Willens zum Leben gehorcht noch dessen Imperativen. Der Geist ist willig; denn der Wille ist stark. Stößt der Intellekt sich aber einmal »vom Ganzen der Dinge« so weit ab, daß er ihm distanziert gegenübertreten kann, egal, ob er genial begabt oder durch Erfahrung klug geworden ist, dann verliert es den Schein der Selbstverständlichkeit und Fraglosigkeit. Es wird problematisch. Denn es ist zwar; und es ist so, wie es ist: Am empirischen Realismus will auch der transzendentale Idealist Schopenhauer nicht rütteln. Aber was ist, ist nicht notwendig. Es hätte auch nicht sein können. Und es könnte nicht sein. Kant hatte schon das Hinwegdenken geübt, Schelling war ihm gelegentlich gefolgt, Schopenhauer wird ein Meister darin. »In der That ist die Unruhe, welche die nie ablaufende Uhr der Metaphysik in Bewegung erhält, das Bewußtseyn, daß das Nichtseyn dieser Welt eben so möglich sei, wie ihr Daseyn« (II 198).

Wie die Uhr der Metaphysik nie ablaufen soll, wenn das »Nichtseyn der Welt« möglich ist, steht dahin. Auf jeden Fall eine Seinsgarantie von schönster Paradoxie: Das Bewußtsein der problematischen Existenz der Welt sichert der Metaphysik die ihrige um so zuverlässiger. Wenn es um Sein und Nichtsein geht, darf sie auf längstes Leben rechnen.

Zwischen der metaphysischen Verwunderung und der Nichtselbstverständlichkeit der Welt besteht ein Wechselverhältnis. Ist die objektive Verwunderlichkeit der Welt Grund der philosophischen Verwunderung, so deutet die Faktizität dieser Verwunderung ihrerseits auf die Nichtselbstverständlichkeit der Welt.

Wäre diese, wie es die Philosophie Spinozas im besonderen, der Pantheismus im allgemeinen unterstellt, »eine *absolute Substanz, ein schlechthin nothwendiges Wesen* (...), d.h. Etwas dessen Nichtseyn die größte aller Unmöglichkeiten wäre«; das nicht nichtsein könnte; »daher Etwas welches sich auch nicht einmal *wegdenken* ließe, (...) so müßte das Daseyn und die Beschaffenheit derselben (Welt L.L.), weit entfernt sich uns als auffallend, problematisch, ja als das wunderlichste Räthsel darzustellen, vielmehr sich noch mehr von selbst verstehn, als daß 2 x 2 = 4 ist« (HN IV/I 251). Die Welt stellt sich uns aber als Problem, als ungelöstes Rätsel dar. Also ist sie nur empirische Realität, welche die Gegenmöglichkeit impliziert: nichts weniger als eine nicht wegdenkbare Notwendigkeit.

Wie Leibniz gegen Spinoza schärft Schopenhauer, ausnahmsweise sogar im Einklang mit dem »einfachen Theismus« (Werke II 198), der mit seiner Schöpfungslehre von einem vorherigen Nichtsein der Welt ausgehen muß, das Kontingenzbewußtsein. Doch wird es dort zum Sprungbrett, um auf dem schnellsten Wege bei dem notwendigen Macher aller kontingenten Gegebenheiten zu landen, so radikalisiert Schopenhauer es so, daß es alles erschüttert. Nichts ist in Sicht, dessen Existenz und Essenz fraglos wäre. Schopenhauers Kontingenzbewußtsein meint einen negativ akzentuierten, umfassenden »Möglichkeitssinn«, einen Gegenmöglichkeitssinn.

Wenn aber ausnahmslos alles hinwegdenkbar, nicht notwendig ist; wenn es sein konnte und könnte oder auch nicht, dann »läßt sich fragen: ›warum ist es nicht lieber nicht?‹« (HN III 620); in der schon zitierten Form: »warum nicht lieber gar nichts, als diese Welt« (Werke II 673)? Der Unterschied zwischen der einfachen Negation des »nicht« und dem »gar nichts« kümmert Schopenhauer dabei nicht. Bei ihm endet ohnehin alles im großgeschriebenen »Nichts«. Auf jeden Fall ist die Frage unabweisbar, warum alles »eher ist als nicht ist« – »cur potius sit quam non sit«, lautet die Formel, die Schopenhauer trotz seiner Allergie gegen den prästabilierten Harmonisten Leibniz vom Leibniz-Popularisator Wolff für die Bestimmung des zureichenden Grundes übernimmt (III 18). Ist das Warum für Schopenhauer »die Mutter aller Wissenschaften« im allgemeinen, so die der Philosophie im besonderen. Und die philosophische Verwunderung, die zunächst der Faktizität der Welt gilt, um in die Frage nach ihrem Warum zu münden, wird zur »Mutter der Metaphysik« (II 185).

Die Welt wie das eigene Dasein wird indessen nur deswegen zum theoretischen Problem, weil es ein praktisches ist (II 673). Schopenhauer formuliert die Grund-Frage der Metaphysik wieder als das Lebensproblem, dem sie in erster Instanz entspringt und in dem sie terminiert. Das gibt dem »Warum« einen weniger abstrakten, lebensnäheren Sinn. Wenn sich der Bedenklichkeit des Menschen die Frage aufdringt, »woher und wozu das Alles sei« (II 665), so will der Mensch vorab wissen, ob sein »Leben und Streben« sich lohne: Ist das Spiel die Kerze (II 665), das Lebensgeschäft die Kosten wert, lohnt es die Mühe, die man sich macht, es zu erhalten? Daß Schopenhauer sich in seinen Metaphern und Denkmodellen gerne einer Art von philosophischer Bilanzbuchhalterei bedient, ist Reflex seiner Rentiersökonomie im besonderen wie des bourgeoisen Denkens im allgemeinen: die kalkulatorische Logik und der Geist des Kapitalismus. Sein Realismus will aber klarmachen, wie lebenspraktisch, womöglich lebensentscheidend die ontologisch-existentielle Frage ist. Und dazu bedient er sich des Rückgriffs auf das bourgeoise »ens realissimum«: die Ökonomie.

Die Frage nach dem »zureichenden Grund« gilt mit aller Entschiedenheit dem Worumwillen, dem »Wofür und Warum« des persönlichen Lebens (II 418). Die christliche Tradition hatte es bisher gegen so weitgehende Bedenklichkeiten immunisiert. Doch nun sieht es, wie fragwürdig alles, auch es selber, ist. Ist Leben besser als Nicht-Leben? Ist es besser, das Leben vor sich, als es hinter sich zu haben? (IV 482). Ist der Tag der Geburt besser als der Tag des Todes?

Um das Leben aber steht es nicht zum besten. »Wenn unser Leben endlos und schmerzlos wäre, würde es vielleicht doch keinem einfallen zu fragen, warum die Welt dasei und gerade diese Beschaffenheit habe: sondern eben auch sich Alles von selbst verstehen« (II 186). Höchstens »ein grüblerischer Kopf« könnte »darauf kommen, sich über das Daseyn der Welt zu wundern, aber wenig Eindruck damit auf die Andern machen« (HN IV/I 350) – fatale Aussichten für die Bücher grüblerischer Köpfe, die gar kein Ende darin finden, sich über das Dasein der Welt zu wundern. Gerade aber, weil es mit dem Dasein schlechter steht, steht es um die Aussichten der Bücher möglicherweise etwas besser.

Weil das Leben endlich und schmerzlich ist, versteht sich nichts von selbst, im Gegenteil, nun wird die Frage nach einem zureichenden Grund des Lebens wie der Welt unabweisbar. Tod und Schmerz werden zum entscheidenden Impuls, zum Grund der Grund-Frage; sie sind die wahren Musageten der Philosophie.

»Die Definition eines *glücklichen Daseyns* wäre: ein solches, welches, rein objektiv betrachtet, – oder (weil es hier auf ein subjektives Urtheil ankommt) bei kalter und reifer Überlegung, – dem Nichtseyn entschieden vorzuziehen wäre« (HN III 600; Werke IV 313). Daß die Welt »zu ihrem eigenen Vortheil dasei« (II 673), »ihrer selbst wegen«, nicht etwa zum Pläsier ihres Erzeugers, war die Unterstellung der Schöpfungslehre gewesen, auch wenn sie die Schöpfungsteleologie nicht so krude vorteilsmäßig formuliert hatte.

Nun aber wird diese Idee der Schöpfung von dem aus Leiden philosophierenden Menschen unter Rechtfertigungszwang gestellt. Nun steht der Vorzugscharakter des Daseins insgesamt in Frage. Nur ein »glückliches Daseyn« wäre dem »Nichtseyn« vorzuziehen. Wenn aber das Dasein unglücklich ist? Dann müßte die »kalte«, unbestochene, und die »reife«, lebenserfahrene Überlegung es eigentlich verwerfen. Die Frage nach dem »Werth des Lebens« stellen, die in der Schopenhauer-Nachfolge, zumal bei Nietzsche, so ostinat wird, heißt jedenfalls fragen, ob das »Daseyn« etwas ist, das sein soll oder nicht lieber nicht. Wenn die Grund-Frage in der endlosen Reihe der Zwecke, wie schon bei Schelling absehbar, mit jedem weiteren Warum und Wozu in einen infiniten Progreß zu münden droht, der keine Aussicht auf eine Antwort bietet, so gewinnt sie als alternative Frage nach dem Vorzugscharakter des Daseins oder des Nichtseins einen denkbar finiten Sinn.

So bleibt freilich das Lebensproblem auch nach wie vor für die prinzipielle ontologische Frage offen. Das existentielle Unglück führt in den Abgrund von Sein oder Nichts. Jede Schätzung des Daseins erhält vor der Alternative von Sein und Nichtsein sofort größtes Schwergewicht.

Also nicht bloß, daß die Welt kontingent vorhanden, »sondern noch mehr, daß sie eine so trübsälige sei«, ist das Problem, welches die Menschheit in eine nicht zu beschwichtigende metaphysische Unruhe versetzt (II 200). Das »metaphysische Bedürfniß des Menschen« (II 184ff.) ist zwar, wie später Nietzsche gegen Schopenhauer polemisiert, der Nachschößling des religiösen, in dieser Form aber eher dessen kritische Wendung, seine unfromme Radikalisierung – so sehr, daß der Pfarrerssohn in Nietzsche davor zurückschreckt. Im philosophischen Lehrstück vom Nichteinverständnis wirft die Metaphysik einen befremdeten Blick auf das Leben, der aus dem Leiden des Lebens selbst resultiert. Umgekehrt kommt zur »Quaal in der Realität« noch die theoretische Perplexität hinzu, wenn das Dasein keineswegs dem Nichtsein vorzuziehen ist. Und das philosophische Erstaunen wird »ein bestürztes und bedrücktes« (II 199).

Die Philosophen mögen wohl auch deswegen fragen, was es überhaupt zu fragen gibt, weil sie mit ihrem fatalen Talent, einfache Dinge schwierig zu machen, das Fragen einfach nicht lassen können.

Genealogisch gesehen, schlägt just bei ihnen das infantile Erbe der kindlichen Warum-Fragerei, die sich nie mundtot machen läßt, am heftigsten durch. Die Metaphysik quengelt sozusagen gerne. Aber sie hat es tatsächlich mit einem Rätsel zu tun, das quälend und abgründig ist: dem neuen, dem Lebensrätsel der Sphinx. Und der philosophische Ödipus ist nicht etwa ein geistiger Zwangsneurotiker, sondern der tragische Protagonist, der sich der Frage aller Fragen stellt, unbekümmert um die Antworten, die sich daraus auch für ihn ergeben können.

Das mythische Modell ist dabei freilich erheblich verändert: Jetzt macht der rastlos forschende Ödipus das Rätsel des Daseins zu *seiner* Frage. Und treibt im Mythos gerade die erfolgreiche Lösung Ödipus in die Katastrophe: den Inzest mit der Mutter, in das schuldige und leidende Leben noch tiefer hinein, so sucht der philosophische König Ödipus dieser Verstrickung mit seiner Lösung zu entgehen.

Außerdem hat er nun ganz andere geistesgeschichtliche Voraussetzungen. Der nachchristliche »Ödipus philosophos« ist konfrontiert mit theolosophischen Sonnengesängen und einem Positivismus des Lebens, der den Griechen fremd war. Das gibt seinem Denken die polemische Note. Die Philosophien, in denen die Stimme des Jammers nicht zu hören ist, hat er mit größtem Recht verworfen. Der erzene Stier des Phalaris, in dem sich nach dem griechischen Mythos die Schreie der Gefolterten nur für Tyrannen- und Götterohren zu wohlgefälliger Musik verwandeln, ist für ihn wie für Büchner weniger denn je das Medium der Philosophie (II 175). Die Philosophie »hebt mit einem Mollakkord an« (II 199). In ihm klingt das Echo der Schellingschen »Dissonanz«, die »Unseligkeit alles Seyns« nach. Selbst ein Mollakkord bietet eigentlich noch zuviel der Harmonie. Die Philosophie fängt vielmehr mit buchstäblich schreienden Mißtönen an. Das ist die Schopenhauersche Geburt der Philosophie aus dem Geist der Musik.

Ob sie diese Dissonanzen je zu einer harmonischen Auflösung bringen kann, wie es die theolosophierende Vernunft, zum Erfolg verdammt, versucht; ob sie das auch nur will, steht dahin. Aber können denn schreiende Dissonanzen nicht auch im Schweigen enden – »the rest is silence«? Ja, Schopenhauer zeigt, daß im Schweigen von Anfang an nie eine Dissonanz zu hören gewesen wäre. Diese Konsequenz muß man von vornherein hinter seiner Beschwörung der »Unseligkeit alles Seyns« sehen, wenn man der eigentlichen Provokation seiner Philosophie innewerden will. Sie ist nicht etwa auf eine ins Schwarzseherische verkehrte Glückslehre, eine Eudämonologie, richtiger: eine Unglückslehre, eine Kakodämonologie, zu reduzieren, wie es ein verkürztes Verständnis des »Pessimisten« Schopenhauer will. Es kommt ihm vielmehr auf eine negative Ontologie des schlechten Seins, des Seins als des Schlechten an, die der positiven Ontologie der abendländischen Tradition frontal widerspricht und im »lieberen gar nichts« ihre Folie wie ihr Telos findet. Die Negationen, von denen sie spricht, sind nicht Bestandteile eines »Urteils« im logischen, vielmehr im ontologischen, im existentiellen, im quasi juristischen Sinn: Verworfen wird das Sein vor dem Gericht einer durch Leiden seinskundig gewordenen Vernunft.

Eine skandalisierende Etikettvertauschung, wie es scheint, ist der erste Ausdruck dieser negativen Ontologie: Schopenhauers Lehre von der »Negativität« des Glücks, der Positivität des Schmerzes. Sie stellt Grundannahmen des gesunden Menschenverstandes und auch den zugehörigen Sprachgebrauch, der Unglück als die Negation eines höchst positiven Glückes faßt, auf den Kopf. Sie besagt zunächst, daß jede Form von Befriedigung immer nur die sekundäre, bedingte, mittelbare Aufhebung, eben die Negation eines voraufgehenden, primären Bedürfnisses, Mangels, Wunsches ist, der sich seinerseits fatalerweise ganz von »selbst fühlbar« macht (v 264). Gemeint ist also erst einmal eine psychologische Hypothese, keine Umwertung aller Glückswerte. Zur Erläuterung des paradoxen Sprachgebrauches kann man an den der medizinischen Diagnostik denken: Ein »negativer« Befund ist einer, bei dem es in Ermangelung eines Mangels nichts zu diagnostizieren gibt, während ein »positiver« Befund unangenehme Dinge verheißt.

Dann aber besagt die Lehre Schopenhauers – und das steht im Mittelpunkt –, daß der leider Gottes nur allzu »positive« Schmerz weitaus merklicher, intensiver, massiver ist, hartnäckiger anhält und immer noch gesteigert werden kann. Deswegen ist unser Dasein am relativ glücklichsten, wenn wir es am wenigsten spüren; wenn es durch die Abwesenheit dieser Art von »Positivität« gekennzeichnet ist. Denn »wir fühlen den Schmerz, aber nicht die Schmerzlosigkeit«, die Sorge, aber nicht die Sorglosigkeit, die Furcht, aber nicht die Sicherheit, die Krankheit, aber nicht die Gesundheit (II 668). Noch das relativ größte Glück indessen, von dem auch Schopenhauer weiß, daß es das gibt, ist intensiv wie extensiv weit weniger merklich. Seinem Wesen nach ist es episodisch. Wer das nicht glauben will, den überlasse man nach den Wonnen der Erfüllung den Exerzitien der Dauer. Denn nur das uns Entzogene zieht uns an. Solange wir etwas begehren, ist es für uns alles. Doch am Ziel, das immer das Ende ist, ist es mit allem, was einmal für uns etwas war, nichts. Kurzum: Das gemeinhin für »positiv« Geltende hat nur begrenzte Realität, während Schmerz und Mangel weitaus penetranter, in Schopenhauers Sprachgebrauch weit »positiver« gerade in ihrer unwillkommenen Negativität sind.

Das hat weitreichende Konsequenzen für die Auseinandersetzung mit einer Metaphysik, deren ontotheologisches Halleluja alles »Uebel« für das in Wahrheit Nichtseiende, des Seins Beraubte, bloß an einem unendlichen Mangel an Sein Leidende, alles Gute für das wahrhaft Seiende erklärt (V 264). Schopenhauer hält ihr nicht nur wie Büchners »Danton« entgegen: »Man kann das Böse leugnen, aber nicht den Schmerz« – er erkennt im Schmerz das seiendere, im Wohlsein den gerade in seiner Effizienz »defizienten Modus« von

Sein. Eine Ontologie des Schmerzes, notwendigerweise eine negative Ontologie.

Sie ist nicht zu beschränken auf die Psychologie oder gar die unzureichende Moral eines Wesens, das von der Unersättlichkeit seines Begehrens weit mehr als von der unzureichenden Wirklichkeit der Welt in die Desillusionstragikomödie des Lebens gestoßen würde. Allein auf dieses Wesen träfe die sarkastische Diagnose zu, die in unserem Jahrhundert der elsässische Autor René Schickele seinem travestierten Faust-Nachfahren »Hans im Schnakenloch« mitgegeben hat: »Der Hans im Schnakenloch hat alles, was er will, und was er will, das hat er nicht, und was er hat, das will er nicht; der Hans im Schnakenloch hat alles, was er will.«

Nein, es geht um die Anthropologie eines konstitutiv heillosen Wesens, die ihrerseits begründet ist in Schopenhauers Willensmetaphysik. Der Wille ist von Grund auf zerrissen, weil er eben der Wille ist. Denn gleich, ob er sich als Selbstbehauptungs- und Expansionswille im Kampf aller gegen alle oder als Trieb, Wunsch, Begier äußert – Wille gibt es nur unter der Bedingung der Nicht-Befriedigung. Er kann nur er selber sein, wenn er will, was er nicht hat, was für ihn nicht ist. Wenn er es aber hat, dann ist er nicht mehr der Wille. Gerade wenn er alles gewinnt, ist es mit allem und vor allem mit ihm nichts. Mit jedem seiner Siege siegt er sich zu Tode. Er ist das Feuer, das vernichtet, wovon es lebt. Die Asche, in die es die Welt verwandelt, ist sein eigenes Grab. Ein Dualismus – keine versöhnbare Dialektik! –, und zwar ein solcher, der durch den Willen als das Urwesen selber geht.

Derselbe heillose Widerspruch gilt in bezug auf das Verhältnis von Wille, Sein und Zeit. Solange Bedürfnis, Wunsch, Mangel, Schmerz andauern, befindet sich der Wille im Stande der Not – dafür ist er um so mehr der Wille. Bekommt er aber, was er will, dann ist die Langeweile als zweiter negativer Pol einer Willensbewegung, die keine Balance kennt, sein Geschick. Er wird objektlos, leer kreist er in sich, wieder geht er sich selber verloren. Auch diese Langeweile ist nicht in dem Sinn psychologisch zu verstehen, daß man ihr bei gehöriger Animation oder Diätetik der Seele schon beikommen könnte, nicht als pathologisches Gefühl, als Décadence-Symptom, sondern ontologisch. Langeweile macht schon bei Schopenhauer, bevor erst Kierkegaard, dann Heidegger ihre philosophische Bedeutung erkunden, aus dem Sein das Nichts einer lähmenden Zeit, in der das Dasein seinen Lastcharakter erfährt (I 408). Hier wie in allem herrscht das Grundgesetz einer negativen Ontologie, derzufolge nur wirklich ist, was man nicht hat oder was von Übel ist, und das, was man hat oder gar episodisch gut ist, nicht wirklich ist.

So können die Wesen, in denen sich der Wille objektiviert, auch nie etwas Seiendes als zugleich wirklich und gut erfahren. Weil für diesen Willen alles buchstäblich so haltlos wie er ruhelos ist, wird ihr Leben zum rastlosen Wechsel zwischen dem unerfüllten Begehren, das ein noch unerkannter Irrtum ist, und der Erfüllung, die sich als erkannter Irrtum zeigt (I 265), Zuchthausarbeit eines ziel- und sinnlosen Wollens, nach Hamlets nur zu triftigem Wort lauter dissonanter »Lärm um nichts« – je lauter, desto nichtiger: absurd sowohl der Lärm wie das, um dessentwillen man ihn macht.

Aber die Menschen fahren fort, ihn zu machen, weil sie Getriebene sind. Sie gleichen den mythischen Bildern der Ruhelosigkeit, ohne daß sie deswegen, wie später für Albert Camus, die *Helden* des Absurden wären: Sisyphos, Tantalos, Ixion, die gerade in ihrer ewigen Hoffnung hoffnungslosen Danaiden.

Am Ende aber wartet der Tod auf sie. Er ist der Inbegriff der Nichtigkeit und des Leidens des Lebens. Er zeigt endgültig, was es mit dem Sein auf sich hat. Wenn die Philosophie mit einem Moll-Akkord anhebt, so gibt der Tod die

Tonart an. Der unendliche kosmische Raum macht die Menschenerde schon zu einer nichtigen Größe (II 11): Der Schock der nachkopernikanischen Welt, den Pascal vergeblich seiner Infinitesimaltheologie dienstbar zu machen versucht hatte, treibt die lebenden und erkennenden Wesen, verzweifelt nach Halt und Sinn zu suchen. Aber vergeblich. Sie erfahren sich vielmehr als irrelevanten »Schimmelüberzug« einer bis zur Lächerlichkeit kleinen exzentrischen Kugel in einem zentrumslosen unendlichen Raum. Und im Tod kulminiert das vernichtende Wesen der Zeit. Die Gegenwart ist das einzige, was ist. »Aber Alles, was ist, ist im nächsten Augenblick schon gewesen« (V 258). Zwischen einer ebenso unendlichen wie substanzlosen Vergangenheit und einer gleichermaßen leeren Zukunft sind die Menschen auf einen ephemeren Moment verwiesen. Und ausgerechnet der finale Moment aller Momente stürzt sie ins Massengrab der Zeit.

Mit ihnen aber fällt eine ganze Welt. Für den Sterbenden ist der Tod zugleich Selbst- wie Weltuntergang (III 554). Vornehm gesagt, wird der Mensch seiner »Endlichkeit« inne, woraus die Enthusiasten des Unendlichen ihre wonnevollen Erschütterungen gewinnen. Die härtere Wahrheit ist, daß »Alles, Alles (...) mit Einem Schlage zerstört« wird (II 741). Erst hat das Leben versprochen und nichts gehalten; nun nimmt der Tod, was dem Leben überhaupt zu nehmen ist – eben das Leben. Und wenn den Menschen das Dasein zur langen Weile geworden ist, sorgt der Tod für eine knappe Demonstration der Kürze der Zeit.

So wird der Tod für die Menschen zum größten aller Übel; die größte aller Ängste ist die Todesangst. Denn anders als das Tier, das den Tod erst im Tode kennenlernt, gehen sie dem Tod schon im Leben mit Bewußtsein entgegen. Die böse Ironie des Lebens macht ihnen just den Moment, der alles zunichte macht, das Ende aller Zeit vor der Zeit präsent. Wie der Schmerz ist der Tod so etwas im höchsten Maße Seiendes, aber er treibt die Paradoxie auf die Spitze: Ausgerechnet das Vernichtende ist das »Positivste«, das »ens realissimum«.

Aber hat denn nicht der Tod gerade angesichts des Schmerzes seine Meriten? Kann man ihm nicht auch seine positiven Seiten abgewinnen, wie Schopenhauer ebenso eindringlich zeigt? Tatsächlich gelingt es den Menschen manchmal, sich »über die Leiden des Lebens mit dem Tode« zu trösten und »über den Tod mit den Leiden des Lebens« (II 673). Doch das ist ein ziemlich magerer Trost, der aus zwei Übeln kein Gutes machen kann. Der Tod dementiert den Anspruch auf Dasein und Wohlsein endgültig, den der Mensch so unbelehrbar stellt. Zu Mephistos Einsicht, daß »Alles was entsteht, werth ist, daß es zu Grunde geht« (II 583), liefert er die tautologische, aber um so drastischere Begründung, »*weil* es zu Grunde geht!« Er zeigt den Menschen, was sie sind: »Kinder des Nichts« (HN IV/I 50f.), ein »belebtes Nichts«.

Der Tod ist der praktizierende negative Ontologe, der wahrhaft »ad hominem« das fatale »Umsonst« demonstriert, das Schelling nur unter dem Geleitschutz des traurigen Predigers Salomo auszusprechen gewagt hatte. Die Vernichtung des Nichtigen sagt: Alles ist nichts. Allein der Vernichter ist. Er zieht definitiv die negative Summe des Lebens. Ohne je im Leben wirklich und auf Dauer etwas gewinnen zu können, werden die Menschen alles schließlich mit tödlicher Sicherheit verlieren. Welche Leiden, welcher Aufwand – und welches Resultat! Wir kommen zur Welt mit dem »angeborenen« Irrtum, »daß wir da sind, um glücklich zu seyn« (II 737) – zu sein sowieso. Ja, wir sind dieser Wille zum Dasein und Wohlsein. Was wir aber erfahren, sind Schmerz, Mangel, Not und Tod – kein böser Geist hätte sich eine herbere Pointe als diese Mésalliance von Sein-Wollen und Nichtsein-Können mit dem, was wir nicht wollen, was aber in seiner nur allzu gewissen negativen »Positivität« um so penetranter ist, ausdenken können.

Einen bösen Schöpfergeist aber hat die Theolosophie nicht im Repertoire. Sie hängt ja dem Glauben an einen allmächtigen, allweisen, allgütigen Gott an, der für seine Geschöpfe das Beste gewollt und geschaffen hat. Doch damit ist sie bei Schopenhauer an die rechte Adresse geraten. Das Lob der »Genesis«: »Es war alles sehr gut«, liest er als hanebüchene Selbstbeweihräucherung des Schöpfergottes, dem das Tedeum seiner pastoral oder professoral bestallten irdischen Liebediener schamlos applaudiert (v 272 u. ö.). Nicht nur daß dieser eitle Fant von Gott einen menschlich-allzumenschlichen Narzißmus offenbart – so absurd hat sich noch nie jemand in die eigene Tasche gelogen. Wenn er wenigstens stillgeschwiegen hätte! So aber sieht sich Schopenhauer um so mehr provoziert, den »schreienden und entsetzlichen Widerspruch« zwischen den »kolossalen Uebeln der Welt« (II 748) und der frommen Mär vom guten Gott und der schönen Schöpfung aufzureißen. Nichts anderes als blanken »Hohn über die namenlosen Leiden der Menschheit« (I 424), eine »wahrhaft *ruchlose* Denkungsart« macht Schopenhauer hinter allen optimistischen Beschönigungsversuchen aus.

Das Dasein findet sich in einer Welt, die nicht die seine und von ihm nicht gewählt worden ist. So verlangt es nach Erklärungen: Warum soll sein, was ist, wenn ist, was nicht sein soll? Muß sich das unglückliche Bewußtsein durch die zynische Verbindung eines unausweichlichen Nichtseins, wo es sein will, mit dem, von dem es nur zu gerne wollte, daß es nicht wäre, nicht in der Tat verhöhnt fühlen? Gründe sind gefragt. Und es gibt allenfalls Ursachen. Ein »liebender Vater« hat die Welt gemacht, »damit es hübsch vergnügt darauf zugehe« (II 726)? »Betrachtet man die Welt, wie sie sich darstellt, als ein[en] Sammelplatz sich quälender und bald sterbender Wesen, und denkt sich, ein Gott hätte sie aus dem Nichts hervorgebracht, so muß man sagen, daß er sich ein seltsames und keineswegs gutmüthiges Vergnügen gemacht« (HN IV/I 83). Oder muß man sogar auch mit ihm Mitleid haben? »Wenn ein Gott diese Welt gemacht hat, so möchte ich nicht der Gott seyn: ihr Jammer würde mir das Herz zerreißen« (HN III 57).

Hiob, Hamlet, Faust und alle Zeugen für das Leiden des Lebens, das sonst nur zu sehr in der Philosophie verstummt, alle Zweifler an der frohen Botschaft, wie gut alles bestellt sei, erhalten bei Schopenhauer Stimme. Die Anklagen des Theodizee-Prozesses bringt er mit einer bis dahin unerhörten Schärfe vor. Und wo Hiob vor dem göttlichen Machtspruch zu Kreuze kriecht, wird Schopenhauer zum Anti-Hiob: Seine Philosophie ist die Anti-Theodizee des abendländischen Denkens.

Aber Gott ist doch schon für ihn, nicht erst für Nietzsche tot; die frommen Verrenkungen der Liebediener des Absoluten sind für ihn die peinliche Absurdität eines Kniefalls vor leeren Thronen. Mit wem will er also noch rechten? Kein Gott, kein Schöpfer – also keine Theodizee?

So ist es im strikten Sinn. Die Theodizee-Frage wird von Schopenhauer gleichsam enthauptet. Darin kann man sogar eine Art von Gnadenakt entdecken: In dem Moment, wo die Frage bei der schlechtesten aller möglichen Antworten anzukommen droht, erklärt der Kläger, daß es keinen Angeklagten mehr gibt. Mit der Welt allein hat die Philosophie es zu tun und »läßt die Götter in Ruhe, erwartet aber dafür, auch von ihnen in Ruhe gelassen zu werden« (II 218) – wofür nach der gottlosen Lage der Dinge gute Aussicht besteht.

Der von Nietzsche um seine paradoxe Pointe leidenschaftlich beneidete Stendhal wird noch offensiver: »›die einzige Entschuldigung Gottes ist die, daß er nicht existirt‹« (KSA VI 286) – ein Freispruch nicht mangels Beweisen, sondern mangels Existenz, die einzige noch mögliche Rechtfertigung Gottes.

Nichtsdestoweniger hallt bei Schopenhauer noch das Echo der Theodizee nach. Er schafft das Paradox einer atheistischen Anti-Theodizee. Manchmal scheint es fast so, als müßte er den toten Gott wiederauferwecken, um nur einen Adressaten für seine Anklage, einen Delinquenten für seine Exekution zu haben. Ausgerechnet der »Fürst des Atheismus« kann den eigentlich obsoleten Hader nicht lassen – wie Söhne, die nie über die Rebellion gegen ihre Väter hinausgelangen.

Aber wie sollte es denn auch anders sein, wenn sie sich mit den Traditionen, die sie in der Tat noch in sich wie um sich haben, auseinandersetzen müssen? So lebt Schopenhauer plausiblerweise aus dem Pathos des »Menschen in der Revolte«, wie freilich umgekehrt das »Mißlingen aller philosophischen Versuche in der Theodizee« den Tod Gottes unwiderruflich macht.

Nun hatte die Theodizee als Pathodizee die Übel der Welt keineswegs verleugnet; sie hatte sie nur relativiert und andere Verantwortliche ausgemacht. Schopenhauer weiß das natürlich; er selber wird die »Entübelungs-Techniken« (Odo Marquard) und Schuldumverteilungen in modifiziertem Sinn aufgreifen. Vorerst aber geht er in aller Härte mit den Entlastungsversuchen der Theodizee ins Gericht.

Da wird einmal der Mensch unter Anklage gestellt, um den heillosen Riß zwischen dem Glauben an die gute Schöpfung und der Erfahrung der Übel der Welt zu kitten. Das Geschöpf soll zu Kreuze kriechen und nach dem Vorbild des Augustinus, dieses Fanatikers des Gotteslobs und der Selbstbezichtigung, erklären: ›Mein Schöpfer: ich war nichts: und du hast mich hervorgebracht, so daß ich jetzt etwas, und zwar ich bin. (...) Ich danke dir für diese Wohlthat (...) wenn ich nicht gewesen bin, wie ich gesollt, – so ist's *meine*

Schuld!« (HN III 319). Wie für Hiobs »vernünftelnde Freunde«, die in Wahrheit allein Gottesfreunde sind, muß die Rechnung unter allen Umständen zugunsten Gottes aufgehen (HN I 45). Sie geht aber nicht auf. Denn selbst wenn man den Menschen mit Sündenfall- und Erbsündenmythos schuldig spricht, wußte Gott, wie die Dinge gehen würden. Ein Wesen, angeblich zu seinem Glück schaffen, von dem er weiß, daß es sich unglücklich machen wird, gar auf ewige Zeiten? Da sieht es doch so aus, »als hätte der liebe Gott die Welt geschaffen, damit der Teufel sie holen solle; wonach er denn viel besser gethan haben würde, es seyn zu lassen« (V 327). Alles deutet eher auf den bösen Demiurgen der Gnosis als einen guten Gott hin. Das einzige, was beide verbindet, ist, daß sie das Schaffen nicht lassen können. Man hat höchstens die Wahl, ob der »Logos« von ehemals bloß blind und dumm ist oder ein klarsichtiger Sadist. Die Beschuldigung des Menschen schlägt in eine »bittere Anklage« (V 272) Gottes um. »Man sagt, daß wir nach dem Tode *vom Himmel zur Rechenschaft* gezogen werden: ich meine, dann könnten wir zunächst vom Himmel Rechenschaft fordern über die mauvaise plaisanterie dieses Daseyns, das wir haben durchmachen müssen, ohne je zu erfahren, worum und wofür« (HN III 456). Nach der Logik der ersten und letzten Dinge war Gott erst Schöpfer, dann Richter. Jetzt zahlt er den Preis dafür. Denn wo es keine plausible Antwort auf die Grund- als Rechenschaftsfrage gibt, droht nun dem Richter in seiner Eigenschaft als Schöpfer der Schuldspruch.

Und dann die famose Entübelung der Welt. Sie begegnet Schopenhauer vor allem in der Leibnizschen Form. Allen Ernstes hat sie die Stirn, diese Welt als die »beste aller möglichen« auszuschreien. Daß wir nicht lachen! Zunächst wird mit den »möglichen Welten« die Allmacht Gottes eingeschränkt. Ein wirklich allgewaltiger Gott schafft auch die Möglichkeiten (was Leibniz freilich mit der Bindung des göttlichen Verstandes an die »ewigen Wahrheiten« dementiert) – und er hätte bessere schaffen sollen (v 272). Die »lahme Exküse« gar, daß nach Gottes – stets allzusehr strapaziertem – unerforschlichen Ratschluß für das Ganze gut sei, was im einzelnen dem immer begrenzten Menschenverstand übel erscheine; daß alles Schlechte ohnehin stets etwas Gutes herbeiführe, ist allein eine Parodie wert: Leibniz' »Theodizee« hat das Verdienst, Voltaires unsterblichen »Candide« ins Dasein gerufen zu haben – fürwahr ein »unerwarteter Beleg« für die guten Effekte von etwas an sich sehr Schlechtem (II 677 ff.).

Schopenhauer führt das nicht weiter aus; aber welche Realsatire, daß auf die Preisaufgabe der von Leibniz einst gegründeten Preußischen Akademie der Wissenschaften von 1753 für das Jahr 1755, den Satz Alexander Popes »tout est bien« (»whatever is, is right«) zu überprüfen und mit dem System des Optimismus zu vergleichen, das Erdbeben von Lissabon 1755 pünktlich die Antwort gegeben hatte – auf daß dann Voltaire zuerst in seinem »Poème sur le désastre de Lisbonne«, dann im »Candide« mit dem sarkastischen Untertitel »ou l'optimisme« die seine geben konnte. Wie für Schopenhauer ist schon für ihn das Wort »alles ist gut« nichts als eine »Beleidigung für den Schmerz unseres Lebens« – »ruchloser Optimismus«.

Ausgerechnet am Tage Allerheiligen war eine ganze Stadt einer natürlichen, also von Gott zu verantwortenden Katastrophe zum Opfer gefallen. Ausgerechnet zahlreiche Gläubige waren in den Kirchen erschlagen worden. Ausgerechnet die Bordellstraßen waren verschont worden. Wenn das keine Parodie auf Leibniz' Rechtfertigung des physischen Übels mit dem moralischen war! Nur zu berechtigt, daß Voltaire den »Maître Pangloss« der »Meta-physico-theologo-cosmologo-nigologie«, eben seine sonnenkönigliche Majestät Leibniz, als optimistischen »Allesbeschwafler«, als Ritter von der philosophisch wahrhaft traurigen Gestalt, zu einer einzigen Lachnummer gemacht hatte.

Aber in Voltaires Witz hallte spürbar eine tiefere Erschütterung nach: Das Weltbild einer ganzen Epoche war zusammengebrochen. Das Erdbeben ist die Bruchstelle in der Geschichte der Theodizee. Keine Tatsache »seit der Kreuzigung Jesu Christi«, stellt der Historiker des Atheismus im Abendlande, Fritz Mauthner, später zu Recht fest, wurde »für die abendländische Menschheit so folgenreich wie dieses Erdbeben« (Wb. d. Philos. II 483 ff.). Auch heute noch, im Zeitalter von Auschwitz und Hiroshima, ist die Katastrophe von Lissabon in gewissem Sinn unüberboten, weil für die angeblich gottgeschaffene und gottgelenkte Natur kein menschlicher Täter verantwortlich zu machen war.

Goethe hat im ersten Buch von »Dichtung und Wahrheit« aufgezeichnet, wie tief die »Gemüthsruhe« des sechsjährigen Knaben dadurch erschüttert wurde. Völlig »ungewarnt« waren »sechzigtausend Menschen, einen Augenblick zuvor noch ruhig und behaglich, mit einander zu Grunde« gegangen, »der Glücklichste darunter« war »der zu nennen, dem keine Empfindung, keine Besinnung über das Unglück mehr gestattet« war. Waren all diese Menschen es »werth« gewesen, »zu Grunde« zu gehen? Hatte ein Mephisto als »Dämon des Schreckens« seine Hand mit im Spiele gehabt? Oder hatte er mit der »Nichtempfindung«, der völligen Vernichtung ganz im Gegenteil seine gnädigste Gabe gegeben? »Die Gottesfürchtigen ließen es nicht an Betrachtungen, die Philosophen nicht an Trostgründen, an Strafpredigten die Geistlichkeit nicht fehlen.« Doch die Auslegungskünste der Rechtfertigungsvirtuosen, der professionellen Tröster muten den Autor von »Dichtung und Wahrheit« im Rückblick eher wie eine Farce an, zumal die »Weisen und Schriftgelehrten« sich wie üblich nicht einmal »über die Art, wie man ein solches Phänomen anzusehen habe, vereinigen konnten«. Für den sechsjährigen Knaben war das Zutrauen zu Gott als gutem Vater jedenfalls dahin: »Gott, der Schöpfer und Erhalter Himmels und der Erden, den ihm die Erklärung des ersten Glaubensartikels so weise und gnädig vorstellte, hatte sich, indem er die Gerechten mit den Ungerechten gleichem Verderben preisgab, keineswegs väterlich bewiesen.«

Wenn aber schon ein weltfrommer Geist wie Goethe so drastisch den Katechismusglauben mit dem wirklichen Weltlauf konterkarierte – wie mußte sich dann die »beste aller möglichen Welten« für düsterere und sarkastischere Geister darstellen! Für Schopenhauer ist seit Voltaires Replik auf Leibniz das »System des Optimismus« als philosophisch-theologische Form der Theodizee ein für alle Mal erledigt. Die Welt ist die »schlechteste aller möglichen Welten«. Das ist nicht bloß als pessimistische Replik auf die Leibnizsche Formel mißzuverstehen, plakativ und willkürlich die eine wie die andere. Es hat vielmehr einen präzisen konditionalen Sinn: Die Welt ist so schlecht, wie sie gerade noch »seyn kann, wenn sie überhaupt noch seyn soll« (II 679). Eine noch schlechtere könnte gar nicht mehr sein.

Aber genau mit dieser Möglichkeit nimmt die Frage eine andere Wendung. Wäre es denn das Allerschlechteste, wenn die Welt gar nicht mehr wäre? Wäre es nicht vielmehr das Allerbeste? Soll die Welt überhaupt sein? Sollte sie je sein? Schon die Leibnizsche Theodizee mußte sich unter dem Konkurrenzdruck des »einfacheren und leichteren Nichts« mit den Lasten einer Rechtfertigung des geschaffenen Seins beschweren; das Lob der Schöpfung als der besten aller möglichen Welten schloß die Hochschätzung des Lebens als eines »wünschenswerthen, oder dankenswerthen Gutes« (II 669) ein. So war mit Leibniz' Theodizee eine »methodische und breite Entfaltung des Optimismus« (II 677) einhergegangen. Er bekräftigte und vollendete die Theodizee als Biodizee. Ja, ihrem wesentlichen philosophischen Gehalt nach war die

Theodizee ungeachtet ihres theologischen Vordergrundes immer schon Biodizee.

Ex negativo freilich bedeutet das Mißlingen der Theodizee auch für eine Rechtfertigung des Lebens nichts Gutes. Die nicht zu beantwortende Frage nach dem Ursprung des »ungeheueren, namenlosen Uebels, des entsetzlichen, herzzerreissenden Jammers in der Welt« (III 318) ist die überall »hervorbrechende unheilbare Krankheit« (II 748), die allen Systemen des Optimismus, seien sie religiös oder säkular, den Garaus zu machen droht. Schopenhauers Pessimismus zieht diese Konsequenz. Seine Anti-Theodizee kulminiert in einer Anti-Biodizee. Angesichts der Nichtigkeit und der Leiden des Lebens ist es weder mit dem guten Gott noch mit dem Leben etwas. Der eine ist nicht – das andere wäre besser nicht und wäre auch besser nie gewesen. Die Alternative zur schlechtesten aller möglichen Welten ist nicht etwa eine bessere, sondern gar keine Welt.

Spätestens hier freilich werden die Gottes- wie die Lebensfreunde Schopenhauer ins Wort fallen. Selbst der säkularisierte Menschenverstand, der sich nicht mehr von theologischen Altlasten beschwert weiß, wird sich beizeiten gegen dieses triste Resultat verwahren wollen. »Pessimismus« oder auch »Optimismus« – was für Begriffe! Feindliche Geschwister, derselben unphilosophischen Familie entstammend. Selbst der dem »Pessimismus« nicht ungeneigte Eduard von Hartmann wird in ihm eine »*unangemessene* Nachbildung« seines »optimistischen« Antipoden entdecken (Philosophie des Unbewußten, 12 A. II 295). Bestenfalls geht es dabei um Geschmacksfragen, Taxierungsfragen, abhängig allein von den persönlichen Wertungen des Einzelnen, seiner höchst relativen Lebenserfahrung, seinem möglicherweise pathologisch verschatteten Temperament! Und an Belegen dafür ist bei Schopenhauer wahrhaftig kein Mangel.

Nach eigenem Bekenntnis hatte er »alle Zeit für die Übel

und Unbilden des Lebens die intensivste Empfänglichkeit«, von den »Freuden und Genüssen desselben« dagegen »wurde er verhältnißmäßig weniger bewegt« (HN IV 2 118). Besser könnte er die Genealogie seiner negativen Ontologie doch gar nicht charakterisieren. Ist er nicht geradezu ins Leiden verliebt, so sehr, daß das Glück nicht sein kann, weil es nicht sein darf (HN IV/I 23)? Schopenhauers Wertungen jedenfalls sind schon im einzelnen strittig, im ganzen ohnehin kontrovers. Glück und Unglück, Hoffnung und Enttäuschung, Not und Langeweile, Trieb und Ruhe, alles das wird das positive Bewußtsein, das sich seine Lebensfreude verständlicherweise auch dann nicht nehmen lassen will, wenn es zu philosophieren beginnt, ganz anders sehen. Ist Schopenhauer sich nicht schon manchmal selber ins Wort gefallen? »Jeder Genuß ist relativ«, sehr wohl, »nämlich bloße Befriedigung, Stillung eines Bedürfnisses«; aber »daß mit Aufhebung des Bedürfnisses der Genuß wegfällt, ist so wenig beklagenswerth, als daß Einer nach Tische nicht mehr essen und nach ausgeschlafener Nacht nicht mehr schlafen kann« (HN III 276). Außerdem ist gerade nach Schopenhauer hinlänglich für die Regeneration der Bedürfnisse gesorgt. Wozu also das ganze Lamento?

Die Angewiesenheit des Willens auf den Widerstand? »Sich zu mühen und mit Widerstand zu kämpfen ist das wesentlichste Bedürfniß der menschlichen Natur: der Stillstand, der allgenugsam wäre im ruhigen Genuß, ist ihm etwas Unmögliches: Hindernisse überwinden ist der vollste Genuß seines Daseyns: es giebt für ihn nichts Besseres« (ebd.). Welch heillose Selbstwidersprüchlichkeit aber hat Schopenhauers Willenslehre daraus konstruiert!

Und was hat seine negative Ontologie der Befriedigung, seine positive Ontologie des Mangels, der Not und des Schmerzes aus der gar nicht zu dementierenden, nur hinwegzudefinierenden Positivität alles Lebensglücks gemacht!

Schon die Definition des Wunsches als Mangel und seine Zusammenfassung mit den Zuständen des Schmerzes und der Not ist suspekt, weil Wünsche ihr Angenehmes haben können. Schon die Begierde kann doch schon intensivste Lust sein! Schopenhauer nivelliert, um negativieren zu können. Gerade wenn Mangel, Bedürfnis, Wunsch von penetranter Positivität sind, entspricht dann nicht dem heftigsten Begehren die heftigste positive Lust, der gloriose Moment, in dem wir vor lauter Lust den Atem anhalten, bevor der Jubel lostobt? Gibt es nicht unerachtet der episodischen Natur des Genusses dauerndes Glück und Zufriedenheit? Kurz, steckt hinter Schopenhauers negativer Ontologie mehr als jener Negativismus, den die »Psychologie der Weltanschauungen« nach Jaspersschem Vorbild eher der Psychopathologie als der Philosophie überantwortet?

Selbst wenn man einräumt, daß Schopenhauers Psychologie des Willens, seiner heil- und ruhelosen Dynamik, einige Prozesse des Seelenlebens unangenehm genau trifft – ist eine kluge philosophische Lebensführung, wie sie Schopenhauer selber in der Rolle des Aphoristikers zur Lebensweisheit gelehrt hat, nicht imstande, doch für ein relativ passables Dasein zu sorgen? Hier, in der individuellen Lebenspraxis, räumt er einen gewissen Spielraum ein, aber sonst? Aus Pathologie wird Psychologie, aus Psychologie Anthropologie, aus Anthropologie Ontologie, und zwar immer eine negative: Ontologisierung des Negativen!

Auf jeden Fall verfehlt schon im Ansatz, geschweige denn im Ergebnis, die negative Gesamtbilanz des Lebens. Da rechnet doch nur ein mit seinem Privatvermögen ganz gut ausstaffierter Rentier, eine Art Gustav Freytag der Philosophie, der das Leben mit einem Geschäft, die Philosophie mit einem rechenhaften Kalkül verwechselt, aber selber nicht einmal richtig rechnen kann. Wie kann man überhaupt qualitativ Unvergleichliches wie Lust und Schmerz, dazu noch die höchst diversen Lust- und Schmerzgefühle, über ein- und denselben quantitativen Bilanzleisten schlagen? Das war schon in Kants »Versuch den Begriff der negativen Größen in die Weltweisheit einzuführen«, der Einwand gegen das Fazit gewesen, das Maupertuis in der Algorithmentafel des menschlichen Unglücks seines »Essai de philosophie morale« errechnet hatte (ed. Buchenau, Berlin 1912, 218 ff.).

Schopenhauer hat gesehen, daß diesem Vorwurf nicht mit einer weiteren Rechnung beizukommen ist. Aber das muß er auch gar nicht, denn für ihn ist gerade der Schmerz etwas qualitativ Unvergleichliches. Deswegen kann er mit einem prinzipiellen Argument antworten, das keinen Taxierungsfragen unterliegt und dementsprechend schwer erschütterbar ist: Ein *einziges* Leiden reicht zur Verwerfung des Daseins aus! Das markiert den entscheidenden Unterschied zwischen einem immer beliebig bleibenden Pessimismus, der seine Genese aus subjektiven Stimmungen, Verdüsterungen nicht verleugnen kann, und einem Nihilismus, der nicht auf dem quantitativen Umfang des Leidens insistieren muß, für den vielmehr schon die Singularität eines Leidens das »fundamentum inconcussum« ist. Diese provozierende These ist zentral für Schopenhauers Zuspitzung der Grund-Frage: Nur ein völlig leidloses Dasein wäre zu rechtfertigen, wäre zu wollen.

Für Schopenhauers negative Ontologie ist das Leiden das, was gemäß seiner fatalen Positivität am seiendsten ist, aber »eigentlich nicht seyn sollte« (II 197). Dieses Sein des Nichtseinsollenden widerspricht zunächst diametral dem Basisaxiom der Ontotheologie, die das wesenhafte Nichtsein des Nichtseinsollenden behauptet hatte. Und es scheint auch dem Versuch der zur Pathodizee werdenden Theodizee zu widersprechen, das Leiden als das, was in gewisser Hinsicht doch sein soll, zu rechtfertigen. Hier ist der Widerspruch freilich nur scheinbar, weil das Leiden allein mittelbar gerechtfertigt wird: als Strafe, Erziehungsmittel etc., keineswegs an sich und in jedem Betracht, außerdem weil zum seligen Ende, bei hinreichender Bußfertigkeit und Lernfähigkeit, die himmlischen Kompensationen warten: »Da wischt mir die Tränen mein Heiland selbst ab.« Selbst der seinem Lehrer Schopenhauer entlaufene Nietzsche hat keinen Zweifel daran, daß sich »Weh« auf »Vergeh!« reimt. Noch der leidenserpichte Masochist will die Leidens*lust*, zu schweigen von Sadisten und Sadomasochisten, zumal denen unter den Theolosophen, den Strafwütigen und Strafbedürftigen. Schopenhauers Voraussetzung, daß das Leiden als solches das Nicht-sein-Sollende sei, wird von diesen Rechtfertigungsversuchen nicht berührt.

Radikalisierend fügt Schopenhauer freilich hinzu: das Leiden ist »etwas (...), was ganz und gar und überhaupt nicht seyn sollte« (II 199). Es gibt keine bedingten Rechtfertigungen, wie sie die Theodizee mit der Verrechnung des einzelnen Leidens ins große Ganze versucht hatte: Alles Leiden ist unbedingt ungerechtfertigt.

Im Grunde ist es »ganz überflüssig, zu streiten, ob des Guten oder des Uebeln mehr auf der Welt sei«. Denn »selbst wenn sie im gerechtesten Verhältniß zu einander ständen«, ja wenn das Gute das Übel weit überwöge, wie Schopenhauer generös allen unverbesserlichen Optimisten konzediert (II 199), entscheidet »schon das bloße Daseyn des Uebels (...) die Sache; da dasselbe nie durch das daneben oder danach vorhandene Gute getilgt, mithin auch nicht ausgeglichen werden kann (...). Denn, daß Tausende in Glück und Wonne gelebt hätten, höbe ja nie die Angst und Todesmarter eines Einzigen auf; und eben so wenig macht mein gegenwärtiges Wohlseyn meine frühern Leiden ungeschehen. Wenn daher des Uebeln auch hundert Mal weniger auf der Welt wäre, als der Fall ist; so wäre dennoch das bloße Daseyn desselben hinreichend (...) zu begründen, (...) daß wir über das Daseyn der Welt uns nicht zu freuen, vielmehr zu betrüben haben; – daß ihr Nichtseyn ihrem Daseyn vorzuziehen wäre; – daß sie etwas ist, das im Grunde nicht seyn sollte« (II 669 f.).

Im Namen der Unwiderruflichkeit und Inkommensurabilität des Leidens des Einzelnen und des einzelnen Leidens verwirft Schopenhauer das Dasein der Welt überhaupt. Er muß sich nicht auf zweifelhafte Gesamtbilanzen des miserablen Lebensgeschäftes kaprizieren. Dann stünde es tatsächlich um die Stringenz seiner Philosophie schlecht. Die Welt ist vielmehr schon deswegen ein Übel, weil das Übel in der Welt ist. Die schiere Faktizität des Leidens reicht aus, das Leben zu verleiden.

Im übrigen ist das Leiden im quantitativen Sinn nichts weniger als eine Singularität, vielmehr die zuverlässigste Universalie. Und selbst dann, wenn die überwältigende Permanenz und Ubiquität des Leidens das nicht bekräftigte, würde das Mitleiden es universalisieren. Das Mitleiden nämlich, das die vom »principium individuationis« zwischen den Menschen errichteten Mauern niederreißt – weit mehr als ein bloßes Gefühl, vielmehr das ethische Urphänomen, die Erschließung einer neuen metaphysischen Dimension, am Ende der Weg zur Erlösung –, sorgt dafür, daß das Leiden nie ein *einzelnes* ist, auch wenn es nur ein *einziges* wäre. Unter allen Umständen ist Leben Leiden.

Die entscheidende Begründung indes für Schopenhauers Verwerfung des Daseins liegt in der Konfrontation des Leidenslebens mit dem »gar nichts«, in dem seine Fassung der Grund-Frage terminiert. Die Strategie der Ontotheologie war es gewesen, das Nichts als den Mangel aller Mängel zu denunzieren. Schopenhauer stellt dem entgegen: Es ist das Beste, was überhaupt möglich ist, und deswegen unter allen Umständen das »Liebere«. Um das zu zeigen, schließt er zunächst an die Todesphilosophie Epikurs an, die sowohl der christlichen Verfinsterung des Todes wie generell der vom

Lebenswillen inspirierten Todesfurcht den Stachel nehmen soll. Ist der Tod für die religiöse Tradition die Urstrafe, buchstäblich die Todesstrafe, für die Metaphysik die Wahrheit der aus dem Nichts geschaffenen endlichen Kreatur, die der unbarmherzige röntgenologische Blick als die Präsenz des grinsend triumphierenden Knochenmanns im eigenen Innern enthüllt, so hatte Epikur »ganz richtig« gesagt: »der Tod geht uns nichts an (...); mit der Erläuterung, daß wann wir sind, der Tod nicht ist, und wann der Tod ist, wir nicht sind« (II 542). Und, wie Schopenhauer gutgelaunt hinzufügt: »Auch das Nichtsein kann eine Gewohnheit werden. Jedenfalls spürt man es nicht« (V 255).

Gewiß, da ist das Sterben, die Vernichtung in ihrer schmerzhaften Positivität. Aber das ist nur der Übergang in Tod und Nichts. Vernichtung ist nicht Nichts. Und warum sollte uns das Sterben irritieren, wenn der Tod kein Übel ist? »Nichtseyn ist kein Leiden«, »verloren zu haben was nicht vermißt werden kann«, kein Übel. Was also wäre da zu fürchten? (HN I 38; W II 542).

Für den Fall, daß das lebensbegierige, todesfürchtige Leben, in dem alles gegen das Ende revoltiert, darin eine etwas zu glatt aufgehende Rechnung, wenn nicht einen schnöden Sophismus entdecken sollte, weil der Tod doch gewiß für uns ein Übel ist, auch wenn er an sich keines sein mag, baut Schopenhauer mit einer zweiten Überlegung im Anschluß an Seneca, Lucrez und Voltaire eine Brücke (II 540ff., V 245f.). Wir werden nicht sein, sehr wohl. Wir werden vernichtet werden. Als diese individuellen leibhaftigen Menschen – und nur so sind wir ein identifizierbares Ich – stürzen wir ins Nichts, und zwar für immer. Aber bevor wir ins Leben gerufen wurden, waren wir ja ebenfalls nicht. Das Nicht-Mehr nach dem Tod ist dem Noch-Nicht vor der Geburt als Nichts völlig gleich (HN III 409). Und hätte uns etwa das Nichtsein vor der Geburt jemals gestört? Hätten wir da irgend etwas vermißt? Wie hätten wir das tun können, da »wir« noch gar nicht waren? Wie könnten wir das tun, wenn »wir« nicht mehr sind? Nein, das »Nicht-seyn-werden ist so wenig ein Uebel als das Nichtgewesen-seyn« (HN III 409).

»Aber auch ganz abgesehen von diesen Zeitbetrachtungen, ist es an und für sich absurd, das Nichtseyn für ein Uebel zu halten; da jedes Uebel, wie jedes Gut, das Daseyn zur Voraussetzung hat, ja sogar das Bewußtseyn« (II 542). Ob die Identifikation des Seins mit dem Wahrgenommenwerden, des »esse« mit dem »percipi« im Berkeleyschen Idealismus prinzipiell zutrifft, kann offenbleiben. »Alles Uebel aber (...) setzt Empfindung, Wahrnehmung voraus: ein Uebel das nicht erkannt wird, ist ein Widerspruch: ein solches aber ist das Nichtseyn« (HN 409). Das Nichtsein ist die Singularität, auf welche die Berkeleysche Gleichsetzung ex negativo zutrifft: Wo keine Wahrnehmung, da kein Übel.

Doch damit gibt Schopenhauer sich noch nicht zufrieden. Angesichts der Nichtigkeit und des Leidens des angeblich »seeligen Lebens« (I 141) – eines Widerspruchs in sich – feiert er vielmehr das »seelige Nichts«. Es war die »allgenugsame« (II 674), eine geradezu »heilige Ruhe« (HN III 203), die das Leben zerstört hat. Es ist das verlorene, das wiederersehnte Paradies (II 541), das »paradise lost«, das »paradise (not yet) regained«. Es wird für das ziellos-wirre Leben die ewige Ruhe sein. »Dona eis nihilum«, lautet das neue Requiem. Es tritt sogar die Nachfolge des toten Gottes als »summum bonum«, als das »absolute Gut« an (I 468): eine förmliche Apotheose des Nichts. Massiver, blasphemischer könnte die Hierarchie der Konversionsontologie nicht umgestoßen werden.

Im Furor seiner ontologischen Palastrevolution scheint Schopenhauers Apotheose des Nichts freilich gerade der Indifferenz zu widersprechen, die er dem Nichts im strikten

Sinn zuschreibt. Genausowenig wie schlecht kann es doch gut, gar das höchste Gut sein! Plausibel scheint diese Positivierung nur, wenn dem Nichts doch wieder irgendeine Art von Sein zugeschrieben wird. Schopenhauers Nichtsphilosophie wird am Ende tatsächlich diese Wendung nehmen. Seine radikale negative Ontologie mündet dann in eine positive Ontologie des Nichts. Dann kann das Nichts wieder unverhofft in die Position des höchsten Gutes, des alten Gottes einrücken.

Gleichwohl plausibel, daß auch ein Nichts im striktesten Sinn wenigstens das relativ Bessere sein kann. »Ruhig« ist es insofern, als im Nichts nichts stört, »seelig«, weil es keine Unseligkeit kennt, »allgenugsam«, weil ihm nichts mangelt. Wenn der theolosophische Quietismus seit Augustinus von dem »unruhigen Herzen« spricht, das nur in Gott seine ewige Ruhe finden könne, kann ihm durchaus einfacher geholfen werden. Die Ausflucht, die das Nichts aus dem Leidensleben gewährt, ist der Rest an Verheißung, den Schopenhauer bietet. Relativ positiv ist das Nichts gerade, wenn es schlechthin Nichts ist. Wenn für Schopenhauers negative Ontologie das Leiden das ist, was besser nicht wäre, aber zugleich das Seiendste ist, findet sie im Nichts die angemessene Lösung: Es räumte gründlichst mit dem penetranten Sein des Nichtsein-Sollenden auf, aber es nähme nichts von dem – das ist die Pointe –, um dessentwillen das Sein für den positiven Menschenverstand das Sein-Sollende ist, weil dem Nichts nichts fehlen kann. Ein einziges Leiden muß nach Schopenhauers provozierendem Satz unter diesen Umständen tatsächlich alles entscheiden. Denn wie auch immer man sonst die Lebensbilanz ziehen mag – im Nichts wäre dieses Leiden nicht, ohne daß auf der anderen Seite irgendeine Freude des Lebens vermißt werden könnte. Nietzsches »Weh« müßte nicht einmal sein »Vergeh!« sprechen, ohne daß irgendeine Lust, die, *wenn* sie einmal ist, zweifellos ihre

»tiefe Ewigkeit« will, sich selber abhanden käme: Im Nichts gibt es keinen Verlust der Lust.

Gut und Übel, also auch der Mangel eines Gutes als Übel, sind an Wahrnehmung und Empfindung gebunden; doch zur Aufhebung des Leidens genügt das reine Nichts: So die kühne Verbindung von eudämonologischem Idealismus mit nihilistischem Realismus. Kurz: das Nichts ist die Annullierung und zugleich die Generalprävention, das »nihil präventivum«, die »Bedingung der Unmöglichkeit« aller Negativität, ohne selber auch nur etwas Negatives zu sein.

Gesetzt den Fall, daß die Schöpfung nicht als »factum brutum« eines demiurgischen Teufelsgottes, das Diktat der Geburt nicht als »fait accompli« über die Menschen verhängt wäre, diese vielmehr frei wählen könnten, ob sie sein wollen oder nicht, unbeeinflußt vom Willen zur Selbsterhaltung, dann würden, dann müßten sie sich sagen, daß mit der Wahl des Daseins nichts zu gewinnen, im Gegenteil nur etwas zu verlieren ist, während das Nichtsein unter keinen Umständen etwas verlieren, im Gegenteil nur gewinnen kann: So Schopenhauers existentieller Calcul.

Er ist von ganz anderer Rationalität als die stets beliebig bleibenden pessimistischen Verlustbilanzen des Lebensgeschäftes. Welche Bedeutung er für die Mitglieder der physisch-metaphysischen Risikogesellschaft haben könnte, läßt sich in Opposition zur berühmten »Wette« Pascals auf die Existenz Gottes verdeutlichen (Pensées, ed. Wasmuth, Heidelberg 1963, 122ff.): Es geht um eine Art von Anti-Pascalscher Wette – einen negativ eudämonologischen Calcul mit nihilistischem Resultat.

Pascal sieht die Menschen vor eine unvermeidliche existentielle Glaubensentscheidung gestellt: Man sitzt »mit im Boot«, man kann nicht nicht wählen. Bei der Wahl aber, ob man »auf Kreuz setzen will, daß Gott ist«, oder auf »Schrift«, daß Gott nicht ist, folgt der kluge Spieler, der kein Hasardeur ist, einer Wahrscheinlichkeitsrechnung, die für »Kreuz« und gegen »Schrift« spricht. Der unendlichen Gewinnchance eines unendlichen Lebens mit dem unendlichen Gott steht bei dieser Wahl nur ein endliches Verlustrisiko gegenüber. Ja, wenn der Wetter gewinnt, dann gewinnt er alles; verliert er, dann verliert er nichts, denn gegenüber dem Unendlichen ist das Endliche nichts. Überdies, so kann man Pascals Wette nach einem auf den Tod gemünzten Wort Wittgensteins zu Ende spekulieren: Seinen Verlust erlebt der Wetter nicht, während er bei der Wette auf die Nichtexistenz Gottes seinen Gewinn überhaupt nicht erleben kann, seine Niederlage aber um so sicherer erleben wird. Daß er »sicher das Endliche« wagt, während sein unendlicher Gewinn unsicher ist, verunsichert ihn nicht.

Gerade diese Disproportion aber, die der theolosophischen Versicherungsmathematik des ewigen Lebens entgegensteht, muß eine Vernunft, die mit ganz anderen Sicherheiten und Unwahrscheinlichkeiten rechnet, um so zuverlässiger irritieren. Für sie gibt es sehr viel fatalere Spiele als das Glasperlenspiel, das die metaphysische Mathematik spielt. Beim Lebensspiel nämlich steht dem ziemlich sicheren Verlust durch das Leiden des Lebens ein ziemlich unsicherer unendlicher Gewinn an Glück entgegen. Absolut sicher, absolut unanfechtbar ist hier nur die Wahl, die für Pascal als Annihilation des Endlichen »in Gegenwart des Unendlichen« der Schrecken aller Schrecken ist: das »reine Nichts« (120). Dieses ist auf ganz andere Weise unendlich: Buchstäblich nichts mangelt ihm, nicht einmal der Gewinn, den das Leben neben dem Leiden gewiß auch bietet.

Selbst wenn sich »Nichtsein und höchste Glückseligkeit« entgegenstünden, hielte das Nichtsein nach einer Einsicht Lichtenbergs »dem ewigen Leben völlig das Gleichgewicht«, weil es »gar nichts«, also auch nicht weniger als das »ewige Leben« und die höchste Glückseligkeit ist (Schriften und

Briefe, ed. Promies, München 1975[2], II 409f.) Die Alternative müßte aber diese maximale sein, wenn Sein und Nichtsein in einer Art von existentiellem Remis auch nur gleichgewichtig sein sollen. Ist das, wie sehr viel wahrscheinlicher, nicht der Fall, ja, gibt es auch nur ein einziges Leiden, dann entscheidet schon diese Singularität nach Schopenhauer alles. Denn im Gegensatz zu den Gewinn- und Verlustrechnungen des Lebenswetters, die allesamt an das Erleben gebunden sind, bedarf es hier nichts weiter als – nichts. »Was spricht für das Sein?« fragt der Anti-Pascalsche Wetter. Und er antwortet: »Nichts, selbst das maximale Glück nicht.« Denn dessen Verlust erlebt er nicht. »Was spricht für das Nichts?« fragt er. Und er antwortet: »Alles!« Denn es gewährt, was vollauf genügt: daß das Leiden nicht ist. Nur das Sein ist ein Risiko, das Nichts hingegen völlig risikofrei, sozusagen eine Bank, oder vielmehr: Es ist das, was die von dem göttlichen Calculator, den Leibniz als Weltschöpfer im Auge hatte, gehaltene Bank sprengt. »Cum Deus calculat fit mundus?« Nein, weit gefehlt. Wenn Gott nur rechnen könnte, bliebe es beim Nichts.

Warum dann aber nicht lieber von vornherein und ein für allemal »gar nichts«? ›Warum ist die Schöpfung nicht lieber zu Hause geblieben‹ (HN III 467), in der ortlosen Heimat des Nichts? Warum ist die »unendlich vorzuziehende Ruhe des säligen Nichts« verlassen worden (II 745)? Warum die Preisgabe des »allgenugsamen Nichts«, wo der Mensch nichts nötig hatte, gar nichts, nicht einmal – sich? Er, den es gar nicht gab, konnte sich überhaupt nicht verbessern. Und was hat er nun davon, daß er ist und die Welt ist? Denkt man sich gar »einen schaffenden Dämon«, wie konnte er es wagen, die »heilige Ruhe des Nichts abzubrechen«, um die Unruhe des gänzlich überflüssigen Seins, ja, »eine solche Masse von Wehe und Jammer hervorzurufen!« (HN III 202f.). Nein, dafür gibt es keine Rechtfertigung.

Die Schöpfung ist ein Irrtum, korrekturbedürftig von Grund auf und von Anfang an. »Viel besser« wäre es, wenn die Sonne – für Schopenhauer nun das verdunkelte Symbol der Lichtmetaphysik – »auf der Erde so wenig, wie auf dem Monde, das Phänomen des Lebens hätte hervorrufen können« (V 271), sondern »wie auf diesem, so auch auf jener die Oberfläche sich noch im krystallinischen Zustande befände«. Wenn daher noch einmal einer die Grund-Frage »aufzuwerfen wagt, warum nicht lieber gar nichts sei, als diese Welt«, so läßt sich die Welt nicht »aus sich selbst rechtfertigen, kein Grund, keine Endursache ihres Daseyns in ihr selbst finden, nicht nachweisen, daß sie ihrer selbst wegen, d. h. zu ihrem Vortheil dasei« (II 673). Im Gegenteil: Sie ist ein »Etwas, dessen Nichtseyn nicht nur denkbar«, wie für Kant, »sondern sogar ihrem Daseyn vorzuziehen wäre« (II 199).

Die Philosophie beschränkt sich nicht mehr darauf, einen perplexen Blick auf die Welt zu werfen – sie weiß Bescheid. Rettet sich Leibniz vor dem »einfacheren und leichteren Nichts« in die vorgegebene Gewißheit, daß die existierende die »beste aller möglichen Welten« sein muß, weil sie überhaupt ist; verdrängt Schelling, sosehr er auch wie ein rechtschaffener Schopenhauerianer avant la lettre die »Unseligkeit alles Seyns« einräumt, die Grund-Frage mit der fraglosen Identität eines notwendigen ewigen Seins, das dem ebenso notwendig nichtseienden Nichts von Grund auf überlegen ist, so riskiert Schopenhauer es, sie zugunsten des »lieberen gar nichts« zu entscheiden. Mephistos süffisante Abrechnung mit dem Schöpfer, daß besser nichts entstünde, weil er es doch nur zu nichtigen und nichtswürdigen Schöpfungen bringt, erhält endgültig Recht. Das ist im buchstäblichen Sinn Nihilismus, und zwar ein solcher, der *nicht* mit einem superlativischen, aber arbiträren Pessimismus zu verwechseln ist. Aus der Konfrontation des inkommensurablen, auf keine Weise zu rechtfertigenden Leidens mit der Unanfechtbarkeit des Nichts ergibt sich vielmehr, daß dieses unter allen Umständen das relativ Bessere ist.

Eine unerhörte Antwort, die blasphemisch ist, wenn der Widerruf einer verfehlten Schöpfung durch den Philosophen als Ankläger Gottes, Anwalt des leidenden Lebens und Protagonisten des Nichts blasphemisch ist. War es bisher die vornehmste Aufgabe der Philosophie gewesen, die Gedanken Gottes nachzudenken – die Philosophie Hegels hatte das noch einmal ausdrücklich in bezug auf die Logik des »Logos« getan –, so weist sie ihm nun einen Fehler von weltumspannendem Ausmaß nach. Nur die Positionierung der Philosophie ist geblieben: Sie ist gleichsam beim Anfang der Welt präsent; keine Genesis ohne Philosophie. Doch nun heißt Philosophieren, die Schöpfung als Ungedanken zu denken. Die Harmonie zwischen Denken und Sein ist für das Etwas, das denkend ist, blanker Hohn. Der Ort des Denkens ist das Sein, doch seine Heimat, der ganz anders geartete Himmel der Erlösung, das ans Sein verlorene negative Paradies, ist das Nichts. Als sinnvoll denken kann es, solange es ist, nicht mehr nicht ist, noch ist, nur das, was nicht ist.

Als existentielle Konsequenz schließt das den Widerruf der Geburt ein. Mit der tragischen Weisheit der Griechen, der noch Nietzsche sich nicht entziehen kann, mit Herodot, Theognis, Sophokles und Sokrates als Apologeten des »ganzen Todes« erkennt Schopenhauer es für das Beste, nicht geboren zu sein, und für das Zweitbeste, jung zu sterben (II 681 ff.). Mit Hiob und Swift begeht er eine Art von invertiertem Geburtstag, indem er ihn bejammert und verflucht (II 682). Mit Byrons »Euthanasia« weiß er: »was du auch gewesen bist, es ist etwas, das besser gar nicht wäre« (II 683); mit Hamlet, der dem Leben willig entsagt (I 336), daß »gänzliches Nichtseyn«, wenn »die Alternative ›Seyn oder Nichtseyn‹ im vollen Sinn des Wortes vorläge«, was er dem Selbstmörder freilich nicht einräumen mag, unserem elenden Zustand unbedingt vorzuziehen wäre (I 422). Dann wäre endlich »ein Schlummer der letzte«. Und Hamlets Träume endeten in jenem nicht einmal mehr sagbaren Nichts, für das Schopenhauer nur noch drei leere Gedankenstriche setzen kann (II 544; II 707). »Nicht leben ist besser als schlecht leben« (II 279); das Leben aber, wie es auch sei, ist nicht gut, weil es unter allen Umständen das Schlechte enthält. Der »glücklichste Augenblick des Glücklichen ist doch der seines Einschlafens,wie der unglücklichste des Unglücklichen der seines Erwachens« ist (II 672). Der Schlaf als Zwillingsbruder des Todes und Platzhalter des Nichts entzieht uns »allen geistigen und körperlichen Leiden« – nach Cervantes' schönem Wort ist er »›ein Mantel, der den ganzen Menschen bedeckt‹« (I 320).

Im Tod schließlich – so nun Schopenhauers Todesfeier – verheißt das »liebere« Nichts seine praktische Antwort auf das praktische Problem der Grund-Frage. Er führt in das Nichts zurück, das vor der Geburt schon einmal war. Das Noch-Nicht und das Nicht-Mehr können wieder zu einem unterschiedslosen Nichts zusammenwachsen, das unanfechtbar ist. Getrost kann man dem Sterbenden sagen: »›Du hörst auf, etwas zu seyn, welches du besser gethan hättest, nie zu werden‹« (II 582).

»Vielleicht wird nie ein Mensch, am Ende seines Lebens, wenn er besonnen und zugleich aufrichtig ist, wünschen, es nochmals durchzumachen«, glaubt Schopenhauer mit Kant, »sondern, eher als das, viel lieber gänzliches Nichtseyn erwählen« (I 422). »Vielleicht lebt Keiner, der nicht schon seinem Leben ein Ende gemacht hätte, wenn dies Ende etwas rein Negatives wäre« (V 276). Allein die schmerzhafte Positivität des Übergangs ins Nichts, der Vernichtung, hindert das. Herodots Behauptung, daß »kein Mensch existirt hat, der nicht mehr als ein Mal gewünscht hätte, den folgenden Tag nicht zu erleben« (I 422), ist jedenfalls für Schopenhauer unwiderlegt. »Danach möchte die so oft beklagte Kürze des Lebens vielleicht gerade das Beste daran seyn.« Und wie steht es mit der Auferstehung, deren Verheißung dem Christentum so am Herzen liegt? »Klopfte man an die Gräber und fragte die Todten, ob sie wieder aufstehen wollten; sie würden mit den Köpfen schütteln« (II 539). Schopenhauer plädiert »hüben« wie »drüben« entschlossen für die Nichtwiederkehr. Allein die Sonne eines ewigen Lebens wäre die wahre Hölle, brennend ohne Unterlaß (I 368).

Wenn die Menschen gleichwohl im Leben am Leben festhalten und den Tod als Übel aller Übel fürchten, so ist der Tod selber es, der sie von diesem Übel heilt. Wenn er den Menschen alles aus der Hand schlägt, so zerschlägt er dankenswerterweise gleich auch die Hand dazu. Im Tod erstirbt auch das Sterben; und der Vernichter des nichtigen Lebens vernichtet sich gleich mit: ein negativer Heiland, der mit den Menschen aus der oberirdischen Hölle ins Grab abfährt, um gottlob nicht wieder aufzufahren. Die Lehre von der »Nichtigkeit und dem Leiden des Lebens«, die beides in einem Atem nennt, ja, die Nichtigkeit als den Inbegriff des Leidens faßt, verspricht in Wahrheit mit ihr die Erlösung. Der Tod vertreibt die Menschen nicht aus dem Paradies – er führt sie dorthin, zum einzig wünschenswerten U-Topos, dem Nicht-Ort, zurück.

Viel weniger umständlich, viel schlichter, viel überzeugender, nicht zu vergessen: viel realistischer als die komplizierten Therapien der Todeskrankheit durch die Religionen und die Metaphysik, die den Menschen seit Platons »Phaidon« beizubringen versucht, wie man sich mittels philosophischer Todessorge (»melete thanatou«) ins Sterben einübt, aber das nur deswegen tut, um ins ewige Sein zu geleiten, wäre es also, den Tod wirklich gelten zu lassen. Was könnte die Toten denn noch anfechten? Nichts! Der Tod ist ein höchst effektiver Homöopath. Nur aktiv suchen dürfen die Leidenden ihn nicht: Der Selbstmord als Form der *vermeintlichen* Lebensverneinung wird von Schopenhauer abgelehnt: weil der Selbstmörder das Leben nur unter den gegebenen Bedingungen nicht will, es aber prinzipiell bejaht.

Das mag dahingestellt bleiben. Es scheint eher so, daß Schopenhauer als der »Selbstmörder, der am Leben blieb«, sich noch einmal gegen die Versuchung aller Versuchungen immunisiert. Hamlet unterliegt doch wieder den alten Tabus. So mehrt noch die Versagung des selbstmörderischen Auswegs die Probleme des Lebens. Zweifellos effektiver aber die präventive Radikalkur des Nichts: nihilistische Basistherapie. Denn wenn der Tod schon von allem Leiden einschließlich des Sterbens heilen kann, so verschonte das Nichts vom Leiden, vom Sterben und vom Tod. Im Nichts gäbe es keine Nichtigkeit und keine Vernichtung. Auf Grund seiner eigentümlichen ontologischen Verfassung hat es den meist übersehenen Vorzug, daß es nicht von sich selber erlöst zu werden braucht – anders als das Dasein, das sein Heil im Nichts suchen muß.

Ganz offensichtlich ist aber nicht mehr und noch nicht Nichts. So verschiebt sich die Grund-Frage: Warum ist faktisch überhaupt diese Welt und »nicht lieber gar nichts«, *obwohl* sie das nicht zu Rechtfertigende ist? Warum ist sie überhaupt noch da? Warum geht das Leben den Irrweg, der es ist, weiter? Warum ist die schreiende Dissonanz der Welt nicht längst verhallt? Nun wird die philosophische Verwunderung zum »Brüten über jene *Fatalität*«, welche ein Dasein hervorrufen konnte, das besser nicht wäre (II 199), der Mollakkord mit dem die Philosophie anhebt, zu ihrem ostinaten Continuo. Sosehr das anklagende Pathos des Menschen in der Revolte die Philosophie belebt hat – nun droht das »am meisten philosophische Gefühl« in lähmender Depression zu enden.

Das gilt auch dann, ja, um so mehr, wenn die Menschen

selber, nicht irgendein verhängend-verhängnisvoller Gott, diese *»Fatalität«* zu verantworten haben. Warum halten sie fest an diesem nichtigen Leidensleben? Können sie denn nicht rechnen? Sind sie zu dumm, um zu sehen, daß ein einziges, nur zu gewisses Leiden die Alternative von Sein und Nichts entscheidet? Warum blasen sie die Kerze nicht aus, wenn das Spiel sie nicht wert ist? Ja, warum zünden sie unverdrossen weitere Kerzen an?

Schopenhauer antwortet: Weil sie der fleischgewordene blinde Wille zum Leben sind. Das »gar nichts« mag noch sosehr für das Denken das »Liebere« sein – für diesen Willen, der wider alle Vernunft auf Dauer und Wiederkehr erpicht ist, gilt: »die Meisten leben (...) lieber als gar nicht« (HN III 257). Der Wille ist sogar so blind, daß er unter allen Umständen das Dasein will. Erstaunlicherweise hält er auch am Willen zum Wohlsein fest, obwohl es damit immer wieder nichts ist. Der »illusorische Trieb zur Wollust« lockt ihn stets von neuem ins Leben hinein (II 578). Und selbst wenn er fähig wäre zu sehen, was es mit dem Dasein auf sich hat, triebe ihn die »eben so illusorische Furcht vor dem Tode« wieder ins Leben zurück. Weit entfernt davon, den Tod als Erlösung vom Leben zu feiern oder wenigstens zu erkennen, daß er an sich kein Übel sein kann, ist er für ihn nach wie vor das Übel aller Übel, der Wächter, der todsicher den Ausgang des Lebens besetzt hält – was freilich auch den Schluß gestattet: »Wenn das Leben an sich selbst ein schätzbares Gut und dem Nichtseyn entschieden vorzuziehen wäre; so brauchte die Ausgangspforte nicht von so entsetzlichen Wächtern, wie der Tod mit seinen Schrecken ist, besetzt zu seyn. Aber wer würde im Leben, wie es ist, ausharren, wenn der Tod minder schrecklich wäre?« (II 672 f.).

Die Philosophie mag die Grund-Frage aber zuspitzen, wie sie will – ihr eigentlicher Adressat, der gemarterte Wille zum Leben, der im befreienden Sinn alles von ihrer Antwort haben könnte, eben den Weg ins Nichts, will davon nichts wissen. Ganz im Gegenteil: Er will sich, wie er die Welt will: allmächtig – das bleibt von den Prädikaten des alten Gottes –, obgleich nicht allgütig und nichts weniger als allweise. Aber das macht ihm überhaupt nichts, Hauptsache, daß er will.

Auf dem Hintergrund von Schopenhauers Metaphysik des Willens verändert sich allerdings auch das Szenario der Grund-Frage einschneidend. Stellte sie sich zunächst vom empirischen Standpunkt des nichtigen und leidenden Lebens dar, das geboren wird und stirbt; das einmal nicht war, einmal nicht sein wird; das sein konnte, sein kann oder auch nicht; das in der zur Biodizee zugespitzten Theodizee die Kluft zwischen Geschöpf und Schöpfer aufreißt, so werden nun die Positionen so umdefiniert, daß Schopenhauer sich partiell wieder der Tradition annähert. Die kantische Erkenntniskritik kommt ihm dabei zu Hilfe. Wenn nach Kant die Anschauungsformen und die reinen Verstandesbegriffe nur für die Erscheinung, aber nicht für das »Ding an sich« gelten, dann heißt das für Schopenhauer, daß der für ihn zentrale Satz vom Grund in allen seinen Formen nicht auf das Verhältnis des Willens als »Ding an sich« zur Welt als seiner »Sichtbarkeit« angewendet werden kann.

Gewiß, in der Welt ist alles kausal miteinander verknüpft. Hier kann, hier muß man nach dem Warum im Sinne bestimmter Ursachen für bestimmte Wirkungen fragen. Die strengste Notwendigkeit herrscht. Das heißt aber auch: Die Freiheit hat hier keinen Raum. Die Grund-Frage, insofern sie eine *Alternative* formuliert und nicht nach Ursachen, sondern dem Worumwillen fragt, um dessentwillen sie so oder so entschieden werden soll, hat ihrerseits keinen zureichenden Grund. Wo sie aber gestellt werden könnte, wo nach Schopenhauer in der Tat Freiheit gegeben ist: in bezug auf die »Existenz schlechthin und überhaupt« (I 197), auf das

Dasein als solches, den »Willensakt, aus welchem die Welt entspringt« (II 751), geht sie ins Leere. Daß etwas »überhaupt existirt, das hat keinen Grund« (I 197). Anstelle der Grund-Frage steht die pure affirmative Tautologie: Der Wille »ist, weil er will, und will, weil er ist« (V 91). »Ich bin, der Ich bin« – die selbstgewisse Identitätsformel des alten Gottes könnte auch er verwenden.

Diese Grundlosigkeit aber gilt für jede seiner Erscheinungsformen. Wenn man den Menschen fragte, »warum er überhaupt will, oder warum er überhaupt daseyn will; so würde er keine Antwort haben, vielmehr würde ihm die Frage ungereimt erscheinen: und hierin eben spräche sich eigentlich das Bewußtseyn aus, daß er selbst nichts, als Wille ist, dessen Wollen überhaupt sich also von selbst versteht« (I 228). Just dort also, wo Schopenhauer mit allem Nachdruck das für die Zuspitzung der Grund-Frage so wichtige »warum überhaupt« ins Spiel bringt; wo sie buchstäblich grundlegende Bedeutung hätte, wird sie zu einer Un-Frage. Der Wille zum Dasein versteht sie nicht einmal, geschweige denn, daß er sie gegen sich entschiede.

In der Selbstverständlichkeit des grundlosen Willens drückt sich zugleich seine Superiorität über den Intellekt aus: Die Grund-Frage wäre die eines abwägenden Intellektes. Doch der Wille ist das Prius aller Dinge einschließlich des Intellekts. Wie sollte also ausgerechnet dieser Sklave ihn in Frage stellen können?

Dadurch wird freilich die Irrationaliät des Daseins nur noch größer. Wenn auf den Willen als das »Ding an sich« der Satz vom Grund und also die Grund-Frage keine Anwendung findet, dann heißt das, daß er ein völlig grundloses Wesen ist. Die Markierung der Verstandesgrenze wird zur Demaskierung des Unverständigen, ja, des Widervernünftigen. Die Kritik am unberechtigten »transzendenten« Gebrauch der Verstandeskategorien schlägt – wie plausibel auch immer – ex negativo in eine Wesensbestimmung um. Was ist der Grund aller Dinge? Warum ist überhaupt diese Welt und »nicht lieber gar nichts« – das läßt sich eigentlich nicht einmal fragen. Und eben das ist die Antwort.

Genau diese Grundlosigkeit »stimmt aber auch zur Beschaffenheit der Welt«: Sie spricht in der Tat allen Gründen Hohn. »Nur ein blinder, kein sehender Wille konnte sich selbst in die Lage versetzen, in der wir uns erblicken« (II 673). Nur dann, gerade dann, wenn man auf ein irrationales Prinzip rekurriert, geht die Rechnung auf: so die paradoxe Erklärung des Unerklärlichen. Der blinde Wille hat so in der schlechtesten aller möglichen Welten in negativ prästabilierter Harmonie seine angemessene Form gefunden, wie sich umgekehrt aus der Widervernünftigkeit der Welt nur auf einen blinden Urheber rückschließen läßt. Statt des »Logos« der Schöpfung ist der »Alogos« das einzig Logische. Eine sehende Macht hätte die Hände von der Schöpfung gelassen.

Gesetzt aber den Fall, daß sie auf irgendeinem Wege doch ihrer Grundlosigkeit inne würde – vielleicht mit Hilfe eines Philosophen, der schärfer sieht? -, welchen Grund hätte sie dann noch, die Welt und sich selber zu wollen? Gar keinen, ganz im Gegenteil. Ein Motiv, einen positiv zureichenden Grund, warum der Wille überhaupt ist und sein will, braucht er nicht und hat er nicht, eine positive Antwort auf die Grund-Frage gibt es nicht. Ein Quietiv aber, das den Willen zur »seeligen Ruhe« des Nichtseins brächte, einen negativ zureichenden Grund kann es sehr wohl geben. Durch die Hintertür, die Ausgangstür des Quietivs wiedereingeführt, wird die Grund-Frage so doch wieder gestellt. Ja, gerade die Grundlosigkeit des Willens ist einer der ausgezeichneten Gründe zu fragen, warum seine Welt nicht lieber zu Grunde gehen soll. Wäre er überhaupt Gründen zugänglich, dann gäbe es nicht diesen Grund, nach seinem Grund zu fragen.

Indessen nimmt nun die Frage eine andere Wendung.

Raum und Zeit sind das Prinzip der Individuation. Der Wille als das Ding an sich jedoch kennt derlei nicht. Auch wenn er unselig ist, ist er »Ein und Alles« – die Grundformel der pantheistischen Mystik gilt auch für ihn. Damit ist nicht nur die Grenze zwischen den verschiedenen Lebewesen hinfällig, sondern vorab die zwischen Schöpfer und Geschöpf, Wille und Welt. Der Wille will die Welt, wie sie ist, und sie ist, wie er sie will, weil sie seine »Sichtbarkeit« ist.

Die Harmonie zwischen Schöpfer und Geschöpf, die die Theolosophie so inständig beschworen hatte, wird bis zur Identifikation getrieben. Zwar setzt Schopenhauer als Mephistopheliker nach wie vor sein negatives Vorzeichen: Alles ist zum Nichtsein schlecht. Aus Pantheismus wird Pandiabolismus. Der Demiurg ist Quäler und Gequälter, Sadist und Masochist in einem.

Doch jetzt kann sich die Grund-Frage auch nur noch an eine Instanz richten, die im Sinn der theolosophischen Tradition »causa sui«, Grund ihrer selbst ist. Die klare Rollentrennung geht verloren. Die Schöpfungsverantwortung gilt nun für einen Delinquenten, der sich selber auf dem Gewissen hat. Selbst in dem Anti-Hiob Schopenhauer, der die Theodizee wie die Biodizee verwirft, selbst in dem Neo-Gnostiker bleibt das Christentum als bisher erfolgreichste religiöse Organisation der Schuldproduktion so mächtig, daß sich die Anklage in letzter Instanz wieder gegen den Ankläger richtet. Der hartnäckigste Wille ist offenbar der Wille zur Schuld. Wer durch die Schule der Demut gegangen ist, läßt sich keine Gelegenheit zur Selbstdemütigung (v 272) entgehen.

Ad hominem gesagt: Die Welt ist unser Sündenfall, unser Wille zum Leben die uns anhaftende Erbsünde – so Schopenhauers Anverwandlung der christlichen Schuldmythen. Wenn für Schopenhauer die Welt das ist, was besser nicht wäre, so wird das jetzt wieder auf die angestammten moralischen Begriffe zurückbezogen: Im moralischen Sinn ist sie das, was nicht sein sollte, obwohl es faktisch ist. Ja, sie ist, *weil* sie das, was nicht sein sollte, ist. Die Welt ist nicht Gottes, sondern unser aller Sündenfall.

Der Wille zur Strafe macht sogar Fortschritte; er muß nicht mehr bis zum Jüngsten Tage warten. Denn die Welt ist nun auch Tatort und Strafanstalt in einem: »Die Welt selbst ist das Weltgericht« (I 455). Schopenhauers Lehre von der »ewigen Gerechtigkeit« will um jeden Preis dafür sorgen, daß die Schuld- und Unglücksrechnung des Lebens aufgeht, indem sie das Elend der Menschen mit ihrer Elendigkeit motiviert und rechtfertigt (I 455 f.).

Den Leidenden freilich wird so zu ihrem Leiden noch ein moralischer Tritt gegeben: eine weniger gerechte als strenge, wenn nicht rohe Lehre. Sie geht bis zur finalen Konsequenz eines Todesurteils: »Wenn das Leben etwas wäre, das unbedingt seyn sollte; so würde es nicht das Nichtseyn zum Ziele haben.« Es hat es aber zum Ziele. Also soll es keineswegs unbedingt sein, vielmehr erhält nun Mephistos Leib- und Magensatz (II 583) zusammen mit seiner tautologischen Begründung eine geradezu triumphalistische, hämische Färbung: »Alles ist *werth*, daß es zu Grunde geht, *weil* es zu Grunde geht.« Alles *verdient* das Nichts, *weil* es nichtig ist. Es ist buchstäblich nichts-würdig. Die paulinische Lehre vom Tod als der »Sünde Sold« kehrt wieder. Und Schopenhauer fügt noch hinzu: Auch das Leben ist der Sünde Sold. Die scheinbar ganz und gar verworfene Theodizee lebt in der Form der Pathodizee wieder auf. Will Schopenhauer etwa zum affirmativsten aller Rechtfertiger werden?

Wenn die Grund-Frage ihren alten Impuls wie ihren alten Adressaten zu verlieren droht, dann verschont sie nun allerdings auch niemanden mehr. Denn jedes Wesen ist zugleich Schöpfer wie Geschöpf. Schopenhauer »enthauptet« die Grund-Frage nicht nur – er kollektiviert sie auch. Aus der einseitig verhängten Fatalität des Seins, über welche die Philosophie nur noch gelähmt brüten kann, wird eine umfassende Wollensfrage. »Warum ist nicht lieber gar nicht«, das heißt nun: Warum sollte gewollt werden, daß eher Etwas als Nichts ist, wenn »gar nichts« in jedem Fall relativ besser ist? Jetzt wird die Kritik des Lebens zur Selbstkritik, und zwar peinlich konkret: Die Fragenden müssen sich höchstpersönlich fragen, warum sie lieber sein wollen und nicht nicht – und ein vernünftiger Grund dafür ist nicht in Sicht. Und sie entscheiden über alles, was durch sie ist. Also lautet die Frage, warum sie wollen, daß Etwas sein soll und nicht Nichts – und ein vernünftiger Grund dafür ist noch weniger in Sicht. Gerade Schopenhauers Metaphysik bringt im umfassendsten Sinn das »Prinzip Verantwortung« in die Welt.

Wie kann aber überhaupt die Grund- als Schuldfrage gestellt, wie das »Prinzip Verantwortung« auch nur als Verursacherprinzip geltend gemacht werden, wenn es für den Willen als zeitloses »Ding an sich« gar keinen Anfang gibt? Tatsächlich bestreitet Schopenhauer die Vorstellung eines Weltanfangs. Die Lehre von der »creatio ex nihilo« mit ihrer denkbar scharfen Grenzziehung zwischen Sein und Nichts findet allein seinen polemischen Spott. Der Mensch, das »Kind des Nichts« (HN IV/I 50f.), auch noch eines »weltenschwangeren Nichts« (II 554), wenn ein hinlänglicher potenter Schöpfer den Schoß fruchtbar macht? Eine kindische Idee.

Die Grundfrage aber geht von einem »von Grund aus neuen Daseyn« aus (V 251). Sie unterstellt den Anfang von Etwas, das nicht ewig und nicht notwendigerweise ist. Schöpfung, Geburt ist ihr »terminus a quo« und zugleich ihre »conditio sine qua non«. In diesem Sinn teilt sie die Voraussetzungen der christlichen Schöpfungslehre. Auch der Mythos der Wiedergeburt, den Schopenhauer als Symbol der Zeitlosigkeit gelten läßt, entzöge ihr die Voraussetzung.

Sie liefe wie schon als Frage an einen grundlosen Grund ins Leere.

Gravierender noch: Welchen Sinn hat es, sie zu stellen; welchen Sinn gar, eine negative Antwort auf sie zu geben, wenn sie die Möglichkeit des Endes als ihren »terminus ad quem« voraussetzt, das, was ist, als zeitloses »Ding an sich« aber kein Ende haben kann? Das verspräche dem todesfürchtigen Lebenswillen zwar ein todloses Dasein. »Kein Grund zur Sorge; dem Lebenswillen ist das Leben gewiß«: Das ist die Verheißung der Schopenhauerschen Lehre von der »Unzerstörbarkeit unsers Wesens an sich«. Der Mensch wäre kein belebtes Nichts mehr, das Nichts war, Nichts sein wird und nur für die Lächerlichkeit seines Daseins Etwas ist.

Aber welch eine zweifelhafte Rettung. Das Leidensleben wäre auf ewig, ohne die Möglichkeit der Erlösung zum Leben verdammt. Welt, Weltgericht und Welthölle fielen zusammen. Der Wille wäre krank zum Tode, ohne wirklich sterben zu können. Tantalos, Ixion, Sisyphos, die Danaiden, der Fliegende Holländer, alle die mythischen Inkarnationen der Ruhelosigkeit könnten nie hoffen, ein Ende zu finden. Hamlets altes Bedenken, ob es denn überhaupt möglich sei, nicht zu sein, kehrte als schlechteste aller Möglichkeiten wieder. Dann wäre die Grund-Frage nicht nur müßig, sondern völlig absurd, absurder noch als das Dasein, das sie in Frage stellen will, aber nur um den Preis in Frage stellen kann, daß sie illusionäre Möglichkeiten des Auswegs suggeriert.

Immerhin zeigt sich so auch schon etwas von ihren erfreulicheren Implikationen: Sie, die so radikal, in Schopenhauers Antwort so nihilistisch dem Dasein an die Wurzeln geht, eröffnet mit den Grenzen des Daseins die Möglichkeit einer unbegrenzten Befreiung. Und darauf möchte auch Schopenhauer so wenig verzichten, daß er noch dem zeitlosen Willen die Fähigkeit zuschreibt, daß er sich wende.

Daß er ein Quietiv haben kann, unterstellt, daß es gottlob ein Ende mit ihm nehmen kann.

Doch wie ist das möglich? Schopenhauers Konstruktion ist widersprüchlich genug: Der Wille ist so blind und klug zugleich, daß er sich das Licht einer Erkenntnis anzündet, die ihm zur wider-willigen Befreiung von sich selbst verhilft. Auch ist nicht recht zu sehen, wie die Umkehr, die notwendig eine Alteration des Willens einschlösse, mit Zeitlosigkeit vereinbart werden kann. Und wie steht es mit dem prekären Verhältnis zwischen dem Einzelwillen und dem nicht individuierten »Ding an sich«? Hebt mit einer einzigen Verneinung der Wille die ganze Welt auf?

Gleichwie, daß der Wille sich verneinen kann, ist fraglos. Und damit gilt die Alternative von Dasein und Nichtsein wieder in vollem Sinn. Dasein kann enden, der Wille sich wenden, Erlösung ist möglich, wenn er aus seiner Selbsterkenntnis das Quietiv gewinnt, das ihn zur Ruhe bringt. Es wäre der einzige wirklich zureichende Grund.

Schon Philosophie und Kunst werden als Formen einer Interesselosigkeit, die nicht aufs Sein erpicht, sondern reines Sehen und Erkennen ist, zur Propädeutik einer Lebenspraxis, die sich vom Diktat des Lebenswillens befreit. Aber das genügt Schopenhauer nicht. Damit der Wille sich wende, wird er geradezu der »Rufer in der Wüste«, der Lebenswüste, der sein johanneisches »Metanoeite!«, »Kehrt um! Denkt um! Wendet euch!« predigt. Im Bild des Asketen, des Heiligen gewinnt der Negativismus der Lebensverneinung seinen Heiligenschein.

Sieht es zunächst so aus, als werde der Heilige, aus dem in der Tradition der Lobpreis Gottes tönt; der es zur Not zur Blutzeugenschaft für das Leben in Gott bringt, bei Schopenhauer unerhörterweise ein mephistophelischer Geist, so bezeugt er nun wieder die Möglichkeit einer Veränderung von Grund auf, die das schlechte Grundgesetz der Existenz bricht. Dem Heiligen gelingt, was der Selbstmörder verfehlt: Er verneint, ohne suicidal oder als selbstverschnittener Kastrat des Lebens Hand an sich legen zu müssen.

Allerdings kündigt Schopenhauer, wenn er die Erlösung verkündet, nach wie vor keinen Heiland an. Erlösung ist – wie für den originären Theravada-Buddhismus – nur als Selbsterlösung möglich. Der Wille, eigentlich blind auf das Dasein und Wohlsein fixiert, von keines fragenden Gedankens Blässe angekränkelt, kann und soll sich wenden, indem er die Botschaft des Lebens versteht.

Ja, darin findet das sonst sinnlose Leben sein eigentliches Ziel, seine Rechtfertigung, seinen Grund. Und damit nimmt Schopenhauers Nihilismus eine verblüffend optimistische Wendung. »Stellt doch (...) jene fortwährende Täuschung und Enttäuschung, wie auch die durchgängige Beschaffenheit des Lebens, sich dar, als darauf abgesehen und berechnet, die Ueberzeugung zu erwecken, daß gar nichts unsers Strebens, Treibens und Ringens werth sei, daß alle Güter nichtig seien (...) – auf daß unser Wille sich davon abwende« (II 667). Schopenhauers negative Ontologie des Glücks, der Positivität des Schmerzes, des heillosen, rastlosen Willens, der Nichtigkeit des Leidenslebens, dem im Tod gezeigt wird, was es mit ihm auf sich hat, mündet in eine negative Teleologie. Wenn das Leben dazu bestimmt wäre, »dankbar genossen zu werden«, stünde es schlecht; doch es trägt »deutlich das Gepräge von etwas, das uns verleidet werden soll« (II 666 f.). Und dieser Bestimmung dient es hocheffizient. Der Kalkül des Lebens, als ob es geradezu »darauf berechnet« wäre, zielt auf die Einsicht, daß es jeglichen Kalküles spottet, mit anschließender Geschäftsaufgabe. Der philosophierende Kaufmannssohn konstatiert nicht ohne Befriedigung, daß wenigstens so die Rechnung stimmt.

Kurz, der Sinn des Leidens ist das Verleiden. Es kann die ethisch ausgezeichnete Form des Mitleidens annehmen.

Dann wird das, was das Leiden universalisiert, zugleich der exemplarische Ausweg daraus, der Heilsweg par excellence. Und welche Leidensreservoire stehen nicht dem Mitleidenden zur Verfügung! Die meisten Menschen brauchen indes die Belehrung durch das Leiden am eigenen Leibe, ichfixiert, wie sie sind. Wer nicht lernen kann, muß fühlen. Und wer nicht mitfühlen kann, muß selber lernen. Wie aber auch immer: Nun wird die Pathodizee – in bezug auf das Mitleid eine »Sympathodizee« – vollends die Stellvertreterin der Theodizee.

Folgerichtig kann Schopenhauer jetzt die Vorstellungen der theologischen Tradition wieder für seine Zwecke beerben. Das Leben ist ein Läuterungs- und Belehrungsprozeß mit dem Tod als letzter »großer Zurechtweisung« (II 589), eine umfassende Korrektur, gleichsam eine Resozialisierungs- als Annihilierungsmaßnahme. War zunächst für Schopenhauers Mephistophelismus alles wert, zu Grunde zu gehn, *weil* alles zu Grunde geht, so geht es nun zu Grunde, *damit* es sieht, daß es wert ist, zu Grunde zu gehn. Die schwarz ausgeschlagene Lebensbühne als didaktische und moralische Anstalt betrachtet.

Nach der Lehre von der »ewigen Gerechtigkeit« ist das Leben das Urteil über einen Sündenfall, der im Willen zum Leben selber liegt, zugleich der Vollzug dieses Urteils am Delinquenten: Er verdient, was er leidet, und er leidet nur, was er verdient. Mit dem Leiden aber verdient er auch die Erlösung. Nach der »Peitsche« von Belehrung und Strafe lockt nun das »Zuckerbrot« einer rechtschaffenen Heilslehre. »Was du gewollt hast«, spricht sie, »endigt so: wolle etwas Besseres« (II 667). Dann wirst du es erhalten. Gerade die Nichtigkeit und das Leiden des Lebens macht es für die Zwecke der Erlösung zum besten aller möglichen Leben.

Nun ist das Leben, zuvor das Rechtfertigungsbedürftige, aber nicht zu Rechtfertigende, ganz und gar gerechtfertigt.

Das Leiden, das den Anstoß der Theodizee wie der Biodizee bildete, wird wie für die christliche Tradition so sehr zum ausgezeichneten Erlösungsmittel, daß es überhaupt kein wirkliches und dauerhaftes Glück geben darf, weil sonst der Wille zum Leben gerechtfertigt wäre (HN IV/I 23). Eine vollständige Umkehrung aller Verhältnisse, weil nun nicht mehr der Wille zum Leben wegen des Leidenslebens verworfen wird, sondern das Leidensleben bejaht wird, um den Willen zum Leben verwerfen zu können. Schopenhauers Pathodizee erneuert die ältesten Argumentationen der Theodizee. »Die geheime Macht, deren Wurzel in unserm nie erkannten Innern liegt, und die das Schicksal des Einzelnen lenkt, sorgt besser für uns, indem sie Dornen über Dornen auf unserm Pfade wachsen läßt und das heilsame Leiden, das Panakeion unsers Jammers, uns überall entgegen bringt« (HN IV/I 95). Sogar die Vorsehung feiert gottselige Urständ. Wen Gott liebt, den züchtigt er?

Der »Teufel« jedenfalls, den der Neognostiker Schopenhauer im Demiurgen entdeckt, meint es in Wahrheit mit den Menschen ganz gut – abgesehen davon, daß der Schöpfer stets in den Geschöpfen steckt und mit ihnen für das selbstverschuldete Leben leidet. Ausgerechnet im »Cholerabuch« korrigiert sich Schopenhauer: In der Jugend hat sich seinem »ganz einseitigen, aber so weit er sah richtigen Blick (...) die Welt als das Werk eines Teufels« dargestellt; »und das Leiden ist allerdings zunächst Zweck des Lebens, gleich als ob es das Werk eines Teufels wäre, dieser Zweck aber ist nicht der letzte, er ist selbst Mittel, ist Gnadenmittel, (...) angeordnet zu unserm wahren und letzten Besten« (HN IV/I 97). Der Hiob Schopenhauer, der zum Anti-Hiob wird, wo sich sein Ahne dem göttlichen Machtspruch beugt, scheut sich nicht einmal, in dieser negativen Teleologie des Lebens die *»wahre Theodicee«* (HN I 106) zu entdecken. Nach wie vor ist es eine Theodizee ohne Gott, eine Pathodizee, aber eben doch eine Rechtfertigungslehre. Zu allem Überfluß bringt sie Schopenhauer ironischerweise auch noch in die Nähe der listigen Vernunft seiner an sich so verhaßten idealistischen Gegner. Denn auch sie hatten keinen anderen Ehrgeiz, als den Sinn des Negativen zu retten.

Aber kann diese Konstruktion überzeugen? Warum soll das Leiden sein? Damit wir vom Leben erlöst werden. Warum sollen wir vom Leben erlöst werden? Weil es Leiden ist. Der Sinn des Leidenslebens soll die Befreiung vom – an sich sinnlosen – Leidensleben sein, der zureichende Grund des an sich grundlosen Lebens die mühselig erworbene Einsicht in seine Grundlosigkeit. »Warum ist nicht gar nichts, sondern diese Welt?« Damit lieber gar nichts als diese Welt sei! Die Antwort wird zirkulär.

Plausibel kann sie werden, wenn man mit Schopenhauers Metaphysik von einem vorgängigen Willen ausgeht, der sich im Leben objektiviert und durch das Leben *vom* Willen zum Leben befreit. Dann hätte die ganze aufwendige Veranstaltung tatsächlich einen Sinn. Dann könnte man mit Schopenhauer sogar das Leben in jeder seiner Gestalten begrüßen: als Chance, den Willen zum Leben mittels des Lebens über sich selber zu belehren. Die Welt wäre des Schöpfers Sündenfall, seine Strafe und seine tätige Reue in einem.

Für eine empirische Philosophie indessen, die nur von Lebewesen weiß, in denen das Leben und der Wille zum Leben eines sind und die keine vorgängige Existenz haben, von der sie zu kurieren wären, gilt das, was Schopenhauer dem imaginären Schöpfer entgegenhält, wo er die Theodizee wie die Biodizee scheitern läßt: Es wird »wohl gesagt, das Leben solle, von einem Ende zum andern, auch nur eine Lektion seyn, worauf aber Jeder antworten könnte: ›So wollte ich eben deshalb, daß man mich in der Ruhe des allgenugsamen Nichts gelassen hätte, als wo ich weder Lektionen, noch sonst etwas nöthig hatte‹« (II 674). Auch Lektionen, warum lieber gar nichts als diese Welt sein soll, sind kein zureichender Grund, warum diese Welt sein soll. Eine Therapie, die das Übel erst schafft, von dem sie heilen will, wäre nach einem sarkastischen Wort, das Karl Kraus auf die Psychoanalyse gemünzt hat, die Krankheit, für deren Kur sie sich hält. Wenn »Alles entsteht«, damit es mit Grund »zu Grunde geht«, dann wäre es nach Mephistos Einsicht besser, daß von vornherein »nichts entstünde«.

Aber muß es denn am Ende zu Grunde gehn? Kann sich das Leben durch die Erfahrung des Leidens nicht in der Tat zum Besseren wenden? Ja, war es nicht seit je, zumal für die leidensverliebte »anima naturaliter christiana«, der Weg zu einem himmlischen Sein: das Leiden sozusagen als Himmelsschlüssel?

Dieser Weg scheint bei Schopenhauer zwar dadurch versperrt, richtiger: deswegen abzubrechen, weil er eigentlich nur dorthin führen kann, wo nicht ist, was nicht sein soll und nur noch »ist«, was nicht ist: ins Nichts. Schopenhauer unterstreicht das noch, indem er nicht bloß von »nichts«, sondern von einem »lieberen gar nichts« spricht. Doch dieses Nichts, auf das seine ganze Philosophie als End- und Höhepunkt zuläuft, mag er dann doch lieber nicht eigentlich als Nichts gelten lassen.

Es wird vielmehr gleichsam zum »Negativ« eines namenlosen »ganz Anderen«. Das »buddhistische Nirwana« weist die Wege (I 528; II 591, 707): »Die Negation dieser Welt« ist vollständig, aber auch nur eine Negation *dieser* Welt. Das ist der Grund, weswegen Schopenhauers Formulierung der Grund-Frage nur »diese Welt«, nicht das »Etwas überhaupt«, mit dem Nichts konfrontiert.

Nun kann sich die Blickrichtung umkehren. Das Trauerspiel etwa, das die Nichtigkeit und das Leiden des Lebens ad hominem demonstriert und folgerichtig ins Nichts zu führen scheint, endet nun mit dem Postulat, daß es noch ein

»ganz andersartiges Daseyn« geben müsse, weil es mit diesem nichts ist (II 504). Eine eigenwillige Logik: Unser Dasein hat keinen Sinn, also muß es ihn anderswo geben.

Die Zeit, deren Unendlichkeit negativ bedeutet, daß es keinen glückseligen Zustand geben kann, weil er sonst schon eingetreten sein müßte, garantiert nun die Unmöglichkeit des Untergangs, weil auch er schon längst eingetreten sein müßte (II 568). Ihr vernichtendes Wesen erschöpft sich in der Vernichtung des Nichtigen, um dem wahrhaft Seienden Raum zu schaffen. Der Tod, zunächst der praktizierende negative Ontologe, der über das Dasein sein Todesurteil spricht, wird von neuem zum bewährten Cicerone in eine andere Welt. Die alte Aufgabe der Philosophie, das Sterben zu lernen und zu lehren, entpuppt sich wieder als Propädeutik einer höheren Existenz. Das Ich, das der Tod negiert, muß die »große Gelegenheit« nur nutzen, »nicht mehr Ich zu seyn« (II 590). Aus der Asche des *»endlichen Daseyns«* (V 260) steigt die Idee eines *»unendlichen«* auf. Wo es kein Wo und kein Wann mehr gibt, da ist unverhofft die Glückseligkeit zu Hause. Entwirft, nein: verwirft Schopenhauer das Dasein zunächst im Horizont seiner Geworfenheit in Raum und Zeit, so verwirft er nun Raum und vor allem Zeit im Zeichen des Seins: Schopenhauer vollzieht seine »Kehre«.

Mit dem »seeligen Nichts« gar scheint selbst bei dem Nihilisten Schopenhauer wieder jenes Nichts auf, wovon die westliche wie die östliche Mystik angeblich nicht sprechen kann, um desto beredter darüber zu schweigen. Schopenhauer endet da, wo sie seit je war: bei dem in den Abgründen des Nichts verborgenen Gott. Lautete die nihilistische Erkenntnis zunächst: »Alles ist Nichts«, der nichtige Mensch sogar »weniger als Nichts« (wiewohl es schwerfällt, weniger als Nichts zu sein), so wird nun daraus »Nichts ist Alles«, ja, mit der alten Formel der Mystik »Alles in Allem« (HN IV/I 16). Mit dieser Etikettvertauschung mündet Schopenhauers negative Ontologie in eine Apotheose des als Nichts vernichteten Nichts. Ausgerechnet er, der das großgeschriebene Nichts an den Schluß seines Hauptwerkes zu stellen wagt, erliegt der abendländischen Nichtsvergessenheit. Ausgerechnet er nimmt der *Alternative* von Sein und Nichts, wie sie die Frage formuliert, ihre Radikalität.

Vielleicht hat er dem Willen zum Dasein, nicht zuletzt dem eigenen, auch zuviel an Selbstinfragestellung zugemutet. Die Menschen *sind* dieser Lebenswille. Ohne Rücksicht, nicht einmal auf sich selbst, müßten sie in Frage stellen, was um keinen Preis in Frage gestellt werden will. Wie könnten sie das wollen? Das erklärt, warum auch ein Schopenhauer die Risiken der Grund-Frage so ermäßigt, daß sich das Leben weiter führen läßt. Dem Nichts, das die Annullierung und Generalprävention von allem wäre, was besser nicht wäre, kommt er mit einer philosophischen Prävention zuvor.

Gleichwohl hat er der Frage angesichts der Nichtigkeit und des Leidens des Lebens mit dem »lieberen gar nichts« die bisher radikalste Fassung gegeben. Dem blinden Willen zum Leben ist noch nicht soviel widerwillige Erkenntnis, soviel Selbstdistanzierung zugemutet worden.

5. KAPITEL

Eduard von Hartmann, ein origineller Eklektiker. Der Elephant und die Schildkröte. Das Sein – eine doppelte Negation. Weltunlustbilanz. Die Zukunft der Illusionen. Ein metaphysischer Eheroman. Der unzurechnungsfähige Gott. Per aspera ad astra, durch Etwas zum Nichts. Bismarck und Buddha: Die Gründerzeit will ins Nirwana. Jonestown, global? To be for not to be?

Das Leben ein Irrtum, die Welt etwas, das besser nicht wäre, die gründlichste aller Fragen die Einführung in die Nichtswissenschaft: Darf man, kann man – ungeachtet der von Schopenhauer gebotenen Ausflucht – so negativ im Leben über das Leben denken? In der Philosophie nach ihm mischen sich spürbares Erschrecken, vehemente Gegenwehr mit unverhohlen nihilistischen Impulsen, die auf den Ernstfall der Verneinung drängen.

Eduard von Hartmann (1842–1906) ist ein Meister der Kompromißbildung; er kultiviert den Nihilismus und das allerpositivste Denken gleichermaßen. Seine Synthese aus Schelling, Hegel, Schopenhauer mitsamt der zugehörigen mystischen und eurobuddhistischen Erbschaft hat der Grund-Frage eine so eklektische Form gegeben, daß seine Version schon wieder originell zu werden beginnt.

Zunächst fragt er auf dem vertrauten Boden der metaphysischen Tradition nach dem letzten Grund aller Dinge. Gleich ob man, wie die »gedankenlose Behaglichkeit«, den »Schöpfer« oder Spinozas »Substanz«, den Hegelschen »Begriff« oder den Schopenhauerschen »Willen«, »den subjectiven Traum oder die Materie« für das Letzte hält –, das »ist Alles ganz gleich, es bleibt ein subsistirendes Etwas sammt seiner Beschaffenheit als Letztes, – dieses Etwas sammt seiner Beschaffenheit aber, wie kommt es dazu, zu subsistiren (...)?« (Philosophie des Unbewussten 12. A. Leipzig 1923, II 459). »Subsistiren«, nicht »existieren«. Die Frage gilt dem »Etwas« als tragendem Grund. Die indische Mythologie hat dem eine weniger philosophisch verklausulierte Form gegeben: »Die Erde ruht auf dem Elephanten, der Elephant steht auf der Schildkröte«; worauf basiert aber die Schildkröte?

Insofern dieses *»Urproblem«* bei jedem vermeintlich Letzten wiederkehrt und – hier spinnt Hartmann das Kantsche Gedankenexperiment der Selbstbefragung des »höchsten Wesens« in bezug auf seinen Grund fort – auch an das sozusagen »Allerletzte« gestellt werden kann, bleibt es nicht beim Schwindelgefühl der reinen spekulativen Vernunft. »Ein selbstbewusster Gott müsste vor Verzweiflung über die Unlösbarkeit dieses Räthsels seiner von ihm ewig vorgefundenen Subsistenz wahnsinnig werden, oder, wenn er nur könnte, zum Selbstmörder!« Wer sich dem *»Urproblem«* nähert, lebt gefährlich. Gott aber hat dann doch, jedenfalls an dieser Stelle bei Hartmann, die Rückversicherung, daß er es zum Selbstmörder nicht bringen kann. Wie bei Leibniz ist deutlich: Nach dem Grund eines von Ewigkeit zu Ewigkeit seienden Wesens läßt sich nicht fragen. Nur endliche, geschaffene, geborene und sterbliche, tötbare, potentiell selbstmörderische Wesen haben den Vorzug, sich wirklich in Frage stellen zu können.

Der »arme kleine Mensch« geht dafür um so ernsthaftere Risiken ein, wenn er die metaphysischen Spielereien in den ewigen Jagdgründen zur Frage zuspitzt, warum denn überhaupt Etwas, nicht zuletzt er selber, ist und sein soll und nicht Nichts. Gewiß, er kann sich beizeiten wappnen. Dann geht er ganz kühl der Aufgabe nach, »zu untersuchen, ob das *Sein* oder das *Nichtsein* dieser bestehenden Welt den Vorzug verdiene« (Philosophie des Unbewußten, Neuausgabe der 1. A., ed. Lütkehaus 532). Dann fängt er an zu wägen, zu rechnen, um zu sehen, auf welche Seite die Schale sich neige. Wie bei Schopenhauer nimmt er die neue Rolle des Weltenrichters wahr: Das Sein – gewogen und für zu leicht befunden? Aber wie könnte der scheinsouveräne neue Richter sich der Einsicht entziehen, daß er sein eigenes Sein mit auf die Waage legt? Wie dem Votum seiner philosophischen Kollegen, das von Fichte über Schelling bis zu Schopenhauer von »melancholischer Trauer« über das *»Unglück des Seins«*, über den *»Schmerz des allgemeinen Daseins«* bestimmt ist? (533f.). Wie der irritierenden Auskunft Kants, der eine Lebensverlängerung ebensowenig wünscht wie des Lebens Wiederkehr? Wie der »Apologie« Platons, die dem traumlosen Schlaf, dem empfindungslosen Tod vor dem albtraumhaften Tag des Lebens unverhohlen den Vorzug gibt? (532f.). »Der Tod an sich« wie das Nichtsein überhaupt ist »gar kein Uebel«, wie Hartmann mit der Weisheit Epikurs und Schopenhauers weiß, weil der Schmerz nur im Leben ist. Wie steht es aber dann mit dem Vorzug des Seins, wie mit dem der Geburt? Wenn der Mensch »in jedem Augenblick einer neuen Geburt« die »Möglichkeit einer Wahlentscheidung hätte« – würde er das Leben wählen? (534).

Greift er die Frage noch einmal als Frage an den Schöpfergott auf, dann ruft er ihm »in prometheischem Trotz höhnend zu: ›Warum hast du mich geschaffen?‹« (Phänomenologie des sittlichen Bewußtseins 608). Und auch, wenn der Mensch sich als Philosoph nicht ganz so trotzig gibt, erhebt er angesichts der Unseligkeit alles Seins sogleich den »Vorwurf«, warum der Schöpfer die Welt *»überhaupt* geschaffen habe, da es doch vernünftiger gewesen wäre, keine zu schaffen« (Ph. d. Unbew. 530).

Das darf man nicht als billiges philosophisches Lamento mißverstehen. Die kümmerlichen Mäkeleien, ob dieses oder jenes in der nach Leibniz »besten aller möglichen Welten« nicht besser zu arrangieren gewesen wäre, kann man getrost lassen. Hartmann gesteht Leibniz sogar zu, daß das Bestmögliche nicht mit dem durchweg Guten, Vollkommenen zu verwechseln sei. Eine »Kakodizee«, eine Rechtfertigung des Schlechten, ist prinzipiell möglich. Den Leibnizschen »Optimismus« versteht Hartmann triftig als relativen. Nein, der Vorwurf ist kategorisch: Warum eine Welt, wenn Schöpfungsaskese das Vernünftigere gewesen wäre?

Hartmann beschuldigt Leibniz allerdings sehr zu Unrecht, er habe die Frage nicht hinreichend radikal gestellt, weil er die Möglichkeit »*keiner* Welt« nicht einbezogen habe, wie überhaupt in der Rede von der »besten (oder auch schlechtesten) aller möglichen Welten« der Fall gar keiner Welt nicht einbegriffen sei: »*Keine* Welt« sei »auch keine *Welt*, also auch *keine* der möglichen *Welten*« (530). Aber das ist Beckmesserei, überdies in der Sache verfehlt: Gerade daß auch keine Welt hätte geschaffen werden können, war ja für Leibniz die entscheidende Provokation gewesen; schon er hatte die Theodizee als Ontodizee formuliert, auch wenn er, wie Hartmann durchschaut, mit der Lehre der Tradition vom bloß »privativen« Seinscharakter des Übels versucht hatte, den Vorzugscharakter des Seins unter allen Umständen zu retten: Noch das Schlechte sollte besser als das Nichtsein sein.

Eine oder keine Welt – das ist auf jeden Fall für Hartmann die Frage. Selbst wenn man die Gerichtsakten über den toten Schöpfergott schließt, ist die Frage für ihn nicht aus der Welt, im Gegenteil. Hatte sie in ihrem göttlichen Adressaten noch einen letzten Halt gefunden, so führt sie jetzt ins Bodenlose. Wie bei Schopenhauer bleibt nur noch ein alles einschließender philosophischer Stupor, mag die Stumpfheit des menschlichen Geistes auch immer wieder dazu neigen, ihn durch Gewöhnung zu entschärfen. »Wenn gar nichts wäre, keine Welt, kein Process und keine Substanz, so wie auch keiner, der sich philosophisch wundert, daran wäre gar nichts Wunderbares, das wäre ungeheuer natürlich und gäbe nie ein Problem zu lösen« (12. A. II 459). Wie sollte es auch, wenn es weder das Verwunderliche noch einen sich Wundernden gäbe, der für den reflexiv werdenden philosophischen Stupor Teil des Verwunderlichen ist. Ein umfassendes »gar nichts« würde naturgemäß keinerlei Problem übriglassen.

Daß aber eine Welt, ein Prozeß, eine Substanz ist, so wie auch einer, der sich philosophisch wundert, »das ist so bodenlos wunderbar, so schlechthin unlogisch und sinnlos, daß der arme kleine Mensch, nachdem er dieses letzte aller Probleme einmal begriffen hat, und eine Zeit lang mit den Armen seiner Vernunft ohnmächtig an den Gittern dieses Kerkers des Nichtnichtseins gerüttelt hat, zunächst vollständig aufhört, sich noch über die Einzelheiten der Welteinrichtung zu wundern« (12. A. II 459). Die philosophische Perplexität ist so prinzipiell geworden, daß sie alles Einzelne getrost vernachlässigen kann: Die Zuspitzung auf die Ontodizee hat alle Theodizee-Probleme im engeren Sinn eliminiert. Wer sich über das Einzelne wundert, zeigt umgekehrt, daß er keine Einwände gegen das Ganze hat.

Bei Hartmann hat sich die Blickrichtung so sehr vom Sein auf das Nichts verschoben, daß das Nichts zum Selbstverständlichsten, die Existenz der Welt zum Inbegriff des Unlogischen und Sinnwidrigen geworden ist: Sie ist geradezu die Schädelstätte des »Logos«. Logisch scheinen die Relationen eindeutig: Das Nichts ist die Negation des Seins. Aber auch onto-logisch, bio-logisch, wenn man darunter eine authentische Seins- und Lebens- als Leidenserfahrung versteht? Dann kommt es zu einem Perspektivenwechsel. Dann entpuppt sich das Sein als »Nichtnichtsein«. Nicht etwa verneint das Nichts die einfache Positivität des Seins; vielmehr ist das Sein, wie es schon von Büchners Anti-Genesis: dem Selbstmord des Nichts in der Schöpfung, vorgezeichnet war, die doppelt negative Verneinung des einzig logischen und sinnvollen Nichtseins. Das Nichts wäre Freiheit, das Sein als das »Nichtnichtsein« der Kerker, an dessen Gittern die Seinsgefangenen rütteln (12. A. II 459). Sein ist das »nicht sein Sollende«. Die Ontodizee müßte mit der »Kakodizee« zusammenfallen. Doch wie sollte das möglich sein? Die Frage, warum überhaupt eine und nicht keine Welt ist, spitzt sich unter diesen Umständen noch einmal zu: Warum ist überhaupt ein »Nichtnichtsein«, das ein »nicht sein Sollendes« ist?

Auch die Erfahrung des geschichtlichen Prozesses, die Hartmann tunlichst gegen Schopenhauer unterstreicht, führt in dieselbe Richtung. Denn Prozeß heißt für ihn wie schon für Schelling, daß es die Notwendigkeit von Veränderung, also etwas nicht oder so nicht sein Sollendes gibt. Hartmann generalisiert das freilich: Der »Weltprocess« zeigt, daß die ganze Welt das »nicht sein Sollende« ist. Daß Prozesse auch positive Entwicklungsziele haben können, gilt hier nicht. Geschichte verweist nur auf ein Seinspensum zum Abarbeiten. Damit hätte sich auch der Geschichtsallergiker Schopenhauer anfreunden können.

Warum ist aber die Welt das »nicht sein Sollende«? Der Wille als ihr Movens und innerstes Wesen – so Hartmann im Anschluß an Schopenhauers Metaphysik – ist als Wille unstillbar, unersättlich. Er kriegt nie das Richtige, und wenn das Richtige, so nie genug. Im Gegensatz zu Schopenhauer verbindet Hartmann zwar den Willen mit der Vorstellung in der Ureinheit des Unbewußten. »Kein Wille ohne Vorstellung« – das scheint ein Satz, mit dem sich leben läßt, weil er dem sonst leeren Sehnen die Möglichkeit einer glücklichen Ehe zwischen Trieb und Objekt, Begehren und Erfüllung verspricht. Aber auch bei Hartmann bleibt die prinzipielle Katastrophe, daß kein Vorstellungsobjekt dem Willen je wirklich Genüge tun kann. Begrenzte Ziele, endliche Größen können nie einen grenzenlosen Hunger befriedigen; das rastlose Begehren kann an den kümmerlichen Haltepunkten, die sich Befriedigung nennen, nie endgültig zum Stillstand kommen. Es ist schon die Ruhe des Nichts vonnöten, um den Willen stillegen zu können.

Beharrt indes Schopenhauers Ontologie auf der Negativität jeder Befriedigung wie auf der Positivität des Schmerzes, so zögert Hartmann nicht, der Lust und der Befriedigung, allem im landläufigen Sinn Positiven, wirkliche Positivität zuzuerkennen. Eines der radikalsten Argumente Schopenhauers für die positive Negativität des Nichts angesichts der negativen Positivität des Seins gibt er damit preis, obwohl diese Lehre eigentlich gut zum »nicht sein Sollen« des »Nichtnichtseins« paßt. Grundsätzlich scheinen freundlichere Seinsprospekte möglich. Im Geist der Gründerzeit kommt nach Schopenhauers bitterem Hohn auf Gott und die Welt ein Hauch von Behaglichkeit auf. Warum sollte man auch so streng gestimmt sein, daß man nicht einmal die begrenzte Positivität der Lust gelten ließe, obwohl oder gerade weil Hartmann die Überzeugung teilt, daß sich der Schmerz weit anhaltender, weit aufdringlicher als selbst die intensivste Lust bemerkbar macht. Schopenhauers Lehre, daß ein einziges Leiden alles entscheide, findet Hartmann geradezu »excentrisch« (547f.). Er sieht nicht, daß allein sie es gestattet, vom immer beliebig bleibenden philosophischen Pessimismus zu einem nur noch schwer anfechtbaren Nihilismus überzugehen.

Wenn aber diese Lehre preisgegeben wird, dann ist Hartmann gezwungen, eine Gesamtbilanz des Lebens zu präsentieren, die nicht mehr mit der »melancholischen Trauer« der Denker zu relativieren ist, andererseits nicht der üblichen Beeinflussung des Urteils durch den Lebenswillen unterliegt. Als Bilanz freilich steht sie von vornherein unter dem Verdikt unangemessener Rechenhaftigkeit.

Doch das stört Hartmann nicht. In der Lebensbuchhalterei noch weit ökonomistischer als Schopenhauers Betriebsprüfung des unprofitablen Lebensgeschäftes, ohne je den grandiosen Ingrimm seiner Abrechnung mit der Nichtigkeit und dem Leiden des Lebens zu erreichen, rechnet Hartmann seine »Brutto«- und »Netto«-Bilanzen (595 f.) vor. Daß Lust und Unlust kommensurable Größen sind, die sich nur quantitativ, nicht qualitativ unterscheiden, ist für ihn unzweifelhaft. Das Ergebnis ist niederschmetternd: Unter dem Seinsstrich steht eine wahre Weltunlustbilanz.

Selbst wenn die Bilanz ausgeglichen wäre, würde das nicht ausreichen: »Wenn ich die Wahl habe, entweder gar nichts zu hören, oder erst fünf Minuten lang Misstöne und dann fünf Minuten lang ein schönes Tonstück zu hören«, und gleiches gilt für den zum Himmel dringenden Gestank des Lebens oder seinen Wohlgeruch, seine Bitternisse und seinen Wohlgeschmack, »so werde ich mich auf alle Fälle zu dem Nichtshören, -riechen und -schmecken entscheiden«, wie Hartmann glaubt (548). Dem Nichtsein, dem kein Glück mangelt, das aber im »Nullpunct der Empfindung« die absolute »Freiheit vom Schmerz« findet, auch wenn das Nichts keine positive Seligkeit versprechen kann, käme an Wert »nur das *absolut* zufriedene Leben« gleich (552 f.). Das erinnert nun freilich wieder sehr an Schopenhauers Anti-Pascalsche Wette, seine Lehre von der ausschlaggebenden Bedeutung eines einzigen Leidens und der Unanfechtbarkeit des Nichts, die dieses unter allen Umständen zum relativ Besseren macht. Wie auch immer: Ein unentschiedenes Ergebnis im Streit über den Vorzug des Seins oder Nichtseins wäre des Lebens Optimum. Aber wie anders sieht es aus!

Um gar keine Ausflucht mehr übrigzulassen, läßt Hartmann schließlich den willensbestimmten Weltfreund einen Grundkurs in der Weltenttäuschung absolvieren. Insgesamt drei Stadien der Illusion werden ausgemacht. Im ersten wird das Glück »als ein auf der jetzigen Entwickelungsstufe der Welt erreichtes, also dem heutigen Individuum im irdischen Leben erreichbares gedacht« (540). Im zweiten wird »das Glück als ein dem Individuum in einem transcendenten Leben nach dem Tode erreichbares« (600), im dritten »als in der Zukunft des Weltprocesses liegend gedacht« (610). Aber wo und wie auch immer: Das Glück ist und bleibt eine Illusion. Die Philosophie, nicht mehr bloß, wie seit Francis Bacon, Idolen-, sondern Illusionenlehre, ist existentielle Desillusionierungswissenschaft.

Kurzum: Wenn aller Firnis vom Dasein hinweg ist; wenn der Weltunlustökonom seine Negativbilanz vorgerechnet, die Geschichtsphilosophie ihre Enttäuschungslektionen erteilt und der Metaphysiker die unaufhebbare Dissonanz im Welt-Willen- und Vorstellungswesen enthüllt hat, dann ist es keine Frage mehr, daß »das Nichtsein der Welt ihrem Sein vorzuziehen wäre« (626). Der greise »Oedipus auf Kolonos« hat bei Hartmann alle Rätsel gelöst: Er braucht den »Frieden des Nichtseins« nur noch »vorzufühlen« (625). Freilich, wer ist denn schon so weit wie er? Auf jeden Fall nicht die Welt und die Menschen, sofern sie der Wille sind. Prinzipiell stellt sich vielmehr wie bei Schopenhauer die Frage, warum das »Nichtnichtsein« als das »nicht sein Sollende« absurderweise ist und das sein sollende Nichts nicht ist.

Sie stellt sich fatalerweise nicht nur einmalig. Denn zu dieser doppelten Absurdität kommt noch die Penetranz hinzu, mit der das »Nichtnichtsein« sich trotz aller Desillusionierung immer wieder erneuert und das soviel näherliegende Nichts verdrängt. Aus der schon für Leibniz' Version der Grund-Frage wichtigen Lehre von der »creatio continua« ergibt sich eine böse Schlußfolgerung: Wenn der Wille die Welt, die er jederzeit vernichten könnte, durch *»stetige Schöpfung«* (12. A. II 195) im Dasein erhält, dann ist der unverbesserliche Kreator ein Wiederholungstäter. Nicht zufrieden damit, den ersten gravierenden Lapsus einer verfehlten Schöpfung begangen zu haben, will er auch noch, daß es so weitergeht; und daß es so weitergeht, ist nach Walter Benjamin die Katastrophe.

Indessen gilt für Hartmann wie für Schopenhauer: Schöpfer und Geschöpf sind letzten Endes eines. Die Welt ist die Objektivation eines Lebenswillens, der *sich* unablässig bejaht, sie ist nur, »so lange sie *stetig gesetzt wird*« (ed. Lütkehaus 461). Ebenso der Weltprozeß: »Daß überhaupt noch etwas passirt, liegt am Willen« (669). Alles, Werden wie Sein, ist anhaltendes Wollen, »esse est velle«. Leben als Weiterleben ist mehr als die fortlaufende Unterlassung eines jederzeit möglichen Selbstvernichtungsaktes; es ist ein andauernder Selbstsetzungsakt. Wenn aber das Leben als »Nichtnichtleben« das »nicht leben Sollende« ist, dann wird aus der einfachen eine potenzierte Grund-Frage: Warum ist es immer wieder und nicht nicht? Eine Wiederholungsfrage an rückfällige Wiederholungstäter, die sich selber auf dem Gewissen haben.

Die Antwort, die Hartmann zu geben versucht, scheint zunächst den Skandal des »nicht sein sollenden Nichtnicht-Seins« dadurch zu mildern, daß sie im Anschluß an Schelling die Gründe für die Existenz und die Essenz der Welt sondert. Der durchaus logischen »Idee« oder »Vorstellung« wird das keineswegs sinnlose Wie und Was der Welt, nur dem alogischen, unvernünftigen, unbelehrbaren Willen ihr Daß, ihre heillose Faktizität zugeschrieben. Recht besehen, ist der Wille im Unterschied zu den Vorwürfen gegen den prinzipiell nicht unintelligenten Schöpfer nicht einmal wirklich verantwortlich zu machen. Denn er ist unzurechnungsfähig; Hartmann räumt ihm den – freilich dubiosen – mildernden Umstand der Schuld-, ja der Verhandlungsunfähigkeit ein. Respektvolle Zeiten noch, wo man Gott in Theodizee-Prozessen anklagen konnte. Der Schöpfer bekommt nun seine Absolution, weil er nicht bei Verstand war und ist. Würde er klar sehen, bekäme er keinen Pardon. »Wäre *überhaupt* die göttliche Intelligenz bei der Entscheidung darüber, ob eine Welt geschaffen werden sollte oder nicht, *mitbetheiligt* gewesen«, so müßte man sie einer »unentschuldbaren Grausamkeit gegen die geschaffenen Substanzen« anklagen, wenn man nicht einen Akt »göttlicher Selbstzerfleischung« unterstellen will (12. A. II 199 f.). »Angesichts des Weltelends« kann man jedenfalls bei Hartmann wie schon bei Schopenhauer nur auf einen irrationalen unzureichenden Grund rekurrieren. Die Welt ist das Werk eines Verrückten. Die Philosophie mutiert zur Psychiatrie und nimmt eine Zwangseinweisung vor.

Die metaphysische Arbeitsteilung für Existenz und Essenz, irrationales Daß und vernünftiges Was der Welt ist indes nicht ohne weiteres plausibel, auch wenn noch Ernst Blochs Kategorienlehre an die Hartmannsche anknüpfen wird. Wie soll das alles zusammengehen? So inszeniert Hartmanns mythologiefreudige Metaphysik auf noch vorweltlicher Ebene unter der Bettdecke des Unbewußten ein ganz besonderes Hochzeitsfest: Der wollende, aber noch leere Wille, berstend vor »lauterer Potenz«, aktiv, fordernd, kurz: männlich, wie er ist, packt sich die ihm »gleichsam vor der Nase liegende«, noch »im Stande der seligen Unschuld« verharrende Idee, die sich passiv, widerstandsunfähig, kurz: weiblich, wie sie ist, ihm hingibt und ihre jungfräuliche Unschuld opfert – mit dem Resultat, daß auch sie in den »Stand der Unseligkeit« versetzt wird, in dem das leere Wollen schon vorher war, und in den »Strudel des Seins und die Qual des Processes« mit hineingerissen wird, ja, selber daran mitwirkt (ed. Lütkehaus 660).

Doch ist sie dabei im ganzen ebenso von den besten Absichten geleitet, wie ihre Beiträge zu den Essenzen der Seinsverfassung im einzelnen höchst vernünftig sind: Sie will den unvernünftigen Willen von seinem ziellos umgetriebenen Wollen erlösen, damit das ganze Seinsdebakel ein Ende nimmt. Allem Anschein nach hört sie auf den Namen Senta; nur sie kann dem zum Tode kranken Willen, der sich als Fliegender Holländer entpuppt, zum Sterben verhelfen. Die Euthanasie ist das wahre Mysterium der Hochzeitsnacht.

Einem heutigen Publikum beschert diese metaphysische Phantasie nach konventionskonformem Beginn in der Geschlechterrollenverteilung das Schauspiel eines Connubiums zwischen männlich-potenter Kopflosigkeit, die nicht einmal ihr eigenes Wohl, geschweige denn das der Welt zu besorgen weiß, und einem hingabewilligen weiblichen Bauch, der so vernünftig wie fürsorglich ist. Die Grund-Frage hat jetzt, nachdem sie sich bisher zumeist mit nur einem Schöpfer herumschlagen mußte, ein Eltern*paar* als Adressaten; das Welt-Kind kann sich an zwei Instanzen halten.

Aber wird es bei näherer Überlegung hier nicht eine philosophische Mesalliance entdecken, da kaum einsehbar ist, wie die Faktizität des Daß vollständig irrational sein soll, wenn das Wie und Was vernünftig ist, und umgekehrt, wie etwas in seinem innersten Wesen rational sein kann, wenn es die schiere Unvernunft zu seinem Existenzgrund hat? Nein, man kann die Frage nach dem zureichenden Grund für die Existenz der Welt und die nach ihrem Wesen nicht voneinander abkoppeln. Man kann plausibel nur etwas gegen die Existenz der Welt haben, wenn man auch etwas gegen ihre Verfassung einzuwenden hat, wie das Wesen der Welt nur dann als gut und vernünftig approbiert werden kann, wenn es besser als nichts ist. Das war schon die hinter Leibniz' Verbindung von Theo- und Ontodizee stehende Einsicht gewesen.

Hartmann freilich gewinnt gerade der philosophischen Mesalliance die entscheidende Zuspitzung seines metaphysischen Eheromans ab. Denn es findet so etwas wie ein Akt der Emanzipation, ja, »die große Revolution« (349) statt. Die »Idee« zwingt den blinden Willen zu seinem Erlösungsglück. Das hat auch erfreuliche Konsequenzen für die Frucht des gemeinsamen Eheleibes: Sah es zunächst so aus, daß ein mehr oder minder kooperatives Elternpaar das Welt-Kind in den »Strudel des Seins und die Qual des Processes« hineinzwingt, ohne daß dieses Kind Einspruchsmöglichkeiten hätte, so gewinnt es jetzt in der Mutter eine Verbündete. Die Idee nämlich ist prinzipiell, nicht bloß wie bei Kant und Schopenhauer als ästhetische, interesselos; sie kennt kein »Streben nach dem Sein«. Und kommt zur Idee noch Bewußtsein hinzu, das die labile Einheit des Unbewußten sprengt, so ist damit die Möglichkeit der Befreiung vom blinden Willen zum Daß geschaffen. Der Wille weiß wirklich nicht, wen er da in die feste Burg des Seins eingelassen hat. Bewußtsein ist für diese Metaphysik das Organ der Distanznahme, wie es selber aus Distanz-, aus Dissonanzerfahrungen entsteht: per se als gebrochenes Bewußtsein. Affirmatives Bewußtsein, so beliebt es scheint, ist ein Widerspruch in sich. Man muß aus der Selbstverständlichkeit des Willens herausgefallen sein, um sich seiner Welt gegenüberstellen zu können. Am Ende aber wird auch der Wille nicht mehr bestreiten wollen, daß keine Welt besser als eine ist.

Eben darauf war alles berechnet: Der ganze Weltschöpfungsprozeß ist in Wahrheit Weltvernichtungsprozeß. Hatte der männlich-kopflose Wille zum Sein sich erst einmal grundlos geregt, dann gab es kein Halten mehr; dann konnte ihn nur noch eine Lebensgefährtin, die ihm scheinbar zu Willen war, wie sie ihm in der Folge nur zu seinem eigenen Besten widersprach, mit ihren indirekten Mitteln zum Nullpunkt des Nichts zurückführen. Die Hingabe ist durchaus wörtlich zu nehmen. Sexuelle Enthaltsamkeit, von der sich der nihilistische Asketismus soviel verspricht, hat gar keinen Sinn. Hartmann feiert vielmehr das physische wie das metaphysische Connubium: Die Mesalliance entpuppt sich als Belle Alliance zwischen Hochzeit und Tod. Die Welt als Wille und Vorstellung ist Ort der Verführung und der Umkehr, Sündenpfuhl und Purgatorium in einem.

Frisch zur Tat also! Nur so kann das unselige »leere wollen-Wollen« des Anfangs mit Hilfe einer listigen weiblichen Weltvernunft, die sich als weise Führerin ins Nichts erweist, über die Welt zu einem »existentiellen nichtwollen-Wollen« zurückleiten, das die potenzierte Negation des »Nichtnichtseins« und des »nicht sein Sollenden« ist (12. A. II 437). Diese paradoxe negative Teleologie ist der eigentliche Grund dafür, daß Hartmann im Gegensatz zu Schopenhauer den Willen ab ovo mit der Vorstellung kopuliert.

Im Sinn dieses metaphysischen Eheromans schreibt Hartmann auch die Leitvorstellungen eines naturwissenschaftlich geprägten Zeitalters so um, daß sie sich der neuen Teleologie fügen. Die Thermodynamik der Entropie, für eine Gesellschaft, die sich mit dem Energieerhaltungssatz für jeden Fall, auch wenn die Fortschrittsideologeme nicht verfangen sollten, eine Rückversicherung zu schaffen versucht, die phobische Vorstellung par excellence, wird zum Versprechen eines glücklichen Wärmetods (II 579). Der Kampf *ums* Dasein, aus dem der Zeitgeist seine vitalen und aggressiven Energien bezieht, wird nicht etwa negiert, sondern zum Vehikel des Kampfes *gegen* das Dasein (III 94 f.).

Ja, im Widerspruch zu allen Vorurteilen, daß sich auf den Pessimismus nur der Passivismus und Quietismus reime, redet Hartmann einem Aktivismus das Wort, in dem sich der finale Wille zum Nichts mit dem entschlossenen Handanlegen im »Weltprocess«, die Entlarvung der Heillosigkeit aller Dinge mit einer geschichtsoptimistischen Fortschrittsidee vereinen. Von einem indifferenten Nihilismus, für den *»alles gleich«* ist, weil zum objektiven »Unsinn des Daseins« nur der »Unsinn einer grundlosen subjektiven Willkür« passe, will er nichts wissen (Phänomenologie d. sittl. Bew. 607f.). Hartmann führt nicht bloß in die Welt, sondern auch in die gesellschaftliche und geschichtliche Praxis zurück. Kann es eine nihilistische Ethik geben? Taugt Mephisto zur Arbeit im »Weinberge des Herrn«? (II 402). Hartmann bejaht das wie die Tradition, bloß aus anderen Gründen: Mephisto muß jetzt ein Teil von jener Kraft sein, die stets das »Gute« will, um stets das »Böse« zu schaffen. Der Nihilismus als geschichtsbildende Kraft, die Synthese von Gründerzeit und Nirwana, Erlösung und Realpolitik, Bismarck und Buddha.

Den Anknüpfungspunkt bildet die Lehre von den drei Stadien der Illusion, die nicht auf dem kürzesten, aber effektivsten Weg dem Ende aller Dinge zuarbeiten soll. Das »heutige Individuum«, das immer noch an die Erreichbarkeit des Glücks im irdischen Leben, auf der jetzigen Entwicklungsstufe der Welt glaubt, kann man getrost seinem strebenden Bemühn überlassen; auch das unbelehrbarste wird irgendwann merken: Nur wo du nicht bist, da ist das Glück. »Die Wahrheit vom ersten Stadium der Illusion« ist die unvermeidliche »Verzweifelung am gegenwärtigen Diesseits« (ed. Lütkehaus 638).

Die transzendenten Glücksillusionen haben den Nachteil – die Gläubigen glauben fälschlich, den Vorteil –, daß sie nicht falsifizierbar sind. Man kann sie genaugenommen nicht enttäuschen. Freilich sind sie auch nicht verifizierbar. Im übrigen schreitet die Erosion der religiösen Illusionen unaufhaltsam fort. »Die Wahrheit vom zweiten Stadium der Illusion« ist die »Verzweifelung auch am Jenseits« (638).

Überprüfbar hingegen wieder und deswegen enttäuschbar die Illusionen, welche die »Zukunft des Weltprocesses« betreffen. »Die Wahrheit vom dritten Stadium der Illusion«

wird die Verzweiflung auch am immanenten Jenseits, »die absolute Resignation auf das positive Glück« sein (638).

Doch solch gut Ding will Weile haben. Die Geschichte ist nicht »unmittelbar zum Nichts«. Der Wille muß sich erst einmal richtig »austoben«, das ganze Spektrum der hoffnungsvollen Selbsttäuschungen durchprobieren können. Allein Dauer und Erfüllung sind das Antidot der Illusionen, die Rezeptur für einen noch ungeschriebenen philosophischen Kalauer: »Nein und Zeit.«

Doch so abwegig ist das nicht. Hartmann zieht durchaus triftig aus Schopenhauers Willenslehre die Konsequenz, daß im genauen Gegensatz zur äsopischen Fabelweisheit Füchse die Trauben für *süß* halten, die sie noch nicht gekostet haben. Solange der Wille noch irgendwelche äußeren Glückshindernisse verantwortlich machen kann, wird er das tun, um der Selbsterkenntnis zu entgehen. Also muß man dafür sorgen, daß ihm keine Ausflucht bleibt. Also muß man das ganze famose Prinzip Hoffnung mit dem schönen Vorschein, den jedes Noch-Nicht gewährt, beim Wort nehmen. Also muß man die »BEJAHUNG DES WILLENS ZUM LEBEN ALS DAS VORLÄUFIG ALLEIN RICHTIGE PROCLAMIREN; *denn nur in der vollen Hingabe an das Leben und seine Schmerzen, nicht in feiger persönlicher Entsagung und Zurückziehung ist etwas für den Weltprocess um seines Zieles, der allgemeinen Welterlösung willen, zu* LEISTEN« (638). Eine nihilistische Leistungsethik, eine Praxisphilosophie des Als-Ob, deren Positivität darin liegt, den Negationsprozeß zu fördern. Der Rückzug aus dem Leben und der Geschichte, Askese, Verzicht, die unmittelbare Negation, die den Gang des nihilistischen Gottes durch die Völker nicht mitgehen will, wäre Feigheit vorm Feind. Also darf man nicht nur, man soll weiterarbeiten, weiterkämpfen wie bisher. Auf dem von Kleist vorgezeichneten Weg des Bewußtseins muß man die ganze Welt umrunden, um ins Nichts zurückzufinden. Allein der *»höchstmögliche Weltfort-*

schritt ist die ›Kraft‹ des pessimistischen Bewußtseins der Menschheit« (12. A. II 387). Geschichte ist für den umgedrehten Hegelianer Hartmann Fortschritt im gemeinsamen Bewußtsein der Verneinungsfreiheit.

Ist es aber hinlänglich gewachsen, dann wird sich zum erlösenden Ende eine von allen Illusionen zurückgekommene Menschheit über die »Universalwillensverneinung« (III 88), den kollektiven Rückweg ins Nichts verständigen können. Und sie wird dann auch, nachdem sie sich lange genug dem physischen wie dem metaphysischen Connubium ergeben hat, auch keine Kinder, *»keinen Erben«* mehr haben (II 388) – weil dann nichts mehr zu erben und zu vererben ist. Hartmann scheint wirklich ganz und gar Schluß machen zu wollen. Jedenfalls dehnt er die von Schopenhauer noch individualisierte Beantwortung der Grund-Frage auf die Menschheit aus.

Über die Modalitäten allerdings schweigt er sich lieber aus. Vielleicht handelt es sich bei der »Universalwillensverneinung« um einen »übernatürlichen Act« (II 561) – so sehr er die Natur wie die Geschichte beendigen will? Wenn aber um einen natürlichen, so mit Hilfe der absehbaren neuen Kommunikationstechnologien um einen *»gleichzeitigen gemeinsamen Entschluß«* der Erdbevölkerung (II 408), eine Art Rendezvous zum seligen Nichts?

Dieser gloriose Einfall einer nihilistischen Science-fiction hat schon bald den gebührenden Hohn der Zeitgenossen provoziert. Hartmann sieht sich in den späteren Auflagen denn auch gezwungen zu versichern, daß er nur spekuliert und nicht etwa einem »Massenselbstmord« (405) oder gar einem herostratischen, welt- und menschheitsvernichtenden Diktat das Wort geredet habe. Könnte statt der sogenannten »Universalwillensverneinung« bei unzureichender kollektiver Verständigung, individuellen Lebensbejahungsresten, geschichtlichen Desillusionsverzögerungen oder auch unter dem Einfluß aktiv-nihilistischer Heilsbringer nicht in der Tat ein globales Jonestown, der »freiwillige« Selbstmord eines umfassenden Sonnentemplerordens die Schlußfolgerung sein?

Bedenklichste Möglichkeiten, die hinter dem selbstherrlichsten Schöpfungsdiktat nicht zurückstehen, deuten sich jedenfalls als Konsequenzen der negativen Antwort auf die Grund-Frage an. Aber man darf es Hartmann glauben, dafür ist er auch zu moderat, zu bieder: Für eine kollektive mephistophelische Drohung taugt er nicht. Gerade aus der Logik seiner Desillusionenlehre verbietet sich jeder Gewaltakt, weil er den unbelehrbaren Willen nur bekräftigen könnte. Es geht um das gemeinsame Zurücksinken einer durch Erfahrung lebensmüde gewordenen Menschheit in einen »ewigen Schlaf ohne Traum« (389), ins friedenstiftende Nichts.

Wie aber auch immer, am Ende der Geschichte wird das »Nichtnichtsein«, das das »nicht sein Sollende« ist, wieder zu Nichts. Der Umweg über die Welt ist der Rückweg ins Nichts. Gerade deswegen ist die Welt die beste aller möglichen Welten – so Hartmanns kühne Verbindung von Leibniz' Theodizee mit Schopenhauers Anti-Theodizee, Hegel sorgt für die listige Organisation –,weil sie, von Grund auf schlechter als keine Welt, effektiv wie keine andere zu keiner Welt zurückführt. »Ich bin der Weg zur Wahrheit des Nicht-Lebens«, könnte Hartmanns über sich selbst belehrte Welt sagen, weil sie selber den Ausweg aus ihr weist; mehr: weil sie dieser Ausweg ist. Warum ist überhaupt Etwas, das das »Nichtnichtsein« eines »nicht sein Sollenden« ist, und nicht Nichts? Weil durch es das sein sollende Nichtsein wieder ist.

»Per aspera ad astra, durch Nacht zum Licht«? Nicht just, aber immerhin: »Durchs Sein zum Nichts!« – so die frohe Botschaft der neuen nihilistischen Ontodizee.

Wenn man wie Hartmanns metaphysische Mythologie von der Selbstbewegung eines vorgegebenen unseligen Weltgrundes ausgeht, die zu Ende zu bringen ist, mag man so spekulieren. Man mag der ganzen Konstruktion sogar bei allen Zumutungen die schlichte Lebensweisheit der pessimistischen und nihilistischen Philosophien abgewinnen: Warum sollte es nicht das Leben sein, das vom Leben und Leben-Wollen heilt? Die Grund-Frage wird so allerdings eher noch einmal radikalisiert als beantwortet. Denn warum sollte man überhaupt ein Etwas wollen, das nur scheinbar der Antipode des Nichts, in Wahrheit der Rück-, der Umweg ins Nichts ist? Warum sollte man eine Welt wollen, wenn die Welt bestenfalls ihre Selbsterlösung ist? Warum sollte man das Leben wollen, wenn man sich klügstenfalls durch das Leben überzeugt, daß es mit dem Leben nichts ist? Warum sich den Illusionen des Weltprozesses hingeben, wenn er am Ende doch nur desillusionieren kann? Nein, dann doch lieber gleich gar nichts. »To be *for* not to be?«, Hartmanns Hamlet-Version – das ist kaum eine ernstzunehmende Frage.

Aber Hartmann hat rechtzeitig vorgebaut. Weder als Verheißung noch für den anhaltenden Lebenswillen als Drohung gibt es im strikten Sinn das Nichts »ohne irgend welchen Rest«. Auch die entschlossenste Selbstaufhebung, die eben das intendieren sollte, kann es allenfalls zu jenem relativen Nichts bringen, in dem schon Schopenhauer das Asyl vor einem allzu wörtlich zu nehmenden Nihilismus gesucht hatte. Mit Heftigkeit verwahrt sich Hartmann sogar gegen die Unterstellung, daß sein »Nicht«, nun sorgfältig vom »Nichts« unterschieden, aus einer Welt, die ihrerseits ein potenziertes »Nicht«, eben ein »Nichtnichtsein« ist, zu einem wirklich negativen Nichts führen wolle: So wünschenswert scheint ihm das denn doch nicht (12. A. II 577).

Seinen Preis zahlt er freilich damit, daß sich die Fatalitäten der »creatio continua« auf dem Boden einer nur relativen Vernichtung immer wieder ergeben können. Die Ruh' ist dahin, das Herz bleibt schwer. Bei Hartmann schließt der

Wille nie definitiv mit sich ab. Er ist so peinlich potent, daß er es im Verein mit der willig-widerwilligen Vorstellung immer wieder zu einer Welt bringen kann. Geistlos, wie er ist, verfügt er nicht einmal über das nötige Gedächtnis, »um sich hinfort vor der Wiederholung seines früheren faux pas hüten« zu können (437). Solchen »faux pas« kann man wohl ein Understatement nennen. Der Lebenswille ist jedenfalls nicht ein für allemal belehrbar. Lebenserfahrungen lassen sich ihm offenbar nicht vermitteln.

Müßte die Welt angesichts der drohenden Wiederholungstaten also nicht gewarnt sein? Täte sie nicht gut daran, sich beizeiten zu fragen, warum immer wieder Etwas ist, wenn es bestenfalls zum Nichts zurückführt? Aber die Unbelehrbarkeit, in dem Punkt hat Hartmann gewiß recht, haben fast alle Formen des Lebenswillens gemein, gleich ob er aus einem abgründigen Weltgrund, einem Absoluten, einem Gott oder all jenen spricht, die zugleich Schöpfer und Geschöpf, Opfer und Täter sind.

6. KAPITEL

Die Geburt der Philosophie aus dem Geist der Neurose: Philipp Mainländer entwirft Gottes Selbstmordprojekt. Die Schöpfung als nihilistisches Erlösungswerk. Die Realität der Individuen und das restlose Nichts. Entdeckung des Todestriebs. Asketische Sexualmoral, Apologie des Selbstmords. Der neue Hegesias. Buddha als Sozialreformer. Umwege ins Nichts.

Zwischen Schopenhauer und Nietzsche sind die Kompromißbildungen nicht immer das letzte Wort. Der heute vergessene Philipp Mainländer (1841–1876) lebt und denkt mit blutiger Konsequenz.

Camus' Proklamation des Selbstmords als des einzig wirklich ernsten philosophischen Problems antizipiert und überbietet er sogleich mit der Lösung: Er versteht die Welt definitiv als Selbstmordprojekt. Seine Metaphysik ist Selbstmordmetaphysik. Und im Gegensatz zu all jenen zögerlichen Pessimisten und Nihilisten, die von ihren menschenfreundlichen Zeitgenossen gerne mit der ungeduldigen Frage konfrontiert werden, warum sie denn nicht unverzüglich mit dem verneinten Leben ein Ende machen, läßt Mainländer sich nicht lange bitten. Kaum daß er seine »Philosophie der Erlösung« in die Welt gesetzt hat, erhängt er sich – Philosophie und Leben als tödliche Parallelaktion. Hamlet zaudert nicht mehr.

Für die Psychopathologie der Weltanschauungen, die im negativen Denken den »Negativismus« und in diesem wie selbstverständlich die Krankheit sieht, ist der Fall Mainländer geradezu ideal – noch idealer als die Psychologie Schopenhauers oder in unseren Tagen die Ciorans.

Am Anfang dieses Lebens, das in den selbstmörderischen

Doppelbeschluß für den Philosophen und die Schöpfung mündet, steht eine unaufgelöste Symbiose, eine Liebe, wie sie offener nie von einem Ödipus der Philosophie einbekannt worden ist – nur zu deutlich, was ihn dazu veranlaßt, keine Frage auf dem Herzen zu behalten. Alles, was er »dem weiblichen Geschlecht gegenüber« empfunden hat, fand »seinen Untergang und seine verklärte Auferstehung im Gefühle ... das mich mit meiner Mutter vereinigte. Die Erinnerung an *sie* ist *meine* Ehe, eine unauflösliche Ehe. Sie war meine Mutter, mein Weib, mein Kind in der idealsten Bedeutung der Worte, und ob ich auch von aussen betrachtet als ein einsamer Junggeselle erscheinen mag, so habe ich doch Weib und Kind, und welch ein Weib, welch ein Kind!« (zitiert nach: Fritz Sommerlad: Aus dem Leben Philipp Mainländers. Mitteilungen aus der handschriftlichen Selbstbiographie des Philosophen. In: Winfried H. Müller-Seyfarth [Hrsg.]: »Die modernen Pessimisten als décadents«. Texte zur Rezeptionsgeschichte von Philipp Mainländers Philosophie der Erlösung. Würzburg 1993, 101). Einpersönlich, aber dreifachen Wesens: So kann der Sohnmannvater für das Mutterweibkind den ganzen kleinfamilialen Rollenhaushalt zusammenfassen.

Nur schlüssig unter diesen Umständen, daß die Mutter nach der Einschätzung des Sohnes seelisch als Jungfrau in der Ehe gelebt hat und seine Existenz sich einem Akt »ehelicher Notzucht« verdankt (ebd. 95). Frigide, aber fruchtbar – die Mütter neuzeitlicher Erlöser, die nicht mehr so gehorsam wie ihre Vorgängerinnen sind, denen aber auch nicht mehr die Empfängnis durch den Heiligen Geist offensteht, haben offenbar keine andere Möglichkeit als diese lustlose Synthese – es sei denn, sie gäben sich so kooperativ und listig wie Hartmanns Idee im physisch-metaphysischen Connubium dem männlichen Willen hin.

Als die Mutter, nachdem sie schon den Selbstmord eines

anderen Bruders zu beweinen hatte, selbst schließlich an einem Leiden stirbt, das auf die Geburt des Philosophen zurückgeht, wird sein Leiden so groß, daß er gerade aus schmerzhafter Bindung an die Mutter dem »wilden Instinkt der Mutterliebe« und seinen Folgen ein für allemal absagt. Niemand soll mehr leiden wie sie und er! Die Fixierung auf den mütterlichen Existenzgrund und seine Perhorreszierung gehen in abgründigster Ambivalenz miteinander einher. Das unglückliche Bewußtsein sucht den Schmerz über den Verlust zu stillen, indem es die Quellen verstopft.

Seinen geistigen Vater findet Mainländer in Schopenhauer. Die erste Begegnung mit ihm in einer neapolitanischen Buchhandlung ist ein förmliches Erweckungserlebnis, frappant die Übereinstimmung mit Nietzsche, der fünf Jahre später in einem Leipziger Antiquariat seine Erweckung durch Schopenhauer erlebt.

Bevor Mainländer im freiwilligen Militärdienst die Wonnen der Selbsterniedrigung sucht und Buße für den – spät genug – »erwachenden Geschlechtstrieb« tut, während die »Körner« der väterlichen Schopenhauerschen Philosophie in ihm noch »Samenruhe« halten, legt er auf dem Grabhügel der Mutter ein Virginitätsgelübde ab, das ihr ewige Treue schwört und zugleich allen generativen Fortsetzungsgeschichten abschwört, eingedenk derjenigen, die zur eigenen erlösungsbedürftigen Existenz geführt hat. »Wie hatte ich die greise Frau dort unten geliebt! Wie liebte ich noch verzehrend und ausschließlich das Bild der leidenschaftlichen genialen Mutter? Was hatte sie gelitten, wie ungestüm war sie in ihrem Schmerze! Wie eigenwillig zuckend und schaudernd, wie stolz lag diese grosse Individualität in dämonischer Frömmigkeit! Sie hatte oft, wie JAKOB, mit Gott gerungen und ihn besiegt. So hatte sie (...) ihren zweiten Sohn mit ihrem inbrünstigen Gebete Gott abgerungen, der ihn dem Tode geweiht hatte (...). Und diese Frau mit der wilden Mutterliebe musste später *bereuen*, daß sie ihr Kind aus den Armen Gottes zurückerobert hatte! – Ich dachte daran, wie das in ihr schäumende tobende Meer in mir glatt und blau geworden sei. War es nicht dasselbe Meer?« (ebd. 108). »Was je schwer war,/sank in blaue Vergessenheit,/ (...) Wunsch und Hoffen ertrank,/glatt liegt Seele und Meer«: so wird Nietzsche sich später seinen apollinisch abgeklärten dionysischen Reim darauf machen (KSA VI 396). Der aufgewühlte Familienroman, in dem der Vatergott nicht der Schöpfer-, sondern der Todesgott ist, aber Mutter und Sohn um so mehr »leidenschaftlich genial zucken«, kann in ein glattblaues Vereinigungsmeer münden, wenn die asketische Erlösungsphilosophie des Familienheilands die Wogen geglättet hat.

Besseres Anschauungsmaterial für die Geburt einer Philosophie aus dem Geist der Neurose kann man schwerlich verlangen. Aber wie hätte Mainländer auch so rabiat gegen die Fortsetzungsgeschichten des Lebens denken können, wenn er gesund gewesen wäre. Hinzuzufügen nur, daß ein Leiden, das eine Philosophie erklärt, auch einen legitimen Grund für sie gibt, während die gesunde Philosophie sowohl weniger Ursache wie Grund hat, gegen das Leben zu denken. Das denkende Leiden wie das leidlose Denken – sie haben im Leiden oder in der Leidlosigkeit gleichermaßen ein Motiv *und* ein Argument. Man kann also Mainländer getrost auf die Couch legen. Man kann sogar mit Theodor Lessing das Werk Mainländers »fast kindlich primitiv« nennen, wenn man mit ihm zugleich einräumt, daß es das »radikalste System des Pessimismus« darstellt, welches die »philosophische Literatur kennt« (ebd. 79). Keine Geringeren als Borges und Cioran sind neuerdings Mainländers abwegigen Wegen gefolgt.

Die Philosophiegeschichte der zur Perplexität gesteigerten Verwunderung setzt sich bei Mainländer fort. Die »Entstehung der Welt« ist nun das »einzige Wunder« (Die Philosophie der Erlösung, ed. Müller-Seyfarth, Hildesheim 1996, II 83) – weiß Gott nicht im Sinn einer »hinterweltlichen« Wundertat, sondern einer Genesis, deren Befremdlichkeit die Weltbewohner ratlos nach dem Warum ihres Daseins fragen läßt. »Wüßten wir nur wenigstens, warum wir auf dieser Welt sind«, klagt Mainländer mit den Memoiren Wilhelm von Humboldts (I 210). Doch nur eine verschärfte Frage antwortet der Klage: »Wozu (...) diese Pein (...) ohne Sinn und Resultat, ohne Trost und ohne Rast?« (II 511).

Die von ihrem Dasein Gepeinigten sind für Mainländers Metaphysik nur die zersprengten Vereinzelungen einer vorweltlichen »überseienden« Einheit, die einmal war und nicht mehr ist: so das Erinnerungsbild des negativen Mystikers. Die symbiotischen Impulse, die es bestimmen, werden freilich zunehmend überlagert von der Auseinandersetzung mit der christlich-paternalen Tradition. *»Gott ist gestorben«*, weiß Mainländer mit einer Formel, die Pascals Erschütterungen und den »spekulativen Karfreitag« Hegels nicht mehr in ein Auferstehungsfest münden läßt. Vor Nietzsches »tollem Menschen« entwirft er eine ganz eigene Version des Gottestodes. Sie stimmt mit Büchners »Danton« in der Identifikation von Schöpfung und Selbstmord überein, nur daß es bei Mainländer zunächst nicht das Nichts zu sein scheint, das ihn begeht: Gott ist tot – aber nicht wir haben ihn ermordet, sondern er selber hat das mit der Entstehung der Welt besorgt. *»Sein Tod war das Leben der Welt«* (I 108; II 446f.). Die Geburtsanzeige für das Welt-Kind und die Todesanzeige für den Schöpfer fallen zusammen.

Um so mehr stellt sich die Frage, »*warum* die Begierde den Willen ergriff, aus dem Übersein in das Sein zu treten, d.h. die Welt zu erzeugen« (II 511). Der Schellingsche »Urzufall« kann keine befriedigende Antwort sein. Nein, das göttliche »Übersein«, ausgestattet mit Willen und doch nicht ohne

Vernunft, hatte Absichten, und zwar selbstsüchtige Absichten. Mainländers Metaphysik kennt zwar in erster und letzter Instanz keine Differenz zwischen Schöpfer und Geschöpf, also auch keine Interessengegensätze. Wenn aber der Vorgänger der christlichen Tradition so sehr von Liebe und Honig überfließt, daß er alles nur seiner Geschöpfe wegen unternimmt, so denkt Mainländers Gott durchaus an sich.

Vor der Welt, praeexistent, war das »Übersein« in gewissem Sinn schon eine Art von Nichts, das insofern nun doch an Büchners Nichts erinnert, aber nur ein relatives Nichts: Die Grenzen zwischen dem konturenlosen, unbewegten »Übersein« und diesem relativen Nichts – eher einem »Untersein« – scheinen fließend. Doch das war dem sterbewilligen Gott nicht genug. Er wollte das Nichts im striktesten Sinne, das Nichts »sans phrase«. Er wollte den Tod. Denn *»Nichtsein ist besser als Sein«*, punktum. Mainländer wiederholt dieses offenbar gar nicht mehr begründungsbedürftige Axiom obsessiv. Es gilt schon für das vorweltliche »Übersein«, das mit dem Leiden der Welt, ihrer rastlosen Qual, ihrer Dissonanz noch gar nicht geschlagen ist.

So schuf Gott die Welt. Operieren in der christlichen Gottesvorstellung Schöpfer und Erlöser arbeitsteilig, weil das für beide Rollen Entlastung bringt; belastet die Gnosis gar vorab den Demiurgen, so entwirft Mainländer die spannungsreiche Einheit von vitalem Schöpfungs- und letalem Erlösungswerk. Golgotha wird gleichsam an den Anfang der Schöpfung zurückverlegt – auf daß kein Ostern folge. »Erlösung dem Erlöser«: mit dieser Wagnerschen Denkfigur macht Mainländer in einem wahrhaft finalen Sinn für seinen Schöpfererlöser ernst. Die Frohbotschaft der »Philosophie der Erlösung« – das ist die Zumutung des so christlich klingenden Titels – meint die Verheißung eines wortwörtlich zu nehmenden Nihilismus, der statt »Himmel« nun »Nichts« sagt und die »ewige Ruhe« nicht mehr als fromme

Metapher meint. Auch über Büchners »Danton« geht Mainländer trotz der Gemeinsamkeiten in den ersten und letzten Dingen hinaus. Für Danton bleibt der Selbstmord des Nichts in der Schöpfung eine Art von Sündenfall. Das klingt bei Mainländer im Zerfall der Einheit nach. Aber der schöpferische Selbstmord ist Heilsweg: Gnadenreicheres auf dem Weg ins Nichts gibt es nicht.

Diese provozierende Konstruktion ist nicht etwa dadurch zu entschärfen, daß die vorweltliche Einheit aus der Zersplitterung und Ruhelosigkeit der Welt zu sich zurück wollte. Es gibt überhaupt kein all-eines Unbewußtes wie bei Hartmann, keinen nichtindividuierten Willen wie bei Schopenhauer mehr. Das »Übersein« ist tatsächlich zerfallen. Die Individuen sind real. Das ist außerordentlich folgenreich, weil nun der nihilistische Prozeß zu Ende gebracht werden kann. Mainländer denkt tödlich progressiv: Die Welt ist der kürzestmögliche Weg in ein Nichts, das keine Relativierung und auch nicht mehr die Potentialität einer neuen Welt kennt. Gott *macht* keine Fehler – orthodoxer geht es nicht. Um so gründlicher korrigiert er den Fehler, der er, seine Existenz, ist: »Die Welt ist das *Mittel* zum *Zwecke* des Nichtseins« (I 325). Das ist ihre einzig mögliche Rechtfertigung, wo sonst überhaupt nichts zu rechtfertigen wäre. Theodizee und Ontodizee sind nur um den Preis möglich, daß sie mit der Selbstannihilation Gottes in der Welt zusammenfallen. Der Sinn der Welt ist die Aufhebung ihres Unsinns. Den freilich hat sie: Mit Hartmann teilt Mainländer die Überzeugung, daß die Welt als die umgekehrte Leibniz-Welt die beste aller möglichen ist, weil sie ins Nichts führt und das auf dem kürzestmöglichen Weg tut.

Kurz: Die christliche »creatio *ex* nihilo« wird zur »creatio *ad* nihilum«, zur »Schöpfung für Nichts«. Die Frage: »Warum ist Etwas und nicht Nichts«, deren Blickrichtung sich schon mit Hartmanns doppelt negativer Umbesetzung des

Seins als des »Nichtnichtseins« eingreifend verändert hatte, muß nicht mehr adversativ gewendet werden: *»obwohl* Nichts besser als Etwas ist«; sie mündet vielmehr in die paradoxe Antwort: *»weil* Nichts besser als Etwas ist.« Das Etwas hat nicht etwa mit der Schöpfung den Sieg über das Nichts davongetragen, Mephisto muß sich nicht mühen, das »reine Nicht« gegen seine »Plumpheit« auszuspielen – es ist selber so geschickt, daß es Mephisto arbeitslos macht. Was theologisch Schöpfungslehre, philosophisch Ontologie war, wird Teil der Nichtswissenschaft. So weit in der Liquidierung der platonisch-christlichen Ontotheologie waren auch Schopenhauer und Hartmann nicht gegangen: Das Sein ist ein Teil von jener Kraft, die seit je das Nichtsein will und das auch schafft.

Doch das wird sich der vom Willen zum Leben und Schaffen inspirierte gesunde Menschen- und Gottesverstand nicht so ohne weiteres aufreden lassen wollen. So gibt Mainländer auch den Willen zum Leben preis: Wie das Etwas als Weg ins Nichts, so wird auch die Triebgrundlage des Weltschöpfungsgeschäftes als Organon des Willens zum Tode umdefiniert. Gewiß, es gibt den Willen zum Leben; die Menschen sind nicht alle gleichermaßen auf den Tod erpicht. Um so sicherer aber arbeitet sich der Wille zum Leben am Leben ab und seinem nihilistischen Souverän zu. Wo immer man die Stimme des Lebens zu hören glaubt, ist er der unbewußte Souffleur. Er ist der zentrale vorweltliche Impuls. Er geht in die Welt mitsamt allen ihren Erscheinungen ein. Und er bringt sie, ohne sich »wenden« zu müssen, zu Ende – und zwar so gründlich, daß er auch die Asyle, die Schopenhauers und Hartmanns Verneinungskonzepte noch lassen, nicht mehr gewährt: »Verneinung des Willens zum Leben« ist frank und frei »Bejahung des Willens zum Tode« (II 506 u. ö.). Philosophieren heißt nun wirklich, ohne jeden Vorbehalt und schon gar nicht mit der Hinterabsicht platonischer Seelenaufschwünge zum wahren Sein, sterben zu lernen. »Philosopher, c'est apprendre à mourir: Das ist der (Montaigneschen) Weisheit ›letzter Schluß‹« (II 248 ff.). Denn »bei den Toten gibt es keinen Schmerz«.

Danach braucht es schon einen Freud, um überhaupt die Existenz eines Todestriebes zu rehabilitieren. Das *»Nirwanaprinzip«* als umfassende, finale Spannungsreduktion, das Freud am kühnsten Punkt seiner Überlegungen im Anschluß an einen Begriff Barbara Lows formuliert (Ges. W. XIII 60 u. 372), gibt Mainländers tiefste Intentionen wieder: Er ist der eigentliche Entdecker des Nirwanaprinzips. Freud gewährt noch die Ermäßigung seines dualistischen Triebkonzepts, das Lustprinzip und Todestrieb, Eros und Thanatos am Ende wieder gegeneinanderstellt. Und eine lebensfromm werdende Psychoanalyse glaubt sogar, im Gegensatz von »Bio- und Nekrophilie« (Erich Fromm) den von Gut und Böse zu entdecken. Für Mainländer hingegen ist der unbewußte Wille, ja, die Liebe zum Tode, kosmisches und individuelles Gesetz. »Wo Ich war, soll Nichts werden« – so seine thanatophile, todesliebende Maxime, nicht zu verwechseln mit der perversen »nekrophilen« Liebe zum Tode, die die Frommsche Psychoanalyse der Thanatophilie diskriminierend unterschiebt.

Auf dieser Basis entwirft Mainländer eine »Metaphysik der Entropie« (Ulrich Horstmann), die Physik und Ethik, Geschichte und Politik gleichermaßen umfaßt, vor Hartmann und ohne dessen Kautelen. Wo die Zeitgenossenschaft sich begeistert dem Gesetz der Erhaltung der Energie verschreibt, analysiert Mainländer ungerührt das universale »Gesetz der Schwächung der Kraft« (II 510). Das diktatorische Gesetz des Handelns weicht der Einsicht in das »Gesetz des Leidens«. Das »Gesetz des Verfalls«, ja, der »Fäulnis« organisiert lange vor Spengler das nicht mehr bloß auf das Abendland beschränkte geschichtliche Untergangsprogramm. Mainländer entdeckt eine ganze Reihe von diesen »Gesetzen«, doch sie haben alle dieselbe negative Teleologie – mit der Konsequenz, daß am Ende ihre Selbstaufhebung in eins mit der von Natur und Geschichte stehen wird. Darauf ist Verlaß!

Trotzdem stellt Mainländer den »Gesetzen« auch »Gebote« an die Seite. Noch rigoroser als Schopenhauer und Hartmann vertritt er die Forderungen einer den Willen zum Leben verneinenden Ethik. Das »Gebot der Virginität« wird im Gegensatz zu Hartmann zur conditio sine qua non der Erlösung (I 213 ff., 536). Die erhoffte Vernichtung ist nur scheinbar, wenn das Individuum in seinen Kindern weiterlebt. Daß auch Unfruchtbarkeit ohne Virginität ausreichen könnte, erwägt Mainländer nicht. Seine Sexualmoral folgt der strengsten christlichen Askese sogar soweit, daß er den Mitgliedern des nihilistischen, tendenziell die ganze Menschheit umfassenden Ordens, dessen Statuten er in der Rolle eines neuen Parzival entwirft (II 447 ff.), völlige sexuelle Abstinenz abverlangt. Sie allein ist konsequente und umfassende »Liebe zum Tode. Unerhörte Forderung!« (I 213 ff.). Deswegen kann Mainländer im Gegensatz zu Schopenhauer auch nicht die Todesstunde für wichtig halten, nein, die »Begattungsstunde«, wo das Leben mit der Liebe zu siegen droht, ist entscheidend. »Wenn das Individuum in heftigster Leidenschaft seine Zähne in das Dasein schlägt (...): im Taumel der Wollust wird die Erlösung verscherzt« (I 216 f.). Für eine kurze Wonne tauscht es die Fortdauer des Lebensleidens ein.

Allerdings keine endlose. Im Tod ist in jedem Fall Ende, gegen Schopenhauers tröstlich-trostlose Versicherung der »Unzerstörbarkeit unsers Wesens an sich«: Der Tod ist ganzer Tod. Auch Schopenhauers Verbot des Selbstmordes gilt nicht mehr. Hier hört die asketische Strenge auf: Die Lust *auf* Selbstmord, die Wollust *des* Selbstmords ist die, welche sich das Leben gestatten darf: »Wohl uns Allen, daß uns von milder Hand eine Thüre geöffnet worden ist, durch die wir, wenn uns die Hitze im schwülen Saale des Lebens unerträglich wird, in die stille Nacht des Todes eingehen können. Nur der crasseste Despotismus kann den Selbstmord bestrafen« (I 545 f.).

Die finale Ungeduld, die nicht länger auf die Erlösung warten will, mag also getrost zur Tat schreiten! Die Leidenden haben das Lösegeld für ihre Erlösung ohnehin reichlich genug bezahlt (I 261). In jedem Selbstmord vollzieht das Individuum nur das Selbstmordprojekt Gottes für sich. Es bejaht nicht etwa mehr, wie Schopenhauer unterstellt hatte, in irgendeiner Form das Leben. Es will vielmehr das Nichts, das es als das Bessere erkannt hat, ganz und sofort. Und es bekommt es. Die negative Antwort auf die Grund-Frage scheut auch die existentielle Konsequenz nicht.

Seit dem hellenistischen Philosophen Hegesias, der sich auf Grund seiner unwiderstehlichen Todesrhetorik den Namen eines »Peisithanathos« (»der zum Tode überredet« oder gar »vom Tode überzeugt«) verdiente, ist nicht mehr so unverhohlen und suggestiv die Selbsttötung empfohlen worden. Mainländer ist der neue Hegesias. Hamlet wie jeder »Lebensmüde, welcher sich die Frage stellt: Sein oder Nichtsein?« (I 349 ff.), kann sie endlich entscheiden, ohne sich noch von irgendeinem unbekannten Sein schrecken zu lassen. Es gibt keine Unsicherheit mehr, die eine todesfürchtige Moral ausspielen könnte. Hamlet weiß. Und sein Todestrieb will und darf wollen, was er weiß. Goethes Werther würde von diesem Hamlet gegen seinen Autor, den ob seiner suicidalen Überzeugungskraft die Angst vor der eigenen Courage gepackt hat, zweifellos wieder ins Recht gesetzt werden: »Sei ein Mann und folge mir nach!« Cioran und alle Möchtegernselbstmörder, die es schaffen, uralt zu werden, dürften nicht auf Beifall rechnen. Das Erlösungsritardando, das sich die Bodhisattvas des Mahayana-Buddhismus im Gegensatz zu den Buddhas vor dem Eingang ins endgültige Mahaparinirwana auferlegen, um zum Erlöser der Verblendeten werden zu können, ist Mainländers Sache nicht. »Wir wollen Alles«? Weit gefehlt: »Ich will Nichts«, und zwar restlos und unmittelbar.

Allerdings sind die beiden Rollen für ihn letzten Endes keine Alternative: Er glaubt, gerade dadurch auch zum Bodhisattva werden zu können, der den Erlösungsweg weist, daß er ein für allemal das suicidale Zeichen setzt. Nur ist das selbst für ihn in bezug auf die noch weiterlebende Zeitgenossenschaft nicht genug. Mit Hartmann teilt er bei aller Allergie das Konzept einer Ethik, die Pessimismus und Aktivismus zu einer Praxisphilosophie des Als-Ob verbindet. Selbst den Optimismus der Epoche will er sich genausowenig wie Hartmann nehmen lassen, im Gegenteil, zum Fortschritt der Geschichte will er beitragen, als ob von ihr das Glück zu erwarten wäre. Als invertiertes Glück ist es das sogar; vernünftig geht es zu in der Welt, man muß nur das Vorzeichen ändern, weil die Geschichte in der Tat zum seligen Ende den Fortschritt ins Nichts verspricht. Auch die Geschichtsphilosophie wird von Mainländer als Erlösungsphilosophie konzipiert.

Die Probe darauf liefert Mainländers »Soldatengeschichte«. Gleich auf welcher Seite der Front, ob preußisch-deutsch oder französisch – »Patrioten aller Länder, vereinigt euch! Denn gemeinsam, wenn auch gegeneinander, steht ihr im Dienste des Willens zum Nichts.«

Aber Mainländer engagiert sich auch massiv in der »sozialen Frage« und für den »idealen Staat« (I 309). Er wird utopischer Sozialist (mit einigen durchaus realistischen Einschlägen), weil er so den U-Topos, das Nirgendwo und Nirgendwann, ganz, buchstäblich zu finden hofft.

Die Rolle des aktivistischen »weisen Helden« ist bei ihm nicht durch die Hartmannsche Personalunion von Bismarck und Buddha, sondern durch eine Art von Lassalle-Buddha besetzt. Den Hintergrund liefert wieder das von Hartmanns Illusionenlehre vorgezeichnete Konzept einer Enttäuschung durch Erfüllung: Nur ein satter Wille ist sterbewillig. Anders als bei Hartmann müssen die Illusionen nicht einmal ein Hindernis sein. Entweder, wie bei den Christen, in deren Jenseitshoffnung Hartmann noch das zweite Stadium der Illusion entdeckt, hat der pessimistische Wille zum Nichtsein schon gesiegt; wie nach ihm Nietzsche sieht Mainländer die Christen als Nihilisten (II 630). Oder man muß nur den richtigen Gebrauch von den Illusionen machen. Gerade indem sie die Menschen mit der Erfüllung in die Enttäuschung stürzen, werden sie zum wirksamsten Sterbehelfer (II 629). Man muß die Menschen, alle Menschen, nur *»auf diejenige Erkenntnißhöhe bringen, auf welcher allein das Leben richtig beurtheilt werden kann«* (I 295).

Insofern geht es zunächst um eine *»Bildungsfrage«*. Damit sie aber gelöst werden kann, müssen vorher die ökonomischen und sozialen Hindernisse ausgeräumt sein. Die Menschen glauben, »›das Leben habe Werth. Sie halten die Reichen für glücklicher, weil sie besser essen, trinken, weil sie Feste geben und Geräusch machen. Sie meinen, das Herz schlage ruhiger unter der Seide als unter dem groben Kittel. So *enttäuscht* sie, aber nicht mit *Redensarten*, sondern durch die *That*. Laßt sie erfahren, selbst schmecken, daß weder Reichthum, Ehre, Ruhm, noch behagliches Leben glücklich machen. (...) *Satt* von allen Genüssen, welche die Welt bieten kann, müssen erst alle Menschen sein, ehe die Menschheit reif für die Erlösung werden kann, und da ihre Erlösung ihre *Bestimmung* ist, so *müssen* die Menschen satt werden, und die Sättigung führt nur die gelöste sociale Frage herbei« (I 302, 308).

Pessimistische Leidensgewißheit, quietistische Zielsetzung, invertiertes Fortschrittsdenken und sozialkritische Praxis sollen sich zu einem humanitären Nihilismus verbinden, der nicht mehr der Ideologiekritik unterliegt: »›Du lügst, du stehst im Solde der Bourgeoisie‹« ruft der Ausgebeutete, der andere Probleme als das Sein und das Nichts hat, dem Philosophen zu. »›Wohlan‹, sagt dieser, ›du wirst es erfahren‹« (I 594).

»Von der *Lösung* der sozialen Frage hängt die *Erlösung* der Menschheit ab« (I 301). Die Brahmanenkaste liefert das Modell: Sie konnten und mußten die »Erkenntniß, daß das Leben werthlos sei«, finden, »weil sie dem Kampf um's Dasein vollständig enthoben waren, ein reines beschauliches Leben führen und alle Kraft ihres Geistes für die Lösung des Welträthsels verwenden konnten. Sie nahmen ferner die erste Stellung im Staate ein: glücklicher als sie (glücklich im populären Sinne des Wortes angewendet) konnte Niemand sein, und deshalb warf sich nicht zwischen sie und die Wahrheit der Schatten, der das Urtheil der Niederen trübt, nämlich der Gedanke, daß das Glück die Höhen vergoldet und nur nicht in die Thäler dringen kann, daß es also in der Welt wirklich anzutreffen ist, nur nicht überall. Indem sie in ihr Inneres tauchten, ergründeten sie die Welt und ihre *leeren* Hände richteten die Welt« (I 238). Eine nihilistische Elite also. Man muß ihr soziales Privileg nur allgemein machen.

Fraglich allerdings auch bei Mainländer, wie denn nach der Lösung der sozialen Frage das erlösende Finale ins Nichts aussehen soll. Hartmanns Phantasien parodiert er höhnisch: »Nachdem aus allen Erdtheilen in Berlin telegraphische Meldungen eingelaufen sind, worin die Anzahl Derjenigen, welche die Welt vernichten wollen, angegeben ist, addiren Sie die Willensverneiner und finden, daß die Majorität etwa 10 000 Menschen beträgt. Sie stoßen einen Freudeschrei aus und eilen alsbald in die Französische Straße, wo Sie, sagen wir 10 000 Depeschen aufgeben des Inhalts:

Morgen Mittag um zwölf Uhr präcise findet Welterlösung statt. Alle haben sich gleichzeitig zu tödten. Mordinstrument nach Belieben.

Der Mittag kommt und nun ermorden sich x Millionen Menschen. (...) Sofort beginnt die Götterdämmerung« (II 640f.). Und auch die Natur läßt sich nicht lange bitten: Sonne, Mond und Sterne fallen fröhlich ins Vernichtungsfest ein, auf daß »endlich Ruhe wird«.

Daß Hartmann den Selbstmord, gar einen Massenselbstmord, ausgeschlossen hatte, wird dabei ignoriert. Mainländers eigene finale Spekulationen kommen dieser Lösung sogar um einiges näher: »Im idealen Staate wird die Menschheit das ›große Opfer‹, wie die Inder sagen, bringen, d.h. *sterben*. In welcher Weise es gebracht werden wird, kann Niemand bestimmen. Es kann auf einem allgemeinen moralischen Beschluß beruhen, der sofort ausgeführt wird, oder dessen Ausführung man der Natur überläßt. Es kann aber auch in anderer Weise bewerkstelligt werden« (I 311). Das klingt ominös genug. Die Frage Nietzsches an den Philosophen: »Wenn er ein Wort fände, das ausgesprochen die Welt vernichten würde, glaubt ihr, er spräche es nicht aus?« (VII 496), könnte diesen Philosophen durchaus treffen. Als bedenklichste Konsequenz der nihilistischen Antwort auf die Grund-Frage rückt ein globales Jonestown hier tatsächlich in den Bereich des Möglichen; die Vernichtung würde mit dem Vorzugscharakter des Nichts Ernst machen. »Die Bewegung der Menschheit aus dem Sein in das Nichtsein deckt nun alle, alle besonderen Bewegungen. Der Denker, der sie erkannt hat, wird kein Blatt der Geschichte mehr mit Erstaunen lesen, noch wird er klagen«, beispielsweise über »die Millionen Menschen, welche (...) alle Kriege in die Nacht des Todes gestoßen haben. *Die ganze Menschheit ist der Vernichtung geweiht*« (I 315). Selbst, gerade wenn es im Widerspruch zum »Gebot der Virginität« zu einer »vollkommenen

Bevölkerung der Erde« kommen sollte, wird diese »zusammenfallen mit der Erlösung der Menschheit« (I 596) – eine gar nicht zynisch gemeinte Prognose. Und wie sieht die erlöste Menschheit aus? »An ihrem Ende (...) stehen nur noch *Müde, Ermattete, Todtmüde und Flügellahme* (...), alle *Gefühlsbande* sind allmählich zerrissen worden: *der Mensch ist matt*« (I 311 und 315).

So zielsicher der Prozeß der Geschichte also der Erlösung zustrebt, so freudig er in Angriff genommen wird – er bleibt für alle Beteiligten, die Individuen nicht anders als den zersplitternden Gott, ein Weg des Leidens, der sein Optimum allein darin findet, daß er ins Nichts führt. So provoziert gerade der nihilistische Heilsweg weitere Fragen, die wieder auf die nach dem Warum der Welt zurückführen. Die erste, wichtigste: »warum er (Gott) überhaupt das Nichtsein dem Übersein vorgezogen hat« (I 325), wie Mainländer ausgerechnet aus der Existenz der Welt schlußfolgert, wenn der Weg zum Nichtsein über das Sein mit lauter Qualen gepflastert ist und das vorweltliche all-eine Übersein schon in jener »absoluten Ruhe« war, die für Mainländer – hier denkt er doch zyklisch – erst das nachweltliche absolute Nichts wieder verheißt?

Wie hat sich seit Leibniz die Perspektive verändert: Jetzt steht nicht mehr der Vorzug des Etwas zur Frage, sondern der Grund für die Bevorzugung des Nichts. *Daß* der selbstmörderische Gott sich dafür entschieden hat, ist nicht weniger klar als für die Schöpfungslehren die Entscheidung für die Schöpfung. Ex negativo kehrt auch ihre Antwort wieder: Bereits »die *Thatsache* der Welt« beantwortet für Mainländer die Frage hinreichend. »Es muß wohl das Nichtsein vor dem Übersein den Vorzug verdient haben, sonst würde es Gott in seiner vollkommenen Weisheit nicht erwählt haben« (I 325). Schließt Leibniz aus der Tatsache einer Weltschöpfung auf die beste aller möglichen Welten, so Mainländer eben daraus auf den Vorrang des Nichts. Der schöpferische »Logos« in seiner vollkommenen Weisheit gestattet nun eine vollkommen gegensätzliche Schlußfolgerung. Die Faktizität des Seins belegt die Normativität des Nichts. Weil die Welt ist, weiß man, daß sie das »nicht sein Sollende« und das Nichts das »sein Sollende« ist.

Natürlich kann dieser Schluß genausowenig überzeugen wie Leibniz' positive Konstruktion. Aber im Grunde braucht Mainländer, anders als Leibniz' auf rational zureichende Gründe verpflichteter Gott, auch gar keine Gründe, weil der Wille zum Tode wie vorher Schopenhauers verneinter Wille zum Leben oder später Nietzsches sich selbst bejahender Wille zur Macht aller Gründe spottet. Die Irrationalisierung des Willens, gleich welche Richtung er einschlägt, macht weitere Fortschritte. Bevor sich die Grund- als Rechtfertigungsfrage überhaupt richtig stellen kann, fällt der Wille mit seiner Antwort ins Haus. Mainländers Hunger nach Tod bedarf wie jeder Hunger keiner Rechtfertigung.

Findet Mainländer sich aber doch zu Begründungen bereit, so gewinnt er sie in einer kühnen Volte: Die Qualen des Seins, welche die Frage nach dem Grund des Wegs vom Übersein über das Sein ins Nichtsein erzwingen, beantworten sie auch. Gott wie die Menschen, so die zirkuläre Konstruktion, werden durch das ruhelose und qualvolle Leben eben von der Lebensqual befreit. Die Welt ist die Hölle und der Ort der »Vernichtung der Hölle« zugleich, wo der »absolute Tod« zum »süßen« Erlöser wird (I 216).

Die zweite Frage: »Warum zerfloß nicht Gott, wenn er das Nichtsein wollte« – wie für Mainländer aus der Existenz der Welt unbezweifelbar hervorgeht –, *»sofort* ins Nichts« (I 323)? »Warum wollte Gott nicht *früher* das Nichtsein?« Und wenn man wie Hartmann mit der Gefahr von Wiederholungstaten in Form kontinuierlicher Schöpfungsakte rechnet, warum dann keine sofortige definitive Selbstkorrektur des ersten Lapsus? Die selbstmörderische Ungeduld spricht, der Mainländer auch persönlich nachgegeben hat, ohne noch auf den erwarteten Welterfolg seines Jahrtausendwerkes zu warten. Aufschub verträgt er nicht. Umwege mag er nicht. Warum also ist überhaupt erst einmal Etwas und nicht vielmehr sofort Nichts?

Wenn die Theolosophie sich fragen mußte: »Warum nicht schon früher die Schöpfung, wenn sie etwas so Erfreuliches ist?« so macht Mainländer daraus: »Warum erst so spät der Anfang vom Ende der ganzen Seinsmisere?« Auch seine Antwort ist das negative Spiegelbild der Theolosophie: »Früher«, »später«, das sind Zeitbegriffe, die in der ruhigen Ewigkeit des Überseins keinen Sinn haben; sie fangen erst mit dem Anfang der Welt zu gelten an.

Eine geradezu kirchenväterliche Antwort, als ob Mainländer der nihilistisch gewordene Augustinus wäre. Das Rätsel des Anfangs der Selbstbewegung in einem zeitlosen Übersein kann auch sie nicht lösen. Zur nihilistischen Ungeduld Mainländers bietet diese Konstruktion ohnehin kein überzeugendes Gegengewicht. Das von der Sehnsucht nach Erlösung getriebene Leben wird sich sein »Je früher, desto besser« so nicht ausreden lassen, weil für es der Anfang vom Ende nun einmal das Vordringlichste ist.

Um so mehr wird es sich an der enormen Paradoxie des ganzen göttlichen Selbstmordprojektes stoßen. Warum mußte Gott »erst *sein*, wenn er *nicht* sein wollte« (II 507)? Warum dieser Umweg statt der unverzüglichen erlösenden Himmelfahrt der Selbstvernichtung? Verkündet Leopold von Rankes frohe historistische Botschaft ihr »unmittelbar zu Gott«, so drängt Mainländers frohe nihilistische Botschaft doch eigentlich unmittelbar zum Nichts.

Aber das ist die einzige Wesensgrenze, die er für das göttliche »Übersein« gelten läßt. »Die einfache Einheit konnte nicht durch sich selbst aufhören zu existiren« (I 324). Sie stand sich »selbst im Wege«. Sie brauchte die Vermittlung der Welt, die der wahre Heiland ist, das »*einzig mögliche* Mittel« zum angestrebten Erlösungszweck. »Gott erkannte, daß er nur durch das *Werden* einer realen Welt der Vielheit (...) aus dem Übersein in das Nichtsein treten könne« (I 325).

Die Tatsache der Welt beweist jedenfalls stringent, daß eine direkte Selbstvernichtung nicht stattfand und – so wieder Mainländers Schluß von den Fakten auf deren Notwendigkeit – nicht stattfinden konnte. Anders als ein Selbstmörder, der souverän todesunmittelbar Hand an sich legt, ist der Schöpfer zu keinem autonomen Selbstmordprojekt imstande. Er braucht die Geburtshilfe des Seins für seine Euthanasie.

Das wertet die Geschöpfe gegenüber dem vormaligen Herrn über Leben und Tod als Sterbehelfer auf. Was sollte ihm zum Tode verhelfen, wenn nicht seine Weltenkinder? Ob sie sich indessen nicht bedanken werden, einem Schöpfer aus dem Dasein zu verhelfen, der das ihrige auf dem Gewissen hat? Oder sollten sie sich etwa gerade so dafür revanchieren wollen? Nun, Mainländers Metaphysik kennt in erster und letzter Instanz keinen Unterschied zwischen dem göttlichen und dem menschlichen Selbstmordprojekt, weil die Welt mit ihren realen Individuen nichts anderes als der auseinandergefallene Gott ist.

So hilft man einander, wie man kann. In jedem Selbstmord, wie Mainländer es vorexerzieren will, wird Gott von und mit den Menschen erlöst.

Für eine weltliche Lesart der Grund-Frage nach dem Tod Gottes bei einstweiligem Weiterbestehen der Welt bleibt freilich eine gewisse Inkonsequenz. Einerseits ist bei Mainländer vom Vorrang des schwereren und komplizierteren Etwas vor dem einfacheren und leichteren Nichts nichts mehr übriggeblieben. Er inthronisiert, wo noch Schopenhauer und Hartmann zurückschrecken, ohne Wenn und

Aber das Nichts als den einzigen wahren neuen Gott. Mainländer entschwert das Sein durch die unendliche Erlösungsfähigkeit des Nichts.

Andererseits wird das individuierte, zersplitterte, ruhelose innerweltliche Sein trotz bester nihilistischer Aussichten doch wieder mit den Lasten eines göttlichen Selbstmordprojektes beschwert. Ein nachmetaphysisches Denken, das von keiner vorweltlichen Einheit mehr weiß, kann sich zwar sehr wohl aus der Erfahrung des Seins über den Vorzug des Nichts belehren, aber es wird sich deutlicher noch als bei Hartmann die Frage nicht ausreden lassen, warum es denn überhaupt das Etwas wollen sollte, wenn dieses doch nur das Mittel zum Nichts ist. »To be *for* not to be? Warum der ganze Seinslärm um Nichts?«, das ist hier eine noch absurdere Frage. Mainländer selber wäre doch das beste Exempel dafür, daß sich der Weg ins Nichts ganz unmittelbar und in eigener Regie zurücklegen läßt: der Mensch als freier Mitarbeiter am nihilistischen Erlösungswerk. Und hat Mainländers Psychopathologie ihn nicht auch instand gesetzt, die klägliche Schöpferrolle für anderes Etwas unterwegs zum Nichts erst gar nicht zu spielen, wo doch nur das Etwas des Weges ins Nichts bedürfte?

Am besten also unter diesen Auspizien, man ließe alles besser gleich ganz sein. Mainländer mußte noch seinen strapaziösen Virginitätsobsessionen, seinen heillosen symbiotischen Bindungen die Treue halten, damit die Hochzeit mit dem Nichts zustande kam. Aber warum es sich denn so schwer machen? Heute stehen für die Erlösung doch ganz andere Mittel zur Verfügung . . .

7. KAPITEL

Der Realdialektiker Julius Bahnsen entdeckt das »Tragische als Weltgesetz«. Gott schafft nicht mehr »aus dem Blauen«. Der Widerspruch als Rabenvater aller Dinge. Die Philosophie wundert sich nicht mehr – sie erschrickt. Der Schmerz spricht. Wider den »kosmogenischen« Logos. Das Diktat der Geburt und der Wille zum Nichts. Philosophie des Selbstmords. Die Ewigkeit der Welthölle. Der »eiserne Kanzler« der Metaphysik.

Das Nichts als Möglichkeit der Erlösung, der Nihilismus als neues Evangelium: Das ist die paradoxe optimistische Wendung, die nach Schopenhauer die Philosophie des 19. Jahrhunderts immer entschlossener zu nehmen scheint. »Es gibt ein Ende«, lautet nun die Verheißung. Doch die »Realdialektik« Julius Bahnsens (1830–1881) versagt auch diese Ausflucht. Sie entdeckt das »Tragische als Weltgesetz«.

Schon Schopenhauer hatte den Willen so sehr im Widerstreit mit sich selber gesehen, daß er seine Zähne stets in das eigene Fleisch schlug: eine selbstverzehrende Macht. Mit der Welt als Vorstellung war der Dualismus, den Schopenhauers Metaphysik eigentlich aufheben wollte, durch die Hintertür des Intellekts vollends wieder hereingekommen. Doch der blinde, wenn nicht dumme Wille hatte sich so dank einer listigen Vernunft, die man bei Schopenhauer eigentlich am allerwenigsten vermutet hätte, auch ein Licht angezündet, das ihm wider Willen heimleuchten konnte. Bahnsen hingegen verlegt den Widerspruch irreparabel in das »Wissen und Wesen der Welt«: »Es gibt keine Hilfe, nicht einmal vom Nichts«, lautet die unfrohe Botschaft. Warum dann aber überhaupt noch fragen, warum Etwas ist und nicht vielmehr Nichts? Bahnsens »Wissen« über das »Wesen« der Grund-Frage ist so radikal wie desperat.

Der Glaube an einen »Logos« der Schöpfung, den die idealistische Dialektik mit ihrem Faible für die positive Kraft des Negativen trotz aller Irritationen wiederherzustellen versucht hatte, ist für Bahnsens »Realdialektik« gänzlich unglaubhaft geworden. Ja, wenn das »eigentliche Prius« der Welt das Logische wäre, dann erhöbe »sich leichtlich vom Nichts her das Sein und das Etwas« (Der Widerspruch im Wissen und Wesen der Welt, Berlin 1880/2, I 193). Das »schöne blaue Nichts« (I 189) war die angestammte Domäne des theistischen Schöpfers: Er schuf sozusagen »aus dem Blauen«, wenn er aus dem Nichts schuf. Geht man aber »so ehrlich wie bescheiden vom ›gegebenen‹ Etwas« aus, dann verdunkelt sich der Himmel rapide, und es lichtet sich kein Schöpfungsgrund. Der »Schmerzgehalt« des Lebens ist vielmehr das wahre empirische Prius.

Schmerz ist die Erfahrung der »Unseligkeit eines ewigen Ungenügens« (II 97), eines Widerstreits in allen Verhältnissen und Dingen, der nie befriedet werden kann. »*Nichts* ist einfach«, aber die an Leibniz erinnernde Formulierung meint nicht die Verheißung eines »einfacheren und leichteren Nichts«, sondern nur, daß »*alles* zweideutig ... und unvereinbaren Sinnes« ist (I 208). Wenn der Krieg nach Heraklit der »Vater aller Dinge« sein soll, so präzisiert Bahnsen, daß er der Rabenvater aller Dinge ist.

Im Schmerz äußert sich die »Urdifferenz des selbstentzweiten Willens« (I 210), die ihn in allen seinen individuellen Formen bestimmt. Einen unzersplitterten Urwillen, der als »Ding an sich« jenseits der Vereinzelungen läge, gibt es im Gegensatz zu den Illusionen der »All-Einler« für Bahnsen nicht. Das Individuum ist Wille, der Wille individuell. Wie bei Mainländer ist die Realität des Individuellen nicht mehr bezweifelbar.

Der Wille ist deswegen in tragisch-unauflöslichem Widerstreit mit sich, weil sein Wesen eine einzige Mésalliance von

Wollen und Nicht-Wollen, Bejahung und Verneinung, Sein und Nicht-Sein, Leben und Nicht-Leben ist. Er will ein Etwas; er bejaht ein Ziel und damit auch sich. Aber indem er das tut, verneint er sich zugleich, weil er mit dem gewollten Erreichen des Ziels nicht bloß zum leeren, objektlosen Willen wird, welcher der Langeweile verfällt, wie es Schopenhauer gesehen hatte, sondern immer auch will, wollen muß, daß er als Wille erlischt. So will er immer das Wollen und das Nicht-Wollen in einem. Was später Heidegger über Nietzsches »Willen zur Macht« sagt: Er ist »Wille zum Willen«, sehr wohl; aber eben damit ist er auch Wille zum Un-Willen, Un-Wille zum Willen. Er ist Selbstbekräftigungs- *und* Selbstvernichtungswille, Wille, der gleichermaßen »*zum* Leben« wie »*vom* Leben« kommen will (II 426).

Angesichts dieses Antagonismus, der alle dualistisch bleibenden Theorien von Lebens- und Todestrieben überbietet, weil er ein- und demselben Willen zugeschrieben wird, ist es nichts mit den scheinrationalen Identitätsbegriffen der Logiker, noch weniger mit ihrem Prinzip des zureichenden Grundes. »Die Frage, auf welche sich die Logiker soviel *einbilden:* warum ist nicht nichts?« (II 98), wird bei ihnen – so die den Logiker Leibniz nicht treffende Unterstellung – vom »blossen Causalitätsbedürfnis« formuliert. Doch ihren eigentlichen »Ursprung wie ihr Recht« hat sie nur in der Dissonanz-, der »Schmerzempfindung des Daseins«. Nicht als theoretische, nur als existentielle ist die Grund-Frage wirklich motiviert und legitim. »Wäre die Welt nach Wesen und Dasein ein Selbstverständliches, so gäbe es (...) keine Philosophie.« Da sie aber ist, wie sie ist, steht das »concrete Individualwesen«, das »*seiner selbst* als eines (...) unvereinbaren Zusammens von Ja und Nein innewird«, konsterniert vor der »absoluten Räthselnatur der Welt« (I 7ff.). Das philosophische Staunen, seit Schopenhauer schon auf das »praktische Problem« der Welt bezogen und zur Perplexität gesteigert, eskaliert bei Bahnsen zu einem »tiefen Erschrecken« über den Weltschrecken. Schmerz und Widerspruch werden zur negativen Muse der Philosophie.

Das ist keine subjektivistische Attitüde. Die präzise ontologische Bedeutung der »Schmerzempfindung des Daseins« liegt vielmehr darin, daß sich »*der Schmerz (...) unmittelbar selber durch sein eigenstes Wesen als das besser Nichtseiende legitimirt,* und das übersetzt die ethische Bezeichnungsweise in ein Nicht-sein-sollendes – (oder genauer: Sein-nicht-sollendes)«: so Bahnsens Fortführung von Schopenhauers und Hartmanns negativer Ontologie, die auch bei ihm der platonisch-christlichen Konversionsontologie diametral widerspricht. Der Schmerz ist der praktizierende Ontologe. Die Natur des »Nicht-sein-sollenden, des Bösen, des Übels« gibt sich »jedem davon betroffenen oder auch nur berührten Fühlen unmittelbar als ein Nichtgewolltes zu erkennen (...): der Wille begnügt sich nicht zu sagen: ich will nicht, daß dies oder jenes sei, sondern geht dazu fort zu sagen: *›ich will, daß dies oder jenes nicht sei‹*« (II 212ff.).

Wenn also mit dem Schmerz, dem Bösen, dem Übel etwas Nicht-sein-Sollendes und Nicht-Gewolltes ist, dann kann man sich den »Urfragen aller Philosophie« nicht entziehen: »Warum ist ein Sein? warum giebt es überhaupt ein Seiendes? Warum ist nicht Alles im friedevollen, widerspruchslosen Schose des Nichtseins verblieben?« (I 188). Dann muß sich die Philosophie dem »kosmogenischen Urproblem« stellen (II 434). Dann muß sie das »›gegebene‹ Etwas« daraufhin ansehen, »wie weit es etwa (...) vom Werthe eines bloßen Nichts sich unterscheide« (I 193). Wie schon bei Schopenhauer ist die Pointe der zur Urfrage gewordenen Frage die, warum ist, was ist, wenn das Nicht-sein-Sollende ist und das sein-sollende Nichts nicht ist.

Hier kann auch nicht das abgetönte »blaue Weltwunder« Hartmanns mit dem negativen Weltzweck der Selbstaufhebung des Willens weiterhelfen; denn wenn das die Absicht war, »wieviel ›vernünftiger‹« hätte dann der unbewußte Wille »selber daran gethan, wenn er (...) für alle Ewigkeit im Schose des Nichtbewußtseins geblieben wäre«; dann hätte es ja »niemals eine Empfindung noch einen Schmerz gegeben, und damit wäre jede Erlösung vom Dasein etwas total Ueberflüssiges geblieben« (I 209). Alle Lektionen, die den Sinn des Leidenslebens darin sehen, vom Leidensleben zu befreien, leuchten Bahnsen nicht ein.

Wie man es also auch dreht und wendet – das Dasein sieht »so wenig nach einem Gnadengeschenk aus, daß sich von selber Einem die Parodie« aller Seinsbegründungen von Gnaden eines »kosmogenischen« »Logos«, zu schweigen von seinem vermeintlichen Klages'schen Antipoden: dem »kosmogonischen Eros«, »auf die Lippen legt: ›Gebet dem Teufel, was des Teufels ist.‹« (II 488). Lessings sarkastisches Lob auf die Unvernunft der Offenbarung ist Bahnsen aus der Seele gesprochen: »›Es hat Weltweise gegeben, welche das Leben für eine Strafe gehalten; aber den Tod für eine Strafe zu halten, das konnte ohne *Offenbarung* schlechterdings in keines Menschen Gedanken kommen, der nur seine Vernunft braucht‹« (II 437). Und wenn uns die theologisch oder sonstwie motivierte »ungebrochene Lebensbejahung« zu bedenken gibt, wem wir »die eigene Existenz zu ›verdanken‹ haben«, so wird der Pessimist zuverlässig »antworten, er ›bedanke sich dafür‹, für so etwas ›dankbar‹ sein zu sollen«. »Herr, halt' ein mit Deinem Segen!« betet allenfalls noch die Frömmigkeit, die dem gottgeschenkten Gaul ins Maul geschaut hat (II 489).

Das »experimentum crucis« zur Grund-Frage findet folgerichtig in dem Moment statt, wo das Etwas, das niemand erbeten hat, »gegeben« und die Schöpfung konkret wird: bei der Geburt. »Schon die allererste Minute lehrt den Geborenen«, der angeblich zur Welt kommt, um das Licht der Welt zu erblicken und *in* der Welt zu sein, »daß er nicht die Welt, die Welt nicht er sei. So steht eine Negation am Eingang des Lebens, wie ein Cherub mit flammendem Schwert vor dem Paradies des Nichtseins« (II 7). Die Engel des Herrn müssen ihre Aufgabe umdefinieren: Das Reich Gottes beginnt an einer ganz neuen Demarkationslinie. In seiner »Charakterologie« zitiert Bahnsen den so schlichten wie berührenden »Seufzer« eines Schülers: »Der Mensch wird überall zu wenig gefragt, ob er mit dem zufrieden, was mit ihm vorgenommen werden soll: *er wird nicht einmal gefragt, ob er zur Welt kommen wolle oder nicht,* und das ist ein großes Uebel, denn man geräth in große Verlegenheiten oft blos, weil man auf der Welt ist, und andere Leute nehmen es einem noch dazu übel« (Beiträge zur Charakterologie, Hrsg. J. Rudert, Leipzig 1932, I 49).

Die »Verlegenheiten«, in die man »oft blos« schon durch die Geburt gerät, sind in der Tat beträchtlich, wenn der Schock des Anfangs in die »Schmerzempfindung des Daseins« übergeht. Wer »zaghaft vor dem Generationsacte« steht, ist sich wenigstens instinktiv »des vollen Ernstes seiner Folgen (...) bewusst« (II 145). Aber es zeichnet sich schon die Möglichkeit von »Kunstproducten« ab, wo mit »Sperma-Conserven im Glycerin« – das schreibt Bahnsen 1867! – die Zeugung zum bedenkenlosen Herstellungsgeschäft, einem »bloßen business, einer bloßen teknopoiía« wird, wenn auch einstweilen »der chemisch producirte Homunculus noch auf sich warten läßt« (II 146f.). Heute tut er das nicht mehr. Gefragt freilich wird auch er nicht, ob er hergestellt werden wolle oder nicht, so bewußt geplant seine Produktion ist. Ganz im Gegenteil: Je technischer, je willentlicher die Herstellung, um so deutlicher wird die Unwillentlichkeit (das heißt noch nicht: die Widerwilligkeit) der Existenz.

Gerade aber, weil bei der Geburt die Frage unterbleibt,

nach Lage der Dinge unterbleiben muß, ob der Mensch zur Welt kommen wolle oder nicht, gewinnt die Grund-Frage prinzipielle Bedeutung: Sie ist die Nachhol-, die Ersatzfrage in bezug auf das Diktat der Geburt. Ja, insofern aus ihr das friedlose, schmerzgepeinigte Leben spricht, das in den vorgeburtlichen, widerspruchs- und schmerzfreien Frieden zurückwill, meldet sich in ihr der Wille zum Nichtsein zu Wort.

Der wohnt dem selbstentzweiten, in Bejahung und Verneinung dissonierenden Willen allerdings schon per se inne, auch ohne »Abschätzung des Existenzwerthes«, ohne Verdikt des »Lieber-nicht-seins, des Nichtseinsollenden oder des ›besseren‹ Nichtseins« (I 210). Die Grund-Frage wird so von Bahnsen gleich doppelt fundiert: Ihr letzter Grund ist der Wille zum Nichts, der sie auch schon beantwortet, wie ihr erster Grund das Diktat der Geburt ist.

Aber natürlich gibt es noch eine entschiedenere Möglichkeit, den Willen zum Nichts zu betätigen: den »Selbstmord«, Bahnsen akzentuiert: die Vernichtung des »Selbst« durch das »Selbst«. Während die »lebenbefangene Dialektik« an dem »Mord« herumklaubt; während die Seinsmoral den Selbstmord lächerlicherweise mit Strafen, bei besonders gutem Humor mit der Todesstrafe zu ahnden versucht, die den Selbstmörder schwerlich schrecken können, weil er sich eben durch den Selbstmord allen Schmerzen, also auch jeder Strafe entzieht, darf sich »das ich-gewordene Wollen (...) vor allen anderen Formen des Willens des höchsten Privilegiums« erfreuen: »Ernst machen zu können mit dem NichtWollen«, einem »wahren, echten, vollen Nicht-Wollen«, in dem das »denkende Vernichten des Denkens« kulminiert (II 64). Der Selbstmörder läßt sich nicht mehr wie »ein gut Theil« der Menschen durch »imaginäre Motive im Leben festhalten«, schon gar nicht durch das, was ihn nicht mehr angeht, »weil es ihn realiter gar nicht mehr betrifft« (II 449). Allen Chimären des Seins entzieht er den Boden.

Im übrigen: Wenn das »wider sich selber gekehrte Selbst« mit sich selbst »im ›Widerspruch‹ wäre«, wie die »lebenbefangene Dialektik« zu behaupten nicht müde wird, so bestätigt das nur die Selbstentzweiung des Willens: Es ist die »nämliche Negativität, aus welcher der Anfang geboren und in welche das Ende« erstirbt (II 64). Was auf dem Boden der Negativität allein positiv zu schätzen ist, sagt der potentielle Selbstmörder Faust für Bahnsen mit seinem Lobgesang auf die »freundliche Macht« der Phiole, die »brauchbare Helferin zur Erlösung« (II 65). Wenn das Leben Gift ist, wird das Gift schlüssigerweise zur Homöopathie des Lebens.

Die Frage ist allerdings, ob der Selbstvernichtung definitiver Erfolg beschieden sein kann – damit auch, ob die Grund-Frage mit der von ihr unterstellten Möglichkeit der Verneinung des Seins, der Bejahung des Nichts letzten Endes keine Scheinfrage ist. Bei aller Hochschätzung des Willens zum Tode macht Bahnsen sie dazu. Er weiß mehr und Fataleres als der skeptische Zauderer Hamlet, als der Phiolen-Freund Faust. Der Crux des selbstentzweiten Willens nämlich entgeht auch das Wollen des Nicht-Wollens nicht. Wie dann Nietzsche in seiner Polemik gegen Schopenhauer argumentiert: Auch das Nicht-Wollen muß ja gewollt werden; das Nicht-Wollen des Wollens ist Wollen des Nicht-Wollens; die »noluntas volens« ist »voluntas nolens« (II 426). Der Wille zur Selbstvernichtung wie die Infrage-Stellung des Diktats der Geburt werden unmittelbar im Willen verankert, aber dessen Widerspruchsnatur wird unentrinnbar fixiert. »Nach drüben« ist der Ausweg – nicht bloß die »Aussicht« – uns verrannt, weil es kein erlösendes »Drüben«, nur ein heilloses »Hüben« gibt. Wir müssen die Grund-Frage stellen; sie ist unabweisbar. »Das sich-nicht-fügen-können in die Nothwendigkeit ist selber eine« (II 494). Die Grund-Frage, wie Bahnsen sie dem »Menschen in der Revolte« zuschreibt, spricht das aus, was an uns neinsagend ist; was in uns »das nichts gewährende und doch nie zu entbehrende Nichts« will (I 16). Aber am Ende hat sie keinen Sinn, weil sie dem Sein, von dessen traditionellen Attributen Bahnsen nur die Ewigkeit beibehält, nicht beikommen, weil man von ihr nichts erwarten, das Nichts nicht erwarten kann. Die Vernichtung der Welt ist genauso unmöglich wie ihre Heilung. Aus Staub ist alles geworden; zu Staub muß alles wieder werden, weiß der realdialektische Nihilist, dem die christliche Tradition nur noch die Metaphern leiht; »aber der Staub selber vergeht nimmer!« (II 447).

Die Grund-Frage mündet unter dieser Voraussetzung in leere Tautologien, die ihre Sinnlosigkeit wie die alles »›gegebenen‹ Etwas« besiegeln: »Es ist, weil es ist, und weil es ist, ist es.« Das wird auch Heideggers Version des »Satzes vom Grund« nicht tautologischer sagen können. Bahnsen fügt freilich hinzu: Das Sein ist »eine *dira necessitas*«, eine grausame Nothwendigkeit (II 40); *»es ist so, weil es so sein muß, und es muß so sein, blos weil es so ist«* (II 446). Das Kontingente, bloß Faktische, wird als das Nicht-Kontingente, Notwendige festgeschrieben. Das ist die neue immanente Ewigkeit der Hölle. Eröffnet Schopenhauer die Möglichkeit, daß der Wille sich verneine; läßt Hartmann seinen unbewußten Willen aus der Verirrung des »Nichtnichtseins« immerhin in ein relatives Nichts zurückkehren, auch wenn dieses nicht gegen neue Seinsverirrungen gefeit ist; verheißt Mainländer gar den Bruchstücken des selbstmörderischen Gottes ein restloses Finale ins Nichts, so sperrt Bahnsen den entzweiten Willen für immer ins Seinsgefängnis ein: Philosophie der Nichterlösung, die nachchristliche Theorie der Hölle.

Bahnsen hat sich ausdrücklich dieser düstersten Konsequenz seiner tragischen Realdialektik gestellt. Sie ist die negative Version jenes Erhaltungssatzes, den die optimistische Physik und Metaphysik der Zeit als Satz von der Erhaltung der Energie feiert und Mainländer mit seiner »Metaphysik der Entropie« konterkariert. »Zum letzten Troste des Verzweifelnden wird die Einsicht: von allen chronischen Übeln ist doch das längste und traurigste das Dasein selber; das Beste am Leben ist und bleibt der Tod, dieweil denn doch das beste Sein das Nichtsein ist. Aber darum ist es denn eben auch das Trübseligste, nicht einmal nach dem Tode sich sehnen dürfen oder deshalb nach ihm sich nicht sehnen mögen, weil schließlich auch er lügt und statt des ›besten Lebens‹, nämlich statt das erwartete Ende zu gewähren, den Schweif zurückführt zwischen die Zähne des Lebens.« Statt des Erlösungsversprechens also »eine Steigerung der vielbeschrienen ›Trostlosigkeit‹« – aber auf »Nervenschonung muß ja ohnehin verzichten, wer sich mit Philosophie und Wahrheit überhaupt in ein intimeres Verhältnis einzulassen wünscht« (II 99). So wird Bahnsen zu einer Art von »eisernem Kanzler« der Metaphysik. Es bleibt allenfalls ein stoisches Hinnehmen. Sich über gar nichts mehr, nicht einmal das Schlechteste, zu verwundern (II 362): das ist die Empfehlung, mit der die philosophische Verwunderung endet, die sich zum Erschrecken über den »Schmerzgehalt des Daseins« gesteigert hat.

Doch schon bei der alten transzendenten Hölle hat es an erfolgreichen Ausbruchsversuchen nicht gefehlt. Weswegen also sollte man glauben, just an die neue immanente, das eigene selbstentzweite Willenswesen, auf alle Zeit gefesselt zu sein? Paradoxien wie das Wollen des Nicht-Wollens sind doch nur in der Logik ein Hindernis. Im Leben und Sterben sind sie nicht notwendigerweise von Übel. Je energischer das Wollen des Nicht-Wollens ist, um so widersprüchlicher mag es getrost sein. Aber es schafft *und löst* diesen Widerspruch auch. Warum sollte der Wille als Fragender und Wollender sich also nicht so betätigen, daß er sich selbst in Frage stellt?

Gewiß, wer etwa die Frage nach dem Sinn der Geburt stellt, fragt als Geborener. Mit ihr erschüttert er sein Dasein auf Grund eines Vermögens, das er nur aus diesem Grund hat. Und noch wer das Leben verneint – so in unseren Tagen die Replik von Hans Jonas –, macht von den Möglichkeiten des Lebens Gebrauch. Aber er hat doch die Aussicht, daß mit dem gewollten Ende des Wollens auch das Wollen des Endes sein Ende hat. Der Frage- und Handlungsspielraum der Grund-Frage ist nicht geringer, als sie es sagt. Wollte man Bahnsens tautologische Begründungen parodieren, so könnte man sagen: »Sie ist so, weil sie so lautet, und sie lautet so, weil sie so ist.« Und gefragt ist gerade nach Bahnsen, warum überhaupt die »Gegebenheit« und das »Geben« des Etwas ist und nicht vielmehr Nichts. Gerade er provoziert den realdialektischen Widerspruch: Wie gut, daß es Alternativen gibt. Denn so desperat ist selbst das trostloseste Leben nicht, daß es keinen Ausweg kennt.

8. KAPITEL

Nietzsches Kampf ums Sein. Die furchtbare Schopenhauerische Frage. Die Theodizee wird kopflos, das Problem eskaliert. Der Philosoph als Richter des Lebens. Der Fuchs und die Trauben. Die Antwort des Empedokles. Hamlet und Mephisto fahren schweres Geschütz gegen das Dasein auf. Ist der Nihilismus ein Pessimismus? Christen und andere Nihilisten. Die indische Circe, das Nichts. Aufatmen nach dem Tod Gottes? Umsonst! Nietzsches Kehre. Der Paulus der Lebensphilosophie. Das mißtrauische Tier. Nietzsche als Misosoph. Ästhetische Biodizee. Von der Philosophie zur Diagnostik. Die Wiederkehr der Wahrheit. Kritik der teleologischen Vernunft. Der Advocatus universi. Homöopathie des Nihilismus. Nur noch ein Gott kann uns retten. Anti-Gnosis. Heroischer Absurdismus. Die Endlösung der Grund-Frage. Der Wille zur Macht: agonale Biodizee. Der dreifache Sinn der »Ewigen Wiederkunft«. Amor fati, die jubilierende Form der Ergebung. Von der Feindes- zur Lebensliebe. Eselsfeste. Das größte Schwergewicht. Der Übermensch beißt der Schlange den Kopf ab. Wollt ihr das totale I-A? Kein Finale ins Nichts. Identifikation mit dem Aggressor. Druckfehler im Hymnus auf das Leben. Pacific Nil. Dionysos und der Gekreuzigte. Das Leben, ein Wahn.

Als der entsprungene Pastorssohn Nietzsche den Anfang des Johannes-Evangeliums mit dem »Unsinn« parodierte, der im Anfang war, formulierte er eine doppelte Verlustanzeige. Gott, für die christliche Tradition Grund und Ziel der Schöpfung, die Sonne des Seins, ist tot. Grundlos, haltlos, richtungslos irren die Menschen seitdem durch den kalten, finsteren Raum eines »unendlichen Nichts« (Krit. Studienausgabe ed. Colli/Montinari, III 481). Der Tod Gottes ist der wahre »Big bang«, der den Kosmos zerreißt. Er macht den von Schopenhauer beschworenen Schock der nachkopernikanischen Welt vollends zum Trauma. Und mit dem Tod Gottes scheint auch die ganze Geschichte ihres Sinnes beraubt. Statt des »Logos« übernimmt der »Un-«, der »Ohne-Sinn« das Regiment. Das Leben ist am Ende – es sei denn, es gelänge, einen anderen Gott zu inthronisieren, der »Sinn« und »Grund« nicht braucht und doch Leben und Schöpfung heiligspricht. Nietzsche wird ihn unter dem Namen »Dionysos« wiederzuentdecken versuchen.

Doch bevor Nietzsche dahin gelangt, muß er nach dem Tod Gottes auch den seines philosophischen Vaters Schopenhauer verkünden, mit dessen Namen die Botschaft vom Tode Gottes und des Sinns verbunden ist. Mit einer Nietzsche angemessenen martialischen Metapher gesagt: Zwischen ihm und Schopenhauer tobt die Entscheidungsschlacht im Kampf ums Sein. Lebens- und Todestrieb tragen im 19. Jahrhundert die Namen von Nietzsche und Schopenhauer. Ihre Auseinandersetzung hat für die Grund-Frage unvergleichliche Bedeutung. Lange bevor der wahnsinnige Nietzsche zum »Dionysos« und zugleich zum »Gekreuzigten« avanciert, schreibt er sich in einer seiner riskantesten Selbststilisierungen zu: »ich könnte der Buddha Europas werden« (x 109) – eine Rolle, die sich der Eurobuddhist Schopenhauer nicht als Person, aber als philosophischer Lehrer wohl auch zugedacht hatte. Für Nietzsche indessen muß dieser erlösende Buddha »ein Gegenstück zum indischen« sein. Daß er »die *umfänglichste* Seele von allen Europäern« zu haben glaubt, »die leben und gelebt haben«, soll ihn dazu befähigen (x 109). Doch eben dazu gehört – und das ist bei Nietzsche nie zu vergessen –, daß er den »indischen Buddha« und Schopenhauer tief in sich hat. Der Schopenhauer in ihm wiederum hängt auf eine intrikate Weise mit der primär prägenden Tradition zusammen, der Nietzsche zeit seines Lebens in abgründigster Ambivalenz verhaftet bleibt: der christlichen.

Die Begegnung mit Schopenhauer traf Nietzsche so wie vorher Mainländer wie ein Blitz – wie ein schwarzer Blitz, eine negative Offenbarung: Schopenhauer hatte dem Dasein ins Herz, ins Herz der Finsternis gesehen. Nietzsches Bericht über die erste Lektüre der »Welt als Wille und Vorstellung« ist nicht umsonst nach dem Modell des Augustinischen »tolle, lege«, »Nimm, lies, nimm, lies!« stilisiert (Jugendschriften, ed. Mette/Schlechta III 298): Er begegnet dem heilig-unheiligen Buch der Bücher. Schopenhauer – das hält noch der längst abtrünnig gewordene Anti-Schopenhauerianer Nietzsche fest – ist »als Philosoph der *erste* eingeständliche und unbeugsame Atheist, den wir Deutschen gehabt haben. (...) Die Ungöttlichkeit des Daseins galt ihm als etwas (...) Undiskutirbares« (III 599f.). Sein atheistischer Pessimismus, kein bekömmliches misanthropisches Lamento über die schlechten Menschen und die böse Welt, auch keine griesgrämige Rentiers-Bilanzbuchhalterei eines nicht kostendeckenden Lebens, wirft einen »entsetzten Blick in eine entgöttlichte, dumm, blind, verrückt und fragwürdig gewordene Welt«. Diesen Akzent, den Nietzsche Schopenhauers Atheismus gibt, überliest eine gebannt auf den »Tod Gottes« starrende Leserschaft gerne: Der Tod *Gottes* besiegelt die Entgöttlichung der *Welt*. Der »Stifter des Christentums« selber ruft am Kreuze: »Mein Gott, warum hast du mich verlassen!«; und aus diesem »bittersten aller Worte« spricht das »Zeugnis einer allgemeinen Enttäuschung und Aufklärung über den Wahn seines Lebens« (III 105) – den Wahn *des* Lebens.

Wenn aber Schopenhauers »unbedingter redlicher Atheismus« die christliche Interpretation des Daseins »wie eine Falschmünzerei« verurteilt, dann kommt »sofort auf eine furchtbare Weise die *Schopenhauerische* Frage zu uns: *hat denn das Dasein überhaupt einen Sinn?* – jene Frage, die ein paar Jahrhunderte brauchen wird, um auch nur vollständig und in alle ihre Tiefe hinein gehört zu werden« (III 599f.). Von Nietzsche aber wird sie gehört. Sie steht im Zentrum seiner unerhörten Denkanstrengung. Denn wenn sie nicht gelöst oder als Frage aufgelöst werden kann, dann führen für ihn alle Wege ins Nichts. Was er als die Heraufkunft des Nihilismus erfährt und die *»Schopenhauerische Frage«* stehen für ihn im engsten, riskantesten Zusammenhang. Er ist kein Nihilismus-*Theoretiker*, kein Daseinshermeneutiker und schon gar kein Dekonstruktivist, sondern ein lebensgefährdeter – und lebensgefährlicher! – Denker, der sich, *sein* Leben, *das* Leben, von der Gefahr aller Gefahren durch die Frage aller Fragen bedroht weiß.

Alle seine obsessiven Anläufe zur Überwindung des Nihilismus, alle seine großen Mythen sind von hierher motiviert, die Rettungsphantasien eines Rettungslosen. Daher Nietzsches Forciertheit, der tiefste Grund seines Leidens, sein Scheitern. Daher seine verzweifelte Lustigkeit, sein notorisches Lachen und Tanzen, das den »Geist der Schwere« vertreiben soll, es aber nur zu der Heiterkeit von Totentänzen bringt. Daher auch die zahllosen Widersprüche, in die sich die in der Tat *»umfänglichste«*, reichste Seele der Philosophie verwickelt. Daher auch die Mühen einer Analyse, die den verzweifelten Wegen und Irrwegen folgen muß und nicht falsche Eindeutigkeiten suggerieren darf. Aber das ist Teil des Problems. Der fragmentierte Nachlaß zeigt es noch deutlicher als die publizierten Werke: Nietzsches Philosophie ist im Kern der mißlingende Versuch einer Biodizee angesichts des Nihilismus.

Schopenhauers Formulierung der Frage hatte noch nicht vom »Sinn« des Daseins gesprochen. Als Frage nach dem »Sinn« und »Werth des Lebens« – so der Titel einer von Nietzsche ausführlich rezipierten Schrift Eugen Dührings (VIII 131 ff.) – ist sie in der Popularphilosophie des 19. Jahrhunderts schon so trivialisiert, daß die Sprachkritik Fritz

Mauthners sie um 1900 nur noch glossieren kann. Heute ist sie längst zum berüchtigten Hobby-horse von »Logotherapeuten« und anderen Sinnstiftern geworden; die unfreiwillige Selbstironie einer »Therapie des Logos« ist das parodistische Nachspiel seiner Unsinnsgeschichte. Das notdürftig philosophisch oder psychologisch verkappte »Wort zum Sonntag« dient sich allemal bereitwillig zur Rettung des Daseinssinns an.

Bei Nietzsche indessen ist der »Sinn des Daseins« noch nicht zum metaphysischen Kitsch heruntergekommen. »Sinn«, soviel ist auch nach dem Debakel des »Logos« bei Schopenhauer noch klar, meint eine Antwort auf das Warum und Wozu des Daseins, wobei »die Frage ›Warum?‹« immer das »Wozu?« meinen soll (XII 102), den Grund, weshalb diese »wunderliche«, kontingente, nichts weniger als selbstverständliche »Existenz« (I 339; VIII 365) »gerade jetzt« und wozu sie überhaupt da ist. In der Konfrontation mit dem Nichts des Nihilismus ist die Sinn- die existentiell akzentuierte Grund-Frage. »Die Frage, ob Nicht-sein besser ist als Sein« (XIII 529), ist *ihr* Sinn.

Abgenötigt wird sie von einer zum »ehrlichen Entsetzen« (III 602) gesteigerten philosophischen Verwunderung. Über Schopenhauers »Perplexität« und Bahnsens »Erschrecken« zum »Entsetzen« hat die so verheißungsvoll begonnene Philosophiegeschichte der Verwunderung geführt.

In der mildesten Form resultiert aus der »Nicht-Übereinstimmung unsrer Wünsche und des Weltlaufs« die Frage: »warum gerade so?« (XII 300). Indes haben schon die Griechen die »Verwunderung über das Dasein« zugespitzt zu jener tiefen Klage, die aus der Tragödie spricht (VII 152). »Unheimlich«, heimatlos »ist das menschliche Sein und immer noch ohne Sinn (...). Wozu lebt dieser? Wozu stirbt jener? Niemand kann es wissen, denn es giebt kein Wozu darin« (X 225). Ja, »›wozu Mensch überhaupt?‹«: eine »Frage ohne Antwort« (V 411). Denn der »Mensch überhaupt« ist ein »krankhaftes«, ein leidendes Tier. Wie bei Schopenhauer konzentriert sich die Frage nach dem Grund und Sinn seines Daseins überhaupt auf den Sinn seines Leidens. Zwar ist der Mensch auch das »leidgewohnteste Thier«. »*Nicht* das Leiden selbst« ist sein Problem. Doch er braucht ein »*Dazu* des Leidens«. Fehlt dieses, so verhallt der »Schrei der Frage ›*wozu* leiden?‹« antwortlos. Die »Sinnlosigkeit des Leidens« läßt ihn leiden »am Probleme seines Sinns« (V 411).

Mit dem »Schrei« dieser Frage kehrt auch bei dem Gottesmörder Nietzsche noch einmal das Theodizee-Problem wieder, und zwar in eben der Form, die es traditionell bestimmt: als Pathodizee. Wie Schopenhauer hört Nietzsche *aus* allen Klagen, er selber spricht *mit* allen Klagen die alten Anklagen aus. Rechtfertigungsfragen, sowohl im selbstquälerischen wie im aggressiven Sinn eines »Advocatus diaboli«, sind bei ihm allgegenwärtig, schon seit frühesten Tagen, seitdem sein Vater jäh und unter bösen Leiden starb. Der Riß, der im Anfang war, zerriß die Harmonie der Schöpfung. Deswegen kann der Blitz, der Nietzsche bei seiner ersten Begegnung mit Schopenhauer trifft, eine längst verdüsterte Welt gnadenlos erhellen. Die Lust ist zwar »geneigt, bei sich selber stehen zu bleiben und nicht rückwärts zu schauen« (III 384); sie stellt keine Fragen. Sie ist so vom Dasein enthusiasmiert, daß sie seine »tiefe, tiefe Ewigkeit« will (IV 404). Lust ist affirmativ. Doch das »Weh« reimt sich immer auf »Vergeh!« Es will Erlösung von sich. Und es »fragt immer nach der Ursache (III 384). Denn es versteht sich nie von selber. So will es den oder die Verantwortlichen kennenlernen. So wird es zum Anstoß der Philosophie.

Im Gegensatz zum Christentum mit seinem allmächtigen, allweisen, allgütigen Schöpfergott scheinen die Griechen von anstrengenden Rechtfertigungsaufgaben entlastet. »Eine *Theodicee* war *kein* hellenisches Problem«; »man hütete sich, die Existenz der Welt und somit die Verantwortlichkeit für deren Beschaffenheit den Göttern zuzumuten« (I 560; VII 77). Nichtsdestoweniger hatten und brauchten die Griechen als die »Künstler des *Lebens* ihre Götter, um leben zu können«. Sie versteckten nach Goethes Wort das »Kreuz« des Lebens »unter Rosen«.

Ihre schöne »Götterwelt« war der »wehende Schleier, der das Furchtbarste verhüllte«, ein »verklärender Spiegel«, um sich gegen den erstarrenden Blick der Medusa zu schützen; »um überhaupt leben zu können«. Ihre idealisierten anthropomorphen Götter rechtfertigten »das Menschenleben, indem sie es selbst lebten – die allein genügende Theodicee!« (I 36). Anstelle der Rechtfertigung *des* Gottes eine Theodizee des Lebens *mittels* der Götter: eben die Biodizee.

Ihre Aufgabe freilich, so sehr der Philhellene Nietzsche anfangs seinen Apollon, dann seinen Dionysos als Angeklagten entlastet, um ihn zum Verteidiger zu befördern, ist keineswegs geringer, im Gegenteil. Der, »dem es nur um eine Theodicee« christlichen Zuschnitts »zu thun war«, hatte noch altbewährte Ausweichmöglichkeiten, die ganze Routine einer 2000 Jahre alten Gotteswissenschaft im Erklären aller Übel mit der Umschuldung der Verantwortlichkeit, dem Rollentausch zwischen Klägern und Angeklagten. Er konnte »zum Beispiel das ganze Dasein des Menschen als einen Strafakt oder Läuterungs-Zustand auffassen« (I 197). Noch Schopenhauer hatte ja als Erbe der christlichen Schuldzuweisungen das Dasein als Strafe für eine vom blindbösen Willen zum Leben »erbsündlich« aufgeladene Schuld gedeutet.

Solche Sinnprothesen stehen nun nicht mehr zur Verfügung. Die Theodizee ist vollends kopflos geworden. Die Biodizee muß den »Werth des Lebens« an sich zeigen, um eine Antwort auf die Frage nach seinem »Warum?« geben zu können. Und selbst das Leben ist nur ein »Einzelfall, man muß alles Dasein rechtfertigen«. Es »bedarf also einer vollständigen Kosmodicee« (XII 344, I 197). Sie tritt bei Nietzsche für Leibniz' Versuch einer Pantodizee, einer Rechtfertigung des Ganzen, ein. Was zunächst eine Problemermäßigung zu verheißen schien, entpuppt sich nun als umfassendere Rechtfertigungsaufgabe. Wer kann sie lösen? Kein »Advocatus Dei« mehr im Sinn der Theodizee-Tradition, soviel ist gewiß. Dafür der Philosoph als Jünger eines »unbekannten Gottes«? Er hätte schwer am Kreuz seiner Aufgabe zu tragen.

Gleichwohl nimmt sich die Rolle des Philosophen für Nietzsche zunächst vergleichsweise komfortabel aus. Er wird als »Censor vitae«, »Schätzer des Lebens«, »Gesetzgeber für Mass, Münze und Gewicht der Dinge«, ja, als »Richter des Lebens« inthronisiert (I 360ff.) – Nachfolger des alten Weltenrichters, der so mausetot ist, daß er nicht einmal mehr zum Angeklagten taugt. Ein »Urtheil über das gesammte Menschenloos« gibt er ab: das ist »die eigenthümliche Arbeit« – eine Arbeit immerhin! – »aller großen Denker gewesen«. Das »Auge des Philosophen«, Erbe von Schopenhauers reinem »Weltauge«, ruht »auf dem Dasein«; furchtlos wendet er sich der Frage zu: »›was ist das Leben überhaupt werth?‹«, wie furchtbar das Resultat auch sein mag.

Maßstabsetzend, richtend setzt er sein Urteil allerdings selber riskantesten Maßstäben aus. Objektiv: Wer den Wert des »Lebens überhaupt« feststellen will, der darf sich nicht an seine »zudringlichen« gegenwärtigen Formen halten und schon gar nicht an jene Schwundstufe des Lebens, die es nach zweitausend Jahren christlicher Lebensverneinung ist. Er muß sich an den höchsten Formen orientieren. Nur »wahres, rothes, gesundes Leben« (I 361), nicht falsches, bleiches, krankes, das den Namen des Lebens gar nicht verdient, kann der Maßstab sein. Gegebenenfalls muß der Philosoph selber dazu beitragen, das gesunde Leben überhaupt erst oder wieder zu schaffen. Um als gerechter Richter das Leben beurteilen, gar verurteilen zu können, muß er dann zum »Reformator« des Lebens werden, weshalb nach Nietzsches Einschätzung »gerade die neueren Philosophen zu den mächtigsten Förderern des Lebens, des Willens zum Leben gehören« (I 362).

Ausgerechnet »Schopenhauer als Erzieher« in diesen Zusammenhang gestellt zu sehen, mag überraschen – indessen nur, wenn man sich die übliche quietistische und restaurative Lesart seiner Ethik zu eigen macht. Auch die von Nietzsche sonst perhorreszierten Schopenhauer-Nachfolger, Hartmann, Mainländer, hätte er wegen ihrer Verbindung des Pessimismus mit einer Praxisphilosophie des Als-Ob als »Förderer des Lebens« nennen können. Allerdings geht es bei ihnen darum, die Voraussetzungen zu schaffen, daß der Wille zum Leben desillusioniert und verneint werden kann – gewissermaßen eine Sozialpädagogik des Nihilismus. Nietzsche, ganz in der Rolle des Richters, denkt an die *Urteils*kompetenz.

Um so strenger die subjektiven Anforderungen: »Wenigstens für sich selbst« wird der Philosoph »es für nöthig halten, ein lebendiger Mensch zu sein, bevor er glauben kann, ein gerechter Richter sein zu können« (I 361 f.). Bei der Frage nach dem Wert des »Lebens überhaupt« kann der Fragende nicht beiseite bleiben. Nur der lebenskräftige suspendierte Pessimist ist ein glaubwürdiger Pessimist. Die Urteile von Füchsen über die Trauben, die ihnen zu hoch gehangen haben, zählen jedenfalls nicht.

Die sie aber gekostet haben – werden sie überhaupt noch über das Leben urteilen wollen? Solche Urteile stellen sich doch nach Nietzsches Einsicht nur ein, wenn das Leiden die Ausgangserfahrung, die Inspirationsquelle des Denkens geworden ist. Und just Nietzsche, dieser bleichste, kränkste, leidendste und mitleidendste aller Denker, sollte zu einem Urteil legitimiert sein?

Weil er das nur zu gut weiß, aber auch, weil er der Logik

seines Arguments folgt, hält Nietzsche sich zunächst an die Griechen. Sie sind von christlicher Gedanken- und Seelenblässe nicht angekränkelt. Sie sind für ihn das gesündeste, geglückteste, lebensvollste aller Völker. So besagt das »Urtheil der alten griechischen Philosophen über den Werth des Daseins (...) so viel mehr als ein modernes Urtheil, weil sie das Leben selbst in einer üppigen Vollendung vor sich und um sich hatten (...). Inmitten der kräftigsten und überschwänglichsten Lebenslust der griechischen Cultur« wird »der Genius selbst (...) aufgerufen, um zu hören, ob dieser, die höchste Frucht des Lebens, vielleicht das Leben überhaupt rechtfertigen könne; der herrliche schöpferische Mensch soll auf die Frage antworten: ›bejahst denn *du* im tiefsten Herzen dieses Dasein? Genügt es dir? Willst du sein Fürsprecher, sein Erlöser sein? Denn nur ein einziges wahrhaftiges Ja! aus deinem Munde – und das so schwer verklagte Leben soll frei sein‹« (1 361 ff.). Die Frage nach dem Wert des »Lebens überhaupt« kann personalisiert werden, weil der »Genius« das Leben gleichsam höchstpersönlich ist. Aber welche Lasten werden seinem Urteil aufgeladen! Als Für- und Freisprecher des Lebens wäre er sein »Erlöser« – was freilich auch heißt, daß die Erlösung auf einen Akt der Fürsprache schrumpft.

Doch selbst damit sieht es bei den Griechen nicht gut aus. Sie haben die Tragödie geschaffen, die das Leben als Leiden zeigt, und zwar jenseits der glatten erbsündlichen Schuldzurechnungen, die das Christentum den Menschen präsentiert hat, als nicht zurechenbares Leiden. Die Tragödie ist die Gegenwart eines zerreißend-zerrissenen Gottes. Sagt das Christentum: »Gott in der Rolle des Erlösers leidet wie der Mensch«, so die Tragödie: »Der Mensch leidet wie der Gott.«

Und was sagt der griechische Genius nun zu diesem Leidensleben? »Er giebt die Antwort des Empedokles«, ein Urteil, das um so schwerer wiegt, als »ihm durch kein einziges Gegenurtheil irgend eines andern großen Philosophen aus derselben großen Zeit widersprochen wird. Er spricht nur am deutlichsten, aber im Grunde (...) sagen sie alle dasselbe.« Wie die Antwort lautet, läßt der Autor der »Geburt der Tragödie« offen. In den um dieselbe Zeit entstandenen Entwürfen zu einer Empedokles-Tragödie wird er desto deutlicher (VII 233 ff.): Empedokles wird »aus einem apollinischen Gott« zu einem »todessüchtigen Menschen« – nicht etwa, weil ihn eigenes Leiden todkrank gemacht hätte, nein, »im hervorbrechenden Übermaß des Mitleides erträgt er das Dasein nicht mehr«.

Mitleid und Todessucht aber werden bei Empedokles aggressiv. »Aus der Stärke seiner pessimistischen Erkenntniß wird er böse.« Sich und alle Welt will er »radikal heilen«, indem er sich wie alle Welt vernichtet; indem er Nein sagt und Nein tut.

Das ist die Antwort des Nietzscheschen, eines zum aktiven Nihilisten gewordenen Empedokles. So weit geht der griechische Genius selber noch nicht. Er »heilt« die Menschen mit dem individuellen freien Tode wie Hegesias, der »Peisithanatos«, der herausragende antike »Prediger des Todes« (IV 55). Hegesias zieht die Schlußfolgerung aus dem Scheitern des kyrenaischen Lustprinzips. »Wenn Glückseligkeit *unmöglich* ist (...), so ist das Ziel des Lebens Leidlosigkeit«, gibt Nietzsche Hegesias' letale Logik wieder, auch wenn ihm die negative Teleologik darin nicht gefällt (X 309). Die Philosophiegeschichte hat die Lehre des Hegesias meist als Beweis für die Verwerflichkeit des Lustprinzips und des Pessimismus gleichermaßen verstanden. Aber die Konsequenzen eines radikalen Denkens müssen nicht unbedingt wünschenswert sein. Die antiken Selbstmörder, die sich von Hegesias überzeugen ließen – er sprach die Einzelnen an; ein Jonestown-Guru, ein Manipulateur des kollektiven Selbstmordes war er nicht –, haben seine Argumentation jedenfalls tödlich schlüssig empfunden –, auch wenn er selber kein Beispiel gab.

Wo der griechische Genius noch gründlicher ist, geht er gleich auf den Anfang des Lebens zurück: Er verwirft das Diktat der Geburt. Vor dem »Peisithanatos«, dem Todesprediger, wurde er zum »Peisiatokos«, zum Verkünder der Nicht-Geburt. Schopenhauer war ihm bereitwillig gefolgt. Und auch Nietzsche kann sich dieser Weisheit nicht entziehen, selbst wenn er sie »schrecklich« nennt. Gleich mehrfach erzählt er sie nach (I 35 – 41; 57; 560; 588).

Ausgerechnet der Waldgott Silen, der Erzieher des Dionysos, in dessen Zeichen der frühe Nietzsche das tragische Leiden des Lebens beschwört, der späte aber um so leidenschaftlicher den Willen zum Schaffen bejaht, verkündet diese Botschaft widerwillig. Ausgerechnet der tragisch-ironische Goldsucher und Goldfinder Midas ist ihr erster Hörer. Er fängt den lange gejagten Silen. Von ihm will er wissen, was für den Menschen »das Bessere und was das Allervorzüglichste« sei. Der Silen schweigt. Erst als er gequält, gefoltert wird, verrät er, was *nicht* zu erfahren für die Menschen ersprießlicher ist: Das Allerbeste nämlich wäre es für sie, überhaupt »nicht geboren zu sein, nicht zu *sein, nichts* zu sein. Das Zweitbeste aber (...) – bald zu sterben.«

Nietzsche stellt diese doppelte Auskunft diametral der Lebensanschauung entgegen, die sich in dem »kurzlebenden« homerischen Achilles zu Wort meldet: »›das Allerschlimmste‹ ist für sie, ›bald zu sterben, das Zweitschlimmste, überhaupt einmal zu sterben‹« (I 36). Gelten die Menschen bei Homer im Sinn der Klage über ihre Nichtigkeit als die »Brotoi«, die »Sterblichen«, so sind sie nun die »Geborenen«, die nur noch ihre Sterblichkeit retten kann.

Mehr noch trifft die Antwort des Silen ins Herz der jüdisch-christlichen Biodizee, die Kinder- und Gottessegen identifiziert und in der für den Silen so wünschenswerten »völligen *Vernichtung*« die größte aller Drohungen zu erkennen glaubt. Impliziert auf dem Boden dieser Tradition die Feier des Seins die Bejahung der Geburt, so verwirft das »Wehe! Wehe!« des Silens das Sein wie die Geburt. Mit der Formel »nicht zu *sein, nichts* zu sein«, gibt der bei Schopenhauer nichtskundig gewordene Nietzsche der »schrecklichen Weisheit« das größte Schwergewicht. Geblieben von der Tradition ist allein das Interesse an der besten aller Möglichkeiten: Nicht umsonst war auch schon Leibniz von der Botschaft des Silen irritiert. Doch bei Nietzsche antwortet er nun mit dem überwältigenden Vorzugscharakter des nicht bloß »einfacheren« und »leichteren«, sondern vollständig leidfreien Nichts.

Die böse Pointe der Situation verdient dabei eigene Aufmerksamkeit. Denn die Antwort des Silens besagt ja nicht nur, daß die Geburt besser vermieden würde. Wenn sie die Geborenen erreicht, kommt sie für diese vielmehr immer schon zu spät und beschwert mit dem, was sie besser nicht erführen, noch einmal zusätzlich das Leidensleben. Der Gold-König Midas, ein anderer, aggressiverer Ödipus vor der Sphinx des Daseins, schneidet sich als folternder Inquisitor ins eigene Fleisch. Hätte er also nicht besser daran getan, seine Frage zu lassen, wenn sie durch Bewußtmachung eine Misere nur vergrößert, die sie nicht ändern kann? Eine fatale Hypothek für jede negative Philosophie der Geburt! Aber die Frage ist nun einmal in der Welt.

Immerhin, das Zweitbeste wäre es, »möglichst bald zu sterben«. Der Tod wäre die Korrektur der verfehlten Geburt. Und hier läßt sich ja wenigstens einiges tun. Hier kommt die Botschaft selbst für die schon Geborenen nicht zu spät – womit wieder Hegesias das Wort erhielte, ein Lichtblick dank der Aussicht auf die Finsternis. Vor allem aber ist ja noch nicht über die Geburt weiteren Daseins entschieden. Hier ist den Geborenen noch alles anheimgestellt. Sie müßten nur die Stimme des Silens hören.

Doch kann man ihr überhaupt trauen? Als Gefolterter steht er schließlich unter Rache-, unter Ressentiment-Verdacht: Wem das Leben so mitspielt, der muß es zu denunzieren, dem Quäler die Neugier zu verderben suchen. Indes spricht der Silen nur aus, was der dunkle Grundton in der »Gesamtbilanz des griechischen Lebens« ist – Nietzsches Mentor und Freund Jacob Burckhardt hat sie dokumentiert (Griechische Kulturgeschichte, Darmstadt 1977, II 371 f.). Von Homer, auch wenn sein Achill selbst um den Preis eines Tagelöhner-Daseins dem Leben den Vorzug gibt, über Hesiod und Theognis bis zu Sophokles und Euripides, ja Seneca kehrt das Wort des Silens als das »höchste, das größte Wort« wieder. Selbst Aristoteles, für den das Leben »etwas Süßes« ist, kann nicht daran vorbei, es zu zitieren. Er stellt an den Anfang seiner »Eudemischen Ethik« (1216 a 1 ff.) eine Unglücksbilanz, die in die unnachsichtig wiederholte Schlußfolgerung mündet, daß das »Nichtgeborenwerden«, das »Nichtleben«, das »Nichtsein« nach dem Lustmaßstab – allerdings auch nur nach diesem – das Bessere wäre und niemand das Leben vorzöge, wenn man nur wählen könnte und die Menschen keine »Sklavenseelen« des Lebenstriebes wären. Sogar die »Lust des Schlafens« könnte nach Aristoteles kein paradoxes Lebensmotiv sein, weil sich das Leben mit dieser vorgezogenen Todeslust pflanzenhaft selber aufhöbe.

Als Gegenzeugen läßt Aristoteles zwar den »Nous«-, den »Logos«-gläubigen Anaxagoras auftreten, der »das Geborensein dem Nichtgeborensein« vorzog, weil er den Himmel und den ganzen Kosmos betrachten und Wissenschaft davon erwerben wollte. Übereinstimmend damit wird Aristoteles selber das Glück der Theoria, der zweckfreien Schau, als das göttergleiche rühmen. Gleichwohl erhält der Silen bei Aristoteles so ausführlich das Wort, daß Nietzsche sich zumal auf ihn stützen kann (I 588). Ein vom Schopenhauerianer Nietzsche wiederum inspirierter Silen hätte Aristoteles wie Anaxagoras wohl gefragt, ob denn das Leben ein Guckkasten sei – und wenn schon einer, ob dann nicht doch eher derjenige der Tragödie.

Der Chor der ebenso lebens- wie tragödienerfahrenen Greise in Sophokles' »Ödipus auf Kolonos«, für die das Wort des Silens einerseits in der Tat etwas zu spät kommt, andererseits zu einem Zeitpunkt, wo man es dank der Nähe des Zweitbesten ertragen kann, spricht es jedenfalls am deutlichsten aus, die Sphinx-Rätsellösungen des »Weh-Menschen« Ödipus überbietend: »Me phynai ton hapanta nika logon« (v. 1224ff.), »nicht geboren zu sein, das besiegt jedes andere Wort« – zumal aber den schöpferischen »Logos«, der fünfhundert Jahre später in der Frohen Botschaft des Johannes das Licht der Welt erblickt. Hölderlin wird die Sophokles-Verse dem zweiten Band des »Hyperion« voranstellen. Und noch Heidegger wird sie an exponierter Stelle zitieren.

Vom »Licht der Welt« wissen die Greise von Kolonos, daß man es am besten wieder schnellstens hinter sich läßt, um dorthin zu gelangen, woher man kam, wo man, mit Nietzsche, nicht *ist*, weil man *nichts* ist. Wenn das Nihilismus ist, dann ist schon dieser greise Chor vollendet nihilistisch: kein Grund mehr in Sicht, sein zu wollen, wenn nicht zu *sein, nichts* zu sein, besser, ja das Bestmögliche ist. Zweitausend Jahre Christentum später ist Emile Cioran mit seiner Verkündung des »Nachteils geboren zu sein«, der rücksichtsloseste Jünger der unfrohen Botschaft des Silens.

So also sieht es aus, wenn die bisher höchste »Frucht des Lebens« die Frage nach dem »Werth des Lebens überhaupt« stellt. Wenn aber das schon am griechischen »grünen Holze« geschieht – was soll dann am dürren christlichen geschehen? Da ist die Souveränität, mit welcher der Philosoph sein richtendes Auge auf dem Dasein *ruhen* läßt, nur zu bald hinweg. Da ist die Frage von Anfang an in heikelster persönlicher Form gestellt. Der Leidensmensch Nietzsche selber ist es, der »in die Tiefe des Daseins hinabtauchen muß mit einer Reihe von ungewöhnlichen Fragen auf der Lippe: warum lebe ich? … weshalb leide ich (…)?« (I 374). »Wir Philosophen« – wie generös der Plural! – »sind keine denkenden Frösche, keine Objektivir- und Registrir-Apparate mit kaltgestellten Eingeweiden, – wir müssen beständig unsre Gedanken aus unsrem Schmerz gebären und mütterlich ihnen Alles mitgeben, was wir von Blut, Herz, Feuer, Lust, Leidenschaft, Qual, Gewissen, Schicksal, Verhängniß in uns haben« (III 349). Die aus dem Leiden geborenen leidenschaftlichen Gedanken sind die einzige sinnvolle Geburt. So, wie Nietzsches Begegnung mit Schopenhauer eine existentielle Begegnung ist, stellt er die grunderschütternde, am eigenen Seelenleibe erlebte Frage nach dem Warum des Lebens von vornherein in existentieller Form. Er will keine bloße kritische Theorie des fragwürdigen Daseins; das Dasein selbst wird mit dem Risiko seiner Verneinung in Frage gestellt. Und jetzt relativiert die eigene Leidenserfahrung die Frage keineswegs. Sie spitzt sie vielmehr zu.

»Der große Schmerz, jener lange langsame Schmerz, der sich Zeit nimmt«, kein vereinzelter pathetischer Augenblick, sondern die anhaltende Erfahrung des Leidenslebens, ist »der letzte Befreier des Geistes, der Lehrmeister des *großen Verdachtes*, der aus jedem U ein X macht, ein ächtes, rechtes X, das heißt den vorletzten Buchstaben vor dem letzten«, vor dem tödlichen Finale. Dieser Schmerz ist der wahre Philosoph, wie bei Schopenhauer der praktizierende negative Ontologe. Ob er uns »›verbessert‹«, steht dahin; sicher, »daß er uns *vertieft*«. Man kommt »als ein andrer Mensch heraus, mit einigen Fragezeichen mehr, vor allem mit dem *Willen*, fürderhin mehr, tiefer, strenger, härter, böser, stiller zu fragen als man bis dahin gefragt hatte. Das Vertrauen zum Leben ist dahin: das Leben selbst«, der angeblich »›selbstverständliche Werth der Werthe‹«, wurde »zum *Problem*« (III 350; IX 221).

»Nun kommt aber die schwerste Erkenntniß und macht alle Arten des Lebens furchtbar bedenkenreich: ein absoluter Überschuß von Lust *muß* nachzuweisen sein, sonst ist die Vernichtung unser selbst in Hinsicht auf die Menschheit als Mittel der Vernichtung der Menschheit zu wählen« (IX 495). Das klingt wieder nach einem hedonistischen Maximalismus, der nur in Hartmannsche Weltunlustbilanzen umschlagen kann. Aber wie für Schopenhauers Lehre von der singulären Bedeutung des Leidens droht schon ein einzelnes Leiden alles zu entscheiden. Denn eine Kompensation durch späteres Glück gibt es nicht. Mit Schopenhauer weiß Nietzsche: »Lust und Unlust können sich gar nicht aufheben. Man kann das Leiden nicht ungeschehen machen« (VIII 180). Ist also nicht die Selbstvernichtung als Mittel der Menschheitsvernichtung zu wählen?

Ob *»wir«* unter diesen Bedingungen »noch *leben wollen*«, ist nun jedenfalls die Frage (IX 495). »Die *große Probe: bist du bereit, das Leben zu* RECHTFERTIGEN? *Oder das Sterben für dich?* (...) Die Entscheidung über Leben- und Sterbenwollen« (X 184). »Die Sonne gieng lange schon hinunter, die Wiese ist feucht, von den Wäldern her kommt Kühle: ein Unbekanntes ist um mich und blickt nachdenklich auf mich hin. Wie, du lebst noch! Warum lebst du noch?« (X 239, 459). Im kühlsten Wiesengrunde, ganz ohne Pathos, blickt den potentiellen Selbstmörder das X – »der vorletzte Buchstabe vor dem letzten« – seiner grundlosen Existenz an. »Hat man sein *warum*? des Lebens, so verträgt man sich fast mit jedem *wie?*« (VI 60, XIII 50). Was aber wird aus dem Menschen, der keinen »Grund des Lebens« mehr hat (XII 319, 476)? Eine Suspendierung der Frage kommt nicht in Frage, nachdem schon

Schopenhauer, wieviel mehr Nietzsche, den Mut, keine Frage auf dem Herzen zu behalten, zum entscheidenden Charakteristikum des Philosophen gemacht hatte. Geradezu »verächtlich« empfindet er es, *»nicht zu fragen«* (III 373). Nietzsche fügt auch gleich noch den »*Muth* der *Antwort* auf das Räthsel des Lebens« hinzu (IX 620) – wer auch immer dabei in den Abgrund stürzt, die »Sphinx« des Lebens selber oder der, dem sie die Frage stellt, wahrscheinlich beide zugleich.

Selbst dann aber, wenn der einzelne sein Leidensleben bejaht, reißt das Mitleiden nach der Erfahrung Schopenhauers und des von Nietzsche schopenhauerisierten Empedokles die Grenzen zwischen den Individuen so nieder, daß es alles in den Strudel der Frage reißt. Mitleid universalisiert das Leiden – auch für Nietzsche wird die Last der Pathodizee erschwert durch die größere der Sympathodizee. »Jeder Glaube an Werth und Würdigkeit des Lebens (...) ist allein dadurch möglich, daß das Mitgefühl für das allgemeine Leben und Leiden der Menschheit sehr schwach im Individuum entwickelt ist.« Einige verstehen es, ihr »Augenmerk vornehmlich auf Ausnahmen« zu richten und so »an den Werth des Lebens zu glauben, weil man nämlich die anderen Menschen dabei *übersieht*«. Die »allermeisten Menschen« ertragen das Leben, »ohne erheblich zu murren, und *glauben* somit an den Werth des Daseins, aber gerade dadurch, daß sich Jeder allein will und behauptet, und nicht aus sich heraustritt«. »*Wer* dagegen wirklich an Loos und Leiden anderer Wesen theilnehmen könnte, müßte am Werthe des Lebens verzweifeln; gelänge es ihm, das Gesammtbewußtsein der Menschheit in sich zu fassen und zu empfinden, er würde mit einem Fluche gegen das Dasein zusammenbrechen« (II 52). Ja, gesetzt, das Mitleiden »herrschte auch nur Einen Tag« – so noch die Angstphantasie des von Schopenhauer abgefallenen und doch weiterhin vom Mitleiden gepeinigten Nietzsche –, »so gienge die Menschheit an ihm sofort zu Grunde« (III 128).

Grenzen zwischen dem Individuum und den anderen lassen sich aber gar nicht ziehen. »Warum leben? (...) Warum Nachkommen? (...) Warum die Gattung erhalten?« (IX 226). Die Lebensentscheidung der Einzelnen betrifft immer auch die anderen, ob sie wollen oder nicht. Die alten Schöpfungsfragen kehren innerweltlich wieder. Und damit wird auch die Auseinandersetzung mit der Alternative des Nichtlebens, des Nichtschaffens unvermeidlich. Die Möglichkeit eines »leichteren«, gar »lieberen«, leidverhindernden Nichts gibt ihr bei Nietzsche nicht anders als bei seinen Vorgängern die Schärfe: »Das Nichtsein könnte uns *werthvoller* scheinen als das Sein« (IX 226). Nicht nur das »große Fragezeichen vom Werth des Daseins« ist rückhaltlos gesetzt (I 12) – das Dasein selber ist ein einziges »Fragezeichen, ein müdes Räthsel«, zwischen die »zwei Nichtse« vor der Geburt und nach dem Leben eingekrümmt (VI 392). »Vor die Frage von Sein und Nichtsein gestellt« (VI 191), greift Nietzsche als neuer Hamlet seine Worte auf: »Nein oder Ja, das ist hier die Frage«. Noch die mildeste Antwort wäre, »daß Nicht-sein besser ist als Sein, daß der Wille zum Nichts mehr Werth hat als der Wille zum Leben; die strengste, daß, wenn das Nichts die oberste Wünschbarkeit ist, dieses Leben, als Gegensatz dazu, absolut werthlos ist – verwerflich wird« (XIII 528).

Hamlet aber beläßt es nicht bei der Frage; er tut nach der Deutung Nietzsches als tragisch-dionysischer Mensch einen »wahren Blick« in »das Entsetzliche oder Absurde des Seins«. Das Dasein, das auch in einer »Welt nach dem Tode«, einem »unsterblichen Jenseits« keinen Trost mehr finden kann, wird insgesamt »verneint« (I 56 f.). Es ekelt Hamlet. Und dieser Ekel hemmt sein Handeln. Denn wer handelt – das ist die »Hamletlehre«, auch wenn diese den Imperativen widerspricht, die für den »Reformator« des Lebens gelten –, hat noch die Illusion, daß am katastrophalen »ewigen Wesen der Dinge« etwas zu ändern wäre. Doch Hamlet weiß mehr (I 57). So wird die wahnsinnige Selbstmörderin Ophelia für Hamlet schlüssigerweise zur Symbolgestalt des Un-, des Ohne-Sinns. »Warum leben? (...) Warum Nachkommen?« Beide verneinen hier jeden Grund, Todessüchtige und Nicht-Schöpfer zugleich. Warum noch Kinder zeugen und gebären, wenn man nur »Unglückliche gebiert« (IV 56)? Bei Ophelia und Hamlet, den potentiellen Eltern, ist die Botschaft des Silens angekommen. Die Verweigerung von Zeugung und Geburt besiegelt die Verwerfung des Seins, wie der Vorzugscharakter des Nichts der zureichende Grund für die Verwerfung von Zeugung und Geburt ist.

Eines der Geschöpfe, das man sich allenfalls als Kind von Hamlet und Ophelia hätte vorstellen können, ist jener Sohn, der nach Lessings bitterem väterlichen Wort »soviel Verstand« hatte, sofort nach der Geburt zu sterben. Für Nietzsche ist er der Daseinsflüchtige, sozusagen der Nestflüchter des Daseins par excellence (I 876), die konsequenteste Inkarnation der Weisheit des Silens unter den Geborenen: Wenn schon einmal da, dann so schnell wie möglich wieder fort! Vom Da-Sein zum Weg-Sein! Wer Verstand besitzt, zeigt ihn dadurch, daß er sich beizeiten davonmacht – auch wenn das den Überlebenden das Bedauern darüber abringt, daß gerade ein so Verständiger seinen Verstand nur so benutzte. Der »Logos« der Schöpfung hat sich in die zwingendere Logik des Widerrufs der »verfehlten Schöpfung« verkehrt.

Noch entschlossener neinsagend Nietzsche als neuer Mephisto – wie Schopenhauer macht er mit dem inkarnierten Geist der Negation Ernst. Was er »an dem Deutschen gerne wahrnimmt« – und das ist, weiß Gott, nicht viel! –, »das ist seine Mephistopheles-Natur: aber die Wahrheit zu sagen, man muß sich einen höheren Begriff des Mephistopheles machen, als Goethe, der nöthig hatte, um seinen ›inwendigen Faust‹ zu vergrößern, seinen Mephistopheles zu *verkleinern*. Der wahre deutsche Mephistopheles ist viel gefährlicher, kühner, böser, verschlagener und *folglich*« (weil es nämlich keine bessere Tarnung als die Wahrheit gibt) »offenherziger« (XI 452). »Alles vergeht, darum ist Alles werth zu vergehn!« (IV 180): von dieser zirkulären Logik will Zarathustra-Nietzsche zwar nichts mehr wissen; für den frühen Nietzsche indes spricht der reine Gerechtigkeitssinn aus dieser Botschaft, wenn man sie mit Schopenhauers Mephisto-Lesart gehörig betont: »Denn Alles was entsteht, ist *werth*, daß es zu Grunde geht. Drum besser wär's, daß nichts entstünde« (I 261). Denn warum entsteht überhaupt Etwas, wenn es nichts wert, also nur des Nichts wert ist?

Nietzsche und Mephisto können unversehens sogar mit der – an sich so gottergebenen – Stimme Luthers sprechen, die ihr »schweres Geschütz« gegen den Schöpfer auffährt: Die Welt ist »nur durch eine Vergeßlichkeit Gottes entstanden«. Hätte er alles vorausbedacht, »er würde die Welt nicht geschaffen haben« (I 269). Mangelnde geistige Präsenz, wenn nicht wie für Hartmann Demenz, ist die einzige Ermöglichung der Schöpfung. So besiegelt Nietzsches Parodie auf den Gott des Johannes-Evangeliums nur den »Un-, den Ohne-Sinn«, der »im Anfang« war. Mit Empedokles, Hamlet, Mephisto, Schopenhauer schickt er sich an, dem »Geist« der Schöpfung das Licht auszublasen. Der »ewig regen«, der heil*los* schaffenden Gewalt wird die »kalte Teufelsfaust« zu Recht entgegengesetzt: Es darf verneint werden. Ja, »alles Dasein, welches verneint werden kann, verdient es auch, verneint zu werden« (I 371 f.). Und welches Dasein könnte nicht verneint werden. Mephisto avanciert vom Ankläger Gottes im Theodizee-Prozeß zum Richter und Henker der »entgöttlichten Welt«.

Mit der uneingeschränkten Verneinung durch den triumphierenden Mephistophelismus aber ist der Nihilismus da. Von der Theodizee zum Nihilismus führt die Geschichte der Grund-Frage. Das freilich macht vollends deutlich, daß es in der Theodizee-Frage nach der besten aller möglichen Welten immer schon um Biodizee-, um Ontodizee-Fragen ging.

Wie Nietzsche den Nihilismus versteht, ist er weit mehr als eine Lebens-, eine Weltanschauung, vielmehr ein Lebensgefühl, ja, ein Wille, ein »›letzter Wille‹«, welcher das definitive Ende, das Nichts will (v 368). Schopenhauer ist sein Kronzeuge dafür. Nietzsche sieht zwar schon da, wo er ihm vordergründig noch anhängt, im Nichts nicht das »Werthvollere«, das »Bessere«, nicht die Erlösung, nicht wie Mephisto Anfang und Ende aller Dinge, sondern eher die Versuchung, nach seiner Ablösung von Schopenhauer ohnehin die »Gefahr der Gefahren« (XII 109). Dementsprechend rücksichtslos führt er dann die Auseinandersetzung mit dem Verführer und Mephistopheliker Schopenhauer. Auch dieser Lehrer ist »werth, daß er zu Grunde geht«, wenn er »zu Grunde« zu richten droht und der »Wille zum Nichts« seinen Namen trägt. Aber einstweilen muß Nietzsche sich erst einmal auf den Nihilismus einlassen, wenn er ihn überwinden will. Das fällt ihm um so leichter, als der Nihilismus für ihn, sogar mehr als für alle seine Vorgänger, in gewissem Sinn als die Wahrheit gilt.

Nihilismus ist für ihn zunächst die letzte Entwicklungsstufe, die äußerste Form des Pessimismus. Freilich will Nietzsche schon den Pessimismus nicht so trivial verstehen, wie das 19. Jahrhundert ihn – genauso wie den Optimismus – verstanden hat. Es kommt vielmehr darauf an, »den Pessimismus in die Tiefe zu denken«, und das heißt: sich »in die weltverneinendste aller möglichen Denkweisen hinein und hinunter« zu denken (v 74).

Dafür, daß die furchtbare »*Schopenhauerische* Frage« noch nicht »vollständig und in alle ihre Tiefe hinein« gehört wird, macht Nietzsche ausgerechnet das »Trio infernale« der nachschopenhauerschen Philosophie verantwortlich: E. von Hartmann, den gründerzeitlichen »Schalk« des optimistischen deutschen Pessimismus; »den alten Brummkreisel« Julius Bahnsen, der sich »mit Wollust sein Leben lang um sein realdialektisches Elend und ›persönliches Pech‹« dreht; schließlich »den süßlichen Virginitäts-Apostel« Mainländer (III 601 f.). Sie haben für Nietzsche, der um diese Zeit selber noch als einer aus der Gemeinde der Schopenhauerianer firmiert, den Pessimismus eher in Verruf gebracht (in seinen Briefen, auch dem Nachlaß, äußert er sich zunächst sehr viel zustimmender. Insgesamt ist seine Verbindung zu Hartmann, Mainländer, Bahnsen weit intensiver, als man heute noch weiß). Der Pessimismus ist nur die letzte negative Nachgeburt der theologisierenden Vernunft, wie der Optimismus von der besten aller möglichen Welten schwadronieren mußte, weil er ihre erste Ausgeburt war (II 49). Nein, »was auf den Pessimismus folgt, ist die Lehre von der SINN*losigkeit des Daseins* (...) Wozu? Es lohnt sich nichts!« (XI 236). Diese Lehre ist keineswegs bloß die der Schwachen, denen die Trauben des Lebens zu hoch hängen. *»Der Pessimismus der Thatkräftigen«* ist das »›wozu?‹ nach einem furchtbaren Ringen, selbst Siegen« (XII 396ff.). Schon das »unklare Wort ›Pessimismus‹« muß ersetzt werden »durch *Nihilismus*« (XII 131, XIII 528f.).

Aber der Nihilismus kommt von sehr viel weiter her. Er ist die Konsequenz der bisherigen höchsten Werte. Wenn die furchtbare »*Schopenhauerische* Frage« mit dem »entsetzten Blick« in eine entgöttlichte, sinnlose Welt einhergeht, wie sie sich nach dem »Tod Gottes« darstellt, so ist die Welt doch schon sehr viel länger in Frage gestellt. Denn eben die Tradition, deren *Ende* mit dem Tod Gottes die Heraufkunft des Nihilismus auslösen soll, war für Nietzsche immer schon nihilistisch. Der gegenwärtige Nihilismus ist auch der *Erbe* von zwei Jahrtausenden christlichem Nihilismus, und der buddhistische ist noch älter. Das Christentum seinerseits ist Erbe des Platonismus: Es ist, so Nietzsche mit der – nicht korrekt adaptierten – Religionsdiagnose von Marx als »Opium«, »Platonismus für's ›Volk‹« (v 12). Es gibt eine Universalgeschichte der Negation.

Diese Genealogie des Nihilismus ist nicht ohne Widersprüche: Reflex einer geistigen Situation, die in sich widersprüchlich, einer Seelenlage, die tief zwiespältig ist.

Schon der christliche Gott, und zwar gerade der *lebende*, ist für Nietzsche Inbegriff des »Willens zum Nichts«. Er ist das »Nein«, der »Gegensatz-Begriff«, der *»Widerspruch«*, der *»Feind«*, ja der »Todfeind« des Lebens. Es ist dort zu Ende, wo »das ›Reich Gottes‹«, die »wahre Welt« anfängt (vi 85, 373 f., xiii 525). Ihre Erfindung ist unser bisher »gefährlichstes *Attentat* auf das Leben« und »die *Welt, die wir sind*« (xiii 281). Im Zeichen der »wahren Welt« wird die wirkliche verworfen, im Zeichen des »Jenseits« das »Diesseits«; doch »diesseits« wie »jenseits« steht nicht mehr bereit: Es gibt nur eine »einzige Welt«. Das »ewige Leben«, von dem die Gottesanbeter fabulieren, ist die Verneinung alles dessen, was das Leben lebensfähig macht, der Triebe, der Instinkte. Dem »Heil der Seele« wird die Gesundheit des Leibes geopfert. Die christliche Moral spricht der Natur das Todesurteil. Gott als Geist ist der »Widersacher des Lebens« – im durchaus diabolischen Sinn –, weil er der »Widersacher« des Fleisches ist. »Der Heilige, an dem Gott sein Wohlgefallen hat, ist der ideale Castrat« (vi 85). Die »Sünde« vergiftet die Unschuld. Die Demut bricht dem aufrechten Gang das Genick. Gott macht das irdische Dasein zu einer Strafe. Der »strenge Richter aller Sünder« verurteilt, was nur um den Preis der Selbstverneinung, Selbstvergewaltigung anders sein kann, als es ist. Der Erlöser »rettet« ein verlorenes Leben, das als gerettetes gänzlich verloren ist. Im Kreuz, das er bereitwillig auf sich nimmt, spricht er das Leiden und das Mitleiden heilig – und verleidet dem Menschen alle Lust: christliche Pathodizee als Psychopathologie.

Aber auch wenn man sich an die bereinigten philosophischen Gottesbegriffe hält, ist die Existenz Gottes, verstanden als ewiges Sein gegenüber dem vergänglichen Werden; als Wahrheit, Gewißheit, Wesen gegenüber dem Schein; als Unbedingtes gegenüber dem Bedingten; als das Eine gegenüber dem Vielen; als Maximum, Optimum und Totum gegenüber dem immer Begrenzten, unser »größter Einwand« gegen das menschliche Dasein (VI 286, XII 535). Vor Christen und Platonikern haben hier schon die Eleaten den Anfang gemacht. Sie sind unter den Philosophen bisher »die besten Nihilisten«, denn sie haben mit ihrem unveränderlich seienden Sein vorgemacht, wie man es schafft, daß »Sein und Nichts identisch« werden (XI 490).

Deutlicher freilich die christlich Frommen im Lande; Nietzsche sieht ihre verschwiegene Psychologie so, wie schon Mainländer in seiner Kritik an Hartmann den illusionären Jenseitsglauben als Willen zum Nichtsein gedeutet hatte. Obwohl sie den »Bauch des Seins«, dem sie entstammen, nach wie vor heiligsprechen, wenn nur der Herr des Seins schaffend über ihn gebietet, beten sie in Gott das »himmlische Nichts« an, wie das Nichts zum Gott avanciert (XIII 318, 525). Gott *ist* nicht, sagt der Gottesmörder Nietzsche. Aber vorher sagt er: Gott ist das *Nichts*. Der christliche Gott vergöttlicht es in dem Maße, wie er die Welt entgöttlicht; der Wille zum Nichts wird in dem Maße zum Heil, wie das Christentum den Willen zum Leben bricht. Deswegen kann Nietzsche mit einer für christlich getaufte Ohren empörenden Wendung von »Christen und anderen Nihilisten« sprechen, das Christentum zu den nihilistischen Religionen rechnen (XIII 525) und sich selber folgerichtig in einem Atemzug zum Antichristen und Antinihilisten befördern (V 336). In einem lyrischen Aphorismus, der bisher so unbekannt geblieben ist wie die einleitend zitierte apokryphe Variante von Marx' elfter Feuerbach-These, hat Nietzsche diese eigenwillige »Entente cordiale« von Christentum und Nihilismus blasphemisch-parodistisch formuliert:

»Gott selbst ward Nihilist.
Aber warum werden,
Was man schon ist?«

Freilich, daß die Christen mit Gott als dem seiendsten Sein ausgerechnet ins Nichts wollen; daß ihr ewiges Leben nicht das lebendigste, verklärteste Leben, sondern den Tod meint; daß sie, stets erfüllt vom »Logos«, dem nihilistischen Sinnlosigkeitsverdacht zuarbeiten – das kann ihnen nicht einleuchten; das ist in der Tat paradox, weil es bei ihnen, wenn überhaupt, um eine indirekte, verdeckte Form von Nihilismus geht. Mögen sie auch das »himmlische Nichts« meinen, sie singen und sagen vom himmlischen Sein.

Nietzsche löst den Widerspruch damit, daß der christliche der passive Nihilismus der Zukurzgekommenen, der Schwachen ist, denen der Mut zur Wahrheit fehlt. Krank zum Tode von Anfang an, hat das Christentum den Gottesdienst des Nichts nicht einmal offen zu feiern gewagt, auch wenn es sich im Ergebnis mit den »anderen Nihilisten« – Eleaten, Platonikern, Schopenhauerianern, Eurobuddhisten oder angestammten Buddhisten – trifft. Aber welcher Unterschied!

Zumal der buddhistische Nihilismus ist artikulierter, offenherziger, nobler, weniger ressentimentgeschädigt, vor allem nicht so sadistisch moralistisch. Mit der Parole, die der späte Nietzsche sonst für seinen Dionysos reserviert, kann er sogar *»Buddha gegen den ›Gekreuzigten‹«* stellen. Innerhalb der »nihilistischen Bewegung darf man immer noch die *christliche* und die *buddhistische* scharf auseinanderhalten: die *buddhistische* drückt einen *schönen Abend* aus, eine vollendete Süßigkeit und Milde, – es ist Dankbarkeit gegen alles, was hinten liegt, mit eingerechnet, es fehlt die Bitterkeit, die Enttäuschung, die Rancune« (XIII 267). Und in der Nacht nach dem *»schönen Abend«* – so das suggestivste Bild, das Nietzsche für die Versuchung des Nihilismus gefunden hat – winkt »die indische Circe, das *Nichts*« (VI 21).

Schopenhauer hatte den »›Sabbat der Sabbate‹« nach des Lebens Mühe versprochen, mit dem »seeligen Nichts« gar das Paradies wiederverheißen. Aber warum sollte man sich denn ausgerechnet in Sachen Nichts so mühen müssen? Warum nicht einfach mit Lust ins Ruhebett der »indischen Circe« sinken, in deren Armen der abendländische Odysseus, den es bis nach Indien getrieben hat, alle Sehnsucht stillt? Welche Verführung kann nicht vom Nichts ausgehen, wenn der Liebes- mit dem Todestrieb kopuliert! Und, gar nicht hoch genug zu schätzen, die indische Zauberin verlangt den Männern, gerade weil sie sie in »Schweine«, in niedrige Tiere verwandelt, für ihre Liebesdienste keinen strapaziösen Gottesdienst ab. Das Nirwana war die freimütige Verheißung nihilistischer Atheisten.

Der neue, antinihilistische Odysseus bleibt freilich mannhaft genug, um dieser Verführung zu widerstehen. Er weiß, daß das Nichts nur versucherische Weibsgestalt angenommen hat. Ob »indische Circe« oder »himmlisches Nichts«; ob in Gott, mit Gott oder ohne Gott; wie die Bilder und Worte auch lauten mögen; wer immer sie beten, nachbeten, nachphantasieren mag, »Christen und andere Nihilisten«: Sie alle kennen kein anderes höchstes Gut als das Nichts. Der »zu gebärende Weltgott« des Büchnerschen »Danton« ist aus der Sicht Nietzsches längst geboren. Der Nihilismus ist die wahre Weltreligion, Gottes-, nein: Götzendienst des Nichts. Ja, Religion und Nihilismus wären geradezu *»ein Synonym des Nicht-seins*, des Nicht-lebens, des Nicht-leben*wollens*« (XIII 354), würden der Gekreuzigte *und* der Buddha nicht im griechischen Dionysos den großen Gegenspieler finden, der mit Hilfe seines tragischen Verkünders Nietzsche wiederkehren soll.

Wenn Gott aber der Todfeind des Lebens war, dann müßte der Tod Gottes eigentlich lebensförderlich, nihilismusüberwindend wirken – gerade nicht so, daß er das Dasein mit der furchtbaren »*Schopenhauerischen* Frage« konfrontiert. Wenn Gott für die Vergöttlichung des Nichts und die Entgöttlichung der Welt steht – wie sollte dann ausgerechnet die Vernichtung Gottes den entsetzten Blick in eine entgöttlichte, jedes Sinnes beraubte Welt zur Folge haben? Dann müßte doch der Gottesmord, den der Pfarrerssohn Nietzsche begeht, nicht bloß nach dem Gesetz des »Auge um Auge«, Mord um Mord, die Rache, sondern zugleich das Gegenmittel, Verbrechensprävention in bezug auf das Attentat auf das Leben sein.

Die unterschiedlichen Versionen, die Nietzsche zumal in der »Fröhlichen Wissenschaft« – man vergleiche das berühmte 125. Stück vom »tollen Menschen« mit dem 108., 285. und 343. Stück – und in den »Zarathustra«-Paralipomena vom »Tod Gottes« entwirft, sprechen in der Tat auch von Befreiung, Erleichterung, Ermutigung, Wiederbelebung, Lebenssteigerung, Heiterkeit, Morgenröte, nicht nur von Verwaisung, Verlust der Mitte, Orientierungslosigkeit, Verdüsterung, Sonnenuntergang. Wenn alle Arten des zum Nihilismus eskalierenden Pessimismus an Zarathustra vorbeiziehen, »die Sucht zum Anders, die Sucht zum Nein, endlich die Sucht zum Nichts«, so gibt er zuletzt »die *Erklärung:* Gott ist todt, dies ist die *Ursache* der größten Gefahr: wie? sie könnte auch die Ursache des größten Muths«, das »furchtbarste«, zugleich das »glücklichste und hoffnungsreichste Ereigniß« sein (XII 128 f.)! Unter diesen Umständen kann Zarathustra-Nietzsche sogar das »große Dank- und Todtenopfer an den todten Gott« darbringen, während der lebende keines verdiente.

Nur ein toter Gott ist ein guter Gott. Wenn Gott nicht schon tot wäre – spätestens an dieser Erkenntnis stürbe er. Mit Gott wird der schärfste Ankläger, der wahre »Advocatus diaboli« des weltlichen Daseins im Zeichen eines über-, richtiger: eines hinterweltlichen liquidiert. Man kann wieder aufatmen, weil keines der Gewichte, mit denen er bisher das Dasein beschwert hat, die Menschen mehr niederdrückt. Selbst wenn man einräumt, daß Gott auf furchtbar tiefen Stufen des Elends für die Schwachen nötig gewesen sein mag, die es ohne diese Ausflucht nicht im Dasein ausgehalten hätten, so kann man nun derlei Sinnprothesen entbehren. »›Gott‹ ist eine viel zu extreme Hypothese« (XII 212ff.).

Aber Nietzsche weiß als Psychologe, nicht zuletzt aus eigener Erfahrung, daß extreme Positionen nicht durch gemäßigte abgelöst werden, sondern in extreme umschlagen. »*Eine* Interpretation des Daseins gieng zu Grunde; weil sie aber als *die* Interpretation galt, erscheint es, als ob es gar keinen Sinn im Dasein gäbe, als ob alles *umsonst* sei« (XII 212). Desillusionierungen wie die der nachchristlichen Welt verbreiten sich nach den Gesetzen der Feuersbrunst. Wer einen Gott verbrannt hat, wird nicht so schnell den nächsten Hausaltar errichten, sondern allem Glauben aufkündigen: Nihilismus als desillusionierter, mit dem »gesammten Dasein« unzufriedener, »empörter Idealismus« (XII 313, XI 582). Wie zumal an Schopenhauers atheistischer Lehre vom »›bösen, blinden Willen‹« ablesbar: Wenn Welt und Leben nicht das Werk eines Gottes sind, dann müssen sie das eines Teufels sein (XII 539).

Nietzsche, der den Tod Gottes selber als Schock erlebt; der noch als philosophischer Dionysos-Priester den Gekreuzigten nicht lassen kann, vermag nur zu gut nachzuvollziehen, welche Vorteile die christliche Hypothese hatte (XII 211ff.). Sie gab der Welt ein Zentrum, einen Zusammenhalt, der Geschichte als Heilsgeschichte ein Ziel, dem Menschen einen absoluten Wert, dem Leiden einen Sinn. Jetzt aber kann man das Leben nicht mehr ansehen, als ob es eine Angelegenheit von letzthinniger Bedeutsamkeit wäre. Die Zuflucht zu Gott als dem »Vergelter« und »Verbesserer letzter Hand« (III 527), der das Leben ins Lot bringen konnte, ist dahin. Von der Verheißung, der »Verführung zum Leben«, die – immerhin! – mit den »Feinheiten« des erfolgreichen Selbstbetrugs verbunden war (XIII 521), ist nichts mehr übriggeblieben; allein die *»richtenden Werthe«* und die *»verworfene* Welt« (XII 397), das reduzierte Erbe des christlichen Neins zum diesseitigen Leben ohne das Ja zum ewigen, sind noch da. »Ein Nihilist ist der Mensch, welcher von der Welt, wie sie ist, urtheilt, sie sollte *nicht* sein und von der Welt, wie sie sein sollte, urtheilt, sie existirt nicht« (XII 366). Das Jüngste Gericht findet nur deswegen nicht mehr statt, weil die Welt selbst bei dem Erznihilisten Schopenhauer das Weltgericht, das Leben die Höllenstrafe ist. Wenn es nur dabei geblieben wäre, daß man in Gott das Nichts angebetet hätte! Doch in einem letzten Akt christlich-masochistischer Grausamkeit hat man auch Gott für das Nichts geopfert und nur noch »den Stein, die Dummheit, die Schwere, das Schicksal, das Nichts« angebetet (V 74).

Der Tod Gottes ist einerseits zwar keineswegs die Conditio sine qua non des Nihilismus. Geradezu tröstlich wäre es, wenn der böse Blick auf das Dasein mit Gott gestorben wäre. Andererseits spitzt sich nun, unter Entzugsbedingungen, die Situation dramatisch zu. Die letzte maliziöse Pointe des toten Gottes ist die, daß er dem Dasein seine Misere gelassen, den Trost aber mit ins Grab genommen hat. Erst hat sich das leidende Leben durch den hanebüchenen »Un-, den Ohne-Sinn« vom »Licht des Lebens« verhöhnt gesehen. Der christliche Mythos vom Sündenfall hat zu allem Überfluß die Schuld hinzugefügt. Die lebensfeindliche christliche Moral hat das Leidensleben ohne Not beschwert. Und schließlich ist derjenige, der die ganze absurde Konstruktion zusammenhalten sollte, so hinfällig geworden wie das nichtigste seiner Geschöpfe. Jetzt ist der Vorhang im Tempel vor den Abgründen des Lebens ganz und gar zerrissen (den der Buddhismus als »Schleier der Maya« freilich seit je gelassen zerrissen sah). Jetzt stehen die Menschen mit völlig leeren Händen da. Gerade die christlichen Gottesmörder wissen: »›Alles ist gleich, es lohnt sich Nichts, Welt ist ohne Sinn, Wissen würgt‹«: so Zarathustras Antipode, der Wahrsager, hinter dem die Konturen Schopenhauers zu erkennen sind (IV 300). Aber der Wahrsager sagt auch für Zarathustra-Nietzsche noch wahr: »›Wo ist – *mein* Heim?‹ Darnach frage und suche und suchte ich, das fand ich nicht. Oh ewiges Überall, oh ewiges Nirgendwo, oh ewiges – Umsonst!« (IV 341): so die unfrohe Botschaft von Zarathustras Schatten, der der Schatten des ziellosen, ruhelosen Wanderers Nietzsche ist.

Der seit 2500 Jahren heraufkommende, von den Weltreligionen des Buddhismus und des Christentums seit je verkündete, von der Metaphysik seit Parmenides und Platon hinter dem Schein des »Seins« versteckte, vom europäischen Pessimismus weltschmerzlich angereicherte, auch trivialisierte, von Schopenhauer in die Tiefe gedachte Nihilismus droht nun dem Leben wirklich an die Wurzel zu gehen. »Das Pathos des ›Umsonst‹« (XII 366) ist geradezu »das Nihilisten-Pathos« par excellence, wenngleich »noch als Pathos eine *Inconsequenz*«. Was sollen den Nihilisten aber Inkonsequenzen scheren, wenn alles ohne Sinn ist? Nihilismus ist »die radikale Ablehnung von Werth, Sinn, Wünschbarkeit« (XII 125) *einschließlich* des Nichts, sofern es der neue, bloß invertierte Wert und Sinn sein soll.

In diesem Sinn zersetzt der Nihilismus sogar das Nichts, das ihm den Namen gibt. Wenn der Pessimist à la Hartmann oder Mainländer bisher noch geglaubt hat, wenigstens das sei der Rest-Wert der Welt, daß wir hinter ihren Unwert kommen können (XII 174), um endlich, endlich »einen allgemeinen Nichts-Zustand« als letztes *negatives* Ziel zu erreichen (XIII 46); wenn noch Schopenhauers negative Teleologie den »letzten Spinnefaden von Trost« daraus gesponnen hat, »eben das sei der Sinn der ganzen Geschichte, daß sie hinter ihre Sinnlosigkeit kommt und ihrer selbst satt wird« (XII 163), so zerstört der vollendete Nihilist selbst dieses Residuum noch: es wird »*nichts* erzielt, *nichts* erreicht« (XIII 46). Nein, mit dem Dasein ist es überhaupt nichts. Die Sinnlosigkeit macht aus allem nichts – das »Nichts (das ›Sinnlose‹)« (XII 213) ist alles. Die letzten »Krähen«, die in der Ödnis des entleerten Lebens schreien, heißen »›Wozu?‹, ›Umsonst!‹, ›Nada!‹« (V 406). »Nada«, das Nichts der spanischen Mystik, ist zu sich selber gekommen. Die Trümmer der Welt zerfallen in ein »unendliches Nichts« (III 481). Die negative Unendlichkeit ist der Rest, der allein vom »himmlischen Nichts« übriggeblieben ist.

Damit aber ist die platonisch-christliche Gleichsetzung des Seins mit dem Guten, des Nichtseins mit »der Übel größtem« (VI 191, VII 140) zur Farce geworden, ohne daß man auch nur im Zeichen des Nichts eine Gegenrechnung aufmachen könnte. Nietzsches Nihilismus-Diagnose, daß die bisherigen höchsten Werte sich entwerten, meint vor allen anderen das Sein als Wert, aber ohne jeden Gegen-Wert. Wie aber noch »*aushalten*« (X 239), wenn der »radikale Nihilismus« seine Überzeugung von der »absoluten Unhaltbarkeit des Daseins« (XII 571) rücksichtslos dartut? Um den »Willen zum Dasein, Dableiben« (V 349) steht es jedenfalls schlecht. Jetzt steigert sich die von den schmerzhaften Lektionen des Leidens immer schon inspirierte Schule des Verdachts zum totalen Mißtrauen, dem authentischen Negativ des absurden Märchens vom Urvertrauen, zur Frage: »Sind nicht alle ›Werthe‹ Lockmittel, mit denen die Komödie sich in die Länge zieht, aber durchaus nicht einer Lösung näherkommt« (XII 213)?

Nihilismus heißt: »es fehlt die Antwort auf das Warum« (XII 350), die dem Sein noch einmal »Sinn« und »Grund« geben könnte.

Aber sie fehlt nicht nur. Der Nihilismus macht vielmehr Ernst. Er schreitet vom Nein-Sagen über das Nein-Wollen zum Nein-Tun fort. Er ist Lebensanschauung, Lebensgefühl, »Wille zum Nichts« und Tathandlung in einem. »Als persönliches Ergebniß« zieht er »die Verzweifelung« nach sich, »als theoretisches eine Philosophie der Zerstörung« (II 54). »Der Nihilismus ist nicht nur eine Betrachtsamkeit über das ›Umsonst!‹, und nicht nur der Glaube, daß Alles werth ist zu Grunde zu gehen: man legt Hand an, man *richtet zu Grunde* ... Das ist, wenn man will, *unlogisch*« – wie es schon das Pathos des Nihilisten war, weil das Zugrunderichten immerhin einen gewissen Sinn hat. Es scheint so, als würde doch wieder das Nichts als neuer höchster Gegen-Wert inthronisiert. »Aber der Nihilist glaubt nicht an die Nöthigung, logisch zu sein« (XIII 59f.). Warum sollte man auch ausgerechnet im Weltreich des Sinnlosen logisch sein? Für den Nihilisten gilt dieselbe Narrenfreiheit, die sich der »Unsinn« im Anfang nahm.

Nur heiter ist auch dieser Narr nicht: »Der Ver-Nichtsung durch das Urtheil sekundirt die Ver-Nichtung durch die Hand« (XIII 60). In der »Ver-Nichtsung« und »Ver-Nichtung« wird das Nichts, das für Schopenhauers Quietismus das Versprechen der ewigen Ruhe war, negativ dynamisiert. Und hatten Hartmann und Mainländer versucht, mit ihren negativen Antworten die positiven Konsequenzen einer sozialen Praxisphilosophie des Als-Ob zu verbinden, so schreitet nun der Nihilismus zum »aktiven Nihilismus«, zum realen Annihilismus fort.

»Ver-Nichtsung« und »Ver-Nichtung« können sich gegen die anderen kehren, vielleicht gegen eine ganze Welt. Das ist nach Nietzsche die Konsequenz, wenn man das Nichtsein für besser hält. Alles andere ist nur müde Ausflucht (VIII 330). Wo ein »Dynamit des Geistes, vielleicht ein neuentdecktes Russisches Nihilin« zur Verfügung steht – so die Anspielung auf die für Nietzsches Zeitgenossenschaft vorherrschende Bedeutung des Nihilismus als eines bombenwerfenden Anarchismus (V 137) –, ist dieser aktive Nihilismus von keines Gedankens Blässe mehr angekränkelt. Hamlet weiß endlich, was er zu tun hat. Und auch Nietzsches mitleidiger Nihilist Empedokles hat die angemessenen Mittel für seine Projekte gefunden – bis hin zu einer »grausenhaften Ethik des Völkermords« (I 100).

Oder der aktive Nihilismus wird selbstmörderisch. Schon der Pessimismus, wieviel mehr der Nihilismus »und der Selbstmord gehören zusammen« (XIII 431). »Ich würde mich nicht vermissen! (IX 604), weiß Nietzsche mit Schopenhauer. Denn Nichtsein kann kein Mangel und kein Übel, schon gar nicht »der Übel größtes« sein. Die »völlige *Vernichtung*«, die aus der Sicht des alttestamentarischen Lobes der Schöpfung »das Furchtbarste« ist (VII 140f.), avanciert zum Heil, zur Erlösung durch Auflösung. Es ist geradezu ein Privileg der Menschen, daß sie »sich selber durchstreichen können wie einen mißrathenen Satz« (III 214). Der Wille, nicht zu *sein*, *nichts* zu sein, siegt. Die von Büchners »Danton« annoncierte Geburt des Nichts als des neuen »Weltgottes« erweist sich vollends als Tod-Geburt. An ihrem Anfang steht die »Einsicht in das Nichts« – so schon der desillusionierte Idealismus des Schillerschen Talbot in der »Jungfrau von Orleans«. Das Ende läßt sich mit der Erkennungsszene von Hebbels »Herodes und Mariamne« illustrieren, deren düstere Tautologien nur noch eine Wahrheit kennen: »Der Tod, der Tod, der Tod ist mitten unter uns.« Und das soll er auch sein. Die ihm korrespondierende Omnipräsenz des Nichts in Vergangenheit, Gegenwart und Zukunft muß nur noch durchkonjugiert werden, um in ein leeres Ende zu münden: »Ich hatte nichts, ich habe nichts, ich werde nichts haben.« Hinzuzufügen allein: »Ich *will* nichts mehr haben – ich will nicht mehr *sein*.«

»Man geht zu Grunde, wenn man immer zu den Gründen geht«, kommentiert Nietzsche vor Ausbruch seines Wahnsinns die Präzipitation der »*Schopenhauerischen* Frage« ins Nichts (XIII 562). Ein welt- und »selbstmörderischer Nihilismus« (V 411) ist jetzt der »unheimlichste aller Gäste« (XII 125). Im »Haus des Seins« kann man sich nicht mehr geborgen fühlen. Das Leben ist in Todesgefahr.

Will Nietzsche ihr entgehen – und dazu ist er trotz aller nihilistischen Versuchungen fest entschlossen –, dann muß er die Frage seinerseits in Frage stellen. Tatsächlich versucht er das mit allen Mitteln – gerade weil er die von der Frage ausgehende Todesgefahr am intensivsten verspürt. Schopenhauers Lösung, sich in ein erlösendes, relativiertes Nichts zu retten, aus dem die alten mystischen Verheißungen sprechen, kann die seine nicht mehr sein. Sie gilt ihm ja bestenfalls als die Verführung der »indischen Circe«, schlimmerenfalls als Ausdruck der christlichen Krankheit zum Tode.

»Sieh hinaus! Sieh nicht zurück!« (XIII 562) lautet einstweilen seine Selbstrettungsmaxime. Die paradoxe philosophische Empfehlung: »primum vivere, deinde philosophari«, könnte sogar nahelegen, nicht mehr zu philosophieren, wenn die Philosophie das Leben zu zerstören droht. Im Zeichen des »Sanctus Januarius«, des Schutzpatrons seiner fröhlichsten Wissenschaft, nimmt Nietzsche aber lieber seine Zuflucht zu einem Denken, das lebenserhaltend ist. »Noch lebe ich, noch denke ich: ich muß noch leben, denn ich muß noch denken. Sum, ergo cogito: cogito, ergo sum« (III 521). Nach der Logik eines existentiell vertieften Cartesianismus, der sich denkend eines zweifelsfreien Seins versichern will, soll ihm ein »Gedanke (...) Grund, Bürgschaft und Süßigkeit alles weiteren Lebens sein«: »Ich will immer mehr lernen, das Notwendige an den Dingen als das Schöne sehen« – so Nietzsches Neujahrsgelöbnis, das er wie alle Menschen guten Willens nicht lassen kann. Nichts und niemanden will er mehr anklagen, »nicht einmal die Ankläger«. Und da so, wie »alles Sich-Freuen« ein »Loben« ist, alles Klagen auf ein Anklagen (II 409) hinausläuft, das »Jemanden verantwortlich macht«, darf er auch nicht mehr klagen, »nicht klagen à la Hamlet! N.B.« (X 591). »Irgendwann einmal«, so immerhin der vorsichtige Vorbehalt, will er »nur noch ein Ja-Sagender sein!« »*Wegsehen* sei meine einzige Verneinung!« (III 521).

Gewiß, wer das »Nothwendige als das Schöne« sehen will, muß »die Dinge schön machen« (III 521). Wegsehen heißt, daß es weiter anderes zu sehen gibt, heißt übersehen. Kann das jemand glaubwürdig, der das nur zu genau weiß? Der genug und übergenug Leidensgründe hat? Aber Nietzsche *will* sich nun einmal umorientieren – weil er noch leben und denken muß.

Der Einfachheit halber will er das Fragen gleich ganz lassen. Das ist nur eine alte Angewohnheit, die das Leben sich angeeignet hat, weil es bisher immer reichlich mit Gründen versorgt worden ist, zumal von den Apologeten des alten Gottes, warum es lebenswert ist; warum über das Dasein »›absolut nicht (...) gelacht werden darf!‹« »Das Leben *soll* geliebt werden, denn!« (III 371 f.): so lautete die beliebteste Denkfigur, die Liebesimperativ und Begründbarkeitsverheißung vereinte. Doch so ist aus dem Menschen allmählich ein »phantastisches Thier« (III 372) geworden, das auf der Suche nach Daseinsgründen den Boden unter sich aufwühlt. Jetzt gibt es aber nichts zu finden mehr, ohne daß die »phantastische« Angewohnheit aufgegeben worden wäre. Wie der Nihilismus von der christlichen Erbschaft nur die »richtenden Werte« übrigbehalten hat, so von den alten Antworten nur die ihnen zugrunde liegenden Fragen: Nietzsche versucht, die Grund-Frage mit ihrer Genealogie zu erledigen.

Vor allem das Rechtfertigen können die kopflos gewordenen ehemaligen Christen nicht lassen. Es ist die Erbschaft von Leuten, denen ihr zweitausendjähriges Training in Kniefallübungen den aufrechten Gang so unmöglich gemacht hat, daß sie immer eine Entschuldigung für ihr, für *das* Dasein brauchen. Sie martern sich mit der Suche nach Rechtfertigung und nennen das, wo ihnen keines der früheren Marterwerkzeuge mehr zur Verfügung steht, die Suche nach »Sinn«. Weg mit ihnen in die christliche Psychopathologie! Wenn Paulus als der eigentliche Gründer des Christentums das zwanghafte Rechtfertigen in die Welt gebracht hat, dann ist jetzt ein Saulus erfordert, der lieber gegen alle »Dizeen« zu Felde zieht, als daß er das Dasein dem tödlichen Zugriff christlich-nihilistischer Zwangsneurotiker überließe. »›Rechtfertigen‹ selber sollte nicht nöthig sein!« (X 238). Wie Gott sind auch die »Dizeen« eine »viel zu extreme Hypothese«. »Der Mensch braucht jetzt *nicht mehr* eine ›Rechtfertigung des Übels‹« (XII 467), ja, er »perhorreszirt« jetzt gerade »›das Rechtfertigen‹«.

So leicht verlernt man die alten Gewohnheiten indessen nicht. Der Mensch als das »phantastische Thier« hat inzwischen tatsächlich »eine Existenz-Bedingung mehr, als jedes andere Thier, zu erfüllen (...): der Mensch *muß* von Zeit zu Zeit glauben, zu wissen, *warum* er existirt« (III 372). Er ist eine konditionale Existenz geworden; ohne die Frage nach seinem Existenzgrund wäre er nicht mehr er selber. Sie zeichnet ihn aus – um den Preis, daß sie ihn in Frage stellt. Eine riskante Besonderheit.

Nietzsche selber aber ist das »phantastischste Thier«. Er ist wie kein anderer durch die Schule des Christentums gegangen. Wenn sein Jugendfreund Paul Deussen von Schopenhauer gesagt hat, daß er ein »Philosophus christianissimus«

sei, so gilt das, wenngleich in anderen Hinsichten, mehr noch für ihn. Die guten Christen, die den »Antichristen« Nietzsche so gerne verteufelt haben, wußten gar nicht, was sie an ihm hatten. Das Rechtfertigen kann Nietzsche schon gar nicht lassen. So gern er sich als Saulus geriert – er ist der Paulus der Lebensphilosophie. Er bezeugt, daß er der treueste Jünger des toten Gottes, der frömmste unter den Gottesmördern ist. Und wo gerechtfertigt wird, da wird traditionsgemäß auch beschuldigt.

»Jenseits von Gut und Böse« glaubt Nietzsche sich. Das hindert ihn jedoch nicht, des Christentums liebstes Kind zu pflegen: die Sünde. Die hybride luziferische Überhebung, die für die Gottesfreunde seit je die Vertreter der Anklage im Prozeß der Theodizee charakterisiert hatte, wird jetzt auf die Lebensverneiner projiziert. Bei ihnen handelt es sich um eine »Auflehnung gegen das Leben« (VI 86), eine »wahnsinnige Selbstüberhebung« (XII 119). Nietzsche entrüstet sich über den Entrüstungspessimismus (VI 243). Bisher war der »größte Frevel« der an Gott; »jetzt ist es das Furchtbarste«, »an der Erde zu freveln«, am »Sinn der Erde« (X 223). »Furchtbar« ist nun nicht mehr die »*Schopenhauerische* Frage«, sondern die Hybris, die in ihr liegt. Die Gotteslästerung kann es nicht mehr geben – die Erdlästerung wiegt um so schwerer. Wenn zunächst die Christen, dann »andere Nihilisten« ihrer bezichtigt werden, hat der alte Vorwurf nur die Seite getauscht. Jedes Nein »befleckt« (VI 405): so die vertraute Beschmutzung des verneinenden Geistes. Rein ist nur das »ewige Ja des Sein's«. Affirmativer hatte sich auch die Ontotheologie nicht zum Sein verhalten, das diesseits von Gut und Böse weiterhin das Gute ist. Was Nietzsche den Juden vorwirft, tut er selber: Vor die Frage »von Sein und Nichtsein« gestellt, will auch er »das Sein *um jeden Preis*« vorziehen (VI 191).

So übernimmt die »Dankbarkeit gegen Erde und Leben« von neuem das Regiment (XIII 223). Das Leben ist nicht mehr oktroyiertes Verhängnis – es »gibt« sich vielmehr wie in den besten Schöpfungstagen als Geschenk. Gleichwohl wissen »die edlen Seelen«, daß sie es nicht »umsonst« haben (IV 250). Von einem »umsonst« als Inbegriff der Sinnlosigkeit ist nun keine Rede mehr, aber auch von keinem »umsonst« im Sinn eines generösen »acte gratuit«, wie ihn Nietzsches Allergie gegen den Ökonomismus eigentlich nahelegen könnte, nur noch von einem Anspruch, dem zu entsprechen ist. Nichts ist umsonst (ausgenommen das Nichts). Und wenn unedle Seelen diesem Anspruch nicht genügen, dann muß man doch die »Ankläger anklagen«.

Nietzsche freilich weiß nur zu gut, daß die bloße Anklage der Ankläger nicht ausreicht; dazu hat er selber viel zu inständig ihre Rolle mitübernommen. So muß er sich doch wieder auf sie einlassen, wenigstens zeigen, daß ihre Anklage keinen zureichenden Grund hat.

Wie gut unter diesen Umständen, daß der Mensch in seiner Eigenschaft als Philosoph nicht bloß ein »verehrendes Thier« ist, sondern auch ein »mißtrauisches«. War nicht die Philosophie, von der negativen Muse des Schmerzes inspiriert, eine förmliche Schule des Verdachts? Ja, »so viel Misstrauen, so viel Philosophie« (III 580). Und nun kann das »mißtrauische Thier«, das ein verehrendes bleiben will, sein Mißtrauen vorab gegen das Mißtrauen selber wenden.

Dafür aber ist in der Philosophie seit je nichts so geeignet wie die Erkenntniskritik. Nietzsche, wie kaum ein anderer im Mißtrauen versiert, ist ohnehin ein wahrer Virtuose in der Erschütterung des Glaubens an die Möglichkeit von »Wahrheit«. Doch er tut das nicht absichtslos, sondern um das Leben von drohenden Antworten auf die »*Schopenhauerische* Frage« zu entlasten. Seine gesamte, so folgenreiche Auseinandersetzung mit der Frage: »Was ist Wahrheit?« ist auf diesem Hintergrund zu sehen. So wie Schopenhauer selber aus seiner Erkenntniskritik eine Mentalreserve gewinnt, die tödliche Konsequenzen verhindert, sagt sich nun Nietzsche: Wenn es »keine Wahrheit (...) giebt« (XII 351), dann ist das zwar *»selbst ein Nihilismus«,* und zwar für Nietzsche, der diesen Superlativ gerne vergibt, »der extremste«, doch man muß auch nicht fürchten, etwas über das Dasein als solches wahr sagen zu können.

Schon der frühe Nietzsche attackiert mit Leidenschaft das »Pathos der Wahrheit«. Daß es »über Wahrheit und Lüge im außermoralischen«, nämlich im vitalen Sinne geht, ist für ihn ausgemacht. Die Parabel am Ende der Vorrede »Ueber das Pathos der Wahrheit«, mit der er auf den großartigen Beginn des zweiten Bandes der »Welt als Wille und Vorstellung« antwortet, schildert das Ende jener »klugen Thiere«, die einst »in irgend einem abgelegnen Winkel« des Weltalls »das *Erkennen* erfanden« (I 759f.) – erfanden! Es war die »hochmüthigste (...) Minute« dieser hoffnungslos ex-zentrischen Wesen, aber auch ihre »verlogenste«. Denn schließlich mußten sie erkennen, »daß sie alles falsch erkannt hatten. Sie starben und fluchten im Sterben der Wahrheit.« Den Kommentar liefert Nietzsche mit den zynischen Worten Mephistos: Die Wahrheit »war die Erste nicht!« – nicht der erste verflogene »schwärmerische Wahn«.

Aber vielleicht der letzte! Denn *diese* Wahrheit würde die Menschen »zur Verzweiflung und Vernichtung treiben«. Nicht bloß würde sich jede vermeintliche Erkenntnis als falsch herausstellen, vielmehr der Glaube an die Möglichkeit von Erkenntnissen überhaupt, wie er besonders gern in Philosophenkreisen gepflegt wird, als der Illusionen größte. Statt die Menschen in der verheißungsvollen Rolle der Erkennenden im Leben, am Leben zu erhalten, wäre nun die Desillusionierung potenziert. Wahn, Wahn, alles ist Wahn – der Abgesang des traurigen Predigers Salomo gilt am allermeisten für diesen Wahn. Die einzige Wahrheit, die es gibt, ist »die Wahrheit, ewig zur Unwahrheit verdammt zu sein«.

Und die Wahrheit dieser Wahrheit ist der Tod. Die Erkenntnis als Widersacherin des Lebens.

Doch damit kann sich ein »Fürsprecher des Lebens« am allerwenigsten abfinden. Wenn die Wahrheit und zumal diese Wahrheit Verzweiflung, Tod und Vernichtung bedeutet, dann werden allein Kunst, Illusion, Wahn, selbst Lüge – alle Formen des Scheins werden von Nietzsche angesichts der Wahrheits- als Todesdrohung zusammengefaßt – zum Garanten des Lebens. Wenn »der Pessimismus, sagen wir deutlicher, der Nihilismus als die ›Wahrheit‹ gilt«, dann kann und darf die Wahrheit »nicht als ein oberstes Werthmaß, noch weniger als oberste Macht gelten«. Dann muß der »Wille zum Schein, zur Illusion, zur Täuschung«, ja zur »Unwissenheit, Ungewißheit, Unwahrheit« (XI 228) für »tiefer und ursprünglicher« als der »Wille zur Wahrheit, zur Wirklichkeit« gehalten werden (XIII 229).

Der Nihilismus gilt aber nicht nur in bezug auf den Sinn des Daseins als die Wahrheit; die Enttäuschung des Glaubens an die Wahrheit als letzte paradoxe Konsequenz des abendländischen Willens zur Wahrheit führt vielmehr am tiefsten in ihn hinein. Also muß der Wille zur Wahrheit in jeder Hinsicht verabschiedet werden. Wo die Gleichsetzung der Ontotheologie von »ens« und »bonum« durch den Nihilismus von Grund auf erschüttert ist, geht auch das »ens« statt des »verum« mit dem »falsum« eine neue Verbindung ein: Wer das Sein erhalten will, muß für das Unwahre sein. Der Glaube des Idealismus hatte der Sancta Triplicitas des WahrenSchönenGuten gegolten – Nietzsches Antiidealismus inthronisiert das Falsche als das allein Wahre, um sich gegen den Nihilismus als desillusionierten Idealismus enttäuschungsfest zu machen.

Aus dem Philosophen seligen Angedenkens, dem Liebhaber von Weisheit und Wahrheit, wird der *»Misosoph«* (XIII 194), der Wahrheitshasser. Nietzsches *»umgedrehter Platonis-*

mus« kehrt sich bewußt vom »wahrhaft Seienden« ab, um wenigstens wirklich zu leben (VII 199). Der alte »Christen-Glaube, der auch der Glaube Plato's war, daß Gott die Wahrheit ist, daß die Wahrheit göttlich ist«, ist so destruktiv geworden, daß »der Irrthum, die Blindheit, die Lüge« sich »als göttlich erweist« (III 577). Schopenhauers ehrlich entsetzter Blick in die entgöttlichte Welt kann nur noch mit der Entgöttlichung der Wahrheit und der Vergöttlichung der Unwahrheit beantwortet werden. Der »Logos«, der als Geist der Schöpfung und des Lebens »im Anfang war«, hat sich vollends vom Geist der Wahrheit und Vernunft getrennt: Es wird »wahrscheinlich, daß das, was *ursprünglich* das Leben zeugte, eben der denkbar *gröbste Irrthum* war« (IX 565) – freilich ohne daß das nun noch irgend etwas gegen den Irrtum besagte. Denn nur noch er, der »Alogos«, kann schöpferisch sein.

Das hatte auch schon Schopenhauer mit seiner Lehre von der Grundlosigkeit des blinden Lebenswillens behauptet; in der Diagnose steht Nietzsche ihm weiterhin nahe. Aber seine Wertungen sind konträr. Wenn »Irrthum, Blindheit, Lüge« die Lebensbedingung sind, wohlan, dann will er auf ihrer Seite sein. Allein auf Lebensdienlichkeit, in diesem Sinn auf »Nützlichkeit«, kann es dem Pragmatismus des Lebens ankommen, wenn es am nihilistischen Abgrund steht. Vom Nutzen und Nachteil der Wahrheit für das Leben ist in der Wahrheitsfrage die Rede, von nichts sonst, weil sonst das Nichts als die »Wahrheit« gilt.

Nietzsches Argumentation – eben das bleibt sie – verbindet freilich den entschlossensten Willen, der Wahrheit zu entgehen, mit dem entschiedensten Wahrheitsbewußtsein. Es ekelt Hamlet vor dem »Entsetzlichen oder Absurden des Daseins« (156f.): weil er es erkannt hat. Zu helfen wäre ihm nur, wenn er seine »Ekelgedanken« mit Hilfe der Kunst als lebensrettender »heilkundiger Zauberin«, die ihre Placebos ausgibt, in Vorstellungen »umbiegen« könnte, »mit denen sich leben läßt«. Doch einem Hamlet ist nicht zu helfen, höchstens einem Shakespeare, der einen Hamlet schafft und ihn sich damit vom Halse schafft. Byron als Hamlet-Nachfahre drückt in »unsterblichen Versen« seine gramvolle Erkenntnis über die Wahrheit aus, ohne ihr auch nur entrinnen zu wollen: »The tree of knowledge is not that of life« (II 108). Die Welt ist grausam und ohne Sinn; gerade die »falsche« ist die »wahre Welt«; und gerade deswegen hat das Leben die Lüge nötig, um der wahren falschen Welt zu entgehen. Aber wer das propagiert, kann gar nicht desillusionierter sein. Und kann man im Wissen um die Illusionen für die Illusionen sprechen? Diesem Dilemma entgeht Nietzsche nicht.

Es kommt darauf an, »daß der furchtbare und fragwürdige Charakter des Daseins *verkannt* wird«, wenn es nicht der Verzweiflung und Vernichtung anheimfallen soll. Die Wahrheit wird euch frei machen? Ja, so ist es, nur anders als im Johannes-Evangelium: frei zum Tod. Allein die Lüge, der Wahn macht euch frei *von* der Wahrheit wie vom Tod. Aber wer das sagt, hat die Wahrheit über das Dasein keineswegs verkannt.

Der Mensch ist die »Menschwerdung der Dissonanz« (I 155). Um so mehr benötigt er die Geburt der Musik aus dem Geist der Tragödie. Ja, ohne Musik wäre sein Leben, wäre *das* Leben ein Irrtum. Aber eben das heißt: Das Leben ist alles andere als Musik.

Die – unbestrittene – Existenz der »›schlechtesten Welt‹« braucht die Verklärung, wenn sie gerade noch möglich bleiben soll, einen »Schönheitsschleier« (I 155); aber der, der ihn webt, weiß,wie fadenscheinig er ist. Kann man die Wahrheit des Nihilismus mehr bekräftigen, als wenn man einräumt, daß »das Glück am Dasein nur möglich ist als Glück am *Schein*« (XII 116)?

Der weltenschaffende Gott kann wie seine Welt nur durch diesen Schein erlöst werden: An die Stelle der christlichen Erlösung der sündenfällig gewordenen Welt des Schöpfers durch den Erlöser soll die Erlösung der Welt *und* des Schöpfers durch diese einzig wirksame Form der Erlösung treten. Aber eine Erlösung durch den Schein bleibt eine scheinhafte Erlösung. »Nur als *ästhetisches Phänomen*« soll »das Dasein und die Welt ewig *gerechtfertigt*« (I 17, 47 u. ö.), überhaupt noch möglich sein: Das ist der Kern von Nietzsches *ästhetischer Biodizee*. Doch so rechtfertigen, heißt auch nur ästhetisch rechtfertigen – also nicht rechtfertigen.

Hiob muß zum Künstler werden – das ist die einigermaßen ungewohnte Rolle, die Nietzsches ästhetische Biodizee ihm zuschreibt; dann bejaht auch er, weil die »Kunst bejaht« (XIII 241). Denn sie ist »wesentlich *Bejahung, Segnung, Vergöttlichung des Daseins* ...«, das der entsetzte Blick des Hiobs Schopenhauer entgöttlicht hatte. Hiob wird wieder fromm, seinsfromm, indem er scheinfromm, kunstfromm wird. Aber dazu muß der neue ästhetisierende Hiob zum Dichter seines eigenen Lebens werden; vieles davon, wie es Nietzsches Neujahrsgelöbnis propagiert, darf er nicht mehr oder niemals sehen, vieles muß er falsch sehen, vieles hinzusehen, um es überhaupt *»noch zu sehen«* (III 538; XIII 193). Denn »an sich« sind die Dinge des Lebens niemals schön. Kurz: Der von Nietzsches ästhetischer Biodizee heiliggesprochene Schein soll die neue lebensrettende Lebenslüge sein.

Nietzsche versucht, ihre Widersprüche zusammenzuzwingen, indem er auch das zirkuläre Irresein von Zirkelschlüssen über den Zusammenhang von Leben, Irren und Erkenntnis nicht scheut: »Leben ist die Bedingung des Erkennens. Irren die Bedingung des Lebens, und zwar im tiefsten Grunde Irren. Wissen um das Irren hebt es nicht auf! (...) Die Kunst als die Pflege des Wahnes – unser Cultus.

Um des Erkennens willen das Leben lieben und fördern, um des Lebens willen das Irren Wähnen lieben und fördern« (IX 504). Doch der Preis, den Nietzsche für diese gewaltsame Synthese zahlt, wird der Verlust des Erkennens, das definitive »Irren« sein. Wie sollte es auch gelingen können, das Dasein zu rechtfertigen, indem man es mit dem vollen Bewußtsein, was es mit ihm auf sich hat, aus dem Bewußtsein zu verdrängen versucht! (I 155). Nein, wenn Nietzsches Biodizee nicht als bloß ästhetische scheitern soll, muß er sich anderes einfallen lassen, um den Konsequenzen der Wahrheit zu entgehen.

Er versucht das zunächst, indem er die ästhetische Lösung prinzipiell beibehält, sie aber nicht als scheinhafte nachträgliche Erlösung einer ganz anders gearteten Welt überfordert, sondern die Produktion der Wahrheit selber als Schaffensprozeß faßt, bevor die furchtbare Natur des Daseins überhaupt festgestellt werden kann.

Urteilen heißt schätzen: Der Mensch nennt sich »›Mensch‹, das ist: der Schätzende« (IV 75). Der »homo mensura«-Satz des Sophisten Protagoras wird von Zarathustra-Nietzsche, dem leidenschaftlichen Anti-Sokratiker, wiederbelebt. »Aller Dinge Maß ist der Mensch, der seienden, daß (wie) sie sind, der nichtseienden, daß (wie) sie nicht sind. Sein ist gleich jemandem Erscheinen« (ed. Diels 122) – das heißt nun: »Sein ist gleich von jemandem Geschätzt-Werden.«

Das Schätzen aber ist ein Schaffen (IV 75). Denn den Wert oder Unwert legt der Mensch immer erst in die Dinge hinein. Schon das dem Urteilen und Schätzen vermeintlich zugrundeliegende »Erkennen ist ein Zeugen«. Denn »es giebt gar keine Form des Erkennens als die des Erst-schaffens, Subjekt sein« (X 211). Das heißt negativ zwar wieder, daß es »ein Nicht-erkennen« ist. Aber das ist nur gut so. Was eine auf »Objektivität« fixierte Philosophie als »*nur* subjektiv« diskreditiert, zeigt für Nietzsche: »›es ist auch *unser* Werk!‹«

(XI 225). Das nährt seinen Stolz und erhält seine Lebendigkeit. »Wenn ich nicht schüfe, sondern nur *erkannte*, würde ich es (das Leben) hassen«, während das Schaffen wie das Zeugen die mit ihm kopulierte Lust gewährt. Alles Erkennen ist auf ein Ende aus: Das ist der dem Erkennen schon als solchem innewohnende Todestrieb, selbst wenn es »positive« Resultate hat. Nietzsche wird auch insofern der Diagnostiker des philosophischen Todestriebs, den Schopenhauer zum großen Therapeutikum erkoren hatte. Das Schaffen aber ist endlos, weil nie objektiv (X 211 f.), und gerade deswegen eine Betätigung des Lebenstriebs. So kann sich der Philosoph, der Gefahr läuft, als ein anderer Doktor Faustus an der Erkenntnis zu verzweifeln und zum »Misosophen« zu werden, wieder in das zum Schaffen umgeschaffene Erkennen, Urteilen und Schätzen verlieben. Der als Kreator wiederauferstehende Philosoph.

Für die Antworten auf die »*Schopenhauerische* Frage« hat die Umschaffung des Erkennens zum Schaffen gleich mehrere entlastende Konsequenzen. Aus dem unversöhnlichen Gegensatz daseinsverneinender und -bejahender Urteile werden notwendige Momente eines schöpferischen Prozesses, in dem immer alte Urteile vernichtet werden müssen, um Platz für neue zu schaffen. *»Das Schaffen als ein Zaubern bringt eine* ENTZAUBERUNG *mit sich in Bezug auf alles, was* DA *ist«* (X 501). Das gilt ebenso für die »Entzauberung der Welt« *durch* die Wissenschaft wie für die Welt *der* Wissenschaft. Aber es dient nur einer neuen *Ver*zauberung im Zusammenhang eines kreativen Gesamtprozesses. Deswegen kann selbst die Verneinung der Verneiner noch die relative Bejahung sowohl der Verneiner wie der Verneinung einschließen.

Um so entschlossener versucht Nietzsche freilich die nihilistischen Verneiner in flagrante Selbstwidersprüche hineinzutreiben. Daß er dabei wieder auf Prinzipien der Logik setzt, kümmert ihn nicht. Die Argumentationsfigur, die als

Vorwurf des »performativen Selbstwiderspruchs« in der Philosophie des 20. Jahrhunderts Karriere gemacht hat, wird schon von ihm weidlich genutzt. Gegen das Leben kann man gar nicht recht behalten, wie Nietzsche geradezu triumphalistisch vermerkt. »Nemo contra deum nisi deus ipse«, »Niemand gegen Gott als Er selber«, hatte das früher gelautet.

Die Nihilisten wollen z.B. über den Sinn des Schaffens mit ihrem Urteil über das Dasein urteilen. Aber sie schaffen mit diesem Urteil selber nur etwas weiteres (x 214). Dem Schaffen können sie gar nicht entkommen. Sie urteilen, daß alles, was entstehe, wert sei, zu Grunde zu gehen – also auch das, was mit ihrem Urteil, ihrem Denken entsteht? Keineswegs. Lieber wollen sie zum Nichts verurteilen als nicht urteilen. »Das Wertschätzen selber kann sich nicht vernichten« (x 214). Wenn etwas Lebendes über das Leben urteilt, macht es von einer Fähigkeit des Lebens Gebrauch. Wenn es nach dem Sinn des Daseins überhaupt fragt, bekräftigt es schon mit seinem Fragen, was es in Frage stellt. Wenn es eine verneinende Antwort gibt, bejaht es zumindest immer die Möglichkeit des Antwortens. »*Das Sein selbst abschätzen:* aber das Abschätzen selbst ist dieses Sein noch (...) Man muß die *Absurdität* dieser daseinsrichtenden Gebärde einsehen« (XIII 45).

Indessen, sollte der Nihilist nicht auch hier um Paradoxien unbekümmert sein? Wer nach dem Grund des Daseins fragt, riskiert es gewiß, ihn und also auch die Basis der Frage zu verlieren. Doch eben das gehört zur Frage.

Aber glauben Verneiner wie Schopenhauer nicht tatsächlich widerspruchsfrei aus der Distanz und Autonomie objektiver Erkenntnis über das Leben urteilen zu können? Sie merken nach Nietzsche jedenfalls nicht, daß es hier am allerwenigsten eine Trennung von Subjekt und Objekt gibt und am Ende immer nur ihre Sache verhandelt wird. Wenn sie das Leben verurteilen, urteilen sie nur über *ihr* Leben.

Denn ihr Urteil ist von ihrer Lebenskraft, ihrer produktiven schöpferischen Kraft abhängig. Wenn es damit nichts ist, dann ist es auch mit ihrer Potenz, Werte zu sehen, nichts. »Ihnen begegnet ein Kranker oder ein Greis oder ein Leichnam« – so Zarathustras Replik auf die Ausfahrten des Buddha, die auch Schopenhauer, den Buddha von Frankfurt, treffen soll –, »und gleich sagen sie ›das Leben ist widerlegt!‹ Aber nur sie sind widerlegt und ihr Auge, welches nur das Eine Gesicht sieht am Dasein« (IV 55). Sie sagen: »Alles ist nichts wert« – weil sie selber nichts wert sind. Aus dem Urteil wird ein Symptom (VI 68).

Schon »die Frage, ob Nichtsein besser ist als Sein«, ist »eine Krankheit, ein Niedergang« (XIII 529). Den »kühnen Tollheiten« – das immerhin sind sie! – »der Metaphysik, sonderlich deren Antworten auf die Frage nach dem *Werth* des Daseins« wohnt, »wissenschaftlich gemessen, nicht ein Korn von Bedeutung«, inne, nur als Symptome geben sie »dem Historiker und Psychologen« wertvolle Winke (III 348 f.). Um die Frage zu eliminieren, läuft die Philosophie zu anderen Disziplinen über. Fraglich allerdings, wie man den Wert dieser »Winke« wieder wissenschaftlich messen kann, wenn es auch bei einem Urteil dieser Art bloß um ein Symptom geht.

Wie auch immer: »Es handelt sich nicht darum, wer Recht hat«; man hat »zwei Denkweisen gegen einander gestellt, wie als ob sie miteinander über die Wahrheit zu streiten hätten: während sie beide nur Symptome von Zuständen sind« (XIII 399), bei denen sich allein die Frage stellt, wohin die vermeintlich Urteilenden als die »Verurtheilten« gehören. Schon die Orientierung an der Wahrheit als solche deutet auf kreative Impotenz (XII 365), die es nicht mehr schafft, mehr als Wahrheit zu schaffen (obwohl die Erkenntnis eine Form des Schaffens sein sollte). Der »›Wille zur Wahrheit‹« ist nichts anderes als ein Akt der Unterwerfung unter die übermächtige Faktizität – ein »versteckter Wille zum Tode«, der nicht einmal den Mut hat, sich als solcher zu bekennen (III 576). Dafür plustert er sich mit dem ganzen moralischen »Pathos der Wahrheit« auf.

Kurzum: Es gibt keine Probleme mehr, sondern nur noch Diagnosen. Statt Erkenntnistheorie und -kritik avanciert die Diagnostik zur neuen Basisdisziplin, ohne eine Therapeutik verheißen zu können oder auch nur zu wollen. Ja, in tragischer Selbstironie weist ausgerechnet Nietzsche den »›Nihilismus‹« mit seinem »durchbohrenden Gefühl des ›Nichts‹« ins »Irrenhaus« ein (XIII 89).

Allerdings bestreitet auch er nicht, daß der symptomatische Kampf der Denkweisen immerhin das »Vorhandensein eines cardinalen Lebens-Problems« beweist (XIII 399). Und die diagnostische Schule des Verdachts entfaltet eine Eigendynamik, die sich nicht ohne weiteres stillstellen läßt. Wenn es nur Symptome geben soll, ist dann nicht die Zuflucht zum Schein Symptom der größten Schwäche? Nietzsche ist wahrhaftig *und* stark genug, sich dieser Konsequenz nicht zu entziehen. »Wie viel Wahrheit *erträgt*, wie viel Wahrheit *wagt* ein Geist?« Und bis zu welchem Grad hat er sie »verdünnt, versüßt, verdumpft, verfälscht *nöthig*«? (V 57; VI 259). Das wird für ihn immer mehr der eigentliche Wertmesser. »Jeder Schritt vorwärts in der Erkenntnis *folgt* aus dem Muth, aus der Härte gegen sich, aus der Sauberkeit gegen sich ...« (VI 259). Weit davon entfernt, Symptom der Schwäche zu sein, avanciert der Mut zur Wahrheit nun zum Ausdruck einer Stärke, die keine Illusionen nötig hat, dem furchtbaren Dasein vielmehr unerschrocken ins Auge schaut.

Das *»Maaß der Kraft«* ist so groß, wie man sich die »Scheinbarkeit« als solche eingestehen kann (XII 345). Das »Glück am Dasein« wird *nicht* mehr als »Glück am *Schein*«, sondern gerade *»in der Vernichtung auch des schönsten Scheins«* (XII 116) gefunden. Kunst ist nicht mehr illusionärer Schein, sondern »die Realität *noch einmal*«, die verstärkte Wiederkehr des Gleichen (VI 79). In dem Satz: »Schaffen heißt: zweimal leben«, wird dieser Wille zur Wiederholung ein halbes Jahrhundert später in Camus' »Sisyphos« im vollen Bewußtsein des Absurden, im Entschluß, »sich vor nichts zu drücken«, seinerseits wiederkehren (Reinbek 1959, 79). Die Erkenntnis ist nicht mehr die Widersacherin des Lebens; das Leben bekräftigt gerade als *»›Mittel der Erkenntnis‹«* (III 552f.), als »Experiment des Erkennenden« den Willen zum Leben. So ergibt sich das paradoxe Resultat, daß Nietzsche just als rückhaltloser Subjektivierer der Wahrheit, der sie zu einer Frage der Stärke oder Schwäche macht, sie wieder in Kraft setzt.

Das ist freilich die Position des späten Nietzsche, der *alles* Dasein, auch seine furchtbarsten und fragwürdigsten Seiten, bejahen will, um der »*Schopenhauerischen* Frage« unter allen Umständen gewachsen zu sein. Und selbst dann feiert er den Willen zur Wahrheit nicht als solchen, sondern nur als Probierstein des Willens zur Macht. Außerdem muß er nach wie vor das Wahrheitsrisiko in Kauf nehmen, daß man an der »völligen Erkenntniß« des Daseins »zu Grunde gienge« (V 56f.). Wenn er dieses Risiko reduzieren will, ohne deswegen gleich wieder die Erkenntnis zugunsten des Scheins zu verleugnen, muß er versuchen, *mit* ihren Mitteln der nihilistischen »Ver-Nichtsung durch das Urtheil« samt drohender »Ver-Nichtung durch die Hand« zuvorzukommen. Er tut das zunächst mit einer Kritik der teleologischen Vernunft, deren Axiome der Grund-Frage zugrunde zu liegen scheinen. Kants in letzter Instanz moralisch begründete Kritik wird von Nietzsche vitalistisch gewendet.

Als der neben Schopenhauer größte Entdecker des Unbewußten vor Freud weiß Nietzsche: Wir kennen nur einen kleinen Teil von uns – der größere, vor allem der wirksamere entzieht sich unserem Bewußtsein. Aber das ist nur gut so: Wüßten wir, daß wir »gleichsam auf dem Rücken eines Tigers in Träumen hängen« (I 760), wir lebten in Schrecken. Der Philosoph, der professionelle Störer des »Schlafs der Welt«, wenn nicht sogar wie für Schopenhauers Eurobuddhismus der »vollkommen Erwachte«, versteht sich nun als »Hüter des Schlafes«, mit umgedrehter Fackel, wie die Alten den Tod gebildet, als »Schlafes Bruder«, doch jetzt im Dienst des Lebens.

Nietzsches Bewußtseinskritik betrifft vorab alle bewußten Zwecke, um derentwillen wir etwas zu schätzen und zu tun glauben: purer Vordergrund. Das »Stück Bewußtsein« selber gar »als Zweck, als Warum? für jenes Gesammt-Phänomen von Leben anzusetzen« (XII 533) – eine naive Selbsttäuschung, bei der sich der Teil als Ganzes, etwas, das nur sekundäres Mittel ist, als primäres Ziel aufspielt: Das ist Nietzsches »*Grundeinwand* gegen alle philosophisch-moralischen Kosmo- und Theodiceen, gegen alle *Warum's* und *höchsten Werthe* in der bisherigen Philosophie« (XII 533), die das unbewußte Leben am Maßstab des Bewußtseins messen.

Schon die Zweck-Mittel-Relation als solche vergewaltigt das lebendige Leben, das immer nur *aus* einer unbewußten Kraft, einem Willen heraus handelt, aber nie mit einem Zweck erschöpft werden kann. »Warum das Warum?«, so schon Nietzsche vor Heidegger. Warum nicht: »Hoppla, so leben wir«? Das Leben des einzelnen wie das Fortleben der Gattung ist »im Grunde Trieb, Instinct, Thorheit, Grundlosigkeit« (III 371). »Die Unvernunft einer Sache ist kein Grund gegen ihr Dasein, vielmehr eine Bedingung derselben« (X 384). Genau das letztere hatte auch Schopenhauer vom blinden Willen zum Dasein behauptet – indes, um das Grundlose zu diskreditieren, während Nietzsche in der Grundlosigkeit den Freispruch des Daseins entdeckt. »*Woraus* wird gehandelt: Das ist *meine* Frage. Das wozu? wohin? ist etwas Zweites« (X 268), ohnehin nie etwas Endgültiges, weil sich hinter jedem Ziel ein neues zeigt. Und »Zwecke des Daseins giebt es nicht« (IX 230). Wie schon bei Kant ist das Pendant zum unendlichen Regress der kausalen Vernunft der unendliche Progress der teleologischen. »Durch die Zwecke wird das Leben ganz unsinnig (...). Man arbeitet, *um* sich zu nähren? Man nährt sich, *um* zu leben? Man lebt, *um* Kinder (oder Werke) zu hinterlassen. Diese ebenso – usw. und zuletzt salto mortale. Vielmehr ist *im* Arbeiten Essen usw. immer auch das *Ende* da: (...) Ich esse um zu essen *und* um zu leben d.h. um wieder zu essen« (VIII 584).

»Das Leben ist die Mühe nicht werth, es zu erhalten«, hatte Schopenhauer übereinstimmend mit Büchners »Danton« diese Art von vitaler Tauto-Logik vorwegnehmend kommentiert. Doch Nietzsche wünscht seinen »Guten Appetit!« dazu. Die »philosophischen Nihilisten« verderben sich ihn, weil sie der Mahlzeit des Lebens einen darüber hinausliegenden Zweck abverlangen, den sie hochtrabend, wie auch sie in der Tradition ihrer theolosophischen Vorfahren noch sind, »Sinn« nennen. Und wenn sie den nicht mehr entdecken können, schütten sie das Kind des Lebens mit der Lauge des Unsinns gleich ganz aus. Oder sie lassen sich wie Schopenhauer und seine Nachfolger das Paradox einer negativen Teleologie einfallen, die ihre Befriedigung darin findet, ins Nichts zu führen.

Wenn es aber abwegig ist, das Leben nach Kriterien der teleologischen Vernunft mit dem Warum und Wozu eines sinnfixierten Bewußtseins zu begründen, verliert dann nicht die Grund-Frage ihren Grund?

Einzuräumen bleibt in der Tat, daß Nietzsches Kritik ein finalistisch verkürztes Verständnis des Worumwillens als eines bloßen Wozu trifft. Die Grund-Frage ist nicht zu verwechseln mit einer kruden Veranstaltung der instrumentellen Vernunft. Gefragt wird seit Leibniz mit der »raison d'être« nur nach dem Grund, warum das Dasein überhaupt sein soll oder sein will, alternativ zur Möglichkeit des Nichtseins. Es können also gar keine Zwecke, die über es hinaus lägen, gemeint sein.

In einem nichtteleologischen Sinn hält indes auch Nietzsche an der Frage fest. Noch wenn er die schöpferische Kraft und den Willen zur Macht als das *»Woraus«*, den Grund des Lebens bestimmt, versucht er eine Antwort zu geben, warum das Dasein ist, sein will und sein soll und nicht vielmehr nicht.

Mit seinen eigenen obsessiven Wozu- und Warum-Fragen bestätigt er im übrigen nur zu sehr, daß er unerachtet seiner Kritik an allen bisherigen Zwecken immer dabei ist, neue zu setzen. Das »ÜBER *uns hinaus schaffen*« als *»Zweck«* des menschlichen Daseins (X 209), ja als »Sinn der Erde«: mit diesem Willen zum »ÜBER« setzt Nietzsche transzendierend nur neue Ziele, die das Dasein vor »furchtbarer« Sinnleere retten sollen, aber der Irritation durch die alten Fragen nicht entgehen. Und selbstverständlich ist es dabei immer ein Bewußtsein, das spricht, gleichwie es um seinen Wert, seine Reichweite und Lebensnähe bestellt sein mag. Soweit überhaupt gefragt und geantwortet wird, steht nichts anderes bereit.

Wenn man »nur *leben* könnte, ohne abzuschätzen (...)!« (II 51 f.). Doch dem Zwang, im Leben über das Leben zu urteilen, entrinnt das Leben nicht. Gerade weil Nietzsche rückhaltlos aus der Perspektive des Lebens denkt, kann er das Denken über den Wert des Lebens nicht lassen. »Ein Trieb zu Etwas oder von Etwas weg, ohne (...) eine Art von erkennender Abschätzung über den Werth des Zieles, existirt beim Menschen nicht. Wir sind von vornherein unlogische und daher ungerechte Wesen, *und können dieß erkennen:* dieß ist eine der größten und unauflösbarsten Disharmonien des Daseins« (II 52). Leben ist immer, am meisten aber beim Urteil über sich selbst, unlogisch und ungerecht. Und daß es ausgerechnet das noch weiß, ohne dem entgehen zu können; dieses Bewußtsein der durch Bewußtsein unveränderlichen alogischen Natur des Lebens, das gleichwohl auf »eine Art von« erkennendem Werturteil angewiesen ist, mehrt noch einmal die Bedenklichkeiten des Lebens. Der Versuch, die Grund-Frage im Zeichen des grundlosen Lebens zu unterlaufen, hat so vorerst ihre Verschärfung zur Folge.

Aber kann sich das »mißtrauische Thier«, das ein verehrendes bleiben will, nicht damit begnügen, den nihilistischen Lebensverneinern eben die Ungerechtigkeit und Unlogik ihres Urteils vorzurechnen? Sie machen ihm das doch leicht, indem sie unterstellen, daß ein gerechtes Urteil über das »Dasein überhaupt« möglich sei. Vernichtend ist denn auch Nietzsches Kritik der lebensrichtenden Vernunft. Die »Ver-Nichtsung durch das Urtheil« schlägt auf sie selber zurück.

Der Philosoph, vom frühen Nietzsche noch zum »Richter des Lebens« ausgerufen, kann nie eine Erkenntnis des Lebens im ganzen haben, selbst wenn er wie die Griechen das Leben in seinen höchsten Formen vor sich hat und auch persönlich den Ansprüchen gerecht wird, die an einen kompetenten Richter als lebendigen Menschen zu stellen sind. Voreilig zumindest, so Nietzsches Fortführung der Kritik der Aufklärung an jenen Vor-Urteilen, die aus der Ungeduld resultieren, den »praejudicia praecipitantiae«, wird jedes Urteil über das Leben sein, weil *im* Leben über *das* Leben geurteilt werden soll. Die Lebenden haben noch nicht das Recht dazu. Sie sind »Partei« und »Streitobjekt«, aber nicht Richter (VI 68). Ihr Material ist nie hinreichend, eine »Gesammtabschätzung« zu gestatten. Erreichen sie ein hohes Alter, das Lebenserfahrung für sich reklamiert, so werden sie auch müde – alles andere als ein Grund, dem Alter eine besondere Qualifikation für die Philosophie zuzuschreiben. Die Toten aber, die, wenn nicht *das* Ganze, so doch immerhin *ihr*

Ganzes kennen, haben keine Stimme mehr. »Man müßte eine Stellung *außerhalb* des Lebens haben, und andrerseits es so gut kennen, wie Einer, wie Viele, wie Alle, die es gelebt haben, um das Problem vom *Werth* des Lebens überhaupt anrühren zu dürfen« (VI 86). Der Philosoph aber ist weder olympischer Beobachter noch Gesamtsubjekt.

Und wie sollte er überhaupt die Summe aus den einzelnen Lebensdaten ziehen können, mit welcher Gewichtung, mit welchen Verfahren? Kann man etwa wie Schopenhauer das Lebensgeschäft bilanzieren, um dann zu entdecken, daß es die Kosten nicht deckt? Faule Äpfel gegen süße Birnen verrechnen? Ein Kaufmann als »censor vitae«, bei Eduard von Hartmann gar noch mit dem Resultat einer Weltunlustbilanz? Die Rechenmeister haben Hochkonjunktur. Aber sie sind auch nur die Bilanzbuchhalter des Lebens.

Und dann noch die Absurdität, nicht bloß über »das Leben«, sondern die ganze Welt als Wille und Vorstellung zu urteilen! Die selbsternannten philosophischen Weltenrichter machen dabei aus der Welt eine anthropozentrische Veranstaltung, während es in Wahrheit gar nicht auf den Menschen ankommt, vielmehr ganz gut ohne ihn geht (XIII 50). Wenn der Mensch sich anheischig macht, die Welt im Nichts verschwinden zu lassen, macht ihm die Welt wie anderen untergegangenen Tierarten klar, daß sie »*dies* Nichts« von Mensch weit eher verschwinden lassen kann (XIII 50). Aus einem »vor-kopernikanischen Gefängniß und Gesichtsfeld« (XII 168) in nachkopernikanischen Zeiten die Welt messen? Einem kosmologischen »Eckensteher« (XIII 50) die Zentralperspektive zuschreiben? Das »Ganze«, das »All«, die »Welt« aus der Sicht des Teils taxieren? Gar, wie der »romantische Pessimismus, einzelne persönliche Erfahrungen zu allgemeinen (...) Weltverurtheilungen aufbauschen« (II 374f.)? Maximalvorstellungen als Maßstab an das Leben anlegen und es dann gleich »zum niedrigsten Preise losschlagen« (VIII 521), weil »nicht alle Blütenträume reiften?« – so Nietzsche mit Goethes »Prometheus« (XIII 133)? »›Ein Leidender hat auf Pessimismus *noch kein Recht*!‹« (II 374): lautet Nietzsches hartes, nicht zuletzt gegen ihn selbst gerichtetes Verdikt. Es provoziert allerdings die Frage: »Wer denn sonst?«

Sogar »umfänglichste – vielleicht störendste, zerstörendste Erlebnisse« sollen einen besonnenen Richter nur »ungern daran glauben lassen, ein Recht oder gar eine Pflicht« zu einem Urteil über das Dasein im ganzen zu haben (V 132). Eine einzige »Dummheit, auch Unbescheidenheit«, eine »ausschweifende Verirrung der menschlichen Eitelkeit und Unvernunft« aber ist es für Nietzsche, wenn der Mensch sich »als Werthmaaß der Dinge« geriert, als »Welten-Richter, der (...) das Dasein selbst auf seine Waagschalen legt« und an seinen lächerlichen »Wünschbarkeiten« die Wirklichkeit des Ganzen messen will (III 580f., XII 316f.). Der Nihilismus ist wegen seiner »ungeheuren Verallgemeinerung«, wegen seines Schlusses *»auf gar keinen Sinn«* (XII 351), wo er ihn nicht sieht (XII 114), schon »pathologisch«. »Die ganze Attitüde ›Mensch *gegen* Welt‹«: eine »ungeheuerliche Abgeschmacktheit«. »Wir lachen schon, wenn wir ›Mensch *und* Welt‹ nebeneinander gestellt finden« (III 580f.). »Wie dürften wir das All tadeln oder loben!« (III 468). Kurzum: Dem urteilenden Subjekt fehlt es an einem Maßstab. Und das Objekt ist nie als ganzes da.

Doch diese Argumentation hat wie schon das Verdikt gegen die Hybris der Erdlästerung nur allzu deutlich einen theologischen Ahnen: Der Gottesmörder Nietzsche versucht sich wieder als treuer Diener seines verstorbenen Herrn in Bescheidenheitsübungen. Er profiliert sich geradezu als Hoftheologe des toten Gottes. Zugleich nimmt er die Denkverbote der in blödsinniger Glückseligkeit blinzelnden »letzten Menschen« vorweg, so sehr er andernorts den Rang der am Leben Leidenden gegen die Wertlosigkeit der »Zufriedenen« verteidigen kann (XI 129): »Es darf nicht mehr gesucht werden« – »es darf nicht geurteilt, nicht einmal mehr gefragt werden«.

Nietzsche bleibt sich zwar bewußt, daß auch derjenige richtet, der das »unbefugte Richterspielen« zurückweist: Er tut das, was er tadelt (XII 316). Der Vorwurf des performativen Selbstwiderspruchs trifft auch ihn. Er, der nicht einmal die Ankläger anklagen wollte, macht sogar Fortschritte in der Verachtung »unserer species«, indem er die Urteilsanmaßung ihrer pessimistischen und nihilistischen Mitglieder geißelt (III 581). Er eignet sich Tabus an, wie sie die Theolosophie seit je vertreten hatte. Mit der Berufung auf das nicht zu tadelnde All nimmt Nietzsche in der Rolle des zum »Advocatus universi« verwandelten »Advocatus Dei« des Daseins das bevorzugte Argument der Theodizeen für seine Rechtfertigung in Anspruch, die wie bei Leibniz zur Pantodizee, zur Kosmodizee ausgreift. Da geniert er sich auch nicht, mit der »Lustbarkeit« naher Sterne, von der wir fatalerweise nur nicht wissen, ohne weiteres »der Menschheit ganzen Jammer« zu kompensieren (XI 226). Wenn die Theodizee allein dem allwissenden Gott einen Überblick über das Ganze zugeschrieben hatte, um die Urteilsunfähigkeit des Menschen um so schärfer zu rügen, so sagt Nietzsche: Der Mensch als perspektivisch gebundenes Wesen ist hier prinzipiell unzuständig; er ist totalitätsinkompetent. Der Tod Gottes hat die vormals theo- und geozentrisch geordnete Welt explodieren lassen. Doch das unabsehbare Ganze ist der Stellvertreter des toten Gottes. Nietzsches »Big Bang« ist einerseits wie der Schock der kopernikanischen Welt bei Schopenhauer so ungeheuer, andererseits im Gegensatz zu Schopenhauer in den Wirkungen so vertraut, daß der Mensch kein Gehör mehr findet, überhaupt keine Stimme mehr hat.

Dieses Verdikt gilt mit derselben Schärfe für die Welt-Zeit wie für den Welt-Raum. »Die Welt« – schon das Wort muß man in Anführungszeichen setzen, weil es das, was alle Grenzen sprengt, zu einem lächerlichen Wort-Ding schrumpfen läßt – »›die Welt‹ als Ganzes« ist ein »Ungeheuer (...) ohne Anfang, ohne Ende« (XI 610). Der »ungeheure Strom des Werdens«, in den sich Nietzsche als neuer Heraklit begeistert wirft, unbekümmert darum, wie sich das mit seiner Idee der »Ewigen Wiederkunft« vertragen mag, ist stets unabgeschlossen und unabschließbar und gegen die Unterstellungen der Teleologen in jedem seiner Momente sich selbst genug. Das, was noch nicht ist, ist von der Frage nach dem Wert des bereits seienden Seins ohnehin nicht zu treffen. Das ist vor Bloch Nietzsches heraklitische »Ontologie des Noch-Nicht-Seins«.

Um so absurder der Versuch, dem Strom des Werdens zeitlich Grenzen setzen zu wollen. Die pessimistischen Erben Schopenhauers, die seine erkenntniskritischen Reserven preisgegeben haben, versuchen das in negativer Absicht. Just bei ihnen, so atheistisch sie sich gebärden mögen, erkennt Nietzsche die *»Nachwirkungen des alten Gottes«* (XI 252), den er mit seiner Kosmodizee nicht zu beerben glaubt. Um sich einen Überblick über das Ganze zu verschaffen, das sie definitiv be- und verurteilen wollen, müssen sie ein absehbares Ganzes erst schaffen. Deswegen sind sie, wenn nicht an die Voraussetzung einer Schöpfung der Welt, so doch an die eines Anfangs gebunden – so wie sie als negative Eschatologen ein definitives Ende setzen wollen. Das ungeheure Ganze aber fegt derlei posttheologische Schrebergärtnerei hinweg.

Gleichwie man aber auch die theologische Genealogie wenden mag – hat denn Nietzsche nicht recht, daß die Welt »als Ganzes« unmeßbar, unvergleichbar, unwertbar, also auch unabwertbar (XIII 36) ist? Woran will man denn das Ganze messen? Es gibt doch *»nichts (...) außer dem* Ganzen« (XII 426)! Wie nach Sinn, Wert und Grund fragen, wenn jeder Sinn, Wert und Grund im Ganzen inbegriffen ist? Also kann wieder nur nach internen Maßstäben gemessen werden. Und dann geht es eben nicht ums Ganze. Dann geht es wieder nur um eine »Kritik des Seins« aus irgendeinem seiner partiellen Werte (XIII 45).

Gar so schnell läßt sich der Mensch seine Totalitätskompetenz freilich nicht ausreden; es fragt sich nur, wie er sie versteht. Nietzsche selber liefert noch dort, wo er das Ganze gegen die philosophisch Gebildeten unter seinen Verächtern verteidigt, Argumente dafür, daß die von ihnen reklamierte Urteilskompetenz so abwegig nicht ist. »›Die Welt‹ als Ganzes« nämlich, so ungeheuer und unabsehbar sie auch sein mag, ist nichts »Verschwimmendes«, »unendlich Ausgedehntes«, sondern wie der Kreis der »Ewigen Wiederkunft« endlos und zugleich begrenzt, »vom ›Nichts‹ umschlossen als von seiner Gränze« (XI 610). Dieses »›Nichts‹« muß man in Anführungszeichen setzen, weil das Nichts nun einmal keine irgendwie seiende, keine »positive« Grenze ist, so etwa, wie zwei Länder aneinandergrenzen. Aber gerade in seinem schlechthinnigen Nichtsein markiert es die »Gränze« des Seienden. Und gerade deswegen kann man nach diesem als Ganzem fragen, weil das »›Nichts‹« aus ihm ein Ganzes macht.

Ausdrücklicher noch wird später Heideggers Existenzialontologie, ausgehend von der »Hineingehaltenheit« des Daseins in das Nichts, nach dem Seienden als solchem und im Ganzen fragen. Doch schon bei Nietzsche ist deutlich: Auch wenn das Ganze als extensive Totalität nie gegeben ist, so doch seine Totalität im Verhältnis zum Nichts. Und dieses ist nicht bloß »Gränze«, sondern Alternative. Wer die Frage nach einem zureichenden Grund des Daseins stellt, muß nicht alles kennen; aber er will wissen, ob das »Dasein überhaupt« einen Vorrang vor dem Nichtsein hat, ja überhaupt haben kann. Und deswegen kann er nicht bloß, er muß »aufs Ganze« gehen. Wie anders sollte er die von den Schöpfern jeder Provenienz unterstellte, von der Konversionsontologie behauptete Güte des Seins angesichts der Gegenmöglichkeit des Nichts prüfen?

Der entscheidende Unterschied zwischen einer pessimistisch und einer nihilistisch inspirierten Fragestellung ist aus dieser Perspektive dieser: Pessimismus wie Nihilismus wollen beide ins Nichts. Der Pessimist aber maßt sich Urteile an, für die nie eine zureichende Erfahrungsgrundlage besteht. Der Nihilist braucht sie gar nicht. Er sieht sich für alle möglichen Seinsfälle kompetent, weil er sich für das Nichts kompetent weiß. Schon Hamlet-Nietzsche stellt das klar: »Es handelt sich ganz und gar nicht um die beste oder die schlechteste aller möglichen Welten – es geht um Ja oder Nein« (XIII 528). Nichts hindert die Frage nach dem »Sinn des Daseins überhaupt« – ganz im Gegenteil: die Alternative des Nichts, gleichsam der »Totalisator« des Daseins, erzwingt sie.

Natürlich stellt auch der Nihilismus sie nicht in einem indifferenten, leidfreien Raum, im Gegenteil. Sie stellt sich für ihn, wie immer es um die Totalitätskompetenz des Menschen und die Verfassung des Daseins im Ganzen bestellt sein mag, um so radikaler, als das »Weh«, das sich auch für Nietzsche auf »Vergeh!« reimt, selber ins Nichts will. Insofern kommt es gar nicht auf Totalität, geschweige denn eine Leidensquantität, sondern auf die negative Qualität eines Leidens an, das, obwohl es nicht das Ganze des Daseins ist, doch ganz vergehen will. Insoweit wird dem Nihilismus, der Negation des Seins als Wert, auf jeden Fall recht gegeben. Und Nietzsche hat nur zu genau wahrgenommen, welche Provokation in Schopenhauers Lehre von der singulären Bedeutung des Leidens liegt: Wenn das Nichtsein die Annullierung und Generalprävention des Leidens als des Nichtseinsollenden ist, ohne daß irgendeine »Lust« vermißt werden könnte, dann entscheidet ein einziges Leiden die Grund-Frage.

Aber Nietzsche bestätigt auch hier, daß extreme Positionen nicht durch gemäßigte abgelöst werden. Er dreht Schopenhauers Argumentation einfach um. »Jegliches ist so mit Allem verbunden, daß irgend Etwas ausschließen wollen, Alles ausschließen heißt« (XIII 234). Eben das wäre die Schlußfolgerung eines radikalen Nihilismus: Warum denn nicht »Alles ausschließen«? Doch für Nietzsche ist das »Ganze« so sakrosankt, daß es unter keinen Umständen angetastet werden darf. Also zieht er die gegenteilige Konsequenz: Jegliches ist so mit allem verbunden, daß irgend etwas bejahen alles bejahen heißt. Und wer hätte nicht irgend etwas irgendwann einmal bejaht. Das Ja zu einer einzigen Lust sagt Ja »auch zu *allem* Wehe«, weil alle Dinge »verkettet, verfädelt, verliebt« sind (IV 402). Es gibt keine Möglichkeit der Isolation, keinen eigentlichen Anfang, kein Ende, nur einen universellen Zusammenhang: Ein einziger bejahter Augenblick rechtfertigt alle Zeit, die zu ihm führte (XII 307). Gerade weil Nietzsche sich mit dem orthodoxesten aller Theodizee-Argumente auf das unauflösliche Ganze beruft, kann das Einzelne zum Erlöser des Ganzen werden – so wie es seinerseits wieder von ihm seine Rechtfertigung erhält. Ja, Nietzsches Biodizee ist so holistisch wie vor ihm noch keine Theodizee. Er muß nicht einmal mehr auf die klassischen »Entübelungs-« und Kompensationsverfahren zurückgreifen. Vielmehr ist »Jegliches gleich werth, ewig, nothwendig« (XIII 234).

Der »Faden des Lebens«, den der einzelne Mensch »jetzt darstellt«, ist nun nicht mehr »herauszulösen aus allem, was war und sein muß«. Niemand hat den Menschen in die Welt hineingesetzt »oder fallen lassen« (XIII 74): so die Abwehr der gnostisch-schopenhauerschen (später heideggerschen) Idee der »Geworfenheit«; Zeugung und Geburt sind keine »Fall«-Geschichte. Niemand hat dem Menschen auch »seine Eigenschaften gegeben (...), weder Gott, noch die Gesellschaft, noch seine Eltern und Vorfahren, noch er selbst«; niemand ist »*schuld* an ihm« (XIII 426). Es fehlt jedes Wesen, »das dafür verantwortlich gemacht werden könnte, daß Jemand überhaupt da ist (...) Es fehlt jeder Ort (...) wohin wir unser Sein, unser So-und-so-sein wälzen könnten« (XIII 74; 426). Deutlicher könnte Nietzsche selber die *»Nachwirkungen des alten Gottes«* nicht bezeugen. Auch dessen säkularisierte Stellvertreter: »die Gesellschaft, die Eltern, die Vorfahren«, könnte Nietzsche nicht besser entlasten.

Was aber, wenn das Weh nach wie vor nach den unzureichenden Gründen fragt und die Verantwortlichen kennenlernen will? Fraglich auch, wie sich Nietzsches generöses Ent-Schuldungsprogramm mit seinen rigorosen Verantwortlichkeitsideen verträgt, deren böseste Konsequenz er in seinen Eugenik- und Euthanasiemaximen zieht. Da hat plötzlich doch »die Gesellschaft, als Großmandatar des Lebens, (...) jedes verfehlte Leben *vor* dem Leben selber zu verantworten, – sie hat es auch zu büßen: folglich *soll* sie es verhindern«. Und an die negativ Auserwählten, die »décadents«, die das Leben und das *Bild* des Lebens verhunzen, indem sie leben, ergeht der umgekehrte biblische Imperativ: »»Du sollst nicht tödten««? Nein, »»ihr sollt nicht zeugen!«« (XIII 599f.). Im schlimmen Sinn »selektiv« gewendet, tauchen die alten Verantwortlichkeiten wieder auf. Den alten Fragen aber, die sich an sie knüpfen, will Nietzsche entgehen.

Das symptomatischste Beispiel für diesen untauglichen Versuch liefert er, wo er gegen die Lehre Schopenhauers vom »Willen zum Dasein« polemisiert. »Diesen Willen – giebt es nicht! Denn: was nicht ist, das kann nicht wollen; was aber im Dasein ist, wie könnte das noch zum Dasein wollen!« (IV 148f.). Wie könnte es also auch nach einem Grund für das Dasein fragen! Es ist eben oder ist nicht. Aber das ist natürlich eine sophistische Argumentation. Schopenhauers Lehre vom Willen als »Ding an sich«, der sich in den

Erscheinungen des Lebens objektiviert, wird verballhornt, das Problematische des Daseins, das sein kann oder auch nicht, ignoriert. Gerade weil das, was nicht ist, nicht wollen kann, entscheiden andere, gemeinhin »Schöpfer« oder »Eltern« genannt, ob sie wollen, daß es ist oder nicht. Und auch, was im Dasein ist, sieht sich gelegentlich, wie Nietzsche aus eigener leidvoller Erfahrung weiß, mit der Frage konfrontiert, ob es weiterleben oder wie alles, was besteht, zu Grunde gehen will.

Wenn Zarathustra Hamlet oder auch Mephisto nur so einfach beurlauben könnte! Aber wie oft fragt er selber den Gründen für das Aushalten eines unhaltbaren Daseins nach! *»Wir als die Erhalter des Lebens«*, nennt er sich und seinesgleichen (X 43). Doch das ist eine sehr hypothetische Bestimmung: »Wenn wir nicht uns selber erhalten, geht Alles zu Ende.« Bevor Zarathustra Konturen annimmt, räumt Nietzsche trotz der Kritik an der »schlechten und widersinnigen Wörterzusammenstellung« in bezug auf den »Willen zum Dasein« ein: »Wohl wäre zu verstehen: Wille zu einem längeren, oder höheren, oder anderen Dasein« (IX 71). Das »höhere Dasein« liefert seine Gründe gleich mit. Aber wie steht es mit dem bloß »längeren«? Und wie mit dem »anderen«, wenn es das anderer ist?

Die Infragestellung des Daseins ist unvermeidlich. Wenn Nietzsche jetzt noch der nihilistischen »Ver-Nichtsung durch das Urtheil« samt drohender »Ver-Nichtung durch die Hand« entgehen will, dann bleibt ihm auch nur noch, die Maßstäbe selber zu liquidieren, nach denen die »*Schopenhauerische* Frage« so »furchtbar« wird, daß sie mit der Negativierung des Seins als des Übels aller Übel und der Heiligsprechung des Nichts als des höchsten Gutes endete. Gegenüber der nihilistischen Umwertung aller Werte hilft allein die Umwertung aller umgewerteten Werte.

Unter der Drohung totaler Sinnlosigkeit versucht Nietzsche allem, mit dem es nach der Logik der alten Werte so sehr nichts ist, daß es allein des Nichts wert ist, rückhaltlos zuzustimmen. Wenn sonst die Überwinder des Nihilismus nach Ausflüchten suchen, begibt Nietzsche sich willentlich und mit vollem Bewußtsein so tief wie möglich in ihn hinein. Er will der Homöopath des Nihilismus werden: »Similia similibus curantur.« Wer die Gefahr *nicht* sucht, kommt darin um. Das gilt am allermeisten für die nihilistische Todesgefahr. Die Frage nur, wie es mit der Dosierung des zu verabreichenden »Nihilins« steht. Sie darf nicht zu schwach wie freilich auch nicht zu hoch sein. Sonst riskiert das Leben, an dem Gegengift wirklich zu sterben, das es retten soll.

Vordringlich ist es, dem leidensgefährdeten, leidensflüchtigen Leben das Leiden zu verschreiben. Das Leiden erst als Provokation der Theodizee, dann sogar als »Fels des Atheismus«; der Schmerz, der schon als Singularität über die Grund-Frage zu entscheiden droht; das »Weh«, das sich der »indischen Circe« in die schmerzstillenden, friedenbringenden Arme wirft, selbst wenn die Lust »tiefe Ewigkeit« will – das alles war auch für Nietzsche irritierend genug. Ein »absoluter Überschuß an Lust« mußte jedenfalls nachweisbar sein, wenn die Vernichtung nicht gewählt werden sollte. Aber nun läßt Nietzsche das Leiden als Einwand gegen das Leben nicht mehr gelten.

»Lust und Unlust« sind zunächst überhaupt nichts Entscheidendes, vielmehr nur »Nebensachen«, »Schlußphänomene«, die ein schwächlich gewordener Wille zu Hauptsachen erklärt, allenfalls »Werthurtheile zweiten Ranges«, die ein noch starker Wille bejahend oder verneinend, habenwollend oder wegstoßend über seine Affektionen fällt (XIII 30ff.). Er fegt die eudämonistisch-hedonistischen Axiome, die dem Pessimismus zugrunde liegen, vom Tisch. Daß das Leiden sich nicht in der Unlust erschöpft, so wie der Nihilismus gründlicher als der Pessimismus ist, wird in diesem Zusammenhang ignoriert.

Schon das Zusammenspiel der scheinbar so entgegengesetzten Größen, die die pessimistische Bilanzbuchhalterei des Lebens mit dem seltenen Plus- und dem weit überwiegenden Minus-Zeichen versehen zu können glaubt, ist für Nietzsche so raffiniert, daß gerade dem Schmerz die intensivste Lust abgewonnen werden kann. Im Orgiasmus, der aus dem Schmerz seinen Stimulus bezieht, schreit die Schmerzlust sich aus. »Über die Aufzählungen des Schmerzes und des Elends, wodurch sich der Pessimismus zurecht beweisen will«, kann Nietzsche nur lachen. »Hamlet und Schopenhauer und Voltaire und Leopardi und Byron« (IX 618f.), alle Kronzeugen des Pessimismus, die der Schmerz als negative Muse inspiriert hatte, werden verabschiedet, damit nach dem Schlachtruf Hebbels »der Schmerz sein Recht« erhält.

Wenn das Leben ein »Experiment des Erkennenden« ist, so gestattet das Leiden des Lebens, selbst seine Erkrankung zum Tode, eine besonders erkenntnisförderliche Experimentalanordnung. Auch Schopenhauer hatte das Leiden wie das Mitleiden als Erkenntnisweg genutzt – aber so, daß es aus dem Leben hinausführte. Nietzsche hingegen will mit ihm möglichst tief ins Leben hinein. Denn die »Zucht des *großen* Leidens« macht tief (V 161), auch wenn die Lust vielleicht noch »tiefer« ist. Leiden und Leben werden geradezu synonym, und zwar nicht im Sinn von Schopenhauers Abrechnung mit dem Leidensleben, sondern des Leidens als Maßes für die Lebendigkeit des Lebens. Biodizee und Pathodizee fallen zusammen. Gerechtfertigt, ja gefeiert wird das Leiden als Inbegriff von jener Kraft, die stets das Leben will und stets aus Leiden schafft.

Nietzsche symbolisiert sie im Zeichen des Dionysos. Er ist der auch das Leiden, gerade das Leiden einschließende Gott.

»Zweitausend Jahre und kein neuer Gott!«: auf diese desolate Diagnose einer kreativ impotent gewordenen Welt antwortet Nietzsche mit der Wiederbelebung dieses uralten Gottes. Denn wie vor ihm für Hölderlin und nach ihm für Heidegger ist die Not des Lebens so groß, daß »nur noch ein Gott«, ein anderer Gott es retten kann – wenn es überhaupt zu retten ist. »Der Logos ist tot, es lebe der dionysische A-Logos«, lautet die Maxime des Gottesmörders *und* Gottesmachers. Nietzsche will, wenn nicht zum Religionsstifter, so doch zum Wegbereiter seiner Wiederkehr werden. Man kann Nietzsche kaum mehr verkennen, als wenn man ihn für einen bloßen Philo- oder auch Misosophen hält.

Indes reagiert er im Zeichen des Dionysos auf ein, auf *das* lebensphilosophische Problem: eben die furchtbare Frage, die Schopenhauer aufgerissen hat. Weil sie die zentrale Frage ist, die Nietzsche seit seinen philosophischen Anfängen umtreibt, kann »Dionysos« auch, bevor Zarathustra-Nietzsche seine weiteren Rettungsmythen kreiert, zu dem Symbol werden, das unerachtet aller Wandlungen und Widersprüche der *»umfänglichsten* Seele« der Philosophie *die* Konstante seines Lebenswerkes ist. Schon der frühe Nietzsche, der noch ein Anhänger Schopenhauers zu sein glaubt, verneint im Zeichen des »Dionysischen« keineswegs das elementare Leidensleben, im Gegenteil: Schon er »rechtfertigt« im Zeichen des mit dem »Stachel der Unlust« spielenden tragischen Gottes »die Existenz selbst der ›schlechtesten Welt‹« (I 154). Und der späte Nietzsche sucht mit der »Formel ›dionysisch‹« – einer geradezu beschwörend verwendeten Formel – die vollständige »Rechtfertigung des Lebens« (XII 354f.).

Die Theodizee des Christengottes ist vor dem Scherbengericht der nihilistischen Philosophie so gründlich wie nur irgend möglich gescheitert. Ja, den Gott, der als Vergöttlichung des Nichts zum »*Widerspruch des Lebens* abgeartet« war, »statt dessen Verklärung und ewiges *Ja* zu sein« (VI 185), mußte man vernichten. Die alten Rechtfertigungsaufgaben führten zu ironischen Konsequenzen. Die Theodizee Gottes, die der Philhellene Nietzsche schon zu der »allein genügenden Theodicee« des Lebens *mittels* der Götter umgeschrieben hatte, wurde zu einer *gegen* Gott, *ohne* Gott.

Nach wie vor aber geht es um eine Art von Gottesdienst. Der nihilistische Gottesdienst des Nichts soll nur dem vitalistischen Gottesdienst des Lebens weichen. Und Nietzsche ist sein Prophet. Er gibt nicht nur die Rolle des alten »Advocatus diaboli« im Prozeß der Theodizee preis, er wird vielmehr zum neuen »Advocatus Dei«, »Advocatus vitae« im Prozeß der Biodizee. »Der Sinn deines Lebens sei, das Dasein zu rechtfertigen – und dazu mußt du nicht nur des Teufels Anwalt, sondern sogar der Fürsprecher Gottes vor dem Teufel sein« (X 167, 400). Sogar der Begriff *»Theodicee«* kann als »absolutes Jasagen zu der Welt«, wenngleich »um der Gründe willen, auf die hin man zu ihr ehemals Nein gesagt hat« (XII 468), wiederkehren. Das Werk des Gottesmörders Nietzsche ist eine einzige auf den aktuellen, den nihilistischen Stand der Dinge gebrachte Rechtfertigungslehre.

Dionysos ist wie kein anderer imstande, ihr Gott zu werden. Denn er ist ein wahrhaft allumfassender Gott, der mit dem Pantheismus Ernst macht: Nichts und niemand kann ihn gefährden, weil er den »Teufel«, das Leiden, den Tod, selbst das Nichts, mitumfaßt. Er vergöttlicht wieder die entgöttlichte Welt.

Der neue Dionysoskult ist »Danksagung, Bejahung, Apologie« »des ganzen, nicht verleugneten und halbirten Lebens« (XIII 266) als des »in allem Wechsel Gleichen, Gleich-Mächtigen, Gleich-Seligen; die große pantheistische Mitfreudigkeit und Mitleidigkeit, welche auch die furchtbarsten und fragwürdigsten Eigenschaften des Lebens gutheißt und heiligt, aus einem ewigen Willen zur Zeugung, zur Fruchtbarkeit, zur Ewigkeit heraus« (XIII 224). Vom »Furchtbaren« zum »Fruchtbaren« führt der Erlösungsweg. Eine einzige Metathese reicht dazu aus.

Auch der Tod ist eingeschlossen. Der Sadismus des Christentums – das vergißt Nietzsche ihm nie! – hat aus der Todesstunde eine entsetzliche Marter gemacht. Angesichts der Drohung ewiger Verdammnis wurden selbst »harmlose Menschen« mit dem Schrecken der Selbstverfluchung konfrontiert: »›Oh Ewigkeit! Oh daß ich keine Seele hätte! Oh daß ich nie geboren wäre! Ich bin verdammt, verdammt, auf immer verloren.‹« (III 76)

Noch Schopenhauers latentes Christentum hatte den Tod als Inbegriff der Nichtigkeit des Lebens denunziert, um ihn desto todessüchtiger zu suchen. Aber nun wird der Tod als Teil eines dionysischen Lebens gefeiert, in dem so, wie der tragische Gott zerstückelt wurde und wieder auferstand, der Rhythmus von Entstehen und Vergehen die Lebensform der Ewigkeit ist. Für Dionysos ist der Tod wie das Leben ein Fest (IV 93 ff.). Man muß ihn nur wollen (wenn man das Unausweichliche glaubwürdig wollen kann).

Mit Dionysos feiert Nietzsche weiß Gott auch die Lust, vorab die geschlechtliche, während eine Moral wie die christliche das Leben nur verleiden kann. Sie hat die Sexualität wie den Tod verhunzt, »aus der Geschlechtlichkeit eine *Schmutzerei* gemacht« (VI 159; XIII 628). Die »unbefleckte Empfängnis« hat den »Ursprung des Lebens« buchstäblich ver-saut: »höchste seelische Niedertracht« (XIII 628). Mehr noch aber ist Dionysos der Lebenserlöser, der nicht *vom* Leiden, sondern *zum* Leiden befreit. Der dionysische Pessimismus bejaht es, weil er an einer Überfülle des Lebens leidet. Er ist ein »Pessimismus der *Stärke*« (I 12), während der christliche Pessimismus der Schwäche an einer Verarmung des Lebens leidet. Stark war er nur darin, daß er – das ist seine dritte Todsünde nach der Verhunzung des Todes und der Sexualität – selbst das Leiden noch beschmutzte, indem er Leiden und Schuld verband (III 76f.). Auch hier ist Schopenhauer ihm unseligerweise gefolgt. Dionysos aber macht das Leiden wieder unschuldig und rein. *»Dionysos gegen den Gekreuzigten«* (VI 374) lautet deshalb der Schlachtruf des neuen Dionysoskultes. Das Martyrium ist durchaus das gleiche. Aber der »›Gott am Kreuz‹« verurteilte das wirkliche, das lebendige Leben. Das Leiden bejahte er nur als Mittel der Erlösung, als Buße und Prüfung, als »Weg zu einem seligen Sein«, in der Form des Schopenhauerschen Kryptochristentums als »Fingerzeig«, sich vom Leben zu befreien, ja als »Fluch auf das Leben«. Für Dionysos aber »gilt das *Sein als selig genug,* um ein Ungeheures von Leid noch zu rechtfertigen« (XIII 266 f.). Mit Dionysos stellt Nietzsche unter *anti*christlichen Vorzeichen die Gleichsetzung des Seins mit dem Guten, selbst wenn es das größte Übel einschließt, wieder her.

In der Form einer umgekehrten, antichristlichen Litanei kann so im Zeichen des Dionysos gleichermaßen die *»Erlösung des Erkennenden«*, der die furchtbare Wahrheit des Lebens erträgt, ertragen will, *»die Erlösung des Handelnden«*, der das furchtbare und fragwürdige Leben leben will, wie die *»Erlösung des Leidenden«* gefeiert werden, der das Leiden, das große Leiden will.

Angesichts solcher Leidensverherrlichung ist es aber auch nur scheinbar paradox, daß der Dionysiker Nietzsche, der schon in seiner Rechtfertigungstheologie des Lebens zum Paulus der Lebensphilosophie wird, sich in dem Sinn wieder als »Erbe des christlichen Tiefsinns und Feinsinns« empfindet, daß er »nicht *an sich* das Leiden verurtheilt« (XI 626). »Dionysos *und* der Gekreuzigte« könnte schon hier seine Versöhnungsformel sein. Im Sinn der Leidensfreundschaft scheint noch im Antichristen Nietzsche, der wegen des christlichen »Fluches auf das Leben« seinen »Fluch auf das Christentum« schleudert, der »Philosophus christianissimus« durch, der sich selber gehorsam an das Kreuz des Lebens schlägt.

Nur mit der »Mitleidigkeit« hat er kaum etwas im Sinn, so sehr der entgrenzende Dionysos als Antipode des »principii individuationis« sie einzuschließen scheint. Er nimmt das Mit-Leiden wörtlich: Es vermehrt das Leiden in der Welt – es sei denn, daß die Raffinesse christlicher und anderer Virtuosen der Einfühlung es zum neuen, lebenserhaltenden Wert stilisiert, der aus der Brutalität der Welt doch eine höhere moralische Anstalt macht (II 128f.). Mitleid macht krank, melancholisch, depressiv. Es ist ein schwächender, schädigender und ansteckender Affekt. Zugleich diskreditiert es das Leben, weil es seine kränksten, schwächsten, lebensunwertesten Formen am Leben erhält. Es ist Multiplikator und Konservator alles Elends. Es ist »die *Praxis* des Nihilismus«, nicht als aktive Ver-Nichtsung und Ver-Nichtung, sondern indem es, scheinbar menschen- und lebensfreundlich, in Wahrheit »zum *Nichts* überredet« (VI 173). Im Gegensatz zu Schopenhauer schließt Nietzsches Pathodizee die Sympathodizee rigoros aus.

Dieser wirkungsgeschichtlich so folgenreiche Angriff auf das Mitleiden ist nicht schlüssig: Wenn Nietzsche das Leiden bejaht und das Mitleiden die Universalisierung des Leidens ist, dann müßte er konsequenterweise auch das Mitleiden bejahen. Aber hier ist Nietzsche im Übermaß verletzlich: weil er die Erfahrung gemacht hat, daß ihm das Mitleiden am meisten das Leben verleiden kann. Wie bei Schopenhauer führt es jenseits der Grenzen der Individuation immer tiefer in die Fragwürdigkeit des Daseins hinein. Es macht das Leben verneinungswürdiger (VI 173). Aber eben das will Nietzsche vermeiden. Oft genug scheint es so, daß er um so heftiger das Mitleiden attackiert, als er das Leiden rechtfertigen will – eine im psychoanalytischen Sinn »verschobene« Reaktion.

Wie auch immer: Das Mitleiden lähmt das Leben. Das Leiden hingegen ist und macht schöpferisch. Und das Schaffen ist das gesteigerte, ja die höchste Form des Lebens. Wenn für den Schopenhauerianer Nietzsche das Leben Leiden schafft, so ist für den Dionysiker Nietzsche Dionysos der Gott, der aus Leiden Leben schafft. »Es ist nicht auszuhalten«, sagt der Nihilismus und zieht daraus seine vernichtenden Konsequenzen. »Wir müssen das *Schaffen* dem Anblick dieser Vernichtung entgegenstellen« (x 137), gerade weil es sonst nicht auszuhalten wäre, antwortet Nietzsche. Das Schaffen wird zur Überwindung des Nihilismus – auf derselben Leidensbasis, die ihn motiviert. Ja, das Schaffen kann die nihilistische Vernichtung wie schon die zum Schaffen umgedeutete Erkenntnis die Verneinung als Moment in sich aufnehmen, weil es kein Schaffen ohne Vernichten des Alten, Vorhandenen gibt. Das Leiden schaffende und aus Leiden schaffende Herz ist es, das »den Dingen« wieder »Sinn, Werth, Bedeutung« verschafft (x 210). Der als »Un-«, als »Ohne-Sinn«, als »A-Logos« diskreditierte Grund der Schöpfung wird als kreativer von neuem in Kraft gesetzt. Die ästhetische Biodizee des frühen Nietzsche, die das Dasein nur als »ästhetisches Phänomen« rechtfertigen konnte, schreitet beim späten zu einer im umfassenden Sinn *kreativen* Pathodizee fort.

So wird Nietzsche im Gegensatz zu Schopenhauers Neognosis, die den weltschöpferischen, demiurgischen Willen im Zeichen der Leiden des Lebens verteufelt und in der ästhetischen Anschauung gerade davon Erlösung gesucht hatte, zum Antignostiker der Epoche par excellence: Er spricht das Schaffen und seine Leidensbedingungen in jeder Form heilig. Er verkündet nichts Geringeres als die *»Wieder-Entstehung der Welt«* (x 25).

Auch hier ist das Verhältnis zum Christentum wieder ambivalent. Insofern der »deutsche«, der Schopenhauersche »Versuch, Christentum in eine Gnosis umzuwandeln«, zum »tiefsten Mißtrauen« gegen alles Schaffen und Sein ausgeschlagen ist (XII 129), ist der Antignostiker und Antischopenhauerianer wieder Antichrist. Insofern das Christentum aber zugleich mit seiner eigentümlichen Kompromißbildung zwischen Erlösungslehre und Schöpfungsverherrlichung selber auch antignostisch ist, zeigt Nietzsche sich wieder als »Philosophus christianissimus«. Gott ist tot, aber die göttliche Schöpfungskraft lebt.

Hat sie vielleicht da am kreativsten gelebt, wo sie den Schöpfergott als Gottgeschöpf schuf? Die Voraussetzung nur, daß es ihn nicht gab: »Was wäre denn zu schaffen, wenn Götter – da wären!« (IV 111). Der Mensch allein ist *»Geschöpf und Schöpfer«* in einem (V 161) – so wie später für den Existenzialismus die Existenz ein selbstschöpferischer Akt ist. Gott *muß* tot sein, wenn es das Schaffen geben soll. Doch das paßt wieder nur zu gut in die Logik des Christentums, das den Gottestod am Kreuz als Opfer für den Schöpfergott ersann. Aus »Kreuz«, aus Leiden muß auch der menschliche Selbstschöpfer sich erschaffen. In bezug auf die Frage nach »Sinn« und »Grund« des geschaffenen Daseins freilich bietet Nietzsches kreative Pathodizee nicht mehr als eine zirkuläre Argumentation. Gefragt ist nach einem zureichenden Grund des Schaffens – nun soll eben das Schaffen die Antwort sein. Das Schaffen steht offenbar außer Frage – und das Leiden, weil es vom Schaffen seine Rechtfertigung empfängt.

Dieser Zirkel zeigt sich vor allem beim Ernstfall des Schaffens: beim Zeugen und Gebären. Die Doppelaufgabe lautet hier: Man muß »nicht nur das Kind, sondern auch die Gebärerin sein: als der Schaffende« (IV 111; X 213). Der Dionysoskult will zugleich Mutterkult sein, der die unauflösliche Symbiose von Leiden und Schaffen im Bild der Geburt imaginiert. Doch wem kommt der Schaffensprozeß zugute, wenn es nicht nur um einen Prozeß der Selbsterschaffung geht, sondern um das Zeugen und Gebären in wörtlichster Bedeutung? »Es giebt keine Lösung als ein anderes Wesen zu *schaffen*, das nicht so leidet wie wir« (X 522). Lösung für wen? Dieser Art von kreativer Erlösung hat jedenfalls schon Zarathustra-Nietzsche die Diagnose gestellt: Während die Lust nur sich will, braucht alles, was leidet, das andere, das es schaffen will, um sich zu entgehen; es spricht: »Ich will Kinder, ich will nicht *mich*« (IV 401 f.). Das Schaffen ist hier keineswegs Rechtfertigung des Leidens, Bestätigung des Daseins, sondern Notausgang, Lückenbüßer, Kompensation für ein Dasein, das sich nicht genüge ist.

Die metaphysische Schlußfolgerung aus dieser kompensatorischen Schaffenspsychologie hat Nietzsche dort gezogen, wo er sie, nun wieder im Widerspruch zur christlichen Theolosophie, gegen deren Schöpfungslehre ausspielt: »Das Unbedingte kann *nicht* das Schaffende sein (...) – die Welt des Unbedingten, wenn es existirte, wäre das *Unproduktive*« (X 203). Es wäre sich selbst genug: so Nietzsche in Übereinstimmung mit den Autarkie-Vorstellungen des platonisch-aristotelischen Gottesbegriffes. Schöpfung zeigt immer einen Mangel an. Aber warum schaffen, wenn das zu Schaffende wieder so mangelhaft ist, daß es zuverlässig leiden wird? Gerade im Schaffen schließt sich der Kreis des Leidens. Die Schöpfer können sich so nicht wirklich erlösen. Und die Geschöpfe werden doch nur wieder mit der buchstäblich gravierendsten aller Hypotheken belastet: dem »Nachteil, geboren zu sein«. Das markiert die Grenze dieser kreativen Pathodizee. Nietzsche muß noch radikalere Rettungsversuche unternehmen, wenn er das mehr denn je vom »Un-«, vom »Ohne-Sinn« bedrohte Leben rechtfertigen will. Nun tritt er vollends die Flucht nach vorne an.

Am wirkungsvollsten, wenn er gleich und ein für alle Mal dem traditionellen Sinn des »Sinns« zu Leibe rückt. Wer keinen Sinn findet, der muß ihn sich schaffen. Ja, wer Sinn sucht, ohne Sinn zu schaffen, zeigt nicht, daß es keinen gibt und geben kann, sondern nur, daß er nicht sinnschöpferisch ist: so Nietzsches erster Lösungsversuch (XII 236 ff.). Aber diese Art von Willen zum Sinn steckt in demselben Dilemma, das schon Nietzsches Illusionsbildung irritierte: Wie kann man an selbstgeschaffene Sinnfiktionen glauben? Und leben sie nicht wieder aus der Schwäche, die Nietzsche den Sinnsuchern vorwirft?

Aussichtsreicher ist es, den Sinn überhaupt nicht mehr als Kriterium gelten zu lassen. Die Nihilisten mit ihrem penetranten »Umsonst« unterstellen, daß es kein »sinnloses und umsonstiges Sein« geben sollte, also überhaupt keines, weil »alles Geschehen sinnlos und umsonstig« ist (XIII 45). Aber woher nimmt man denn »*diesen* ›Sinn‹, *dieses* Maaß«, woher dieses »es sollte nicht«?

Kann man nicht sehr gut auf jede Sinn-Suche verzichten? Das wäre freilich auch schon eine Art von Antwort. Und Nietzsche selber hat, als er die Grund- als Sinn-Frage formulierte, schon gar nicht auf sie verzichtet. Doch nun antwortet er: Man kann, wenn man nur stark genug ist, das desillusionierende »Umsonst«, die Sinnlosigkeit von allem, auszuhalten. Er ist entschlossen, nicht mit dem Sinn das Bad auszuschütten. Der »Un-«, der »Ohne-Sinn« muß keineswegs ein Hinderungsgrund des Lebens sein. Im Gegenteil: Jetzt kann man »das Übel pur, cru (...), das *sinnlose Übel* als das interessanteste empfinden« (XII 467).

Aber wie lange erträgt man das? Nietzsches verzweifelte neue Sinnstiftungen, die schon seine Kritik der teleologischen Vernunft relativierten, deuten eher auf begrenzte Ressourcen für die Unsinnstoleranz. Mehr: Wenn er das Leben gerade als das Sinnlose aushalten will und dieses Vermögen zum entscheidenden Härtetest eines Willens macht, der allem gewachsen ist, behauptet er noch einen, seinen Sinn: eben den, angesichts des Sinnlosen auszuhalten. Die Philosophie wird zum forcierten Versuch einer paradoxen »Sinngebung des Sinnlosen«, indem sie angeblich das Sinnkriterium liquidiert. Was Theodor Lessing später für die Geschichte annonciert, gilt bei Nietzsche für das ganze Leben. Und wenn Camus' »Mythos von Sisyphos« mit derselben paradoxen Logik seinen Lobgesang auf das Absurde anstimmt, geht auch er noch in den Spuren eines Vordenkers, der das Sinngeben nicht lassen konnte. Ein heroischer Absurdismus als Lebensrettungsversuch.

Immerhin handelt es sich um eine Sinngebung zweiter Stufe, die gegen die üblichen Desillusionierungen der Sinngläubigen enttäuschungsfest ist. Die Zeit der bloßen Sphinx-*Rätsel* für den philosophischen König Ödipus ist vorbei. Dem Leben ins furchtbare Angesicht schauen, ohne darüber wie vor dem Blick der Medusa zu erstarren – das ist die Aufgabe, die sich nun stellt.

Die Wiederkehr des Dionysos ist Nietzsches mythisierender Lösungsversuch. Die drei großen Ideen, die er als Homöopath des Nihilismus kreiert oder sich umschaffend anverwandelt, sind seine philosophische Antwort: der »Wille zur Macht«, der »Übermensch« und die vom »Amor fati« emphatisch bejahte »Ewige Wiederkehr«. Das Verhältnis dieser drei Ideen zueinander ist öfters bis zur Inkompatibilität prekär. Aber alle drei sind durch denselben Impuls motiviert: Sie sind die Konstruktionen, die das Dasein unter *allen* Umständen im Dasein halten sollen.

In *dieser* Absicht will Nietzsches »Wille zur Macht« den Willen Schopenhauers überbieten – nicht weil der »Wille zum Leben« ein Unding wäre, wie Nietzsches sophistische Polemik argumentiert. Die Entgegensetzung von »Wille zur Macht« und »Wille zum Leben« ist ohnehin nur scheinbar. Nietzsche geht es um eine Selbststeigerung des Willens – sein notorisches »Über« –, die das Über-leben möglich machen soll. Der »Wille zur Macht« will nicht etwa primär Superiorität im Kampf aller gegen alle gewinnen, wie es die mißbrauchte und trivialisierte Nietzsche-Lesart will, sondern »Über-Macht« über jede nur mögliche Gefährdung des Lebens.

Deswegen ist das Ziel dieses Willens, ja, dieser Wille selber, im strikten Sinn undefinierbar, ein Wille ohne Eigenschaften. Denn die Macht, auf die er – oder in pluraler Form die »Will*en* zur Macht« – sich obsessiv richtet, ist immer eine Über-Macht in einem sich stets transzendierenden immanenten Jenseits, die sich allen bisherigen Zielen wie überhaupt allen inhaltlichen Fixierungen entzieht. Für den »Willen zur Macht« kann Nietzsche genausogut den Willen zur Steigerung, zur Verwandlung, zur Selbst- und Fremdüberwältigung wie den zur beständigen Schöpfung setzen (XI 538). Jede dieser Formen will immer über sich hinaus. Ein Wille zum Über-Willen.

In den »romantischen Pessimisten«, den »passiven Nihilisten«, die sich lieber dem Nichts in die allezeit offenen Arme werfen, eingelullt von der melancholischen Melodie eines anderen Nachtliedes, als Nietzsche es im Sinn hat, ist der »Wille zur Macht« als »Wille zum Über-Leben« müde, krank, resigniert geworden. Eine Verfallserscheinung des niedergehenden Lebens, »Décadence«, aber nicht bloß, wie ein Jahrhundert- oder Jahrtausendende, sondern das Ende des Lebens selber sie schafft. Nietzsches Umschaffung der Erkenntnis in ein Symptom hat hier schon die Wege gewiesen: Die Diagnostik ersetzt die Wahrheitsfrage. Diese Nihilisten haben vor dem Leben die Waffen gestreckt. Sie haben keine Kraft mehr. Der Wille zum Ende, zum Nichts, ist ihre Schwundstufe des »Willens zur Macht«. Sie suchen Erlösung durch Ruhe, Stille, glattes Meer (III 620). Sie haben – wie

Faust – keine Geduld. Deswegen brauchen sie die nihilistische Radikalkur, die alles aus einem Punkt kuriert. Sie wollen Spannungsreduktion. Ihre Lust ist die masochistische Auflösung, ihr Leben eine einzige Krankheit zum Tode. Allen Repräsentanten des Todestriebes vom Buddha über Sokrates und Jesus bis zu Schopenhauer stimmen sie aus lebensmüdester Seele zu, auch wenn sie sich vor dem Nichts sans phrase noch mit dem »himmlischen Nichts« drücken und vor dem Tode lieber zu Kreuze kriechen, als ihn frei zu bejahen: Christen und andere Nekrophile bringen es nicht einmal zu einem eigenen Tod.

Nietzsches Antwort auf diesen passiven Nihilismus scheint rettungslos zynisch, ja so böse, wie die Rezeptionsgeschichte sie gegeben hat – die sozialdarwinistische, faschistische, am Ende die nationalsozialistische Lesart liegt hier tatsächlich öfter nahe.

Wenn für die passiven Nihilisten das Leidensleben etwas ist, das besser nicht wäre – wohlan, dann mögen sie doch bitteschön Ernst mit ihrem Willen zum Tode machen (IV 56). Wenn sie den »Nachteil, geboren zu sein«, beklagen, dann empfiehlt sich ihnen die Korrektur dieses Geburtsfehlers am eigenen Leibe. Nötigenfalls muß man dem Willen zum Nichts etwas nachhelfen. Dann wird das »Recht zu leben« rücksichtslos verneint, das »Recht auf Zeugung«, das »Recht geboren zu werden« (VI 134) ebenso. Nietzsche deutet das Diktat der Geburt, von dem die tragische Erkenntnis der Griechen sprach, nun in ein Vorrecht um, und wendet die Freiheit zum Tode, die es allein balanciert, aggressiv: »Wir haben es nicht in der Hand, zu verhindern, geboren zu werden: aber wir können diesen Fehler (...) wieder gut machen. Wenn man sich *abschafft*«, verdient man fast schon wieder »damit, zu leben« (VI 135), allerdings auch nur fast: so die aggressivste Form der Homöopathie des Nihilismus.

Der von Nietzsche bekräftigte Wille zur »Ver-Nichtung durch die Hand« zieht die Schlußfolgerung aus der Verschiebung der Frage nach »Sinn« und »Grund« des Daseins zu einer Frage der Diagnostik: Sie wird an diejenigen zurückgegeben, die sie stellen. Der Nihilismus soll auf seine Propagandisten zurückschlagen. Die Liquidierung der Lebensmüden soll eine »hygienische« Befreiung des Lebens von seinen Diskreditierungsformen ermöglichen. »Man hat das Leben von einem *Einwand* befreit« (VI 135). Das ist Nietzsches »Endlösung« der Grund-Frage. Wenn Schopenhauer und seinesgleichen verneinen, dann muß man die Schopenhauers *»zuerst verneinen«* (VI 135). Das Leben soll gerettet werden, indem der »Wille zur Macht« seine Zähne, anders als bei Schopenhauer, in *anderes* Fleisch schlägt. »Erlösung dem Erlöser«? Ja, die kann er haben – als Erlösung *vom* Erlöser, Vernichtung dem Vernichter. Als »geborener Vernichter« (XIII 414) will Nietzsche die nihilistische Verneinung überwinden.

Freilich greift er, sofern er selber der erkrankte Wille ist, damit auch sich selber an. Daß er stets bereit war, den persönlichen Preis zu zahlen, steht außer Frage. Im übrigen findet er die Legitimation für seine bösen Endlösungen darin, daß er in einem Akt der Notwehr des hart attackierten Lebens zu denken glaubt. Denn daß er noch im passivsten Nihilismus auf einen aggressiven »Willen zur Macht« trifft, ist für ihn ausgemacht.

Diese Aggressivität drückt sich im Ressentiment, der Rancune der am Leben Leidenden gegen die Lebensvolleren aus, wie Nietzsche vor allem an der Psychologie der sadistischen, asketischen, moralistischen christlichen Nihilisten zeigt. Wenn das Dasein schon Leiden ist, dann soll es auch eine Strafe sein (IV 180). Vor allem hinter der Moral steht der schlecht verhohlene Wille zur Vernichtung (I 19), zur Quälerei und natürlich auch, weil man zum Quälen nie genug haben kann, zur Selbstquälerei. »Unter friedlichen Umständen fällt der kriegerische Mensch über sich selber her« (V 87). Die Formel »Christen und andere Nihilisten« kann ergänzt werden: »Christen und andere Sadisten, Christen und andere Masochisten.« Der tyrannische Wille der »Schwerleidenden (...) Torturirten« prägt »*sein* Bild, das Bild *seiner* Tortur«, wie in Schopenhauerscher Willensphilosophie oder Wagnerscher Musik, allem auf (III 622). Mit ihrem Dasein ist es nichts. Also soll »alle Welt *Nichts* haben! soll alle Welt Nichts *sein*!« (III 224).

Ganz und gar unverhohlen der »Wille zur Macht« schließlich im aktiven Nihilismus. Seine Kraft zeigt er in der Zerstörung der alten Werte, auch wenn sie noch nicht ausreicht, neue zu setzen (XII 350). So macht er Tabula rasa, die Welt zur Schädelstätte, auf der er mit ingrimmiger Befriedigung seinen letzten einsamen Triumph erlebt.

Wenn aber der »Wille zur Macht« als *»Wille zum Nichts«* seine negativ mächtigste Form erreicht, die über den *»Willen zum Leben«* siegt (XIII 323), was sollte dann ein Protagonist des »Willens zur Macht« dagegen einzuwenden haben – es sei denn, sein Wille würde untergründig doch weiterhin vom »Willen zum Leben« dominiert? Ob für oder gegen das Leben – es ginge nur um Machtkämpfe, wohin man auch blickt. Wie soll es überhaupt möglich sein, daß der *»Wille zum Nichts«* siegt, wenn der Wille zur Macht alles ist – es sei denn, daß eben auch der *»Wille zum Nichts«* »Wille zur Macht« ist? Ja, gesetzt den Fall, den Schopenhauer setzt: daß der Wille zum Leben das Mächtigste ist, muß dann ein Wille, der seiner Herr wird, nicht das Über-Mächtigste sein? Kann man sich eine größere Macht denken, als wenn sich das Dasein über sich selber erhebt?

Doch dieser Konsequenz entzieht sich Nietzsche. Er dehnt den »Willen zur Macht« zwar so aus, daß er neben dem Machtwillen als solchem, einem Willen erster Ordnung im üblichen Wortverständnis, alle Formen des Willens, einen Willen zweiter Ordnung meint, der gegebenenfalls auch den Willen zur Selbstpreisgabe, ja zur Ohnmacht umfaßt. Denn jeder Wille will sich als solcher behaupten. Das läuft am Ende auf eine grenzenlose Extension der pluralisierten »Willen zur Macht« hinaus. Aber Nietzsche diagnostiziert lieber, daß beim *»Willen zum Nichts«* nur die Paradoxie am offensichtlichsten wird, die er schon dem performativen Selbstwiderspruch nihilistischer Urteile über das Dasein als Äußerungen des Daseins vorgerechnet hatte. Die Nihilisten wollen »eher noch *das Nichts* wollen, als *nicht* wollen« (V 339). Das ist Nietzsches Replik auf Schopenhauers Versuch, ein Dilemma zu lösen, das schon er gespürt hatte: Zwischen der »Verneinung des Willens zum Leben« und einem bloßen Nicht-mehr-Wollen, einem Aufhören des Willens hatte er geschwankt. Am Selbstmörder und am Heiligen, am Asketen hatte er den Unterschied zwischen der von ihm verworfenen, weil weiter willensbehafteten aktiven Verneinung und der »Wendung« des Willens durch Enthaltung klarmachen wollen.

Aber kann es denn *im* Leben eine Aufhebung des Lebenwollens geben, ohne daß man diese wiederum wollen müßte? Nein, man kommt um den Willen nicht herum. Mit tiefer Befriedigung zerrt Nietzsche wie vor ihm Bahnsen noch im vermeintlichen Nicht-Wollen das Nichts-Wollen ans Licht. Den Willen, dem der Nihilismus vermeintlich absagt, bekräftigt er allemal. Er verneint das Leben, aber er nutzt eine singuläre Möglichkeit des Lebens. Er verneint den Willen zum Leben, aber *sein* Wille will sehr wohl leben. Er verneint jede Lust, zumal die Lebenslust. Aber die Verneinung ist *seine* Lust, ja seine Wollust. Er verneint die Schöpfung, aber spricht das Schöpfungswort, *sein* Schöpfungswort noch einmal aus: »Pereat mundus, fiat philosophia, fiat philosophus, *fiam*!« (V 351). Er erfindet die Hölle, am Ende die Welthölle. Doch diese Erfindung war »sein Himmel auf Erden« (IV 273).

Also noch die prinzipiellste Verneinung bejaht die Verneinung, muß sie bejahen, wenn sie nicht in einer totalisierten, selbstbezüglich werdenden Verneinung sich selber aufheben will. In einer total »verworfenen Welt würde auch das Verwerfen verwerflich sein ... Und die Consequenz einer Denkweise, welche Alles verwirft, wäre eine Praxis, die Alles bejaht« (XIII 234): So greift der späte Nietzsche jene Argumentation unverdrossen auf, die der junge an David Friedrich Strauss als optimistisches Taschenspielerkunststück verhöhnt hatte (I 191).

Doch zur Allesbejahung aus Allesverneinung schreitet der Nihilist wohl kaum fort. Eher wird er notieren, daß ausgerechnet Nietzsche hier wieder bei den Maximen der Logizität angekommen ist. Er aber will nur ins Nichts, wo es selbst die Widersprüche nicht mehr gibt. Nicht einmal über das Nichts kann er widerspruchsfrei denken – wenn das kein weiterer Grund für das Nichtsein ist! Selbstaufhebung ist seine Absicht und seine Praxis, ein für allemal! Ein letzter Selbstwiderspruch, aber welcher Effekt! Ja, für ihn macht *nur* der Selbstmord den extremsten Gebrauch von den Möglichkeiten des Lebens.

Der nihilistische Weltvernichter gar, der sein russisches oder wie immer etikettiertes »Nihilin« zündet, sollte dadurch irritiert sein, daß mit seiner Bombe auch die Logik in die Luft fliegt? Um so besser, wenn man ihr so gründlich jede Grundlage entziehen kann.

Aber wenn es denn schon um Selbstwidersprüche gehen soll, so muß auch ein prinzipielles Ja das Nein bejahen, wenn es sich nicht verleugnen will. Die Konsequenz einer Denkweise, die »Alles bejaht, wäre eine Praxis, die Alles verneint«, weil sie auch die prinzipielle Verneinung bejaht. Das Dilemma einer totalisierten Bejahung ist nicht weniger groß als das der totalisierten Verneinung. Neutralität aber ist da am allerwenigsten möglich, wo es um die Bejahung oder Verneinung des Lebens geht. »Jenseits von Gut und Böse« kann es sich glauben, aber nicht »Jenseits von Ja und Nein« (XII 43), einschließlich des Ja zum Nein.

Dieses Ja kann sogar dem Nein des Gegners gelten – Nietzsche vergißt nie ganz, daß er ihn in sich hat. Das christliche »Nein zum Leben« kann noch der späteste, der Antichrist Nietzsche als die »höchste, die gefährlichste, die verführerischste« Form der Negation würdigen (XIII 641). Den Willen zum Tode, den er als Todkrankheit des »Willens zur Macht« diagnostiziert, kann er als die Freiheit zum Tode feiern, aus der ein »heiliger Nein-sager, wenn es nicht Zeit mehr ist zum Ja« (IV 95), sein Nein zum Leben sagt.

Aber es dominiert natürlich das Ja zum Nein *gegen* den Gegner. In seinen Plädoyers für die selektive Vernichtung und Selbstvernichtung der nihilistischen Lebensverneiner etwa macht Nietzsche von diesem Ja zum Nein selber selektiven Gebrauch. Das »Eselsfest« des »Zarathustra« hat nur den blanken Hohn einer abgründigen Parodie für die ewige Jasagerei übrig: Wahrhaftig, das eselshafte »I-A, I-A«-Geschrei (IV 243 f.; 387 ff.) – es ist in sich völlig widerspruchsfrei.

Dem »Willen zur Macht« kommt es auch gar nicht auf Widerspruchsvermeidung an, die der abgestandene alte, längst vom »Ohne-Sinn« abgesetzte »Logos« ihm noch diktieren will. Und noch weniger als in der Logik interessiert ihn der Satz vom zu vermeidenden Widerspruch im Leben. Er ist Bejaher und Verneiner in einem. Dionysos läßt das gleiche Doppelgesicht erkennen, das der hinduistische Shiwa als Schöpfer und Zerstörer trägt. Beide tanzen auf einer Schädelstätte, die sie zu ihrem triumphalsten Lachen inspiriert. Der »Wille zur Macht« braucht so wenig »›Lösungen‹« (XII 556), wie er eine Erlösung braucht, ganz im Gegenteil, Widersprüche sind sein Lebenselixier, weil er sich nur an ihnen als »Wille zur Macht« zeigen und zur Über-Macht steigern kann. Schmerz, Ruhelosigkeit, ewiger Kampf, Unbefriedigung, alles, was der zum Tode kranke pessimistische Wille für Einwände gegen das Leben erklärt, sind nur der Reiz, die Spannung, die Hemmung, die ihn zu sich bringen, also über sich hinaustreiben (XI 222; XIII 360). Der »Wille zur Macht« ist nicht nur ein »Wille zum Willen« (Heidegger), sondern stets auch ein Wille zum Wider-Willen, zum »Wider-sich-wollen« (X 618). Wenn Schopenhauer das antagonistische Wesen des mit sich zerfallenen Willens verneint, so feiert Nietzsche gerade den Widerspruch als das, was die intensivste Steigerung möglich macht.

Die »bisher *verneinten* Seiten des Daseins« firmieren dabei nicht nur als »Vorbedingung« der bisher schon bejahten Seiten, wie es bei der Hochschätzung des Leidens als Stimulus des Schaffens und der Erkenntnis der Fall ist. Diese Art von Pathodizee will das Leiden noch nicht als solches, sondern wegen seiner kreativen und gnoseologischen Effekte. Nietzsches »Wille zur Macht« aber will die bisher verneinten Seiten »um ihrer selber willen«, wie er glaubt (XII 455). Das ist zwar zuviel versprochen. Denn auch jetzt ist das Worumwillen noch die Steigerung des »Willens zur Macht«. Triftig aber, daß er alles Widrige bejaht. Er weigert sich, durch die Verneinung von irgend etwas anzuerkennen, daß es Übermacht über ihn gewonnen hat, wie es bei den Lebens-, den Weltverneinern der Fall ist. Sich durch den Schmerz aus dem Leben heraustreiben zu lassen, hieße, ihm die Übermacht zu lassen und sich zur Ohnmacht zu verurteilen. Er aber ist ein »strenger, stolzer Wille« (II 374). Sein Heroismus probt nicht nur »die *Tapferkeit* (...) vor einem mächtigen Feinde«, wie das Leiden des Lebens einer ist (XII 405). Freiwillig sucht er vielmehr die »furchtbaren und fragwürdigen Seiten des Daseins« in ihrer furchtbarsten Form auf (II 376; XII 455). Der Wille zur Macht ist bewußter »Wille zum Leiden«, zur Mehrung des Leidens (XI 228). Das Maß seiner Macht kann er nur finden, wenn er sich dem mächtigsten Gegner gewachsen zeigt (XII 524).

Diese neue Art von Lebensheroismus macht aus der alten kriegerischen Maxime: »Viel Feind, viel Ehr« eine qualitative: »Je stärker der Feind, desto größer die Ehr! Je schlimmer, desto besser!« Nietzsche kultiviert eine Art von existentieller Kriegerethik. Einen *»heroischen Lebenslauf«* statt des unmöglichen glücklichen Lebens hatte schon Schopenhauer propagiert, den der frühe Nietzsche noch als Erzieher rühmt (I 373). Aber Schopenhauer war vor den allzu heroischen Zumutungen des Lebens ins Nichts davongelaufen. Nur der »Wille zur Macht« als Wille zur *»größten Gegnerschaft«* (II 376f.; XIII 38) ist imstande, sich dem »grauenhaften Problem« (XII 405), das die *»Schopenhauerische* Frage« aufgerissen hatte, rücksichtslos wahr, ungeschönt, ungeschützt, ohne Lösung und Erlösung, ohne den Schein von Versöhnung, ohne Sinnversprechen zu stellen. Der »Wille zur Macht« soll die antwortlose und um so unanfechtbarere Antwort auf die Grund-Frage sein. Das ist Nietzsches *agonale Biodizee.*

Die größte Herausforderung aber findet er in der »Ewigen Wiederkunft«. Ihr gegenüber soll sich beweisen, daß der »Wille zur Macht« wirklich allem gewachsen, die nihilistische Todesgefahr überwunden ist. Indem Nietzsche sich völlig mit diesem *»Gedanken«* identifiziert, den er für seinen eigensten, größten und schwersten hält, will er zeigen, daß ihm das Dasein keine furchtbaren Fragen mehr aufgibt. »Die Wiederkünftigen« sind das »Gegenbild« des Nihilismus (XIII 355). Und Nietzsche ist der erste »Wiederkünftige«.

Angesichts der Euphorie, mit der Zarathustra-Nietzsche die »Ewige Wiederkunft« feiert, ist nicht ohne weiteres einsehbar, wie hier überhaupt von Herausforderung, von agonaler Biodizee gesprochen werden kann. Zarathustras zyklischer

»großer Mittag« – ist er denn nicht das Leben als Fest? So ist es – auch – gedacht. Aber die Idee der »Ewigen Wiederkunft« ist zugleich von tiefster Ambivalenz, Nietzsches »abgründlichster« Gedanke, und natürlich mehr als ein bloßer »Gedanke«, eine Entscheidung, ein Wille, ein Imperativ, ein extremes Lebensgefühl.

Terminologisch trennt Nietzsche nicht klar zwischen »Wiederkunft« und »Wiederkehr«. In seinem Wortgebrauch hat aber die »Wiederkunft« den größeren Pathosgehalt. Die »Kunft«, sei es nun als »Wieder-«, »Her-«, »An-« oder »Zukunft«, ist im Deutschen allemal hochaufgeladen, wie noch Heideggers Todtnauberger Rustikalontologie mit ihrer Wiederbelebung der Herkunft als Zukunft trotz aller Vorliebe für die Wendungen der »Kehre« – Heideggers johanneisch inspirierte Kehrtwendungen – zeigt. Die »Wiederkehr« bezeichnet eher die faktische Bedeutung des »Gedankens«.

Vor allem drei Aspekte sind an ihm zu unterscheiden, von ungleicher Relevanz für Nietzsches Antwort auf die »*Schopenhauerische* Frage«:

– ein *kosmologischer*, im weitesten Sinn *ontologischer*, weil dem Werden der Charakter des Seins aufgeprägt wird: Alles Geschehen wird für zyklisch wiederkehrend erklärt;
– ein *voluntaristischer*, paradoxerweise zugleich *fatalistischer:* Der vom »Amor fati« erfüllte Wille bejaht alles, was war, ist und sein wird, als immer schon und für alle Zeit Gewolltes;
– ein *imperativisch-kategorischer*: Der Wille soll so handeln, daß er wollen kann, daß alles wiederkehre.

Wie das Verhältnis von »Wille zur Macht«, »Ewiger Wiederkehr« und »Übermensch« ist auch das Binnenverhältnis dieser drei Aspekte bis zur Inkompatibilität prekär.

Als *kosmologisch-ontologische* Hypothese über die faktische »Ewige Wiederkehr des Gleichen« ist die Idee in bezug auf die unendlichen Zeiträume, auf die sie sich bezieht, mit deren Hilfe sie sich entzieht, weder verifizierbar noch falsifizierbar, eine eigenwillige Verbindung naturwissenschaftlicher (erhaltungsenergetischer) Sätze mit metaphysischen Spekulationen. Aber es kommt wie beim »Willen zur Macht« weniger auf eine hieb- und stichfeste Hypothese als auf ein bestimmtes *Verhältnis* zur Welt, zum Leben an, das im Zeichen der »Ewigen Wiederkunft« gewonnen werden soll. Deswegen ist der Übergang vom kosmologisch-ontologischen zum *voluntaristisch-fatalistischen* Sinn der »Ewigen Wiederkunft« fließend.

Nietzsche versucht, den Ring aller Dinge so eisern fest zu schmieden, daß nichts mehr ihn aufsprengen kann. Die Idee der »Ewigen Wiederkunft« leistet für ihn, was für Schopenhauer die Zuflucht zum zeitenthobenen, anfangs- wie endlosen »Ding an sich« leistet, wenn er den Konsequenzen seiner negativen Antwort auf die Grund-Frage entkommen will: Wenn alles schon da war und ewig wiederkehren wird, dann kann man keine Fragen nach Anfang und Ende und einem zureichenden Grund dafür mehr stellen. Insofern ist die »Ewige Wiederkunft« eine Entlastungsidee. Dann gibt es auch kein veränderndes Handeln mehr. Nietzsche nähert sich »durch die ewige Wiederkunft« dem »Fatalismus« nicht nur an, er »vollendet« ihn gleich (XI 70).

Schon jene fatalistische »Philosophie der Gleichgültigkeit«, die Nietzsche unmittelbar nach der ersten Begegnung mit der Idee der »Ewigen Wiederkunft« in Sils-Maria Anfang August 1881, einem förmlichen Überfall, mit ihr verbindet, entspringt der Absicht, der furchtbaren Bedenklichkeit des Daseins Herr zu werden. Um nicht »gegen das Leben überhaupt« eingenommen, um »davon nicht umgeworfen zu werden«, muß die »Gleichgültigkeit tief in uns gewirkt haben« (IX 494 f.).

Zunächst geht es um eine *»Unterwerfung unter das That-*

sächliche« (XII 442), eine immerhin eigentümliche Rolle für den »Willen zur Macht«. Nietzsche selber kritisiert sie an so unterschiedlichen Positionen wie der stoischen Philosophie (ungeachtet dessen, daß er ihr einen der wesentlichsten Anstöße für den Wiederkunftgedanken verdankt), der Hegelschen Rechtfertigung des Wirklichen oder auch der künstlerischen Nachahmung der Natur: nichts als subalterne Demutsgesten. Sie alle besagen nur: Alles, wie es kommt, ist mir recht (IX 653 ff., XI 531; XII 399, 442). Es werden keine Notstände mehr beseitigt, weil es keine mehr gibt, es herrscht nur noch die »volle Übereinstimmung mit allen Handlungen der Gottheit«: so der affirmative Stoizismus Epiktets.

Das hindert Nietzsche jedoch nicht, selber diesem Unterwerfungs-Fatalismus zu folgen. Ein »Fatalismus ohne Revolte« gehört zu den Selbsterhaltungsinstinkten (XIII 617). Und Nietzsche begnügt sich nicht mit der bloßen Unterwerfung. Mit Goethes pantheistischer »Universalität des Gutheißens« (XII 444) erklärt er: »Wie es auch sei, das Leben, es ist gut.« Ja, über Goethes »fast *freudigen* und *vertrauenden Fatalismus*, der nicht revoltiert, der nicht ermattet«, seine »Ehrfurcht vor den Thatsachen« hinaus (XII 443 f.) proklamiert er den »Amor fati« (III 521), die bedingungslose Liebe zur Wirklichkeit, das Paradox eines *voluntaristischen Fatalismus*. Der »Amor fati« ist die jubilierende Form der Ergebung. Günther Anders hat ihn deswegen in seinen »Ketzereien« (München 1982, 236 f., 260, 292) als eine »sich männlich gerierende Version von Demut« kritisiert, als würdelose metaphysische Selbstgleichschaltung, ja – das ausgerechnet Nietzsche! – als »Sklavenmoral« gegenüber der Normativität der Tatsachen, wo nur im »odium fati« die Würde des Menschen zu bewahren wäre.

Es genügt nicht mehr die bloße Rechtfertigung – die Welt, so wie sie ist, muß gleich *»vollkommen«* sein (VI 243). Das ist mehr, als selbst Leibniz' Theodizee behauptet hatte.

Das von Schopenhauer so verhöhnte Selbstlob des biblischen Schöpfergottes, daß ihm alles sehr gut geraten sei – Nietzsche ver-weltlicht, er mundanisiert es, aber er stimmt darin ein, einen förmlichen *»Hymnus auf das Leben«* (VI 336) stimmt er an. Just dieser Gottesmörder überbietet noch Alexander Popes »Whatever is, is right«: »Whatever is, is excellent.« Das Ja, das seit Nietzsche, vielleicht durch ihn, zum metaphysischen Kitsch heruntergekommen ist, weil es den Philistern jeder Sorte nur zu wohl behagte, wird zur zentralen Formel seiner Biodizee. Und natürlich beläßt einer wie Nietzsche es nicht beim Ja-*sagen*. Ein »Ja-*thun*«, ja, ein »Ja-*sein*« soll es sein. Es *ist* das »ewige Ja« zu allem, was ist (VI 345). Vorbehalte kennt es nicht, alles will es einschließen. Der »Amor fati« inspiriert ein widerstandsloses metaphysisches Lehrstück vom Einverständnis. Der nihilistischen Behauptung, das Nichts sei soviel besser, daß man am besten gleich alles verneine, stellt der Jasager Nietzsche entgegen: »Es ist Nichts, was ist, abzurechnen, es ist Nichts entbehrlich« (VI 311): so die definitive Umkehrung der Schopenhauerschen Lehre von der alles entscheidenden Bedeutung eines einzigen Leidens. Die »Wiedergewinnung aller Dinge«, welche die Theologie unter dem Titel einer »apokatastasis hapanton« für das gute Ende aller Dinge verkündet hatte, gilt schon hier und jetzt.

So kann Nietzsche sich als den neuen »frohen Botschafter par excellence« verstehen (XIII 640), der von der Tradition alle ihre Vorstellungen leiht, um sie im Willen zur Bejahung noch zu überbieten. Das Beten wird zum Segnen (X 494), das Segnen zum »heiligen«, zum »ungeheuren unbegrenzten Ja- und Amen-Sagen« (IV 31, 208; VI 345). Nietzsches Ja ist so sicher wie das Amen in der Kirche. Es ist sein Tedeum nach dem Tod Gottes. Das biblische Liebesgebot gilt nun dem Leben: Wenn es Nietzsche auf die eine Wange schlägt, bietet er ihm auch noch die andere an. Er predigt die Feindes- als Lebensliebe. Er will der Welt um jeden Preis ihren »herzbrechenden Charakter« nehmen (X 117). Ja, der »Verklärer des Daseins« (XI 541) will er sein.

In der Liebe zur »Ewigen Wiederkunft« aber nimmt der »Amor fati« seine euphorischste Form an: *»Der Ewige-Wiederkunfts-Gedanke«* ist die »höchste Formel der Bejahung, die überhaupt erreicht werden kann« (VI 335). »›Amor fati‹« heißt, »daß man Nichts anders haben will, vorwärts nicht, rückwärts nicht, in alle Ewigkeit nicht«. Et per saecula saeculorum ... »Das Nothwendige nicht bloß ertragen, noch weniger verhehlen – aller Idealismus ist Verlogenheit vor dem Nothwendigen –, sondern es *lieben*« (VI 297). Wer am Dasein leidet, muß sich nur entschließen, »nicht-mehr-an-seinem-Dasein-zu leiden« (X 210). So einfach ist das, verräterisch nur, daß eine förmliche Bindestrich-Orgie die Elemente dieser einfachsten aller Lösungen mit aller Gewalt zu einem nicht mehr auseinanderzudividierenden Zusammenhang verschweißen muß. Das leidende Dasein löst alle Probleme, indem es seinen »gordischen Knoten« nicht löst, sondern durchschlägt. Und wie erreicht man das? »Durch den *schnellen Tod*« – diesen Notausgang läßt Nietzsche immerhin noch gelten – »oder *durch die lange Liebe*« (X 210). Und der »Amor fati« zur »Ewigen Wiederkunft« steht für die längste aller Lieben. Die jenseitige Ewigkeit hat Nietzsche geopfert – aber in die innerweltliche »Ewige Wiederkunft« schließt er alles ein. Er will ein für alle Mal »zur Welt kommen«, sich für alle Zeit »auf der Erde heimisch machen«: Das hatte schon der vermeintliche Schopenhauerianer, wenn auch noch im Irrealis, als seine Lebensaufgabe formuliert (I 348). Die Heimatvertreibung durch, der Exodus mit Schopenhauer hatte das verhindert. Das vermeintliche Paradies war zur diesseitigen Hölle geworden. Doch nun kommt Nietzsche auf ewig in der altneuen Heimat an.

Das »unbegrenzte Ja- und Amen-Sagen« ist freilich leichter gesagt als getan. Nicht nur daß sich schon die totalisierte Ja-Sagerei genauso in Selbstwidersprüche verwickelt wie die totalisierte Nein-Sagerei – Nietzsche ist sich auch nur zu bewußt, welches Echo in seinem »neuen Lied« wiederkehrt. Deswegen wird im »Eselsfest« des »Zarathustra« das »Ja- und Amen-Lied«, das »allein Ja und nimmer Nein« zur Welt sagt und alles dankbar auf ewig wiederkäut, als eselshaftes »I-A, I-A«-Geschrei zugleich parodiert (IV 243 f.; § 87 ff.). Im Griechischen, das ist dem Graecisten Nietzsche natürlich gegenwärtig, ist das »ἰά« synonym mit dem »Geschrei«. Zugleich ist es die phonetische Umkehrung des »αἶ«, des Schmerzensschreis. Wenn der Esel also zu allem, auch dem Leiden, »I-A« schreit, ist der »Amor fati« sozusagen Fleisch geworden, aber eben das eines Esels. Die blasphemische Bedeutung ist dabei durchaus intendiert: Der Esel ist in der Tradition das Tier, das den Erlöser trägt, mehr: das den Erlöser symbolisiert. Deswegen kann Nietzsche sich auch den »Anti-Esel« nennen und mit dem *»Antichrist«* gleichsetzen. Sollte ein verneinender Geist wie Mephisto dazu nicht befriedigt lächeln? Am Ende ist er selber in die Eselshaut geschlüpft, um mit seinem penetranten I-A-Geschrei um so sicherer das Nein zu provozieren – der Geist, der angeblich stets Bejahung will und stets Verneinung schafft?

Fataler: Ein »Amor fati«, der das Leben so liebt, daß er es in allen seinen Formen will, ist mit der unbegrenzten »Ja- und Amen«-Sagerei, mit bloßen Liebeserklärungen nicht zu erreichen.

Da ist der *Wille zur Liebe* gefordert, die eigentümlichste Form des »Willens zur Macht«. Und bei der Liebe zur »Ewigen Wiederkunft« stößt er auf nur schwer lösbare Schwierigkeiten. Sie haben vorab mit den unterschiedlichen Charakteren der Zeit zu tun.

Die Vergangenheit scheint dem Willen prinzipiell entzogen. Das irreversible »Es war« bezeichnet die Grenze aller

Macht (IV 179ff.). Deswegen ist der Tod als Inbegriff des »Es war« der Herr aller Herren. Und vor dem Tod steht die Geburt als Basisdatum der Existenz unter dem Diktat des »Es war«: Man kann sie widerrufen, aber nicht ungeschehen machen. Und wenn das »Es war« dann auch noch im Leben so war, daß der Wille es doch lieber anders gewollt hätte – muß er sich dann nicht im größten Maße ohnmächtig finden, so daß er seine Zuflucht nur dazu nehmen kann, daß er das Leiden gutchristlich und schopenhauerisch als Strafe interpretiert? »An Allem, was leiden kann«, rächt er sich so aus dem »Widerwillen gegen die Zeit« (IV 180). Das »Zurückwollen« ist ihm jedenfalls versagt – es sei denn, es gelänge ihm, noch das Widrigste, was war, in seinen Willen aufzunehmen, es »umzuschaffen« in ein: »So wollte, so will ich es!«, » – ich wollte es nicht vorher; so muß ich es schon nachher wollen – alles muß ich also ›gut machen‹« (XI 378). Das wäre die einzige mögliche »Versöhnung mit der Zeit« (IV 181), eine rückwirkende Erlösung, während bei Schopenhauer die Zeit in eins mit dem Leiden des Lebens über seine Verneinung entschieden hatte.

Das »›gut machen‹« kann freilich nach Lage der Dinge kein wirkliches »›gut *machen*‹« sein, sondern nur eine innere Anverwandlung. Das »Umschaffen« zum rückwirkend Gewollten ist die Parodie des Schaffens, eine bloße Uminterpretation. Sie ähnelt nur allzusehr dem Verhalten jenes Pseudosouveräns, dessen »Wollen« des »Rades« der Wiederkunft Nietzsche selber karikiert: »*Was ist Wollen!* – Wir lachen über Den, welcher aus seiner Kammer tritt, in der Minute, da die Sonne aus der ihren tritt, und sagt: ›*ich will*, daß die Sonne aufgehe‹; und über Den, welcher ein Rad nicht aufhalten kann und sagt: ›*ich will*, daß es rolle‹; und über Den, welcher im Ringkampf niedergeworfen wird und sagt: ›hier liege ich, aber *ich will* hier liegen!‹ Aber, trotz allem Gelächter! Machen wir es denn jemals anders, als einer von diesen Dreien, wenn wir das Wort gebrauchen: ›*ich will*‹?« (III 116).

Das Sonnengleichnis taucht schon in Goethes Auseinandersetzung mit dem Fichteschen und Schopenhauerschen Idealismus auf (Gespräche mit Eckermann, 6. Dez. 1829); dort parodiert es die Sultane des Idealismus, die sich ihre Souveränität über den Lauf der Welt in die Tasche lügen. Der Nietzsche der »Ewigen Wiederkunft« aber sagt tatsächlich von dem »Rad«, das er »nicht aufhalten kann«: »*Ich will*, daß es rolle.« Und für ihn als den neuen, den gebrochenen Luther gilt nicht mehr: »Hier *stehe* ich, ich *kann* nicht anders«, sondern der Selbstbetrug des unterlegenen Ringkämpfers: »Hier *liege* ich, ich *will* nicht anders.«

Anders scheint es in bezug auf die Zukunft zu stehen. Denn ist sie nicht das originäre Reich des »Willens zur Macht«, des Schaffens, des wirklich »gut zu machenden« Neuen? In diese Richtung führt Nietzsches *imperativisch-kategorische* Interpretation der Idee der »Ewigen Wiederkunft«. Sie widerspricht zwar der fatalistischen und pseudovoluntaristischen, gibt aber dem Willen wieder sein Recht: »so leben, daß wir nochmals leben wollen und in Ewigkeit *so* leben wollen!« (IX 503). Das ist Nietzsches Form des Kantischen Imperativs. Über der gängigen Entgegensetzung von Vernunftethik und irrationalistischer Lebensphilosophie »jenseits von Gut und Böse« übersieht man schnell, wie sehr bei dem deutschen Pfarrerssohn der Wille zu einer kategorischen Ethik wiederkehrt. Gilt der kategorische Imperativ bei Kant für alle Handlungen aller vernünftigen Subjekte, so bei Nietzsche in bezug auf alle Handlungen für alle Zeit. Sagt Kant: »Handle so, daß die Maxime deines Willens jederzeit zugleich als Prinzip einer allgemeinen Gesetzgebung gelten könne«, so Nietzsche: »Handle so, daß dein Handeln für alle Ewigkeit gelten könne.« Vergesellschaftet Kant kategorisch das Reich aller vernünftigen Wesen, so totalisiert

Nietzsche das individuelle Handeln durch die Ewigkeit der Zeit.

Damit aber gewinnt das Handeln eine »unendliche Wichtigkeit«: »›Dieses Leben, wie du es jetzt lebst und gelebt hast, wirst du noch einmal und noch unzählige Male leben müssen; und es wird nichts Neues daran sein, sondern jeder Schmerz und jede Lust und jeder Gedanke und Seufzer und alles unsägliche Kleine und Große deines Lebens muß dir wiederkommen, und Alles in derselben Reihe und Folge‹ (...); die Frage bei Allem und Jedem ›willst du dieß noch einmal und noch unzählige Male?‹ würde als das größte Schwergewicht auf deinem Handeln liegen! Oder wie müßtest du dir selber und dem Leben gut werden, um nach Nichts *mehr zu verlangen*, als nach dieser letzten ewigen Bestätigung und Besiegelung?« (III 570; IX 494 ff.). Die »Ewige Wiederkunft« entlastet nun nicht mehr – sie macht das Leben schwer, schwerer noch, als es ohnehin schon ist, indes, um das »furchtbar« bedrohte Leben lebbar zu machen: Handlungsbeeinflussung durch Bedeutungsmaximierung. Dem Leben »gut werden« und es so wirklich, nicht nur rückwärtsgewandt, »›gut machen‹« – das ist die Aufgabe. Der paradoxe Effekt der »Ewigen Wiederkunft« wäre freilich der, wie schon Fritz Mauthner beobachtet hat (Wb.d.Philosophie, ed. Lütkehaus I 56 f.), daß unter dem Einfluß dieser Idee die gleichen Handlungen eben nicht wiederkehrten, schon gar nicht ewig.

Andererseits kehren so älteste Bedrohungen wieder. Das Christentum hatte dem Handeln hienieden »eine entsetzliche Wichtigkeit« (III 294) aufgeladen, indem es ewige, möglicherweise höllische Folgen daran knüpfte, das Purgatorium der einzige mildernde Umstand. Der Theologe Nietzsche mit seiner immanent »umgeschaffenen« Ewigkeit tut nichts anderes. Daß der Begriff »Wiederkunft« eine Theologenerfindung ist, wie er nur zu genau weiß, stört ihn nicht.

Zugleich schließt Nietzsche an Schopenhauers Identifikation von Welt und Weltgericht an. Die »Wiederkunft« ist sein »jüngstes Gericht«. Mit dem »guten Muth zum Irren, Versuchen, Vorläufig-nehmen« nach der Maxime: »es ist Alles nicht so wichtig!«, die er noch in seiner »Morgenröthe« verkündet hatte (III 294), ist es vorbei. Wie immer der Wille sich zu leben entscheidet – die »Ewige Wiederkunft« ist die größtmögliche »Drohung«, die auf ihm liegt (X 115), die extremste denkbare Handlungssanktion. »Meine Lehre sagt: *So* leben, daß du *wünschen* mußt, wieder zu leben ist die Aufgabe – du wirst es *jedenfalls*!« (IX 505).

Aus der unendlichen Wichtigkeit, die Nietzsche so der Lebensentscheidung beimißt, erklärt sich die Rigorosität, die seine philosophischen »Vorspiele der Zukunft« bestimmt. Nietzsche will das unter dem Verdikt der »Ewigen Wiederkunft« stehende Leben auf ewig retten, zur Not mit einer barbarischen Kur, die, um das Leben von einem Einwand zu befreien, es noch mehr zum Leiden macht.

Diese »Vorspiele der Zukunft« kulminieren im Mythos des Übermenschen. Nietzsche verkündet ihn wie ein neuer Johannes den neuen, den Über-Messias. Nur taufen darf er ihn nicht. Denn wie den »Willen zur Macht«, der sich im Übermenschen über alle bisher bekannten Formen steigert, kann man ihn nicht eigentlich definieren, und zwar aus demselben Grund: Das »Über« läßt keine Fixierungen zu. Nietzsche schreibt ihm wohl gelegentlich bestimmte Eigenschaften zu: Kraftbewußtsein, Wohlgeratenheit, Furchtbarkeit in der Güte, Nähe zum Unmenschen, zum Teufel wie zum Gott. Aber die Leerformeln dominieren. Er ist ein Übermensch – bei Nietzsche natürlich ein Über-Mann – »ohne Eigenschaften«. Deutlich nur, daß in seinem Zeichen der bisherige Mensch, seine bis zum Ekel bekannte Geschichte verneint wird. Wenn nicht bloß »Christen und andere Nihilisten« erkrankt sind, sondern der Mensch selbst, dann muß man eben den Menschen negieren, sofern man das Leben retten will. Der Versuch, die »Schopenhauerische Frage« zu lösen, nimmt eine anthropofugale Wendung. Dem »weltvernichtenden Wort« (VII 496) will Nietzsche mit einem menschenflüchtigen zuvorkommen. So verheißt er die *»Erlösung des Menschen von sich selber«* (X 501, 559). Gott ist tot, aber auch der Mensch ist so gut wie tot – »Etwas, das überwunden werden soll« –, an ihm zu schätzen nur, daß er »ein Seil (...) zwischen Thier und Übermensch« ist, eine Brücke, ein »*Übergang* und ein *Untergang*« (IV 14ff.). Januskopfig blickt er zurück in den Abgrund, in dem er vergehen wird, und vorwärts in die Zukunft dessen, der nach ihm kommen wird. Aus dieser Doppelrolle empfängt er seine ihn vernichtende Rechtfertigung.

Aber vielleicht ist diese Ambivalenz zu abgründig. Deswegen gewinnt Nietzsche ihr eine euphorische Perspektive ab: Wenn die höchste Form des Lebens für seine kreative Biodizee das Schaffen ist und es kein Schaffen ohne das »Über-sich-hinaus-Schaffen« gibt, so ist der Übermensch, Lieblingskind von Nietzsches eigener Schaffenslust, die in ihm ihre Apotheose erfährt, die Inkarnation dieses »Über-sich-hinaus-Schaffens«. Und so wird der Übermensch zum neuen Platzhalter des abhanden gekommenen »Sinns«: »Er ist (...), er *sei* der Sinn der Erde!« (IV 14), ein imperativisch gesetzter Sinn, die Chiffre einer das Überleben ermöglichenden Selbsttranszendierung des Lebens.

Die »Ontologie des Noch-nicht-Seins«, mit der Nietzsche versucht hatte, den unabsehbaren, unabgeschlossenen Strom des Werdens allzu voreiligen Urteilen zu entziehen, wird nun zu einer »über-menschlichen« Anthropologie des »Noch-nicht-Seins«. Was noch nicht ist, das ist von »furchtbaren« Fragen auch noch nicht zu treffen.

Wie ist das alles aber mit der Idee der »Ewigen Wiederkunft« zu vereinbaren, wenn sie nicht eine bloß appellatorische, »regulative« Idee, sondern Nietzsches völlig ernstgemeinte Prognostik ist? Denn daran läßt er keinen Zweifel: Es wird alles und so wie bisher wiederkehren. Auch »der kleine Mensch«, der Zarathustras Ekel so steigert, daß der Überdruß ihn zum Erbrechen würgt, wird ewig wiederkehren und das Leben diskreditieren. Der nihilistische Wahrsager, aus dem die Misanthrophie Schopenhauers spricht, scheint recht zu behalten: »Alles ist gleich, es lohnt sich Nichts, Wissen würgt« (IV 274ff.). Das Pathos der Zukunft ist vom »Geist der Schwere«, von der Gravitation auf die Vergangenheit hin, die Selbsttranszendierung des Über-sich-Hinausschaffens von der lähmenden Gewißheit ewiger Reproduktion ausgehöhlt.

Eine halbwegs plausible Verbindung der einander widerstrebenden Impulse ist unter diesen Umständen nur dann möglich, wenn die Mythen der Zukunft mit den Zyklen der Vergangenheit verknüpft werden. Nietzsche vollzieht diese kühne Volte. Er proklamiert den Übermenschen einfach als denjenigen, der die »Ewige Wiederkunft« aushält (X 378); oder, da das sich etwas zu triste anhören könnte: »Wir schufen den schwersten Gedanken – *nun laßt uns das Wesen schaffen,* dem er leicht und selig ist« (X 602).

Damit freilich wird dem undefinierbaren Übermenschen ohne Eigenschaften doch eine Art von Wesensbestimmung gegeben. In gewissem Sinn beginnt der Übermensch sogar dem *»letzten Menschen«* zu ähneln: Will der für alle das Gleiche (IV 19f.), so der Übermensch das Gleiche für alle Zeit. Hat der *»letzte Mensch«* blinzelnd das Glück erfunden, so daß er nicht einmal mehr weiß, was »Schöpfung«, was »Sehnsucht«, was »Stern« ist, so kommt im Übermenschen der Mensch zu sich selbst. Der Mensch ist »Etwas, das überwunden werden soll« – weil er es bisher mit sich und seinem Leben nicht aushält. Der Übermensch aber ist der Mensch, der sich selber erträgt. Wie Kierkegaard es vorgedacht hatte: Es kommt darauf an, das Leben nicht außer der Wiederholung zu erwarten. Die Zukunft, die im Zeichen des Übermenschen stehen soll, unterscheidet sich von der Vergangenheit dadurch, daß sie wissentlich und willentlich das Zukünftige mit dem Vergangenen identifiziert.

Der Zusammenhang der großen Mythen und Ideen Nietzsches trotz aller ihrer Widersprüche ist dieser: *Im Übermenschen soll sich der »Wille zur Macht« so steigern, daß er im »Amor fati« die »Ewige Wiederkunft« des Lebens noch in seinen widrigsten, nichtigsten, leidvollsten Formen bejaht.*

Im »Zarathustra« hat Nietzsche ein drastisches Bild dafür gefunden (IV 201 f., 273). Es scheint kaum vom »*Amor* fati« bestimmt, vielmehr ekelerregend: Der Schlange, der Uroboros-Schlange der Wiederkehr, die dem panischen Hirten (des Seins) in den Schlund kriecht und ihn so würgt wie Zarathustra das Wissen um die Wiederkehr des »kleinen Menschen«, beißt er den Kopf ab. Eigentlich müßte die rückhaltlose Bejahung der »Ewigen Wiederkunft« die Schlange schlucken. Introjektion wäre die entschlossenste Identifikation mit dem Aggressor, Homöopathie des Nihilismus im striktesten Sinn. Die Absicht indessen ist deutlich: Der Schlange soll der Biß genommen werden. Und so sagt selbst der »hässlichste Mensch«, den Zarathustra die Erde und das Leben zu lieben gelehrt hat: »›War *Das* – das Leben? (...) Wohlan! Noch Ein Mal!‹« (IV 396 ff.). Wie auch immer es sei und wer auch immer es lebe: Der Wille will, daß es sich ewig wiederhole.

Darin triumphiert die voluntaristische Auslegung der »Ewigen Wiederkunft«. Zuschauer und Akteur in einem, ruft der Wille unablässig sein »Da capo!«, »noch einmal, noch einmal!«, nicht nur »zu sich, sondern zum ganzen Stücke und Schauspiele, und nicht nur zu einem Schauspiele, sondern im Grunde zu Dem, der gerade dies Schauspiel nöthig hat – und nöthig macht« (V 75): Dionysos, der

Gott des Lebens, *»so wie es war und ist«*, und wie er es in alle Ewigkeit will. »Da capo al fine«, denn selbst der Tod ist eingeschlossen; »al infinito«, denn ewig ist die Wiederkunft. Und selbst Schopenhauer in der Rolle des »Wahrsagers«, für den der Tod der Inbegriff der Nichtigkeit des Lebens gewesen war und die Wiederkehr die Ewigkeit der Welthölle, beginnt ob dieses »Da capo« »vor Vergnügen zu tanzen« (IV 396). Auf der vormaligen Schädelstätte der Welt ähnelt er sich als praktizierender Dionysiker Nietzsches tanzendem Gott an. Ja, der »Buddha von Frankfurt«, der dem Leidensleben entrinnen wollte, wandelt sich zum hinduistischen »Shiwa-Nataraja«, dem verzückten Gott.

Gewiß, der »Wahrsager« hat getrunken. Noch voller aber ist er »des süssen Lebens«. Und »aller Müdigkeit« hat er abgesagt. Zarathustra hat den griesgrämigen falschen »Wahrsager« Schopenhauer bekehrt. Der »Circulus vitiosus« des Leidenslebens, den Schopenhauer zu Lebzeiten weiß Gott nicht vergöttlicht, sondern als Folter-»Rad des Ixion« perhorresziert hatte, ist zum »Circulus vitiosus deus« (V 75), zum gerade nicht zu vermeidenden göttlichen Kreis geworden, der Gott des Lebens mit der vormals teuflischen Schlange so versöhnt, daß der sich auf sich selber hin transzendierende Mensch nun vom Baum des Lebens wie dem der Erkenntnis gleichermaßen essen darf.

Unter den Bedingungen der Wiederkehr kehrt allerdings auch der Biß der Schlange wieder. Zarathustra und seine altneuen Jünger sind dazu verdammt, ihr stets von neuem den Kopf abzubeißen. Wohl sind sie besten Mutes. Zarathustras »ENTSCHEIDENDER MOMENT« ist gekommen, wenn er »am Feste«, das Lebens- und Eselsfest in einem ist, »die ganze Masse« fragt: »›Wollt ihr das Alles noch einmal?‹« und »alles sagt ›JA!‹« (X 599). Zarathustra als Seinspropagandaminister inszeniert die übermenschliche Bejahung als Massenereignis: »Wollt ihr das totale Leben?« Und »die ganze Masse«

schreit »Jaaaaaaaaa«. Aber weiß sie denn auch, wozu sie da ihr »I-A, I-A« schreit?

Nietzsche allerdings weiß es, er gestattet sich keine Illusionen: »ENTSCHLÜPFEN ist nicht möglich!« (X 646). Was auch der Übermensch an Erlösung für den Menschen verheißen mag – »›es giebt keine Erlösung‹« (XI 85) außer der Erlösung, die im Verzicht auf die Erlösung liegt. Ein »Circulus« ist das in der Tat. Ob ein göttlicher oder ein irrer? Vielleicht ist das keine Alternative. Doch der noch nicht irre Nietzsche dekretiert: Wer den Gedanken der »Ewigen Wiederkunft« nicht aushält, wer nicht das Zeug zum Übermenschen hat, der soll ins – Irrenhaus (XI 85). *»Incipit tragoedia«* (III 571) – Nietzsches Lebenstragödie nimmt ihren Weg.

Er selber kann den Gedanken der »Ewigen Wiederkunft« nur ertragen, weil er ihn zeugte (X 210); aber er muß sich sagen, daß auch »dieser dein Gedanke, daß Alles wieder kommt«, wie alles nur wiederkommt (IX 524). Das Pathos des Über-sich-hinaus-Schaffens und die Idee der »Ewigen Wiederkunft« sind schon schwer genug zu vereinbaren, sosehr Nietzsche sich müht, den »höchsten Fatalismus« mit dem *»Schöpferischen«* zusammenzudenken (XI 292), weil seine Psychologie der Schöpfer, daß sie sich, ihre Wiederkehr gerade nicht wollen, dem Gedanken der »Ewigen Wiederkunft« diametral widerspricht. »Als Schaffender läufst du vor dir selber weg – du hörst auf, dein Zeitgenosse zu sein« (X 118) – das sagt ausgerechnet derjenige, der sein ewiger Zeitgenosse sein will. Und nun ist auch noch Nietzsches Schöpferstolz allein imstande, eine Gedankenschöpfung auszuhalten, deren Substanz den Gedanken der Schöpfung widerlegt.

Mehr denn je beißt sich die Uroboros-Schlange des Lebensproblems mit der angeblichen Lösung in den eigenen Schwanz: Denn so, wie das Schaffen, nach dessen Grund die Grund-Frage fragt, überhaupt das Problem erst schafft, das es in Nietzsches kreativer Pathodizee beantworten soll, potenziert nun die Schöpfung der »Ewigen Wiederkunft« das Problem eines Lebens, das ohne diese Schöpfung nicht auszuhalten ist. Wenn Nietzsche die »Ewige Wiederkunft« nicht geschaffen hätte, dann hätte er auch keine kreative Erlösung von ihrer Unerträglichkeit gebraucht. Aber er hat sich nun einmal so sehr verboten, der »indischen Circe« des Nichts in die erlösenden Arme zu sinken, daß er sich gleich ewig auf ein Sein verpflichtet, das in sich selber keinen Grund hat zu sein.

Das wird auf geradezu verzweifelte Weise dort deutlich, wo Nietzsches »abgründlichster Gedanke« seine radikalste Form erhält, in der Verewigung des Nichts. Das Nichts im strikten Sinn als finalen »Zustand« *kann* es zwar nicht geben: Wenn »die Welt überhaupt (...) *Nichts* werden könnte (...), so müßte dieser Zustand« genauso wie eine etwaige Vollendung der Geschichte in Anbetracht der Unendlichkeit der Zeit längst erreicht sein (XIII 375).

»Nirvana« und den beseligenden »Gedanken an das Nichts« (X 601) *darf* es nicht geben.

Aber das Nichts als sinnlose Dauer *wird* es ewig geben: »Die *Daue*r, mit einem ›Umsonst‹, Ohne Ziel und Zweck, ist der *lähmendste* Gedanke, namentlich noch wenn man begreift, daß man gefoppt wird und doch ohne Macht (ist), sich nicht foppen zu lassen.

Denken wir diesen Gedanken in seiner furchtbarsten Form: das Dasein, so wie es ist, ohne Sinn und Ziel, aber unvermeidlich wiederkehrend, ohne ein Finale ins Nichts: ›die ewige Wiederkehr‹.

Das ist die extremste Form des Nihilismus: das Nichts (das ›Sinnlose‹) ewig!« (XII 213).

Dieser Gedanke ist für Nietzsche die »Europäische Form des Buddhismus«, zugleich die »*wissenschaftlichste* aller möglichen Hypothesen«. Der Eurobuddhist Schopenhauer hätte sich darob im Grabe herumgedreht: Für ihn war das Nichts höchst sinnvoll, ja das einzig Sinnvolle. Hier aber wird es jedes Sinnes beraubt. Der Nihilismus ist die brutale Zumutung schlechthinniger Heillosigkeit. Alles ist »Nichts«, »umsonst«, aber ohne jede Aussicht auf ein Ende. Das Dasein wird völlig entwertet und gleichzeitig perenniert. Und Nietzsche, der Extremist unter den Philosophen, läßt mit der Berufung auf »›die ewige Wiederkehr‹« keinen Zweifel daran, daß die »extremste Form des Nihilismus« die seine ist, ja einzig und allein die seine ist, weil noch niemand den Nihilismus so in die Tiefe gedacht hat. Den »alten Brummkreisel« Julius Bahnsen, der dem Leben ebenfalls keinen Ausweg gegönnt hatte, hat er dabei freilich vergessen.

Auf die furchtbare »*Schopenhauerische* Frage« gibt Nietzsche so am Ende die furchtbarste Antwort: Das Dasein hat keinen Sinn, es sei denn den, noch der Sinnlosigkeit gewachsen zu sein. Und ewig wird es so weitergehen. Sisyphos rollt ewig seinen Stein. Nietzsches nihilistischer Absurdismus ist die absurde Homöopathie des Nihilismus.

Von einem euphorischen Ja- und Amen-Lied ist darin nichts mehr zu spüren. Die christliche Ewigkeit kehrt vielmehr in der »Ewigen Wiederkehr« auf das quälerischste wieder. Die Himmelfahrt zum »großen Mittag« ist zugleich der Abstieg in eine unentrinnbare Welthölle, in der Nietzsche sich mit unerhörter Anstrengung zu überzeugen versucht, daß er in ihr heimisch ist. Himmel und Hölle, Erlösung und Verdammnis sind nicht mehr zu unterscheiden. Die »Ewige Wiederkunft« ist das Kreuz, an das Nietzsche sich als »Dionysos *und* den Gekreuzigten« schlägt. Und bei ihm ist es mit ein paar Stunden nicht getan. Für einen Leidensfreund wie ihn, der darin noch seine christlichsten Vorgänger überbietet, muß es eine ganze Leidensewigkeit sein.

In Nietzsches Versuch einer Homöopathie des Nihilismus geht so die Überwindung mit der Radikalisierung eine unauflösliche Verbindung ein. »Das Ewig-Sinnlose« – so müßte Nietzsches Umschreibung des »Faust«-Schlusses lauten – »zieht uns«, ja wohin? »Hinan«? Hinab? Nein, dahin, wo wir ohnehin sind. Dem vollendeten »Un-«, dem »Ohne-Sinn« applaudiert Nietzsche nicht weniger, als das einst der »Logos« verlangt hatte.

Der Preis für diese »tour de force« freilich ist hoch. Das »Ewig-Nichtige« kann nun nicht einmal mehr zugrunde gehen, wie Mephisto es noch in Aussicht gestellt hatte. »Nach drüben« ist der Ausweg uns versperrt. Die Ewigkeit, die in der Tradition für das Sein als das Gute reserviert war, wird nun für seinen Antipoden reklamiert. Das Nichts, das für die Grund-Frage die Alternative zum Sein war, fällt nun mit dem Sein zusammen, weil es mit dem Sein, auch wenn es mit ihm nichts ist, unter allen Umständen weitergehen soll. Die Grund-Frage ist gar keine offene Frage, Nietzsches Antwort keine eigentliche Antwort mehr. Der Nihilismus, der gerade das »Finale ins Nichts« verspricht, wird um sein Erlösungsmoment betrogen; seine angebliche Vollendung und Überwindung ist gleichbedeutend mit seiner Halbierung. Von dem »seligen Nichts« gar, das die »indische Circe« ohne strapaziöse Umwege und für alle Zeit, ja jenseits aller Zeit verheißen hatte, ist nichts mehr übriggeblieben, weder die Seligkeit noch das Nichts.

Aber warum denn das Nichts als das Sinnlose ewigsprechen, warum es gar wollen, wenn das Nichts als Nichts nicht einmal sinnlos ist?

Doch Nietzsche will es nun einmal nicht anders. Er will es, weil sein Wille das Dasein unter allen Umständen will, weil sein Wille sich will. Sonst hat er und braucht er keinen Grund. Nicht anders als weiland der Gott der Tradition ist er »causa sui«, Grund seiner selbst. Und wie könnte man auch dagegen argumentieren: Einem Willen, der das Leben will, weil er es will, ist das Wollen unbenommen.

Vielleicht hat Nietzsche auch recht damit, daß ein Wille, der das Nichts will, obwohl er selbst das noch wollen muß, ein müder, ein ohnmächtiger Wille ist, der die Waffen vor dem Leben gestreckt hat. Aber auch er hätte das Recht, *seinen* Willen zu wollen, und vielleicht dazu noch diesen oder jenen Grund, warum er in ein Nichts will, das sogar seine Ohnmacht annulliert.

Warum überhaupt »*lähmendste* Gedanken« in ihrer »furchtbarsten Form« denken, wenn es auch weniger furchtbar geht? Das leidende, nichtige, sinnlose Dasein – hat es nicht die Möglichkeit, sogar die Gewißheit, im Tode sein Ende zu finden, wie es einmal als »Schöpfung«, wenngleich nicht als die eines »Logos«, begann? Warum überhaupt das nichtige Etwas verewigen, wenn es wieder zu Nichts werden, warum es schaffen, wenn statt seiner Nichts bleiben kann?

Eines freilich kann man Nietzsche nicht vorwerfen: daß er sich selber über die Motive seiner Lebensrettungsversuche hinweggetäuscht hätte. Im »Zarathustra« nennt er den Grund seines »Ja- und Amen-Liedes«: »Du willst, du begehrst, du liebst, darum allein lobst du das Leben!« (IV 140). Höchst bewußt kultiviert er die christliche Feindes- als Lebensliebe. Der »Kunstgriff der Weisesten« ist dieser: »Wenn du das Leben nicht aushalten kannst, mußt du suchen, es lieb zu gewinnen« (X 612). Die Liebe aber erschöpft sich darin, »die Namen zu tauschen«, den »Teufel« zum »Gott« umzutaufen, in der »*Zurechtlegung des Leides zu einem Segen, des Giftes zu einer Nahrung*« (X 529, 612). Eine Lebensliebe-als-ob, eine fiktionalistische Pathodizee.

Nietzsche weiß am besten, »warum der Mensch allein lacht: er allein leidet so tief, daß er das Lachen erfinden *mußte*. Das unglückliche und melancholische Thier ist, wie billig, das heiterste« (XI 571). Und Zarathustra-Nietzsche, ist er nicht unter den Philosophen das heiterste Tier? Aber selbst die verzweifelt lachende Liebe ist nicht das letzte

Wort. Denn wie bei »Christen und anderen Nihilisten« steht eine subtile Rachsucht hinter ihr, die auf paradoxe Weise die Wege der Liebe geht: »Es ist Rache darin, Rache am Leben selbst, wenn ein Schwerleidender das Leben in seine Protektion nimmt« (XII 146). Die »Tyrannei des Schmerzes« wird überboten durch eine »Tyrannei des Stolzes, der die *Folgerungen* des Schmerzes ablehnt« (XII 150).

Doch wie weit reicht sie, wie weit die lachende Liebe, die nur als *»lange Liebe«* eine ebenso wirksame Erlösung wie der *»schnelle Tod«* bieten kann (X 210)? In einem unscheinbaren, aber symptomatischen Zusatz zum Zarathustra-Kapitel in »Ecce homo« hat Nietzsche die bis zur Bejahung der »Ewigen Wiederkunft« gehende *»lange Liebe«* unfreiwillig selber parodiert – Marx' Bemerkung im Anschluß an Hegel, daß sich alle bedeutsamen historischen Ereignisse gleich zweimal abspielen: einmal als Tragödie, das zweite Mal als Farce, gilt auch für die Ereignisse in der Philosophie. Da treibt das *»jasagende* Pathos par excellence« den *»Hymnus auf das Leben«* bis zum Da capo selbst des Schmerzes, der *»nicht* als Einwand gegen das Leben« gelten soll. »Hast du kein Glück mehr übrig mir zu geben, wohlan! *noch hast du deine Pein ...«:* so die »letzten Worte« des »Fräulein von Salomé«, das Nietzsches größtes Glück und seine größte Pein war; die Liebe zu ihr hat ihn fast, wie dann Paul Rée tatsächlich, in den Selbstmord getrieben. Diese Worte »haben Größe«. Und »vielleicht«, so die schon zaghaftere Hoffnung, »hat auch meine Musik an dieser Stelle Größe«. Das wäre nichts Kleines, denn – nach Nietzsches großartigem Wort –: »Ohne Musik wäre das Leben ein Irrthum« (VI 64). Gerade deswegen aber gilt die hymnische Bejahung nicht um jeden Preis. Eine symptomatische Petitesse zeigt es – sie steht in Klammern: »(Letzte Note der Oboe cis nicht c. Druckfehler)« (VI 336). Das kann man wohl eine Travestie der »Ewigen Wiederkunft« nennen. Die »Druckfehler« der Lebensmusik, wie lächerlich sie auch seien, klammert das »*jasagende* Pathos« naturgemäß aus. Nichts weniger als ein Anlaß zur Häme freilich. Denn das Leben besteht nicht zuletzt aus Druckfehlern, wenn es kein Druckfehler *ist.*

Unversehens steht denn auch der altvertraute »Freund Hain« mit seinem Erlösungsversprechen da: »Seines Todes ist man gewiß: warum sollte man nicht heiter sein?« (XIII 551). Jetzt weiß man, warum das melancholische Tier das heiterste ist.

Solche finale Gewißheit genügt indessen nicht immer. Da kann nur noch die Aussicht auf den wirklich *»schnellen Tod«* helfen, das Leben zu ertragen. »Der Gedanke an den Selbstmord ist ein sehr starkes Trostmittel. Man kommt damit gut über die ›böse Nacht‹ hinweg« (X 74). »Daß ich eine gute Handvoll Muth zum Leben habe: das macht, ich habe einen kleinen Schlüssel bei mir – der führt zum Nichts« (X 578). Der Notausgang ist nicht versperrt. Der Überlebensmut verdankt sich der Möglichkeit, daß das Leben sein Ende wollen kann.

Ja, die »*Werth*schätzung der *empfindenden* Welt gegen die *todte*« ist »grundfalsch«, nichts anderes als ein Anthropo-, richtiger ein Biomorphismus, weil wir die empfindende Welt sind. Empfindendes Leben ist zwar ein »Abenteuer«, das zu *»genießen«*, aber auch ein »Versehen des Seins«, das zu »durchschauen« ist. Die »Rückkehr in's Empfindungslose« ist kein »Rückgang« (IX 468). Zarathustra feiert die Selbstverneinung im freien Tod vielmehr als Heimkehr in die Erde, damit er »in Der Ruhe habe, die mich gebar« (IV 95). Das irdische statt des »himmlischen Nichts« schließt sich mit dem »Bauch des Seins« zusammen. Ein anderer Kreis ist das als der Kreis der »Ewigen Wiederkunft«: Erst durch die *Rück*kehr in die Erde als Mutter der Toten verliert die Natter des würgenden, vergiftenden Lebens ihren Biß. Ja, es ist geradezu »ein *Fest*, aus dieser Welt in die ›todte Welt‹ überzugehen (...), wo es keine Lust und keinen Schmerz und Betrug giebt« (IX 468). Sie hebt selbst den Dualismus von ewigkeitsbegieriger »Lust« und vergehenswilligem »Weh« auf.

Auch biographisch schließt sich nun ein anderer Kreis. Der frühe Nietzsche hatte sich so sehr mit dem Nichts identifiziert, daß er seinen Namen in ein Pseudonym übersetzen konnte, das nichts anderes als das friedenbringende, friedensreiche Nichts bedeutete: Fried-rich Nietz-sche: »Pacific Nil« (VII 586). Ein Fluß und ein Meer – wenn »die Sonne sinkt« (VI 395), braucht die »glatt liegende Seele« nichts mehr. »Was je schwer war,/sank in blaue Vergessenheit.« Noch der späte Nietzsche, der den Willen zum Nichts rigoros bekämpft, läßt die Möglichkeit offen, daß das gepeinigte Leben im Nichts jene Ruhe findet, welche die Verewigung des Nichts als des Sinnlosen verleugnet. Das »Finale ins Nichts« bleibt der Gegenentwurf *zur*, die Erlösung *von* der »Ewigen Wiederkunft«. Verheißt dieses Finale nicht in der Tat das »einfachere und leichtere Nichts«, dessen Suggestion sich selbst Leibniz nicht hatte entziehen können? Warum also noch Nietzsches drückend schweres?

Er hatte einst die mythische Figur eines neuen, den Nihilismus überwindenden Atlas, der »eine ganze Welt von Leiden« trägt, entworfen: »Mit festen Schultern steht er gestemmt gegen das Nichts: und wo Raum ist, da ist Sein« (X 156). Doch schon zwei kurze Notate später geht derselbe Atlas, der dem Sein Raum schafft, »als Richter und Henker« an sich selber *»zu Grunde«* (X 157). Zarathustra muß schon vorher einräumen: »›Wiederkunft‹ gelehrt – ›ich *vergaß* das Elend‹. Sein Mitleiden nimmt zu. Er sieht, daß die Lehre nicht zu ertragen ist« (X 152). Dem Mitleiden als Universalisierung des Leidens entgeht auch der Lehrer der Wiederkunft und der Verkünder des Übermenschen nicht.

Und sein Autor, sein Schöpfer? In einem Brief an Franz

Overbeck vom 22.2.1883 reißt Nietzsche den Widerspruch zwischen eigener Lebenserfahrung und Biodizee rücksichtslos auf: »Nein! *Dieses* Leben! Und ich bin der Fürsprecher des Lebens!!« (Sämtl. Briefe, ed. Colli/Montinari, VI 337). Das ist das Nein des Jasagers, der Neinsager wieder als Wahrsager. Noch deutlicher ein Zettel an Lou Andreas-Salomé: »Zu Bett. Heftigster Anfall. Ich verachte das Leben« (Briefe VI 245). Wo Nietzsche höchstpersönlich spricht, wo er nicht verkündet, da spricht der Leidensrealismus. Und der mündet schließlich in einen Widerruf: »Ich will das Leben nicht *wieder.* Wie habe ich's ertragen? Schaffend. Was macht mich den Anblick aushalten? der Blick auf den Übermenschen, der das Leben *bejaht.* Ich habe versucht, es *selber* zu bejahen – Ach!« (X 137).

Wenn nach einem umstrittenen Bonmot Friedrich Kittlers die deutsche Dichtung im ersten Vers von Fausts Eingangsmonolog mit einem Seufzer beginnen soll, so endet jedenfalls die deutsche Philosophie des 19. Jahrhunderts, die wie keine andere sonst Lebens- und Todestrieb miteinander konfrontierte, in diesem herzabschnürenden, lapidaren »Ach!« In ihm kollabiert Nietzsches Fürsprache für das Leben, die kreative Pathodizee ebenso wie das dionysische Pathos der Bejahung. Nietzsches verzweifelter Lebensrettungsversuch muß sich eingestehen, daß er am Ende ist.

Zwar lebt und denkt er im Zeichen des »Sanctus Januarius« weiter: Einer wie er gibt nicht vor der Zeit auf. Aber als er 1889, ausgerechnet in den ersten Tagen des heiligen Januarius, auf der Turiner Piazza Carlo Alberto zusammenbricht, schluchzend einer mißhandelten Kreatur um den Hals fallend, da ist es auch mit der Feier des dionysischen Lebens vorbei, das sich selber fraglos und immer wieder wollte: nocheinmalnocheinmal, da capo senza fine e senza razione. In Nietzsches Turiner Zusammenbruch bricht das perhorreszierte Mitleid als das Gesamtgefühl des Leidenslebens wieder aus ihm hervor. Und der buchstäbliche »Un-« und »Ohne-Sinn«: der Wahnsinn, ist die letzte Form, in welcher der Gott des unter allen Umständen bejahten Lebens wiederkehrt.

Mit einer wahrhaft verzweifelten Komik schreibt er am 6. Januar 1889 an seinen väterlichen Ex-Kollegen und Freund Jacob Burckhardt, der auch den Medusa-Schrecken des Lebens gesehen und in seiner »Gesamtbilanz des griechischen Lebens« nichts mehr von apollinischer Verklärung und dionysischem Orgiasmus übriggelassen hatte: »Zuletzt wäre ich sehr viel lieber Basler Professor als Gott; aber ich habe es nicht gewagt, meinen Privat-Egoismus so weit zu treiben, um seinetwegen die Schaffung der Welt zu unterlassen. Sie sehen, man muß Opfer bringen, wie und wo man lebt« (Sämtl. Briefe VIII 577f.). Nur als privat-egoistischer Basler Professor ließe sich's leben. Aber Opfer müssen gebracht werden. Und die »Schaffung der Welt« ist das Opfer aller Opfer, das Nietzsche als der wahnsinnige Gott selber bringt. Erst danach kann er wieder jenes »neue Lied« singen, das ein uraltes ist: »Die Welt ist verklärt und alle Himmel freuen sich« (Curt Paul Janz: Fr. Nietzsche, III 17). Ausgerechnet der »Gekreuzigte«, aus dem, solange er noch bei Sinnen war, die Gottverlassenheit des »bittersten aller Worte« über den Wahn des Lebens sprach (III 105), signiert den Wahnsinnszettel. Nun ist »es« in der Tat »vollbracht«. Der Wahn parodiert die frohe Botschaft. Nur im Wahn ist die Verklärung möglich. Nur als Wahn lebt nach dem Tod des alten »Logos« der »Alogos« des Lebens fort. Wie die Theodizee ist auch Nietzsches Biodizee gescheitert. Schopenhauers »furchtbare Frage« ist furchtbarer denn je gestellt.

9. KAPITEL

Vom 19. zum 20. Jahrhundert: Mephisto macht Ernst. Aber das Leben und die Philosophie gehen weiter. Fritz Mauthner, der »Buddha vom Bodensee«. Sein »linquistic turn«. Scheinantworten, Scheinfragen. Der philosophische Todestrieb. Der Werturteilsstreit in der Eudämonologie. Wie man grundlos froh ist.

Rücksichtsloser als die Philosophie des 19. Jahrhunderts hätte man mit der Tradition der Konversionsontologie nicht brechen können. Aus der unschlüssigen Melancholie Hamlets, der dramaturgischen Versuchsanordnung des Mephistophelismus war ein unverhohlener, buchstäblich zu verstehender Nihilismus geworden, der die Idee der Schöpfung verworfen, das Sein als Wert aller Werte verneint und den Weg ins Nichts als einzige Möglichkeit der Erlösung verkündet hatte. Auch Nietzsches verzweifelte Anstrengungen hatten nur noch tiefer in den Nihilismus hineingeführt. Was sollte da dem 20. Jahrhundert philosophisch noch zu tun übrigbleiben? Überwinden, was nicht mehr zu überwinden, vollenden, was längst vollendet war? Fortschritte in der Radikalisierung jedenfalls, so scheint es, konnte sich die Philosophie des 20. Jahrhunderts nicht mehr erhoffen.

Aber diesem Jahrhundert stehen andere Inspirationsquellen zur Verfügung. Dem Nihilismus des 19. Jahrhunderts fehlte bei aller Rücksichtslosigkeit noch die reale Basis, um in »Ver-Nichtsung« und »Ver-Nichtung« aufs Ganze gehen zu können. Er war der bloße Vorschein kommender Möglichkeiten. Allenfalls konnte ein konsequenter Nihilist wie Mainländer sich seinen Strick besorgen. Wenn er aber wie Hartmann mit Telegraphenhilfe global werden wollte, blieb er zur unfreiwilligen Selbstparodie verurteilt. Und noch das

»Dynamit«, als das Nietzsche sich verstand, blieb eine Metapher, die Radikalkur, die er verordnete, ein bloßes Rezept für die Homöopathie des Nihilismus.

Nun jedoch tritt die Welt ins Zeitalter ihrer realen Annihilierbarkeit ein. Das »Nihilin«, das seit der Kernspaltung einer bis dahin für unteilbar gehaltenen Realität zur Verfügung steht, wartet mit einer ganz anderen Sprengkraft als der kümmerliche anarchistische Terror auf.

Aus der Alternative von Sein und Nichtsein hatte die Grund-Frage immer schon ihre provozierende Kraft gewonnen; aber jetzt wird das Nichtsein von einer Gegenvorstellung, der das einzelne Seiende in bezug auf seine oder anderer Wesen Entstehung nachdenken, in bezug auf das Ende vordenken konnte, zu einer uneingeschränkten Gegenmöglichkeit. Jetzt können das 19. und das 20. Jahrhundert, die nihilistische Philosophie, die sich im Rückblick gemäß Freuds Verständnis des Denkens als Probehandeln erweist, und der reale Annihilismus endlich zusammenkommen. »Media vita in nihilo sumus«, »mitten im Leben sind wir vom Nichts umfangen« (soweit das Nichts überhaupt jemanden »umfängt«): Je weiter das 20. Jahrhundert fortschreitet, wird davon immer mehr zu sprechen sein.

Einstweilen freilich wird die Philosophie dieses Jahrhunderts, gemessen an der Rigorosität ihrer Vorgänger, wieder vergleichsweise moderat. Hätte sie nach dem Kollaps Nietzsches erst einmal den Atem angehalten, so wäre das nicht verwunderlich gewesen. Aber auch die Philosophie hält nun einmal nicht gerne den Atem an. Zu genau – und das noch auf Dauer – will das Leben, selbst wenn es philosophiert, denn doch nicht in den Abgrund der Grundlosigkeit blicken. Und die Sprache will es sich schon gar nicht verschlagen lassen.

Das zeigt paradoxerweise gerade die Sprachkritik Fritz Mauthners. Einerseits kann und will er gar nicht verleugnen, daß er ein Erbe Schopenhauers ist. Die entgöttlichte,

»transzendental obdachlos« gewordene Welt ist auch seine fragwürdige Heimstatt. Als »Buddha vom Bodensee« hat er wie der »Buddha von Frankfurt« eine Lebensweisheit gepflegt, deren dunkler Grund unübersehbar ist. Andererseits weist er dem schon von Nietzsche eingeleiteten »lingustic turn« der Philosophie des 20. Jahrhunderts mit seinen das Jahrhundert eröffnenden »Beiträgen zu einer Kritik der Sprache« so eindrücklich den Weg, daß sich noch Wittgenstein im »Tractatus logico-philosophicus« (Satz 4.0031) genötigt sieht, auf Distanz zu Mauthner zu gehen. Besonders erwünscht ist Mauthner die Entlastungsfunktion der Sprachskepsis und Sprachkritik: Wie nach ihm Henri Bergson, dreißig Jahre vor Rudolf Carnaps »Überwindung der (Heideggerschen) Metaphysik durch logische Analyse der Sprache«, versucht er sich mit sprachanalytischen Mitteln in der Überwindung der Grund-Frage der Philosophie. Nach den voraufgegangem Erschwernissen muß man das Leben einfach wieder leichter machen.

Die »ewige Warumfrage der Kinder und Weisen« (Wörterbuch der Philosophie, ed Lütkehaus, III 183ff.) hat zwar durchaus seine Sympathie. Ja, »vielleicht ist, was wir Philosophie nennen, (...) nur der fragende Blick der Menschheit« (Beiträge zu einer Kritik der Sprache, I 703). Und das will bei Mauthner nicht kryptotheologisch wie später bei Heidegger als fragende Frömmigkeit des Denkens verstanden werden. Aber als verabsolutierte »Frage an sich«, ohne die für die Grund-Frage zentrale Konfrontation mit der Gegenmöglichkeit des Nichts, in dessen Begriff Mauthner nur die hypostasierende menschliche Personifikationssucht am Werk sieht, wird die Frage ihres Gegenstands wie ihrer Brisanz beraubt. Wenn sie doch einen Inhalt bekommt, dann nur in der Formulierung, an der sich Nietzsches Version der furchtbaren »*Schopenhauerischen* Frage« orientiert hatte, die aber inzwischen von der Philosophie zwischen Eugen Dühring und

Rudolf Eucken trivialisiert worden ist: als Frage nach dem »Sinn und Wert des Lebens«, die für diese Philosophie eigentlich gar keine Frage mehr ist. Für einen Parodisten und Satiriker wie Mauthner kann die Replik nur glossierend sein: »Freisinnige Nachmittagsprediger schwatzen über nichts lieber als über den Sinn des Lebens« (III 182). Bestenfalls meldet sich eine »Ahnung von etwas Unbestimmtem«, eine »Sehnsucht (...) nach Dingsda« zu Wort (185).

Aber nicht erst das diffuse »Emporstreben«, die frohgemute Antwort – schon die Frage ist sinnlos, ja »dumm«: weil die »Wortfolge ›Sinn des Lebens‹« keinen Sinn ihrerseits ergibt (183). Die Entleerung des »Logos« als des einst sinnhaltigsten Begriffs ist seit Fausts mißlingendem Übersetzungsversuch und Nietzsches Apotheose des »Unsinns« so weit fortgeschritten, daß der »Sinn« entweder zu einem »überflüssigen Füllwort, (...) zu der Umschreibung einer Partikel« geschrumpft ist. Wenn das Wort aber doch noch eine Bedeutung hat, dann die eines »Zwecks«, womöglich eines »Endzwecks« des Lebens.

Die Antwort darauf steckte bisher in der Schöpfungsgeschichte. Sie hatte es indes schon mit dem »Anfang«, »an« dem nach Luthers Übersetzung »Gott schuf« und »in« dem »das Wort« war, schwer genug. Das »Schaffen« ist aus der »Kinder- und Ammensprache der Völker in unseren Sprachschatz übergegangen. (...) Das Tischlein deck' dich des Glaubens.« Gleichsam »am Kopfende« der Welt die Ewigkeit mit dem willkürlichen Beginn eines »Kausalnexus« zusammenzudenken; Gott nach Art eines »Zauberbäckers« agieren lassen, der »Brot ohne Mehl« backen kann; ihn zu allem Überfluß einen »Himmel« schaffen lassen, »in dem er schaffend schon wohnt« – dabei konnte, »prosaisch gefaßt«, »nur Unsinn« herauskommen (Beitr. zu einer Kritik der Sprache, I 51 ff.).

Um den »Endzweck« der Schöpfung, nun säkularisiert zu

der getrosten Auskunft: »Das Leben hat einen Sinn«, steht es noch schlechter. »Dem Schöpfer, der Natur, der Entwicklung irgendeine faßbare, bewußte oder unbewußte Absicht unterzulegen« (Wb. III 185), kann nicht gelingen: so Mauthner im Anschluß an Nietzsches Kritik der unreinen teleologischen Vernunft. Im Grunde ist alle Teleologie Tautologie: Der »höhere« oder auch nach Geschmack »tiefere« Zweck oder Sinn des Lebens ist immer irgendeine andere Form des Lebens.

Auf die »verzweifelt stammelnden Fragen« gar: »Warum leben wir? Ist das Leben lebenswert? Soll man das Leben bejahen oder verneinen? Ist das Leben wirklicher oder der Tod? Ist der Ruf ›o wär' ich nie geboren‹, der in den Dichtungen so vieler Jahrhunderte«, zumal von Goethes Faust, dem Weltschmerz Byrons und Lenaus, »ausgestoßen worden ist, berechtigt oder nicht?« (186), auf alle diese Fragen ist das Gerede vom »Sinn des Lebens« nur eine »Scheinantwort«, welche die »Warumfrage der Kinder und Weisen« nicht um Haaresbreite einer Lösung näherbringt. Eigentlich wird die Frage nur ohne Fragezeichen wiederholt. Hinter jedem Warum und Wozu tun sich neue Fragen auf, eine Anfangs- und Endloskette, bei der nicht einmal das »Fragezeichen auf der schwarzen Tafel« unveränderlich bleibt.

Und wenn sich doch der »fragende Blick der Menschheit«, welcher die Philosophie ist, bei einem Warum beruhigt, so ist das nichts anderes als philosophische »Todessehnsucht«, Todesmüdigkeit des Denkens, das sich schlafen legen will (Beitr. I 712 f.). Mauthner entwirft in der Nachfolge Nietzsches eine Todestriebtheorie für die Philosophie, die der Vorstellung, Philosophieren heiße Sterben lernen, eine ungewohnte Wendung gibt: Wer die Philosophie mit einer Antwort verwechselt, ist philosophisch schon gestorben. Noch, gerade das Warum, das den Grund des Lebens in Frage stellt, wäre also eine paradoxe Weise, philosophisch am Leben zu bleiben – realiter freilich nur so lange, wie das Tabu, das auf jeder Antwort liegt, zumal die negative verbietet. Sie wäre der philosophische *und* der reale Tod.

Aber kann man eine Frage ernsthaft stellen, wenn man eine Antwort von vornherein ausschließt? Ist Ödipus nur als notorischer Fragesteller, nicht auch als derjenige, der – gegebenenfalls tödliche – Antworten erfährt und gibt, der vornehmste Heilige im philosophischen Kalender? Wird er seinerseits unter dem Tabu, das auf allen Antworten liegen soll, nicht zuallererst das Tabu, das auf dem Nichts und dem Tod liegt, entdecken, den Willen, mit dem philosophischen das reale Leben zu fristen – um den Preis, gerade im vermeintlichen philosophischen Leben längst tot zu sein?

Fragen über Fragen. Für Mauthner scheinen es immerhin eher die selbstgewissen positiven Antworten und nicht die Fragen zu sein, die er nicht gelten lassen will. Und in der Form verneinender Akte, nicht bloß der Urteile, wird nun auch die Möglichkeit definitiver negativer Antworten akzeptiert. Jedenfalls hat der Spott zu verstummen, wo jemand sich auf die Freiheit besinnt, sein Leben zu bejahen oder zu verneinen, es »mit bewußter Freudigkeit fortzuführen oder es ruhig wegzuwerfen« (Wb. III 187). Die Freiheit zum Tode gibt auch für Mauthner der Frage nach dem »Sinn« des Lebens einen unfraglichen Rest von Sinn, wenn sie ernsthaft als die nach seinem »Wert«, und das heißt jetzt: nach seiner Bejahung oder Verneinung, gestellt wird.

Gleichwohl hat auch die Wertfrage nur einen relativen Wert. »Absolute Werte« gibt es ohnehin nicht – eine absurde »Lautfolge«; Werte sind immer Werte-für. »Ohne Beziehung zu irgendeinem Menschenwillen« – so Mauthner mit Schopenhauer – »kann sich der Mensch einen Wertbegriff nicht vorstellen« (186f.). Und die Frage nach dem »Wert des Lebens« hat eine »ganz individuelle und egoistische« Bedeutung: Der Frager möchte sich vergewissern, »ob sein Leben ihm lieb sei«. Konnte »die Frageform ›Hat das Leben einen Sinn?‹« noch zu der Täuschung verführen, daß es sich um eine Angelegenheit des Denkens handle mit einem »verständigen Inhalt«, so ist nun vollends klar, daß es sich um ein »Herzensbedürfnis«, allenfalls um den »Aufschrei eines Gefühls« handelt (187).

»Ganz banal« kann man die »feierliche Schicksalsfrage auch so stellen: ›Was haben wir vom Leben?‹« Das würde genügen, die Banalitäten der »mit den beiden Fremdwörtern Optimismus und Pessimismus unsäglich schlecht ausgedrückten« entgegengesetzten modischen Lebensanschauungen zu erledigen. Allenfalls von »Meliorismus« (oder auch »Peiorismus«) könnte man reden: Manche Sprachen haben nicht einmal Superlative. Mauthner pointiert noch einmal die Kritik, die schon Kant an Maupertuis, dann Nietzsche an Schopenhauers Bilanz des nicht kostendeckenden Lebensgeschäfts, zumal an Hartmanns Weltunlustbilanz geübt hatte. Da werden »nationalökonomische Vergleiche zwischen den Werten des Seins und des Nichtseins« angestellt (II 291), und man findet wie stets in der Statistik nur das gewünschte Ergebnis. Wie »schade, daß Leibniz die Kurve des Guten und ihr Optimum nicht berechnet hat. Andere hätten dann leichter das Minimum oder *Pessimum* berechnen können« (II 467). »Glaube auch in der Lebensphilosophie nur der Statistik, die du selber gefälscht hast«, müßte die Empfehlung lauten.

Das optimistische Denken wird zwar als Fortsetzungsversuch der Theodizee glossiert. Aber auch für den pessimistischen Antipoden gilt, daß man, so mit Nietzsche der Rückgriff auf das zentrale Argument der holistischen Theodizee, aus »kleinen persönlichen Erfahrungen« kein »Werturteil über den Sinn oder den Wert des Weltganzen« bilden kann (III 188).

Schon auf der Seite des Subjekts, das sich in der Illusion

wiegt, ein Ich zu sein, ist »jede einheitliche Gesamtstimmung« eine Selbsttäuschung. »Und da will man uns damit kommen, die Summe von Lust und Unlust im Weltganzen, die Glückseligkeit der entferntesten Sterne und ihrer möglichen Bewohner, mit einer menschlichen Preistabelle wie mit einem Börsenkurszettel abzuschätzen und am Ende diese Welt für die beste oder für die schlechteste zu erklären. Daß doch der Sirius lachen könnte. Ein Werturteil ohne Objekt und ohne Maßstab. Wert ist schon in der sog. Nationalökonomie ein doppelt relativer Begriff: der Maßstab unsicher und unsicher die Hand« (II 500).

Das ist Mauthners Werturteil über den positivistisch oder negativistisch entschiedenen Werturteilsstreit in der Eudämonologie. Sein Hohn auf die Bilanzbuchhalter des Lebens ist womöglich noch größer als der Nietzsches. Doch er verkennt wie dieser, daß es zumindest bei Schopenhauer im Kern um die ausschlaggebende Bedeutung des singulären Leidens geht, um Sein oder Nichtsein des in welchem Umfang auch immer leidenden einzelnen Lebens.

Der Pessimismus hat immerhin den Vorzug, daß er das Ende des Lebens, das es, wenn nicht zu einem Ganzen, so doch zu einer übersehbaren Größe macht, nicht mit »schillernder Sophistik« leugnet: Das Sterben ist keine bloße Negation, kein reines Nichts, sondern höchst real. Allerdings weicht der Pessimismus bis auf wenige konsequente Vertreter dem »gefährlichen Schlusse« aus seiner Lehre, der »Aufforderung zum Selbstmorde, mit metaphysischen Gründen« aus. Die Optimisten wiederum ziehen den noch bequemeren Schluß aus ihrer Lehre: »›Freut euch des Lebens!‹ oder gar: ›Ihr sollt und müßt euch des Lebens freuen!‹« (III 188). Recht besehen, reduzieren sich beide scheinbar so gegensätzlichen Lebensanschauungen auf »gelehrt-scherzhafte Ausdrücke für das Gefühl: ›Das Leben ist nicht mehr schön‹« (geht aber weiter) bzw. »›Ich lebe ganz gern‹« (II 499) – so wie heute der wahrhaft abgründige Optimismus der Reklame weiß: »Ich rauche gern!«

Kurzum: Man ist genauso »grundlos froh« wie »grundlos unfroh«: Stimmungsoptimismus, Stimmungspessimismus. »Der Mensch mag sich wundern und ist doch so fröhlich« (II 501) – so die Schwundstufe der philosophischen Verwunderung. Einen »Sinn« hat das Suchen sogar noch weniger als das Leben, auch wenn diese Aussage Grade des Unsinns impliziert und das philosophische Leben auf die »schmerzliche Lust des Suchens« verwiesen bleibt (III 190). Resignation ist das letzte Wort des »Buddhas vom Bodensee«. Der »Verzicht auf die Antworten« (III 275), der zunächst dem philosophischen Lebenstrieb zu entspringen schien, ähnelt nun immer mehr seinem Antipoden: Er mündet in ein »tous comprendre, tous pardonner« ein – et philosopher, c'est mourir un peu: ein bißchen sterben lernen, um so lange wie möglich zu leben.

»Alle, alle gelten zu lassen. Niemals abzusprechen. Nicht einmal über den Sinn, über den Wert des Lebens« (III 190) – das war schon die Empfehlung Nietzsches gewesen. Aber schon er hatte feststellen müssen, daß die totalisierte Bejahung genausowenig wie die totalisierte Verneinung gelingen kann. Auch Mauthner kann nicht daran vorbei, daß zumindest die persönliche Frage angesichts der Möglichkeit der Lebensverneinung mit ihrem Zwang zu antworten wiederkehrt. Und wie könnte »der Ruf ›o wär' ich nie geboren‹«, in seiner generativen Konsequenz auf ein persönliches Gefühl beschränkt bleiben. Den Alternativen des Lebens entkommt das Leben im Leben nun einmal nicht. Es scheint neben allen möglichen weiteren Nachteilen den zu haben, daß es sich den Versuchen, seine Probleme allein mit den Mitteln der Sprachkritik zu überwinden, nicht erschließt.

10. KAPITEL

Bergsons vitaler Elan sucht Erlösung von den Problemen der Metaphysik. Die Selbstzerstörung des »absoluten Nichts«. Voller als voll: Mystik der »Evolution creatrice«. Ein »Tractatus logico-exorcisticus«. Die Wiederkehr des Verdrängten. Der gesunde Gottesverstand.

Aussichtsreicher könnte die Metaphysikkritik eines Denkens sein, das nicht so sehr von den Impulsen Schopenhauers, auch des Schopenhauerianers Nietzsche angesteckt ist, vielmehr aus einem ungebrochenen »vitalen Elan« und dem Willen zur »schöpferischen Entwicklung« lebt: die Lebensphilosophie Henri Bergsons. Sie operiert mit suggestiven Formeln, die einer nach vorne blickenden, weniger gerne nach Gründen fragenden Epoche aus der Seele gesprochen sind. Zugleich geht diese einseitig als Irrationalismus etikettierte Philosophie mit dem Szientismus, der »philosophie positive« der französischen und englischen Tradition, eine enge Verbindung ein. Der »linguistic turn« als neue Methode der Problementsorgung gewinnt weitere Konturen. Bereits von Bergson wird angestrebt, was Rudolf Carnaps Heidegger-Kritik dann auf den formelhaften Begriff bringt: die Reduktion der Metaphysik auf »Scheinprobleme der Philosophie«.

Immerhin ist selbst der selbstsicherste Kritiker gelegentlich von Stimmungen verfolgt, welche die Grund-Frage seit ihren Anfängen begleiten, nicht bloß vom »Staunen«, das weiterhin zur philosophischen Grundausstattung zählt, sondern auch dem »Schwindel« vor Gründen, die sich als »Abgründe« herausstellen, von Beklemmung und Angst (Denken und schöpferisches Werden, Hamburg 1993, 78).

Das gilt auch, wenn die – für Bergson leibnizisch geprägte – Frage, »warum es ein Sein gibt, warum irgend etwas oder irgend jemand (...) und warum nicht das Nichts« (117), als die nach dem »Ursprung des Seins«, der »Ursache der Ursachen« (miß-)verstanden wird (78), um so mehr dann, wenn das »Schaffensprinzip« der alten mephistophelischen Konkurrenz ausgesetzt wird: »Kaum, daß ich zu philosophieren beginne, so frage ich mich auch schon, warum ich bin. Und habe ich mir die Wechselbedingtheit klargemacht, die mich mit dem übrigen Universum verbindet, so ist die Schwierigkeit nur abgeschoben und ich will wissen, warum das Universum ist. Und verhafte ich das Universum einem immanenten oder transzendenten Prinzip, das es trägt oder erschafft, so ruht mein Denken auch in diesem nur wenige Augenblicke lang. Dasselbe Problem ersteht von neuem, nun aber in seiner ganzen Weite und Allgemeinheit: woher kommt es, und wie begreifen, daß überhaupt etwas ist? (...) Wo endlich ein Schaffensprinzip in den Grund der Dinge gestellt wurde – selbst hier taucht dieselbe Frage empor: wie und warum besteht dieses Prinzip? warum nicht statt seiner das Nichts?« (Schöpferische Entwicklung, Jena 1912, 279). Mag mir auch das Dasein als »Sieg über das Nichtsein« erscheinen, so sage ich mir doch: »Eigentlich könnte, ja müßte überhaupt nichts da sein, und staune nun daß etwas ist« (279). »Der Metaphysiker« ist geradezu »besessen« von diesem Problem, »d.h. letzten Endes jeder von uns« (Denken und schöpferisches Werden 78). Ein mehr als »beängstigendes«, ein »unlösbares Problem« (78).

Unter diesen Umständen allerdings noch erstaunlicher, wie leicht sich dann, wenn auch nicht die Lösung, so doch die Erlösung von diesem Problem macht. Bergson sucht sie, indem er die impliziten Prämissen der Grund-Frage und den für sie zentralen Begriff des Nichts, des vom Dasein

»besiegten« »Nichtseins«, des »Leeren« und die Logik der »Verneinung«, so kritisiert, daß davon nichts übrigbleibt.

»Probleme dieser Art« beziehen sich »viel mehr auf das (...), was nicht ist, als auf das, was ist. Man würde sich nämlich niemals wundern, daß etwas existiert (...) – wenn man nicht implicite annähme, daß nichts zu existieren brauchte« (78). Ad hominem gesagt, damit es auch der philosophierende Pariser Bürger begreifen kann: »(...) ich denke mir alle Wirklichkeit ausgebreitet auf dem Nichtsein wie auf einem Teppich: erst war das Nichtsein; das Sein ist durch Zuwachs nachgekommen. Oder gesetzt (...), daß immer etwas gewesen wäre, so muß ihm das Nichtsein doch immer als Substrat oder als Schauplatz gedient haben, und muß also füglich das ewig Frühere sein (...) – wenn nicht der Tatsache, so doch dem Recht nach. (...) Ich komme von der Idee nicht los, als wäre das Volle eine Stickerei im Kanevas des Leeren, als wäre das Sein dem Nichtsein überbaut und in der Vorstellung des ›Nichts‹ wäre *weniger* enthalten als in der Vorstellung des ›Etwas‹. Und dies der Ursprung des ganzen Wunders« (Schöpferische Entwicklung 279f.). Kein Wunder also. Die Grund-Frage freilich, gleich ob sie sich auf ein »der Tatsache« oder »dem Recht« nach »früheres« Nichtsein bezieht, versteht dieses keineswegs als »Substrat« oder »Schauplatz« des Seins. Schon gar nicht betrachtet sie es als »Teppich«, auf dem sich das Sein beruhigt lagern könnte, als Unter- und Hintergrund für das Ornament des Seins. Das hieße denn doch, die Frage etwas zu ornamental denken. Eine triftigere Kritik muß andere Wege gehen.

Zunächst destruiert Bergson das »Bild« vom »Nichtsein«. Ohne daß er einer Art negativer Nichts-Theologie folgen müßte, weiß er, daß man sich vom Nichts noch weniger als von Gott ein Bild machen darf. Überlasse ich mich den Vorstellungen des Nichtseins, so kann ich zwar alle inneren oder äußeren Eindrücke annihilieren – und schon versinkt mir das All »in Schweigen und Nacht« (281 f.). Die äußere Welt kann aber nur in dem Maße vergehen, wie *ich* sie tilge. »Ich jedoch beharre (...). Ich bin noch da (...), mit dem sehr positiven, sehr vollen Eindruck der Leere selbst, die ich rings um mich geschaffen habe. Wie dies alles unterdrücken? Wie sich selber ausmerzen?« (281 f.). Versuche ich wiederum, meine innere Wahrnehmung zu tilgen, so verschiebe ich das Problem nur. Denn noch diese »Austilgung selbst« bleibt als »Objekt« der Selbstwahrnehmung. Kurz: Das Nichts vorstellen, heißt nicht: nicht vorstellen. Wie Nietzsche in bezug auf die pragmatische Paradoxie des Nichts-Wollens, das kein Nicht-Wollen ist, so verkündet Bergson triumphierend die imaginative Paradoxie der Nichts-Vorstellung. Und schon scheint der Sieg des Daseins über das Nichtsein noch einmal gewährleistet. Tatsächlich gilt diese Paradoxie solange, wie die Vorstellung dauert. Allerdings impliziert gerade sie, daß, wenn Nichts, auch keine Vorstellung wie keine Welt und kein Wille mehr sei. Das Ich, das sich bei Bergson so ratlos fragt, wie es sich und seine Vorstellungen ausmerzen könne, weiß im übrigen nur zu genau, daß und wie es das bewerkstelligen kann, und zwar nicht bloß in der Vorstellung, zudem mit der Gewißheit, daß alle Widersprüche mit dem Resultat eines so paradoxen wie effektiven Aktes wie der Selbstausmerzung enden.

Aber die eigentliche Domäne des Philosophen ist ja nicht die Vorstellung, sondern das Denken. Hier kann der NichtsKritiker sogar auf Denktraditionen zurückgreifen, von denen er glaubt, daß es sie kaum gebe (279), vor allem auf die Relativierung des Nichts, wie sie schon der scheinbar absolute Nichtsfreund Schopenhauer vorgenommen hatte.

Einzuräumen ist auch für Bergson, daß »kein einziger Gegenstand unserer Erfahrung (...) nicht als vernichtet« gedacht werden könnte (284). Seit Kant läßt sich nicht mehr dementieren: Jedes Etwas, und wäre es das Höchste, kann hinweggedacht werden.

Wenn sich an dessen Stelle »›nun nichts mehr befindet‹« (284), so ist aber gerade diese »*Stelle* (...) ein durch bestimmten Umriß begrenztes Leeres, d.h. (...) eine Art Ding«, im striktesten Sinn eine Leerstelle, »die bloße Abwesenheit eines bestimmten Gegenstandes« (285), die es ihrerseits nur für ein affektives Wesen gibt, das etwas wünscht, vermißt oder auch bedauert – womit die subjektive Paradoxie der Nichts-Vorstellung auch im Nichts-Denken wiederhergestellt ist. Und objektiv ist die Leerstelle des Nichtseins überhaupt nur im Rekurs auf ihren Umriß definierbar: die Gesamtwirklichkeit, die sie zu einer Leerstelle macht. Recht besehen, ist sie immer schon wieder von dem erwünschten oder vermißten Ersatzgegenstand erfüllt. »Wie vom ausstreichenden Federzug die federführende Hand« unabtrennbar ist (289), so kann der Geist gar nicht anders, als bei der »Verdrängung« von Etwas, indem er dieses als nichtseiend denkt, subjektiv wie objektiv das »Verdrängende« mitzudenken. Die gleichzeitige Verneinung von »Allem schlechthin«, von »*Allem* überhaupt«, wie es der Begriff des »absoluten Nichtseins«, des Nichts »im eigentlichen Sinn« unterstellt, ist ein Unding. Was bei einzelnen Gegenständen sehr wohl möglich ist, so Bergson in der Anwendung der Kantischen Kritik der Gottesbeweise auf das »absolute Nichts«, gilt nicht für die »Totalität der Dinge«. Ein »absolut Leeres«, so aufatmend das vom »Horror vacui« gepeinigte Denken (285 ff.), gibt es nicht.

Im Gegenteil: Wenn schon *»der Begriff eines als ›nichtseiend‹ gedachten Gegenstands«* nicht weniger, sondern mehr Inhalt als der des seienden hat, weil er diesen mitsamt *»der Vorstellung seines Ausschlusses«* durch die Wirklichkeit enthält (290); wenn die Verneinung sich als *»Bejahung zweiten Grades«* entpuppt (292), dann muß der Begriff des Nichts nicht bloß »im

Grunde der von *Allem* überhaupt« sein – er muß sogar mehr als Alles hergeben, so schwer das auch bei »*Allem* überhaupt« scheint. Er ist »im Grunde der Begriff von *Allem* überhaupt (...), mitsamt der Bewegung des Geistes, der endlos von Ding zu Ding überspringt, der ablehnt, auf einer Stelle zu verharren« (299). Ja, seine Fülle scheint so groß, daß man sie voller als voll nennen könnte, wenn das nicht noch größere Schwierigkeiten mit sich brächte. Deswegen beschränkt Bergson sich darauf, in den vormaligen Antipoden Nichts und Alles die prästabiliert harmonische Zwillingsbrüderschaft von »Vollem und Vollem« (300) zu entdecken. Auch, gerade beim Nichts hat man es mit einem allerpositivsten Positivum zu tun (was freilich die Frage nahelegt, warum denn unter diesen Umständen der Nichts-Kritiker etwas gegen das Nichts hat).

Unerachtet aller logischen Kritik folgt Bergson bis in seine eigenen Paradoxien hinein mit der Abneigung des Geistes, »auf einer Stelle zu verharren«, mit seiner Bewegung »von Ding zu Ding«, die sich im Zeichen des Nichts an nichts, nichts Bestimmtes bindet, einem Impuls, der seit alters her einen ehrwürdigen Namen hat: Es ist der Name der Mystik, die Alles, wenn nicht mehr als Alles im Nichts finden will und noch im Denken von Schopenhauer das relativierte Nichts von allem Bestimmten zum Raum einer Fülle macht, die im Rücken des uns bekannten Seins zu finden ist. Ohne daß Bergson diese Folgerung explizit zöge, geschweige denn, daß er Schopenhauers Voraussetzungen teilte: Die Nichtskritik mündet bei ihm in eine lebensphilosophische Mystik der »Evolution creatrice«.

Das logische und ontologische Ergebnis von Bergsons Nichtskritik bleibt indes von dieser Wendung unberührt: Wenn das Nichts sich als Platzhalter eines reicheren Seins entpuppt, dann ist es im strikten Sinn mit dem Nichts nichts; wie später für Carnap ist es ein sinnloser Scheinbegriff. Für ein Denken, das weder vom Nichts noch von der Zerstörung und Vernichtung etwas wissen will, zerstört sich der Nichts-Begriff dank seiner inneren Widersprüche selber. Der Kritiker muß das nur vorführen, und schon löst sich der vormalige Antipode des Seins und der Schöpfung, die existentielle Gegenmöglichkeit des Daseins, in ein bloßes Wort auf, das nicht einmal wirklich bezeichnen kann, was es sagen will.

Und hat Bergson denn nicht auch recht damit, daß es ein »absolutes Nichts«, eine vollkommene Leere, nicht gibt, gar nicht geben kann, nur eine bestimmte, auf »irgend etwas oder irgend jemand« bezogene Leerstelle, bei welcher die Umgrenzung immer mitzudenken ist, also auch nur von einem »partiellen«, einem relativen »Nichts« zu reden ist, ja, genaugenommen nicht einmal von diesem, weil es immer schon von dem vermißten und erwünschten Ersatzgegenstand erfüllt ist? Ohne bestimmte Negation, ohne die genaue Umgrenzung der Leere als Leerstelle – soviel scheint evident – würde sich jedenfalls die absurde Konsequenz ergeben, daß nicht Etwas verneint, sondern Alles Nichts wäre, grenzenloses, unspezifiziertes Nichts, wie nur das Nichts schlechthin grenzenlos sein kann. Für das bestimmte Leben hingegen geht es immer nur um das bestimmte Sein oder Nichtsein von »irgend etwas oder irgend jemand« – nie um schlechthin Nichts.

Bergson freilich deutet nach der dialektischen Logik, mit der schon Hegel in der Umkehrung des Axioms Spinozas »omnis determinatio est negatio« der »negatio« die positive Bestimmung abgewonnen hatte, die bestimmte Verneinung in etwas Positives um. »Wenn die Aufhebung eines Dinges in seinem Ersatz durch ein anderes besteht, (...) wenn Zunichtmachung vorzüglich Ersetzen bedeutet, dann ist der Begriff einer ›Zunichtmachung schlechthin‹ so sinnlos wie der eines quadratischen Kreises« (287). *Ob* das aber so ist, das ist die Frage. Zunichtmachen bedeutet keineswegs immer Ersetzen. Wenn im Zeichen des Nichts die Leerstelle eines Etwas oder Jemand gedacht wird, so als eine, die zwar bestimmt, aber gerade nicht ersetzt und im übrigen so leer ist, daß sie nicht einmal mehr »leer« ist – wie in der Vorstellung des Nichts nicht »*weniger*« enthalten ist, sondern so wenig, daß es nicht einmal mehr »wenig« ist. Ja, selbst das Nichts als die »Zunichtmachung von Allem schlechthin« (284) kann gedacht werden, auch wenn es solange noch nicht »ist«, wie noch gedacht wird, sehr wohl aber, wenn überhaupt nichts, also auch kein Denken mehr ist, wie es der Begriff impliziert. Dann wäre nur noch nichts, nicht einmal mehr Nichts *als* Nichts. Der Begriff löste sich so in der Tat mit auf. Doch eben das gehört zu seiner Bedeutung.

Für Bergson aber hat er sich so sinnleer erwiesen, daß er auch die Frage, »warum es ein Sein gibt, warum irgend etwas oder irgend jemand und warum nicht das Nichts«, als »sinnentblößtes, ein an einem Pseudobegriff hochgezogenes Pseudoproblem« (300) abtut. Darauf hatte es die ganze logische Begriffsdestruktion abgesehen: Ihr eigentlicher Gegner ist mit dem Nichts die Frage. Bergson kann sich sogar den Luxus leisten, auf jeden Versuch ihrer Beantwortung zu verzichten: »Werden wir jetzt das Problem lösen (...)? Augenscheinlich nicht, aber wir stellen es auch nicht: und darin besteht unsere Überlegenheit« (Denken und schöpferisches Werden 79). Problementsorgung durch Problemliquidation. In dem Maße, wie der latente Reichtum des Seins das scheinbar absolut leere Nichts verdrängt, wird auch die Frage verdrängt. War »der Metaphysiker, (...) d.h. letzten Endes jeder von uns«, anfangs förmlich »besessen« vom »Gespenst« des Problems, so ist es nun ausgetrieben. Ein »Tractatus logico-exorcisticus«.

Überraschenderweise kehrt jedoch nach dem Gesetz der Wiederkehr des Verdrängten am Schluß des ganzen Gespensterexorzismus das Phantom mit fast schon resigniert vermerkter »Hartnäckigkeit« als Problem wieder. Das fatale »Umsonst«, das bei Nietzsche der Grund-Frage ihre Bitterkeit gab, geht auch an dem vitalen Elan Bergsons, und gälte es nur für eine logische Analyse in lebensphilosophischer Absicht, nicht spurlos vorüber. »Umsonst, daß wir zeigen, wie die Vorstellung einer ›Zunichtmachung des Wirklichen‹ nur das Bild aller, sich ohne Unterlaß im Kreise jagender Wirklichkeit enthält. Umsonst, daß wir hinzufügen, der Begriff der Nichtexistenz sei nur jener der Verdrängung einer imponderablen oder ›bloß möglichen‹ Existenz durch eine substantiellere, welche die wahre Realität ist. Umsonst, daß wir in der eigenartigen Form der Verneinung etwas Außer-Intellektuelles erkennen« (300) – in eins mit dem vermeintlich ausgetriebenen Nichts erhebt sich die Frage von neuem, und zwar so penetrant, daß nun wenigstens dafür ein Grund beigebracht werden muß, wenn schon nicht eine Antwort auf die Frage selbst.

Bergson findet ihn darin, daß wir nicht nur »zum Denken«, sondern mehr noch »zum Handeln geschaffen« sind. Dieses Handeln schließt in Bergsons »Schöpferischer Entwicklung« das Schaffen selber ausdrücklich ein (277), während es im Spätwerk auf das »künstliche Machen«, das »technische Handeln« schrumpft (Denken und schöpferisches Werden 115 ff.). Wie auch immer:

Alles Handeln und Schaffen ist von dem Gefühl eines Mangels bestimmt; es nimmt »seinen Ausgangspunkt bei einem Ungenügen, und also einem Gefühl des Mangels«. Zwar nährt es sich nicht aus der »Abwesenheit einer Sache«, sondern einer »Nützlichkeit«, also wieder aus etwas letztlich Positivem. Aber an der Abwesenheit führt kein Weg vorbei. Das Handeln legt den Weg vom Leeren zum Vollen, vom »Nichts« zum »Etwas« zurück (Schöpferische Entwicklung 301). Und wenn das Handeln das Denken bestimmt, dann

»pflanzt sich uns die Idee ein, die Wirklichkeit sei die Ausfüllung einer Leere, und das – im Sinn einer Abwesenheit von ›Allem schlechthin‹ – verstandene Nichtsein gehe, wenn auch nicht tatsächlich so doch rechtens allen Dingen vorher« (301). Das Denken geht dabei von »der relativen Bedeutung« des Nichts zur »absoluten« über. Das ist die konstitutive theoretische Selbsttäuschung eines praktischen Wesens, die der kritische Analytiker in umgekehrter Richtung zurücklegt, damit die Phantome schwinden.

Das Handeln ist freilich keineswegs nur von einem Gefühl des Mangels und der Abwesenheit bestimmt, gleich ob von Dingen oder von Nützlichkeiten. Das Ungenügen an der Wirklichkeit kann sich auch so äußern, daß nicht »Etwas« fehlt, sondern »Alles zuviel« ist, wie für Bergsons Nachfahren Sartre, und viel zu lange dauert. Handeln zielt nicht nur auf die Erlangung oder Schaffung, sondern auch die Abschaffung von »Etwas«. Und es umschließt auch die Unterlassung des Schaffens, kurz: Es legt nicht nur den Weg vom »Nichts« zum »Etwas«, sondern auch vom »Etwas« zum »Nichts« zurück.

Während Bergson alles daran gelegen ist, uns so tief einzusenken »in Wirklichkeiten«, daß wir »aus ihnen nicht heraus« können (277), schafft das Handeln mit der Möglichkeit radikaler Verneinung im allzu »Vollen« gerade die Leerstelle der Freiheit im Wirklichen, so daß wir gottlob sehr wohl aus ihm herauskönnen. Bergsons Begriff des Handelns ist auf pure Positivität geschrumpft. Er negiert den Handlungsraum der Negativität, damit er den vorgeblichen Reichtum des Seins retten kann. Und selbst wenn das Handeln nur den Weg vom »Nichts« zum »Etwas« zurücklegte, so würde das handelnde und denkende Doppelwesen wissen wollen, vielleicht wissen müssen, warum denn dieser Weg zurückgelegt werden soll.

Der solcherart wiederkehrenden Grund-Frage kann man

offenbar nicht mehr mit bloßer Überwindung der Metaphysik durch logische Destruktion der Begriffe beikommen. Da muß selbst ein Philosoph, der dem schaffenden Wesen wenigstens das Recht auf konstitutive Selbsttäuschung einzuräumen schien, auf Denkmuster zurückgreifen, mit denen das reine seinsfromme Denken seit je das unreine negative belegt. »Für einen Geist, der rein und einfach dem Faden der Erfahrung folgte, gäbe es kein Leeres, kein Nichtsein – selbst nicht ein relatives oder partielles –, keine mögliche Verneinung. Vorgang auf Vorgang, Zustand auf Zustand, Ding auf Ding sähe ein solcher Geist einander folgen. (...) Im Tatsächlichen würde er leben; und wäre er fähig zu urteilen, er würde immer nur das Dasein des Gegenwärtigen bejahen« (297f.). Das ist der wahre Positivismus. Und Bergson hat ja wahrscheinlich auch recht damit, »daß die Verneinung nicht das Werk des reinen Geistes« ist, sondern das Werk eines affektiven, der mit seiner Negation »anderen oder sich selbst eine Lehre« geben will (292).

Doch das will auch der angeblich reine Geist, dem gerade in der affirmativsten Bejahung, im *unter*streichenden Federzug der Wille zur Ausstreichung des Neins die Feder führt. Wenn es nach Nietzsche kein radikales Nein ohne Selbstbejahung gibt, so ebenfalls kein emphatisches Ja ohne das Nein zum Nein.

Die »ungeheuren Probleme« schrumpfen und verschwinden nur in dem Maße, »wie wir immer mehr mit der Kraft, die die Dinge erzeugt, sympathisieren« (Denken und schöpferisches Werden 79). Wer das aber tut, sympathisiert mit nichts anderem als dem Bergsonschen Nachfolger des alten schöpferischen Logos. »Wir fühlen, daß ein Wille oder ein göttlich schöpferischer Gedanke in seiner unendlichen Fülle an Wirklichkeit zu sehr sich selbst genügt, als daß der Gedanke an einen Mangel an (...) Sein auch nur flüchtig auftauchen könnte. Sich die Möglichkeit (...) des Nichts auch nur vorzustellen, hieße von ihm sagen, daß er ebensogut auch nicht hätte sein können, und das würde eine Schwäche bedeuten, die mit seiner Natur, die wesenhaft Kraft ist, unvereinbar wäre« (79). Das alte theologische Problem, wie sich göttliche Selbstgenügsamkeit und Schöpfertum miteinander vertragen, kehrt unterschwellig wieder, doch anders als Schelling weiß Bergson von keinem »Mangel an Sein«, geschweige denn einem unendlichen.

Was aber, wenn trotz aller Verdikte die Probleme der handelnden, schaffenden, sich ihr Nichtsein oder das anderer Wesen vorstellenden Geister nicht ohne weiteres verschwinden? Nun, je mehr wir uns dem »göttlich schöpferischen Gedanken« zuwenden, »um so anormaler und krankhafter« erscheinen uns nach vertrauter Pathologisierungstradition »die Zweifel, die den normalen und gesunden Menschen quälen« (79). Die mit der »wesenhaften Kraft« unvereinbare »Schwäche« ist also da, aber nur dort, wo mit dem »schöpferischen Gedanken« nicht mehr sympathisiert wird, weil Krankheit den Glauben schwächt.

Vielleicht könnte die Krankheit soweit gehen zu fragen, warum denn der »schöpferische Gedanke« *sie* schuf. Aber hier schlägt mit der Pathologisierung die tradierte moralische Indizierung der Frage durch. Sie auch nur zu stellen, bedeutet ein »Versagen des Wollens« (80). Wir müssen also nur wieder wollen – und schon stellt sich die gesunde Normalität wieder her. Ausgerechnet eine als »schöpferisch« proklamierte Entwicklung terminiert in der Affirmation des gemeinen positiven Menschen- und Gottesverstandes. Da verschlägt es auch nichts, daß es eben die »Schaffung von etwas« war, die das Denken so irritierte, daß das »Gespenst« der Grund-Frage trotz aller Verdrängungsversuche hartnäckig als Problem wiederkehrte, während nur das Phantom des »göttlich schöpferischen Gedankens« so unanfechtbar ist, daß es keine Fragen mehr gibt.

11. KAPITEL

Max Schelers Anthropologie entdeckt die prekäre Stellung des Menschen im Kosmos. Doppeltes Kontingenzbewußtsein. Das Wunder des Seins. Wie der »Neinsagenkönner« wieder demütig wird. Die Angst und das Nichts. Philosophie als Bergungsunternehmen.

Bergsons Versuch einer Überwindung der Metaphysik durch logische Destruktion ihrer Scheinbegriffe, Scheinprobleme konnte die Sache der deutschen Metaphysik nicht sein. Doch auch sie trifft sich im Ergebnis wieder mit dem »göttlich schöpferischen Gedanken«, der, wenn er nach Nichts fragt, das um des Seins des Seienden willen tut.

Eine eigentlich überragende Begabung wie Max Scheler, beweglich genug für diverse Kon- und Reversionen, wird dabei fast schon wieder lammfromm. Er nimmt das von Nietzsche ausgelöste Erdbeben: den »Umsturz der Werte«, kaum daß die Trümmer gefallen sind, unverzüglich als Appell für ein Wiederaufbauprogramm.

Die Verwunderung ist auch für Schelers Anthropologie der Anfang aller Philosophie. Die Grund-Frage gewinnt sogar auszeichnenden anthropologischen Status. Sie ist nicht bloß Last und Schicksal, sondern Ausdruck der »Weltoffenheit« des Menschen, der sich »bei keiner Gegebenheit beruhigen« kann (Werke, ed. M. S. Frings, IX 68 f.). Das fraglose Gefühl, als Ich der selbstverständliche, von der Welt umschlossene Teil einer ihrerseits selbstverständlichen Welt zu sein, geht in dieser Offenheit und Ruhelosigkeit freilich verloren. Der Mensch wird *»weltexzentrisch«* (V 69). Er entdeckt die »zweifellose objektive Möglichkeit, daß überhaupt *Nichts* sei« (V 95), *»absolutes Nichts«*.

Dieses von der Tradition bis auf Mainländer dementierte Nichts wird als die Negation von Essenz und Existenz, aber noch vor ihrer kategorialen Scheidung (V 93), als das »Nichtetwassein und das Nichtdasein in Einem« bestimmt (V 264). Der Mensch wird sich des »eigenartigen Zufalls« bewußt, »›*daß überhaupt Welt ist und nicht viel mehr nicht ist*‹ und ›*daß er selbst ist* und *nicht vielmehr nicht ist*‹«. Wo aber alles zufällig ist, wird die Frage unabweisbar: »Warum ist *überhaupt* eine Welt, warum und wieso bin ›ich‹ überhaupt?« (IX 68). Das Kontingenzbewußtsein, das sich der Möglichkeit des Nichts verdankt, treibt seinerseits die Grund-Frage heraus, und zwar gleich in zweifacher Hinsicht: Welt und Ich sind beide fragwürdig, nicht notwendig, hinwegdenkbar – wie es bei Leibniz generell das kontingente »Etwas« war.

An diese Generalisierung kann auch Scheler anschließen, wenn er konstatiert, *»daß überhaupt Etwas ist und nicht lieber* Nichts« (V 96). Die Tradition ist ihm so gegenwärtig, daß die Formulierung der Grund-Frage das einzige zu sein scheint, was nicht kontingent ist. Doch die Pointe seiner Fragestellung ist die, daß das verwundert philosophierende Ich die Frage nach seinem Grund ausdrücklich und unmittelbar neben die nach dem Grund der Welt stellt.

Unterschiedliche Kontingenzgrade zwischen Welt und Ich werden dabei auf den ersten Blick nicht ausgemacht. Auch das ist verwunderlich. Denn ist das begrenzte, individuierte Ich nicht etwa noch fragwürdiger, noch beliebiger als die doch etwas umfassendere Welt? Muß es ihm paradoxerweise nicht leichter fallen, sich probeweise hinwegzudenken als diese? Doch gerade »sub specie contingentiae« scheinen alle Gradunterschiede so zu schrumpfen, daß beide Fragen, jede für sich benannt, nebeneinanderstehen können. Selbst- und Weltinfragestellung und die Auszeichnung des Ichs gehen miteinander einher. Es zeigt seine Fragekonsequenz und -potenz.

Unterschwellig ist aber schon hinlänglich für die Domestikation seiner Frage gesorgt. Die philosophische Verwunderung, die nicht mehr recht davon wissen will, daß sie auch die Perplexität eines abgrundtiefen Erschreckens meinen kann, geht wieder in die Bewunderung, das Staunen in das Bestaunen über (v 95f.). Schien die Philosophie zunächst den Mund zu einer Frage geöffnet zu haben, so stellt sich nun heraus, daß sich diesem nur ein enthusiastisches »Ahh« und »Ohh« über das Seinswunder entringen will. Das Seinstrauma, das die Philosophie seit Schopenhauer inspiriert hatte, wird wieder kuriert vom Seinsthauma. Ontologie ist wie in der platonischen Tradition »Thaumatologie«.

Wenn das Ich über sein wundersam-unselbstverständliches Sein wie das der Welt staunt, so soll es damit seine »Selbstsicherheit«, seine »Selbstüberschätzung«, seinen »Stolz« verlieren (v 96). Von Klage und Anklage, die das Warum eines nicht ohne weiteres einsichtigen Seins wissen möchte, keine Spur mehr. Daß die Konfrontation von Sein und Nichts vor aller metaphysischen Abstraktion aus dem Leiden resultiert, geht verloren. Selbst Schellings gedämpfte »Schmerzenslaute« sind bei Scheler nicht mehr zu hören.

Das Selbstbewußtsein meint dementsprechend nicht Distanz, Seinsentfremdung, sondern eine »den Selbstverständlichkeitscharakter (...) des Seins auslöschende Demutshaltung« (v 93). Scheler zeigt, wie man die Grund-Frage, die auf dem immer mehr erschütterten Boden der Tradition entstand, wieder ins Gebet nimmt. Der Mensch, der in ihrem Zeichen den Schöpfer vor Gericht gestellt hatte, wird just mit ihrer Hilfe zu einem neuen Kniefall veranlaßt. Schelers Anthropologie entpuppt sich als Fortführung der Ontotheologie. Feiert er den Menschen im Gegensatz zum immer bloß jasagenden Tier, diesem »verkörperten Philisterium«, zunächst als »›Neinsagenkönner‹«, als »›Asket des Lebens‹«, als »ewigen Protestanten gegen alle bloße Wirklichkeit« (IX 44f.), so sorgt er nun dafür, daß vor Gott der aufrechte Gang nicht allzu lange vorhält: Im heiligen »Philisterium« kehrt das tierische wieder.

Wo die Grund-Frage aber so demütig zurückgenommen wird, im Geiste jener freiwilligen metaphysischen Knechtschaft, der die atheistische Philosophie des 19. Jahrhunderts den Garaus gemacht zu haben schien, da kann sich natürlich auch nur »die unermeßliche Positivität des Tatbestandes« aufdrängen, daß eben Etwas ist und nicht Nichts (V 93 und 96). Die Möglichkeit des »absoluten Nichts«, der Abgrund, in den der Mensch voll metaphysischer Angst und »religiösen Schauders« zu fallen drohte, wird zugedeckt: Das Sein ist die »wunderbare Aufhebung dieser Möglichkeit« (V 95). Die Angst gilt nicht etwa dem Sein, sondern wie dann bei Heidegger dem Nichts. Doch gerade auf der düsteren Folie des Nichts zeigt sich der unendliche Vorzug dessen, was ist. Statt des »absoluten Nichts« also wieder das bewährte »Leuchten des Lichts« (V 95). Man muß sich nur den richtigen Reim auf die Grund-Frage machen.

Selbst der Agnostiker in seiner Eigenschaft als »metaphysischer Nihilist« muß sich mit einer Nietzsche folgenden Argumentation davon überzeugen lassen, daß er nicht etwa nicht glaubt, sondern »*an* das Nichts glaubt«. Trotz Schelers Unterstreichung der »objektiven Möglichkeit, daß überhaupt Nichts sei«, wird der Nihilist mit diesem »Glauben an das Nichts« eines in seiner Art »höchst positiven Zustands des Geistes« überführt (V 263f.). Von den zwei Wegen, die Scheler dem *»weltexzentrischen«* Menschen offenläßt: der Selbsteingliederung des erkennenden Geistes in das Absolute in der Metaphysik und dem befriedigten *»Drang nach Bergung«* in der den Nihilismus überwindenden Religion (V 69), hat Scheler keinen ausgelassen – wenn überhaupt ein nennenswerter Unterschied zwischen beiden besteht. Philosophie – eine gehobene Art von Bergungsunternehmen.

Schelers »salto transcendentale« zeigt so, daß selbst das gründlichste philosophische Staunen nicht vor Servilität schützt. Die Entselbstverständlichung des Seins kann indessen ganz andere Wege als die der Demut, der Angst oder des Schauders gehen. Die Grund-Frage ist keine Andachtsübung und keine Ergebenheitsadresse. Sie macht in der Tat Ernst damit, daß der Mensch als »Neinsagenkönner« andere Rollen als die im uralten Lehrstück vom Einverständnis spielen kann.

12. KAPITEL

Martin Heidegger als Platzhalter des Nichts. Antrittsvorlesung eines Kathedernihilisten. Stimmungsgründe der Grund-Frage. Was die Kreide des Philosophen alles durchstreichen kann. Gegenmöglichkeitssinn. Ontologische Indifferenz. Der Satz vom Grund als Satz ins Sein. Kritik der kalkulatorischen Vernunft. Die Kehre als Bekehrung. Der Glöckner von Meßkirch. Das Wunder aller Wunder. Die Abdankung des Denkens und das Seinsermächtigungsgesetz.

Der »Neinsagenkönner« Max Schelers macht bei Martin Heidegger Karriere: Er avanciert zum »Platzhalter des Nichts«. Heideggers Antrittsvorlesung von 1929 »Was ist Metaphysik?« läuft dementsprechend zielstrebig auf die »Grundfrage der Metaphysik« als ihren End- und Höhepunkt zu (Frankfurt/M. 1981[12] 42). Allerdings nennt erst die Einleitung zur fünften Auflage den »Metaphysiker Leibniz« als ihren Ahnen (W.i.M. 22). Die »Einführung in die Metaphysik« beginnt mit ihr: »Warum ist überhaupt Seiendes und nicht vielmehr Nichts? Das ist die Frage« (E.i.d.M.Tübingen 1976[4] 1) – »that is the question«: die noch in der metaphysischen Abstraktion anklingende Hamlet-Frage. Sein langer Schatten fällt in den Hörsaal. Und Mephisto, mit tätiger Hilfe seines philosophischen Platzhalters ohnehin unterwegs zu größeren Taten, applaudiert ironisch dazu.

Heidegger schreibt die »Grundfrage« ohne Bindestrich in einem Wort. Das nimmt ihr vorderhand den spezifizierenden Akzent, soll ihrem Nachdruck aber keinen Abbruch tun. Heidegger will ihr im Gegenteil den größtmöglichen Umfang und die tiefste Tiefe geben. Das »Etwas« der philosophischen Tradition, selbst die doch schon ziemlich globale

»Welt«, von der zuletzt Scheler gesprochen hatte, genügt nicht mehr. Auch bei Gefahr, vor lauter Wald die Bäume nicht mehr zu sehen, steht »das Seiende im Ganzen als ein solches« (E.i.d. M. 2) in Frage. Warum aber? Nicht weil es, sondern weil das mit dem vollen ontologischen Pomp ausgestattete Nichts höchstselbst die Frage erzwingt. Ist es der grundlose Grund für die Fragwürdigkeit des »Seienden im Ganzen«?

Seine metaphysische Dignität ist auf alle Fälle zweifelsfrei. Das »vielmehr« der Frage gewinnt demgemäß – anders als bei Scheler, den Heidegger im Unterschied zu Leibniz hier keiner Nennung, geschweige denn einer Replik würdigt – tatsächlich eine gewisse Präzipitation auf das Nichts hin. Inthronisiert Heidegger nicht geradezu das Nichts? Wie in der Philosophie sonst nur noch bei dem von ihm wenig geschätzten Schopenhauer ist doch das letzte Wort seiner Antrittsrede, mit dem er das durchschauerte Publikum wieder ins akademische und städtische Freiburger Leben entläßt, »Nichts«, wenn auch eines mit Fragezeichen. Hat Mephisto gar schon selber das Katheder bestiegen? Spricht hier nicht zumindest ein Kathedernihilist, der weiß, was er seiner Platzhalterrolle schuldig ist? Deutlich genug hat er jedenfalls Nietzsches »weltvernichtendes Wort« gehört. Die auf das Nichts zulaufende Grund-Frage scheint an Abgründigkeit kaum zu überbieten.

Wie für Leibniz ist sie für Heidegger »die erste aller Fragen« (E.i.d.M. 1). Nicht im zeitlichen Sinn. Sie kann sich sehr spät stellen, vielleicht gar nicht. Warum stellt sie sich überhaupt und nicht vielmehr nicht? Trotz der Hamlet-Anklänge spricht Heidegger nur selten und dann in metaphysisch stilisierter Form von der Leidenserfahrung, die sich, am deutlichsten in der Philosophie des 19. Jahrhunderts, in der Grund-Frage artikuliert. Die Ontologie ist eine anspruchsvolle Angelegenheit, die nicht mit den Niederungen des »Ontischen« verwechselt werden will. Daß Schopenhauer mit seiner Lehre von der Positivität des Schmerzes und der ausschlaggebenden Bedeutung eines einzigen Leidens eine negative Ontologie begründet, nimmt sie nicht wahr.

Die empirische Verfassung des Seienden dringt ohnehin immer nur sorgfältig ontologisiert in sie ein. Daher das eigentümliche Schwanken der Begriffe Heideggers zwischen Lebens- und Sterbensnähe und ihrer ontologischen Beanspruchung. Man muß ihnen gleichsam »de-ontologisierend« den Erfahrungsgehalt wiedergeben, den Heidegger ihnen ontologisierend ausgetrieben hat. Er ist ein – horribile dictu! – »Existenzialist«, der um keinen Preis einer sein will.

Dieser Erfahrungsgehalt wird am deutlichsten in Heideggers Philosophie der »Stimmungen«, der »Befindlichkeit«, in der sich der »Lastcharakter des Daseins« (Sein und Zeit, 10. A. 134) erschließt. In bestimmten Stimmungen drängt sich die Grund-Frage geradezu auf. Gegen-Stimmungen sind es, die die Gegenmöglichkeit des Nichts eröffnen. Keinesfalls handelt es sich um eine beliebige Frage, ein Arbeitsbeschaffungsprogramm für Metaphysiker. In einer großen Verzweiflung etwa, »wo alles Gewicht aus den Dingen schwinden will und jeder Sinn sich verdunkelt«, wird die Frage »angeschlagen wie ein dumpfer Glockenschlag«, der aus der »tiefen« Welt von Zarathustras Nachtliedern auch in das Todtnauberger »Dasein hereintönt« (E. i. d. M. 1). Auch die Angst stößt das Seiende in den Abgrund des Nichts (W. i. M. 32). Schließlich breitet die Langeweile, nicht so düster wie die Verzweiflung, nicht so beengend wie die Angst, aber um so lähmender, eine Öde aus, »in der es uns gleichgültig erscheint, ob das Seiende ist oder ob es nicht ist« (E. i. d. M. 1). Nicht einmal mehr die Alternative von Sein oder Nichts stellt sich hier. Es lohnt sich nicht, »weder zu leben noch zu sterben« (W.i.M. 45) – auch wenn der, für den beides sich nicht lohnt, faktisch noch lebt.

Aber der Stimmungsgrund der Grund-Frage ist nicht auf Verzweiflung, Angst, Langeweile beschränkt. Nicht bloß in den Gegen-Stimmungen, auch in der emphatischen Zustimmung, im »Jubel des Herzens«, wo die Welt wie im Glanz des ersten Schöpfungstages leuchtet; wo wir gar nicht fassen können, daß ein Rarissimum wie das Seiende ist, ist die Frage da. Bei aller Dominanz des Negativen soll sie nicht allein in der fragwürdigen Kompetenz metaphysischer Hypochonder liegen. Die Klage und Anklage, auf die schon Leibniz' Theodizee reagiert; die der Philosophie des 19. Jahrhunderts den Impuls gibt und noch Heideggers »Verzweiflung« bis zur Verdunkelung jedes Sinns inspiriert – sie ist an diesem Punkt aus der Frage verschwunden.

Für alle Fälle aber gibt es ja die Philosophen als professionelle Stauner: Auch Heidegger schließt an die Geschichte der Verwunderung an. Bei ihm ist sie vom platonisch-aristotelischen Anfang der Philosophie zum Dauerzustand geworden. Sie oszilliert zwischen Bewunderung und einer von Schopenhauerscher »Perplexität« gestreiften Befremdung. Das Warum entspringt »auf dem Grunde der Verwunderung« (W.i.M. 41).

»Die erste aller Fragen« ist die Grund-Frage »dem Range nach«: Sie ist »die Frage aller Fragen« (E.i.d.M. 5). Philosophieren heißt geradezu »fragen: ›Warum ist überhaupt Seiendes und nicht vielmehr Nichts?‹« (6). Ja, was Metaphysik sei, wird beantwortet, indem die Grund-Frage gestellt wird.

Sie überbietet alle anderen Fragen, weil sie die weiteste ist, weil sie alles Seiende, nicht bloß das »jetzt Vorhandene«, sondern auch das »vormals Gewesene und künftig Seiende« umgreift und ihre »Grenze nur am schlechthin nicht und nie Seienden, am Nichts« findet und auch noch dieses selbst mit in die Frage fällt.

In seiner »Einführung in die Metaphysik«, in der er die »Grundfrage« der Antrittsvorlesung ausarbeitet, veranstaltet Heidegger ein aufschlußreiches Gedankenexperiment. Er läßt die zweite Satzhälfte fort. Es genügt doch, das Seiende auf seinen Grund hin zu befragen (17). Der Rest scheint eine redundante Floskel, buchstäblich Nichts-sagend. Aber weit gefehlt, erst mit dem – jetzt unterstrichenen – *»und«* gewinnt die »Grundfrage« ihre Zuspitzung. Was folgt, ist mehr als bloß eine notwendigerweise eingeschlossene Teilfrage. Es ist die eigentliche Provokation. Das Seiende wird »fragenderweise in die Möglichkeit des Nichtseins hinausgehalten«. »Das Warum gewinnt dadurch eine ganz andere Macht und Eindringlichkeit des Fragens« (21). Das Seiende kommt so ins Schwanken, daß der »Ausschlag dieses Schwankens (...) bis in die äußerste und schärfste Gegenmöglichkeit des Seienden« hinausreicht (22). Es büßt »seine Selbstverständlichkeit *als das Seiende*« ein.

Nicht im Sinne eines idealistischen Mißverständnisses. Ob das Seiende Realität habe, nicht bloß gedacht oder vorgestellt sei, das steht nicht zur Diskussion. Ohnehin scheint das Seiende durch einen bloßen »seelisch-geistigen Vorgang in uns« wie unser Fragen nicht angefochten werden zu können. Bleibt es nicht davon unverändert, »was es ist und wie es ist« (22)? Wohl wahr, es steht im Sein, aber es hat »dabei doch die Möglichkeit des Nichtseins nie überholt und überwunden« (23). Das Seiende kann das Frag-würdige von sich nicht abwälzen, »daß es als das, was es ist und wie es ist, auch *nicht* sein könnte« (22).

Ein risikoträchtiger Satz. Für eine, wie es scheint, unverfängliche Illustration liegt im Hörsaal neben Katheder, Tischen, Stühlen, Bänken, mit deren Anrufung ein rechtschaffener Universitätsphilosoph gerne die Wirklichkeitsnähe seines Philosophierens wie sein pädagogisches Geschick zu demonstrieren pflegt, stets die Kreide nah. Schon Bergson hatte mit ihrer Hilfe klargestellt: Der auf die Tafel gezeichnete Kreidekreis »ist etwas, das der Erklärung bedarf«, weil eine »physikalische Existenz wie diese nicht die Kraft hat, aus sich selbst heraus das Nichtsein zu überwinden« (Schöpferische Entwicklung, Jena 1912, 280). Und Heidegger pointiert: Etwas so Zerbrechliches und Kontingentes wie die Kreide, selbst wenn der Philosoph mit ihr das »Sein« und das »Seiende« in seiner griechischen Form an die Hörsaaltafel schreibt, braucht klarerweise »überhaupt nicht zu sein« (24) – hinzuzufügen nur, daß auch die Tafel und der Hörsaal wie der schreibende Philosoph und die Versammlung der hörenden Hörer nicht zu sein brauchen. Wo bliebe dann aber die Platzhalterschaft des Nichts? Denn das Nichts benötigt seinem nichtigen Wesen gemäß einen Stellvertreter, eine Repräsentanz im Sein, wenn es als solches in Erscheinung treten soll, es sei denn, es wäre schlicht – nichts.

»Indem der Mensch das Nichtsein und das Nichts« als die extremste, nie erledigte »Gegenmöglichkeit« mit dem Seienden konfrontiert, tritt er dem Seienden jedenfalls »im Ganzen« gegenüber, ja aus ihm heraus, so sehr er selber ein Seiendes bleibt. Er vollzieht den »Absprung aus aller vormaligen, sei es echten, sei es vermeintlichen Geborgenheit seines Daseins« (4). In diesem Sinn heißt »existieren« gerade nicht »sein«, sondern »heraustreten aus dem Sein« (49), »eksistieren« im wörtlichen Sinn.

Daß wir Menschen sind, ist »nicht unbedingt notwendig« (64). »Es besteht an sich die Möglichkeit, daß der Mensch überhaupt nicht ist«, wie es einmal eine Zeit gab, da der Mensch nicht war. Im Schutz der Generalfrage nach dem Grund des Seienden überhaupt nähert sich Heidegger den schon von Nietzsche artikulierten Provokationen des »anthropofugalen« Denkens an, die nicht ganz so leicht hinzunehmen sind wie die Kreidestriche, mit denen der Philosoph das Sein der Kreide durchstreicht.

Ja, das Dasein kann so aus dem Sein heraustreten, daß es »in der höchsten Gewalt-tat gegen sich selbst die Übergewalt des Seins« bricht (135). Das ist seine »unheimlichste Möglichkeit«, kein »leerer Ausweg«, vielmehr *ist* das Dasein wesentlich diese Möglichkeit. An diesem Punkt gibt die Grund-Frage als metaphysische Form der Hamlet-Frage ihren riskantesten existentiellen Gehalt wieder unmittelbar zu erkennen: »Was ist hier das Äußerste: Sein oder Nichtsein. Es scheint, als sei die Entscheidung: Sein oder Nichtsein immer schon entschieden zugunsten des Seins, da doch ›Leben‹ ist: Sein wollen. Also steht hier gar nichts zur Entscheidung. Aber was heißt da ›Leben‹, und wie weit ist ›Leben‹ hier begriffen? Als *Selbsterhaltungstrieb*« (Beiträge zur Philosophie 101 ff.). Und der kommt in der Hamlet- wie in der Grund-Frage nur bedingt zu Wort. Mit allen Formen philosophischer Lebensversicherung, als deren Erfinder Heidegger Leibniz in einem beiläufig-hintergründigen Hinweis seiner Untersuchungen zum »Satz vom Grund« nennt (4. A. 202), hat sie nichts zu tun.

Mit Hamlet, mit Faust, mit dem Chorlied aus Sophokles' »Oedipus auf Kolonos«, das Heidegger wie Hölderlins »Hyperion« zitiert, geht die Grund-Frage auch vor die »Geworfenheit« des Daseins »in sein Da«, vor das »nackte Daß« seiner »Faktizität« zurück. Die existenziale Analytik, die ausschließlich auf das »Sein zum Tode« kapriziert scheint, schließt schon bei Heidegger, massiver dann bei Sartre und Hannah Arendt, das »Sein zum Anfang«, zur Geburt ein. »Das faktische Dasein existiert gebürtig.« Aber die Geburt ist »nicht und nie ein Vergangenes im Sinne des Nichtmehrvorhandenen« (Sein und Zeit §72), sondern wie jedes »Erbe« etwas, was das Dasein *»in die Existenz einholt«* (§75), was es übernimmt – oder auch nicht. Ohne daß Heidegger das ausdrücklich machte, klingt mit der »Geworfenheit« sowohl die Faktizität einer fast animalisch konnotierten »Gebürtlichkeit« wie in einem neognostischen Sinn das Gefängnishafte des »In-der-Welt-Seins« an. Nur der Entwurfscharakter des Daseins kann in seiner Offenheit für das Nichts den Zwangscharakter der Geworfenheit brechen. »Nicht geboren zu sein«, in Heideggers Übertragung: »niemals ins Dasein getreten zu sein, obsiegt über die Gesammeltheit des Seienden im Ganzen« (E.i.d.M. 135). Die Infragestellung des einzelnen Daseins rückt dem Ganzen zu Leibe. »Niemals das Da-sein übernommen zu haben« – das nennt die »weiteste Ferne zum Sein, das Nichtdasein«, das besiegt den »Logos«, den alles sammelnden und entlassenden Grund, der keiner mehr ist: den unzureichenden Daseinsgrund.

Mit pessimistischen Lebensbilanzen nach Art Schopenhauers, der dieselben Sophokles-Verse zitiert hatte, um dem schlechten Lebensgeschäft mangelnde Kostendeckung zu bescheinigen, will Heidegger zwar nichts zu tun haben, genausowenig wie mit optimistischen. Das Leben ist für ihn wie für Nietzsche »überhaupt kein Geschäft«. Die Geburt des Pessimismus aus dem Geist des Kapitalismus – das ist metaphysische Geschäftemacherei, auch wenn sie schon »seit Jahrhunderten« im Schwange ist. Und wenn sich die Vernunft »zum Gerichtshof über das Sein macht« (136), gegebenenfalls einschließlich Urteilsexekution und Prävention, so will Heidegger ihm keineswegs angehören. Aber auch aus seiner Sicht ist das »Nicht-dasein«, wo sonst die »Allgewalt des Seins das Dasein zur Stätte seines Erscheinens ver-gewaltigt (wörtlich genommen)«, »der höchste Sieg über das Sein« (136). »Sichloslassen in das Nichts« heißt jedenfalls: »Freiwerden von den Götzen, die jeder hat und zu denen er sich wegzuschleichen pflegt« (W.i.M. 42). Statt »ontotheologischer« Seinsvergottung eröffnet die Grund-Frage einen von den Seinsgötzen freien, vergewaltigungsfreien Raum, in dem die Gegenmöglichkeit des Nichts keineswegs mehr das Negative ist.

Jetzt wird deutlicher, was es heißt, daß die Grund-Frage sich nicht bloß auf das gegenwärtig Seiende, sondern auch auf Vergangenheit und Zukunft bezieht. Im Verhältnis zu Geburt und freiem Tod fragt sie, warum ist, was nicht sein mußte und nicht sein muß, vielmehr sein konnte und sein kann oder auch nicht. In diesem Sinn wird die Frage, so sehr Heidegger alle suicidalen oder »natalen« Konkretionen meidet, auch bei ihm wieder so existentiell, wie sie es in der Philosophie seit Schopenhauer war. Die radikale Offenheit des Daseins inthronisiert den Potentialis. Robert Musils »Mann ohne Eigenschaften« bricht mit dem »Möglichkeitssinn« die Starre des Wirklichen, *wie* es ist. Heideggers Gegenmöglichkeitssinn, der aus der Grund-Frage spricht, bricht das Verhängnis über das Seiende, *daß* es ist.

Die Radikalität der Grund-Frage wird freilich bei Heidegger von Anfang an von seinsaffirmativen Impulsen unterlaufen. Selbst dort, wo er dem vom Sein »zur Stätte seines Erscheinens vergewaltigten« Dasein die Möglichkeit einräumt, »in der höchsten Gewalt-tat gegen sich selbst die Übergewalt des Seins zu brechen«, läßt er es doch wieder am Sein zerbrechen, das es in seiner »Allgewalt (...) umwaltet und durchwaltet und damit im Sein einbehält« (E.i.d.M. 136). Nur ein Spiel mit Worten ist vonnöten – und schon mausert sich die vergewaltigende Gewalt wieder zum Um- und Durchwaltenden. Ist die Grund-Frage so nicht von vornherein entschieden? Entschieden scheint sie jedenfalls für die vernehmende Vernunft eines Denkens, das sich »von Grund aus (...) *für* das Sein« entschieden hat (128).

Dieses Denken potenziert die Grund-Frage derart, daß ihre Überbietung am Ende in eine Unterbietung, die exzessive Leidenschaft des Fragens, die sich gar nicht genug tun kann, in eine Leere mündet, die unversehens wieder die Fülle ist. Die Grund-Frage soll auch deswegen die erste Frage dem Range nach sein, weil sie die ursprünglichste ist. Mit ihr distanziert sich das Dasein so weit vom »Seienden im Ganzen«, daß auch die Frage selber davon betroffen ist. »Warum das Warum? Worin gründet die Warumfrage selbst?« (4). Gemeint ist damit keine äußerliche, »spielerische und ins Endlose fortzusetzende Wiederholung«, keine bloße Iteration der Frage, sondern ihr »Rückstoß (...) auf das Fragen selbst«. Nietzsche hatte die Frage »Warum das Warum?« aggressiv gegen das nihilistisch »furchtbare« Warum gewendet; bei Heidegger geht es um einen reflexiven »Rückstoß«. Die riskante Auszeichnung, die darin liegt, daß das Dasein ein fragendes ist, kulminiert in der Selbstinfragestellung der Frage. Die anthropozentrische Hochschätzung des fragenden Daseins wiederum sorgt für ontologische Zuspitzung.

Die Frage reflexiv potenzieren, heißt freilich auch, sie noch einmal bekräftigen: Es gibt nichts, das nicht in Frage stünde. Heidegger indessen raubt der Frage den Nerv. Wenn er nach der »*transzendentalen* Möglichkeit des Warum überhaupt« fragt und das vorgängige Seinsverständnis betont, das die Grund-Frage in der Tat impliziert, so nicht, um eine noch umfassendere, noch gründlichere, noch fragendere Frage zu stellen, sondern um dank der glücklichen Geschlossenheit seines fundamentalontologischen Zirkels möglichst unverzüglich bei der »erst-letzten Urantwort für alles Fragen« anzukommen: »Das Seinsverständnis gibt als vorgängigste Antwort schlechthin die erst-letzte *Begründung*«. Das »eigentliche Denken des Seyns« ist »kein Fragen« (Werke IX, 169). Kaum hat Heidegger mit dem Rückstoß der Frage auf ihr eigenes Warum den »Absprung aus aller vormaligen, sei es echten, sei es vermeintlichen Geborgenheit« des Daseins so weit vollzogen, daß dieses nicht einmal mehr in seiner Frage wohnen kann, da soll sich die »ursprünglichste« Frage als eben dieser »Ur-sprung« unverzüglich »den Grund erspringen« (E.i.d.M. 5), und zwar in dem, was für Heidegger der Grund aller Gründe ist: im Sein.

Doch was heißt dann überhaupt noch »Grund«? Für Heidegger soll die Grund-Frage nicht bloß die erste, die weiteste und die ursprünglichste, sondern auch die tiefste sein, weil sie fragt: »aus welchem Grunde kommt das Seiende? auf welchem Grunde steht das Seiende? zu welchem Grunde geht das Seiende?«, (das offenbar immer solange zu irgendeinem Grunde geht, bis es bricht). Ist »der Grund ein wahrhaft gründender, Gründung erwirkender Urgrund«? Oder ein »Abgrund«, der »eine Gründung versagt«? Oder vielleicht nur ein »Un-grund«, der den »Schein von Gründung« vorgibt? (2). Zweifelsfrei ist nur – so Heideggers Kritik an Leibniz' »metaphysischer« Version –, daß der erfragte Grund keine Kausalität, keine Ursache für das Seiende meinen kann, »die von der gleichen Art und aus der gleichen Ebene sind wie es selbst« (2). Damit würde sich die Frage nach dem Grund des Seienden wieder nur innerhalb des Seienden bewegen.

Nun war ja auch schon bei Leibniz mit dem zureichenden Grund nicht einfach Kausalität, sondern die Rationalität der »raison d'être« erfragt. Heidegger selber zeigt in seinen Leibniz-Interpretationen, daß es bei dem Prinzip des zureichenden Grundes um das »principium reddendae rationis«, also des »zu erstattenden«, »zurückzugebenden« Grundes, nicht zuletzt im Sinne der Rechtfertigung geht, »warum irgend etwas eher ist als nichts« (Der Satz vom Grund, 4. A. 193). Rechenschaft ist bei Leibniz gefordert, vom Schöpfer und vom Philosophen stellvertretend für ihn.

Aber für Heidegger, der die christliche Philosophie als »hölzernes Eisen« abfertigt (E.i.d.M. 6), obwohl er selber ihr gerne auf verschwiegenen Wegen folgt, ist klar: Eine Philosophie, die die Trivialitäten der Schöpfungstheologie verabschiedet hat, kann so nicht mehr fragen. »Die oberste Ursache aller seienden Sachen« (W.i.M. 22), der in Heideggers Sicht auch noch Schelling nachfragt (Zur Seinsfrage, in: Wegmarken 248) interessiert sie nicht. Die Rückführung des »ens creatum«, des geschaffenen Seienden, auf einen Schöpfer als die »seiendste« Ursache des Seienden ist für sie vielmehr die »gemeinste und gröbste« aller Erklärungen (Beiträge 110). Das Seiende wird auf dem Boden solcher Schöpfungskausalität – theologischer Ausdruck jener Seinsvergessenheit, die inzwischen global herrscht – zum *»Gemächte«*, zur bloßen »Machenschaft«. Und da auch die Rechenschaft von der Idee der »Machenschaft« untrennbar ist, verbietet sich eine Grundlegung der Grund-Frage in diesem Sinn.

Nur wenn Heidegger das Warum im Sinn des »Grundes der Entscheidung für das Seiende gegen das Nichts« (E.i.d.M. 22) thematisiert, klingt ein Sinn von »Grund« bei ihm an, der an die »Grund«-Begriffe der Tradition erinnert. Der Begriff des »Worumwillens« – mal mit, mal ohne Bindestrich geschrieben – als des »primären ›Wozu‹« gibt der Grund-Frage in diesem Sinn eine präzise Fassung: »Warum, das heißt: worumwillen ist überhaupt Seiendes und nicht vielmehr Nichts?« In der Einschränkung des »Worumwillens« auf das »Sein des menschlichen *Daseins*«, dem es »wesenhaft *um* dieses Sein selbst« geht (Sein und Zeit, 10. A. 84 und 191), wird von Heidegger denn auch mit allem Nachdruck nach einem »primären ›Wozu‹« gefragt. Im Spielraum seines »eigensten Seinkönnens« entwirft das Dasein als »geworfener Entwurf« sich auf sein »Woraufhin«, den »Sinn«, den es, sich »als etwas« verstehend, gewinnt (SuZ 145,151). Ist Dasein, das sein kann oder auch nicht, am Ende um dessentwillen, *daß* es sein kann oder auch nicht? Das »Seinkönnen« als »Sinn« und »Worumwillen« seines Seins? In diesem Sinn wird Hans Jonas später die Frage wenden. Einen »primären«, lebens- und sterbensnahen »Sinn« würde das tatsächlich meinen, allerdings einen sehr selbstbezüglichen, ja tautologischen. Aber das Worumwillen darf keinesfalls etwas mit der Rechtfertigungsrationalität der Tradition zu tun haben. Wenn Heidegger nach »Grund« und »Sinn« des

Seienden fragt, dann ganz entschieden »nicht als ratio, (...) nicht als Vernunftgrund und Vernunft« (Satz vom Grund 184). Und vor allem ist er eben entschlossen, nach dem »Grund« des »Seienden im Ganzen« zu fragen. Das verbietet den Rück- oder Vorgriff auf einen kausalen oder zweckrationalen, jeden selber wieder irgendwie seienden Grund. Das Dilemma, das Nietzsche für die Frage nach dem Sinn und Wert des »Ganzen« aufgezeigt hatte, wird von Heidegger ontologisch erneuert. Auch das Sollen wie das Wollen nicht anders als das Denken, das Werden, der Schein, die ja allesamt auf die eine oder andere Weise sind, werden ins Seiende eingeschlossen, dessen Grund die Frage gelten soll. Ja, der Umfang des Seienden wird so ausgedehnt, daß es nicht nur »das Wirkliche jeglicher Art, sondern zugleich das Mögliche, das Notwendige, das Zufällige, alles was in irgend einer Weise im Seyn steht«, und am Ende auch das Nichts umfaßt (Beitr. 74). Während die Grund-Frage in ihrer überlieferten Form gerade auf der Differenz basiert zwischen dem, was ist, was sein kann oder auch nicht, eliminiert Heidegger alle Differenzen bis auf die eine, die er die »ontologische Differenz« nennt: die zwischen Sein und Seiendem, die sich hier aber als ontologische wie als existentielle Indifferenz erweist.

Unter diesen Umständen muß die Grund-Frage entweder wie schon für Mauthner sinnlos werden. Denn welchem Grund könnte sie noch gelten, auf welche Gegengründe könnte sie sich beziehen, wenn sie sich auf das derart ausgeweitete »Seiende im Ganzen« beziehen soll? Und vielleicht wäre das, wenn nicht die, so doch eine Antwort. Oder Heidegger muß versuchen, den »Grund« des »Seienden im Ganzen« so umzudefinieren, daß es in ihm gründen kann, ohne daß er selber wieder etwas Seiendes wäre. Was aber kann zugleich etwas Gründendes und doch kein Seiendes *sein*?

Heideggers fundamentalontologische Differentialdiagnose löst sie verblüffend einfach nach dem gordischen, dem sozusagen »ontogordischen« Modell, indem er nichts anderes als das Sein als Grund des Seienden statuiert. Sein und Grund sind »das Selbe«. »Sein ›ist‹ im Wesen: Grund« (Der Satz vom Grund 93 und 114). »Was fragen wir eigentlich? Warum das Seiende als solches sei. Wir fragen nach dem Grunde dessen, daß (nicht: warum, L. L.) Seiendes *ist* und was es *ist* und vielmehr nicht Nichts ist. Wir fragen im Grunde nach dem Sein. Aber wie? Wir fragen nach dem Sein des Seienden. Wir befragen das Seiende hinsichtlich seines Seins« (E. i. d. M. 24). Warum also ist überhaupt Seiendes und nicht vielmehr Nichts? Weil es *ist*! Aber es ist klar, daß dieser Grund keine Begründung mehr gibt, auch gar nicht geben will, vielmehr die Grund-Frage auf das ur-sprünglichste überspringt, wahlweise auf das grund-gründlichste unterläuft. Diese Fundamentalontologie kann gar nicht anders, als stets tautologisch »das Selbe« zu sagen, es sei denn, das Sein wäre unterschwellig doch wieder konversionsontologisch als das Gute bestimmt. Doch das weist Heidegger weit von sich. Das Sein soll nicht das »summum *bonum*«, wenn auch nach wie vor das »summum« sein.

Der »Satz vom Grund« wird folgerichtig von Heidegger anders betont, als die Tradition es tut. Er liest nicht: »Nihil est sine ratione ... *Nichts* ist *ohne* Grund«, soll heißen: »*Alles hat* einen Grund«, sondern: »Nichts *ist* ohne *Grund*«, soll heißen: »Jedes *Seiende (als Seiendes)* hat einen *Grund*«, seinen Seinsgrund (S. v. Grd. 75). Über allem, unter allem, in allem ist allein das Sein, das »*in sich als gründendes west*« (90). Wenn Sein aber »im Wesen: Grund« ist, dann muß es und kann es seinerseits »nie erst noch einen Grund haben ... Das ›Sein‹ fällt nicht in den Machtbereich des Satzes vom Grund, sondern nur das Seiende.« In Wahrheit also ist der »Satz vom Grund« ein »Satz vom Sein«. Er ist »ein Satz in das Sein *als* Sein, d. h. als Grund«.

Hier bleibt kein »Satz«, kein Wort auf dem anderen. Weder Homonyme noch Tautologien noch zirkuläre Argumentationen werden gescheut; Heidegger kultiviert sie vielmehr bewußt. Ja, er muß das konsequenterweise tun, wenn er seinen Satz tun will, daß das Seiende ist, weil es *ist*. Der umkreisende Kreis (E.i.d.M. 156) kann unter dieser Voraussetzung zum Modell für den gründenden Grund werden. Auch das Spiel-Modell kann zur Illustration der Seinsverhältnisse dienen. Heraklits Kind des Weltspiels spielt bei Heidegger, »weil es spielet. Das ›Weil‹ versinkt im Spiel. Das Spiel ist ohne ›Warum‹. Es spielt, dieweil es spielt« (S. v. Grd. 188). Sehr schön, sehr spielerisch, dieses Spiel mit Worten, in dem das begründende »weil« mit leichter Hand zum temporalen »dieweil« wird, das dem Weltspiel nicht mehr als Ursache voraus- oder als Ziel in der endlosen Reihe der Zwecke über es hinausliegt, sondern sich selber genug ist. Es fragt sich nur, ob das Sein ein Spiel ist.

Noch schöner das poetische Bild, das Heidegger mit einem wundersamen Vers seines mystischen Gewährmannes Angelus Silesius für den »Grund als das Sein« und das »Sein als Grund« (S. v. Grd. 102) gegeben hat. »Ohne Warum« ist es überschrieben : »Die Ros ist ohn warum; sie blühet,/weil sie blühet,/Sie acht nicht ihrer selbst, fragt nicht, ob man sie siehet« (S. v. Grd. 68f.). Die selbst- und weltvergessene Schönheit der »rosa mystica« entzieht sich jeder berechnend-begründenden Logik. Leibniz' Satz: »Wenn Gott rechnet, wird Welt« (»cum Deus calculat fit mundus«), wirkt angesichts dieser Verse nur noch kümmerlich – Symptom jener kalkulatorischen Vernunft, gegen die sich Heideggers Kritik der buchstäblich zu verstehenden »Rechenschaft« und der »Machenschaft«, übereinstimmend mit Nietzsches Kritik der teleologischen Vernunft, mit Mauthners Hohn auf eine Nationalökonomie des Seins, in überraschend prästabilierter Harmonie auch mit den Impulsen der Frankfurter Schule, stets verwahrt.

Gegen die Begründung der Seinsrose in sich selbst, mag sie auch noch so tautologisch und zirkulär sein, ist nicht bloß schwer zu argumentieren. Dagegen will man gar nicht argumentieren. Ja, blüht sie nicht um so schöner, als sie gerade auf dem grundlosen Grunde des Nichts erblüht? Meister Eckhart hat schon vor Angelus Silesius die mystisch-vitalistische Konsequenz gezogen: »Würdest du das Leben fragen, warum lebest du, es könnte nicht anders antworten als: Ich lebe darum, daß ich lebe«.

Die Schlußfolgerungen für die Grund-Frage scheinen unabweisbar: Verfällt sie nicht, wenn sie Sein und Nichts als »konkurrierende« Alternativen behandelt; wenn sie, einem zureichenden Grund für das eine oder das andere nachfragend, den seinsaffirmativen Schöpfungscalcul in Frage stellt, ihrerseits der perversen kalkulatorischen Vernunft? Wie kann man diese Alternative überhaupt entscheiden, ohne zu vergleichen; wie vergleichen, ohne abzuwägen; wie abwägen, ohne zu rechnen? Stürzt also nicht ausgerechnet das Blühen der mystischen Seinsrose »ohne Warum« die Grund-Frage in den Abgrund *ihres* unzureichenden Grundes? Muß sie nicht in der Tat im grundlosen Grund von Heideggers Sein untergehen?

Aber das schlichtschöne, sich von selber verstehende Blühen der Seinsrose ist wie das Spielen des Spiels als ontologisches Modell nur begrenzt tauglich. Die Seinsrose blüht auch unter günstigsten Umständen nicht bloß – sie welkt auch; an mancher Seinsblüte nagt gar der Wurm. Und das Sein des Seienden ist genausowenig wie eine kalkulatorische Machenschaft ein fragloses Naturgeschick. Gewiß, wenn es ist, ist es. Aber es ist nicht einfach, weil es ist, »es blüht nicht, weil es blühet«. Vielmehr ist es, wenn es ist, weil es sein will oder sein soll und nicht nicht. Und im Gegensatz zu Meister Eckhart kann das Leben sehr wohl anders als mit dem Leben antworten. Diese existentielle »Unbestimmtheitsstelle« reißt die Grund-Frage immer wieder im Widerspruch zu allen Tautologien auf, die nur sagen können, daß ist, was ist, weil es ist.

Just jener zeitgenössische Dichter, dessen »Psalm« die mystische Seinsrose Heideggers im Zeitalter des vollendeten Nihilismus noch einmal als »Nichts-, als Niemandsrose« »über dem Dorn« zum Erblühen bringt – eine Rose, die als »reiner Widerspruch« einem »Niemand« von Schöpfer-Gott entgegenblüht und doch ein blühendes Nichts bleibt –, zeigt, wie fragil, wie wenig selbstverständlich, wie gebrochen in ihrer scheinbar so tautologischen Selbigkeit sie ist. Die Selbsttötung Paul Celans beendet ihr Blühen. Celans Todessorge geht im Gegensatz zu Heideggers fabelhafter »Sorge« nicht über, sie springt in den Fluß.

Heidegger sucht andere Auswege. Die Grund-Frage wird von ihm – nicht ohne terminologische Inkonsistenzen – im Laufe der Zeit so entmächtigt, daß sie in der »Seinsfrage« als der neuen »Grundfrage« untergeht. In der »Einführung in die Metaphysik« ist die Frage: *»Wie steht es um das Sein?«* (25) noch die »Vor-Frage« für die »Grundfrage«: »Warum ist überhaupt Seiendes und nicht vielmehr Nichts?« Aber schon hier ist die Seinsfrage »das im Fragen der Grundfrage gleichsam glühende Herdfeuer, der Herd alles Fragens« (32). In den »Beiträgen zur Philosophie« löst dann die »Seinsfrage«, d.h. die Frage »nach der Wahrheit des Seyns«, nach dem »Seyn als Grund des Seienden«, als neue Grundfrage vollends die alte nach dem Warum ab (6). Das »y« der Seynsschreibung signalisiert, daß es konkurrenzlose Geltung verlangt. An zweiter Stelle nach der Seinsfrage kommt die »Leitfrage«, die die bisherige Frage der Metaphysik nach dem – ohne »y« geschriebenen – »Sein des Seienden« ist. Und erst an dritter Stelle darf die ehemalige »Grundfrage« als bloße »Übergangsfrage« firmieren (509). Sie wird degradiert oder, wenn man bei Heideggers Metaphern von Baum, Wurzel und Grund der

Metaphysik bleiben will, entwurzelt zugunsten der Fundierung im »Seyn« als gründendem Grund. Die Philosophie kann unter diesen Umständen auch nur noch fundamental, aber nicht mehr radikal sein. An die Wurzel des Seins des Seienden will sie gar nicht mehr gehen.

Das seinsbegeistert stammelnde Finale der »Beiträge« faßt die verschiedenen verworfenen Impulse der vormaligen Grund-, der jetzigen Übergangsfrage noch einmal zusammen, um sie in den bergenden Hafen des »Seyns« einlaufen zu lassen: »Warum das Seyn? Weil die Götter? Warum die Götter? Weil das Seyn? (...) Kann das Warum noch zu einem Gerichtshof gemacht werden, vor den das Seyn zu stellen ist? (...) Warum Seiendes? Warum? Weshalb? Inwiefern? Gründe! Grund und Ursprung des Warum. Jedesmal über das Seiende weg. Wohin? Weil Sein west. Warum Seyn? Aus ihm selbst« (508 f.). So die neue Seyns-»Er-Gründung«. Wieder hallt in der Zurückweisung des Warums als »Gerichtshof« wie bei Nietzsche das Trauma der alten Rechtfertigungsfragen nach. Nur hat »das Seyn« jetzt die Platzhalterschaft Gottes übernommen. Und wenn Nietzsche am Ende die Rolle des Saulus der Lebensphilosophie aufgibt, um wieder zu ihrem rechtfertigenden Paulus zu werden, so zieht Sankt Martin aus Meßkirch es vor, den »Seyns«-Gerichtshof vorsichtshalber gleich ganz für unzuständig zu erklären.

Wer freilich auf der alten Grund-Frage im Sinn einer *Be*gründung besteht, der wird nach wie vor wissen wollen, warum denn das Seiende ist. Gerade das Sein des Seienden ist für ihn begründungsbedürftig, während Heidegger es als grundlosen Grund aller Gründe von der Frage befreien will. Die »ontologische Differenz« zwischen Sein und Seiendem kann nur notdürftig verbergen, daß wie weiland Gott das Sein die altneue »causa sui« ist. Die angeblich befehdete »Ontotheologie« kehrt als Fundamentalontotheologie wieder. Vor dem scheinbar leeren Thron Gottes stimmt die Philosophie gleichsam ihr Onto-Tedeum an, indem sie ihn mit dem Sein des Seienden wiederbesetzt. Und der Mesnersohn Heidegger, der sich als »Läuterbube« früh geübt, aber zwischen Sein und Zeit eine Zeitlang fatal einem Renegaten geglichen hatte, kehrt als ontologischer Glöckner von Meßkirch heim. Das ist der vielleicht »eigentlichste« Sinn von Heideggers »Kehre«: die *Be*kehrung als Heim- und Wiederkehr. Der Schwindel, der bei Kant das sich selbst in Frage stellende »höchste Wesen« packt, wird mit einem Etikettenschwindel kuriert.

»Das Suchen nach dem Warum« des Seienden, das gerade bei Heidegger eine riskante Präzipitation auf das großgeschriebene Nichts hin zu gewinnen schien, mündet nun in die »Überwindung des Nichts« ja, die »Herrschaft« über das Nichts (E.i.d.M. 22). Gegen »Machenschaft« und »Rechenschaft« hat Heidegger alles, gegen »Herrschaft« nichts.

Solange das Nichts noch der Antipode des Seins ist, gefährdet es diese Herrschaft. Es kann der Abgrund aller Seinsgründe werden. Deswegen muß selbst das Nichts in das Sein eingemeindet werden. Doch wie leicht ist das, da ja noch das »Nichtige und das Nichts« als solches »›ist‹« (E.i.d.M. 2, Beiträge 74). Das »schlechthin Andere zu allem Seienden« »west« unverhofft und um so gnadenreicher »als das Sein« (W.i.M. 46). So ist es aber auch schon ver-west. Denn das ist die letzte Finesse der »ontologischen Differenz« als ontologischer Indifferenz: Der Gründung des Seienden im Sein entspricht die Vernichtung des Nichts als Nichts.

Die Konsequenz für die Grund-Frage ist offensichtlich: Die zunächst so unterstrichene »Gegenmöglichkeit« und damit der provokative Kern der Frage wird annulliert. Ist die Frage überhaupt noch eine? Die Hamlet-Frage, die »Sein oder Nichtsein« als »das Äußerste« wagt, kann jedenfalls mühelos übersprungen werden, wenn das Sein des Seienden auch noch das »Nichtsein als eine Art des Seins« integriert (Beiträge 101).

»In der *Frage* nach dem Sein ausdrücklich bis an die Grenze des Nichts gehen und dieses in die Seinsfrage einbeziehen«, ist denn auch für Heidegger »der erste und einzig fruchtende Schritt zur wahrhaften Überwindung des Nihilismus« (E.i.d.M. 155). Seinem Selbstverständnis zufolge will er ihn tiefer verstehen, als ihn selbst Nietzsche mit seiner Diagnose der (Selbst-) Entwertung der bisherigen höchsten Werte, vorab des Seins als Wert, und seinem Versuch einer »Überwindung des Nihilismus« durch eine »Umwertung aller Werte« verstanden hatte. Diese vermeintliche Überwindung ist für Heidegger nur die Vollendung des Nihilismus in Gestalt der Metaphysik. Denn sie bleibt sowohl in der Diagnostik wie in der Therapie dem metaphysischen »Wertdenken« verpflichtet, welches das Sein als Wert oder auch Unwert nicht das sein läßt, »was es als Sein selbst« ist (Holzwege 239). »Das Wesen des Nihilismus ist die Geschichte, in der es mit dem Sein selbst nichts ist« (»Nietzsche« II 236).

Radikaler scheint man es nicht sagen zu können. Aber beschränkt es sich denn aufs Wertdenken, wenn es »mit dem Sein selbst nichts ist«? Zweifellos bleibt Nietzsches Versuch einer *Um*wertung aller Werte diesem Denken verpflichtet, aber auch eine nihilistische *Ent*-Wertung, welche die Wertordnung aufhebt, ohne sie auch nur umzukehren? Heidegger hingegen reduziert den Nihilismus auf ein seinsvergessenes Wertdenken in der erklärten Absicht, daß es mit dem Sein nicht nichts sein soll, sondern sich »das, was nicht ein Seiendes ist, das *so verstandene* (!) Nichts«, als das »Sein selbst« entpuppen kann. Noch die nihilistische Bestimmung des »Seins selbst« als »nichts« wird der Seinsgeschichte dienstbar gemacht.

Keineswegs läßt Heidegger den Nihilismus das sein, was

er womöglich ist: eine andere Geschichte, die mit der Seinsgeschichte bricht. Mit dem Sein darf es im Nihilismus nur insoweit nichts sein, als noch das Nichts dank seiner ontologischen Indifferenz dem Sein eingemeindet ist. Noch Heidegger, der den Nihilismus tiefer als selbst Nietzsche denken will, ordnet sich in die Gemeinde der Nihilismusüberwinder ein. Welche Ironie, geradezu ein metaphysischer Witz, daß ausgerechnet seiner Existenzialontologie die verworfene »Begegnung mit dem Nichts« vorgeworfen wurde. Gegen die Seinsvergessenheit setzt Heidegger sein dem Sein höriges Denken. Gegen Leibniz' erstaunliches Eingeständnis, daß das Nichts einfacher und leichter als das kompliziertere und deswegen fragwürdige Etwas sei, stellt er die Überzeugung, daß allein das Sein das volle Pathos der Frage verdiene (W. i. M. 23). Die Verwunderung über die Befremdlichkeit des Seienden, aus der das Warum resultiert, verwandelt sich in die Bewunderung des »Wunders aller Wunder: *daß* Seiendes *ist*« (W. i. M. 47).

Heidegger folgt hier, ohne daß er es sagte, Paul Natorp. Er hatte »das Rätsel, daß überhaupt *etwas* ist«, als »die Frage aller Fragen«, als »das ungeheuerste Rätsel, das Rätsel *des Rätsels selbst*« bezeichnet, ja, im Gegensatz zur Tradition des »Logos«, der immer schon wußte, warum überhaupt etwas ist, eine förmliche *»Antilogie«* darin gesehen, »daß alles da ist und wiederum nichts schlechthin da, alles erst gesucht, gefragt, und in sich nicht bloß fraglich, nicht bloß in Frage, sondern selbst Frage, (...) ›die Frage‹ ist« (Philosophische Systematik, Hamburg 1958, 22).

Schon vor ihm hatte Georg Simmel, wenngleich mit anderen Intentionen und in einer ganz anderen Tradition, den Versuch zurückgewiesen, »das Sein logisch (...) aus sich selbst« so zu verstehen, daß es »zu etwas *Vernunftmäßigem*« wurde und »das Dunkle, Irrationelle, Fatumsmäßige« sich auflöste, »das in der Tatsache des Seins überhaupt liegt«.

»Daß es eine Welt gibt, ist die schlechthin harte Tatsache, diejenige, in die unsre Vernunft nicht eindringen kann; für Schopenhauer wie für die indische Philosophie wurde das Grauen, mit dem sie dem Sein gegenüberstehn und dessen Unbezwinglichkeit fühlen, zum leitenden Affekte in ihrem Denken; und vielleicht gibt es nur wenige Philosophen, die dieses Grauen nicht irgendwie empfunden hätten« (Hauptprobleme der Philosophie, Berlin/New York 1989, 59). Aber selbst bei Simmel bleibt die »harte Tatsache des Seins überhaupt« in seiner »Unbezwinglichkeit«. Keine Alternativen und also letzten Endes auch keine Fragen. Und Natorp nimmt die Alternative, daß etwas »nicht ist«, als Teil des Rätsels so in die Frage auf, daß es mit ihr »doch irgendwie ›ist‹«. Und flugs ist er nach der »Frage aller Fragen«, dem Rätsel aller Rätsel, bei dem »Wunder aller Wunder« angekommen, »daß überhaupt etwas *›ist‹*«.

Dem solcherart erschlichenen, in der Tat »antilogischen« »Wunder aller Wunder«, *»daß«*, nicht der Frage, warum überhaupt »Seiendes *ist*« und nicht vielmehr Nichts, zollt Heidegger seine Bewunderung. Die Frage nach Sein *oder* Nichts wird zur Geburtshelferin, zur Wiedergeburtshelferin des Seins. Das anfängliche Denken, das zunächst die Grund-Frage hervortrieb, wird zum »Widerhall der Gunst des Seins, in der sich das Einzige lichtet und sich ereignen läßt: daß Seiendes ist. Dieser Widerhall ist die menschliche Antwort auf das Wort der lautlosen Stimme des Seins« (W.i.M. 49f.).

So werden aus Fragen Echos. Und der »Logos« des Seins kann wieder darauf rechnen, daß ihm sein menschlicher Platzhalter Stimme gibt. Konnte sich Heideggers Pathos des Fragens zunächst gar nicht im Fragen genug tun, so wird er am Ende so seinsfromm, daß er in der Bayerischen Akademie der Künste dem Fragen als der »Frömmigkeit des Denkens« sein Schlaflied singt. Nun erhört er den »Ruf der

Sorge«. Ja, die Harmonie ist so prästabiliert, daß Heidegger in den verschiedenen Auflagen seiner Freiburger Antrittsvorlesung nur mit den Vokalen spielen muß, und schon werden »Denken« und »Danken« so eins, daß der Seinsdenker ohne Mühe vom »Denken« zum »Danken« gelangen kann, weil er in der Tiefe seines Wesens ein Seinsdanker ist (W.i.M. 49f.). Indes, wenn das Denken Danken wird, so hat es auch schon abgedankt. Undank ist wie der Welt Lohn, so der Grund-Frage Inspiration.

Das symptomatische Exempel für diese Abdankung eines Denkens, das von zersetzend-zergliedernden Grund-Fragen nichts mehr wissen will, hat Heidegger in seiner Rektoratsrede geliefert. Von dem »Wunder aller Wunder« ist hier freilich nur noch so wenig übriggeblieben, daß Heidegger von selbstgenügsam-schönen mystischen Seinsrosen wie von den Spielen des heraklitischen Weltkindes nicht mehr das geringste weiß. Man darf die Rede zitieren, ohne unfair zu werden, weil Heidegger selber sie in seiner »Einführung in die Metaphysik« wieder zitiert hat: »Geist ist weder leerer Scharfsinn, noch das (...) uferlose Treiben verstandesmäßiger Zergliederung (...), sondern Geist ist ursprünglich gestimmte, wissende Entschlossenheit zum Wesen des Seins«, soll heißen: »die Ermächtigung der Mächte des Seienden als solchen im Ganzen. Wo Geist herrscht, wird das Seiende als solches immer und jeweils seiender. Daher ist das Fragen nach dem Seienden als solchem im Ganzen, das Fragen der Seinsfrage, eine der wesentlichen Grundbedingungen für eine Erweckung des Geistes und damit für eine ursprüngliche Welt geschichtlichen Daseins und damit für eine Bändigung der Gefahr der Weltverdüsterung und damit für ein Übernehmen der geschichtlichen Sendung unseres Volkes der abendländischen Mitte« (37f.).

Erstaunlich, zu wie vielen und welchen zuvor so verabscheuten »damits« statt des fragenden »Warum« das dankende

Denken kommt, wenn es erst einmal seine alten Fragen entmächtigt und sich zur »Ermächtigung« der herrschenden »Mächte« eines immer seienderen völkischen Seins der »abendländischen Mitte« entschlossen hat. Vergebens, daß es einmal eine philosophische Aufklärung gab, die nach dem Geist der Herrschenden fragte, »wo Geist herrschte«. Auch der Geist des Seins tut nun einmal nichts lieber als herrschen. Die Rektoratsrede ist Heideggers Seinsermächtigungsgesetz. Das Sein in der Zeit seiner »geschichtlichen Sendung« wird die »Weltverdüsterung« auf seine Weise lichten und zeigen, wie es ist, wenn der Nihilismus als Metaphysik »wahrhaft überwunden« ist.

13. KAPITEL

Jean-Paul Sartre macht den Ekel philosophisch salonfähig. Eine radikale Wurzel-Meditation. Die ontologische Überbevölkerung der Welt. Das Gegenprinzip der Fülle. Süß bis zur Klebrigkeit: Der Existenz vergeht der Appetit. Homöopathie des Ekels. Sartres Kehre. Das Sein und das Nichts, das unzertrennliche Paar. An-sich und Für-sich. Das Loch im Sein. Gewesenes Wesen. Mein Krieg. Von der Mortalität zur Natalität. Pathodizee des Kerkers. Die Geburt der Freiheit aus der Geworfenheit. Atlas darf das Gewicht der Welt tragen. Von der Ontologie zur Ontoerotik: Die Frau als Nichts und Loch. You'll miss me, honey.

Im Anfang war – der Ekel: im Anfang von Jean Paul Sartres gleichnamigem ersten philosophischen Roman (EA 1938; dt. Stuttgart/Hamburg/Baden-Baden 1949). Nichts, was man ein »Ereignis« nennt (9), schon gar nicht in den Kreisen der Fundamentalontologie, auch keine im üblichen Sinn existentielle Erfahrung löst ihn aus, nur das Aufheben eines x-beliebigen, auf der einen Seite trockenen, auf der anderen feuchten und kotigen Kieselsteines. Eigentlich wollte der Ich-Erzähler ihn über das Meerwasser hüpfen lassen: ein Kinderspiel, das spielet, weil es spielet. Doch dann läßt er ihn abgestoßen fallen. Und der Roman nimmt seinen auch im weiteren nur philosophisch ereignisträchtigen Lauf.

Eine störende Disproportion zwischen diesem ephemeren Anlaß und seinen seelischen und philosophischen Konsequenzen, die darauf hinauslaufen, daß Sartres Protagonist mit dem Stein sowohl sich wie die Welt fallen, dem Ekel anheimfallen läßt? Vielleicht. Aber wenn es um das X-Beliebige gehen soll – muß man dann nicht auch mit einem x-beliebigen Anlaß beginnen?

Auf jeden Fall hat es die Philosophie mit dem Ekel als beherrschendem Existenzgefühl zu einem ziemlich eigenwilligen neuen Anfang der Philosophie gebracht. Das Staunen mochte man ja immer gerne dafür gelten lassen. Aber der Ekel – eine philosophische Kategorie? Auch Sartres dubioser Held Antoine Roquentin kennt noch den altbewährten Anfang, wenn er eher erstaunt, nicht verzweifelt vor diesem Leben steht, das ihm »gegeben wurde – gegeben für *nichts*« (201). Doch das ist ein Ausnahmemoment; aus dem gesperrten »für *nichts*« spricht weit mehr ein Sinnlosigkeitsverdacht als Dankbarkeit für eine unverdiente, unbezahlte Gabe, wie Nietzsche sie von den »edlen Seelen« gefordert hatte. Der Schrecken zu existieren (136) wird durchaus deutlicher empfunden. Aus Heideggers Stimmungsphilosophie meldet sich die »Angst« ebenso zu Wort wie die Empfindung des »Lastcharakters des Daseins«.

Heideggers »Angst« war freilich auf das nichtende Nichts bezogen, während Sartres Ekel der »Existenz« gilt. Und Heideggers »Geworfenheit« ist zum neognostischen »Sturz« eskaliert, dessen Aufhören ungewiß ist (137f.). Nun sorgen Haß, Abscheu zu existieren (136), Scham, sich der Existenz überlassen zu haben (230), dafür, daß es sich endgültig ausgestaunt hat. Statt wie ehemals das Gloria auf die Herrlichkeiten des »Wunders aller Wunder« anzustimmen, macht die Philosophie jetzt ein angewidertes Gesicht. Die Ontologie wird negativ-ästhetisch. Oder auch nur psychopathologisch – es sei denn, der Ekel hätte einen ausweisbaren philosophischen Sinn. Und den soll er haben: Sartres Kommentar in »Das Sein und das Nichts« (Reinbek 1995, 597f.) zeigt, daß der Ekel nicht etwa »als eine aus unserem physiologischen Widerwillen genommene Metapher zu verstehen« ist.

Fundamental, nicht radikal war der »Satz« gewesen, den Heidegger mit der Grund-Frage in das Sein des Seienden getan hatte. Wie prekär auch immer die Frage sein mochte –

sie ersprang sich den ursprünglich gründenden Grund. Alles hatte so am Sein teil, daß nichts aus ihm herausfallen konnte.

Bei Sartre ist die Welt sogar bis an den Rand voll mit Existenz. Aber die vakuumlose Fülle wird abstoßend. Roquentin geht ihr unter diesen Umständen lieber wieder radikal an die Wurzeln, und zwar buchstäblich: Im Mittelpunkt des Romans steht eine Szene, in welcher die Existenz einer Wurzel meditiert wird, um die Wurzel der Existenz in Frage zu stellen (170ff.).

In einer »Erleuchtung«, die nichts weniger als eine Heilsoffenbarung ist, lichtet sich für Roquentin, was sich gewöhnlich verbirgt. *»Hinter«* den Dingen, da gibt es zwar nichts. Trotzdem sind die Dinge nicht »ganz und gar, was sie scheinen« (131), wie Roquentin zunächst glaubt; denn wie verschieden sie auch in ihrem individuellen Wesen, als schütterer Rasen, als Bank, als Gatter oder eben als Wurzel wirken mögen, allen haftet ein- und dasselbe an: daß sie existieren. »Existieren, das heißt einfach: da sein« (175). Heideggers scharfe Trennung des menschlichen »Daseins« von allem anderen Seienden, die Sartre wenig später mit der Entgegensetzung von »An-sich« und »Für-sich« aufnimmt, wird mit diesem Begriff von »Existenz« verwischt. Das mag als Mangel an Präzision ausgelegt werden, entspricht aber dem Existenzgefühl: Es gibt keine privilegierte Existenz. Sie ist der »Teig« aller Dinge; auch die Baumwurzel ist »eingeknetet in Existenz« (171). Sie entqualifiziert alles zu ungeordneten, monströsen Massen. Die Existenz – ein Einheitsteig.

Nicht daß die Dinge an Existenzschwäche litten; nein, sie können sich so breit machen, daß Roquentin wünscht, »sie würden weniger stark existieren, (...) mit etwas mehr Zurückhaltung«. Sie drängen sich auf »bis zur Schamlosigkeit«. Sie machen »sich das widerliche Geständnis ihrer Existenz« (171). Keinesfalls sind sie komisch. »Nichts, was existiert, kann komisch sein« (171). Roquentin dröhnen die Ohren geradezu »vor Existenz«, nicht anders als dem Leser, für den der Begriff bis zum Überdruß wiederkehrt, sachgemäß wiederkehren muß. Die anderen Menschen freilich, zumal die ontologischen Besitzbürger, denen ihre Daseinsberechtigung so selbstverständlich ist, daß sie »in ihrer grenzenlosen Dummheit« gleich noch ihresgleichen in die Welt setzen (210), lassen sich das Gefühl ihrer Unentbehrlichkeit keineswegs nehmen.

Aber gerade die Aufdringlichkeit der Existenzen drängt die Frage nach dem Grund des Einzelnen wie des Ganzen auf. Sie resultiert nicht aus dem mitgelittenen Leiden des Lebens, sondern aus einer abgrundtiefen Distanz zu denen, die es begierig leben. »›Warum so viele Existenzen‹, dachte ich, ›da sie sich doch alle so ähnlich sind?‹ So viele verfehlte, hartnäckig wiederbegonnene und von neuem verfehlte Existenzen« (178)? Lauter Existenzen ohne Eigenschaften, damit ohne Grund. Wozu sind die Menschen da? »Warum essen sie?« (163) Warum erhalten sie ihr Leben? Der Humanismus, der sich des Menschen mit dem pathetischen Versprechen seiner Ausnahmestellung annimmt, verfällt dem blanken Hohn (151 und 157f.). Aber auch die Einschränkungen von Nietzsches selektivem, aktiv-nihilistischem Antihumanismus gelten nicht mehr: Der Ekel, der sich angewidert von den Menschen abwendet, läßt niemandem einen Grund.

Der Einzelne reaktiviert den cartesianischen Existenzbeweis: »Ich bin, weil ich denke« (137). Aber »warum denke ich«? Anfangs ist Roquentin glücklich, *»daß ich ich bin und daß ich hier bin«* (77). Da ist er so mit sich und der Welt identisch, daß nichts »anders sein soll, als es ist«. Aber »warum bin ich hier?« – »und nicht da«: So hatten schon Pascals »Pensées« der zufälligen Existenz nachgefragt. Doch »warum sollte ich nicht hier sein?« (140). »Ich gehe hinaus.

Warum? Nun, weil ich gar keinen Grund habe, es nicht zu tun« (136). Leere Beliebigkeit.

Und dann »die Welt, die nackte Welt, (...) dieses fette absurde Wesen«: Wo kam das alles her? »Warum existierte eine Welt statt des Nichts« (180)? Gründlich gefragt, doch kein Grund in Sicht, nirgends, alles ohne Sinn und Zweck. Erklärungen verfangen nicht mehr, Funktionen besagen nichts mehr. Das Wesentliche an der Existenz ist paradoxerweise ihre Zufälligkeit, das heißt hier nicht: ihre Nichtnotwendigkeit, sondern ihre Grundlosigkeit. Das notwendige Sein hat man nur ersonnen, um der Zufälligkeit Herr zu werden (175 f.).

Umfassende Kontingenz also. Das neue Kontingenzgefühl, das sich im Ekel artikuliert, hat indes ein heikleres Wort dafür parat: »Überflüssigkeit« stigmatisiert die Existenz.

Zwar hallt auch darin noch ein alter theologischer Gedanke nach: Augustinus' Lehre, daß die Welt vom Standpunkt Gottes etwas Überflüssiges sei. Aber nun ist von der Idee der göttlichen Autarkie nichts mehr übriggeblieben. Die Überflüssigkeit ist totalisiert: Die Dinge, alle Dinge, sind »zuviel«. Sie leisten einander nicht nur passiven Widerstand, sie drängen nicht nur gegeneinander, daß es eng wird in der Welt; sie drängen über alle Grenzen hinaus. Die Frage, warum sie existieren und nicht vielmehr nicht, korrespondiert gleichsam der ontologischen Überbevölkerung der Welt. *Ihr* Grund ist, daß es in Anbetracht des »Zuviel« keinen für die Dinge gibt. Woher überhaupt eine Existenzrechtfertigung für irgend etwas nehmen, wenn alles zuviel ist? Dieser Überfluß hat »nichts von einer reichen Verschwendung an sich, im Gegenteil«. Wenn es von etwas zuviel gibt, dann üblicherweise von diesem oder jenem. Das »Zuviel« bezeichnet einen quantitativen Begriff, der relativ ist und bestimmte Grenzen impliziert. Für Roquentin jedoch ist die Existenz, die Welt als solche »zuviel«. Die Quantität schlägt um in eine negative Qualität, die Überflüssigkeit gilt prinzipiell und umfassend, die Absurdität wird absolut. Mit der Existenz der Wurzel wird die Wurzel der Existenz ausgerissen: Überflüssig, absurd ist, was, ohne einen Grund zu haben, existiert.

Zwei Jahre vor Sartres »Ekel« hat Arthur Lovejoy das konträre »Prinzip der Fülle« beschrieben; Ulrich Steinvorths »Kleine demiurgische Metaphysik« (Reinbek 1994, 102ff.) hat neuerdings versucht, es für die Beantwortung der Grund-Frage zu nutzen. Vor allem die christliche Vorstellung eines Schöpfers, der trotz seiner göttlichen Selbstgenügsamkeit nicht bei sich bleibt, wie er das ohne Verlust könnte, vielmehr das Gute, das er ist, in »selbstüberschreitender Fruchtbarkeit«, in der Schaffung eines überaus vielfältigen, varietätenreichen Universums mitteilt, ist diesem Prinzip gefolgt. Wenn das Sein das Gute ist; wenn es besser ist zu sein als nicht zu sein, dann ist auch die reichste die beste Welt.

Das »Prinzip der Fülle« fordert in seiner neodemiurgischen Aktualisierung sogar die Transformation aller Möglichkeiten in Wirklichkeiten – so nun die Bestimmung des »Möglichkeitssinns« als »Wirklichkeitsliebe« (Steinvorth 112). Wirklichkeiten sind zu sich selbst gekommene Möglichkeiten, nicht deren Verarmungsform, wie es Robert Musils »Mann ohne Eigenschaften« angenommen hatte. Fern davon, daß das Schaffen der Rechtfertigung bedürfte, hat das, was (noch) nicht ist, geradezu einen Anspruch auf Verwirklichung – ungeachtet der Frage, wer oder was denn bei noch nicht Existierendem der Träger dieses Anspruchs sein soll. Die potentiellen Schöpfer werden in die Realisierungs-Pflicht genommen. Und das »Prinzip der Fülle« fordert auch die Steigerung, die Vervielfältigung des Seienden als Annäherung an das überhaupt mögliche Schöpfungsvolumen. Aus dem Prinzip des »größtmöglichen Glücks für die größtmögliche Zahl«, wie es die utilitaristische Ethik formuliert hatte, ist das größtmögliche Sein in der größtmöglichen Zahl geworden.

Von einer »ontologischen Überbevölkerung« der Welt keine Spur, ganz im Gegenteil: Die permanente Schöpfung ist der Prozeß, welcher der konstitutiv unterbevölkerten Welt maximalen Reichtum gibt. Das könnte man auch so sehen, daß Armut und Reichtum dabei untrennbar miteinander verbunden sind – so wie Schopenhauers unersättlicher Wille zum Dasein die Seinsökonomie der Knappheit, unter der er leidet, in eine ontologische Surplusproduktion zu verwandeln sucht; wie Schellings »unendlicher Mangel an Seyn« mit einem ebenso unendlichen »Hunger nach Seyn« einhergeht, der um jeden Preis das Sein affirmiert. Aber das »Prinzip der Fülle« will nun einmal nur vom Reichtum künden. Sagt Sartres »Ekel«: »Es gibt von allem zuviel«, so das »Prinzip der Fülle«: »Es kann gar nicht genug von allem geben.« Stellt Sartre die Grund-Frage so, daß mit der Existenz der Wurzel die Wurzel der Existenz ausgerissen wird, so glaubt das »Prinzip der Fülle« immer schon über die Frage hinaus zu sein. »Warum überhaupt etwas ist und nicht nichts?« »Damit auch wir soviel wie möglich verwirklichen« (Steinvorth 150). Der Mensch ordnet sich der »Tendenz des Seins unter, zu dem er selbst gehört« (158). Als Fortsetzer der Evolution tut er wissentlich und willentlich, was seines demiurgischen Amtes ist. »Der Demiurg verkörpert den Menschen, der auf die metaphysische Warumfrage eine Antwort gefunden hat« (158), mag diese auch letzten Endes unbeweisbar bleiben, wie sein philosophischer Platzhalter immerhin einräumt (124).

Wenn der »Sinn des Seins« aber darin liegen soll, »daß seine Möglichkeiten verwirklicht werden« (153); wenn es überhaupt etwas geben soll, damit es immer mehr davon gibt – gibt das wirklich mehr als die »quasitautologische«

Antwort: »Der Sinn des Seins besteht darin, daß es ist« (154)? Sollte sich ein Mephisto angesichts dieser schönen zirkulären Schlüsse und Maximen nicht ins nihilistische Fäustchen lachen dürfen? Kein Zweifel jedenfalls, daß der große Nichts-Freund und Seins-Antipode (141 ff.) das »Prinzip der Fülle« verwerfen wird: Möglichst alles wird er auf möglichst nichts reduzieren wollen. Bei Goethe leidet er zwar kaum unter Ekelgefühlen, so paradox vital, wie er sich gegenüber dem metaphysischen Kopfhänger Faust präsentiert. Aber die Diagnose des »Zuviel« wäre ihm gewiß aus der Seele gesprochen.

In der Verabsolutierung eigentlich quantitativer Kategorien trifft sich freilich das vom Dégout inspirierte Prinzip des »Zuviel« mit dem von der Schöpfungsfreude bestimmten Gefühl des »Gar-nicht-genug«. Zuviel an was? Zuviel für wen? Gar nicht genug an was? Gar nicht genug für wen? Die Worte verlieren ihren Sinn, wenn sie auf nicht weniger als alles bezogen werden. Denn von »allem« kann man ebensowenig sagen, daß es davon »gar nicht genug« geben könne, wie trotz der umgangssprachlichen Beliebtheit dieser Wendung, daß es »zuviel« sei. Die einfache Position oder Negation ist wahrhaftig »genug«: Soll es sein – oder nicht?

Wie aber auch immer es um die philosophische Schlüssigkeit des verabsolutierten »Zuviel« stehen mag – der Ekel antwortet dem »Prinzip der Fülle« mit einer nicht weniger prinzipiellen Reaktion: dem sich auch physisch äußernden »Prinzip Überdruß«. Mit der »nausée« nämlich geht – deutlicher als mit dem deutschen »Ekel« – nicht nur der Schwindel einher, der seit Kant dem Seienden, selbst dem höchsten Seienden, den Boden unter den Füßen wegzuziehen droht. Die »nausée« würgt vielmehr an dem, in ihr wird erbrochen, was »zuviel« ist: der ganze existentielle Mageninhalt. Der Ekel und das Bewußtsein des »Zuviel« sind so innig miteinander verbunden, daß es der Existenz jeden Appetit verschlägt.

Überflüssigkeitsbewußtsein und Ekelgefühl verdichten sich in einer Geschmacksmetapher, die Aristoteles' Vermutung, daß das Leben »etwas Süßes« sei, ins Dégoutante steigert. Die Grund-Frage verliert ihre metaphysische Abstraktheit; sie wird fatal sinnlich: Süß, gewiß, ist die Existenz – indes bis zur Klebrigkeit: Wie kommt man davon nur noch los! Das »Anhaften«, in dem sich für den Buddhismus der »Durst« nach Leben äußert, geht vom Menschen an die Existenz über und wird um so zäher: Die »scheußliche Marmelade«(179f.) klebt an allem. Mit Abwaschen ist es kaum noch getan.

Klar jedenfalls, daß es unter Ekelbedingungen mit der »*Lust*, zu existieren« (178f.) vorbei ist. Der edle Ulrich von Hutten mit seiner vielzitierten »Lust zu leben« – für Roquentin würde er zum Ritter von der ekligen Gestalt. Die Bilder der Liebe, die der Existenz des Anderen einen nicht überflüssigen Sinn verspricht; der Lust der Zeugung, der Verheißung der Geburt lösen sich in ein widerwärtiges Zerrbild auf. »Soll ich in die Existenz eines anderen eindringen, in den roten Schleim mit dem schweren, süßen, trägen Geruch der Existenz? Soll ich mich existieren fühlen zwischen Lippen, die (...) ganz feucht sind vor Existenz, (...) zuckrigfeuchte Lippen« (138), wenn es derart um den Daseinsappetit steht? Jetzt kann es auch nicht mehr gelingen, »die Existenzen im Augenblick ihres Geborenwerdens zu überraschen, sie aus dem Nichts hervortreten, sie allmählich reifen und sich entfalten zu sehen« (177). Nein, es wimmelt nur noch von zufälligen, herkunftslosen, wurzellosen Existenzen, die sich unaufhörlich erneuern. Allein für die leblosen Minerale, »die am wenigsten Abschreckenden unter den Existierenden« (207), gibt es mildernde Umstände. Die Fruchtbarkeit des Lebendigen aber ist marode. Und die Existenzen, die so voll im Fleische zu stehen schienen, vegetieren dahin. Nur Dummköpfe können von ihrem Kampf ums

Dasein, ihrem Willen zur Macht fabulieren (178). So kraftlos sind sie, daß sie sich nicht einmal von ihrer Existenzkrankheit kurieren können.

»Die Bäume schwankten. Ein Streben zum Himmel? Eher ein Niedergehen. (...) *Sie hatten keine Lust*, zu existieren, sie konnten es aber nicht hindern; das war es. So spielten sie denn eben, langsam und lustlos, mit. Langsam, unwillig stieg der Saft in den Gefäßen zur Höhe, langsam bohrten sich die Wurzeln in die Erde. Aber jeden Augenblick schienen sie bereit, alles stehen und liegen zu lassen und in Nichts zu zerfließen. Müde, alt und schlecht gelaunt fuhren sie fort, zu existieren, weil sie einfach zu schwach waren, um zu sterben, und weil der Tod ihnen nur von außen her kommen konnte. (...) Jedes Existierende wird ohne Grund geboren, lebt aus Schwäche weiter und stirbt durch äußere Einwirkung (...). Die Existenz ist ein Angefülltsein, das der Mensch nicht verlassen kann« (178 f.).

Auch mit der Möglichkeit des Selbstmordes, den Phantasien des Mordes ist es nichts, so sehr Mord und Selbstmord auf ihre Weise geeignet scheinen, das Überflüssige von seiner Existenz zu befreien. Noch der tote Kadaver, das Blut, das zerfressene Fleisch, ist überflüssig.

Um so absurder, wenn Sartres Held anfangs als Historiker einer toten Existenz wieder zum Leben verhelfen will, um einen zureichenden Grund für die eigene Existenz zu gewinnen. Der Historiker ist der Wiederbringer aller vergangenen Dinge. Aber schon an Gegenwärtigem gibt es viel zuviel. Da ist es schlüssiger, wenn der Weg in die Geschichte als Befreiung von der eigenen Existenz, nicht als ihre Rechtfertigung empfunden wird (133 f.). Der Nutzen der Historie für das Leben liegt darin, daß sie seine penetrante Präsenz herabmindert. Doch wie sollte sie imstande sein, in ihrem Endlager das erdrückende »Zuviel« des Lebens zu entsorgen?

Aber kann man denn nicht wenigstens dem Leben den

Sinn, den es an sich nicht hat, durch das menschliche Handeln verleihen (151, 200)? Ist es nicht larmoyant, sich darüber zu beklagen, daß einen »die Dinge nicht wie ein Blumenstrauß umgeben«, ohne »auch nur einen Finger zu rühren« – so, wie nur ein ontologischer Hypochonder von einem mißlingenden Kinderspiel auf die absurde Seinsverfassung der Welt kommen kann? Für das Handeln plädiert Roquentins frühere Geliebte. Das wird auch die Antwort sein, die der zur Résistance gewordene Existenzialismus Sartres gibt. Aber was meint Roquentin dazu? »Nichts« (151). Auch der Sinn des Handelns ist eine Lebenslüge.

Nicht einmal mehr die Frage nach dem Sinn und Wert des Lebens läßt sich sinnvoll stellen. Der Glaube wenigstens an sie bot für das philosophierende Leben eine letzte Ausflucht. Fragend, immerhin, ließ es sich noch leben. Doch nun ist auch der Restbestand an Sinn, den die Frage mit der Möglichkeit einer wie immer gearteten Antwort unterstellt, dahin. Denn zu erörtern, »warum eine Welt existierte statt des Nichts«, ist schon deswegen absurd, weil die Gegenmöglichkeit des Nichts, wie bei Heidegger vom Sein, so hier von der Existenz zerstört wird, aber keiner gründenden, bergenden, sondern ekligen, klebrigen. »Alle diese Existierenden (...) kamen von nirgendwo her und gingen nirgendwo hin. (...) Überall Existenz, bis ins Unendliche, zuviel, immer und überall – die Existenz, die immer nur durch die Existenz ihre Grenzen findet. (...) Überall war die Welt gegenwärtig, vorn, hinten. Es hatte nichts *vor* ihr gegeben. Nichts. Es hatte keinen Zeitpunkt gegeben, wo sie vermocht hätte, nicht zu existieren. Das irritierte mich: gewiß, es gab *keinen Grund*, warum sie existierte, diese Larve. *Aber es war nicht möglich*, daß sie nicht existierte. Es war un-denkbar: um sich das Nichts vorzustellen, mußte man schon hier, mitten in der Welt sein, die Augen weit geöffnet, lebend. Das Nichts war nur eine Idee in meinem Kopfe, eine existierende Idee, unsicher, schwankend in dieser Unendlichkeit: dieses Nichts war nicht *vor* der Existenz gekommen, es war eine Existenz wie viele andere und nach ihnen aufgetaucht. Ich schrie: ›Dreck, verfluchter Dreck!‹ und ich schüttelte mich, um diesen klebrigen Dreck loszuwerden, aber er hielt hartnäckig, und es gab soviel davon, ganze Tonnen voll Existenz, unendlich viel; ich erstickte auf dem Grunde dieses ungeheuren Verdrusses« (178 ff.).

»Nichts. Existiert« (140): der dürrste, leerste Tagebucheintrag Roquentins, der unmittelbar festhält, daß nichts passiert sei außer der Mühsal des Existierens, erhält einen fatalen Doppelsinn: Noch das Nichts existiert. Just in dem Augenblick, wo das Daseinsgefühl zum Ekel eskaliert, wird noch die befreiende Leere des Nichts vom unseligen Überfluß an Existenz okkupiert. Wahrhaftig, wenn es nicht einmal mehr die Gegenmöglichkeit des Nichts gäbe; wenn alles von Existenz »verdreckt« wäre, weil die Gegenidee zu ihr zweifellos »eine existierende Idee« ist, dann gäbe es kein Entkommen mehr; dann wäre die Welt die Ewigkeit der Hölle, in der die Existenz zur Existenz verdammt ist: Nietzsche und Bahnsen hatten das Dasein in der Tat mit dieser größten Last beschwert. Ist der Existenzialismus ein Nihilismus? Ja, wenn man letzteren im Sinn von Nietzsches »extremster Form«: der Ewigkeit des Sinnlosen, versteht; nein: wenn man eine Möglichkeit der Befreiung in ihm sucht. »Die Hölle, das sind die Andern«: damit kann man zur Not leben. »Die Hölle – es gibt nichts anderes«: damit lebt und stirbt es sich ziemlich schlecht.

Eben diese Ausfluchtlosigkeit erlebt Roquentin mit dem cartesianischen »cogito« (135 ff.), das nun alles andere als eine letzte Seinsgarantie gewährt. Weil er denkt, existiert er. Und er existiert um so mehr, je mehr er denkt, daß er existiert. Er kann gar nicht mehr aufhören, zu denken, daß er existiert. Weil er aber Schrecken, Haß, Abscheu, Ekel empfindet, zu existieren, will er der Existenz entrinnen; mit der restabilierten Heideggerschen Harmonie von Denken und Danken ist es nichts mehr. Doch wie das Denken Roquentins, daß er nicht denken will, wieder ein Denken ist; wie das Bewußtsein des Vergessens sich nie vergißt, so erneuert der Gedanke der Nichtexistenz wieder die denkende, so bekräftigt der Ekel, zu existieren, die empfindende Existenz.

Das Ich »setzt« sich im reflexiv werdenden »cogito« auf alle erdenkliche Weise. Aber es findet sich in keinem Fall darin. »Ich selbst, ich selbst ziehe mich aus dem Nichts heraus, auf das ich doch meine Hoffnung setze« (136). Wenn Nietzsche, auf Schopenhauer-, auf Nihilismusüberwindung erpicht, darauf beharrt, daß man selbst dann noch wolle, wenn man das Nichts wolle, so erfährt Roquentin, daß er noch denkt und also existiert, wenn er, ja, gerade dadurch, daß er gegen die Existenz denkt.

Die Frage nach dem Grund der Existenz stellen, heißt also: die Existenz ausgerechnet mit der Frage weitertreiben. Wie die Grund-Frage die Existenz als das Befragte und Fragende voraussetzt, so führt sie, selbst wenn sie aus ihr herausführen will, in sie zurück. Durch sie ist wieder und noch mehr Existenz – jedenfalls solange die Frage gestellt wird, freilich auch nur solange, weil das Nichts gerade dann »ist«, wenn weder die Frage noch das Denken, weder die Existenz noch das Nichts als »existierende Idee« ist. Aber vorerst scheint der circulus vitiosus geschlossen. Das Denken ist ein »ewigschmerzliches Wiederkäuen«, die Schlange von Nietzsches zum ewigen Unglück gewordener »ewiger Wiederkehr« ist die lange »Schlange aus Holz« (173), als die sich die Wurzel der Existenz zu erkennen gibt. »Hört denn das niemals auf?« (226). Allerdings macht Roquentin danach doch noch die Erfahrung, daß die Welt im Erwachen aus dem traumatisch-unentrinnbaren Existenztraum »wie durch ein großes Loch« verschwinden kann (180). Wohin? Eben ins

Nichts, ins Nirgendwo (225): ein letztes Schlupfloch. Andererseits scheint es noch ein Sein jenseits der Existenz zu geben: den Schmerz. Er »existiert nicht« – er *»ist«* (231). Auch für Büchner, für Schopenhauer war er das nicht zu Leugnende, die einzige zweifelsfreie Seinsqualität, obwohl zugleich das Nichtseinsollende gewesen. Für Roquentin hingegen wird der Schmerz zum Inbegriff eines Seins, das wahr und authentisch, nicht eklig süß, nicht mit der überflüssigen Existenz zu verwechseln ist. Im »Ekel« steht ausgerechnet sie, die sonst der Ort der Eigentlichkeit ist, für das falsche, uneigentliche Sein, während im Zeichen der Eigentlichkeit des Schmerzes nicht mehr alles »zuviel« ist. Der »arme Teufel« Roquentin ist nur in eine »falsche Welt« geraten (231), die vorher im ganzen die falsche war. Und am Schluß des Romans findet er sogar eine halbwegs richtige Welt.

Eine weitere Existenz in die Welt zu setzen, wo es übergenug davon gibt, ist zwar sinnlos. Aber die literarische und künstlerische Kreativität als Erbin der weiterhin »existierenden Idee« der Schöpfung wird für Roquentin wieder zur positiven Gegenmöglichkeit. Noch wo er eine Schallplatte parodiert, auf der »ein kleines Leid, ein vorbildliches Leid (...) glorreich zur Welt gekommen« ist (230), zehrt er davon. Der verbrauchte Komponist und die Sängerin, die diese Melodie sich ausgesucht hat, »um geboren zu werden« (233) – zumindest »diese beiden sind gerettet« (234), ein klein wenig gerechtfertigt. Der Text der Melodie paßt dazu: »You'll miss me, honey.« Dieser menschliche »Honig«, der »süße« Liebling, der die wieder vom Ekel befreite Form des Süßen darstellt, ist nicht zuviel.

Und wie wäre es gar mit dem Schreiben eines Buches, aus dessen Seiten ein Sein erraten werden könnte, das »über der Existenz stünde«? (234f.). Vielleicht eines Buches, welches bewirken könnte, »daß die Menschen sich ihrer Existenz schämten«, ihrer überflüssigen Existenz, damit aber selber nicht überflüssig wäre? Vielleicht sogar eines Buches, das mit der Artikulation des Existenzekels diesem begegnen könnte? Schon vorher, auf dem tiefsten Punkt seines Existenzgefühls, hatte Roquentin es als Auszeichnung empfunden, sich im Gegensatz zu den ontologischen Besitzbürgern überflüssig fühlen zu können: Elite der Negativität. Ganz so anspruchsvoll müßte es jetzt nicht mehr sein: Es würde genügen, wenn Roquentin sich seines Lebens ohne Widerwillen erinnern könnte; wenn es ihm gelänge, sich »in der Vergangenheit, nur in der Vergangenheit« (235) gelten zu lassen. Das ist der Restbestand an Sein jenseits des Ekels und der Überflüssigkeit.

Aber sind nicht alle diese Wege – die »historische« Rettung vergangenen Lebens, die kreative Lösung, die Sinnstiftung durch Sinnlosigkeitsartikulation, der negative Elitismus – schon verworfen worden oder wie bei Nietzsche nur zu deutlich als homöopathische Maßnahmen erkennbar, die es ermöglichen sollen, weiterzuleben, gleich ob man das dann ein »Sein« oder ein »Existieren« nennt? Ist der Romanschluß mehr als die übliche Intervention eines »deus ex machina«, verständlich angesichts der drohenden Verdammnis im höllischen Seinsgefängnis, aber auch nötig nur, wenn man den Ausweg ins Nichts versperrt?

Aus den einleitenden Worten des fiktiven Herausgebers der fiktiven Aufzeichnungen ist zu schließen, daß Roquentin inzwischen tot ist. Auf welchem Wege auch immer – er hat das Schlupfloch ins Nichts gefunden. Sein Autor aber lebt weiter. Er widmet sein Buch jener »Castor«, der wohl auch der »süße« Song vom vermißten »Honey« gilt. Und dieser Autor schreibt weiter, just jenes Buch, dessen Titel sich am weitesten Hamlets »Sein oder Nichtsein« anzunähern scheint: »Das Sein und das Nichts«. Hamlets »oder« wird dabei freilich durch ein »und« ersetzt: Sein und Nichts sind – wie bei Heidegger Sein und Zeit – »das unzertrennliche Paar« (Reinbek 1995, 239). Und auch Sartre vollzieht wie Heidegger eine Seins-»Kehre«.

Existentiell und politisch zieht er indes ganz andere Konsequenzen. Heideggers wissensdienstlich behandeltes Denken dankt der Gunst des Seins damit, daß es der Vernichtung assistiert, während aus Sartres »Sein und Nichts« undankbares Denken: »Résistance« wird. Das Projekt einer »metaphysischen Theorie des Seins überhaupt« (634) mündet bei Sartre in die seit Fichte radikalste Philosophie der Freiheit.

Statt des Ekels kehrt im »Sein und das Nichts« das philosophische Staunen wieder. Aber es ist nichts, was den Philosophen packte, sondern entspringt aktiver menschlicher Selbstbestimmung: »Es gibt in der Welt nie etwas, was in Erstaunen setzt, nichts, was überrascht, außer, wir bestimmen uns selbst zum Erstaunen. Und das ursprüngliche Thema des Erstaunens ist nicht, daß dieses oder jenes besondere Ding in den Grenzen der Welt existiert, sondern vielmehr, daß es überhaupt eine Welt gibt, das heißt, daß ich in eine Totalität von mir zutiefst indifferenten Existierenden geworfen bin« (876). Das Erstaunen über die Existenz der Welt gilt nicht dem »Wunder aller Wunder«, sondern der Geworfenheit des Ichs in eine indifferente Welt.

Zunächst führt das Erstaunen zu einer Reihe von ontologischen, metaphysischen und erkenntnistheoretischen Fragen, die keinen unmittelbaren Bezug zu irgendwelchen Hamlet-Problemen haben. Wenn Sartre zum Beispiel fragt, warum es »Sein gibt«, so ist damit zuerst die Konstitution des Seins für ein Bewußtsein gemeint. Vor allem zu Anfang dieses Opus magnum kann sich die Philosophie ziemlich gelassen zwischen Descartes und Husserl mit phänomenologischen Fragen befassen. Von Ekel, von Leiden kaum eine Spur. Ein erstaunlicher Wechsel in der Grundstimmung. Während der Krieg tobt und Unfreiheit herrscht, scheint sich die Philosophie einmal mehr mit Lebensferne zu imprägnieren.

Aus dem Schoß der Fraglichkeit aller Fragen tauchen aber die existentiellen immer deutlicher auf. Von den metaphysischen wird die nach dem Grund des Wesens des Seienden zunächst als »die ursprüngliche Frage« aufgenommen: »›Warum ist dieses Sein so und nicht anders?‹« (173). Die umfassendste ist jedoch wieder die in der Heideggerschen Form von Sartre zitierte, mit der das Dasein die Welt überschreitet und ihre »Kontingenz« realisiert: »›Warum ist überhaupt Seiendes und nicht vielmehr Nichts?‹« (57). Metaphysik ist die »Infragestellung der Existenz des Existierenden« (530).

So fundamental die Frage ist, so hat sie ihrerseits einen doppelten Grund: das besondere Sein dessen, das sie stellt – Sartre nennt es mit der deutschen dialektisch-idealistischen Tradition das »Für-sich-sein« –, und das Nichts. Die metaphysische Theorie über »das Sein und das Nichts« gibt sich als existentielle über das vom fraglosen An-sich-sein schärfstens durch das Nichts getrennte und als solches fragende Für-sich zu erkennen. Unter der Oberfläche der Begriffe rumort es.

Das »An-sich-sein« ist *»massiv«*, »volle Positivität«, es kennt keine *»Alterität«* und kein Nichtsein (43). Zugleich ist es kontingent; aber das heißt nun nicht, daß es eine Begründung forderte, sondern im Gegenteil, daß es »absolut von *nichts*« abgeleitet werden kann. Das »Bewußtsein« drückt das mit »anthropomorphen Begriffen« in der Sprache des »Ekels« so aus, daß es »zu viel« sei. »An-sich« selber ist es in seiner schlechthinnigen Positivität nur »unerschaffen«, schon gar nicht »ex nihilo« erschaffen, ohne »Seinsgrund, ohne irgendeinen Bezug zu einem anderen Sein«, genausowenig passiv wie aktiv, kurz: »Das Sein ist. Das Sein ist an sich. Das Sein ist das, was es ist« (35). Diese Identitätsformel ist das ferne Echo der Tauto-Logik des biblischen Gottes, der ist, der er ist, nur daß er, selbstgefällig wie er war, noch von sich sprach, während das An-sich gar nichts sagt. Es ist nicht einmal eitel oder dumm, bloß stumm. Es hat und stellt keine Fragen.

Das radikal verschiedene Sein des »Für-sich« hingegen, ebenso scharf wie bei Heidegger das »Dasein« von allem anderen Seienden unterschieden, läßt sich definieren »als das seiend, was es nicht ist, und als nicht das seiend, was es ist« (42). Es ist ein Sein von gebrochener Identität, stets Abstand haltendes Bewußtsein.

Im Gegensatz zum An-sich hat das Für-sich Beziehungen zu anderem Sein; »es ist sogar die einzige mögliche Beziehung zum An-sich« (635); denn als Bewußtsein ist es stets Bewußtsein von etwas, bewußtes Sein, Seinsbewußtsein. Für es »gibt es« überhaupt Sein. Dem Unterschied zwischen dem Sein, das ist, was es ist, und dem Sein, das »es gibt«, gibt Sartre allen Nachdruck (399). Aber das Für-sich ist nicht dieses Sein, sondern immer in einer Distanz zu ihm, die sich in seinen Fragen äußert, vor allem der »Frage nach dem Sein« (79) und da zuerst der nach seinem eigenen Sein. Ja, das Für-sich hat nicht bloß Fragen, es *ist* eine. »Seine Realität ist rein *interrogativ*. Wenn es Fragen stellen kann, so deshalb, weil es selbst immer *in Frage* steht; sein Sein ist nie *gegeben,* sondern *erfragt*« (1058). Das Pathos der Frage, der Frage als solcher vor allen bestimmteren Fragen, bei Heidegger schon fundamental genug genommen, dann jedoch überführt in die »Frömmigkeit« des Denkens, könnte nicht emphatischer sein. Es macht nicht mehr nur den Philosophen vom Range eines Ödipus aus, es konstituiert schlechthin die »interrogative Realität« des menschlichen Bewußtseins. Das »fragende Tier« (Fritz Mauthner) ist vollends nobilitiert.

Fragen haben, eine Frage sein aber kann der Mensch nur, weil es die Möglichkeit der Verneinung gibt, ohne die »keine Frage gestellt werden kann« (79); weil der »Neinsagenkönner« (Max Scheler) »nicht«, »nichts« und »Nichts« sagen kann. »Das Nichts ist die Infragestellung des Seins« (172). Das »unzertrennliche Paar« wird insofern auch für Sartre gebildet von zwei Antipoden. Mündete bei Heidegger die Frage nach den Bedingungen der Möglichkeit der Frage trotz der anfänglichen Favorisierung des Nichts in die Affirmation eines immer schon vorverstandenen Seins, so eröffnet sich bei Sartre in der Frage und durch sie das Nichts, durch das es wiederum nur die »Frage« gibt.

Das Nichts selber aber ist ein »Problem« (47), bei aller Einfachheit und Leichtigkeit wahrhaftig nicht das kleinste. Auf welcher Basis kann es, da es doch Nichts ist, die Infragestellung des Seins sein? *»Wo kommt es her?«* Die Frage nach dem Grund des Seins verschiebt sich zu der nach dem *»Ursprung des Nichts«* (79f.).

Wie für Heidegger ist das Nichts »Nichtung«. Im Gegensatz zu Heidegger aber, bei dem das Nichts aus der Sicht Sartres ganz abnorme Fähigkeiten entwickelt, ist für ihn das »Nichten« des Nichts ein reflexives »Sich-Nichten« (79f.). Und das Nichts nichtet sich nicht selber, sondern das Für-sich: Dieses ist der »Ursprung des Nichts«. »Infragestellung des Seins durch das Sein« also, ein fortdauernder »ontologischer Akt« (172), der aus dem Sein kommt, noch indem er seine massive Positivität bricht.

Das allerdings tut er mit allem Nachdruck. Sich zu nichten, ist sogar die auszeichnende Leistung, das wesenlose Wesen des Für-sich. Sartre nimmt Heideggers Bestimmung des »Daseins« auf, um sie im Zeichen des Nichts zu konterkarieren: »Das Sein, durch das das Nichts in die Welt kommt, ist ein Sein, in dem es in seinem Sein um das Nichts seines Seins geht« (81). »Die menschliche Realität ist (...) einziger Grund des Nichts innerhalb des Seins« (172). Fragend, »Nichts«-sagend, dem Sein nicht ent-, sondern widersprechend, bestimmt sich das Für-sich.

Als Seinsbewußtsein ist es vom Sein »durch nichts getrennt«. Aber das meint gerade nicht die Abwesenheit von allem Trennenden, sondern den ganzen Abgrund, der das Für-sich vom Sein scheidet. Das Für sich »nichtet« alles Sein, indem es das An-sich gleichsam durchstreicht, seine selbstverständliche Geltung verneint. Der Fragesteller versetzt es zunächst »in einen *neutralen* Zustand zwischen dem Sein und dem Nicht-sein« (82), der an die »Einklammerung« der Welt in der Phänomenologie Husserls erinnert, hier aber wie schon in der nicht erkenntnistheoretisch zu verkürzenden skeptischen Philosophie der Antike größtmögliche Distanz schaffen soll. Und bei der Neutralität bleibt es nicht. Der Fragende macht sich von den Kausalreihen der Welt los, »die das Sein konstituieren und die nur Sein hervorbringen können« (81 f.). Im Kern ist jeder Akt der Verneinung, und wäre es der harmloseste Urteilssatz, »Existenzverweigerung. Durch sie wird ein Sein (oder eine Seinsweise) gesetzt und dann ins Nichts zurückgeworfen.« *»Das Nichts sucht das Sein heim«* (62, 70). Im Innern des Seins ist es sein »Wurm«, sein »Loch« (79).

Das klingt nicht just appetitlich; eher scheint sich die enttäuschte alte theolosophische Leidenschaft für das Sein als das Schöne und Gute zu Wort zu melden. Dementsprechend die »Stimmung«. Wie für Heidegger die Angst mit dem Nichts verbunden ist, so ist sie es für Sartre mit dem Loch aller Löcher, dem »Loch im Sein«.

Doch die Angst, auch bei Sartre der philosophisch nobilitierten Gefühle vorzüglichstes, deutet auf das absolute Ereignis einer als Nichtung eröffneten radikalen Freiheit (763). »Das Nichts ist die eigene Möglichkeit des Seins und seine einzige Möglichkeit« (172). »In der Angst erfasse ich mich als total frei« (109). Ihre Etymologie spricht keine Wahrheit. Sie ist nicht der Abkömmling der Enge. Wenn der Lastcharakter des Daseins mich drückt, weil ich mich überall vom Sein »belagert« fühle, schafft sich das Für-sich vielmehr nichtend den Raum, den es nicht nur braucht, sondern der es ist. Die Negation ist wie eine »freie Erfindung« die »uns von dieser Mauer von Positivität losreißen muß, die uns umschließt« (63). Ja, diese Kraft ist sogar dem Ekel gewachsen. Nichtend befreit sich das Für-sich »vom Leim des Seins«, dessen eklige Klebrigkeit es gefangenzuhalten schien. Für die von Sartre skizzierte »Psychoanalyse der Dinge« (752 ff.) ist das Klebrige in seiner Verbindung von Weichheit, Nachgiebigkeit und Haftenbleiben heimtückischer noch als das »Teigige« der »Existenz«, die »Falle«, in der das Für-sich vom An-sich gefangen wird, »Aneignung des Besitzenden durch das Besessene«, die »Rache des An-sich (...). Ich spreize die Hände, ich will das Klebrige loslassen, und es haftet an mir, es zieht mich an, es saugt mich an« (1041 f.). Dasein hieße: In der Welt als einer klebrigen Falle sein, wenn da nicht die Frage und das Nichts wären, mit denen das Für-sich sich vom Klebrigen löst und vom Ekel erlöst.

Die Freiheit allerdings ist nicht halbierbar. Denn die Nichtung richtet sich auch auf den Fragesteller selbst, »indem er sich vom Sein losreißt, um die Möglichkeit eines Nichtseins aus sich hervorgehen lassen zu können«. Als Fragender stellt der Mensch sich »als ein Sein dar, das das Nichts in der Welt aufbrechen läßt, insofern es sich selbst zu diesem Zweck mit Nicht-sein affiziert« (82). Eine heikle Wechselbeziehung: Kommt durch den Menschen das Nichts in die Welt, so der Mensch erst durch das Nichts zu sich und zur Welt. *»Das Sein, durch das das Nichts zur Welt kommt, muß sein eigenes Nichts sein«* (81): die Geburt des Für-sich-Seins aus dem Geist der Nichtung.

Die abgründige Ambivalenz dieser auf den grundlosen Grund des Nichts gestellten Freiheit zeigt die Philosophie des menschlichen Selbstentwurfs, die Heideggers noch vergleichsweise heimatliche »Geworfenheit des Daseins in sein Da« aufnimmt, um sie ins Unheimelige zu überschreiten.

Mit dem Sein und dem Nichts umfaßt sie die ganze Spannweite zwischen der Geworfenheit des Geborenseins und der selbstmörderischen Verwerfung des Seins und der Geburt.

Das Sein des An-sich ist nicht nur unbegründet, es kennt überhaupt keinen Grund. Es ist, was es nun einmal ist, in seiner völligen, unableitbaren Kontingenz. Diese Kontingenz gilt auch für das Sein des Für-sich; Sartre nennt sie seine »Faktizität«. Ich kann nicht bezweifeln, daß ich bin; aber es ist kontingent, daß ich überhaupt bin. »Ich kann sehr gut nicht existieren« (858). »Es ist absurd, daß wir geboren werden, es ist absurd, daß wir sterben« (939). Alles ist ohne Grund.

Mit dem Für-sich als Bewußtsein kommt dann zwar überhaupt zum ersten Mal der Grund in die Welt, aber in der Weise, daß es »Grund seines eigenen Nichts« ist (177, 374). Der »Satz vom Grund«, der sich bei Heidegger am Ende als »Satz ins Sein« entpuppt, macht bei Sartre einen Riesensatz: in den Abgrund einer auf nichts gegründeten Freiheit. Bei allem, was das Für-sich an Motivationen, an Zwecksetzungen, an Sinngebungen entdeckt (»Ich bin da, um ...«), wird es »dauernd auf sich selbst und seine konstante Freiheit verwiesen« (180). Es ist »geworfener Entwurf« wie entwerfende Geworfenheit gleichermaßen. Bei keinem Wert, auf den ich mich beziehe, kann ich meine Zuflucht finden. Ich allein habe den »Sinn« meines Wesens zu realisieren, ja der ganzen Welt, weil deren »Sinn« nur »durch mich geschieht« (108f.). Keine geringe Aufgabe fürwahr. Alles hängt an jenem seidenen Faden, den das Für-sich, nicht zwischen Mensch und Übermensch, nein, zwischen Sein und Nichts knüpft, mit dem Risiko, daß es sich auch an ihm aufknüpfen kann.

Nach den berühmt gewordenen Formeln dieses buchstäblich zu verstehenden Existentialismus geht »die menschliche Freiheit dem Wesen des Menschen« (84), die Existenz der Essenz voraus. Nicht in dem zeitlichen Sinn, daß da erst eine Existenz und dann ein Wesen wäre, sondern im Sinn der Wahl meines Wesens, die ich zu treffen habe. Der Mensch macht sich aus dem, was man aus ihm gemacht hat. Durch meine Geburt, die mich zum Angehörigen einer bestimmten Klasse, Rasse, Nation mit einem bestimmten »Charakter« macht, habe ich meinen »Platz« in der Welt (580). Als dieser bestimmte »Platz« ist er zufällig – auch wenn ich, indem ich bin, überhaupt einen haben muß: Dasein heißt für Sartre wie für Heidegger, in der Welt, und zwar in einer bestimmten Welt sein. Aber alles vorgegebene Wesen ist (nach der Formulierung Hegels) »›Wesen, was gewesen ist‹« (101), genichtetes, in Frage gestelltes, in seiner Geltung suspendiertes Wesen. Von ihm ist das Für-sich durch den ganzen Abstand des Nichts getrennt.

Deswegen lautet die Frage, die es sich stets von neuem stellen muß; die es *ist:* Will ich dieses bestimmte Wesen, als das ich mich finde, sein? Ich bin völlig ungerechtfertigt, ebenso unlegitimiert wie undeterminiert – und eben deswegen Gegenstand striktester Verantwortlichkeit. Ich wähle mich. Ich wähle, wer ich bin. Deswegen gibt Sartre dem Wort »existieren«, das der »Logos« der Sprache in fraglos gnädiger Intransitivität verschwimmen läßt, einen transitiven Sinn, bezogen auf mich als selbstgewähltes Objekt: Ich existiere den, der ich bin.

Selbst wo ich mich im höchsten Maße fremdbestimmt, ausgebeutet, behindert, begrenzt finde, bin ich das letzten Endes durch meinen Entschluß zu leben. Und Sartre weiß, wovon er spricht: »Selbst jene Behinderung, an der ich leide, habe ich eben damit, daß ich lebe, übernommen« (581). Ich mußte sie nicht übernehmen, denn – ich mußte nicht sein. Als das Nichts, das mich von ihr scheidet, bin ich mit ihr verbunden allein durch meine Wahl. Selbst jener nicht sowohl böse als schielende Blick, der mich entstellt, ist mein

Blick. Selbst der Krieg, in dem ich eingezogen werde, »ist *mein* Krieg, er ist nach meinem Bild, und ich verdiene ihn (...), weil ich mich ihm immer durch Selbstmord oder Fahnenflucht entziehen konnte. (...) ›Im Krieg gibt es keine unschuldigen Opfer‹« (951 f.). »So schafft die Freiheit selbst die Hindernisse, unter denen wir leiden« (854 f.).

Das klingt nach einer neuen Form der Pathodizee im Zeichen der Freiheit: Alles Leiden wird mit dem Siegel der Wahl versehen. Erst aber einmal spitzt sich die Frage zu, die das Für-sich ist. Sie lautet nicht bloß: Will ich *Dieser* sein?, sondern: Will ich Dieser *sein* oder *nicht* sein? That is the question. Verneine ich sie, so wird zugleich meine Essenz und meine Existenz verneint.

Diese radikalste Frage menschlicher Freiheit macht wie die Freiheit prinzipiell angst. Ich erfahre den »Schauder« vor dem Abgrund des Nichts als dem raumlosen Raum dieser Freiheit, in dem das Für-sich sich nur gewinnen kann, indem es sich verlieren kann. »Wenn *nichts* mich zwingt, mein Leben zu retten, hindert mich *nichts*, mich in den Abgrund zu stürzen. (...) Zugleich läßt das Selbstmordverhalten, weil es ›mein mögliches‹ Mögliches wird, seinerseits mögliche Motive erscheinen, es anzunehmen (der Selbstmord würde die Angst beenden)« (96). Es wäre der freie Tod, der uns von der Angst vor der Freiheit wie vor dem Sterben heilt, der Abgrund, in dem der Abgrund verginge. Mit der Möglichkeit des Selbstmords wird das Für-sich im existentiellsten Sinn das, was es ontologisch sein soll: »Grund seines eigenen Nichts.«

Ja, wird es angesichts dieser Möglichkeit nicht auch Grund seines eigenen Seins, sich selbst zwar nicht »aus nichts« schaffend, aber doch im Sinn einer anhaltenden Selbstschöpfung, einer »creatio continua«, die Etwas aus und zu Etwas macht? Sogar das kontingente »factum brutum« der Geburt als Bedingung aller Essenz schiene damit für das

Für-sich zu etwas Genichtetem zu werden, das es wählen, übernehmen oder verneinen kann. Allerdings stellte sich um so mehr die Frage: »›*Warum* bin ich geboren?‹« (954). Warum habe ich durch meine Eltern meinen von ihnen zwar gewählten, aber für mich kontingenten Platz in der Welt nicht sowohl eingenommen als bekommen; warum habe ich überhaupt einen erhalten? Anscheinend »eine starke Einschränkung meiner Freiheit« (847), denn »›ich habe nicht verlangt, geboren zu werden‹« (953).

Gewiß, das ist für Sartre »eine naive Art, unsere Faktizität zu betonen« (953). Das Für-sich ist so frei, daß es alles wählen kann, was es ist. Es ist strikt selbstverantwortlich. Aber die Rahmenbedingung aller Wahl; das Faktum, daß es nicht nur wählen kann, sondern wählen muß, den »Grund seines Seins« (953) hat es nicht selber gewählt. Es ist »zur Freiheit verurteilt«. Für seine Verantwortlichkeit selber ist es nicht verantwortlich. »Alles geschieht so, als wenn ich gezwungen wäre, verantwortlich zu sein. Ich bin in die Welt *geworfen*, nicht in dem Sinn, daß ich preisgegeben und passiv bliebe in einem feindlichen Universum, wie die Planke, die auf dem Wasser treibt, sondern im Gegenteil in dem Sinn, daß ich mich plötzlich allein und ohne Hilfe finde, engagiert in eine Welt, für die ich die gesamte Verantwortung trage, ohne mich, was ich auch tue, dieser Verantwortung entziehen zu können« (953 f.). Und der Grund dieser unverantworteten Verantwortlichkeit, dieser Verurteilung zur Freiheit, dieses nicht gewählten Zwangs zur Wahl, ist die Geburt.

Sartre pointiert Heideggers »gebürtige« »Geworfenheit« des Daseins, bevor dann Hannah Arendt es vollends von Heideggers »Sein zum Tode« zu einer Art »Sein von Geburt«, von der Mortalität zur Natalität hin umzuorientieren sucht. Daß Sartre hier ansetzt, ist nur schlüssig. Gerade die radikalste Freiheitsphilosophie muß auf dieses Basisfaktum gestoßen werden. Die Geburt nötigt sie, in eine Grundlegung der Freiheit überzugehen, in der in extremster Spannung Zwang der Grund der Freiheit ist.

Die Geburt ist der Inbegriff einer kontingenten Faktizität, die nicht sein mußte, nicht weiter sein muß, aber ist. Der Spielraum einer radikalen schöpferischen Freiheit, der sich gerade der Kontingenz verdankt, geht mit ursprünglichster, existentiellster Fremdbestimmung einher. Wahrhaftig, »ich habe nicht verlangt, geboren zu werden«. Bin ich deswegen nicht befugt, mit allem Nachdruck zu fragen: »›*Warum* bin ich geboren?‹ und nicht vielmehr nicht?« Müßte ich mich selber nicht fragen, warum *ich* unverlangt nach der Geburt anderer verlange? Umfaßt meine Verantwortlichkeit nicht auch die Verantwortung fremder unverantworteter Verantwortlichkeit? Mit welchem Recht verurteile ich andere ohne, wenn auch nicht gegen ihren Willen zur Freiheit – ganz zu schweigen von dem Leiden, der Behinderung, der Ausbeutung, der Knechtschaft, dem Krieg, in bezug auf die sich ihre Freiheit bestimmen muß?

Fragte ich so, dann käme meine Frage nach dem Grund eines Seins, das sein kann oder nicht, auch nicht zu spät. Selbst wenn, nein: gerade weil ich aber dazu verurteilt bin, in bezug auf die eigene Geburt immer zu spät zu kommen, komme ich mit der Frage, ob, warum ich weiterleben will, immer noch früh genug. Die Möglichkeit des freien Todes ist diejenige, die einzige, die das Diktat meiner Geburt bricht, indem sie es nichtet. Mit ihr wird die kontingente Existenz, die sich wegen bestimmter Ursachen, aber ohne Grund in der Welt findet, autonom, gleichsam »autogen«.

In diesem Sinn ginge die Existenz auch der Existenz, nicht nur der Essenz voraus. Die transitive Bedeutung des Wortes »existieren« gälte in vollem Umfang: Ich existiere mich. Das Für-sich wäre auch Grund seines eigenen wie sonst nur eines anderen Seins. Freilich könnte ich, müßte ich mich dann auch fragen, ob, warum ich überhaupt sein will und nicht vielmehr nicht; ob, warum ich überhaupt will, daß es eine Welt »gibt« und nicht vielmehr nicht. Die sich *ver*werfende Geworfenheit wäre, gerade indem sie das Ende des »geworfenen Entwurfs« markierte, Inbegriff der sich *ent*werfenden Geworfenheit.

Das läge in der Logik von Sartres Überlegungen. Doch diese Konsequenz zieht er nicht. Eine der Existenz voraufgehende Existenz und damit die Möglichkeit einer Fundamentalexistenzphilosophie, die der Grund-Frage in der Verklammerung von freiem Tod und oktroyierter Geburt, nicht selbstgesetztem Sein und selbstgesetztem Nichts ihre persönlichste Form geben könnte, eröffnet er nicht. So emphatisch seine Philosophie der Freiheit auch ist; so tief, nämlich bis in den Grund des Für-sich, er das Nichts ins Sein eindringen läßt; so gründlich, nämlich als etwas, das das Für-sich nicht bloß hat, sondern ist, er die Frage auch nimmt – er hat seine Wahl getroffen. Die gründlichste aller Fragen will er weder haben noch sein; denn er will sein. »Man entfernt sich plötzlich vom Rand des Abgrunds und setzt seinen Weg fort« (97).

Paradoxerweise endet gerade das Pathos des Entwurfs in Affirmation. Wenn alles, als das sich das Für-sich bestimmt; wenn der »Sinn der Welt und seines Wesens«, den es realisiert (108); wenn der Wert, an dem es sich dabei in freier Wahl orientiert, Teil eines Selbstentwurfs ist, dann ist seine Wahl in erster und letzter Instanz »jenseits aller Gründe« (829), obwohl es das Für-sich sein sollte, das den Grund in die Welt bringt. Dann geht die strikteste Selbstverantwortung mit totaler Rechtfertigungslosigkeit einher.

Das gilt schon für die Wahl meines Wesens. Und meine Existenz ist ohnehin unbegründbar. Damit hängt sie eigentlich in der Luft. Doch Sartre gewinnt dem die positive Seite ab, eine Art von ontologischem Krankheitsgewinn, wenn schon das nichtende Für-sich eine Krankheit des Seins ist. Die Faktizität meines Daseins nämlich ist auch nicht begründet zu verneinen. Ich kann sie, gerade weil sie in ihrer schlechthinnigen Kontingenz von nichts abgeleitet werden kann, nur »übernehmen«. Die Freiheit, die in der Geworfenheit ihre Grenze zu finden schien, wird so an sie als ihre Voraussetzung gebunden, daß sie sich geradezu aus ihr bestimmt. Als *»Bezug zum Gegebenen«* ist sie auf dieses angewiesen. »Man bricht nicht aus einem Kerker aus, in dem man nicht eingesperrt war« (841).

Wie Schopenhauers Wille braucht Sartres Freiheit den Widerstand. Wie Nietzsches kreative Pathodizee das Leiden bejaht, so lobt Sartre die produktive Kraft der Fesseln, der Hindernisse: Wohl dem, der im Gefängnis sitzt! Aber ob ein Leben sein soll, das die Fesseln, den Widerstand braucht – das ist die Frage. Soll man um der Möglichkeit des Ausbruchs willen etwa den Kerker »übernehmen«? Doch genau diese Konsequenz schließt diese Philosophie der Freiheit ein. Eine Pathodizee des Kerkers – für eine Freiheitsphilosophie gewiß eine ironische Konsequenz.

Nicht daß das Für-sich vorschnell resigniert hätte. Es will sogar Grund seiner selbst, »causa sui« wie einst Gott werden, und zwar nun doch ein *sich* (»aus nichts«) schaffender Gott. »Als Nichtung des An-sich und fortwährender Ausbruch aus der Kontingenz und der Faktizität« will das Für-sich »An-sich-für-sich« werden (971). Sogar die Vermittlungsverheißungen einer dialektisch durchdrungenen Trinitätsidee klingen in diesen Rotationen des idealistischen Begriffserbes an. Nur werden auch die Grenzen des Für-sich traditionsgemäß fixiert. Denn »ens causa sui« kann es nicht werden. Es bleibt eine »unmißlungene Bemühung«, ein »ermangelter Gott« (1064). Von der Souveränität des »willkürlichen Beschlusses eines Demiurgen« (550) ist in bezug auf den Menschen in keinem Sinn, am allerwenigsten dem der Selbstschöpfung, die Rede. Das aber, was einmal die Gabe des Schöpfers war, das Leben, bleibt um so mehr sakrosankt. Denn das Für-sich ist nicht nur verurteilt zur Freiheit. »Es hat zu sein, lebenslänglich«, lautet vielmehr das weitestgehende Urteil, das diese Freiheitsphilosophie spricht. Nicht einmal »Grund seines eigenen Nichts« kann das Für-sich wirklich sein. Der Ausbruch des zur Freiheit, also zum Kerker verurteilten Häftlings endet schon an den Kerkermauern.

Der Selbstmord wird von Sartre mit der Berufung auf jene Paradoxien, die ihm von Schopenhauer und Nietzsche bis zu Hans Jonas den Garaus machen sollen, um seine seinsverneinende Radikalität gebracht, die singuläre Bedeutung, die Camus ihm zuschreibt, verneint. »Der Selbstmord ist ein Modus des In-der-Welt-seins unter anderen« (954). »Die menschliche Realität (...) kann sich nicht einmal weigern, zu sein: der Selbstmord ist ja Wahl und Behauptung, zu sein« (829). Denn »ich behaupte, indem ich versuche, mir das Leben zu nehmen, daß ich dieses Leben als schlecht erlebe und annehme« (954). Das Sein scheinbar verneinend, mache ich den extremsten Gebrauch von seinen Wahlmöglichkeiten.

Daß ich das ein für alle Mal tue; daß ich möglicherweise den Selbstmord wähle, um nicht mehr wählen zu müssen, so wie ich der Angst vor der Freiheit mit dieser vielleicht angstvollsten aller Möglichkeiten entgehe; daß Widersprüche den Selbstmörder nicht kümmern müssen und er, gerade wenn sie ihn kümmern, ihnen mit diesem Widerspruch aller Widersprüche ein Ende machen kann; daß der Selbstmord zwar wohl eine Weise des In-der-Welt-Seins, aber keineswegs eine »unter andern«, vielmehr die des Aus-der-Welt-Gehens ist, kann Sartre nicht gelten lassen, vermutlich gerade deswegen, weil er den Existenz-»Ekel« und die Gefahr aller Gefahren tief in sich hat. Der Mensch *»ist das Sein, durch das das Nichts zur Welt kommt«* – aber die Wahl des Nichts darf nicht das sein, wodurch der Mensch aus der Welt kommt.

In dieser Absicht wird die Philosophie des Selbstmords der Philosophie des Todes zugeschlagen. Diese ist zwar von eigentümlich ambivalenten Impulsen, letzten Endes aber als Seinsphilosophie bestimmt. Der Tod ist nicht wirklich die »Vernichtung des Bewußtseins und der Welt, (...) das gleichzeitige Verschwinden (...) des Subjektiven und des Objektiven, des Bedeutenden und aller Bedeutungen« (937). Vielmehr fällt das Für-sich durch den Tod nur ins An-sich zurück. Es verliert »seine persönliche Existenz« und wird als das »Für-Andere-sein« zur verdinglichten Beute. Der Tod ist die faktische Grenze aller meiner Entwürfe (936 ff.). Von Heideggers Vorlaufen in den Tod als meine eigenste Möglichkeit keine Spur mehr.

Doch das Für-sich begegnet dieser Grenze nicht. Sie ist etwas *»Unrealisierbares«*, der Tod keine innere Grenze meiner Entwürfe, nur deren *»anderweitiges* Schicksal«, pure Geworfenheit. Im Grunde »unterscheidet er sich in keiner Weise von der Geburt«. Wie diese ist er »ein reines Faktum«. »Er geschieht uns von draußen und verwandelt uns in Draußen« (937), aber bleibt auch draußen. Er *»beeinträchtigt mich nicht«* (941).

Das könnte im Sinn des Wittgensteinschen Satzes verstanden werden: »Der Tod ist kein Ereignis des Lebens. Den Tod erlebt man nicht« (Tractatus 6.4311). Oder auch im Sinn der Todesphilosophie Epikurs: Wenn der Tod ist, dann bin ich nicht. Und solange ich bin, ist er nicht. Und was müßte der »Triumph des andern« mich kümmern, wenn es für mich keine Grenze, keinen Triumph und keine Niederlage mehr gibt? Aber diese Art von Immunität gewährt Sartre dem Für-sich nicht. Weder kann es auf vollständige Vernichtung rechnen, noch sich zum Tod als dem seinen verhalten, ihn erwarten, sich auf ihn hin entwerfen. Selbst der Selbstmord bietet diese Möglichkeit nicht. Als Selbstvernichtung ohne wirkliche Vernichtung entrinnt auch er nicht dem Sein als »Für-Andere-sein«. Und der Selbstmörder kann sich auch nicht antizipierend und »realisierend« zu ihm verhalten als *seiner* »Möglichkeit, daß es für ihn keine Möglichkeiten mehr gibt« (940f.); denn der Tod ist in jedem Fall die »Entfremdung meines Möglichkeit-seins« (939).

Schon gar nicht darf der Selbstmörder hoffen, der Zwangsläufigkeit des Todes zu entgehen, indem er seine Zuflucht zum freien Tode nimmt. »Der Selbstmord kann nicht als ein Lebensende angesehen werden, dessen eigener Grund ich wäre. (...) Mein Entwurf auf *einen* Tod hin« ist zwar verstehbar, »aber nicht der Entwurf auf *meinen* Tod hin« (928) als »Entwurf der ursprünglichen Freiheit« (939). Da der Selbstmord »Handlung meines Lebens« ist, verlangt er »eine Bedeutung, die ihm nur die Zukunft geben kann; da er aber die *letzte* Handlung meines Lebens ist, versagt er sich diese Zukunft; demnach bleibt er total unbestimmt« (928). Könnte es nicht sein, daß ich dem Tode entgehe und später meinen Selbstmordversuch »als eine Feigheit« verurteile? Könnte ich nicht erfahren, »daß andere Lösungen möglich waren«?

Zweifellos. Aber warum denn ausgerechnet den mißlingenden Selbstmord bemühen, um den gelingenden zu entwerten? Der Selbstmörder will keine mögliche andere, sondern eben diese Lösung. Wenn er feige ist, weiß er doch, daß viele Menschen vor lauter Feigheit zu dieser Feigheit nicht kommen – abgesehen davon, daß Feigheit vor dem Feind selbst in Lebensfragen nur nach militanten Maßstäben ein Erschießungsgrund ist. Und wo stünde geschrieben, daß ausgerechnet dem letzten Akt meines Lebens nur die Zukunft eine Bedeutung geben kann? Gerade, daß er der letzte ist, damit es keine Zukunft mehr gebe, ist seine letzthinnige Bedeutung, und zwar total bestimmt.

Doch davon will Sartre nichts wissen. Schließt er zunächst den Selbstmörder in den Zirkel des unvermeidlich wählenden, sich entwerfenden Lebens ein, so soll nun gegen ihn sprechen, daß »dieser Entwurf (...) Zerstörung aller Entwürfe« (928) ist – was durchaus zum Sinn dieses Entwurfs gleichsam als Metaentwurf gehören kann. Das singuläre Wesen dieses Entwurfs wird genichtet, wenn verleugnet wird, daß er die Bedingung der Unmöglichkeit und Unwirklichkeit aller weiteren Entwürfe, alles Wesens *und* Seins sein will. Das Für-sich, das ist, was es nicht ist und nicht ist, was es ist, darf auch für den Autor von »Das Sein und das Nichts« dem Sein nicht ernsthaft an die Wurzeln gehen. Die sich definitiv verwerfende Geworfenheit wird definitiv verworfen.

Diese Seinsbefangenheit zeigt sich noch deutlicher in Sartres Philosophie der Geburt. Ich mag zwar erklären, »daß ›ich nicht verlangt habe, geboren zu werden‹« (953 f.). Möglicherweise »schäme« oder »wundere ich mich, geboren zu sein«; die philosophische Verwunderung wird sehr persönlich. »Oder ich freue mich darüber.« Aber recht besehen, kann ich den »Tag meiner Geburt nicht verfluchen«, nicht fragen: »›*Warum* bin ich geboren?‹« – weswegen Sartre alle diese Sätze, die vom griechischen bis zum Nietzscheschen Silen, von Theognis und Sophokles bis zu Schopenhauer die Hamlet-Frage inspirieren oder gleich beantworten, nur in distanzierenden Anführungszeichen zitiert. Denn alle setzen so, wie der Selbstmord das Leben bestätigt, noch indem er es nimmt, die Geburt voraus. Das »Faktum meiner Geburt« ist nie »an sich«, sondern immer nur für mich gegeben. Und »Für-sich-sein heißt *geboren sein*« (270). Die Geburt ist nicht etwas, das mir und dem ich gegenüberstünde: Die Geburt erlebt man nicht. Vielmehr erlebe ich, daß und wer ich bin, immer als schon Geborener. Das Sein zur Geburt impliziert das Geboren-Sein wie das Sein zum Tode das Leben. So ist die Geburt das »ursprüngliche, apriorische Seinsgesetz des Für-sich« (271).

Dem Zirkel des Für-sich kann das Für-sich also in keiner Weise entrinnen. Die sich entwerfende Geworfenheit ist unhintergehbar, das neue Apriori: so die gleichsam »natalistische« Reformulierung der Transzendentalphilosophie. Ja, gerade indem das Für-sich die Geburt als seine kontingente Geworfenheit erfährt, entwirft es sich immer schon selber. Ich kann nicht nicht wählen. Jede meiner Wahlen ist »vollständig mit Faktizität affiziert« (954). Aber indem ich in dieser Weise die Grenze meiner Freiheit fixiere, mache ich von ihr Gebrauch. »Also *wähle* ich in gewissem Sinn, geboren zu sein.« Und meine unverantwortete Verantwortlichkeit wird total, meine Verurteilung zur Freiheit eine, die ich selber vornehme. Alle »verschiedenen Haltungen gegenüber meiner Geburt (...) sind eben nichts anderes als verschiedene Arten, diese Geburt in voller Verantwortlichkeit zu übernehmen und sie zur *meinen* zu machen; auch hier stoße ich nur auf mich und meine Entwürfe« (954f.).

Mehr: Ich bin nicht nur ein »unabänderliches Sein, das ich zu sein habe ohne jede Möglichkeit, es nicht zu sein« (271). Vielmehr bejaht die Freiheit, wenn sie so ans Gegebene gebunden ist, daß sie sich geradezu aus dem Vorgegebenen der Geworfenheit bestimmt, sogar emphatisch, daß sie »gebürtig« und nicht aus sich geboren ist. Etwas aus dem machen, wozu man mich gemacht hat, kann ich nur, wenn man mich überhaupt zu Etwas gemacht hat. So ist die Freiheit nichts anderes als das *»Wahrnehmen meiner Faktizität«* (853). Sartres Freiheitsphilosophie mutiert zu einer förmlichen Feier der Geworfenheit *als* Entwurf und Gebärerin meiner Freiheit: die Geburt der Freiheit aus der Geworfenheit.

Das Für-sich ist zwar »weder Grund seines Seins noch des Seins des andern (...) noch der An-sich, die die Welt bilden«, aber es kann »über den Sinn des Seins« in sich und »überall außerhalb seiner« entscheiden (955). Demiurg war es in keiner Hinsicht. Doch in der Rolle des Sinngebers, des Geworfenheitshermeneuten, ersteht seine Autonomie seligen idealistischen Angedenkens wieder. Selbst wenn das Für-sich seine Geworfenheit nicht so euphorisch nimmt; wenn es sich erinnert, daß es zur Freiheit wie zum Dasein verurteilt ist; daß es hier als Sinngeber immer zu spät kommt und nicht sowohl wählen kann als wählen muß, darf es doch die Gewißheit haben, daß alles auf seinen Schultern ruht. Ist es nicht eine Art von neuem Atlas? Sartre entwirft, anders als Camus, in diesem Zusammenhang explizit keinen neuen Mythos. Aber implizit ist in »Das Sein und das Nichts« ein solcher enthalten. Er ist der Gegenentwurf zum »Menschen in der Revolte«. Atlas löst den subversiven Prometheus als Feind der Götter und Freund der Menschen ab, während Sisyphos als Held des Absurden, seinen Stein immer wieder vergeblich in Richtung eines nie erreichbaren, nie entlastenden Gipfels rollend, die Zwischenrolle übernimmt. Eine ganze Welt von Entwürfen darf dieser neue Atlas tragen.

Der Preis dafür allerdings ist der, daß er seine Last nie abwerfen, daß er nicht einmal sagen darf, er hätte sie lieber nie getragen. Immer wieder muß er sich sagen, daß es *seine* Last ist. So ähnelt er am Ende einem Sträfling, der sich überzeugt hat, daß der Stein auf seinem Rücken seine Wahl ist. Die Pathodizee des Gefängnisses hat ihn wieder zum Lehrstück vom Einverständnis bekehrt.

Gelegentlich allerdings, es muß gar nicht der Moment sein, in dem ihn die Schwere des Steins über alles Maß drückt, es kann auch der rare Moment des Ausruhens sein, fällt ihm wieder ein, daß die Freiheit sich nicht darauf beschränken kann, Steine tragen zu wollen, die andere ihm aufgeladen haben, und sie unter allen Umständen tragen zu müssen. Gehört es nicht zu seiner Wahlfreiheit, sich auch gegen eine ganze Welt, gegen das eigene Sein wie das anderer entscheiden zu können? Warum denn ausgerechnet dem Für-sich seine freieste Freiheit beschneiden?

Gewiß, alles, was das Für-sich tut und ist, setzt das »Faktum der Geburt« als Basisdatum voraus. Selbst wer den »Nachteil, geboren zu sein«, beklagt, nutzt den Vorteil, klagen zu können. Sich als geworfenes verstehen kann das Für-sich sich in der Tat nur dank der Freiheit, die es als sich entwerfendes *ist.* Aber eben, indem das Für-sich so versteht, besteht es auch auf der Freiheit, sich in jedem Sinn *ent-*, also auch *ver*werfen zu können. Eben weil es radikal Für-sich ist, kann es sich so zu sich selber verhalten, daß es sich, seine Geburt und jeden Grund seines Seins negiert. Wie ich in der Selbstvernichtung den extremsten Gebrauch von der Freiheit der Nichtung machen kann, so zeigt das Dasein, daß es ein »gebürtiges« ist, möglicherweise in der Verwerfung der Geburt. Ich erlebe nicht *die* Geburt. Allerdings erlebe ich auch nicht nur mein Geboren-*Sein*, sondern mein in gewissem Sinn andauerndes Geboren-*Werden*, in dem ich und meine Geburt so miteinander verbunden sind, daß ich mich mit meiner Geburt und meine Geburt mit mir gleichermaßen verneinen oder bejahen kann. Ich erlebe mein Leben, aber gerade das schließt ein, daß ich mein und vielleicht sogar das Leben nicht lebenswert erleben kann.

Ich kann nicht »vor mich« zurückgehen, ich kann nicht von mir abstrahieren, ohne zu konkretisieren, ohne darauf zurückzugehen, daß und wer ich bin. Aber ich konkretisiere mich in der Weise, daß ich willens bin, sogar von mir zu abstrahieren. Ich kenne mich nur durch meine Geburt; aber ich kann mich als den kennen, der noch den Wunsch, sich kennenzulernen, verwirft. Ich mußte nicht sein, überhaupt nicht. Und wenn ich nicht gewesen wäre, wäre nicht einmal »ich nicht gewesen«, sondern an meiner Stelle, die keine »Stelle« gewesen wäre, ein klein- oder großgeschriebenes Nichts – das ist unter diesen Umständen völlig egal –, das nicht einmal ein »Niemand«, eine bestimmte Negation und ohnehin kein Mangel an »mir« gewesen wäre. Und selbst einmal geboren, muß ich nicht sein. Die Freiheit, aus dem Kerker auszubrechen, umfaßt auch die Freiheit, daß überhaupt kein Kerker mehr sei. Doch Sartre schließt, damit es den Ausbruch in die Freiheit des gewählten Wesens geben könne, das Für-sich in das Gefängnis des Seins ein.

Und auch das Seinsgefängnis der Anderen wird nicht in Frage gestellt. Trotz Sartres Betonung nicht nur des »Für-Andere-seins« im allgemeinen ontologischen Sinn, sondern der Verantwortlichkeit für das Sein der Anderen spielt die Geburt der Anderen keine Rolle. Trotz seines inständigen Bemühens, die Klippe des Solipsismus zu umschiffen, setzt er sich nur mit der Frage auseinander: »›*Warum* bin ich geboren?‹«, und zwar im Sinn eines reinen Selbstbezugs, aber nicht mit der, warum ich zeuge und gebäre. Alle Anderen sind wie ich »zur Freiheit verurteilt«. Aber *wer* hat sie und mich zur Freiheit verurteilt? Zu *welcher* Freiheit sind sie und ich verurteilt? Und *wen* verurteilen sie und ich?

Gewiß entgehe ich auch hier nicht dem Zirkel des Für-sich, indem ich die kontingente Faktizität Anderer »werfe«, im Gegenteil: Hier geht es am allermeisten um meine Wahl, meine entscheidendste Entscheidung. Die Geworfenheit anderen Daseins, das sein kann oder auch nicht, ist mehr als alles andere der von mir geworfene Entwurf. Es ist verurteilt, aber durch mich. Ich bin Erbauer des Kerkers, verurteilender »Richter« *und* derjenige, der dafür sorgt, daß es überhaupt Insassen gibt. Das bezeichnet den unerhörten Spielraum meiner Freiheit – aber zugleich meine verantwortlichste Verantwortlichkeit für Andere, denen ausgerechnet meine Freiheit als Diktat der Geburt widerfährt. Daß ich »auch hier *nur* auf mich und meine Entwürfe« stieße (954f., Hervorhebung L. L.), wäre jedenfalls zuviel behauptet. Gerade indem das Für-sich hier »ursprünglich und apriorisch« ist, überschreitet es sich. Und es muß sich sehr wohl fragen, ob, warum ein Anderer sein soll und nicht vielmehr nicht;

ob, warum es den weiteren Wurf der Geworfenheit will oder ihn verwerfen will. Vor den Rahmenbedingungen, den fremdbestimmenden und fremdbestimmten Grenzen der Existenz bricht diese Existenzphilosophie jedoch ab, läßt sie fraglos gelten, was nicht gelten muß, kehrt sie ins »Haus« eines Seins zurück, das sich von einem Kerker insofern tatsächlich nicht unterscheidet, als das Dasein verurteilt ist, es zu beziehen, und es nicht auf eigene Hand verlassen darf.

In Heideggers »Haus des Seins« führt schließlich auch Sartres ontologische Botschaft zurück. So nachdrücklich seine Philosophie das Nichts als ortlosen Raum der Freiheit, der Selbstbestimmung, Selbstsetzung des Für-sich eröffnet, so deutlich wird das Nichts als »genichtetes«, mehr: als »geseintes« dem Sein zugeschlagen (dazu Teil II). Die Konsequenz für die Grund-Frage sowohl in ihrer persönlichsten wie ihrer allgemeinsten Form: Das Nichts ist kein ernsthafter Antipode mehr, Hamlet hat keine wirkliche Wahl. Weder bezeichnet das Nichts die gleich ursprüngliche, gleichermaßen gültige Gegenmöglichkeit zum Leben, die der Selbstmord, die Verwerfung der eigenen Geburt und des Wurfs fremder Geworfenheit wählt, noch die fundamentale ontologische Opposition, welche zu fragen zwingt: »Warum ist überhaupt Seiendes und nicht vielmehr Nichts?«

Recht besehen, ist die Frage sogar sinnlos. Die Frage nach einem Grund stellen, eine Frage sein kann überhaupt nur das Für-sich, mit dem der Grund in die Welt kommt. Ihn findet es, sofern es der »Grund seines eigenen Nichts« ist, in sich, sofern es nicht Grund seines eigenen Seins ist, im An-sich. Doch dieses selber in seiner massiven Positivität und zugleich Kontingenz hat und braucht keine Gründe. »Jedes ›Warum‹« ist vielmehr »später als das Sein und setzt es voraus« (1059) – was nur im allgemeinsten ontologischen Sinn, aber keineswegs im existentiellen für mein weiteres Sein und das Sein anderer stimmt. Kurz: Das Sein *ist*, »ohne

Grund, ohne Ursache, ohne Notwendigkeit« (1059), also auch ohne Frage. Es *ist* einfach – und sonst nichts.

Sinnlos ist die Frage aber auch deshalb, weil das Ganze allen Fragen entzogen ist, wie Sartre mit der Tradition eines über Nietzsche und Heidegger bis zu ihm reichenden Holismus weiß. Das Für-sich setzt Zwecke, es gibt Sinn und Bedeutungen, aber deren Gesamtheit ist »bedeutungslos«. Reflektiert, wie das Für-sich ist, stellt es zwar auch bei Sartre noch die heiklen Fragen, welche die Grund-Frage seit Schopenhauer, seit Büchner irritieren: »›Warum arbeite ich, ich, der ich lebe? Warum leben, wenn nur zum Arbeiten?‹« Aber sie werden auch nur noch zitiert, um sie abzuweisen: »Man arbeitet, um zu leben, und man lebt, um zu arbeiten« (372) – während man in Wahrheit weder leben noch arbeiten müßte. Alles »*›ist da‹*, und es ist da *›für nichts‹*« (706) – was nicht hindert, daß es *ist.*

So hat das Für-sich schließlich überhaupt keine Frage mehr. Stieß es beim An-sich auf den grundlosen Grund seines Seins, so enden nun alle Sinngebungen, Begründungen und Zwecksetzungen, auf die als seine Spezialität es so erpicht war, im Zirkulär-Leeren des Nichts. Doch gerade das hat einen entscheidenden Vorzug: Es kann das Für-sich gegen die Alternative von Sein oder Nichtsein immunisieren. Das Nichts entpuppt sich sogar als der heimliche Verbündete des Seins. Das Für-sich, so sehr es hamletisieren mochte, ist auf die Übernahme einer »unreduzierbaren«, »ursprünglichen Kontingenz« verwiesen (530). Die alles in Frage stellende Metaphysik endet mit einem fraglosen »›es ist so‹« (537). Wie nämlich ist es? So, daß es ist.

Ja, was als das Überflüssige einmal den Ekel vor der ontologischen Überbevölkerung der Welt auslöste, wird nun zum Gegenstand einer förmlichen *»Seinsbegierde«*, die der »Mensch grundlegend« ist (970). Das Für-sich ist nichts als *»Seinsmangel«* (969); das Nichts, das es auszeichnete, wird privativ bestimmt. Die Nichtung ist in Wahrheit Seinsverbindung. Heideggers Fundamentalhermeneutik des »geworfenen Entwurfs« wird überboten durch einen »noch grundlegenderen Entwurf«, der »durch sich selbst begriffen« werden muß, also weder »den Tod noch das Leben noch irgendein anderes einzelnes Merkmal der menschlichen Lage betreffen« darf – was nicht hindert, daß er flugs als ein »erster Entwurf zu *leben*«, als »Trieb« zu sein, wiederkehrt (968 f.). Als ob der »Entwurf zu *leben*« angesichts der Möglichkeit seiner Verwerfung kein besonderes Entwurfsmerkmal wäre. Die Wahl ist für zur Freiheit verurteilte Existenzen zwar nicht »Grundlage des Wählens«, nur des »Gewähltseins« (832); aber alle unsere Entwürfe sind unversehens getragen von »einer ursprünglichen Wahl unseres Seins« (969). Die gewählt-Wählenden haben sich immer schon selbst erwählt.

Unter diesen Umständen kann auch die Daseinsformel Heideggers, die Sartre zunächst mit dem Bezug auf das »Nichts seines Seins« konterkariert hatte, wiederaufgenommen werden: »das Für-sich ist ein Sein, dem es in seinem Sein um das Sein in Form eines Seinsentwurfs geht« (969). Der Möglichkeitssinn dieses Seins*entwurfes* beschränkt sich darauf, *Seins*entwurf zu sein. Sogar die alte Gleichung der Konversionsontologie von Sein und Wert wird von Sartre erneuert: Man kann »nicht weiter zurückgehen als bis zum *Sein,* und zwischen Seinsentwurf, Möglichem und Wert und, andererseits, dem *Sein* gibt es keinerlei Unterschied« (969 f.). Auch dieser existenzialistische Atheismus kommt letzten Endes wieder bei dem Onto-Tedeum der Theolosophie an. So fromm wie Heidegger, daß er das Denken mit dem Danken verwechseln könnte, wird er nicht. Aber auch von Sartre wird der leere Thron Gottes noch einmal mit seinem ontologischen Platzhalter besetzt.

Deswegen ist es nur schlüssig, daß die Existenz bei Sartre *nur* der Essenz, aber in keinem Sinn der Existenz vorausgehen oder sie überschreiten kann. Das »unzertrennliche Paar« von Sein und Nichts, das für Hamlet und alle seinesgleichen ein sehr wohl zertrennliches ist; das geschieden wird, weil zwischen Sein oder Nichts *ent*schieden werden soll, kopuliert Sartre in vertrautester Hierarchie von neuem, zum überhaupt unzertrennlichsten Paar. Eine geradezu leidenschaftliche *»Seinsbegierde«* stiftet den altneuen Bund. Was der Logos einst verbunden hat, soll der Mensch auch jetzt nicht trennen.

Wie sehr die erotischen, die Paar-Metaphern dabei wörtlich zu nehmen sind, zeigt Sartres »existentielle Psychoanalyse«. Die stupende Hommage an das »Loch«, das sie anstimmt, meint nicht etwa eine metaphysische Obszönität, sondern eine erotische Ontologie, eine »Ontoerotik« als neueste Metamorphose der Ontotheologie. Denn was ist das Loch?

Vormals war es als Nichts das eher degoutante »Loch im Sein«. Das ist es jetzt auch noch, aber nun das »Ideal des Lochs«. »Loch ist immer gut«, wie schon Kurt Tucholsky in seinem hintergründigen, im Blick auf sein Lebensende abgründig-ironischen Beitrag »Zur soziologischen Psychologie der Löcher« festgestellt hat (Ges. Werke. III, Reinbek 1960, 804f.). »Ein Loch ist da, wo etwas nicht ist.« Und Mensch und Maus können, wie der Selbstmörder Tucholsky antizipierend weiß, ihre »letzte Rettung, wenn sie von der Materie bedrängt werden«, im Loch suchen. Aber davon will Sartre nichts wissen. Die Löcher sollen vielmehr gestopft werden. Das Loch ist ein »mit meinem eigenen Fleisch ›zu füllendes‹ Nichts. (...) Es bietet mir also das leere Bild meiner selbst dar; ich brauche nur hineinzukriechen, um mich in der Welt, die mich erwartet, existieren machen zu können«, wie ich »dazu beitrage, die Seinsfülle in der Welt existieren zu machen. (...) Löcher zu stopfen, Leeres zu füllen, das Volle zu realisieren und symbolisch zu begründen«, ist geradezu »eine der grundlegendsten Tendenzen der menschlichen-Realität« (1048). Hier wird eigentlich nichts mehr offengelassen.

Gleichwohl verdient das Loch noch nähere Betrachtung. Denn es ist nichts anderes als die pro toto genommene Frau, und zwar »die Frau an sich«. Das *»Klaffende«* ihres Geschlechtsorgans könnte »leicht zur Kastrationsidee« führen. Das Geschlechtsorgan ist »ein gieriger Mund, der den Penis verschlingt« – gewissermaßen die sexuelle Form der Nichtung. Aber in Wahrheit geht es ums Gegenteil. Das »weibliche Geschlechtsorgan« nämlich ist »ein *Ruf nach Sein* wie überhaupt alle Löcher; die Frau an sich ruft nach einem fremden Fleisch, mit dem sie durch Eindringen und Auflösen in Seinsfülle verwandelt werden soll. Und umgekehrt empfindet die Frau ihre Lage als einen Ruf, eben weil sie ›durchlöchert‹ ist« (1049). Kurzum: Die Frau als Loch und Nichts. Sie ist Vakuum und inkarnierter »horror vacui« zugleich.

Das könnte man noch ontoerotischer sagen: Die Frau als Loch und Nichts ist geil aufs Sein. Doch ihr »Ruf« überbietet selbst Heideggers »Gewissen« als »Ruf der Sorge«. Die Frau ist allein vom kategorischen Imperativ der Seinsfüllung beseelt. Sonst ist sie nichts, nur Loch.

Immerhin kommt es unter diesen Umständen zu einem neuen Symposion. Das Sein und das Nichts als das »unzertrennliche Paar« sind so glücklich miteinander, daß sie es nicht nur zu einem neuen Kugelmenschen, sondern gleich zur »Dichte« und »Fülle« der parmenideischen Seinskugel bringen (1048). Das ist, gleich ob bewußt oder unbewußt, die neue, die Anti-Schopenhauersche »Metaphysik der Geschlechtsliebe«. Und wenn schon eine Kugel, soll diese selbstverständlich immer kugeliger werden. Triste melancholische Liebespaare wie Hamlet und Ophelia mit ihrem gehemmten Seinstrieb, ihrem gestörten Verhältnis zur Geburt, ihrem nur zu guten Verhältnis zum Tod haben hier nichts mehr zu suchen. Eine Ontoerotik, die in ihrer »Physik« der Geschlechter nicht weniger regressiv ist als in ihrer Metaphysik, stopft alle, auch die etwa von Hamlets Fragen aufgerissenen Löcher. Von einem »amor vacui«, gar einem pathologischen Ekel vor einem Zuviel an Sein, ist ohnehin keine Spur mehr. Und auch das Klebrige des Süßen, welches das Leben möglicherweise ist, hat sich aufgelöst. »Just call me ›honey‹«, sagt vielmehr das Sein zum Nichts.

14. KAPITEL

Albert Camus' »Sisyphos« entdeckt das einzige wirklich ernste philosophische Problem. Selbstmord und Grund-Frage. Die Herrschaft des Absurden und die blutige Mathematik des Todes. Doch Sisyphos hält stand. Vivo, quia absurdum. Lob der Dauer. Der absurde Tod des Helden des Absurden.

Selten hat der Anfang eines philosophischen Werkes den Lesern so den Atem verschlagen wie der erste Satz von Albert Camus' »Mythos von Sisyphos«. Apodiktisch wird er vorgetragen, kein Preisnachlaß wird gewährt: »Es gibt nur ein wirklich ernstes philosophisches Problem: den Selbstmord« (EA Paris 1942, dt. Reinbek 1959, 9).

Literatur als Literatur, auch die philosophische Literatur, beruht auf einem unausgesprochenen Pakt zwischen Autor und Leser: daß sie (noch) nicht ganz ernstgemeint, daß sie nicht buchstäblich zu nehmen sei. Das ist die Paradoxie, aus der sie lebt. Wird sie buchstäblich verstanden, dann ist das ihr Tod und vielleicht auch der des Autors oder des Lesers. Philipp Mainländer erhängt sich in dem Moment, in dem er die »Philosophie der Erlösung« in die Welt gesetzt hat. Der Klages-Anhänger Alfred Seidel erfährt »Bewußtsein als Verhängnis«, den Geist so sehr als Widersacher des Lebens, daß sein Geist, kaum daß er dieses Bewußtsein formuliert hat, Ende mit dem Verhängnis macht. Goethes Werther stirbt von eigener Hand nach der Niederschrift seines letzten Briefes. Aber Goethe schreibt und lebt weiter und verschreibt dem vom tödlichen Werther-Fieber gefährdeten Leser, ein »Mann« zu sein und ihm *nicht* nachzufolgen. Literatur ist hier geradezu als Nicht-Nachfolge, »non-imitatio« aller selbstmörderischen Gottessöhne definiert. Hamlet hält selbstmörderische Monologe, die dafür sorgen, daß sein kühnes Vorhaben »der Handlung Namen« (III 1) verliert.

Faust besingt die »einzige Phiole« so inständig, daß »Glokkenklang und Chorgesang« Zeit zur lebenserhaltenden Intervention finden. Doch nun erklärt der Autor des »Mythos von Sisyphos«, daß es blutig ernst gemeint sei. Er bricht den Nicht-Buchstäblichkeits-Pakt. Unter »wesentlichen Problemen« versteht er unerhörterweise die, welche »möglicherweise das Leben kosten«. Ja, sein Problem ist unter dieser Voraussetzung das einzig wesentliche. »Die Entscheidung, ob das Leben sich lohne oder nicht, beantwortet die Grundfrage der Philosophie« (9).

Alle anderen Fragen kommen erst später: unernste Spielereien, Nichtigkeiten. Doch diese Frage, die mit dem Maßstab des Sich-Lohnens zwar wieder an die seit Schopenhauer so beliebte, von Nietzsche und Heidegger so entschlossen verworfene Bilanzbuchhalterei des Lebensgeschäftes anzuschließen scheint, in Wahrheit aber dem entscheidenden existentiellen »›Warum‹« (16), dem »Grund zum Leben« oder dem »Grund zum Sterben« nachfragt (9), ist nicht nichtig, gerade weil sie über das Nichtsein zu entscheiden hat. Noch die »Sehnsucht nach dem Nichts« (11) kann nicht euphorisierend darüber hinwegtäuschen, daß es um den Ernst des Definitiven geht.

Heideggers »weiteste«, »tiefste«, »ursprünglichste« Frage, Sartres Identifikation des Für-sich mit der Frage, die es ist, wird überboten durch die »dringlichste aller Fragen« (9): weil sie den Fragenden als Handelnden endgültig ernstzumachen zwingt. Die Möglichkeit des Selbstmords, die bei Heidegger nur von ferne anklingt; die bei Sartre in der durchaus weniger riskanten Ausweglosigkeit der Welthölle untergeht, rückt jetzt in den Mittelpunkt. Persönlicher kann man die Grund-Frage nicht nehmen: Sie wird zugleich subjektiviert und radikalisiert. Vielleicht schon der Krankheit zum Tode entspringend, wird sie nun vollends die Frage zum Tode. Die Existenzphilosophie zeigt, daß sie ihren Namen verdienen will. Jetzt springt sie nicht mehr zurück in einen Ursprung, der dem Dasein noch das Sein als Grund versprechen könnte, sondern sie stellt es vor ein Ende, welches das Ende dessen sein würde, der sie stellt.

Sie bedient sich hier wie auch sonst gerne des Mythos. Aber er gewährt keine Distanzierung. Es ist ein vom Einzelnen angeeigneter und dementsprechend umgeschriebener Mythos: In der Stunde des Abstiegs von einem Gipfel, der nicht das Ende war; im vollen Bewußtsein des »ganzen Ausmaßes seiner unseligen Lage« (99) muß der neue Sisyphos sich fragen, ob und warum er das Unheil seines Lebens erneuern, den Stein der Lebensmühsal aussichtslos weiterwälzen will. Denn darüber selber entscheiden – das kann er nun im Gegensatz zu seinem Vorgänger. Das Leben, Sisyphos weiß das wie seine mythischen Kollegen Ixion, Tantalos, auch Prometheus mit seinem ewig erneuerten Leiden, ist Wiederkehr des Gleichen. Aber der neue Sisyphos weiß auch, daß er der Wiederkehr des Lebens ein Ende machen kann. Hamlets Ungewißheit raubt ihm den Nerv nicht mehr. Und eben die definitive Möglichkeit impliziert den definitiven Ernst.

Einsam und unverwechselbar scheint dieser neue Sisyphos. Trotzdem teilt er einige Erfahrungen mit Roquentin. Das philosophische Erstaunen, nicht zuletzt das, welches dem Mangel an Erstaunen bei den ontologischen Besitzbürgern gilt, ist wieder da (16ff.). Es ist mit Überdruß und einem Ekel gemischt, der Bewußtsein für die Nichtselbstverständlichkeit des Lebens weckt. Ein vollständiges Erwachen beendet den dogmatischen Schlummer der Lebensmetaphysik. Die Welt ist nicht »tief« wie bei Nietzsche, sondern »dicht« (17f.) – so, wie ein Stein »dicht«, undurchdringlich, fremd, unverstehbar ist, nun freilich nicht der kotige Stein Roquentins, sondern der schwere des Sisyphos. Reißt Roquentin mit der Existenz der Wurzel die Wurzel der Existenz aus, so »untergräbt« bei Camus das Denken die Existenz (10).

Es steht im Zeichen des »Absurden«. Schon bei Sartre hatte es alles erfaßt. Bei Camus wird es zur entscheidenden Provokation der auf den Selbstmord zulaufenden Grund-Frage. Es meint das Sinnlose schlechthin, von der »Sinnlosigkeit der täglichen Betätigung« bis zur »Nutzlosigkeit des Leidens« (11), vom Wollen, das nur den Widerspruch weckt, bis zum Verlangen nach Klarheit und Wissen, das sich in einer Welt voller Irrationalität wiederfindet (23 und 28ff.). Das Absurde ist an den Menschen und seine Welt gebunden; ein Jenseits des Absurden gibt es nicht. Aber es liegt nicht *im* Menschen, nicht *in* der Welt; vielmehr ist es der heillose Zwiespalt *zwischen* Mensch und Leben, *zwischen* »dem sehnsüchtigen Geist und der enttäuschenden Welt« (46). Sinnfragen können sich überhaupt nur stellen, wenn der Mensch aus der Welt herausfällt. »Das Absurde entsteht aus dieser Gegenüberstellung des Menschen, der fragt, und der Welt, die vernunftwidrig schweigt« (29).

Angesichts des Absurden verbieten sich die Auswege der Hoffnung ebenso wie die Traditionen eines noch in die Existenzphilosophie hineinreichenden »demütigen Denkens«, das aus »transzendentaler Obdachlosigkeit« (Lukács) wieder in irgendeine Heimat zurückführen will (24). Alles, was die Absurdität mildert, »um der angstvollen Frage: ›Was wäre dann das Leben?‹ zu entgehen« (39), wäre ein Ausweichen, Sinngebung wäre Lüge und Verrat. »Das Wahre suchen heißt nicht: das Wünschenswerte suchen« (39). Das Wahre ist allein das Absurde.

Die »offensichtlichste Absurdität« aber ist der Tod (53). »Im tödlichen Licht dieses Verhängnisses« tritt die Sinnlosigkeit am deutlichsten in Erscheinung (19). Wie vom Nichts hat man auch vom Tod keine Erfahrung. »Seinen Tod erlebt man nicht«, weiß Camus mit Wittgenstein. Der Tod ist für uns insofern immer nur der »Tod der anderen« (18). Aber er hat, mit absurdem Understatement gesagt, eine »rechnerische Seite«, die nicht mit Lebensbilanzen verwechselt werden will, vielmehr »elementar und endgültig« ist.

Es kommt zum Beispiel der Tag, »da stellt der Mensch fest, daß er dreißig Jahre alt ist« (17): »l'homme de trente ans.« Der Autor weiß, wovon er schreibt: Exakt zu diesem Zeitpunkt ist er in diesem mythisch trächtigen Alter, in dem selbst für einen Heiland mit dem öffentlichen Leben der Anfang vom Ende beginnt. Er wünscht sich ein Morgen – und gehört mit eben diesem Morgen »seinem schlimmsten Feind«, der Zeit (17). Und die nüchterne »rechnerische Seite« des Todes entpuppt sich als die absurde Herrschaft einer »blutigen Mathematik« (18), die die unblutige Infinitesimalrechnung der Tradition außer Kraft setzt. Eine totale Herrschaft.

Soweit also sind die Dinge klar. Und wenn nichts sinnvoll, nichts zu verstehen, nichts zu rechtfertigen, wenn alles »für nichts« ist (94, 99), warum dann nicht aus eigener Wahl sich selber zunichte machen? Wenn die brutale Mathematik des Todes ohnehin alles entwertet, warum dann nicht das blutige Rechenexempel vor der Zeit, doch immer rechtzeitig an sich selber statuieren? Warum soll überhaupt etwas sein und eine lächerliche Zeit bleiben und nicht nicht, wenn es in Wahrheit damit nichts ist?

Doch nun vollzieht Sisyphos eine überraschende Wendung, nun packt er seinen Stein erst recht an. Aus dem tragischen Mythos wird der lebenserhaltende Deus ex machina gezaubert. Mit der totalen Herrschaft des Absurden nämlich sieht er die Frage, ob und warum er Grund zum Leben oder zum Sterben habe, keineswegs für entschieden an. Glaubt das philosophierende Leben sonst zu wissen, daß ein sinnloses Leben keinen Grund mehr habe, weswegen die »*Schopenhauerische* Frage« für Nietzsche »furchtbar« geworden war, so ist nun mit dem Anti-Schopenhauerianer Nietzsche die Frage, ob sich nicht gerade das sinnlose Leben lohnen könne (131, 47ff). Die selbstmörderisch zugespitzte Grund-Frage soll von der Sinnfrage abgekoppelt werden.

Was wäre die Voraussetzung, wenn es sich lohnen soll? Sisyphos müßte seinen Ehrgeiz darein setzen, nicht zu fliehen, sondern standzuhalten (30). Er müßte seine Würde darin sehen, sich nicht zu drücken, seine metaphysische Ehre und Größe, rückhaltlos die Absurdität der Welt zu ertragen (79). Die Illusionslosigkeit wäre sein Triumph, die Heimatlosigkeit sein Zuhause. Ja, er müßte das Absurde wollen und sich als den absurden Menschen mit ihm. Das war schon Nietzsches Antwort gewesen: Wer das Sinnlose, das Nichts auszuhalten, wer es mit dem »Amor fati« gar zu bejahen vermag, ist ihm gewachsen, ist über es hinaus. Und es ist auch Sisyphos' Antwort: vom Willen zur Macht zum Willen zum Absurden. »Die zerstörende und wunderbare Wette des Absurden« ist seine Sache. Wenn Pascals Wette mit ihrer kümmerlich cleveren Versicherungsmathematik des ewigen Lebens auf die Transzendenz gesetzt hatte, so weiß Sisyphos, daß allein die vorbehaltlose Immanenz des Absurden den vollen Einsatz lohnt. Den »Sinn« gibt er nur zu gerne preis. Denn er wettet darauf, daß das Leben »um so besser gelebt werden wird, je weniger sinnvoll es ist« (49). Der absurde Mensch sagt wie bei Nietzsche »Ja, und seine Mühsal hat kein Ende mehr« (101).

Nun, das ist vielleicht Geschmackssache. Heroisch ist es gewiß. Ein neuer Adel von Absurditäts Gnaden wird begründet, mit Sisyphos, dem »Held des Absurden« (99), als Stammvater und seinem Stein als Emblem.

Wird aber so nicht doch wieder nach den Gesetzen einer »absurden Logik« (32) der verschmähte »Sinn« restauriert? Stellt sich die »Hölle des Gegenwärtigen« nicht unversehens als diesseitiges Himmelreich heraus, in dem der Mensch bei seinem neuen und keineswegs letzten Abendmahl »endlich den Wein des Absurden findet und das Brot der Gleichgültigkeit, mit dem er seine Größe speist« (48)? Scheint es Sisyphos nicht mit dem unverbesserlichen Gottsucher Dostojewskij, ja, ausgerechnet mit König Ödipus so, »›daß alles gut ist‹« (100), als ob er nach der Anleitung von Popes »Essay on Man« ein Hollywood-Drehbuch geschrieben hätte? Endet dieses große Buch, das mit der Frage nach dem Selbstmord begann, nicht damit, daß es sich seinen heroischen Helden als »einen glücklichen Menschen« vorstellt (101)?

Und auch, wenn man dieses »happy end« des Absurden auf sich beruhen läßt: Nimmt Sisyphos nicht sein Schicksal so auf sich wie einst der gute Christ das Kreuz in seinen frömmsten Zeiten – »génie et martyr« mit jener auch bei ihm wieder durchschlagenden Vorliebe für »nutzlose Schmerzen« (100), die den Märtyrern und Heilsbringern seit je eigentümlich ist: »o felix crux, o felix absurditas«? Wird der Selbstmörder nicht genötigt, seine Tat als »Geständnis« zu verstehen (11), daß das Leben sich nicht lohne: Sisyphos nicht mehr am Berg, sondern im Beichtstuhl? Wenn der Mensch nach der provozierenden Vermutung von Dostojewskijs Ober-Dämon Kirilow Gott nur erfunden hat, »um sich nicht umzubringen« (90), trifft das nicht auch auf diese Erfindung zu: Der »Mythos von Sisyphos« – eine Theodizee des Absurden?

Gewiß, die Placebos von Glaube, Hoffnung und Sinn verbietet sich der neue Philosophenadel weiterhin. Sisyphos versteht sich nach wie vor als das »Gegenteil von einem versöhnten Menschen« (53). Er ist der »Mensch in der Revolte«, der er in Auflehnung, Zerrissenheit und ungeheiltem Zwiespalt auch bleibt. Gleichwohl: »Vivo, quia absurdum« – das ist das unausgesprochene altneue Losungs-, wenn nicht Lösungs- und Erlösungswort. Sisyphos demonstriert die Fähigkeit der Moderne, daß man auch in der Hölle leben kann. Ist der Absurdismus ein Nihilismus? Weit gefehlt: Er zeigt, wie man das Finale ins Nichts vermeidet.

Den entschlossenen Willen dazu hat Sisyphos jedenfalls. Doch hat er auch einen Grund? Ist denn der »Held des Absurden« im Nebenberuf nicht Philosoph? Also muß er noch einmal vor seinem Stein die Frage anpacken: Warum das Leben nicht enden, wenn der Tod als Inbegriff der Absurdität diese zugleich beenden kann?

Just in dieser so naheliegenden Konsequenz erkennt Sisyphos aber wieder die Ausflucht. Just hier findet er die Antwort auf seine Frage. Denn in der Wirkung nicht anders als die Placebos von Glaube, Hoffnung und Sinn, würde der Tod das Absurde eliminieren, dessen Inbegriff er sein soll. Indem er aus dem sinnlosen Leben hinausführte, gäbe es wieder einen Sinn. Der Tod wäre die bloß faktische Lösung, also keine für ein Problem, dessen Rang es ausmacht, unlösbar zu sein. Kurz: Der angeblich absurde Tod wäre der Tod des Absurden, während allein das sinnlose, aber lohnende Leben die Absurdität am Leben hält. Das Absurde darf sich »nicht auflösen (...) Es entgeht dem Selbstmord in dem Maße, wie es gleichzeitig Bewußtsein und Ablehnung des Todes ist (...) Es geht darum, unversöhnt und nicht aus freiem Willen zu sterben. (...) Das genaue Gegenstück zum Selbstmörder ist der zum Tode Verurteilte« (49f.).

War also die Frage zunächst, ob es sich lohnen könne zu leben, *wenn* das Leben absurd ist, so weiß Sisyphos nun: Es lohnt sich zu leben, *damit* das Absurde, dessen Allgegenwärtigkeit er behauptet, sei. Fern davon, dem Sein den Grund zu rauben, wird nun gerade die Sinnlosigkeit zur Seinsgarantie. Schon bei Homer legt Sisyphos den Tod in Ketten (98). Nun ist er auch noch im Gegensatz zu den Hand an sich legenden Helden der Negativität der Selbstmörder, der am Leben bleibt – nicht *obwohl*, sondern *weil* er weiß und wissen will, daß das Leben sinnlos ist. Die potentiellen Selbstmörder

Hamlet und Faust werden verabschiedet, auf daß ihr Elend zu hohen Jahren kommen kann. Und es ist ja auch triftig, daß der Selbstmörder, indem er ein sinnloses Leben endet, etwas höchst Sinnvolles tut.

Indessen ließe sich darin auch, wenn man unter allen Umständen aufs Absurde erpicht wäre, eine letzte Absurdität entdecken. Hinter den Paradoxien eines Lebens, das lebt um der Absurdität willen, bleibt diese Paradoxie jedenfalls nicht zurück. Und reicht Sisyphos' Antwort für »ein wirklich ernstes philosophisches Problem« aus? Warum soll denn die »Sancta Absurditas« sein? Was interessiert einen potentiellen Selbstmörder die »absurde Logik«? Was kümmert es ihn, ob sein Selbstmord nur eine paradoxe Lösung ist? Ihm reicht es doch, wenn es überhaupt eine ist.

Allein, mit so billigen Lösungen mag sich ein Sisyphos nicht zufriedengeben. Er ist sogar derart auf die Mühsal seines Lebens erpicht, daß er sich nichts Geringeres als ein langes Leben wünscht. Es gilt nicht, »so gut wie möglich, sondern so lange wie möglich zu leben« (54). Das absurde Leben peilt förmlich Ausdauerrekorde an: »Alle Rekorde schlagen heißt: zuallererst und einzig und allein der Welt so oft wie möglich ins Auge sehen« (55). Difficile est parodiam non scribere: Je länger und je sinnloser, desto lieber – das ist das »Prinzip der Fülle«, nun absurd gefaßt. Es kann gar nicht genug vom sinnlosen Leben geben.

Warum aber soll denn immer mehr davon sein, wenn die Erfahrung des Absurden als solche nicht gesteigert werden kann? Warum das absurde Etwas immer länger, wenn es schon an sich absurd ist? Sinnloser als sinnlos – das gibt es doch nicht. Sisyphos ist indessen auch hier nicht um eine Antwort verlegen; er beruft sich wieder auf das Argument, das schon den Selbstmord als solchen verbot: Wer das Absurde behauptet, muß an ihm festhalten wollen. Widersprüchlicher könnten die Folgerungen nicht sein, die der

Selbstmörder und Sisyphos aus derselben Voraussetzung ziehen: Wenn den ersteren die sinnlose Qualität des Lebens zur Beendigung seiner Existenz motiviert, so Sisyphos ebendieselbe Qualität zu seinem Lob der Dauer.

Dem muß schlüssigerweise auch die »Idee des Nichts« zum Opfer fallen. Denn mag diese Idee auch dem Realen ebensowenig wegnehmen, wie sie ihm hinzufügt (56), seinen »wahren Sinn« zeigt dieses Nichts als »unser eigenes Nichts«, das die Vernichtung aller Zukunft für uns ist: Es besteht »genau aus der Summe der künftigen Leben, die nicht die unsrigen sein werden« (56). »Der einzige ›Mangel an Gewinn‹ liegt im vorzeitigen Tod (...). Keine Tiefe, keine Erregung, keine Leidenschaft und kein Opfer könnten (...) in den Augen des absurden Menschen (selbst wenn er es wünschte) ein bewußtes Leben von vierzig Jahren und eine sechzig Jahre währende Klarheit einander gleichwertig machen. Die Narrheit und der Tod sind seine unheilbaren Übel« (56).

Wohl erinnert sich Siyphos noch, daß für die Griechen die im jugendlichen Alter sterbenden Menschen die »Lieblinge der Götter« waren (56). Doch nun regiert geradezu ein Pathos des Quantitativen, das die Jahre feiert. Im Seniorenwohnheim »Zum glücklichen Sisyphos« mit angrenzendem Steingarten rollt der rüstige »Held des Absurden« unverdrossen seinen Stein ...

Aber die Götter des Absurden haben ihre eigenen Pläne mit ihm. Ausgerechnet der neue Sisyphos stirbt weder eines natürlichen Todes noch von eigener Hand – sein Leben, fürwahr ein makabrer »dritter Weg«, wird durch den absurden Zufall eines Unfalls zerstört. Kein mythisch ehrwürdiger Stein erschlägt ihn; die technisch bedingte Kollision des Sportwagens seines Verlegers, in dem er mitfährt, ist die Todesursache. Und Sisyphos endet vor der Zeit, die er sich verschreiben wollte, auf einem der von ihm so inständig geschmähten Friedhöfe (76), mag es auch der für philosophische Reliquienverehrer so schöne Friedhof von Lourmarin am Lubéron sein.

Haben die Götter des Absurden sich ihre Art der Nemesis an dem Möchtegern-Ausdauerrekordler mit seinen Langzeitprognosen nicht nehmen lassen – mit einem Geschick, das die Phraseologie der Nachrufe mit dem hehren Wort »tragisch« zu belegen pflegt? Oder haben sie ganz im Gegenteil ihren Liebling mit einem letzten Absurditätsbeweis, sozusagen »ad hominem«, geehrt? Sisyphos konnte sich seinen Reim auf dieses Ende naturgemäß nicht mehr machen. Vermutlich hätte er der zweiten Lesart zugeneigt. Die Abkoppelung der Frage nach dem Sinn des Lebens von der, ob es sich gerade als sinnloses nicht lohnen könne, hat sein Leben beizeiten immun gemacht. Für diejenigen freilich, die sein Ende kennen, ist um so mehr die Frage: Warum überhaupt dieses nichtige Etwas von Leben, wenn es derart sinnlos ist? Sisyphos rollt heute keinen Stein mehr, er fährt Auto. Und die Absurdität seines Lebens nimmt die Form von Autounfällen an.

15. KAPITEL

Ernst Blochs Überwindung des Nihilismus: Prinzip Hoffnung gegen Prinzip Nichts. Das Urstaunen und die Urfrage der Welt nach sich selber. Wie sich das Prinzip Hoffnung enttäuschungsfest macht. Die unkonstruierbare Frage. Marxistischer Insistenzialismus. Die Verlegung der Genesis ans Ende. Ein Schlag ins Leere.

Die enge Verbindung des französischen Existenzialismus und Absurdismus mit der Résistance, diametral der freiwilligen Abdankung des Denkens in der existenzialontologischen »Revolutionierung« des ganzen deutschen Daseins entgegengesetzt, hätte ihn eigentlich von jedem vorschnellen Ideologieverdacht befreien können. Trotzdem hat die marxistische Philosophie ihn gern unter dem – letzten Endes unverdienten – Etikett »Nihilismus« als Spätform bourgeoisen Denkens abqualifiziert. Marxistische Dialektik dagegen war kritisch und konstruktiv – prinzipiell positive Dialektik.

Nach zwei Seiten hin war die Beziehung sogar prästabiliert dissonant. Der »vereinzelt Einzelne« des Existenzialismus, auch wo er sich und der Welt mit dem von Marx so betonten Sinn von »Radikalität« an die Wurzel ging, war noch ungeselliger, a-sozialer als sein philosophischer Vorgänger, das bourgeoise Subjekt: scheinbar im höchsten Maße individuell und konkret, aber gesellschaftlich unvermittelt, also in Wahrheit abstrakt.

Von vornherein im schlechtesten und umfassendsten Sinn abstrakt die existenzialistische Obsession für das Sein und das Nichts. Gewiß, als Erbe der dialektischen Logik Hegels hatte auch marxistisches Denken mit dem Sein und der Rolle der Negation zu tun. Die Frage aber, »warum überhaupt Etwas ist und nicht vielmehr Nichts«, konnte es kaum bewegen. Die Gesellschaft, die Geschichte in schlechter Unendlichkeit zu überfliegen, das war nicht nur müßig; es war Abkömmling einer Metaphysik, die es auf die Füße konkreter Fragen nach dem unzureichenden Rechtfertigungsgrund und der Veränderbarkeit bestehender schlechter Verhältnisse zu stellen galt. Das Interesse galt nicht der Konkurrenz eines wie immer gearteten Nichts mit dem Sein, sondern der Produktivkraft der Negation, zumal der revolutionären Negation der Negation, die einem besseren Sein die Wege bahnen konnte. Dialektik statt Ontologie!

Diese Position wäre durchaus im Recht, wenn die Grund-Frage, im diskreditierten Sinn metaphysisch, Herrschafts-, Ausbeutungs-, Klassenfragen außer Kraft setzen wollte. Doch das muß sie keineswegs. Und, wer weiß, vielleicht kann ein gutes Leben, das nicht auf die Kultivierung des eigenen Gartens beschränkt ist, die Antwort auf die Grund-Frage sein oder gar erübrigen, daß sie überhaupt gestellt wird. Aber wenn nach Marx Dialektik sich dadurch auszeichnet, daß sie sich von *nichts* imponieren läßt und *alles* nach der Seite seines Vergehens hin betrachtet, dann darf sich marxistisches Denken, das nicht zum affirmativen Echo der Faktizität des Lebens verkommen will, am allerwenigsten von dem vergehenden Sein so imponieren lassen, daß sie seinen Grund von der Nachfrage ausnimmt – zu schweigen von allen Enttäuschungen bisheriger Geschichte, die angesichts ihrer desaströsen Ergebnisse nur noch frohgemuteste Zuversicht als »Vorgeschichte« abtun kann. Eher scheint es so, daß die »Vorgeschichte« mit der Geschichte zusammenfällt.

Außerdem nicht zu vergessen, daß gesellschaftliche Subjekte zugleich Einzelne bleiben, die es auf höchstpersönliche Weise mit Fragen von Tod und Geburt zu tun haben. Selbst dann zum Beispiel, wenn ihr Leben wie im Falle von Louis Althusser eine einzige strukturelle Lektüre des »Kapitals« gewesen ist, können sie unversehens mit der Grenzsituation des Selbstmords (wie des Mords) konfrontiert werden. Den »roten Helden«, unsterblich und fraglos »eingeschreint im Herzen der Arbeiterklasse«, wie es das »Prinzip Hoffnung« will (Ffm. 1974, 1378ff.), hat es glücklicherweise nie gegeben, schon gar nicht als Philosophen. Und deswegen muß Marx, der Schopenhauer keineswegs so von Grund auf abgeneigt war, wie es die Rezeptionsgeschichte will, sich auch mit Schopenhauerschen Grund-Fragen herumschlagen – so wie der, wenn er es nicht beim reaktionären Rentier bewenden lassen will, sich nicht den dialektischen Exerzitien konkreter Negation entziehen kann. Eine »Praxisphilosophie des Als-Ob« (L. Lütkehaus, Schopenhauer. Metaphysischer Pessimismus und ›soziale Frage‹. Bonn 1979) ist das mindeste, was von ihm zu erwarten ist.

Falls Schopenhauer und Marx aber doch zu weit voneinander entfernt scheinen sollten, gibt es andere Verbindungsmöglichkeiten. Marx kann zum Beispiel vom Hegelianer zum Schellingianer mutieren – und schon stellt sich ein »marxistischer Schelling«: Ernst Bloch, erfüllt vom Geist der Utopie, beharrend auf dem »Prinzip Hoffnung«, der Grund-Frage der Metaphysik.

Blochs utopische Sendung geht auf das Ende des Ersten Weltkriegs zurück: philosophischer Expressionismus. Mit dem deutschen Existenzialismus weist sein Werk einige frappante Übereinstimmungen auf. Die systematisierende Ausarbeitung zu einer »Enzyklopädie der Hoffnung« indes ist Resultat der Emigration und der Nachkriegszeit. Das Exil, und wäre es dem Exodus aus dem gelobten Land des realen Sozialismus zu danken, ist der gegebene Raum für den Nicht-Ort einer Utopie, die Hoffnung nicht mit Zuversicht verwechselt sehen will.

Bloch nimmt die Grund-Frage nicht bloß auf, er gibt ihr ein neues Pathos. Ontologie und Utopie, Sein und messianische Zeit versucht er zusammenzudenken. Inständig wie Nietzsche agiert er als Nihilismus-Gegner, als Lebens- und Weltfreund, der das Prinzip Nichts überwinden will, allerdings ohne Nietzsches desillusionierten Willen, sich nichts vorzumachen: Ein Denker, der dem »Prinzip Hoffnung« verschworen ist, muß sich beizeiten gegen die Risiken der Frage wappnen. Deswegen muß der Nililismus eine bourgeoise Dekadenzerscheinung sein. Die Frage ist nur, wie das Nichts gleichwohl fast den Rang eines Gegenprinzips gewinnen kann.

Am Anfang war und ist auch bei Bloch »das Staunen« (Gesamtausg. I 216 ff.). Es soll ein »fragendes«, ja, ein »bodenloses Staunen« sein, gegen eine philosophische Tradition, für die es längst Routine, »eine ausgemachte Sache« geworden ist, nicht länger durchgehalten als bis zur ersten Antwort – was Bloch selber nicht hindert, im selben Atemzug eine fraglose letzte Antwort zu verheißen: Glashausphilosophie.

Die Wissenschaft hat das Staunen erst recht mit ihren trivialen »Erklärungen« ermattet. Das *»Problem des Problems selber«* (XV 244), Abkömmling von Paul Natorps »Rätsel des *Rätsels selbst*«, ist vergessen worden. Was für Heidegger die Seinsvergessenheit, ist für Bloch die Problemvergessenheit. Deswegen gilt es, das anfängliche jugendliche »Urstaunen« wiederzugewinnen (I 216 ff.): metaphysische Jugendbewegung. Wie macht man das? Zum Beispiel, indem man am Unscheinbaren, fraglos Erscheinenden, den Sinn für das »Epatante«, den Stachel des Staunens schärft, das Bewußtsein für das »Problem eines Problems« reaktiviert. Denn in allen Fragen lebt die eine Frage, wie in allen Antworten das anfängliche Staunen vergessen ist.

Und worüber staunt das wiedergewonnene »Urstaunen«? Zunächst darüber, wie unheimlich, wie übermächtig seltsam es ist, zu »›sein‹«. Doch schon diese Formel »ist zu viel«, weil sie unterstellt, daß das »nicht Geheure nur am ›Sein‹ läge.

Denkt man sich aber, daß nichts wäre, so ist das nicht weniger rätselvoll«: Das Staunen gilt paritätisch dem Nichts wie dem Sein. Der »Chok, wie unsicher und dunkel der Grund der Welt ist«, wird dadurch nicht geringer. »Es gibt keine rechten Worte dafür«, am ehesten noch die dichterischen – wie bei Heidegger sind sie Knut Hamsun entlehnt. Ein zitternder Grashalm, ein Fichtenzweig, ein auf den Höhen begegnender Mensch, die blaue Fliege, Regen – »mich dünkt, das ist etwas«, doch »was wissen wir?« (I 216). Es sind Worte, die »als eine Art morgendlicher Übung des Instinkts« zu »meditieren« sind: das »Urstaunen« als kontemplative Übung; wie für den Buddhismus geht es um die Wiedergewinnung des »beginner's mind«. Doch hat ein Meditierender überhaupt noch eine Frage?

Die Leipziger Vorlesungen zur Geschichte der Philosophie, die Tübinger Einleitung in die Philosophie datieren deswegen das Staunen, das jetzt wieder entschieden ein »fragendes« ist, noch weiter auf die »bekannte Kinderfrage« zurück und präzisieren, daß es nicht etwa nur darum geht, wie rätselhaft es ist zu sein, sondern um den Grund dafür: »Warum ist überhaupt etwas und nicht nichts?« (Leipziger Vorlesg. I 17, Ges. Ausg. XIII 16). Mit der Kinder- ist die »Grundfrage« (XIII 18ff.), die »Ur-« und »Rätselfrage«, als Frage nach dem Grund des »Anfangs allen Da-Seins«, als »immer und überall treibende Ursprungsfrage« gestellt. Das Warum, dem sie nachfragt, meint indes auch hier nicht die »causa efficiens«, die Wirkursache, die den Anfang verursacht, sondern die »causa finalis«, die »Zielursache«, das »›Wozu überhaupt‹«, das populär als »›Sinn des Lebens‹« bezeichnet wird und in der theologischen Tradition als »summum bonum«, als höchstes Gut firmiert (Prinzip Hoffnung 1562). Auch für Bloch geht es um das »Worumwillen«, um dessentwillen der Anfang allen Daseins geschah und das Sein ist: »Sein mit erfülltem Grund« (XIII 222, 275).

Diese »Grundfrage« aber ist nicht bloß eine, die dem Seinsanfang gilt und so den Anfang der Philosophie macht; und sie ist auch nicht etwa nur eine theoretische Frage, sondern die Realfrage, die »durch die Welt geht« (XIII 18). »Vom unmittelbaren Existieren selber« wird sie »als seine eigene gestellt« (Pr. H. 358). Und im »unmittelbaren Da-Sein«, im »Jetzt und Hier«, beginnt immer wieder die Selbsterschaffung der Welt. Ausdruck, nicht, wie man meinen sollte, schon Entscheidung der Frage, ist die »durch jeden Augenblick erneute Schöpfung«, die »creatio continua«, deren Verkündiger auch ein Marxist sein kann. »Die Welt als Prozeß ist das Experiment zur Lösung« der Frage, die alles Dasein nicht *hat*, sondern *ist*.

Bloch gibt der Frage höchsten Rang. Er verklammert den Grund des einzelnen Daseins mit dem der Welt. Er läßt die Frage so lange andauern, wie der Weltprozeß unabgeschlossen ist. Ja, er fordert von ihr, den Weltprozeß in Bewegung zu halten. Die Frage steht an seiner »Front«, weil sie die *»Frage der Welt nach sich selber«*, der »Weltweg« (XV 241 ff.) ist. Kurz: Bloch verlegt sie als marxistischer Über-Heidegger ins prozessierende Sein selber; auch er ontologisiert sie, um den Preis freilich, daß man dann keine Frage *an* das Sein mehr stellen, sondern sie nur noch selber sein kann. Fragender und Frage werden identifiziert. Wie bei Nietzsche liegt das »größte Schwergewicht« auf ihr, doch nun nicht unter dem Druck der »ewigen Wiederkehr«, sondern der Aufgegebenheit einer Selbsterschaffung, deren Grund bisher nicht gelichtet ist. Der »Tag des Nunc«, der »Präsenz des Präsens«, wo der »(bevorstehende) Menschinhalt« die Antwort auf die »Welt als Frage« wie der »(bevorstehende) Weltinhalt« die Antwort auf den »Mensch als Frage« gibt (Pr. H. 1577), zeichnet sich noch nicht ab.

Warum aber das »währende Unterwegs« eines Weltprozesses, in dem fast alles eine »schwere Geburt« ist? Eine »ungeheure Frage« (XIII 297)! Warum überhaupt irgendein Anfang, wenn dessen Sinn und Ziel im Dunkeln liegen? Die alten Hiob-Fragen klingen auch nach dem Tod Gottes wieder an (XIV 159ff,). Im »Prinzip Hoffnung« verbirgt sich eine säkularisierte Theodizee. Ihm wird die Lösung des Welträtsels aufgetragen – was nicht hindert, daß es die »einfachste Lösung« zu sein prätendiert (XIV 165). Um die Risiken zu minimieren, wird jeder definitiven Antwort fürs erste ein Riegel vorgeschoben. Das Prinzip Hoffnung immunisiert sich gegen das Resultat Enttäuschung. Die »Ontologie des Noch-Nicht-Seins«, wie mit einer paradoxen Wendung die Seinslehre des offenbar doch schon irgendwie Seienden getauft wird, ist das Mittel dazu. Näher besehen, gibt sie sich als »Ontologie des Noch-Nicht-Wesens« zu erkennen.

Das »Etwas«, nach dessen Grund gefragt wird, ist bisher weder bekannt noch überhaupt irgendwie gegeben. Das Subjekt hat das Prädikat, das sein Wesen bestimmt, noch nicht gefunden. In der Sprache der Logik: S ist noch nicht P (XIII 273 ff.). Gegeben ist zunächst nur das »nackte«, das leere Daß ohne das Was (Pr. H. 256ff.), die bloße Faktizität der Existenz, die der Essenz vorausgeht – Bloch gibt sich als bekennenden Existenzialisten zu erkennen.

Das hat für die Grund-Frage, auf der zunächst das »größte Schwergewicht« lag, entlastende Konsequenzen. Die »Urfrage« impliziert für Bloch, der in seiner Kategorienlehre immer wieder gerne Eduard von Hartmann folgt, die »Urkategorie« der »Relation zwischen Daß und Was« (XV 68). Diese Relation aber ist noch unbekannt. Also ist auch die Frage, die im »Dunkel des gelebten Augenblicks« (III 247ff.), in welchem sich das einzelne wie das ganze Weltgeschick verbirgt, einem noch unbekannten Wesen gilt, »auf keine bereits vorhandene Antwort hin konstruierbar, auf kein irgendwo in der vorhandenen Welt bereits geschlichtetes Material beziehbar«. Als »unkonstruierbare« ist sie die »absolute

Frage« (Pr. H. 336ff.). Was will man mehr als eine Frage, die so tief ist, daß ihr jeder Boden entzogen werden kann.

Um so unangefochtener das nackte »Daß«. Es steht nicht zur Diskussion: »Man ist ohnehin« (IX 220). Das Staunen gilt doch wieder der zweifelsfreien Faktizität, »daß überhaupt etwas ist« (Pr. H. 1026), nicht seinem fragwürdigen Warum. »Das Daß, das uns als lebendig setzt, kommt selber nicht hervor. (...) Keiner hat sich diesen drängenden Zustand ausgesucht. (...) Vom Daß des Drängens kommt kein Lebender los« (Pr. H. 49). Wie unausgesucht auch immer – das »Daß« ist die dunkle, aber fraglose »Wurzel der Welt« (Pr. H. 1549). Mit Fausts letzter Übersetzung des »Logos« proklamiert Bloch denn auch den ebenso frag- wie grundlosen »Daß-Satz: Am Anfang war die Tat« (Pr. H. 364). Es fragt sich nur, warum er just den Wunsch nach dem Verweilen des »schönen Augenblicks«, *gegen* den Faust wettet, zum Vater seines utopischen Gedankens macht.

So dunkel das »Daß« auch sein mag, nein: gerade weil es so dunkel ist, gibt es den »Start zum Anfang« der Welt (Pr. H. 358), den Anfang des Anfangs. Die Frage schrumpft in der Folge wie bei Heidegger auf die, »was mit dem Sein los sei« (XV 73). Aber genauer besehen ist das »Daß« doch nicht so unbekannt. Schon als »Drängen« ist für diesen philosophischen Sturm und Drang sein Wesen bestimmt. Die »Wurzel der Welt« kann getrost auf eine dürre kategoriale Partikel reduziert werden, weil trotz der scheinbar a-logischen Natur des drängenden »Daß« klar ist, aus welchem Grund es stammt – dem des »Logos« – und wohin es will.

Für den terminologisch gehobenen philosophischen Geschmack ist das »Daß« mehr ein *»Insistere«* als ein *»Existere«* (XV 75). Blochs »Existenzialismus« entpuppt sich als vom Prinzip Hoffnung beflügelter »Insistenzialismus«. Das angeblich so dunkle »Daß« ist immer schon in gerichteter Bewegung durch das »Nicht« dessen, was es nicht hat. Das

»Nicht« wird dabei kategorisch gegen das hypostasierte »Nichts« gesetzt (Pr. H. 356ff.). So zwillingshaft beide scheinen – beide verhalten sich fast zueinander wie Gut und Böse, wie die Offenheit und schöpferische Produktivität bestimmter Negation und die verworfene Macht des Negativen. Das »Nicht« wird temporalisiert zum »Noch-Nicht«. Es ist Mangel und Hunger, Bedürfnis und Streben, »Treiben nach dem, was ihm fehlt«. »Ich heiße Niemand«, spricht das »Nicht« im Dunkel des gelebten Augenblicks aus dem Kaspar Hauser, welcher der Mensch ist (XV 182). Diese »Kaspar-Hauser-Natur« gilt für jeden, nach dem »deus« auch für den »homo absconditus«. »Ich bin. Aber ich habe mich nicht. Darum werden wir erst«: so in zahllosen Wiederholungen, deren ewige Wiederkehr das Pathos der Zukünftigkeit konterkariert, überall die Bewegung des »Nicht«.

Konkretere utopische Konturen gewinnt es im »Noch-nicht-Gewordenen«, »Noch-nicht-Bewußten« dessen, was am Ende das noch verborgene »Alles«, das Reich der Freiheit, die Identität von Mensch und Welt verspricht. Das Unbewußte, bis dahin schwer tragend am Konflikt- und Verdrängungserbe der Vergangenheit, wird von den Füßen auf den Kopf gestellt – auf einen Kopf, in dem es zunehmend helle wird. »Es werde Licht« (XV 76) lautet auch bei Bloch die Verheißung, die hinter dem Schöpfungswort »Fiat« steht. Die hoffnungsvolle *»Annahme«* (XV 241) einer latenten, aber lichtorientierten Tendenz erhellt das »Dunkel des gelebten Augenblicks«.

Freilich, am Ende kann auch das widersacherisch vereitelnde definitive Nichts, die im Gegensatz zu Mainländers Metaphysik antiutopische Entropie aller nach vorne drängenden Energie, das totale Umsonst des Nihilismus stehen, Objekt eines negativen Staunens im Gegensatz zum positiven, das dem »Alles« gilt. Beide Wege sind offen. Was das »Fiat« legitimieren kann, ist noch ungeklärt, das »Überhaupt« noch nicht manifestiert. Ja, im Grunde ist das »Fiat« noch gar nicht gesprochen. Denn die »wahre Welt«, die das Mysterium enthüllt, »daß es überhaupt eine Welt gibt«, indem sie zeigt, »wozu und zu welchem Ende es sie gibt« (XIV 293), ist noch ungeschaffen. Bloch verlegt die Schöpfung in die Zukunft: Siehe da, es *wird* alles sehr gut. *»Die wirkliche Genesis«* liegt nicht *»am Anfang, sondern am Ende«* (Pr. H. 1628), das vom noch ungefundenen Grund, dem »Ungrund« – so Bloch als marxistischer Böhme – zu einem »Sein mit Grund« führt. Erst dann kann das Licht des »Logischen«, das im Dunkel eines gärend-gebärenden »Thelischen« (Willenshaften) trieb, transparent sein. Auf den Spuren der Metaphysik und Kategorienlehre Eduard von Hartmanns kompensiert Bloch die einstweilige Irrationalität des Grundes mit der Teleologie des Endes.

So aber gewinnt er umfassenden Versicherungsschutz gegenüber allen Risiken. Gegen den Tod etwa als »Beil des Nichts« (Pr. H. 1289f.) ist nun ein Kräutlein gewachsen, weil das eigentliche Leben noch gar nicht da, also auch nicht zu treffen ist. Der Schlag geht ins Leere. So erfüllt sich für Bloch in ganz anderem als dem ursprünglich gemeinten Sinn Epikurs Wort, »daß, wo der Mensch ist, der Tod nicht ist, und wo der Tod ist, der Mensch nicht ist«. Der Tod mag der Nachbar sein – das Schicksal ist er nicht (Pr. H. 1387ff.). Epikur freilich kam es auf ein gelassenes Arrangement mit dem Unabänderlichen an, während Blochs Rettungsversuch kaum mehr als einen Sophismus bietet: Die Vergänglichkeit trifft nicht wirklich, weil sie nicht das Wahre trifft.

»Wie aber, wenn das Leben mehr als das Sterben gefürchtet wird? Wenn der Tod selber nur als ein Teil des unruhigen und ungeliebten Lebens erscheint« (Pr. H. 1336)? Bloch räumt ein, daß dann anstelle der Todesangst eine Lebensangst stehen kann, die »Angst vor dem Sein« ist, das Leben und Tod gleichermaßen umfaßt. Der Tod wird dann perhorresziert, gerade weil er keiner ist; weil das gefürchtete Leben weiterzugehen droht. Oder ein *»Heraus schlechthin«* wird erwünscht, das »noch Befreiung vom Himmel« sucht. Das buddhistische »Wunschbild Nirwana« kündet davon. Und wie steht es dann um die Begründung des »Willens zum Sein« (Pr. H. 364), um die utopische Fortsetzungsgeschichte der Geburt? Da hilft nur noch ein Handstreich: Man muß auch den utopischen Gehalt des »Wunschbilds Nirwana« heben. Das »Prinzip Hoffnung« beschränkt sich nicht auf die positiven Utopien, das Träumen nach vorwärts. Auch den negativen wird als invertierten Utopien ihr Hoffnungsgehalt abgerungen. Bloch kann einfach nicht glauben, daß das Leben manchmal mit dem Leben wirklich Schluß machen will. So muß aus dem *»Heraus schlechthin«* des Nirwana ein *Heraus besthin* aus dem »Exil« der Vorgeschichte werden. Auch das Nirwana wird zum Noch-Nicht. Gerade das Nichts, das »keinen zeitlichen Horizont« hat (XIII 256), muß verzeitlicht werden, bevor und damit sich »Alles« in der Epiphanie des herausgebrachten Sinns am Ende der Genesis lichten kann.

Allerdings muß man sich auch beizeiten gegen die geschichtlichen Enttäuschungen wappnen. Hier greift derselbe Versicherungsschutz wie beim Tod: Das mögliche utopische Wesen ist von dem, was die Geschichte bisher herausgebracht hat, überhaupt nicht zu treffen. Gerade, daß der geschichtliche Prozeß weitergeht, weil Mangel und Hunger offenbar andauern – was Schopenhauer mit der Unstillbarkeit des Appetits einerseits, der Miserabilität aller Nahrung andererseits erklärt hätte – heißt, daß das Eigentliche noch gar nicht zur Prüfung steht, gleichsam »exterritorial« ist, obwohl Utopie in ihrer konkreten Gestalt »der geprüfte Wille zum Sein des Alles« sein soll (Pr. H. 364). Das Prinzip Hoffnung nährt sich geradezu aus der Enttäuschung, weil ihm nun einmal aufgeladen ist, dem Nihilismus unter allen Umständen beizukommen. Der ironische Gottesbeweis von Günther Anders' »Godot«-Interpretation (Die Antiquiertheit des Menschen, I 213ff.) spricht das aus: »Wir warten, also kommt er (der erfüllende Sinn der Geschichte). Er kommt (noch) nicht – also ist er.« Hunger beweist, daß es etwas zu essen gibt. Ein »anti-ontologischer« Gottesbeweis.

Ja, selbst die lebensgeschichtlichen Enttäuschungen des Individuums lassen sich so beheben. Wenn unverhofft etwa eine Helena uns trojanische Helden beglückt und doch die Sehnsucht kein Ende hat, dann liegt das einfach daran, daß sie noch nicht wirklich Helena war, daß ein »utopischer Bildrest in der Verwirklichung« (Pr. H. 204ff.) geblieben ist. Es steht noch mehr bereit!

Kurz, ob individuell oder kollektiv, ob fürs Leben oder fürs Sterben: So wie schon Nietzsche das Mögliche für nicht taxierbar erklärt hatte, entzieht Bloch das mögliche »Alles« jedem Urteil, weil das, was ist, nicht alles ist, jedenfalls immer noch anders sein kann. In diesem »Andersseinkönnen« kommt der Kontingenzbegriff der metaphysischen Tradition wieder zu Ehren, indes in positivster Wendung. Blochs »Kontingenz« bricht den orthodoxen marxistischen Geschichtsdeterminismus nur deswegen auf, um gegen die Festschreibung einer desaströsen Geschichte den schöpferischen Reichtum der »Variabilitäten« offenzuhalten (Pr. H. 269f.). Hier wie überall schützt Bloch sich so nicht nur vor jeder voreiligen Antwort, sondern schon vor jeder ernstlich zu stellenden Frage.

Fraglich allerdings, ob die Grund-Frage im Zeichen einer hoffnungsvollen Pseudo-Ontologie des Noch-Nicht-Seins suspendiert werden kann. Die Lebenden verhalten sich jetzt und hier zu Leben und Sterben. Und sie müssen auch jetzt und hier, im »Dunkel des gelebten Augenblicks« in der Tat, über eine aktuelle Genesis entscheiden, die nicht erst im Licht eines utopischen Vor-Scheins am Ende liegt. Keiner von ihnen hat sich das »Daß«, das sie als lebendig setzt, ausgesucht, aber die meisten von ihnen setzen es von neuem. Das Wesen des Etwas, nach dessen Grund sie fragen müssen, mag unausgemacht sein; Schopenhauers statisches Denken etwa, seinen Immobilismus muß man nicht teilen. Wo mehr schlecht als recht gelebt wird, darf man ihn nicht teilen. Aber gerade das Leiden des Lebens weiß durchaus von einem »Was« zu reden, das sich Blochs Reduktion dessen, was ist, auf eine bloße Faktizität, ein treibendes Nicht keineswegs fügen will. Das einzelne Leiden, auf dem Schopenhauer und noch Nietzsche so insistierten, kann von keiner Zukunft, keiner »Genesis am Ende« aufgehoben, die Frage des Leidenslebens nach seinem Worumwillen nicht vertagt werden.

Schließlich, und das ist entscheidend, weil es der Immunisierung des Lebens im Zeichen einer noch namenlosen Verheißung hinter den sieben Bergen eine definitive Grenze setzt: Die Grund-Frage stellt dem unausgemachten Etwas mit dem Nichts nicht wieder eine Variable entgegen, die so oder so ausfallen kann, sondern schlicht und einfach – nichts, das gewissermaßen charakterlose, wesenlose, aber gerade deswegen auch nicht veränderbare Nichts, die Frage-Konstante, die nicht mit dem Nicht, dem Noch-Nicht und dem Nicht-Mehr zu erschöpfen ist. Und die Frage lautet nicht, warum dieses oder jenes, ein besseres oder schlechteres, sondern warum überhaupt Etwas sein soll und nicht vielmehr überhaupt Nichts.

16. KAPITEL

Von Lissabon nach Hiroshima. Die philosophische Aufklärung in einer strahlenden Welt. Karl Jaspers läßt sich noch einmal vom Umgreifenden ergreifen. Wie man mit Kategorien über Kategorien hinausdenken kann. Die Atombombe und die Zukunft des Menschen. In der philosophischen Risikogesellschaft.

Die »Ästhetik des Vorscheins«, von welcher der Autor des »Prinzips Hoffnung« bis zum Ende sprach, gewinnt seit 1945, anders als er es meinte, immer mehr an Realitätsgehalt: Der Widerschein jenes Feuerballs, dessen schreckliche Schönheit über Hiroshima und Nagasaki aufging, liegt seitdem als Vorschein einer strahlenden Zukunft über der Menschheit. Er erhellt *und* blendet seitdem auch die Philosophie.

Sie ist ihrer Intention nach Aufklärung. Und nun ist sie genötigt, nicht aus göttergleicher Distanz, wie sie 2000 Jahre zuvor der Traum Ciceros dem Karthago-Vernichter Scipio gewährte, vielmehr aus fataler Nähe auf eine »vollends aufgeklärte Erde« zu blicken, die das Signum »triumphalen Unheils« trägt: so der Eingang der »Dialektik der Aufklärung«, die Theodor W. Adorno und Max Horkheimer kurz nach Kriegsende diagnostizieren. Was der Fortschritt einer mündig werdenden Menschheit zum Freieren und Besseren schien, droht in eine totale Katastrophe zu führen, welche die Philosophie prinzipieller denn je zu werden zwingt.

Wie sehr die Grund-Frage gerade in ihrer abstraktesten Form an der Zeit ist, davon muß sie sich nun zunehmend überzeugen. Die Wesensfragen werden in der Tat sekundär. Buchstäblicher, gründlicher als es sich selbst der Existenzialismus und auch Blochs Insistenzialismus vorgestellt hatten, geht es nun ums nackte Daß. Wenn das Erdbeben von Lissabon die schöne Mär von der »*besten* aller *möglichen* Welten« mitsamt ihrem Urheber und Lenker erschüttert hatte, so verbrennt mit Hiroshima und Nagasaki die Gewißheit einer Welt überhaupt. Riskiert man es jetzt, nach ihrem Grund zu fragen, so bietet sie keinerlei Seinsgewähr mehr. Der Weg von Lissabon nach Hiroshima bezeichnet unwiderruflich die Eskalation der – im Rückblick eher harmlos und beschaulich anmutenden – Theodizee zur Ontodizee.

Die neue schreckliche Helligkeit klar zu sehen, ohne geblendet zu werden, lernt die Philosophie erst allmählich. In der Schule Fausts ist sie traditionsgemäß eher an farbigen Abglanz gewöhnt. Vielleicht schließt sie unter diesen Umständen die Augen; vielleicht blinzelt sie; vielleicht sucht sie ihr Heil in eben jenen gefärbten Gläsern, die einst Kleist in seiner Kant-Krise als Erkenntnishindernis schlechthin erschienen. Dann greift sie auf ihre alten Vorstellungsmodelle zurück, selbst wo sie das schlechthin Neue sieht. Aber ist das nicht verständlich genug, wenn die Explosionen von Hiroshima und Nagasaki auch alle überkommenen Begriffe sprengen? Kann man überhaupt mit der Bombe leben, ohne sie philosophisch zu entschärfen?

Selbst ein in seiner Wahrhaftigkeit singuläres Werk wie das von Karl Jaspers zeigt, wie schwierig das ist. Es stellt sich keineswegs nur der »geistigen«, sondern auch der politischen, der atomaren »Situation der Zeit«. Aber noch Jaspers' Denken lebt aus Traditionen, die dem schlechthin Neuen nicht mehr gerecht werden und dem hier nötigen Widerstand nicht günstig sind.

Schon die Kluft zwischen dem, was in Frankreich, was in Deutschland Existenzphilosophie heißt, ist klaftertief. Zur »Résistance« bringt es die deutsche, wenn überhaupt, nur widerwillig. Ein »Apostel des demütigen Denkens« wird Jaspers im »Mythos von Sisyphos« (33) sogar genannt. Da waren Umfang und Bedeutung seines riesigen Lebenswerkes noch nicht ganz absehbar, schon gar nicht die Konturen seiner politischen Philosophie. Sisyphos, dessen glücklich-heroisches Scheitern, mündend in eine Theodizee des Absurden, dem »demütigen Denken« selber so fern nicht steht, hätte zumindest in Teilen davor Respekt empfunden. »Demütig« in dem Sinn, daß es die Prinzipien des aufrechten Ganges verleugnet hätte, Ermächtigungsphilosophie war das Denken von Jaspers im Gegensatz zu anderen deutschen Kollegen ohnehin nie. Hatte der französische Existenzialismus indessen den Ekel und das Absurde philosophisch salonfähig gemacht und den »Menschen in der Revolte« nobilitiert, so ließ sich Jaspers analog zu der den Grund des Seins erspringenden Fundamentalontologie Heideggers noch einmal willig vom »Umgreifenden« ergreifen in der »Periechontologie«. War der französische Existenzialismus unmittelbar zur Tat, nötigenfalls zum freien Tode hin, zu Fragen, die den Kopf kosten konnten, so übte sich in Deutschland eine von beamteten Philosophieverwesern betriebene Disziplin in einer Art von Professorenphilosophie der Betroffenheit.

Ihre »philosophischen Untersuchungen über das Wesen der menschlichen Freiheit« hatten es wie schon bei Schelling zwar mit allerlei Ur- und Ungründen des »Seyns« und »Überseyns« zu tun, weniger aber mit dem Abgrund, an dem sich die »Résistance« in vollem Bewußtsein bewegt. Die innige Obsession des deutschen Existenzialismus für Schelling führt allenfalls auf Umwegen auf die Wege einer widerständigen Freiheit.

Jaspers' Auseinandersetzung mit der Grund-Frage zeigt das in symptomatischer Weise. Sie geht unverzüglich auf Schelling zurück. Für Jaspers ist sie »eine jener unvergeßlichen Fragen«, die in ihrer Prägnanz einem einzigen Denker zu danken sind, ja, für ihn ist sie »durch Schelling erst zur wirklichen Frage geworden« (Schelling. München 1955, 124f.).

Diese Auszeichnung schließt eine Abwertung von Leibniz ein: Der »Periechontologe« will nicht mit einem Theologen verwechselt werden. Denn Leibniz formuliert die Frage nach Jaspers nur, um mit der Rückführung des Kontingenten und bloß Möglichen auf das Notwendige die alten Gottesbeweise zu erneuern. Kants Selbstbefragung des Schöpfergottes, woher er denn sei, wird von ihm nicht riskiert (129). Diese Kritik trifft die Intentionen des prästabilierten Harmonisten Leibniz. Sie verfehlt – schon Eduard von Hartmann hatte das übersehen – die Zuspitzung, die Leibniz der Frage gibt, indem er das Nichts als das Einfachere und Leichtere dem komplizierteren und schwereren Etwas gegenüberzustellen wagt. Doch für Jaspers ist Schelling der wahre Vater der Grund-Frage, die unter anderem nach den Gründen der Väter fragt.

»Warum ist überhaupt etwas, warum ist nicht nichts?« (125): Nur auf den ersten Blick haftet der Frage, deren Formulierung denn auch an die von Schelling anschließt, die »rationale Blässe« eines »leeren Verstandesspiels« (Von der Wahrheit. München 1947, 117) oder gar die Lachhaftigkeit der reinen Spaßphilosophie an (Der philosophische Glaube angesichts der Offenbarung. München 1962, 413). In Wahrheit ist es »ein Moment der existentiellen Grunderfahrung«, wie sie und ob sie überhaupt erfahren wird. Wahre menschliche Existenz kann sich der Frage ebensowenig erwehren, wie sie die Frage ertragen kann (407, 414). Stellt sie sich ihr, so löst sie wie selbst bei Kants Gott Schwindelgefühle, ja, das sonst der Tragödie vorbehaltene »Schaudern« als intensivierten philosophischen Stupor aus (407). Denn sie führt ins Grund- und Bodenlose. Mit ihr geht das Denken in seiner »negativen Kraft«, sich radikal loslösen und »von allem absehen zu können«, »selbst wenn es die ganze Welt wäre« (Von der Wahrheit 116), am weitesten auf Distanz zur Selbstverständlichkeit des Seins; sie unterstellt, »es sei möglich gewesen, daß überhaupt nichts sei« (117).

Bei dieser Formulierung allerdings wollen sich Schwindel und Schaudern noch nicht so recht einstellen. Denn die Frage erhielte so eine präteritale Fassung, die hinter den seit Schopenhauer eröffneten präsenten Nichts-Möglichkeiten, den finalen Zukunftsprospekten zurückbliebe. Die Frage ginge nur auf den Grund von etwas Gegebenem zurück: Warum ist etwas, das ist? Doch das ist keineswegs alles und schon gar nicht das Entscheidende, wenn sie fragt, warum etwas, das sein *kann* oder auch nicht, überhaupt sein soll oder sein will und nicht nichts. Erst dann wird sie wirklich riskant und schwindelerregend.

Dieser präteritalen Entschärfung steht entgegen, daß Jaspers die Frage gar nicht entschieden genug nehmen kann. Er will wieder den Sinn dafür schärfen, daß sich die Alternative von Sein und Nichts nicht mit zweideutigen dialektischen Denkspielen auflösen läßt. Den Bejahungen von Leibniz und Schelling stehen mephistophelische Verneinungen entgegen, die der »vorlogischen, vitalen oder existentiellen Seinsgewißheit« (Der philos. Gl. 413) den Grund rauben. Auch Jaspers weiß, was die Philosophie an Mephisto als dem Gründungsheiligen der negativen deutschen Ontologie hat.

So will Jaspers die ganze Abgründigkeit aufreißen, der sich »die in den Grund dringende Frage« (406) aussetzt. Denn ihr Warum fragt nach einem Grund des Seienden überhaupt, der seinerseits wie schon bei Heidegger nicht mehr dem Seienden entstammen darf, wenn die Frage sich nicht im Zirkel dessen bewegen soll, was sie befragen will. Dem Denken von Leibniz rechnet Jaspers ohnehin den Rückfall auf ein Seiendes vor, das seinerseits der Frage unterliegt (Schelling 124). Aber auch an Schelling wird gerügt, daß er die Frage ihrer ursprünglichen Größe beraube, indem er nur noch zum Grund der »realen Welt« in der »Wirklichkeit der ewigen Freiheit« oder – je nach dem gerade bei Schelling herrschenden System – der ewigen Notwendigkeit vordringe (128f.). Zu nahe ist diese philosophische »Erzählung« dem alten Schöpfungsmythos. Eigentlich wird die Frage so ganz und gar niedergeschlagen. Denn die Regression auf die ewige Freiheit oder Notwendigkeit verurteilt das Denken, das einen Grund will, zum »Hinnehmen- und Anerkennenmüssen« (128). Einem solchen Diktat der Akzeptanz will Jaspers keinesfalls gehorchen.

Wenn die Frage aber nicht sinnvoll nach einem seienden Grund des Seienden überhaupt fragen kann, führt sie dann nicht wieder auf den Unbegriff eines Grundes, der es schafft, Grund zu sein und zugleich irgendwie nicht zu sein? »Ohne Kategorien kann ich nicht denken.« Mit ihnen aber kann ich immer nur seiende Dinge denken, nach deren Grund ich eigentlich fragen will. Ich muß also »mit Kategorien über Kategorien hinausdenken« (124), wahrhaftig ein Virtuosenstück; Schopenhauer hätte ihm seinen ironischen Respekt nicht versagt. Jaspers probiert es gleichwohl, indem er – so sein Tribut an Heidegger – die Grund-Frage mit der »Frage nach dem Sein«, soll heißen: dem unbegreiflichen, undurchdringlichen »Sein des Seins«, überbietet (Von der Wahrheit 34, 117). Mit seiner eigenen Terminologie gesagt, läßt er sich am Leitfaden der Grund-Frage in ein horizontloses »Umgreifendes« führen. Die Bewegung eines permanenten Transzendierens soll bei nichts haltmachen.

Was aber kann man sich unter einem »Umgreifenden« denken, das der Grund aller Gründe sein und doch kein seiender Grund sein soll? Hielte man sich da nicht doch besser an die bescheidenere und konkretere Frage, warum überhaupt dieses oder jenes Etwas ist und sein soll und nicht Nichts?

Aber auch mit der Frage in dieser Form können unzulässige Abstraktionen einhergehen. Deswegen polemisiert Jaspers gegen das nivellierende, sinnentleerende, in der Wirkung moderierende »Etwas«, das die Frage des »philosophischen Schlages« beraube, den sie versetzen könne – es sei denn, das »überhaupt« brächte wieder einige Größe in sie hinein (Der philos. Gl. 412f.). Nimmt man ihr nicht tatsächlich die Zuspitzung, wenn aus dem erfragten Grund der Welt, Gottes, des Ichs der eines indifferenten »Etwas« wird? Jedesmal handelt es sich doch um eine spezifische Form der Grund-Frage, die ihrer riskanten Besonderheit nicht beraubt werden darf.

Andererseits hat das »Etwas« gerade in seiner abstrakten Inklusivität den Vorzug, alles meinen zu können, was sein kann oder auch nicht, ihm ohne Unterschied der Person oder Sache zu Leibe zu rücken und zugleich den großmächtigen Pomp des »Seins«, das weit mehr Imponiergehabe als das »Etwas« entfaltet, zu vermeiden.

Die drei Konkretionen wiederum, die Jaspers dem »Etwas« gibt, sind nur begrenzt dazu angetan, der drohenden Entschärfung der Frage zuvorzukommen. Wenn, erstens, ein grüblerischer, vom Schwindel befallener Gott bei Jaspers wie bei Kant die Frage an sich stellt: »woher bin denn ich?« (413), dann ist das nun bloße »Fiktion«. Dieser Gott hat offenbar immer noch den Garantie-Schein eines von Ewigkeit zu Ewigkeit seienden Wesens – es sei denn, man dächte mit Mainländer und Hartmann an einen Gott, der nicht nur selbstmörderisch gestimmt, sondern auch imstande wäre, sein Sein zu annihilieren. Doch damit waren schon die griechischen Götter überfordert, zu schweigen vom christlichen Gott, der bei aller Neigung zum Tode, zum Opfertode in seiner Sohnesgestalt, als Vater und Geist nie auch nur auf die Idee gekommen wäre, es könnte ein Ende mit ihm haben.

Wenn »in bezug auf das Sein der Welt, das sich selbst nicht weiß« (413), gefragt wird, »woher« es sei, so temperiert auch das die Frage. Es bringt sie wieder zu sehr in die Nähe der von Jaspers selber abgewehrten Schöpfungsmythen, denen die pure Faktizität einer Schöpfung Grund genug für sie ist (407). Hier kann die Frage allein in dem Maße Bedeutung gewinnen, wie sie statt nach einem Woher nach einem Worumwillen der Welt fragt. Außerdem entschärft die vom Woher nahegelegte präteritale Fassung wieder die Frage. Erst wenn das künftige Weiter-Sein der Welt in Frage gestellt wird, wird sie wirklich irritierend.

Nur bei dem Ich, dem »möglichen Selbst«, das sich fragt: »woher bin ich, ich könnte auch nicht sein?« (413), steht es anders. In Jaspers' »Philosophie« (1 1 ff.) wird es sogar so sehr auf die scheiternde Suche nach dem Sein verwiesen, daß es nicht einmal mit der Grund-Frage an einem zuverlässigen Anfang ist. Es kann sie nur aus einer existentiell brüchigen Situation heraus stellen, ohne selber am Anfang und am Ende zu *sein*.

Wahrhaftig eine ironische Situation: Ausgerechnet ein Wesen, das als geborenes immer zu spät kommt, kapriziert sich auf Anfangsfragen; ausgerechnet eines, das immer zu früh vergeht, sucht denkend dem Vergehen zu entgehen. »Schlechthin vergänglich« zwischen Anfang und Ende mich befindend, suche ich mit der Frage Halt und Antwort angesichts des Dunkels, »in dem ich nicht war«, des Dunkels, »in dem ich nicht sein werde«, ohne sie zu finden.

Doch nun wird die scheiternde Suche nach dem Sein durch einen Akt der Selbstvergewisserung balanciert: »Hier an der Grenze, wo hell wird, daß wir da sind, daß die Welt ist, daß wir mögliche Existenz sind, da ist mit einem Schlage dieses Bewußtsein selber ein Offenbarwerden des Grundes des Seins. Die beschwörende Frage: warum ist nicht nichts? erzeugt im Schwindligwerden das entschiedenste Seinsbewußtsein und in ihm die geschichtliche Gewißheit des Sichübernehmens der Existenz. Der Mensch sagt zu sich: Es ist nicht Nichts. Es soll sich zeigen, was ist. Es soll offenbar werden. Dazu sagt der in der Reflexion erwachende Mensch zu sich: Ich kann nicht umsonst, nicht für Nichts in dieses Dasein gelangt sein« (414).

»Warum ist nicht Nichts?« – so lautete die Frage. »Es ist nicht Nichts. Es soll sich zeigen, was ist«: so die Antwort, die keine ist. Das ist wohl auch der Grund, warum Jaspers das »vielmehr« vor dem »Nichts« eliminiert. Mit einem Wort: Um »Existenzerhellung«, nicht ihre wirkliche Infragestellung ist es Jaspers zu tun. Die scheinbare Zuspitzung durch die Konkretisierung des »Etwas« als Gott, Welt und Ich ebenso wie der Impuls, so weit über alle Gründe hinauszudringen, daß Jaspers nur noch beim tautologischen »Sein des Seins« ankommen kann, entschärfen im Ergebnis die Grund-Frage. Dabei kann nur das an Schelling noch gerügte »Hinnehmen- und Anerkennenmüssen« herauskommen. Der »Mensch in der Revolte« wird über seine Grenzen belehrt.

Jaspers' Deutung des Anfangs der Hegelschen »Wissenschaft der Logik« läßt das in einem symptomatischen Bild erkennen. Die in der »Spekulation vollzogene Grunderfahrung des Denkens« denkt »das Nichts mit der Frage: warum ist überhaupt etwas und nicht nichts? Daß das Nichts sei, kann das Natürliche scheinen« (Die großen Philosophen, Nachlaß I, München 1981, 567). Das Denken hält hier nach Jaspers gleichsam den Atem an: die Atem- als Seinspause, als Unterbrechung der »creatio continua« des Seins. Doch näher besehen hält das Denken nur stille im Nichts »vor dem Sein«. »Der erste notwendige Gedanke ist der Gedanke des Seins«, auch wenn sich dessen Bestimmung ohne Geburtshilfe des Nichts im weiteren als schwierig erweist. Das »Wunder«, »daß ein Sein ist«, hat dem Denken den Atem verschlagen. Und Wunder verlangen nach Bewunderung.

Das philosophische Pathos der Grund-Frage par excellence aber, noch einmal, ist die Verwunderung. Sie dient nicht der Anerkennung, sondern will Infragestellung. Sie zielt nicht ins kategorielose »Umgreifende«, sondern führt möglicherweise ins Unbegründete. Sie ist es schon zufrieden, wenn man einen zureichenden Grund namhaft machen kann, warum überhaupt dieses oder jenes Etwas ist, das sein kann oder auch nicht. Um so weniger darf sie sich damit abfinden, wenn sich nur das Wunder zeigen soll, »daß ein Sein ist«.

Wie verwunderlich aber muß sie es empfinden, wenn sie die Wendung beobachtet, die Jaspers der Grund-Frage gibt, wo sie höchst real in bezug auf das Sein, das Weiter-Sein von »Welt und Licht« gestellt ist: in der Auseinandersetzung mit der »Atombombe und der Zukunft des Menschen« (München 1958). Hart im Raume stoßen sich hier die Sachen. Der »Periechontologe« Jaspers transzendiert so erfolgreich ins »Umgreifende«, daß von der Ontologie kaum noch etwas übrigbleibt.

Fast gleichzeitig mit Günther Anders, der heftig gegen Jaspers polemisiert, wird die Atombombe über den Rahmen des Politischen, gar nur Militärisch-Strategischen hinaus als fundamentales philosophisches Problem thematisiert. Die Philosophie wiederum ist sich bewußt, daß aus metaphysischen epochale Fragen geworden sind. »Die Grundsituation des Menschen ist, daß wir uns in der Welt finden und nicht wissen: woher und wohin. Diese Situation wird durch die Möglichkeit der totalen Selbstvernichtung anders als früher bewußt« (22). Trotz aller Unwissenheit aber läuft dieses Bewußtsein zielstrebig auf eine Alternative hinaus, die der unphilosophische Volksmund nur zu gut als die zwischen »rot« und »tot« kennt: die zwischen bloß faktischem Überleben und lebenswertem Leben, das Jaspers vom UdSSR-Totalitarismus bedroht sieht. Die »Grundfrage« wird in diesem Sinn umformuliert: »Wodurch ist das Leben lebenswert?«(478). So schwer Jaspers es sich hier auch macht: Er ordnet die Selbsterhaltung des Lebens überhaupt der eines bestimmten menschlichen Wesens unter. Jetzt muß sich die »Ehrfurcht vor dem Leben« sogar vorhalten lassen, daß sie als das »Begehren nach Nichts-als-Leben und stumpfe Befriedigung an der Verkündigung der Heiligkeit des Lebens an sich« (479)

die »Lebensüberlegenheit des Menschen« vergißt (479), von der schon Schelers neinsagenkönnender »Asket des Lebens« gekündet hatte. Jetzt, wo sich die Grund-Frage in ihrer riskantesten Fassung stellt, regiert nicht mehr der Geist der »Anerkennung«, der Seinsvergewisserung und Seinsbewahrung, sondern ein Wagnis, das alles in Frage stellt, weil es ein bestimmtes Bild des menschlichen Wesens nicht in Frage stellen will. Weil dieses Wesen um jeden Preis sein, weil es allein dem Leben seinen Wert geben soll, wird »überhaupt Etwas« riskiert. Weil die Werte regieren, eröffnet sich nach der Erkenntnis Nietzsches die Möglichkeit des Nichts. Wo im striktesten Sinn Existenzfragen gestellt sind, regrediert Jaspers auf Wesensphilosophie. Für seinen politisch gewendeten altneuen Essentialismus geht die Existenz der Essenz nun keineswegs mehr vorauf, sondern folgt in so weitem Abstand, daß sie möglicherweise ganz auf der Strecke bleibt. Was ist aber mit den Wesenswerten, wenn Nichts ist? Ist das Sein nicht vielleicht doch so sehr aller Werte Wert, daß das Nichts das Widerwärtige schlechthin ist?

Mit dieser ontophilen Wendung freilich würde auch die Radikalität der Grund-Frage wieder moderiert. Die »Lebensüberlegenheit des Menschen« aber ist in der Tat so groß, noch größer als Jaspers es unterstellt, daß sie den Grund jedes bestimmten Wesens wie den Grund des Seins überhaupt in Frage stellt. Denn das Nichts, dessen Möglichkeit die Grund-Frage eröffnet, kennt, wenn es wirklich von Grund auf Nichts ist, keinerlei Unterschiede mehr, zu schweigen von so subtilen, wie es der von Sein und Wesen ist.

17. KAPITEL

Eugen Finks »Angriff des Lebens auf sich selbst«. Hans Wagner mokiert sich: Ist überhaupt Etwas, damit es die Grund-Frage gibt? Cartesianische Meditationen über die Leerstellen der verbrannten Erde. Warum sollte überhaupt Freiburg sein und nicht vielmehr nicht? Münchhausen als Ontologe. Wenn Welt waltet.

»Warum das Warum?« hatte Heidegger gefragt, die Grund-Frage auf ihren eigenen Grund zurückstoßend. Weil wir nicht nur »seinsvertrauend«, sondern auch mißtrauend, nicht bloß als »Kinder der Erde« in »mütterlich bergender« Ursprungsnähe aufgehoben, sondern auch ausgesetzte Wesen sind, die Fragen *haben*, weil sie fraglich *sind*: so die Antwort des Freiburger Husserl – und (aus eigenständig-produktiver Distanz) Heidegger-Schülers Eugen Fink. In seinem Werk »Alles und Nichts« (Den Haag 1959) hat er einen »Umweg zur Philosophie« beschritten, der für die Grund-Frage weder um- noch abwegig ist.

Im Gegensatz zu Sartres und Camus' radikaleren Wurzelmeditationen gründet die Philosophie bei Fink in einem »elementaren Lebensgrund«, der allem Denken vorausliegt. Noch wer dem Leben »an die Wurzeln geht«, lebt aus deren Kraft (26). Gleichwohl ist die Philosophie wie für Nietzsche und Schelers »Neinsagenkönner« »eine tief negative Bewegung«, »gleichsam ein Angriff des Lebens auf sich selbst«. Diese gegen sich selbst gewendete Militanz zeigt am deutlichsten, wie instabil, wie gefährdet, wie vieldeutig ein Wesen ist, das nicht einfach *ist* wie Pflanze oder Tier, sondern sich zu dem eigenen Sein verhalten kann und verhalten muß. Davon aber ist nicht nur es selbst betroffen. Das Selbstverhältnis betrifft auch das Verhältnis zu allem Seienden. Ein problematisches Wesen mit garantiertem Problemüberschuß.

Eine entschieden »abgründige Verwunderung« (233) kann unter diesen Umständen nicht ausbleiben. Sie ist eine Art von Elementarkurs zur Abgewöhnung eingefleischter Seins- und Denkgewohnheiten, vorangetrieben von den Philosophen als Virtuosen der Entselbstverständlichung. Verwundert sich das fragwürdige Menschsein nur abgründig genug, dann stellt es sich und aller Welt die »seltsame« (233), die »verwegene« (196) Grund-Frage, an der das Philosophieren überhaupt erwachen kann (232): »Warum ist überhaupt Seiendes und nicht vielmehr nichts?« (196) – Fink folgt der Formulierung Heideggers bis auf die Kleinschreibung des »nichts«, obgleich die Epoche es immer größer schreibt.

So ergibt sich die eigentümliche Konstellation, daß eine merkwürdige Spezies von Menschen, deren Frage-Obsession gleichwohl mit der generellen Verfassung ihrer Gattung zusammenhängt, sich selbst wie alles in den Wirbel ihres Fragens hineinreißt. Der in diesem Sinn menschlichste Mensch wäre der, welcher philosophierend, also fragend, vor nichts haltmacht, nicht einmal vor dem Nichts. Wenn die Philosophie sich nicht angewöhnt hätte, narzißtisch, wie nun einmal auch sie ist, ihr Selbstwertgefühl proportional ihrem Fragevermögen zu steigern – Philosophenadel von der Frage Gnaden –, dann müßte sie hier eher auf Gemeingefährlichkeit erkennen.

Bei Fink hat die Frage zunächst den Charakter eines Gedankenexperiments nach Art des cartesianischen Zweifels (21). Das Denken versucht eine Art »idealer Vernichtung«, fiktiver Aufhebung des Seienden durch den Gedanken in Gedanken (206). Doch es geht nicht um gedankliche Etüden zwecks Konsolidierung des Grundes der Erkenntnis wie bei Descartes; das vergängliche, das sterbende und tötbare Leben wird vielmehr realiter in Frage gestellt, auch im Kollektiv: Fink spannt den Rahmen der Frage vom »Angriff des Lebens auf sich selbst« bis zur Vorstellung »verbrannter Erde«, ausgerechnet an der Stelle der Stadt, in der er philosophiert. Das ist nicht ohne eine gewisse Logik. Schließlich hatte der nationalsozialistische Rektor Heidegger mit Hilfe der nekrophilen deutschen Seinswächter die Frage faktisch an seine Stadt, die Hauptstadt des »Seyns« am Oberrhein, zurückgegeben: Warum sollte Freiburg denn überhaupt sein und nicht vielmehr nicht? Aber auch dabei bleibt es nicht. Fink treibt das Gedankenexperiment bis zum »Wegdenken« ganzer Länder, Kontinente, Gestirne und Sternensysteme (192). Denkt bei Hegel die Philosophie noch einmal die Gedanken Gottes vor der Schöpfung nach, so ist sie inzwischen so im »Wegdenken« geübt, daß sie den Weg von der Schöpfung rückwärts zurücklegt und den ganzen Weltenraum ausräumt.

Den philosophischen Hebel, die Welt probeweise aus den Angeln zu heben, bietet im Anschluß an Kants Kategorienlehre die Modalisierung des Seins als Möglich-, Wirklich- und Notwendigsein (190). Eine besondere Form philosophischen Understatements ist es, die sich hinter der »kategorialen« Hochrüstung verbirgt: Man braucht nur von Seinsmodalisierung zu reden, und schon ist am Ende eine ganze Welt hinweggedacht. Sollens- oder Wollensfragen werden freilich nicht gestellt. Es geht nicht um die Entscheidung zwischen Sein oder Nichts, sondern um eine Veranstaltung der Ontologie, die keine Schwierigkeit hat, den Weltenraum zur Not auch in einem Hörsaal auszuräumen.

Zunächst geht es um das einzelne Seiende. »Jedes beliebige Einzelding (...) könnte ebensogut auch nicht sein« (192) – ebensogut! Das Wirklichsein ist ebenso kontingent wie das Nichtsein dem Sein äquivalent. Warum da nicht gleich eine mathematisch-kühle Formel verwenden: Die Verminderung der »Gesamtmenge M« durch die »Operation

M-1« (206): kein Problem. Aber die Grund-Frage kann am Modell einer Infragestellung von Einzeldingen nur unzureichend verdeutlicht werden. Sie entwickelt mit ihrem »überhaupt« einen Überschwang, der alles Seiende mit der Möglichkeit des Nichtseins konfrontiert. Denn daß irgend etwas Seiendes nicht hinwegdenkbar wäre, läßt sich nicht zeigen. Das versucht zwar die traditionelle Metaphysik: Sie katapultiert sich aus der Reihe der kontingenten Einzelwesen hinauf zu einem Schöpfer, bei dem als Fixpunkt alles denkerischen Probehandelns die sonst endlose Reihe der Wegdenkbarkeiten ihren Halt finden soll (239). Aber das ist für Fink wie für Heidegger keine wirkliche Antwort auf die Grund-Frage, weil es ihren Impuls, aufs Ganze zu gehen, mit einem metaphysischen Gewaltakt sistiert. Auf die Frage nach dem Warum des Seienden überhaupt kann nur eine »verirrte Vernunft« mit anderem Seienden antworten wollen (241).

Etwas überzeugender scheint es in der Tradition des cartesianischen Zweifels mit dem gedankenexperimentierenden Ich zu stehen: Muß es denn nicht bei allem Hinwegdenken als denkendes vorausgesetzt werden, auch dann, gerade dann, wenn es sich selber hinwegdenkt: »cogito ergo sum, dubito ergo sum dubitans«, »ich frage nach dem Seienden überhaupt, also bin ich jedenfalls Etwas«? Das gloriose »cogito«, immer schon darin versiert, sich am eigenen Schopf aus den Grundlosigkeiten herauszuziehen, in die es selber hineingeführt hat, bewährt sich doch auch hier auf das schönste, der Lügenbaron von Münchhausen zur Abwechslung einmal als wahrer Ontologe. Bekräftigt das »cogito« nicht tatsächlich die Wurzeln seiner Existenz in dem Maße, in dem es sie untergräbt, so wie die Frage noch als Angriff des Lebens auf sich selbst aus der Kraft dieses Lebens lebt? »Alles Seiende« kann jedenfalls nur von einem Seienden im Denken aufgehoben werden, das eben mit diesem Akt sein Sein bekräftigt!

Schafft die Grund-Frage also nicht zumindest ihren Grund, indem sie nach dem zureichenden Grund von allem fragt? Ein »pragmatischer Selbstwiderspruch« zwischen Frageintention und Fragevollzug?

Zweifellos, sofern und solange gefragt, gezweifelt, gedacht und hinweggedacht wird. Aber obgleich ein denkendes Seiendes die Voraussetzung für das Hinwegdenken des Seienden ist, so ist es doch keineswegs schlechterdings, sondern nur relativ notwendig für diesen Akt. Es ist das Fundament für die von ihm gedachten Gegenmöglichkeiten, aber es ist ein erschütterbares, ohnehin ein vergehendes Fundament: ein »fundamentum concussum« (235). Auch diese Wirklichkeit vergeht vor der Möglichkeit ihres Nichtseins.

Indessen, ist denn die Grund-Frage, selbst wenn man einmal von der Voraussetzung des Fragenden absieht, nicht immer irgendwie ans Sein gebunden, also eine leere Verbalradikalität (233)? Finks Kollege Hans Wagner hat deswegen in demselben Jahr, in dem Fink über »Alles und Nichts« räsoniert, geradezu hohnvoll die Frage als Ausgeburt eines fatal »tiefsinnigen« Denkens karikiert: »Warum ist überhaupt etwas und nicht vielmehr nichts? (...) einfach zu dem Zwecke (...), damit diese Frage nicht ungestellt bleiben müsse. Denn zweifellos bliebe sie ungestellt, wenn statt etwas wirklich nichts wäre. Die Frage verdient diese boshafte Auskunft. Denn unerhört plustert sich das Denken in diesen Fragen auf: das Sein, ohne das es selbst nicht möglich wäre, vor Augen (...), schließt dieses tiefsinnig fragende Denken (...) aus seiner abstrakten Möglichkeit, das Nichtsein alles dessen, was ist, zu setzen, auf eine Möglichkeit des Seins selbst, nicht zu sein, und des Nichts, zu sein« (Philosophie und Reflexion. München/Basel 1959, 414).

Zwar räumt auch Wagner ein, daß die Frage »formal und abstrakt (...) tatsächlich das Nichtsein des Seins denken kann«. Aber es bleibt die sarkastische Rückversicherung, daß immerhin »etwas« ist, wenn die Frage nach »überhaupt etwas« ist. Im Nichts stellte sie sich jedenfalls beim besten Willen nicht. Da gäbe es für sie weder eine Veranlassung noch irgendeine Basis.

Im Nichts gar zu fragen, so Finks Umkehrung der Grund-Frage, »warum das Nichts ist und warum es nicht eher Seiendes gibt« (239f.): ein Ungedanke. Man stelle sich vor: Ein absolutes Vakuum fragte nach dem Grund seiner Leere! Und »wo« wäre auch das Nichts? Nein, die Frage, warum überhaupt Seiendes ist und nicht vielmehr Nichts, entsteht nur, wenn überhaupt Seiendes ist; und sie hat nur dann einen Sinn, wenn etwas Seiendes das Seiende in Frage stellt.

Kann das jedoch wirklich die erwünschte Rückversicherung gewähren? Gewiß, wenn es überhaupt kein Seiendes mehr gäbe, dann wäre auch nichts mehr zu fragen. Aber wäre nicht eben das die Antwort, und zwar eine, die in der Konsequenz der von der Grund-Frage entfesselten Präzipitation zum einfacheren und leichteren Nichts hin läge: im Nichts keine Frage, nicht einmal die Grund-Frage mehr?

Weder die Relativität der Frage auf das Seiende noch ihre Bindung an einen Fragenden kann jedenfalls wirkliche Beruhigung gewähren. Im Gegenteil: Der Wirbel, in den die Grund-Frage als »Angriff des Lebens auf sich selbst« alles reißt, läßt »kein Ding und keinen Vorgang ›draußen‹« (233). Die philosophische Verwunderung ist deswegen so abgründig, weil sie ausnahmslos alles gegen das Nichts hält, wo nichts mehr hält.

Ja, selbst damit, daß die Grund-Frage alles Seiende »einschließlich des Fragenden und des Fragegeschehens« umspannt, hat die »Zweifelsucht« noch nicht »das Äußerste« gefragt – die Zweifel*sucht*! Mag nach Heidegger das Fragen die »Frömmigkeit des Denkens« sein, so ist der Zweifel die Droge der Philosophie. Das Äußerste wird erst gefragt, wenn die Zweifelsucht auch das in Frage stellt, was allen

Unterscheidungen von »Sein und Nichtsein«, »Wirklichsein und Möglichsein«, »Bestand und Gedachtheit« überhaupt erst die Basis gibt. Fink nennt es die »Welt«, die »Allwirklichkeit der Welt« (196f.).

Schon Scheler hatte die »Welt« als Inbegriff des Seienden im ganzen firmieren lassen. Doch Finks »Welt« meint nicht einen summarischen Begriff, sondern die Bedingung der Möglichkeit von allem; auch von »Allem und Nichts«, das umfassendste Apriori. Was aber soll denn das sein, was über alles Seiende hinaus liegt, was Wirklichsein und Möglichsein, Sein und Nichtsein vorausliegt und doch mit dem Namen einer welthaften »Allwirklichkeit« bezeichnet wird?

Dieser Zirkel ist symptomatisch für die »Kehre«, die Finks hyperfundamentale Grund-Frage vollzieht. Zunächst versucht Fink wie Bergson alles »Wegdenken« mit einem »Herdenken« zu balancieren. Wo Seiendes war, ist nicht absolutes Nichts, sondern etwas anderes Seiendes als sein »Stellvertreter«, das den »abgeräumten Platz und die entleerte Zeit« irgendwie wieder ausfüllt. Der »universelle Seinszusammenhang« kann nicht so unterbrochen werden, daß im »Raumfeld ein ›Loch‹«, im »Zeitfeld eine ungeschlossene ›Lücke‹« klaffte (192).

Das ist zumindest mißverständlich formuliert. Denn die Idee der »Stellvertretung«, an Heideggers Platzhalterschaft erinnernd, hier aber nicht auf das Nichts, sondern das Seiende bezogen, positiviert unter der Hand die Leerstelle, die man beim Wegdenken von Seiendem zweifellos unterstellen muß. Außerdem soll ja ausdrücklich alles Seiende hinweggedacht werden. Das aber hat beträchtliche Konsequenzen. Für die zerbombte Hauptstadt des »Seyns« am Oberrhein zum Beispiel ist es nicht unerheblich, ob die »verbrannte«, immerhin noch regenerationsfähige »Erde« (192) oder das, »was man gewöhnlich das Leere«, mythologisch das »›gähnende Chaos‹« nennt (22, 192), ihr »Stellvertreter« ist.

Aber selbst die »Leerheit«, durchaus als *Gegen*begriff zum »›Loch‹« des Raumfelds, zur »›Lücke‹« des Zeitfelds verstanden, soll den »Raum- und Zeitzusammenhang« nicht absolut unterbrechen. Selbst dann, wenn für das Weggedachte nichts hergedacht wird, soll der »leergedachte Raum und die leergedachte Zeit« (234) als »Raum- und Zeitfeld« bleiben, das der Gesamtheit aller Dinge vorausliegt; in das ebenso eingeräumt und eingezeitigt wie aus ihm abgeräumt und entzeitigt wird. Dieses Raum- und Zeitfeld meint Finks »Welt«, wohlunterschieden von dem, was bloß die »Erde« ist. Alles Binnenweltliche kann im Gedankenexperiment annulliert, alles Seiende als das Nicht-Notwendige hinweggedacht werden. Darauf bezieht sich die Grund-Frage, aber nicht auf die »Welt« selber. Die kühle »Modalisierung« des Seins erreicht sie nicht. Sie unterliegt nicht den Positionen und Negationen, denen sie vorausliegt. Sie ist das wahre »fundamentum inconcussum«, der unerschütterte Grund, den die Tradition vergeblich in Gott gesucht hat. Er war nur »gleichsam eine Maske des Universums« (242). »Weil Welt waltet«: so lautet deswegen die Antwort auf die Frage, warum überhaupt Seiendes ist und nicht vielmehr Nichts. »Die Welt waltet, indem sie Raum gibt und Zeit läßt.« Die »Universalfrage nach dem Warum aller Dinge« darf getrost auf ein »Individuationsproblem« (242) schrumpfen.

Die derart zuverlässig »waltende Welt« ist nun freilich noch über die entschlossenste Tautologie der »Sprache von Meßkirch« hinaus hart am Rande der philosophischen Wagnerei. Auch mag sich der noch waltende Wirklichkeitssinn wohl fragen, wie sich denn das rigoros zur Disposition gestellte Wirkliche und die um so unangetasteter bleibende »Weltwirklichkeit« miteinander vertragen. Wie wirklich ist denn noch diese Wirklichkeit, wenn sie von allem Wirklichen leergeräumt ist, und zwar einschließlich desjenigen, der sie leerräumt? Was und für wen ist denn noch »überhaupt Etwas«, wenn überhaupt nichts Seiendes mehr ist?

Fink beeilt sich denn auch hinzuzufügen, daß er keine »mysteriöse Auskunft«, schon gar keine »pseudotheologische« Berufung auf eine im Sinn Nietzsches »hinterweltliche« Welt meine (235). Er will mit dem Schritt über das Binnenweltliche hinaus nicht »aus der Welt heraus«, sondern nur tiefer in die »Weltoffenheit« hinein. Ist diese »waltende Welt« aber mehr als eine kosmologische Metapher für das »Sein« Heideggers, das für alles Seiende der Seinsgrund *ist*, ohne selber einen zu haben? Nach der gnadenreichen »ontologischen Differenz«, die das Sein vom Seienden für alle Fälle unterscheidet, nun die nicht minder hilfreiche »kosmologische Differenz«?

Auf jeden Fall wird bei Fink die »Seins-« als »Welt«-Herrschaft restauriert: »Das Urereignis der raumgebenden und zeitlassenden Welt (...) verhindert, daß das Nichts zur Herrschaft gelangt (...) Welt ist überall und allezeit. (...) Weil Welt ist, ist das Nichts nicht« (247).

Wird damit aber nicht die Welt wieder als Antipode des Nichts verstanden, statt ihm wie allen Negationen und Positionen vorauszuliegen? Wird die Grund-Frage als die Alternative von Sein bzw. Welt oder Nichts so nicht in ihre alten Rechte wieder eingesetzt? Bei allem Schwanken in Sachen »Nichts« kennt doch auch Fink ein »absolutes Nichts« zumindest als jenes Nirgendwann und Nirgendwo, auf das »der große Zeiger« des Todes weist (249). Anders als bei Heidegger, der am Ende noch das Nichts im grundlosen Grund des Seins birgt, scheint dieses »absolute Nichts« kein Asyl im »Haus des Seins« mehr zu gewähren.

Indes hindert das nicht, daß am Ende noch dieses Nichts, »aus dem alles aufgeht und darein alles vergeht«, mitsamt dem »Alles« in die Welt eingehaust wird. Die Kapazität dieser »waltenden Welt« ist so unfaßlich groß, daß sie den Zeit-

Raum alles in ihr Erscheinenden ebenso wie »das Niemandsland des Nichts« (249) umgreift und trägt: das philosophische Bergungsunternehmen der Tradition nun im kosmologischen Gewande. Alle Negationen wie alle Positionen soll diese Welt umfassen – und ist dabei längst positiviert. Der »Angriff des Lebens auf sich selbst« ist abgewehrt. Jetzt zeigt sich auch, warum von Anfang an nicht die Formulierung einer Alternative, sondern eine Selbstvergewisserung der Ontologie beabsichtigt war. Gerade weil das Leben weiß, daß es inzwischen reichlich Plätze gibt, deren »Lücke« nur noch eine »verbrannte Erde« füllt; gerade weil die Erde auf dem besten Wege ist, in einem leeren Raum- und Zeitfeld unterzugehen, rettet sich das Denken beizeiten in den utopisch-topischen, ortlos-geräumigen Hafen einer »Welt«, welche die neue Form der ontologischen Risikolebensversicherung ist. Doch eine Welt, die als Antwort auf die Grund-Frage schier »Alles *und* Nichts« beherbergen soll – sie besagt auch »Alles und Nichts«. Die Grund-Frage trennt, sie verbindet nicht.

18. KAPITEL

Wovon man nach Auschwitz nicht mehr sprechen kann. Theodor W. Adornos Destruktion des »Sinns«. Das Ganze ist das Falsche, auch beim Nichts. Zuflucht zum Grau, kritische Theologie ex negativo.

Wenn die Erde seit Hiroshima im Zeichen »triumphalen Unheils« strahlt, so hat sie vorher der Rauch aus den Öfen von Auschwitz verdüstert. Der Holocaust mochte im Unterschied zum drohenden Holocid, dessen Vorschein über Hiroshima aufging, noch nicht die Menschheit im ganzen treffen – aber er betraf sie »im Ganzen als eine solche«. Davon legt die Philosophie der jüdischen Emigranten – Philosophie von gerade noch Überlebenden – eindrucksvoll Zeugnis ab. Sie ist im emphatischen Sinn Philosophie nach Auschwitz. »Ontologisierende« Grund-Fragen läßt sie sich nicht gerne aufdrängen, zumal wenn sie als Kritische Theorie durch die Schule der Dialektik gegangen ist, schon gar nicht von einer Fundamentalontologie, die auf der Seite der Täter zu finden war. Aber selbst, gerade auf dem Boden von Auschwitz lassen sich diese Fragen so wenig vermeiden, daß eine entschieden »negative Dialektik« zu Antworten fortgetrieben wird, die die positive gerne als nihilistisch diskreditiert.

Nach Auschwitz kann man nicht mehr aussichtsreich von »Sinn« reden: so ließe sich das Verdikt umformulieren, das Theodor W. Adorno über die Lyrik nach Auschwitz ausspricht. »Schon vor Auschwitz war es angesichts der geschichtlichen Erfahrungen affirmative Lüge, irgend dem Dasein positiven Sinn zuzuschreiben« (Ästhetische Theorie Ffm. 1973, 229).

Mit dem hohnvollen Dégout, dessen Adorno wie kein anderer fähig war, reduziert er schon »die Frage nach dem Sinn des Lebens« auf »vulgären höheren Drang«. »Der weltanschauliche Klang des Wortes verurteilt die Frage« (Negative Dialektik Ffm. 1975, 369ff.). Ein depravierter spekulativer Idealismus lebt in ihr fort, der die Philosophie als »Zuspruch« disqualifiziert. Sinn kann man nicht herstellen. Der »Begriff des Sinns involviert Objektivität (...). Leben, das Sinn hätte, fragte nicht danach; vor der Frage flüchtet er.« Doch die Handelsvertreter einer säkularisierten Metaphysik halten unverdrossen vor »Angestellten Vorträge über den Sinn«.

Wer den aber verneint, dem gilt die traditionsreiche »Entrüstung über Nihilismus«. »Durch Mobilisierung des allverhaßten und mit der universalen Munterkeit unvereinbaren Wortes« soll »einfach der moralisch diffamiert werden, der die abendländische Erbschaft von Positivität anzutreten sich weigert und keinen Sinn des Bestehenden unterschreibt.« Das beliebte Geschwatze vom »Wertnihilismus (...) schreit nach der (...) zuständigen Überwindung«. Adornos Soziogramm der Sinnfinder und Nihilismusüberwinder erkennt in ihnen den subalternen Geist. Der »Gedanke« aber hat »seine Ehre darin, zu verteidigen, was Nihilismus gescholten wird« (372ff.). Die Nihilismusüberwinder »sind allemal schlimmer als das Überwundene«.

Was allerdings nicht hindert, den »abstrakten Nihilismus« mit der »Gegenfrage: warum lebst denn du selber«, zum Verstummen zu bringen. »Das aufs Ganze gehen, den Nettoprofit des Lebens kalkulieren«, wie es Schopenhauer getan hatte, ist dem Kritiker der instrumentellen Vernunft noch tiefer als Nietzsche, Mauthner und – Heidegger zuwider. »Der Anspruch totaler Subsumtion« unter das »absolut Negative« ist eben so verblendet, wie es die Schopenhauer so verhaßte idealistische Erbschaft an »universaler Munterkeit« und Positivität war. »Auf den Namen Sinn« hat nur das Offene Anspruch. Das Ganze, mit welchem Vorzeichen auch immer, ist das Falsche. »Der Satz, alles sei nichts, ist so leer wie das Wort Sein.« »Nichtsgläubigkeit wäre so abgeschmackt wie Seinsgläubigkeit.« Denn »ans Nichts« kann man so wenig glauben, wie es sich denken läßt. Gemeint ist das »nihil negativum«, das absolute Nichts, nicht die »Negation von Etwas«, das »nihil privativum«, dem Adorno immerhin einen gewissen Sinn abgewinnen kann. Sogar der »imago des Nirwana« räumt er eine gewisse Attraktivität ein, solange gewährleistet ist, daß es sich dabei um das Bild des »Nichts als eines Etwas« handelt. Daß Schopenhauer eben sein relatives Nirwana gegen das »eigentliche Nichts« ausgespielt hatte, um dem »absolut Negativen« zu entgehen, irritiert Adornos Polemik nicht. Es kommt ihm auf ein Totalverdikt gegen jegliches Totalverdikt an.

Daß Menschen das Nichts gar wollen könnten, »wie gelegentlich Nietzsche suggeriert, wäre für jeden bestimmten Einzelwillen lächerliche Hybris« – so der noch in der kritischen Theorie durchschlagende kryptotheologische Vorwurf –, selbst wenn es der »organisierten Gesellschaft gelänge, die Erde unbewohnbar zu machen oder in die Luft zu sprengen«. Adorno sucht einen dritten Weg zwischen totalisierendem Nihilismus und sinn- und wertfreudigem Nihilismusverdikt.

Subalterne Synthesen sind trotzdem nicht zu befürchten. »Fragen«, räumt Adorno ein, »ließe sich, von solchen, denen Verzweiflung kein Terminus ist, ob es besser wäre, daß gar nichts sei als etwas.« Das klingt nicht mehr nach »vulgärem höheren Drang«, auch wenn es exakt den nicht diskreditierten Sinn der Grund-Frage wiedergibt und Adorno mit dem radikalisierenden »gar nichts«, ohne es zu bemerken, auf den Schopenhauerschen Wortlaut der Grund-Frage rekurriert. »Für einen Menschen im Konzentrationslager« – und es ist bei aller Unvergleichbarkeit daran zu erinnern, daß Schopenhauer seine erste Erfahrung der Welthölle im Bagno von Toulon gewonnen hat – wäre es sogar, »wenn ein rechtzeitig Entkommener irgend darüber urteilen darf, besser, er wäre nicht geboren«. In Auschwitz kehrt die Klage der griechischen Tragödie, des gefangenen und gefolterten Waldgottes Silen wieder. Und was soll man von denjenigen sagen, welche die Verzweiflung über die Verzweifelten brachten? So oder so, auf dem Grunde der Verzweiflung wird die Grund-Frage, wie konditional auch immer, von Adorno erneuert.

Aber gerade diese Frage verbietet die »generelle Antwort«. »Vorm Aufleuchten eines Auges, ja vorm schwachen Schwanzklopfen eines Hundes, dem man einen guten Bissen gegeben hat, den er sogleich vergißt«, soll sich sogleich »das Ideal des Nichts« verflüchtigen. Nun war weder das eine noch das andere die bestimmende Erfahrung des Konzentrationslagers. Aber das »Ideal des Nichts« darf nun einmal nicht gelten, weil alle Fragen besondere Fragen, alle Erfahrungen besondere Erfahrungen sind, die sich dem »Anspruch totaler Subsumtion« entziehen, im Nichts aber »die Abstraktion kulminiert, und das Abstrakte das Verworfene ist«.

Das Nichts als totale Abstraktion von der Welt: das hatte schon Hegels »Logik« so gesehen und sich deswegen beeilt, aus dem leeren Nichts und dem leeren Sein die schöpferische Bewegung des Werdens hervorgehen zu lassen. Die Abstraktion des Nichts meint freilich ihrerseits das Verwerfende. Mit welchem Recht wäre sie das »Verworfene«, wenn die »Verzweiflung« sie motiviert und es Menschen gegeben hat, für die es tatsächlich besser gewesen wäre, sie wären nicht geboren? Gerade die irreduzible Erfahrung, in deren Namen die »generelle Antwort« untersagt wird, will möglicherweise die totale Abstraktion. Wer das Nichts will, dementiert seine Erfahrung jedenfalls nicht. Er radikalisiert sie nur. Und wie könnte das illegitim sein, wenn in der Welt »alle Bilder von Versöhnung, Frieden und Ruhe dem des

Todes«, dem »Ideal des Nichts« ähneln, ihm auch für Adorno ähneln müssen, »solange die Welt ist, wie sie ist«?

An der Dichtung Becketts beobachtet Adorno die Inkonsequenz, daß selbst die einzig dämmernde Hoffnung, »daß nichts mehr sei«, verworfen werde. Doch gerade diese Inkonsequenz liebt Adorno – weil er so Becketts Nihilismus »das Gegenteil der Identifikation mit dem Nichts« abgewinnen kann (Neg. Dialektik 373f.). Die »kleinste Differenz zwischen dem Nichts und dem zur Ruhe Gelangten« reicht ihm für die Gegenbewegung aus. Gerade die gnostische Verneinung der geschaffenen als der bösen Welt soll von der »Möglichkeit einer anderen, noch nicht seienden« sprechen, die als »Niemandsland zwischen den Grenzpfählen von Sein und Nichts« die »Zuflucht der Hoffnung« wäre – so wie das Bewußtsein »gar nicht über das Grau verzweifeln könnte, hegte es nicht den Begriff von einer verschiedenen Farbe, deren versprengte Spur im negativen Ganzen nicht fehlt« (370).

Das ist die altneue Frohe Botschaft einer kritischen Theologie ex negativo, die es, wenn auch nicht just zur Hoffnung als Prinzip, so doch als »Zuflucht« bringt. Aber man muß nicht den Begriff des Brotes haben, um verhungern zu können, zu schweigen davon, daß der Begriff des Brotes noch nicht besagt, daß es derlei überhaupt gibt. Adorno selber hat es so gesagt: Brot muß nicht sein, »weil es sein muß«. »Das ontologische Bedürfnis garantiert so wenig, was es will, wie die Qual der Verhungernden die Speise« (73, 79). Und wie sollte ausgerechnet bei Adorno ein »Begriff« die Bedingung der Möglichkeit von Verzweiflung sein? Auschwitz war für ihn eine Verzweiflung über jeden Begriff. Und Auschwitz war für ihn auch nicht das Niemandsland der Hoffnung, sondern Ort der nur zu nahe liegenden Frage, ob es nicht besser wäre, »daß gar nichts sei als etwas«. Und wenn die Verzweiflung das fragen darf, dann darf sie wohl auch antworten: im Zeichen eines von allem Seinsglauben total abstrahierenden Begriffs.

19. KAPITEL

Die fatale Gnade der philosophisch späten Geburt. Hans Jonas' »Prinzip Verantwortung« gegen das Prinzip Fortschritt. Fragen einer philosophischen Gnosis. Hat Nichtseiendes ein Recht auf Dasein? Das Dilemma der Nichtantizipierbarkeit. Vom Sein zum Sollen: Die Ontologie wird wieder fromm. Vom Sollen zum Sein: Hans Reiners Anthropotheologie. »Auf ins Bett!« Mephisto staunt.

Hegels Satz, Philosophie sei ihre Zeit, in Gedanken erfaßt, wird in der Gegenwartsphilosophie ausgerechnet von zwei Denkern am entschiedensten bekräftigt, die mit Hegels Deutung der Geschichte als Fortschritt im Bewußtsein der Freiheit sonst nicht das Geringste verbindet: Hans Jonas und Günther Anders. Beide schließen noch einmal ausdrücklich an die ontologische Tradition der Grund-Frage an, geben ihr aber zugleich die nötige aktuelle Zuspitzung. Zynisch gesagt – und der objektive Zynismus der Verhältnisse legt einer Philosophie, die auf der katastrophalen Höhe der Zeit sein will, immer wieder zynische Redeweisen nahe –, profitieren sie von der Gnade der philosophisch späten Geburt. Durch die Schule Heideggers gegangen, gewinnen sie erst in dem Moment eigenständige philosophische Konturen, wo die Epoche ihre schlimmen Konturen gewinnt. Das »wesentliche« Denken, dem Heidegger seine Seinsfrage überantwortet hatte, wird nun unmittelbar der Irritation durch globale Lebens- und Überlebensfragen ausgesetzt. Wo es wirklich und wahrhaftig um alles geht, reicht auch die fundamentalste Ontologie nicht mehr. Anders als bei Heidegger dominieren jetzt ethische Motive: Die realgeschichtliche Totalisierung und die ethische Pointierung der Grund-Frage hängen zusammen.

Wie für Adorno ist auch für die überlebenden jüdischen Emigranten Jonas und Anders Auschwitz zur unüberbietbaren Chiffre einer industriellen und bürokratischen Maschinerie geworden, die eine bestimmte Art von Menschen ohne Rest zu vernichten sucht. Die Endlösung der Judenfrage, im bösesten Sinn verstanden als rassistische Endlösung der Grund-Frage, gegen die Nietzsches zynische Ideen zur Überwindung des Nihilismus das harmlose Vorspiel einer Philosophie der Zukunft waren, zeigt die von der Frage eröffneten Abgründe im düstersten Licht: Warum soll überhaupt eine bestimmte Art von Menschen sein und nicht vielmehr nicht? Mit dem drohenden Globocid ist darüber hinaus die ganze Gattung zur Disposition gestellt: Warum soll überhaupt die Menschheit sein und nicht vielmehr nicht? Jonas und Anders, Fast-Opfer, persönlich, moralisch denkbar unverdächtig, scheuen hier selbst bedenklichste Fragen nicht.

Jonas geht von vornherein wie Anders aufs Ganze: Die faktische wie philosophische Ausgangsbasis ist die Gefährdung des Lebens überhaupt in einer Welt, die ihrerseits als ganze gefährdet ist. Ihn motiviert freilich weniger die Bombe als die von der Technik, insbesondere von der Gen-Technik, prinzipiell die von den Weltverbesserern jeder Sorte ausgehende Bedrohung. Kein offenherziger mephistophelischer Nihilismus, der wüßte, daß alles wert ist, zu Grunde zu gehen, ist der Gefahrengrund. Die neue Pointe ist vielmehr die, daß nun das bessere Leben der Feind des Lebens überhaupt ist. Fortschrittsfragen schlagen in Existenzfragen um. Nach dem Ende der Totalitarismen ist die Stunde der Wohlmeinenden, nein: der Bessermeinenden gekommen, die dem, was ist, den Krieg im Zeichen des »Meliorismus« erklären. Er scheint bescheidener als der »ruchlose« alte Optimismus, in Wahrheit prätendiert er mehr. Das Bessere ist nicht nur der Feind des Guten, sondern auch des Besten, sofern dieses eine definitive Perfektibilität unterstellt. Das Beste wäre das Allerschlechteste, weil es dann mit der Produktion des immer Besseren nicht weitergehen könnte.

Um einer strahlenderen Zukunft willen, nicht mehr wie noch bei Jaspers um des gegenwärtigen Wesens des Menschen willen, wird dabei freilich alle Gegenwart und künftige Möglichkeit aufs Spiel gesetzt. Gewinnen da die früher so inständig geschmähten ontologischen Besitzbürger mit ihrem Sinn für den Wert dessen, was ist, nicht ungewohnte Dignität? »Lechts und rinks« finden sich jedenfalls unversehens als konservative Weltbewohner zusammen, auch wenn Jonas sich noch an ideologischen Frontverläufen orientiert, die inzwischen überholt sind, weil sie sich noch der Konkurrenz der Systeme verdanken: Ernst Blochs »Prinzip Hoffnung« und seiner »Ontologie des Noch-Nicht-Seins« stellt Jonas' »Prinzip Verantwortung« ein gefährdetes Noch-Sein entgegen. Soll bei Bloch das »Noch-Nicht« den Grund und Sinn des »Etwas überhaupt« herausbringen, so wird bei Jonas das »Etwas überhaupt« durch den Utopismus des »Noch-Nicht« als »Gerade-Noch« riskiert. Die Geschichte ist nicht mehr unterwegs zu neuen Ufern, zu einer Heimat, in der noch niemand war. Die kann nur verlorengehen. Die Tendenz wird defensiv.

Warum aber sollen denn »überhaupt Menschen in der Welt sein«? Warum sollen künftig Menschen sein? Warum sollten wir »nicht das Recht haben, das Nichtsein künftiger Generationen wegen des Seins der jetzigen zu wählen oder auch nur zu wagen« (Das Prinzip Verantwortung, Frankfurt/M. 1979, 8, 36)? Warum soll überhaupt eine Welt sein? Ist die Existenz einer Welt »besser als die Existenz keiner« (33)? Ja, man muß bis zur »letzten (ersten) Frage der Metaphysik zurückgehen«, wie sie Leibniz gestellt hat – in Jonas' Adaption: *»warum ist etwas und nicht nichts?«* (95ff.). Das

»vielmehr«, mit dem Heidegger die Grund-Frage zugespitzt hatte, wird fortgelassen, weil es vielleicht schon zu sehr auf das Nichts zuliefe, wenn diesem soviel realgeschichtliche Unterstützung zuteil wird. Das totalisierende »überhaupt« versteht sich dafür um so deutlicher von selber. Solange man noch nach dem zureichenden Grund fragt, warum dieses oder jenes Seiende ist, bleibt die Frage limitiert, weil man sich auf dieses oder jenes andere Seiende zurückziehen kann. Wirklich radikal wird sie erst, wenn »die Alternative (...) das Nichtsein schlechthin« ist (96).

Jonas hat indessen andere Vorbehalte gegen die Formulierungen der Tradition. Die Frage, »warum schlechthin ›etwas und nicht nichts *ist*‹« (98), hat keine Bedeutung, wenn sie nach dem Grund von etwas fragt, das ohnehin ist. Nur in bezug auf etwas Problematisches, Existenzunsicheres, das Verantwortungsfragen stellt, ist sie von Belang. Ebenso müßig und banal muß sie scheinen, wenn nur nach einer vorgängigen Ursache des Seienden gefragt werden soll. Auf diesem Wege – das ist inzwischen Gemeingut einer Philosophie, die mit den erbaulichen Miniaturen ontotheologischer Buchmalerei nichts mehr zu tun haben will – kommt man immer nur wieder bei einem anderen Seienden an, in erster und letzter Instanz dem Schöpfer, dem der Unbegriff der »causa sui«, der Selbstverursachung, auch beim frömmsten Willen keinen plausiblen Grund verschaffen kann. Nein, es geht nicht um kausale Vaterschaftsnachweise. Schon an den Schöpfer richtet sich die Frage durchaus ernsthafter in dem Sinn, daß sie zu wissen begehrt, warum er die Welt, wenn er sie geschaffen hat, »*gewollt* habe« (98). Und da dieses Warum sich im Gegensatz zu den rückhaltlosen Verehrern göttlicher Selbstherrlichkeit wie etwa Duns Scotus von vornherein nicht mit der »rohen Tatsächlichkeit« willkürlicher Machtsprüche eines absoluten Souveräns abspeisen läßt, der jede Auskunft verweigert, ist so auch schon nach der willensleitenden Norm gefragt, warum die Welt, die er gewollt hat, sein *sollte:* eine unaufhaltsame Sequenz. »Er wollte sie, weil er fand, daß sie sein sollte« (99): sehr schön, aus intimerer Kenntnis kann man das gar nicht sagen. Nur möchte man auch gerne finden, warum er das fand; warum eine Schöpfung »gut«, und zwar besser als keine, war. Der große Gnosis-Forscher Jonas hat nicht vergessen, wie sehr sie das Schöpfungswerk des Demiurgen als Teufelswerk in Frage gestellt hatte, auch wenn er von Anfang an gegen die gnostische und neognostische Weltverteufelung polemisiert. Das »Gute«, das »Bessere«, dem die Grund-Frage gilt, versteht Jonas dabei nicht etwa bloß als »Wünschbarkeit«. Er fragt vielmehr einem unbedingten Imperativ nach, ob bzw. warum »überhaupt etwas – anstatt nichts«, genauer: »im Vorrang zum Nichts sein *soll*« (96ff.).

Damit ist trotz der schöpfungstheologischen und gnostischen Tradition die Grund-Frage fürs erste der Zuständigkeit der Theologie entzogen. So sehr die Fragen der Metaphysik von der Mitgift der Schöpfungslehre inspiriert gewesen sein mögen, hat die Theologie ihrerseits mit der Unterordnung des göttlichen Wollens unter das Sollen immer schon philosophische Fragen impliziert. In dem Maße, wie sie ihren Gott einen guten, einen verantwortlichen, einen vernünftigen Mann sein lassen wollte, hat die List der Vernunft sie aufs Eis einer philosophischen Debatte geführt. Und der gute Gott muß aufpassen, daß er nicht ausgleitet oder gar einbricht.

Die Chancen dafür stehen nicht schlecht. Denn das Nichts, das da in der Rangordnung der Werte »schlecht« oder zumindest komparativ »schlechter« als das Etwas sein soll – ist es denn nicht als Nichts »frei von allen Einwänden«, die den immer mängelbehafteten Alternativen innerhalb des Seins anhaften? Ist es nicht »frei von allen Unvollkommenheiten«, denen auch das positivste Seiende nicht entgeht (96)? Gewährt es nicht der Qual des Willens, den zum Sein »gezwungenen Akteuren« Zuflucht und Erlösung? Und wird es so nicht seinerseits gerade als Nichts zu einem *relativen* Positivum?

Leibniz' »leichteres und einfacheres Nichts«, mehr noch Schopenhauers »seeliges Nichts« ist bei Jonas nicht vergessen, die scheinbar so rückhaltlose Platzhalterschaft, die das nichtende Nichts bei Heidegger gefunden hatte, ohnehin nicht, hinter all dem wieder die Gnosis mit ihrer Verteufelung zwar nicht des Seins schlechthin, doch des gefallenen, geworfenen In-der-Welt-Seins als In-der-Hölle-Seins. Auch Jonas ist bei aller Gnosis-Feindschaft in seiner Radikalisierung der Grund-Frage spürbar von dem großen Fragezeichen inspiriert, das sie hinter die Schöpfungslehre gesetzt hatte. Da macht sich der Komparativ eines besseren Seins nicht so leicht. Ja, ist denn überhaupt beim Nichts ein Vergleich möglich, der den Vorrang des Seins begründen könnte, wenn das Nichts nichts ist? Nur im Sein kann doch verglichen, abgewogen, für besser oder schlechter befunden, der größere Wert respektiert, die Stimme des Sollens gehört werden!

Gewiß, Jonas riskiert solche Überlegungen immer nur, wenn er sie unverzüglich in seine Antworten integrieren kann. Gleichwohl deuten sich bedenklichste Probleme an. Und sie werden wahrhaftig nicht geringer, wenn die »letzte (erste) Frage der Metaphysik« wieder an das bedrohte Leben zurückgeht, von dem sie ihren Ausgang nahm. Denn dieses Leben ist ständig mit der Möglichkeit des Nichtseins konfrontiert. Als stoffwechselgebundenes Leben ist es prinzipiell nur, sofern und solange es sich erhält: so Jonas' Fundamentalbiologie (157). Auf dem erschütterten Grund der Welt aber ist es nun vollends so fragwürdig geworden, wie es zwischen der »Fraglosigkeit animalischer Natur« (die plötzlich von den Risiken des stoffwechselgebundenen Lebens nichts mehr weiß) und der »schattenlosen Helle« der Transzendenz (383) seinem fragilen Wesen nach immer schon war. Es kann das Nichtsein wählen. Kein Selbstmörder läßt sich das Vorrecht menschlicher Freiheit nehmen, nein zu sich sagen zu können. Und »so wie mein eigenes Ende kann ich auch das Ende der Menschheit wollen« (36 und 148). Mainländer hatte das ja schon hinlänglich demonstriert. Nichts hindert daran, mit der Grund-Frage Hand an sich selbst wie an alle Welt zu legen.

Das noch nicht Existente wiederum, die nur möglichen, künftigen Menschen einer nur möglichen künftigen Menschheit in einer nur möglichen künftigen Welt – warum sollten sie »anstatt nichts« sein? Sie sind (noch) nicht. Welchen Sinn hätte es also, in bezug auf »sie« davon zu sprechen, daß »ihr« Nichtsein schlechter, ihr Sein »besser« wäre? Wie weit ist Nichtseiendes überhaupt qualifizierbar und in irgendeiner Weise vorwegzunehmen? »Für sich selbst« hat jedenfalls nichts, »was (noch) nicht existiert, ein Recht auf Dasein«: so das Verdikt gegen alle Aktualisierungen des »Prinzips der Fülle«. Wie könnte es als Nichtseiendes überhaupt Ansprüche haben, ja, ausgerechnet Seinsansprüche stellen? Kann man Ungeborenen etwa ein Recht zuschreiben, geboren zu werden?

Unverfänglicher gefragt, um diese Wendung der Grund-Frage nicht mit gegenwärtigen rechtspolitischen Debatten zu verwechseln: Haben »Ungeschaffene«, Ungezeugte einen Anspruch, »gezeugt und geschaffen« zu werden? Gebietet nicht gerade das Interesse an einer künftigen Menschheit in einer künftigen Welt die rigorose Limitation aller weiteren Schöpfungsunternehmungen? Mit welchem Recht überhaupt möglichen Existenzen die Existenz zumuten, gar unter den absehbaren Bedingungen einer künftigen Welt? Kann man auch nur einen Willen, geboren zu werden, unterstellen? Gnosis und Neognosis, noch Nietzsches Silen,

Heideggers Sophokles-Rezeption wissen doch von ganz anderem zu sprechen. Sie verwerfen die geworfene Geburt. Zwar kann kein einmal geborenes Kind seine Eltern »eigentlich fragen, vorwurfsvoll oder anders: ›warum habt ihr *mich* in die Welt gebracht?‹«, sondern immer nur: »›warum habt ihr ein Kind in die Welt gebracht?‹«; denn *bestimmte* künftige Existenz, die »Diesheit dieses ›ich‹« ist genausowenig vorwegzunehmen, wie man sagen kann, daß dieses oder jenes Wesen sein soll, bevor es als solches ist (405). Aber eben deswegen erhält das »überhaupt« der Grund-Frage, jetzt nicht mehr totalisierend auf das Ganze, sondern radikalisierend auf den Grund des Etwas bezogen, um so größeres Schwergewicht: Warum überhaupt, warum eigentlich ein mögliches künftiges Etwas und nicht Nichts? Gerade die Nichtantizipierbarkeit des *bestimmten* Wesens treibt die Frage nach dem Grund der Existenz von »Etwas überhaupt« heraus.

Selbst bei Hans Jonas, dem man »versucherische« Überlegungen kaum nachsagen kann, findet wieder jener negative Kronzeuge Gehör, der sich seit Goethe seinen nihilistischen Reim auf die Grund-Frage macht: unser guter Freund Mephisto. Allem, was besteht, wie dem, was noch nicht besteht, dem nur Möglichen wie dem noch Wirklichen, droht er den Boden zu entziehen. Ohne jeden Seinsrespekt darf er auch hier zumindest versuchsweise seine »zuvorkommende« Botschaft verkünden: »Drum besser wär's, daß nichts entstünde« (148). Ein besseres, ein gewolltes, ein gesolltes Sein? Daß wir nicht lachen! Die so frohgemut auf die unbedingten Imperative der Ethik abzielende Ontologie: schrumpfte sie nicht besser gleich zur Präventionswissenschaft?

Allerdings befinden wir uns dann doch auf dem zuverlässigen Boden des »Prinzips Verantwortung«, das mit teuflischen Unverantwortlichkeiten nichts zu tun haben will. Jonas, als Zeitkritiker radikal, aber als Metaphysiker konservativ, gegen

Ende seines langen Philosophenlebens wie schon in seinen Anfängen wieder mit spekulativer Theologie, mit Gottesgeschick, sogar Gottesbeweisen befaßt, lenkt in die philosophische Tradition zurück. Die ethische Pointierung der Grund-Frage, ihre Umorientierung vom Schöpfungsgrund über das Wollen zum Sollen, mündet in den Versuch, gerade im Sein das Sollen zu fundieren: Was ist, was noch ist, was noch nicht ist, soll sein, weil dem Sein ein »absoluter Vorrang« vor dem Nichts zukommt. Nachdem Jonas wiederholt erklärt hat, daß die Grund-Frage unbeantwortbar, der *»Sinn* des (...) Seins von ›Etwas überhaupt‹« unbegründbar (95), der Vorzug »einer Welt überhaupt« vor der Existenz keiner Welt unbeweisbar sei (33), macht er sich nun sogar an einen Letztbegründungsversuch. Ontologisch-wertphilosophische, teleologische und anthropologische Motive verbinden sich dabei.

Was für Heidegger die »ontologische«, ist für Jonas die axiologische Differenz: Das Sein soll deswegen einen unbedingten Vorrang vor dem Nichts haben, weil nur dem Sein Wert zugesprochen werden kann, »gleichgültig, wie viel oder wie wenig davon aktuell vorhanden sein mag«, während dem Nichts »schlechterdings gar nichts, weder Wert noch Unwert, zusprechbar ist« (100). Wahrhaftig, so ist es. Welchen Wert oder Unwert sollte das Nichts auch haben, wenn es nichts ist? Annihiliert es nicht mit dem Sein auch jeden Wert? Nur seinsrelativ gibt es doch Wert oder Unwert. Statt aber aus dieser Einsicht die schlechthinnige Unabwertbarkeit des Nichts abzuleiten, rettet Jonas sich und das Sein, indem er zu einem Wert zweiter Ordnung, einer Art von Meta-Wert, seine Zuflucht nimmt. Weder Wert noch Unwert haben zu können, ist ein Unwert, die »Fähigkeit zu Wert (...), auch die Fähigkeit zu Unwert«, »ist selber ein Wert«, ja, »der Wert aller Werte« (100). Das gegen jeden empirischen Unwert immunisierte Sein kann so unter allen

Umständen über das Nichts triumphieren, und wäre das Sein noch so schlecht. Der Konsequenz dieses Arguments darf man sich getrost erfreuen: Das Sein ist besser, weil es schlecht sein kann, das Nichts schlechter, weil es nicht schlecht sein kann. Die schlechthinnige Indifferenz des Nichts soll die Differenz begründen.

Die gleiche Wendung nimmt Jonas' Letztbegründungsversuch mit der »Selbstbejahung des Seins im Zweck« (155). Die von Kierkegaard bis zu Heidegger reichende Existenzialontologie, die das Dasein als Selbstverhältnis bestimmt, dem es in seinem Sein um sein Sein selbst geht, wird dabei teleologisch gewendet. Das Sein, das schon als stoffwechselgebundenes Leben nur ist, sofern es sich erhält, erklärt sich »in jedem Zweck (...) für sich selbst und gegen das Nichts« (155). »Die bloße Tatsache, daß das Sein nicht indifferent gegen sich selbst ist, macht seine Differenz vom Nichtsein zum Grundwert aller Werte, zum ersten Ja überhaupt« (155), während das Nichts wieder die absolute Indifferenz ist. Zwar ist die Frage, ob die *Selbst*bejahung des Seins mehr als eine bloße Affirmation bedeutet, wo es – »jenseits des Seins oder anders als Sein geschieht« – um die Frage nach Sein oder Nichts geht. Auch ist selbst diese Selbstbejahung nicht so bruchlos, daß das Sein sich nicht auch verneinen könnte. Diese Möglichkeit läßt Jonas ausdrücklich unangetastet. Aber er beharrt, daß noch »die Lehre vom Nirvana (...), die den Wert des Zweckhabens verneint, (...) dann doch wieder den Wert der Befreiung davon bejaht und seinerseits zum Zweck macht« (154). Mit Nietzsche weiß Jonas, daß noch die entschlossenste Welt- und Selbstverneinung »eher das Nichts (...) als nicht will« (398).

Den Willen zum Nichts muß das freilich auch jetzt nicht weiter bekümmern. Entschlossen, wie er ist, akzeptiert er zur Not jede Paradoxie. Der Selbstmörder macht den finalen Gebrauch von den Möglichkeiten des Lebens, gewiß.

Aber warum sollte ihn das hindern, wenn er nur sterben kann. Und ist denn der ein letztes Mal zwecksetzende Wille zur Aufhebung aller Zwecke wirklich so paradox? Wenn etwas ist, von dem er nicht will, daß es sei, muß er doch wollen, daß es nicht sei. In der Tat, auch das selbstverneinende Sein ist nicht indifferent gegen sich, ganz im Gegenteil, es ist äußerst different gegen Sein und Nichts, freilich so, daß es gerade die unanfechtbare Indifferenz des Nichts als das relativ Bessere, auf keinen Fall das Sein »*absolut* als das Bessere«, das Nichtsein absolut als das Schlechtere versteht.

Am deutlichsten läuft Jonas' anthropologische Wendung des »Prinzips Verantwortung« auf bloße Seinsaffirmation hinaus: Es soll eine Menschheit geben, damit es weiterhin eine Menschheit geben kann. Bis auf rabiate anthropofugale Geister wird niemand dagegen so schnell argumentieren wollen, aber auch mit Jonas' zirkulärer Begründung, »die Möglichkeit, daß es Verantwortung gebe«, die »Idee von möglichen Tätern überhaupt« (186, 92), sei »die allem vorausliegende Verantwortung«? »Das nackte ontische Faktum, daß es sie überhaupt gibt, wird für die darin vorher nicht Befragten zum ontologischen Gebot« (186f.).

Mit dieser neuen Art von »Ontologisierung des Ontischen« nimmt der Impuls, der Jonas am inständigsten bestimmt, eine überraschende Wendung. Sonst leitet er mit denkbar größtem Recht die Primärverantwortung von Menschen für Menschen aus dem aufgenötigten Faktum der Geburt ab, das Wesen, die ihr Dasein nicht selber zu verantworten haben, anderen Wesen überantwortet, die es zu verantworten haben. Das Alleinverursacherprinzip begründet zwischen Eltern und Kindern ein unwiderrufliches Verantwortungsverhältnis. Im »Geschenk des Lebens« verbirgt sich eine Schuld. Daraus ergibt sich zum Beispiel nach den Geboten einer zukunftsbezogenen Fernstenethik die Pflicht zur Nichtverhunzung der Erde. In diesem Sinn ist auch

Jonas' neue Pascalsche Wette triftig, die selbst dem, was mehr schlecht als recht ist, angesichts des im Zeichen des ökonomischen und technischen Fortschritts drohenden totalen Risikos einen unendlichen Vorzug zuspricht (81 f.), wenn es nur ist.

Nun aber wird aus dem Diktat des Daseins, aus dem sich die *Rechte* künftiger Generationen ergeben, die »primäre Pflicht« zum Dasein, »die uns ganz und gar einseitig ermächtigt, allen nach uns Kommenden ihr Dasein nicht sowohl zu schenken (was sich mit Aufzwingen schlecht verträgt), als vielmehr zuzumuten (...). Ob sie diese Bürde auch wünschen, würden wir sie gar nicht fragen, selbst wenn wir könnten« (90). Eine Pflicht, die uns ermächtigt, ist allemal ein schönes Ding. Hier wird sie geradezu zum neuen kategorischen Imperativ, für Jonas sogar dem einzigen, »auf den die Kantische Bestimmung des Kategorischen, das heißt Unbedingten, wirklich zutrifft« (92). Das Dasein, das *»Nein zum Nichtsein«*, das *»Ja zum Sein«* ist das erste Gebot (250, 80).

An diesem Zwiespalt krankt das »Prinzip Verantwortung« insgesamt. Aus dem wegweisenden Plädoyer für eine Verantwortungsethik, die auf dem Diktat der Geburt basiert, wird das diktatorische Plädoyer für das Diktat der Geburt als Pflicht. »Über das individuelle Recht zum Selbstmord« läßt sich zwar nach wie vor reden, über die *»unbedingte Pflicht* der Menschheit zum Dasein« nicht. Die nur zu dringliche Kritik an der *Ver*nichtung von Lebensmöglichkeiten für ein Dasein, das ist und sein wird, ohne je Ja dazu gesagt haben zu können, mündet in die Verwerfung der Möglichkeit des Nichts für ein Dasein, zu dem nicht mehr Nein gesagt werden darf.

Was diese Gebote und Verbote motiviert, hat Jonas selber angedeutet: Es ist die alte konversionsontologische Gleichung von »Gut und Sein (von *bonum* und *esse*)« (149), welche den objektiven »Wert an sich« des Daseins begründen soll und die kategorischen Seinsimperative diktiert. Bei Jonas ist es zugleich eine entschieden antignostische Gleichung, soweit die gnostische Schöpfungs- die Seinsverteufelung meint. Die famose »Ontologisierung des Ontischen«, die Jonas' eigenen, tatsächlich erfreulich »simplistischen Hinweis« längst vergessen hat, daß es die Welt nicht geben müsse, weil es sie gibt (402); die Letztbegründung der Ethik in Metaphysik (92) mit ihrem Schluß vom Sein aufs Sollen – einem fälschlich »naturalistisch« genannten, in Wahrheit einem im Gewande der Ontologie daherkommenden supranaturalistischen Fehlschluß, für den die faktische »Natur« des Seins unantastbare, »heilige« Übernatur ist – folgt wieder den Geboten der Ontotheologie.

Den komplementären Weg, den Schluß vom Sollen aufs Sein, aber in demselben seinsaffirmativen Geist und – vor Jonas – derselben Betonung des »Prinzips Verantwortung« hat ein anderer zeitgenössischer Autor eingeschlagen, der die Grund-Frage mit dem »inneren Wert des Sittlichen« zu lösen versucht: Hans Reiner. Wie Jonas, wenn auch nicht aus antignostischen, sondern katholisierenden Motiven, glaubt er im Existenzialismus den Wertnihilismus zu bekämpfen, der bei ihm einmal mehr als wohlvertrautes »Gespenst« firmiert. Wenn man in diesem »Gespenst« nur nicht die Wiederkehr des »unheimlichsten aller Gäste« fürchten müßte.

In seinem betulich anmutenden, aber substantiellen Traktat »Der Sinn unseres Daseins« (Tübingen 1960) sieht Reiner durchaus die Brisanz der Grund-Frage. Eine grassierende Antwortlosigkeit als Geist der Zeit, objektiv die atomare Drohung als zeitgenössische Zuspitzung von Hamlets ominösem »Sein oder Nichtsein«, geben dem »Sinnproblem« fatales Schwergewicht. Mit Heideggers Begriff geht es darin um das *»Worumwillen* unseres *Daseins«* (64). Heideggers und Schelers Formulierung »Warum ist überhaupt Seiendes und nicht vielmehr nichts?«, letzteres wie bei Fink kleingeschrieben, weist Reiner allerdings als zu allgemein und scheinradikal zurück. Gerade im so vertrauten, Gemeinde schaffenden possessiven »Sinn *unseres* Daseins« steckt die Tücke der Frage. *In* unserem Dasein und *für* es können wir zwar mancherlei Sinn entdecken. Ja, mit Matthias Claudius' »täglich zu singendem« Dankgebet an Gott beglückwünschen wir uns möglicherweise allezeit freudig »wie 's Kind zur Weihnachtsgabe«, »daß ich bin, bin!« (62f.). Das einmalige »sein« reicht für soviel Freude und Dank schon nicht mehr aus. Aber da ist auch das Unglück und das Leid, dazu die Schalheit des Daseins, schließlich der Tod. Und gegen Claudius' Dankgesang erhebt wieder die tragische Erkenntnis der Griechen von Theognis, Solon, Sophokles und Euripides im Verein mit dem traurigen Prediger Salomo und ihrem neuzeitlichen Nachfahren Schopenhauer (Cioran kennt Reiner noch nicht) ihre Klage und feiert mit dem Waldgott Silen allein das Los als das beste, nicht geboren zu sein (24).

Diese Klage betrifft nicht nur mich, der »ich bin, bin« ,sondern den Ernstfall der Verantwortung: die Schaffung anderen Daseins (25). Hier kann kein bedürfnisbedingter subjektiver Sinn-für-uns mehr genügen. Hier ist ein objektiv bedeutsamer Sinn-an-sich gefordert, der dem Dasein als solchem eignet (28). Solange er fraglich ist, ist an die Eltern wie an den Schöpfer die Frage gestellt, warum und mit welchem Recht sie fremdes Dasein »gesetzt« haben und weiter »setzen« (22f.). Das ist der Kern der Frage, welche die Menschheit dann wieder in kollektivierter Form artikulieren mag: *»Gibt es einen einsichtigen Grund, warum es besser ist, daß wir überhaupt da sind als daß wir nicht da sind? (...) Warum ist es besser, daß überhaupt die ganze Menschheit da ist, als daß sie nicht da ist?«* (27, 31). Auch ein ganz und gar nicht luziferischer Geist muß gelegentlich dem Schöpfer, seinem Schöpfer, seinen

Schöpfern, sich als Schöpfer unangenehme Fragen stellen. Die Leibnizsche Theodizee mit ihrer besten aller möglichen Welten hat nicht zeigen können, daß das »Dasein dieser Welt und damit der Menschheit auch besser sei als ihr Nichtsein« (48). Obgleich Reiner nötigenfalls keinen Anstand nimmt, sich mit Katechismusweisheiten in den Dienst an der Ehre und Verherrlichung Gottes zu stellen (51 ff.), die wiederum nur einen Sinn-für, keinen Sinn-an-sich der Schöpfung begründen könnten, wird eine dezidiert philosophische Antwort gesucht (52 ff.).

Aber, gottlob!, ist der Mensch ein *»sittliches Wesen«* (53). Und eben das Sittliche ist das gesuchte Worumwillen. Es hat einen objektiven, seinshaften »Wert in sich selbst«, der gegen jede empirische Gefährdung des Sinns-für-uns immun ist. Das sittlich Gute soll unter allen Umständen um seiner selbst willen sein. »Es ist somit besser, daß es das sittlich Gute gibt, als daß es dasselbe nicht gibt.« Insofern ist »auch das Dasein der Menschen als sittlicher Wesen besser als ihr Nichtsein!« (55).

Im Gewande des Sittlichen kehrt freilich der »Beitrag des Menschen zur Verherrlichung Gottes« (54) unverhohlen wieder. Und eine verschämte Anmerkung kann nicht umhin festzustellen, daß der gewonnene Sinn ein *»anthropotheologischer«* ist (67). Die »Anthropotheologie« ist Reiners Komplementärform der Ontotheologie. Ist für letztere das Sein das Gute, so soll nun das sittlich Gute sein.

Als Antwortversuch auf die Grund-Frage entpuppt sich Reiners sittliche Botschaft als bloße Tautologie. *»Warum ist es besser, daß überhaupt die ganze Menschheit da ist, als daß sie nicht da ist?«* Weil das »sittlich Gute« sein soll. Warum soll das »sittlich Gute« sein? Weil es »seinen Sinn und Wert in sich selbst hat«. Warum hat es »seinen Sinn und Wert in sich selbst«? Weil es das »sittlich Gute« ist – et per saecula saeculorum.

Gleich aber, ob nun der Schluß Reiners vom »sittlich Guten« aufs Sein-Sollen oder Jonas' Ableitung des Sollens vom Sein – in beiden Fällen setzt sich die Konversionsontologie wieder durch, hinter ihr, bei Reiner noch unverhüllter als bei Jonas, der alte ontotheologische Seinsgottesdienst. Die erneute Selbstermächtigung der alten und neuen Schöpfer ist die Konsequenz. Was sie betrifft, braucht man keinen Zweifel zu haben, daß dieser höhere philosophische Segen für sie in der Tat das Bessere ist. Auf zu frischer Tat also! Wir wollen es nicht nur, wir können es auch verantworten, wir haben geradezu kategorisch sinn- und wertvolle Ursache von »sinn- und wertvollem Dasein« zu sein (Reiner 59): so die frohe Botschaft der Wertethiker des »sittlich Guten« mit ihrer leidenschaftlichen Neigung zur Pflicht.

Mephisto wird sich allerdings ein gewisses Amüsement nicht verkneifen können, wenn er die Grund-Frage hier bei Antworten enden sieht, die auf das unbedingte Gebot hinauslaufen, miteinander ins Bett zu gehen, natürlich hochverantwortlich. Dagegen hat er eigentlich gar nichts, wie man von ihm weiß, heute weniger denn je. Aber was da Begründung und Antwort sein soll, ist für ihn kaum eine Frage wert. Skeptiker, der er ist, wird er erst einmal zu bedenken geben, daß die Frage, warum überhaupt etwas ist, nicht notwendigerweise in kategorische Imperative mündet. Vielleicht ist sie am Ende doch wieder mit dem Worumwillen auf das Wollen verwiesen, weil der angebliche Forderungscharakter des Seins zwar eine so gute wie strenge Sache sein mag, aber alleine schwerlich genügt. Bei dem Nihilisten Mephisto wird die erbauliche Rede vom Bessersein, gar vom »absoluten Vorrang« des Seins vor dem Nichts ohnehin nur Heiterkeitserfolge erzielen. Was ein »absoluter Vorrang« sein soll, der eigentlich seinem Wesen gemäß immer relativ ist, wird für ihn schon unerfindlich sein, ganz zu schweigen von den *Relationen* eines »Wertes *in sich*«, die ihn befähigen, das Rarissimum eines in sich und an sich *Besseren* zu sein. Ein »absoluter Vorrang« von Etwas gar vor Etwas, das erklärtermaßen kein Etwas, sondern Nichts ist, wird für ihn der Anlaß *seines* philosophischen Staunens sein.

20. KAPITEL

Ein Feuerwächter als Brandstifter: Der andere Günther Anders. Die finale Show des nihilistischen Weltgeistes. Der Kontingenzschock. Auch Paul Tillich erschrickt. Eine metaphysische Liaison zwischen Sein und Nichts. Kontingenzerotik. Der Stupor ininterruptus. »Einmal auf der Welt, und dann als Klempner in Detmold.« Ungeseite Seierei, ungesolltes Sollen. Porträt des Nihilisten. Die Fundamentalontologie der Bombe. Die eiserne Inkonsequenz. Lob der Sinnlosigkeit. Die List der annihilistischen Vernunft. Transzendenz des Negativen. Die Karriere des Nichts. Hamlet muß weiterfragen.

Fast könnte man wieder an die Logik, ja die Teleologik des philosophischen Weltgeistes glauben: Im Werk von Günther Anders, das selbst das von Jonas in manchen Hinsichten noch an Gegenwärtigkeit, in fast allen an Radikalität überbietet, findet die Geschichte der Grund-Frage, termingerecht zum Jahrhundert-, zum Jahrtausendende, ihren – vorläufigen – Endpunkt und zugleich, nach Schopenhauer, nach Nietzsche, nach Heidegger und Sartre, einen Höhepunkt. Anders ist keineswegs nur der Technikkritiker, der historische Anthropologe der Antiquiertheit des Menschen im Zeitalter der Technokratie, als welcher er für die Öffentlichkeit firmiert. Als Husserlscher Phänomenologe, Heideggerscher Ontologe und Schelerscher Anthropologe beginnend, auf allen Ebenen als »Ketzer« endend, treibt er vielmehr Metaphysik mit geradezu obsessiver Intensität, und zwar nicht als philosophische Rückversicherungspolitik, die es gestattete, das gefährdete Leben in den sicheren Hafen des seienden Seins einlaufen zu lassen, sondern mit vollem, von ihm selber maximierten Risiko.

Einen seinsfrommen Denker wie Jonas kann man Anders fürwahr nicht mehr nennen. Ausgerechnet auf der verbrannten Erde von Hiroshima läßt er noch einmal den »Weltgeist« zu Wort kommen; es geht um die »Situation des Nihilismus heute«: »›Nur hereinspaziert!‹« schreit er, »›nur hereinspaziert, meine Herrschaften! Hier bekommen Sie das Nichts! Und nicht etwa nur das Nichts im Spiritusglas, nicht nur das Nichts als ›Relativismus‹, als ›Sinnentleerung‹, als ›Nichtung‹, das ist alles Humbug, das ist die Mode von gestern, (...) sondern – meine Herrschaften, ein solches Angebot ist noch nicht dagewesen – die Sache selbst, das Nichts selbst, das Nichts für Männer: Nämlich die *Vernichtung*, jawohl, die leibhaftige, die massive, die totale Vernichtung, die nichts übrigläßt, was sie nicht vernichtet hätte. Was? Da bleibt Ihnen die Spucke weg! (...) Können *Sie* mir vielleicht Auskunft darüber geben, warum Seiendes überhaupt *sein* soll und nicht vielmehr nicht? Was kichern Sie denn so? Scheint Ihnen ja einen Heidenspaß zu machen, nicht antworten zu können. Mir auch! Also! Worauf warten wir denn noch? Darum hereinspaziert, meine Herrschaften! Das Nichts, meine Herrschaften! Das Nichts! Das Nichts!‹« (Hiroshima ist überall, München 1982, 80f.).

Inspiriert von einem Genius loci, der zum Diabolus loci geworden ist, stellt der neue »Weltgeist« den idealistischen Glauben an die Vernünftigkeit des Wirklichen auf den Kopf. Zu »bekommen« auf dem finalen »Vanity fair«, dem Jahrmarkt aller Seinseitelkeiten, ist nur noch »das Nichts«! Der zur bildungsbürgerlichen Mode abgesunkene Nihilismus der Werte ist passé, überboten in dem Show-Programm einer nihilistischen Phänomenologie von »der Sache selbst«, dem blanken Nichts, dem Nichts sans phrase. Nur schlüssig, daß die Botschaft des objektiven Geistes endet mit einer kruden dreifältigen Wiederholung: »Das Nichts! Das Nichts! Das Nichts!« – dem ist nichts mehr hinzuzufügen.

Genauer besehen, geht es freilich bei der »leibhaftigen« »Sache selbst« um die »Vernichtung«. Sie hat Heideggers »Nichtung« den Rang abgelaufen. Sie verspricht so gründlich zu sein, daß es dem noch real existierenden Publikum die Sprache verschlägt. Ob es nun Heidegger studiert hat oder nicht – es kann keine Auskunft darüber geben, »warum Seiendes überhaupt *sein* soll und nicht vielmehr nicht«. Die Unfähigkeit zu antworten ist indessen sowohl für das Publikum wie den Schausteller des Nichts kein Grund zur Tristesse; nein, Heiterkeit über den »Heidenspaß« der Unbeantwortbarkeit der Grund-Frage macht sich allerseits breit. Also auch kein Grund mehr, die finale Show noch hinauszuzögern.

Der Arrangeur dieser Szene ist jener Autor, den man mit dem Hang zur beruhigenden Personifikation als das philosophische »Gewissen des Atomzeitalters« bezeichnet hat. Er souffliert seinem nihilistischen Widerpart mit sarkastischem Zynismus. Wie zu erwarten, lehnt er selber am Ende die Einladung ins Nichts ab. Wie aber nicht ganz so zu erwarten, stimmt er seinem Widerpart in bezug auf die Unkenntnis des »Warum und Wozu« ausdrücklich zu: »Warum die Welt und wir Menschen dasein sollen und nicht vielmehr nicht; warum Leben heilig sein soll; warum Sollen sein soll; warum wir gegen die Vernichtung ankämpfen sollen« – das alles wissen wir nicht. Mehr: Der unverhohlene Nihilismus eines französischen Existenzialisten, der dem Weltgeist vorher Stimme gibt, ist sogar so weit im Recht, daß das Sein der Welt und der Menschen nicht nur moralisch, als Gesolltes, unbegründbar, sondern auch definitiv *»entbehrlich«* ist: Wie in Sartres »Ekel« weiß er: Es geht *»auch ohne uns«*. Es ist alles »zuviel«. Das ganze Sein – mit einem obszönen ontologischen Terminus gesagt, der von Mephisto stammen könnte, aber von Anders stammt und für die Seinsfrömmigkeit der ontotheologischen Tradition, die noch die Sprache von

Meßkirch bestimmt, nur Hohn übrig hat – ist eine einzige *»Seierei«* (Ketzereien, München 1982, 302).

Damit ergibt sich eine bedenkliche Konstellation: Just in dem geschichtlichen Moment, in dem der Nihilismus von einer philosophischen Mode zum Realitätsprinzip wird, droht die Grund-Frage endgültig im Grundlosen zu enden.

Anders greift sie im Anklang an die Formulierung Heideggers auf. Aber diesem der Heideggerei entlaufenen »Renegaten der Ontologie« geht es um anderes. Er konkretisiert Heideggers »Seiendes« in bezug auf die Existenz von »Welt«, »Menschen« und »Leben«. Wie Jonas pointiert er die Frage moralisch: Er unterstreicht das *»sein«* und ersetzt Heideggers »ist« durch das »Sein-Sollen«. Dabei wird die Frage so zugespitzt, daß sie nicht nur nach dem Grund für das Sollen des Seins, sondern auch nach dem für das Seinsollen des Sollens fragt. Indes läuft sie nicht in die Hyperreflexion akademischer Letztbegründungsprofis aus, die Probleme dadurch entsorgen, daß sie diese auf die Spitze treiben. Vielmehr verlangt sie zu wissen, was die eigene antinihilistische Praxis begründen kann. Daß Anders Heideggers groß geschriebenes Nichts durch die einfache kleingeschriebene Negation des »nicht vielmehr nicht« ersetzt, hat keine Ermäßigung der Frage zur Folge. Größer als er kann man das Nichts nicht schreiben – so groß eben, wie es der »Weltgeist« tut.

Anders' Grund-Frage ist und weiß sich als die philosophische Form der Frage, die objektiv »an der Zeit« ist, weil die Zeit nicht mehr die des Seins ist. Mit dem zynisch gewendeten preziösen Jargon der Metaphysik gesagt: Es ist der »Kairos«, der günstige Augenblick einer Fundamentalontologie, die diesen Namen jetzt in der allerwirklichsten Wirklichkeit verdient. Angesichts des möglichen Nichtseins des Seienden gewinnt Heideggers »ontologische Differenz« zwischen Sein und Seiendem einen plausiblen Sinn (Die atomare Drohung 176f.). Bei allem Heidenspaß kann nun endlich mit dem nötigen Ernst nach dem Grund für das Sein eines Seienden gefragt werden, das seiner in keinem Sinn mehr sicher ist. Die »Begegnung mit dem Nichts« ist nicht mehr wie bei Helmut Kuhn auf antiexistentialistische Polemiken eingeschränkt, welche die »Begegnung mit dem Sein« allemal als Zuflucht haben, sondern die prekäre ontologische Gunst der Stunde. Ende aller Illusionen. Mit dem »Prinzip Hoffnung« ist es für Anders mehr noch als für Jonas endgültig vorbei: pure »Hofferei«. Die angebliche Ontologie des »Noch-Nicht-Seins« hat sich als die »invertierte«, die negative Futurologie des »Noch-Nicht-Nicht-Seins«, des Gerade-Noch-Seins entpuppt.

Allerdings ist damit die Situation auch derart, daß die Grund-Frage ihr philosophisch gutes Gewissen zu verlieren droht. Das aus ihr sprechende philosophische Staunen könnte, vielleicht sollte es dem Fragenden vergehen. Warum in einer Situation, in der fraglich ist, ob überhaupt noch etwas ist, überhaupt noch fragen, warum es sein soll und nicht vielmehr nicht? Verbietet es sich nicht, Grund-Fragen zu stellen, wenn schlichtes, eindeutiges Engagement gefordert ist? Ist es nicht absurd, Gründe zu erörtern, wenn es weit mehr um Folgen und Folgerungen geht? Ja, ist es nicht geradezu makaber, die mögliche Katastrophe als »Kairos der Ontologie« zu euphorisieren? Wenn es brennt, diskutieren wir doch auch nicht, warum gelöscht werden soll. »Tiefsinn verboten«, »metaphysische Askese« geboten: Muß das nicht die Konsequenz sein?

Aber Denkverbote verfangen nun einmal selbst in dieser Situation nicht. Und es führt kein Weg daran vorbei: Die Rücksichtslosigkeit, mit der Anders in seiner Eigenschaft als nihilistischer »Ketzer« die Grund-Frage stellt, erschüttert das von Heidegger noch so pastoral gehütete »Haus des Seins« bis in den Grund. »Metaphysische Zivilcourage« lautet Anders' Formel für den Mut des Philosophen, weder eine Frage noch eine Antwort auf dem Herzen zu behalten, während die Schulphilosophie gerne in »metaphysischer Feigheit« exzelliert. Wenn der Mensch das Tier ist, das nein sagen kann, wenn Negation seine auszeichnende Spezialität ist, warum sollte dann ausgerechnet der Philosoph unter diesem Niveau bleiben? Bejahen tut sich schließlich alles. Wenn das Atomzeitalter an den Ab-Grund des Seins tritt, warum sollte dann ausgerechnet die Philosophie davor zurückschrecken?

Anders' »Ketzereien« sind bei allem, was fachphilosophische Beckmesserei gegen seine terminologischen und philosophiehistorischen Salopperien, was nihilismusüberwindende Seinsfrömmigkeit gegen seinen Nihilismus einwenden mag, an Abgründlichkeit kaum zu überbieten. Gleichwohl bleibt Anders für eine Heiterkeit offen, die sich im Gegensatz zum hochverantwortlichen Ernst seiner Kollegen den Witz nicht nehmen läßt. So ist ihm auch die menschlich reichste Instrumentierung der Grund-Frage zu danken.

Anders beginnt ganz harmlos, mit jenem Begriff der philosophischen Tradition, von dem man sich eigentlich unangefochtene metaphysische Etüden versprechen könnte – Max Scheler hat ihn Anders just noch ins Gedächtnis gerufen: der »Kontingenz«. Philosophieren heißt: Denken »sub specie contingentiae«. Doch mit dem beruhigenden Denkerlatein ist eine psychophilosophische Erschütterung verbunden: das, was Anders seit seinen frühen philosophischen Aufsätzen, während der Emigration veröffentlicht in den »Récherches philosophiques« von 1935 und 1936, den »Kontingenzschock« nennt. Das schon zur Perplexität und zum Erschrecken gesteigerte philosophische Staunen nimmt vollends traumatische Qualitäten an.

In der scholastischen Tradition, von der noch Leibniz zehrt, war das zwischen dem »Notwendigen« und dem »Unmöglichen« angesiedelte Kontingente, das zufällige Tatsächliche, das auch anders oder überhaupt nicht sein konnte, durch den notwendig und aus sich seienden Gott stabilisiert worden, welcher der Schöpfung den Vorzug vor dem Nichts gegeben hatte und ihr nach den Erfordernissen der »creatio continua« Schutz und Schirm gegen die Möglichkeit des Nichtseins gewährte. Gerade daß eine Welt war, die prinzipiell auch nicht hätte sein können, hieß mit allem Nachdruck, daß sie sein sollte, daß sie erwählt war, und zwar von keinem irrationalen Wesen, sondern von dem allweisen, allmächtigen, allgütigen Gott, der wußte, wollte und tat, was gut für alle Welt war. Gerade das kontingente Sein, das in den Abgrund des Nichts geblickt hatte, durfte sich als Gewollt- und Gesollt-Sein wissen. Das konnte man – nach Analogie des psychoanalytischen »Krankheitsgewinns« – durchaus einen »Kontingenzgewinn« nennen.

Aber im 20. Jahrhundert ist selbst unter systematischen Theologen darauf kein Verlaß mehr. Auf den Spuren von Heidegger und Anders sieht sich sogar ein Existenzialtheologe wie Paul Tillich von dem »ontologischen«, dem »metaphysischen Schock« des »möglichen Nichtseins« gepackt (Systematische Theologie 1, Stuttgart 1975[5], 137, 193 f.). Aus der altvertrauten Seinslehre droht unter der Einwirkung dieses Schocks die »Meontologie« oder »Meontik« zu werden, die aus der »Maieutik« seligen Sokratischen Angedenkens, der philosophischen Geburtshilfe, der Hebammenwissenschaft, die Nichtswissenschaft macht. Der »ontologische Schock« spricht aus der »radikalsten Frage, die alles im Abgrund« des Nichts verschwinden läßt: »Warum *ist* etwas, warum *ist* nicht nichts?« Deswegen muß sich der schockierte »Meontologe« schleunigst vergewissern, daß es sich dabei eher um den »Ausdruck eines Existenzzustandes als eine ausformulierte Frage« handelt und das Denken überhaupt »nicht hinter das Sein zurückgehen kann«. Nichtsdestoweniger kann es »alles negieren, was ist«. Und, noch schockierender: »Sogar ein Gott müßte verschwinden, wenn er nicht das Sein-Selbst wäre« (194).

Was aber, wenn sogar dieses »Sein-Selbst« verschwunden ist? Und Gott, der oberste Seins- und Sinngarant, ist für den Ketzer Anders nicht bloß tot wie für Schopenhauer und Nietzsche; seine Leichenteile sind schon so weitgehend verwest, daß Anders nicht einmal mehr ans Glauben zu glauben vermag. Die transzendente Rückversicherung gegen das Nichts ist selber zunichte geworden.

Damit scheint freilich auch die Grund-Frage müßig: Denn an wen soll sie sich jetzt richten, wo der Primärtäter von der Fahndungsliste gestrichen ist und sie sich nur noch an die diesseitigen Schöpfer halten kann? Ist sie nicht die säkularisierte Theodizee-Frage, die getarnte Rechtfertigungsfrage *»verschämter Atheisten«* (Ketzereien 227), die in dem Moment sinnlos werden muß, wo sie adressatenlos wird? Die Genealogie ist zweifellos triftig: Ohne Theodizee keine Bio- und keine Ontodizee. Diesen Zusammenhang hatte schon Leibniz hergestellt. Doch die Theodizee-Frage war, wie Hans Jonas für die Schöpfungslehre zeigt, immer schon eine philosophische Frage im theologischen Gewande, weil sie Gründe für das Wollen Gottes verlangte, nicht göttliche Willkürakte sanktionierte. Sie war die Rechtfertigungsfrage un-verschämter Theisten.

Am anderen Ende der Entwicklung wiederum kommen auch unverschämte Atheisten nicht an der Grund-Frage vorbei. Ja, sie wird in dem Maße radikaler, wie sie vollends säkularisiert wird, weil nun der gute alte Gott als Sinngarant entfällt. Jetzt erst zeigt sich die ganze Sprengkraft des von der Tradition für ihre Zwecke wohldosierten Kontingenzbewußtseins: Das keinem Schöpfer zuzuschreibende, von keinem göttlichen Willen gewollte, an keiner göttlichen Brust geborgene Seiende treibt als »Nicht-Gemeintes«

grundlos, heimatlos, ziellos auf dem Ozean des Seins umher: *Kontingenz ohne Gott, enthauptete Ontologie.*

Jetzt wird das Seiende so rückhaltlos »sub specie contingentiae« gesehen, daß kein »sub specie aeternitatis« mehr übrigbleibt. Es ist; aber es ist »nichts als da«. Es ist, aber es mußte nicht sein. Es ist, aber es kann auch nicht sein. Das Wesen der Kontingenz ist prekäre Existenz. Der lapidare Satz des Thomas von Aquin, daß das Kontingente sein könne und auch nicht, zeigt, was in ihm steckt. Warum also soll das Kontingente überhaupt sein und nicht vielmehr nicht? Woher einen zureichenden Seinsgrund nehmen und nicht stehlen?

Angesichts dieser enthaupteten Ontologie mit ihrer Kontingenz ohne Gott kann Anders' ebenso witzige wie tiefe »Kosmologische Humoreske« (Frankfurt/M. 1978) – eine metaphysische Affäre zwischen Nichts und Sein, die den von abgründigsten Grund-Fragen geplagten kontingenten Existenzen eine gewisse Erholung vergönnt – einen Schöpfungsmythos fabulieren, der mit dem biblischen so wenig zu tun hat, daß er Mephisto zweifellos gefallen hätte.

Am Anfang war weder Gott noch das schöpferische Wort, sondern das Nichts, nichts als das Nichts; etwas anheimelnder im Geiste Schopenhauers gesagt; der »Frieden des durch nichts gestörten Nichts« (19). Es ist das Uranfängliche, keiner Erklärung bedürftig – Grund-Fragen aus dem Nichts an das Nichts laufen a priori aus dem Leeren ins Leere. Will man gleichwohl von dem erzählen, wovon man mangels Sein eigentlich nur schweigen kann, dann muß man aus dem Nichts wenigstens provisorisch ein Etwas, analog zu Kants »ens rationis«, dem Nichts als Verstandesding, gleichsam ein »ens fictionis«, das Nichts als Erzählding machen. Die »Kosmologische Humoreske« tut das, indem sie dem Nichts, das als Neutrum eigentlich ein Höchstmaß an Sachlichkeit verspricht, mythologisierend ein weibliches Ansehen gibt: Am Anfang war Frau Nu, »die Göttin des Nichts und der Leere« (7).

Mit diesem Nichts hätte es gut sein Bewenden haben können, denn: Nichts ist nichts, Nichts braucht nichts, Nichts fehlt nichts – wenn da nicht plötzlich auf Grund eines Vorgangs, der ebenso erstaunlich ist wie die christliche »creatio ex nihilo«, etwas ganz anderes gewesen wäre: das Sein in Gestalt des Gottes Bamba. Wo kommt er her? Zweifellos aus »Molussien«, wo Anders gerne das Unglaublichste lokalisiert. Aber hinter dem exotischen Namen verbirgt sich Vertrautestes. Bamba nämlich ist Schöpfer und Geschöpf, Produzent und Produkt in einem: »causa sui«, »Ursache seiner selbst«. Das schönste aller ontologischen Münchhausen-Märchen: Der Seinsgott zieht sich selber an seinem noch nicht vorhandenen Zopf aus dem Sumpf des Nichts. Wie das auch zugegangen sein mag: Er, der nicht war, nicht sein mußte und wieder nicht sein kann, ist unversehens da.

Das primordiale Nichts kann das naturgemäß nicht verstehen. Frau Nus verwundertes Staunen zeigt, daß sie Philosophin ist, die Platon und Aristoteles über das Staunen gelesen haben muß. Doch hier verwundert sich nicht seinsreflexiv etwas Seiendes, sondern das Nichts, daß überhaupt Seiendes ist und nicht vielmehr nichts. Die »Kosmologische Humoreske« stellt sich konsequent auf den Standpunkt des Nichts (auch wenn das naturgemäß nur möglich ist, indem das Nichts für einen Moment lang Ferien vom Nichts macht). Muß man sich etwa auf diesen Standpunkt stellen, um dem Sein seine volle Verwunderlichkeit abzugewinnen?

Jedenfalls bekommt Frau Nu – das ist nun ganz gegen die Regeln der Philosophen-Zunft – zunächst einen hemmungslosen Lachanfall: Dieses regelwidrige, nichtswidrige Sein – es ist einfach komisch, bar jeder seriösen Notwendigkeit. Schließlich versucht sie, weil Staunen und Belustigung hier nicht mehr genügen, sondern nihilistische Überzeugungsarbeit vonnöten ist, den noch jungen Bamba zu überreden, seine absurde Existenz am besten gleich wieder ins Nichts verschwinden zu lassen. Doch Bamba ist ein »ontologischer Parvenü«, dem das Sein, kaum daß er im Sein ist, auch schon selbstverständlich ist. Außerdem: Wieviel schwerer ist es nicht, wieder ins Nichts zu verschwinden, wenn man einmal vom Sein gekostet hat, als »im Nichts« zu verbleiben, wo man den ganzen Seinsreichtum noch nicht recht kennt und gar nicht vermissen kann?

Daß Bamba einmal nicht war, daran kann er sich schon gar nicht mehr erinnern, genausowenig wie er sich im künftigen Nichts an sein Gewesensein erinnern würde – falls er dann überhaupt noch dächte. Was überhaupt Nichtsein heißen soll, ist ihm unerfindlich. Obwohl sekundär gegenüber dem primordialen Nichts, ist er flugs zu jenem praktizierenden eleatischen Seinsgott geworden, den Anders in seinem Gegenentwurf zur »Kosmologischen Humoreske« (Ketzereien 146ff.) als Inkarnation der Philosophie des Parmenides phantasiert. So wie für Parmenides nur das Seiende ist und denkbar ist, das Nichtseiende eben nicht ist, so kann er sich gleichsam nicht ins Nichts versetzen. Wenn er trotzdem wider alles eleatische Erwarten einmal eine Frage hätte, denn vielleicht gibt es das Nichts oder das Nichtige doch in irgendeiner Form, dann würde sie lauten, warum überhaupt Nichts und nicht vielmehr allein Seiendes ist: so die invertierte, von Eugen Fink als Unfrage verworfene Form der Grund-Frage; in bescheidenerem Rahmen, warum es dieses oder jenes nicht gibt, wenn es doch sehr wohl sein könnte, ja, überhaupt nicht genug geben kann.

Wie auch immer: Zur Frage kann es nur kommen, wenn die dem Sein oder dem Nichts angestammte Perspektive wenigstens für einen Moment lang mit der des Antipoden konfrontiert wird. Frau Nu und Gott Bamba müßten sich irgendwie zusammentun, damit es für die Kinder des Seins und des Nichts die Mysterien der philosophischen Verwunderung und Fragen, die an die Wurzeln gehen, gibt.

Doch vorerst ist Feindschaft zwischen Nichts und Sein gesetzt. Und nun ändert sich auch in dem Maße, wie Bamba sich im Nichts breitmacht, Frau Nus Charakter. Am Anfang war sie nichts weniger als bösartig. Jetzt aber wird aus Nichts Verneinung und Vernichtung. Es bekommt eine Geschichte, die es als Nichts eigentlich nicht hat. Die Nichtsgeschichte ist die Antwort auf die Anmaßungen der Seinsgeschichte. Frau Nu erklärt Bamba den Krieg. Unter den Bedingungen der Humoreske wird sie zur metaphysischen Scheuerfrau, die alle Seinskeime vertilgen will. Wo bliebe sie denn, wenn es immer mehr davon gäbe! Die Rückführung des absurden Seins aufs angestammte Nichts, die »reductio ad nihil«, wird nun ihr Geschäft, da nichts anderes der hanebüchenen »creatio ex nihilo« mehr Herr werden kann.

Aber auch Bamba bekommt Probleme, nachdem die erste Seinseuphorie verflogen ist, und zwar nicht mit dem Nichts, sondern mit sich selber. Er ist allein; und allein ist er sich nicht genug. Niemand kennt ihn, niemand liebt ihn, niemand rühmt ihn. So drängt es ihn nach der Selbsterschaffung zu weiterem Schaffen, erst als Wortemacher, dann als Sänger, der sich ein kosmisches Selbstlob singt. Doch die künstlerischen Welt-Spiele sind auf die Dauer eine zu symbolische und sub specie des Nichts auch eine zu publikumslose Schöpfung. Eine echte Öffentlichkeit, ein seiendes Sein ist vonnöten. Nur darf es nicht ganz die Qualität des eigenen Seins haben. Sonst wäre es ja wie er, und auf eine ontologische Egalité hat er es nicht abgesehen, der nun immer mehr dem biblischen Schöpfer ähnelt. Allem Anschein nach ist er ein ziemlich kleinlicher und eifersüchtiger Gott. In seiner Eitelkeit geht es ihm immer nur um ihn selber: Schöpfung, eine gigantische narzißtische Veranstaltung. Wie sollte es überhaupt um das gehen können, was noch nicht ist, was also von der nur für Bamba so erschreckenden Leere des Nichts in keiner Weise betroffen ist?

Ein gewisses Maß an spezifischer Differenz ist also wünschenswert. Bei Leibniz konnte sich Bamba schon kundig machen, daß der kleine Unterschied zwischen Schöpfer und Geschöpf am besten mit dem notwendigen metaphysischen Übel der Endlichkeit herzustellen ist. Die physischen und moralischen Übel werden dann schon folgen. Eine kleine Prise Nichtigkeit, den Geschöpfen von Anfang an mitgegeben – das wäre das Rechte!

Woher aber im seienden eleatischen Sein die Nichtigkeit nehmen und nicht stehlen? Nach Lage der Dinge kommt dafür nur Frau Nu in Frage. Wie gut, daß sich ihre Interessen inzwischen bei aller Unvereinbarkeit im Prinzipiellen mit denen von Bamba treffen. Denn einmal ist auch das Nichts, seitdem es das Sein gibt, sich selber nicht mehr gut genug: An die Metamorphose vom Nichts zur Vernichtung gewöhnt, braucht es nun das Seiende für sein negatives Geschäft. Und dann muß ihm natürlich jedes Mittel recht sein, das den Seinsgrad mindern, das Seiende am Ende gar wieder zunichte machen kann. Kurzum: Ideale Voraussetzungen für einen historischen Kompromiß zwischen Sein und Nichts.

Wo aber zwei das Gleiche, wenngleich zu ganz unterschiedlichen Zwecken wollen, da ist der Trieb nach den Gesetzen der »Metaphysik der Geschlechtsliebe« mitten unter ihnen. Auf diesen zuverlässigsten aller Manipulateure ist in allen Schöpfungsfragen Verlaß. Er kopuliert das Nichts und das Sein in der verbindenden Intention auf ein nichtiges Sein. Der hemmungslose Egozentriker Bamba wird zum glühenden Liebhaber. Die mißgünstige metaphysische Scheuerfrau blüht auf in schönem Schein. »›Es ist nicht gut‹, sprach sie schließlich, ›daß ein Gott allein sei. Hier bin ich‹« (78). Und das Nichts und das Sein finden in kosmogonischem Eros zusammen.

Die gemeinsame Frucht ihres Liebeslebens ist »die Welt«. Beim Weltaufgang ist nun für Bamba die Stunde des Staunens gekommen; damit kehrt die Humoreske von der Verwunderung zur Bewunderung zurück. Zu seiner kindlichen väterlichen Freude hat er mit Mutter Nus Hilfe lauter kleine Bambas, sagen wir gleich: lauter Bambini, die Kinderschar der »Dinge«, des »Seienden« »ins Dasein gerufen«. In diesem »Ruf« meldet sich unerachtet aller kosmogonischen Erotik noch einmal die Wortnatur des schöpferischen »Logos« zu Wort. Die Dinge sind. Und seiend sind sie gut: Konversionsontologe von Geblüt, weiß Bamba, daß es sich beim Sein und beim Guten um Wechselbegriffe handelt. Mehr: Es ist alles sehr gut. Endlich kann sich der schöpferische Narziß aus vollem Halse sein Selbstlob singen und dessen tausendstimmiges Echo von den Geschöpfen hören. Allüberall »Süß-Empirisches« von Gottes Gnaden.

Fast hätte Bamba darüber ganz vergessen, daß dieses Süße nach seinem eigenen Willen endlich ist, fast auch, daß gemäß dem historischen Kompromiß zwischen Sein und Nichts Frau Nu sich mit ihren Mitteln an der Schöpfung beteiligt hat. Doch kaum sind die Flitterwochen vorbei, stößt Frau Nu den vergeßlichen Seinsgott gnadenlos auf die Kontingenz alles Geschaffenen. Mit der Frau Nu eigenen Drastik gesagt, ist das »Süß-Empirische« etwas »X-Beliebiges«: Es war nicht. Es kann wieder nicht sein. Es wird wieder nicht sein. Die Probe braucht sie ja nur anhand jener Eigentümlichkeit zu machen, die seit je der Name der Nichtigkeit ist: der Sterblichkeit. Mit ihr tendiert der historische Kompromiß zwischen Sein und Nichts gegen Nichts. Das Sein des kontingent Seienden ist eine bloße Episode, ein »ontologischer Zwischenfall«.

Nun flattern die luftigen Seinswölkchen dem melancholischen Schöpfergott auf die Hand, wo sie flugs vergehen. Nein, so endlich, so nichtig hat er sie denn doch nicht gewollt. Was Sterben heißt, kann er als »ontologischer Parvenü« nicht einmal verstehen. Frau Nu aber, wie sollte sie sich nicht freuen: Die Vernichtung des nichtig Seienden ist der Triumph und die Rache des uranfänglichen, nur für eine kleine Weile vom Seinsgott genarrten Nichts. Vielleicht kehrt auch Bamba dereinst ins Nichts zurück. Dann könnte Frau Nu rufen: »Bamba ist tot!« Immerhin ist sie generös genug, darauf hinzuweisen, daß Nichtsein als Nichtsein kein Grund zur Sorge ist. Sie stellt richtig, daß die Sorge als Lieblingsgestalt der vom Daseinsernst geplagten melancholischen deutschen Tradition von Dr. Faust bis zu Prof. Heidegger nur mit dem Sterben etwas, mit Tod und Nichts aber nichts zu schaffen hat.

Wie es definitiv mit Nu und Bamba weitergeht, läßt Anders offen. Denkbar, daß das Welt-Spiel als Widerspiel von Schöpfung und Vernichtung endlos dauert. Vielleicht aber sind Frau Nu und Gott Bamba inzwischen gleichermaßen, wenn nicht schon in Personalunion, Angestellte eines einzigen maschinellen Schöpfungs- und Vernichtungsbetriebs (95). Mit dieser Schlußperspektive fällt die »Kosmologische Humoreske« freilich aus der humoristischen Rolle heraus. Wo Heidenspäße vom Zuschnitt der nihilistischen Show des Weltgeistes auf dem Boden von Hiroshima drohen, verliert auch der heiterste Ontologe seinen guten Humor.

Im übrigen stellt die Humoreske die gewohnten Seins- und Nichtsverhältnisse auf den Kopf. Mit einer Ontologie à la Mephisto ordnet sie das im christlichen Mythos dem Schöpfergott untergeordnete Nichts dem Sein vor. Das anfängliche Nichts hat nichts zu tun mit Vernichtung. Die gibt es erst, wenn es eine Seinsgeschichte gibt. Das Nichts als Nichts ist einwandfrei. Und auch die Nichtigkeit ist ausschließlich ans Sein gebunden. Eine Nichtswissenschaft also, die das vorherrschende »ontologische Vorurteil« revidiert. Sagt dieses: *»Wie kann nur ein Ding nicht ein Seiendes sein!«* (22); interpretiert es das Sein als das Gute und das Nichts als »Loch«, als »defizienten Modus« des Seins, so ist hier das Sein etwas höchst Unplausibles im humoristischen kosmologischen Theater. *»Komisch ist alles, was, ohne katastrophal zu sein, ist, obwohl es eigentlich nicht sein kann«* (Ketzereien 293). Die Komik, ein gänzlich neuer Ton in der Geschichte des philosophischen Staunens, Lichtjahre vom angestrengten Ernst der Schule von Todtnauberg entfernt, aber auch nicht zu verwechseln mit den bärbeißigen Vergnüglichkeiten des Schopenhauerschen Sarkasmus oder Nietzsches forciertem Lachen, hat ontologische Qualität. Und umgekehrt: Die Ontologie, wenn sie sich fundamentalistisch gebärdet, wird komisch. Die Grund-Frage, wenn sie sich nur konsequent genug auf den Standpunkt der humoristisch verkehrten, in Wahrheit richtiggestellten Welt stellt, kann dem Sein auch lachend an die Wurzeln gehen.

Gut und schön, aber bleibt es denn dabei? Artet die Grund-Fragerei nicht stets in eine metaphysische und existentielle Strapaze aus? Sollte man da den Spieß nicht besser von vornherein umdrehen und fragen, was denn *ihr* Grund ist, wenn sie so erpicht auf Gründe ist, was ihre Voraussetzung, wenn sie sich so voraussetzungslos gebärdet? Kurz: »Warum das Warum?« wie Anders mit Nietzsche und Heidegger fragt. Je gründlicher die Grund-Frage gestellt wird, um so mehr muß sie sich jedenfalls auch gegen sich selber richten.

Freilich muß auch das nicht mit angestrengtem fundamentalistischem Ernst geschehen. Inspiriert von der mehr noch erotischen als ontologischen Attraktivität des »Süß-Empirischen«, legt das Pendant zur »Kosmologischen Humoreske«, Anders' wundersam schöne, Witz mit Rührung verbindende »Gutenachtgeschichte für Liebende, Philosophen und Angehörige anderer Berufsgruppen«: das erotische Versidyll »Mariechen«, alle Warum-Fragen entschlossen zu den Akten. Was man nicht begründen kann, davon muß man erzählen. Bleibt für die Metaphysik das kontingente Individuelle das Ineffabile, so wird es hier zum Narrabile et Amabile. Und der verpönte »Humor«, der freilich nicht derjenige der ontologischen Philister ist, wird als die »Mischung/von Verblüffung und von Freude/Sinn-Verzicht und Herzenswärme, Nihilismus und Vergnügen« gefeiert. Dieser »Humor« allein ist der »wirklich/amoureuse amor fati«, der den »geborenen Weisen« auszeichnet (Mariechen, München 1987, 84). »Verblüffung«, die humoristische Variante des philosophischen Staunens, und Zuneigung verbinden sich. Probleme kann man so zwar nicht lösen, aber stillen.

Wo es um die Liebe, nicht zuletzt die sinnliche Liebe und deren schöpferische Folgeerscheinungen geht, hat das Warum nichts zu suchen: so die kategorisch-erotische Lehre von »Mariechen«. Im Bett verbieten sich Grund-Fragen! Denn die entscheidende ontologische Dimension der Liebe, wenn man überhaupt etwas so Einfaches und Schönes derart beschweren will, ist ihr seinsfreundlicher Charakter. Mit dem von Hannah Arendt (Anders' erstem »Mariechen«) so gerne zitierten Satz von Augustinus gesagt: »amo – volo ut sis«, »ich liebe, ich will, daß du seist«. Und wenn selbst das Sein und das Nichts in der »Kosmologischen Humoreske« der Physik und Metaphysik der Geschlechtsliebe folgen, dann werden die Liebenden einschließlich der Berufsgruppe der philosophisch Liebenden schon gar kein Fragezeichen hinter die Fortsetzung der Seins- als Schöpfungsgeschichte setzen wollen.

Was hat überhaupt das lebendige Leben mit überflüssigen Grund-Fragen zu tun? Handelt es sich dabei um mehr als eine bloße Etüde der theoretischen Vernunft, völlig uninteressant für die praktische? Überfordert das Leben sich nicht mit derlei Globalfragen, die alle wirklich bewegenden Lebensfragen hintertreiben: je prinzipieller, um so belangloser? Braucht das Leben »metaphysische Ausreden« als Entschuldigung dafür, daß es da ist? Soll sich das Dasein als »In-der-Welt-Sein« etwa dauernd fragen, ob und warum es in der Welt bleiben will: Leben, mit Camus' »Mythos von Sisyphos« gesagt, als Nicht-Selbstmord-Begehen? Das wäre wahrhaftig eine kärgliche Definition! Kann man nicht sehr gut, nein: viel besser ohne derlei absurde Fragen leben? Ja, ist nicht in seinem Lebenstrieb gestört, seelisch blind, metaphysisch krank, wer nach einem Warum, nach Grund und Sinn fragt?

Das war schon Nietzsches diagnostischer Generalverdacht gewesen. Wenn Leben nach einer bestechenden naturphilosophischen Spekulation von Anders, die der Ent-Wurzelung der Existenz in Sartres »Ekel« antwortet, vom Aufwuchs einer Tanne bis zum aufrechten Gang Anti-Gravitation ist: die große Weigerung, dem Zug nach unten, zum Tod und zum Nichts nachzugeben (Ketzereien 155, 164) – weshalb sollte es sich dann mit gravierenden Grund-Fragen beschweren? Weshalb die Schwerkraft der Schwermut, der auch das erektivste Leben nicht entgeht, noch eigens verstärken? Weshalb die Axt an die eigenen Wurzeln legen? Und das in einem Zeitalter, das der Grund-Frage so fatal günstig zu sein scheint, in Wahrheit sie aber verbietet?

Nein, wenn man schon von einem »Kairos der Ontologie« sprechen will, dann doch in dem Sinn, daß das Wunder des Seins sich dem philosophischen Staunen wieder als einem Bestaunen erschließt. Beim morgendlichen Erwachen etwa, wenn der »Gott der Leere« das Auge befähigt hat, jene unwahrscheinliche Welt mit dem Blick des ersten Schöpfungstages zu sehen, die sich »venedighaft aufbaut auf der Spiegelglätte des Nichts« (Philosophische Stenogramme, München 1965, 136), oder vor dem Einschlafen, wenn ein alt gewordenes Dasein sein »Gerade-noch und Gleich-nicht-mehr-sein-werden« erfährt (Ketzereien 81), dann lebt das keiner Rechtfertigung bedürftige, von keinem Makel getrübte Dasein in reiner Seinsfreudigkeit und Seinsfreundlichkeit. Aus Ontologie wird Ontophilie: die Liebeserklärung ans Sein.

Und nun kann auch bei Anders der »Kontingenzschock« wieder in einen Kontingenzgewinn übergehen. Er verdankt sich nun zwar nicht mehr dem Gewolltsein des Geschaffenen durch den Schöpfergott, gleichwohl einer nicht unähnlichen Erwählung des Kontingenten. Aus seiner ontologischen Fragilität resultiert seine Attraktivität. Gerade das Seiende, das »nichts als da« ist, das aus dem Nichts kommt, ins Nichts gehen wird und so nichtig ist, wie es die vergehenden Seinswölkchen auf der Hand des Seinsgottes Bamba sind, gewinnt eine ganz eigene »Appellstruktur«. Ja, der Kontingenzgewinn steigert sich zur Kontingenzerotik. Vom »X-Beliebigen« mutiert das »nichts als Seiende« zum Geliebten, von der Zufälligkeit alles Empirischen eben zum »Süß-Empirischen«. Es kommt in den Genuß einer Zuwendung, wie ihn das von der eleatisch-platonisch-christlichen Tradition stets zu Unrecht favorisierte Notwendige und Ewige, von allen Grund-Fragen freie, nach der Theologik der »causa sui« vielmehr bestens in sich selbst Begründete weder braucht noch verdient. Gerade das in nichts Begründete, durch nichts Gerechtfertigte ist das Unwägbare, das Unersetzliche, Unvergleichliche. Wer das Etwas in einem anderen Etwas begründet, hat es immer schon kommensurabel gemacht. Was aber »zu nichts da ist«, kann auch »nichts als da sein«: Dasein pur.

Das Nichts, für die Grund-Frage der Abgrund des Seins, wird so zum Hinter- und Untergrund für die schöne kurze Weile eines stets gefährdeten und um so rareren Seins. Anders hat Celans »Todesfuge« mit harschen Worten verworfen. Aber die »Nichts-, die Niemandsrose«, die in Celans

»Psalm« noch einmal blüht, von Niemand geschaffen, aus Nichts kommend, ins Nichts gehend, ein Nichts bleibend, blüht auch bei ihm noch einmal, und sie wird nicht wie bei Heidegger gebrochen von einem unreinen Widerspruch.

Es fehlt bei Anders also nicht an Gegenkräften und Gegenmotiven. Aber selbst jetzt muß seine graue Eminenz, der Ontologe, immer noch mit seinen penetranten Fragen kommen! Der »Ketzer« Anders zeigt jedenfalls, daß er nicht anders als fragen kann. Es sagt sich so leicht: »›Nicht warum zu fragen, ist der erste Schritt des Philosophierens‹. (...) Auf die Antwort kann man noch verzichten. Man muß eben. Aber durch welchen Trick soll man das Fragen ersticken? Zu glauben, der Philosophierende sei vor sinnlosen Sinnfragen besser geschützt als der Nichtphilosophierende, ist genau so unsinnig, wie anzunehmen, der Asket sei Versuchungen weniger ausgesetzt als der Nichtasket. Abwehr beweist Anfälligkeit« (Tagebücher und Gedichte, München 1985, 246).

Antwortlosigkeit schützt vor Fragen nicht, die angebliche Sinnlosigkeit von Sinnfragen – das gilt der Wiener Heimat des logischen Positivismus und seiner famosen Überwindung der Metaphysik durch logische Analyse der Sprache – nicht davor, sie dennoch stellen zu müssen. Der fragende Nicht-Asket räumt zwar ein, daß er unter einer Krankheit leidet. Aber diese hat sich zu einer philosophischen Berufskrankheit ausgewachsen: dem »morbus metaphysicus«, einer förmlichen Sucht, deren früheste Wurzel das obsessive Warum-Fragen der Kinder ist. Er ist deswegen noch kein Selbstmörder und auch kein Nekrophiler, der sich statt der schöpferischen Lebensliebe seiner ontologischen Perversion ergäbe. Doch er kann nicht daran vorbei, daß das Dasein sich in keinem Sinn »von selber« versteht.

Objektiv, weil die »Seierei« immer ein *»geseites«* Sein meint, gleich ob es sich als *»mit Sein beschenktes«* oder »zum Sein verdammtes« erlebt (Ketzereien 234). Die großen wie die kleinen Schöpfergötter haben uns schon mit ihrer aktivistischen »Seierei« vertraut gemacht. Darüber hinaus ist alles Sein, insofern es sein kann oder auch nicht; insofern man es sein lassen kann oder auch nicht, eine geseite Seierei. Der gnädig unbestimmte, objekt- und subjektlose, intransitive »Seins«-Charakter verdeckt nur, daß es hier um etwas Transitives geht.

Wenn aber »geseit«, was ist dann der Grund? Das will, das muß der vom »morbus metaphysicus« gepackte Ontologe wissen. Wenn er schon konstitutionsbedingt das Fragen nicht lassen kann, wie dann die Grund-Frage? Fragen wie sie erfindet man nicht. Die schlagen vielmehr ein wie ein Blitz (Ketzereien 27). Die Grund-Frage hat den Philosophen gleichsam »erwischt«. Anders als der gesunde Menschenverstand der »habitués des Seins« kann er sich nicht ans Sein gewöhnen. Müßte er eine Vorwegdefinition des Seins geben, so wäre es die des »In-Frage-gestellt-Seins«. Das verwunderte Staunen ist paradoxerweise die einzige Faktizität, die sich in aller Fraglichkeit behauptet.

Bei den »ontologisch Verrückten«, den metaphysischen Anti-Bourgeois, die wir »Philosophen« nennen, steigert sich dieses philosophische Pathos par excellence, von dem wir nicht sagen können, ob es sich einem intellektuellen oder emotionalen Vermögen verdankt, und das eben deswegen eine der wenigen faszinierenden Eigentümlichkeiten des philosophischen Charakters ist, zum »stupor ininterruptus«, zur ununterbrochenen Verwunderung, zur doppelten Negation eines Nicht-nicht-staunen-Könnens, das der Reflex des Nicht-nicht-Seins ist. Schließlich eskaliert es zum förmlichen »Anfall«, zum Schock, eben zum Kontingenzschock. Wenn es darüber hinaus noch ein Staunen gäbe, so dieses, daß es überhaupt ein Nicht-Staunen gibt. Wenn es überhaupt einen Einwand gegen die Grund-Frage gibt, so den, daß sie – wie Anders es Heidegger vorwirft – »das Staunen, nein: den

Schrecken darüber, daß es Seiendes gibt«, in ein Problem ummünzt, das Problem in eine *»Problemformel«*, welche die Möglichkeit einer Lösung unterstellt (Ketzereien 226). Es kommt also darauf an, der Frage die rücksichtsloseste Fraglichkeit zu geben – wie Anders es als Dissident der Ontologie tut. Kein Grund, nichts bleibt vor den Erschütterungen der Grund-Frage verschont.

Das beginnt bei der eigenen Existenz. Das individuierte Ich erfährt sich welt- und selbstfremd als »X-Beliebiges« in einer »x-beliebigen« Welt. »Jedes Wesen ist gerade es selbst und nichts anderes, gerade an diesem oder jenem Tag, hier oder dort in die Verwirklichung gestoßen. Jedem hätte es auch früher oder später passieren können oder gar nicht« (Mensch ohne Welt, München 1984, 19). Ob es dann noch dieses »es«, dieses bestimmte »Wesen« gewesen wäre, steht dahin. Warum aber gerade hier und gerade jetzt gerade dieses kontingente Ich gerade in dieser Welt sein? Warum überhaupt *dieses* Etwas sein? »Nicht-Identifikation« angesichts dessen, was es zufällig ist, was es genausogut nicht sein könnte, und »Versäumnispanik« angesichts dessen, was es alles nicht ist, schockieren das »herumexistierende«, »in die Verwirklichung gestoßene« Ich. Die gnostisch-Heideggersche »Geworfenheit« wird zur brutaleren »Gestoßenheit« zugespitzt.

Etwas heiterer gesagt, stellt sich die gleichsam »egologische« Variante der »Kosmologischen Humoreske«, derzufolge das Sein allemal weniger plausibel als das Nichts ist, mit Grabbes unübertrefflichem Stoßseufzer so dar: »Einmal auf der Welt, und dann ausgerechnet als Klempner in Detmold« (Ketzereien 311 f.). Ontologisches Handwerk hat keinen goldenen Boden: Das »Dasein« als »Klempner-Sein«, das »In-der-Welt-sein« als »In-Detmold-Sein« – eine schöne Antwort auf die Frage, warum es überhaupt sein soll und nicht vielmehr nicht!

Heikelste Schlußfolgerungen zeichnen sich unter diesen Bedingungen ab. *»Lieber nie als kontingent«* (»Der Blick vom Turm«, München 1968, 71) – mit dieser Maxime verwahrt sich die phantasierte vorgeburtliche Wahlfreiheit eines kontingenzscheuen Ichs gegen seine Inkarnation. Am anderen Ende des Daseins wiederum will das zufällige Ich nichts von seiner Unsterblichkeit wissen: Sie wäre nur »versteinerte Kontingenz« (Tagebücher 28).

Gewiß, bei aller absurden existentiellen Klempnerei schließt das Dasein, wenn es einmal ist, Lebensfreude nicht aus. Die »Seierei« mag ihrem obszönen Anklang zufolge einer Sauerei entspringen, aber sie ist selber keine. Anders ist keineswegs ein Kostverächter, ein Hypochonder der Ontologie. Mit Stirners »Einzigem« könnte er durchaus über sein kontingentes »Eigentum« ausrufen: »Mir geht nichts über Mich!« Zur Abwechslung einmal mit Heidegger freut er sich seines »geworfenen« Daseins als eines gut gezielten Wurfs: In der Welt »dazusein, in diese, gewissermaßen ohne Eintrittskarte, eingelassen zu werden«, ist »eine höchst verblüffende, unvorhersehbare, unverdiente, unverdienbare Erfahrung (...), die zu machen nur den Allerwenigsten vergönnt ist« (Ketzereien 318). Aber die »Allerwenigsten«, diese privilegierte Elite der Geworfenheit, auf der Gegenseite zu ergänzen um die Allermeisten, die diese Erfahrung nicht machen, sind natürlich ein hübscher metaphysischer Witz. Denn die »Allerwenigsten« sind nun einmal alle, die überhaupt existieren, während die Allermeisten, denen der famose »Vorteil, geboren zu sein«, nicht zuteil wird, eben nicht existieren und folglich auch beim besten Willen nicht davon betroffen sein können, was ihnen da alles entgeht. Im Nichts fehlt kein Ich einem Ich. »Ich würde mich nicht vermissen«, wußte selbst der Anti-Gnostiker und Anti-Schopenhauerianer Nietzsche. Für Ungeborene ist der Mangel an Seinserfahrung keine Erfahrung eines Seinsmangels.

Warum soll, warum will also überhaupt ein Ich sein, wenn es selber unvermeidlich kontingent ist und statt seiner nur ein Nichts wäre, welches das Ich nicht kennt und vermißt?

Doch da ist ja die menschliche Gattung: Ist es nicht trotz, ja gerade wegen der Kontingenz des Individuellen fraglos, daß es sie geben soll, wie sie selber mit dem Willen ihrer Mitglieder zur Selbsterhaltung, Selbstreproduktion, Selbstvermehrung zeigt, daß sie selber sich will? Versteht sich die Antwort auf die »Gretchenfrage«, »warum es besser sei, daß die Menschheit überlebe, als daß sie untergehe« (Ketzereien 128), nicht von selber: Wie hast Du's mit der humanen Seinsreligion? Nur ein zynischer Ontologe wie Mephisto kann doch die »Teufelsfrage« stellen, ob die Welt etwa unser Verschwinden bemerken würde, nur ein Nihilist wie er die idealistische Logik des »esse est percipi« so wenden, daß das Nichtsein als Nichtwahrgenommenwerden (»non esse – non percipi«) auch das Nichtwahrgenommenwerden des Nichtseins einschließt, also keinerlei Lücke hinterläßt. Als gelernte Anthropozentriker, die wir seit unserem Ausstieg aus dem Tierreich sind, scheinen wir jedenfalls die Überzeugung haben zu dürfen, daß wir auch ohne Schöpfer ein Rarissimum im Reich der Arten sind, das niemand liquidieren darf, kein bloßer »ontologischer Zwischenfall«, sondern etwas Unentbehrliches in der bio-kosmologischen Arche Noah der Welt.

Doch warum eigentlich? Sind Flundern, Quallen, Hunde, Pferde nicht genauso entbehrlich oder unentbehrlich? Könnte nicht mit demselben Recht, mit dem die philosophische Anthropologie Schelers von der »Sonderstellung des Menschen im Kosmos« faselt, nachdem ihre Ahnherrin, die Theologie, mit ihrer menschenfreundlichen Gottebenbildlichkeit abgewirtschaftet hat, eine »Hippologie« gefordert werden: »Wer bist du, Mensch? Wer bist du, Pferd?« Kant hatte schon gezeigt, daß man von dem Menschen in seiner

Eigenschaft als Feuerländer oder Neuholländer ganz gut abstrahieren kann. Aber welcher Mensch wäre kein Feuerländer? Und jetzt, wo sich ganz andere Möglichkeiten der Anthropofugalität eröffnet haben, sollte man nicht, frei nach Nietzsche, sagen dürfen: Der Mensch ist etwas, auf das verzichtet werden kann? Der Tod hat den Sterblichen doch schon immer gezeigt, was sie letzten Endes sind: nämlich nichts, zu Lebzeiten manchmal hübsch anzusehen, eine Art »metaphysischer Schnittblume«, aber doch unübersehbar auch eine »metaphysische Bagatelle«, »les petits riens«, die kleinen Nichtse. Wie sollte also die Gattung als Addition von Nullen unentbehrlich sein?

Wenn der Mensch tatsächlich eine Sonderstellung haben sollte, dann das Monopol eines »fragenden Tieres«, eines Emigranten – Anders zögert nicht zu sagen: eines »Juden des Tierreiches«, der dank seiner Randständigkeit alle Sicherheiten zerstört. Der Mensch ist der Intellektuelle, der »Philosoph unter den Tieren«. Noch als Renegat der Schelerschen Anthropologie ist Anders nicht blind für diese Sonderstellung. Er hat nicht vergessen, daß Kontingenz ihrer positiven Seite nach Freiheit impliziert: die Fähigkeit, auf Distanz zu gehen, die Fähigkeit, nein zu sagen. Schelers Bild vom Menschen als »Neinsagenkönner« und »Asket des Lebens«, des sonst immer nur sich selber bestätigenden Lebens, bedeutet eine Auszeichnung. Alles In-Frage-stellen-Können, alles verändernde Handeln ist in dieser Distanzierungs- und Negationsfähigkeit fundiert. Und dank dieser Fähigkeit ist der Mensch auch der Experte für das Sein und das Nichts.

Diese singuläre Kompetenz aber schlägt vorab auf ihn selber zurück. Aus dem anthropologischen Privileg resultiert wie bei Heidegger ontologische Zuspitzung. Gerade als das freieste aller freien Wesen – die Seins-Götter zählen in Freiheits- und Negationsangelegenheiten nicht – geht der Mensch am weitesten auf Distanz zu sich. Ja, je weiter von sich entfernt, um so näher ist er bei sich. So entgeht er der Frage am wenigsten, warum er sein soll und nicht vielmehr nicht. Der Kontingenzschock erschüttert nach der egozentrischen auch die anthropozentrische Selbstgewißheit.

Die geozentrische wird in diesen Strudel mit hineingerissen. Mit jener Kränkung, die dem Humannarzißmus durch Kopernikus zugefügt worden ist, wird es in der Epoche der Weltraumflüge endgültig ernst. Der »Blick vom Mond« ermöglicht zwar so etwas wie eine »Selbstbegegnung der Erde« (Der Blick vom Mond, München 1970, 89). Das kosmologische Heimweh: das »Erdweh«, erfüllt die extraterrestrischen Menschen. Mit dem Rückblick auf den »blauen Planeten« wird die kopernikanische Blickrichtung revidiert, der »Galilei in uns« für einen Moment veranlaßt, sein Weltraumteleskop umzukehren: eine anheimelnde Inversion. Insofern kann der neue Galilei auch, ohne von einer Inquisition dazu genötigt zu werden, kurzfristig wieder fromm werden. Die amerikanischen Astronauten beten just auf dem Mond die zugleich theo- wie geozentrische Schöpfungsgeschichte nach: Gott schuf die Himmelskörper, um der Erde Licht zu verleihen. Ihre russischen Kollegen sind zwar ganz und gar nicht fromm: Sie stoßen nur auf einen leeren, gottlosen Himmel. Doch der Mensch ist für sie keineswegs wie Gott tot.

Zugleich aber wird die kopernikanische Kränkung zum ersten Mal ad hominem demonstriert, weil der marginalisierte Bewohner des Heimatplaneten jetzt nicht nur von seiner kosmischen Randexistenz weiß, sondern sich als solche sinnlich erfährt. Jetzt hat er nicht mehr den beruhigend verankerten Blick vom festen Boden der Erde. Jetzt »vermondet« sie sich ihm vielmehr: astronautischer Vorgriff auf jene nicht nur perspektivisch bedingte »Vermondung«, welche auf der Erde derweilen mit atomaren Mitteln vorangetrieben wird. Jetzt erfährt der Mensch sich und seine Welt als »Strandgut des Universums«: ein Stück All, das auf einem

Stück All durch das All fliegt. Die Menschenerde wird exzentrisch, ohne daß ein neues Zentrum sichtbar würde, denn auch die liebe alte Sonne ist nur für gelernte Heliozentriker und Lichtmetaphysiker ein Ersatz. Die Geschichte *auf* der Erde wie die Geschichte *der* Erde: eine Episode, kosmisch gesehen belanglos, metaphysisch provinziell.

So drängt sich dem Erdbewohner bei aller Hochschätzung seiner wissenschaftlichen und technischen Leistungen ein »kosmisches Minderwertigkeitsgefühl« auf. Wieder schlägt das anthropologische Privileg in ontologische Zuspitzung, ein verschärftes Kontingenzbewußtsein um. Nicht anders als für die Individuen gilt für die Gattung wie den Planeten: eine, einer unter vielen, allesamt kontingent. Was sollte es hindern, sie hinwegzudenken? Welche Lücke sollte das hinterlassen? Warum also sollte dieser »nichts als existierende Ball« überhaupt sein?

Aber ist denn da nicht wenigstens der rettende Hafen aller Menschen und Dinge, die notwendige Basis alles Kontingenten: das »Ganze«, die »Welt«? Hat denn nicht Heidegger mit der »Ontologischen Differenz« gerade noch rechtzeitig die Entdeckung gemacht, daß man wohl dem einzelnen Seienden, aber nicht dem Sein als dem Grund aller Gründe an die Wurzeln gehen kann? Hat nicht Eugen Finks »Kosmologische Differenz« die Welt so walten lassen, daß sie bei aller gegen das Binnenweltliche ausgeübten Gewalt als unantastbares »Raum- und Zeitfeld« blieb? Soll das atomare Präapokalyptikum mit seinem Blick auf die Welt »sub specie Hiroshimae« ganz umsonst zum bisher günstigsten »Kairos der Ontologie« geworden sein? Die triviale Weisheit, daß man nur schätzt, was man verlieren kann – hier gewinnt sie doch untriviale Bedeutung!

Schön wäre es ja. Und gut wäre es auch. Könnten Ontologen so schön und gut wie der Seinsgott Bamba singen, so sängen sie gewiß das Hohe Lied vom Grund des Seins, den

Heidegger sich mit der suggestiven Prosa seines enormen Satzes vom Grund in den Grund zu erspringen versucht hatte. Aber es gibt keinen Pardon: Dem Sein, dem »Ganzen«, der »Welt« geht es um keinen Deut besser. Alles ohne jede Ausnahme ist kontingent; alles ohne jede Ausnahme kann man hinwegdenken. Einzuräumen ist nur die logische Paradoxie, die sich seit je kein Seinsdenker entgehen läßt, wenn die Grund-Frage dem Seienden als solchem und im Ganzen an die Wurzeln zu gehen droht: daß der Hinwegdenkende dabei auch sich selber hinwegdenken müßte, was er, solange er ist und denkt, gewiß nur begrenzt kann. Doch nichts hindert die antizipierende Totalnegation, ganz im Gegenteil: Wie faszinierend ist diese Möglichkeit! Endlich, endlich kommt der Philosoph, der immer schon gerne aufs Ganze ging, mit dem rabiatesten all seiner Gedankenexperimente voll auf seine Kosten.

Außerdem geht er doch nur alte mythische Wege in umgekehrter Richtung zurück. Wie schon von Kant vorexerziert, kann man ganze Weltsysteme mit derselben Souveränität hinwegphantasieren, wie sie der inzwischen abgeschiedene Schöpfer seinerzeit kreativ souverän herphantasiert hat! Kein »bedauernswürdiger Verlust«, lautet kühl der Kommentar. Weltuntergänge unterliegen derselben Beliebigkeit wie Weltaufgänge.

Kurzum: Nach der Ego-, Anthropo- und Geozentrik wird auch der Grund der Ontozentrik erschüttert. Von der angeblichen »Seinsverbundenheit des Bewußtseins« keine Spur. Die ganze »Seierei« hängt völlig grundlos in der Luft! Und der vermeintliche Berufsmoralist, das »Gewissen des Atomzeitalters«, tut nichts, ihr unter die Arme zu greifen. Im Gegenteil: Als vollendeter theoretischer Nihilist bietet er seinen ganzen philosophischen Scharfsinn auf, dem Sein die letzten Krücken wegzuschlagen. Alle seine Argumentationsketten nehmen denselben Weg ins Nichts.

Die Husserlsche Figur der »Iteration« – eine Art logischer Wiederkehr des Gleichen: die insistierende Wiederholung derselben Denkoperation auf der nächsthöheren oder nächsttieferen Ebene – ebnet ihm dabei den Weg. Ganz harmlos scheint sie. Doch schon die Kinder-Frage nach dem Warum muß man nur immer wieder stellen; und schon führt sie am Ende in einen grundlosen Grund. Und mit derselben gnadenlosen Folgerichtigkeit werden die Lieblingsobjekte des ontologischen Letztbegründungswahns durch die »Iteration« demoliert.

Wie Nietzsche, Heidegger, Jaspers bestreitet auch Anders nicht, daß man nur schwer nach einem »dem Seienden im Ganzen« vorausliegenden seienden Grund fragen kann. Im Gegensatz zu seinen Vorgängern wendet er dieses Paradox aber nicht seinsaffirmativ; er nutzt es vielmehr für die Erschütterung auch der »letzten« Seinsgründe, die immer vorletzte sind, und dann kommt – nichts. Denn jeder Versuch zu beantworten, warum überhaupt Seiendes ist, läuft nach den Regeln des unendlich »iterierten« Regresses nicht etwa ins Unendliche, »ad infinitum«, sondern ins Leere, »ad nihilum« aus. Logische Positivisten mögen aus diesem desaströsen Befund die Schlußfolgerung ziehen, daß die Frage nach einem Grund des Seienden im Ganzen eine absurde Frage sei. Aber diese auch nur logisch zutreffende Auskunft verdeckt die ontologisch weitaus schwerer wiegende Konsequenz, auf die Anders aus ist: daß das Seiende im Ganzen grundlos ist. Gestützt wird es durch nichts. Fundiert ist es in nichts.

Existentiell gewendet, gilt dieselbe Schlußfolgerung für den unter Theolosophen und Logophilen, zumal bei der von Anders so innig verhöhnten »dritten« Wiener Schule der »Logotherapie« so beliebten »Sinn«. Offenbar war nur die nüchtern-pessimistische erste Wiener Schule Freuds stark und illusionslos genug, auf ihn zu verzichten, ja, Sinn-Bedürfnisse als pathologisch zu diagnostizieren, nach dem Motto: Die Logotherapie ist die Krankheit, für deren Heilung sie sich hält ...

Wenn nach der Heraufkunft des Nihilismus alles unter Sinnlosigkeitsverdacht steht, dann sind die Sinnstifter um so mehr motiviert, ihrer Lieblingsbeschäftigung, der Nihilismusüberwindung, nachzugehen. Dann müssen die Sinn-Ressourcen erneuert werden. Dann regiert ein förmlicher »Wille zum Sinn« (Die Antiquiertheit des Menschen, Bd. II, 366ff., 459ff.). Symptom der Sinnobsession ist die Umkehrung der klassischen Weltschmerzgefühle der Periode von Schopenhauer, Byron, Heine, Lenau, Leopardi: War für diese das Dasein sinnlos, weil es wesentlich Leiden war, so wird nun, wie es freilich schon Nietzsche beobachtet hatte, das Leben Leiden, wenn es sich als sinnlos enthüllt.

Um so mehr wird an der Suche nach Sinn festgehalten. Wo er so »tief« ist, daß man ihn nicht mehr finden kann, muß man ihn nötigenfalls herstellen: »Kunst-Sinn«, »Sinnprothesen«, logotherapeutische Placebos, die den »Sinn des Lebens« in einer Traktätchen-Literatur neuen Typs gleich massenhaft als Kurangebot für Nihilismus-Befallene annoncieren. Denn nach dem »Tod Gottes« ist zwar wohl der altvertraute Sinn, aber noch nicht das Bedürfnis danach geschwunden. Die transzendent Obdachlosen kehren vielmehr nur zu gerne in jedes sich bietende Sinn-Asyl ein.

Das ist noch in den Vorzeigestücken des absurden Welttheaters spürbar: Die scheinbar so vollendet nihilistischen Helden von Becketts »Warten auf Godot« demonstrieren nur die Unfähigkeit, wirkliche Nihilisten zu sein und definitiv auf Sinn zu verzichten (Die Antiquiertheit des Menschen, Bd. I, 220f.). Die schöne Logik ihres sinnlosen Wartens, orientiert am Modell eines Gottesbeweises ex negativo, ex absentia, ist in Kurzform die: Wir warten, also kommt er. Er kommt nicht, also ist er. Das heißt im Klartext: Wir bleiben, weil wir nicht gehen können. Unser Bleiben nennen wir als unheilbare Adventisten, die wir alle immer noch sind, unser Warten. Und wenn wir warten, haben wir etwas zu erwarten. Solange man in diesem Sinn noch ausharrt, wird die Möglichkeit einer positiven Antwort auf die Grund- als Sinnfrage unterstellt.

Was aber kann »Sinn« noch heißen, wenn dieses Wort überhaupt einen Sinn haben soll? »Sinn« meint zunächst: »Sinn haben für etwas«. Etwas hat Sinn für etwas anderes, vielleicht etwas Größeres, Wertvolleres; und dieser Sinn gibt ihm den Grund, warum es sein soll und nicht vielmehr nicht. Auf der nächsthöheren Stufe stellt sich indessen die Sinn-Frage sofort wieder; hier folgt die Iteration den Regeln eines unendlichen *Pro*gresses. Das an sich kontingente Individuum mag einen Sinn für die Menschheit haben, diese wiederum bei wohlwollender anthropozentrischer Betrachtung trotz aller Konkurrenz von der »Hippologie« eine unentbehrliche Rarität sind und so Sinn für das Ganze der Welt haben. Doch was ist der Sinn des Ganzen, der Sinn der Welt, der Sinn des Seins? Sein Sinn für was, seine Unentbehrlichkeit für wen? Je größer etwas ist, desto mehr erweckt es zwar den Eindruck von Justifikation. Das kosmische Ganze gar scheint die »Kosmodizee«, der Nietzsche nachfragte, immer schon mitzuliefern. Doch zugleich gilt: »Je größer das Seiende, (...) um so sinnloser wird die Suche nach seinem Sinn. (...) *Größe und Sinn sind entgegengesetzt proportional*« (Der Blick vom Mond 166). Wenn Gott als der oberste Herr des Sinns noch lebte – hätte er einen Sinn? Nein, und das ist noch nicht einmal eine Blasphemie, Gott wäre sinnlos.

Nun ist Anders generös genug, den Sinnsuchern, die es nicht lassen können, auch einen anderen Sinn von »Sinn« anzubieten: denjenigen, den etwas für anderes nicht *hat*, sondern der es selber von anderem *ist*. Gott *hätte* keinen

Sinn, aber er *wäre* einer. Wie auch immer die Chiffren des Ganzen heißen mögen: Es wäre der Sinn von alledem, was seinen Sinn in ihm fände ! Ein wechselseitiges »Worumwillen«.

Sehr schön, gleich doppelt sinnversprechend. Hatte nicht schon Kant mit seinem Begriff des Endzwecks, der selbstredend keinen Zweck mehr *haben*, sondern nur noch einer *sein* kann, einen analogen Lösungsweg gewiesen? Dennoch bewegt sich die Grund-Frage so nur im Kreise. Warum soll etwas sein? Weil es Sinn für etwas anderes hat. Warum soll dieses andere sein? Weil es der Sinn von etwas ist. Nein, daraus kann man nur eine zirkuläre Antwort gewinnen. Höchstens zuzugestehen, daß das Sinn-lose wie für Nietzsches Zarathustra noch nicht das Sinn-widrige ist.

Den Pfadfindern von der Sinnsuche wird es freilich kaum genügen, wenn der Endsinn aller Dinge sinn-los wie der Urgrund aller Dinge grundlos ist. Präventiv aussichtsreicher gegenüber der drohenden Sinndestruktion wäre es, die Sinnfrage selber mit einem weiteren Fragezeichen zu versehen. Infiziert sie sich, indem sie der finalisierenden Deutung des Sinns als des notdürftig zum »Worumwillen« stilisierten Zwecks noch in der Kritik folgt, nicht ihrerseits an der zwanghaften Logik der teleologisch kalkulierenden Vernunft, einer metaphysischen Rechenhaftigkeit, die seit Nietzsches Kritik an Schopenhauers Negativbilanzen des Lebensgeschäfts, zu schweigen von Hartmanns Weltunlustbilanzen, dem Verdikt verfallen ist? Soll denn die Kritik der Frankfurter Schule an der »instrumentellen Vernunft« oder die Heideggers an Leibniz' Calcul ganz »umsonst« gewesen sein? Anders übt doch dieselbe Kritik, wenn er eine »Wirtschaftsontologie« attackiert, die aus allem etwas Verwertbares machen muß, weil Unverwertetes für sie einfach nicht *ist* (Die Antiquiertheit des Menschen, I 183 ff.). Die Suche nach Sinn wird von ihm geradezu als eine heteronome *»Su-*

che nach Dienstbarkeit« (Antiquiertheit II 387), als metaphysische Sklavenmoral abgetan. Um jeden Preis ist sie auf das aus, was sie für den einzig zureichenden Rechtfertigungsgrund hält: das Zweckvolle. Nichts haßt sie mehr, als wenn sie mit diesem »Sinn« nicht auf ihre Rechnung kommt. Verdankt sich also die Frage nach dem Sinn als »Worumwillen« nicht letzten Endes dem Ungeist des Kapitalismus? Eine weitere »Theorie des Mehrwerts«, mit existentiellem Vokabular oberflächlich angereichert?

Auch Hannah Arendt hat bei ihrer Auseinandersetzung mit der »letzten Frage«, »warum es etwas geben sollte und nicht vielmehr nichts« (Das Wollen, München 1979, 145 ff., Das Urteilen, 23 f.), mit Nachdruck die Degradierung abgewehrt, die in der Ersetzung des Warums der Grund-Frage durch ein instrumentelles Wozu liegt. Kann denn etwas nicht seinen Sinn in sich selbst haben, so wie Kants Kritik der teleologischen Vernunft den »Zweck in sich selbst« von allen weiteren Zweckfragen befreit?

Wenn dem aber so ist, dann verliert die »Iteration« der Sinn-Frage ihr Recht. Ja, es muß sogar so aussehen, daß ausgerechnet bei Anders nicht bloß im instrumentellen »Sinn«-Verständnis, sondern mehr noch in der »Sinn«-Destruktion die negative Logik der instrumentellen Vernunft durchschlägt. Diese konstituiert ein absolut gesetztes »Mittel-Universum«, das alle Zwecke, die es setzt und fordert, zugleich entwertet. Sie ist ebenso auf den Sinn fixiert, wie sie ihn unablässig liquidiert. Die von ihr entfesselte sinnlose Rotation macht um jeden Preis aus allem etwas, um alles wieder auf dem schnellsten Wege zu nichts zu machen. Das Mittel-Universum lebt geradezu davon, daß es keine letzten Zwecke kennt, weil sie sein Ende wären. Und ahmt nicht das iterierte Auslaufen der Sinnfrage ins Leere eben diese sinnlose Bewegung nach?

Vielleicht. Für einen ideologiekritisch geschärften Blick

ist die strukturelle Entsprechung augenfällig. Und vielleicht ist es auch genealogisch symptomatisch, daß nicht bloß der Theodizee-Denker, sondern der Kalkulator Leibniz die Grund-Frage als erster stellt und sie mit dem von Heidegger kritisierten Satz so beantwortet, wie es sich für einen Lebensversicherer gehört: »cum Deus calculat fit mundus.« Trotzdem erschöpft sich die Frage nach einem »Worumwillen« nicht im Kalkulatorischen. Und selbst bei avanciertestem ideologiekritischem Bewußtsein kommt keiner der diesseitigen wie vormals der jenseitigen Schöpfer um die Frage herum, wenn er zu entscheiden hat, ob es Etwas geben sollte und nicht vielmehr Nichts, zu schweigen davon, daß es noch ganz andere als kalkulatorische Ideologien gibt, zum Beispiel die generativen der Schöpfer, denen jeder erfolgreiche Sinnfinder sein interessiertes Loblied singt.

Welchen Sinn jedenfalls die ebenso vielversprechende wie geheimnisvolle Rede von einem »Sinn-in-sich-selbst« haben kann, ist nicht ersichtlich: eine »contradictio in adjecto«, deren Unsinn dadurch nicht geringer wird, daß sie einem trotzigen »Warum? Darum!« entspringt. Weder die Kritik an einem teleologisch verkürzten Verständnis der Sinn-Frage noch die Destruktion der Sinn-Destruktion führt wieder zum Sinn zurück, wie es die logophilen Sinn-Sucher gerne hätten, im Gegenteil: Wie schon beim Gerede vom »Sinn des Ganzen« bleibt bestenfalls das Sinn-lose. Nietzsches Übersetzung des johanneischen Logos in den »Un-Sinn«, den »Ohne-Sinn« ist die einzige Redeweise, die dieser A-Logik des Ganzen gerecht werden kann. Von den Fragmenten des Weltgebäudes herab ist nur noch eine Rede zu hören: die, daß kein Sinn sei.

Aber wenn es auch mit dem Sinn nichts ist, so vielleicht mit der Moral, zumal mit der konversionsontologischen Seins-Moral? Das Sein als das Gute, nicht bloß nach den primitiven Maximen der Selbsterhaltung und Selbstbehauptung als Gewollt-, sondern als Gesolltsein? Das wäre doch zuverlässiger als der dubiose Sinn! Nur schwer freilich ist Auskunft darüber zu geben, warum das Sein sein soll. Und warum soll überhaupt das Sollen sein? Kann man Moral ihrerseits moralisch begründen?

Moral ist gültig als Binnenphänomen. Sie kann sagen, warum dieses oder jenes für dieses oder jenes gut oder schlecht ist und sein oder nicht sein soll. Im Weltreich der Kontingenz braucht man sie um so mehr, als gerade das Kontingente der Stabilisierung bedarf. Was sein kann oder auch nicht, kompensiert so seine Seinsschwäche. Es wird moralisch verbindlich, gleichsam haltbarer gemacht.

Soll es aber um das Seiende im Ganzen gehen, kann man wieder nicht sagen, warum es sein soll. Anders folgt hier dem Antimoralisten Nietzsche. »Der Moralist, der eine Moral *gründen* will, wird gezwungen, einen letzten Zweck anzugeben.« Aber »Zwecke des Daseins giebt es nicht« (KSA IX 230). Wenn dem kontingenten Seienden nur noch das Nichts als Alternative gegenübersteht – worin ließe sich dann sein Sollen begründen? Nein, auch moralisch ist es nicht zuverlässig zu fundieren. *»Wurzellos im Ozean des moralisch indifferenten Seins«* treiben die »metaphysischen Schnittblumen« des Seienden umher (Antiquiertheit I 46).

Noch viel weniger führt vom Sein selber ein Weg ins Sollen. Die moralische Variante der Münchhausen-Ontologie hätte das gerne, wie das Beispiel von Jonas zeigt. Sie leiert das theolosophische wesensaffirmative »ita est, ergo ita sit«, »es ist so, also soll es so sein«, existenzaffirmativ nach: »Das Sein ist, also soll es sein.« Aber dieser Fehlschluß von indifferenter Faktizität auf Normativität hat Gültigkeit nur, wo die Stimme eines ontologischen Konservatismus spricht. Implizit wird hier immer noch ein Seinsmodell unterstellt, das dem Schöpfergott hörig ist: Als der oberste Herr der Dinge die Welt ins Dasein rief, da wollte er, daß sie sei, weil sie sein sollte. Gilt aber die Gleichung von Sein und Erwähltsein nicht mehr, dann führt kein Weg vom Sein ins Gesollt-Sein.

Außerdem hat diese Art von Onto-Logik eine böse Pointe. Mit derselben Konsequenz, mit der sie vom Sein auf das Sollen schließt, müßte sie auf das Nicht-sein-Sollen schließen, wo sie auf ein Nichtsein trifft. Anders hat diese provozierende Schlußfolgerung just auf dem Boden von Mauthausen gezogen, in der Auseinandersetzung mit einem Moralisten des Seins (Ketzereien 28 f.). Offenbar sollten die Ermordeten nicht mehr sein: so die negativ gewordene Moralontologie. Bei »metaphysischen Schnittblumen«, wie die Menschen es sind, machen sich die nötigen Schnitte fast von selber.

Nun, das ist eine bewußt zynische, auch bittere Pointe zu polemischen Zwecken. Daß Sein nicht gesollt ist, darf nicht damit verwechselt werden, daß es nicht sein sollte. Jedoch ist weder auf dem Boden von Mauthausen noch dem von Hiroshima ein zuverlässiger Grund für die Seinsmoral in Sicht.

Ja, in letzter Zuspitzung zählt auch das Sollen selber ins Reich der Kontingenz: Warum es überhaupt sein soll, kann man nicht sagen. Moral, den vermeintlich tiefsten aller Gründe, zu begründen, ist nicht bloß schwer wie für Schopenhauer – es ist chancenlos. Dem fragilen Sein sollte sie beistehen, und nun wird sie zusammen mit diesem in den Strudel der Kontingenz gerissen. Gerade dort, wo eine wirkliche Letztbegründung gefragt wäre, ist alles bestenfalls vorletztbegründet. Die »Seierei« ist ungeseit, die Sollerei ungesollt, die Gründerei grundlos, die Sinnerei sinnlos. Und der Mensch, der dank eines prekären anthropologischen Privilegs seiner »Schnittblumenhaftigkeit« inne wird, darf sich sagen: Wenn er nach dem Tod Gottes schon absolut allein und hoffnungslos sterblich ist, dann hat er jetzt jede ontologische und moralische Verankerung verloren. Er ist nicht nur »transzendental obdachlos«, ein metaphysischer Clochard, sondern transzendent wie immanent grundlos.

Von Gnaden einer gnadenlosen »Iteration« enden so alle Wege, auf denen eine Antwort auf die Grund-Frage gesucht werden kann, in bezug auf alles – Individuum, Gattung, Welt, Sein – im Leeren, im Nichts. Genau dahin hatte der nihilistische Weltgeist, der in Hiroshima über die »Situation des Nihilismus heute« spricht und seine Einladung zum finalen »Vanity fair« aller Seinseitelkeiten ausspricht, die Welt haben wollen. Ist die Grund-Frage, von der sich die philosophische Tradition einmal den zureichendsten aller Seinsgründe versprochen hatte, also vollends das Vehikel des zum »genius malignus« pervertierten objektiven Geistes geworden? Verdächtigste Konvergenzen zeichnen sich jedenfalls ab. Der theoretische Nihilist, der jede Begründung von Sein, Sinn und Sollen der »Ver-Nichtsung durch das Urtheil« preisgibt – muß er nicht direkt oder indirekt der »Ver-Nichtung durch die Hand«, dem praktischen Nihilismus das Wort reden?

Schon der »klassische Nihilismus« des 19. Jahrhunderts reagierte auf eine Schock-Situation, die Anders' totalisierten Kontingenz-Schock vorwegnahm: Die Welt stellte sich gottlos, sinnlos, ziellos dar. Der klassische Nihilist war das »düstere Pendant des Metaphysikers« (Antiquiertheit I 316), ein desillusionierter Idealist. Sein Monismus war eine Art mystische Alleinheitslehre: Alles war gleich, alles egal, ohne Privileg für den Geist, den »Logos«, die Krone der Schöpfung: den Menschen, oder wie die Ladenhüter der Tradition heißen mochten. Und dabei war auch das Sollen auf der Strecke geblieben. Nichts war mehr verbindlich, alles erlaubt. Die höchsten Werte waren entwertet, in letzter Instanz auch das Sein als Wert. Alles war, wie es sich nun unter dem Kontingenzschock vollends enthüllt, nur noch da, faktisch da, nichts als bloß seiend.

Das destruktive Potential der Grund-Frage konnte unter diesen Umständen schon beim Nihilismus des 19. Jahrhunderts offen zutage treten. Lautete sie etwa bei dem von Anders zitierten Hermann Lotze noch: »Worin es eigentlich liegt (...), daß überhaupt etwas ist und nicht lieber Nichts«, so antwortete der Nihilist schulterzuckend, »was eigentlich daran liegt, daß überhaupt etwas da sein soll und nicht vielmehr nichts« (Antiquiertheit I 300). »Denn warum«, hätte er argumentieren können, »warum und woraufhin sollte ich selbst denn noch ›sollen‹, wenn es nur Seiendes gibt? Warum sollte die Welt und ich selbst denn ebenso gut nicht sein wie sein dürfen?« Scheinbar bleibt das »ebenso gut« hinter dem riskanteren »nicht lieber« Lotzes, dem »nicht vielmehr« der klassischen Grund-Frage zurück. Doch die Indifferenz von Sein und Nichtsein, die beides auf moralisch gleich-gültige, leere Faktizität reduziert, höhlt die Seins-Präferenz und die Seins-Moral nur um so tödlicher aus. Angemessen zynisch formuliert: Sein und Nichts – Jacke wie Hose.

Freilich, ganz so lässig trug der »klassische Nihilist« seine neuen ontologischen Kleider noch nicht. Als desillusionierter Idealist war er ressentimentgeschädigt. Rache wollte er nehmen für seine enttäuschten Erwartungen an Gott, Geist, Sinn und Sollen. So trat das Nichts bei ihm als neuer Gott, dem man die Trümmer der Tradition opfern konnte, für das entleerte Sein ein. Und er hatte das Zeug zum Herostraten. Er war ein negativer Fanatiker des Ganzen, ein »Pantomane« wie der Mystiker, aber nun nicht mehr dessen »Nichts und Alles« verkündend, sondern sein »Alles für Nichts«. Vernichtung, möglichst umfassende Vernichtung verstand er unter dem Nichts. Die gute nihilistische Scheuerfrau aus der »Kosmologischen Humoreske«, so sehr auch sie, provoziert durch die Seinsgeschichte, die charakterologische Mutation des Nichts zur Vernichtung erlebt, nimmt sich gegen ihn wirklich humoristisch aus.

In der Rolle des terroristischen Anarchisten brachte er es sogar zu diesem oder jenem Bomben-Wurf. In ein gleichgültiges, sinnloses Sein geworfen, entwarf er so sein negatives Selbst, seine Rache am Sein, und verwarf zugleich die bestehende Welt. Nur stieß er auf die faktischen Grenzen seiner Möglichkeiten. Zu gerne hätte er das Sein selber detonieren lassen. Aber was konnte er tun? Irgendwelche Machthaber, kümmerliche Stellvertreter des toten Gottes, ins Jenseits befördern, das keines mehr war. Er war von *»herostratischer Impotenz«* gepeinigt (Antiq. I 317). Die »Verzweiflung des enttäuschten Idealisten« über die Nichtigkeit der Welt kulminierte in der *»zweiten Verzweiflung über die Unvernichtbarkeit des Nichtigen«*.

Dieses Porträt des »klassischen Nihilisten« ist in bezug auf die historische Figur des Anarchisten nicht überzeugend. Anders selber räumt andernorts ein, daß dieser ein durchaus positiver Geist war, der seine zerstörerischen Aktionen als terroristischer Weltverbesserer, nicht als nihilistischer Weltvernichter unternahm. Die prinzipielle »Weltbejahung«, das »große Ja« wurde von dem stets kleiner bleibenden »großen Nein« nicht angetastet (Die atomare Drohung, 209f.). Es fehlte noch an nihilistischem Format. Jetzt aber gibt es die Bombe im Singular, die Bombe aller Bomben, mit der die Bömbchen der Vergangenheit passé sind. Wie auch immer es um die Statur ihrer Besitzer stehen mag, sie hat tatsächlich kosmoherostratisches Format. Der nihilistische Weltgeist tritt endgültig aus dem Experimentierstadium heraus. Er beläßt es nicht mehr bei den wohlfeilen Etüden der Verneinung und »Nichtung«, an denen sich die Philosophen mit ihrer notorischen Großmannssucht so gerne, so schaudervoll, so verbalradikal delektieren. Nein, er hat Bombengestalt angenommen. Die Bombe hat tatsächlich einen Bezug *»auf das Sein oder Nichtsein der Welt als ganzer«* (Antiq. I 302). Sie ist die wahre Fundamentalontologin, die neue negative Muse der Philosophie.

Authentischer kann man die Grund-Frage gar nicht stellen. Beide, die Frage und die Bombe, bewegen sich gleichsam aus unterschiedlichen Richtungen aufeinander zu: Die Grund-Frage wird epochal; die Bombe zeigt ihr buchstäblich meta-physisches Wesen. Sie trifft und betrifft das »Seiende im Ganzen und als ein solches«. Und sie führt in das denkbar jenseitigste Jenseits der Meta-Physik: ins Nichts. Kommt also die Grund-Frage, die schon in ihren Anfängen, inspiriert durch die negative Alternative des Weltenschöpfers, so weitsichtig, wenngleich nur im Rahmen metaphysischer Sandkastenspiele nach dem Nichts fragte, nicht endlich mit der Bombe zu sich selber? Die »reductio ad nihil« wäre die Antwort auf die »creatio ex nihilo« und zugleich das Echo der Möglichkeiten, die der Demiurg bei seinem Weltentwurf verwarf.

Die Bombe verspricht jedenfalls die umfassendste und zugleich sachlichste Reaktion auf eine Entwicklung, die mit scheiternden Versuchen in der Theo- und Ontodizee begann. Hamlet, dem einfallslosen Schulverstand immer schon abgeneigt, hat sich am Ende entschlossen, Nuklearwissenschaftler und -techniker zu werden. Und Mephisto, stets zur Stelle, wenn es um gründliche Lösungen geht, dient nun den höheren Herren von den Generalstäben, deren Befehlsgewalt inzwischen mit Computerstimme spricht. Die Wissenschaft mag nach Heideggers Deutung vom Nichts nichts wissen wollen (Was ist Metaphysik? 27). Dafür besorgt sie es um so effektiver: Jeder Nuklearwissenschaftler ein praktizierender anti-eleatischer Metaphysiker, immer in Bombenform.

Und wie konsequent, wie objektiv, wie entsagungsbereit der zu sich selbst gekommene Nihilismus nun zu Werke geht! Ließ die *»herostratische Begierde«* des klassischen Nihilisten inkonsequenterweise immer noch den Herostraten und einen Restbestand an Publikum übrig, dem sie demonstrieren wollte: *»Ich vernichte, also bin ich – doch«*, »deleo, ergo sum«, so ist der bombige *»Nihilismus in Aktion«* nun über derlei Reserven hinaus. Anders als ihr göttlicher Vorfahre braucht die Bombe keine Bomben-Beweise. »Ich vernichte, also – ist nichts«, »deleo, ergo nihil«, würde sie sagen, wenn sie überhaupt noch sprechen wollte oder müßte. Avanciert zur wahren »Platzhalterin des Nichts«, überbietet sie Heideggers »geworfenen Entwurf« als Endwurf der Geworfenheit: Verwerfung aller Entwürfe.

Besonders eindrucksvoll ist ihre Aktualisierung des Themas »Sein und Zeit«. Denn sie löscht mit ihrem physisch-metaphysischen Nullsummenspiel nicht nur die Zukunft, sondern im »zweiten«, im »ganzen Tod«, der nach dem ersten Tod noch die Erinnerung an die Vernichteten tilgt, auch die Vergangenheit aus. In dem Maße, wie sie zum Tode vorläuft, läuft sie in die Vergangenheit zurück. Sah Nietzsche nur eine Möglichkeit, der Vergangenheit des Vergangenen Herr zu werden: die Idee der Ewigen Wiederkunft, so löst die Bombe das Problem ein für allemal mit ihrer Niederkunft. Aus dem Nichtsein der Gestorbenen, das früher durch die Erinnerung der Lebenden, durch ihr Sein »für uns« moderiert war, wird nun das »Nichtsein für niemanden« (Die atomare Drohung 174).

Die altvertraute Unterscheidung von »an sich« und »für uns« gilt nicht mehr. Konnte für die idealistische Dialektik etwas »an sich« sein und »für uns« werden, um in geglücktester Synthesis am Ende »an und für sich« zu sein, so droht jetzt »an und für sich« nichts mehr zu sein, ein umfassendes Nichts »von so massiver Nichtigkeit«, daß dagegen frühere Varianten von Nichtsein »beinahe wie eine verspielte Variante von Sein wirken« – so irritierend die Behauptung auch klingt, daß es verschiedene Modi des Nicht-, ja des Nichtmehrseins geben soll, da das Nichts doch schlicht und einfach nichts ist. Was sich die Philosophie bisher unter der

»Modalisierbarkeit des Seins« (Fink) zusammengereimt hat, wird in den Schatten gestellt von der paradoxen »Modalisierbarkeit des Nichts«. Aber das ist nun einmal in den verschiedenen Stadien der Nichts-Geschichte begründet. Die Bombe steht für eine höchst spezifische Weise der Vernichtung und inauguriert doch ein denkbar unspezifisches und umfassendes Nichts. Die »zwei Nichtse« einer nicht mehr erinnerten Vergangenheit und einer nicht mehr kommenden Zukunft wachsen zu einem einzigen ununterscheidbaren Nichts zusammen (Hiroshima ist überall 218).

Die schöne »ontologische Differenz« zwischen Sein und Seiendem ist nur solange aufrechtzuerhalten, wie das Nichts noch nicht ganzes Nichts ist. Am Ende ist es auch das Grab aller differenten Ontologie. Nichts wird sein. Also wird nichts gewesen sein. Nichts war. Das ist das weniger onto- als »nihilologische« Ende einer Geschichte, die mit der Selbst- und Seinsvergötzung des obersten aller Onto-Theologen begann: »Ich bin, der ich bin.« Auch dieses Märchen war einmal.

Mit der Bombe ist der Nihilismus, dem das »Nichts« der Grund-Frage seit je mehr als alles andere aus der Seele spricht, so zum »Annihilismus« geworden. Die Grundformel des klassischen Nihilismus: »Es ist alles gleich«, gilt für ihn im buchstäblichsten Sinn. Er befördert ausnahmslos alles auf den Abfallhaufen der Kontingenz, den er freilich auch gleich selber entsorgt, und zwar restlos und für immer, indem er mit der *»Möglichkeit unserer endgültigen Vernichtung«* als *»endgültiger Vernichtung unserer Möglichkeiten«* (Antiquiertheit II 405), die Hans Jonas unbedingt offenhalten wollte, unwiderruflich ernst macht. Als »Erlösung durch Vernichtung« würde der Annihilismus auf gut wagnerisch, als definitive »Kontingenzbewältigungspraxis« im philosophischen Jargon der Jetztzeit seine Aufgabenstellung formulieren. Mit der Bombe macht er die Probe darauf, daß alles entbehrlich ist.

Und er tut das eben in einer geschichtlichen Situation, in der überhaupt kein Gott, kein Grund, kein Sinn, kein Wert mehr einen Halt bietet.

Wie es der nihilistische Weltgeist auf dem von Grund auf erschütterten Boden von Hiroshima zynisch erkennen läßt, findet er geradezu sein Plaisir darin, daß sich der Nihilismus gleichzeitig als Realitätsprinzip wie im Denken vollendet, und zwar nicht bloß in prästabilierter Harmonie, sondern in geglücktester Kollaboration. Die Bombe als Inkarnation des Annihilismus und die nihilistische Vernichtung des Seins als Wert arbeiten sich perfekt in die Hände. Mephisto braucht als Wissenschaftler und Technokrat seine Sprache nur geringfügig zu aktualisieren: Weil alles *wert* ist, daß es zu Grunde geht, gibt es die Bombe; sie zieht die Nullsumme aus dem sinnlosen Dasein. Und umgekehrt: Weil es die Bombe gibt, dieses Monstrum des schöpferisch-erfinderischen »Logos«, der dem Geist wenigstens zum bösen Ende die Macht gibt, zu der er es sonst nicht brachte, ist alles – sozusagen ganz logisch – wert, daß es zu Grunde geht. Die fast noch beruhigende Entgegensetzung von »Etwas« und »Nichts« in der Grund-Frage ist vollends dahin: Dieses Etwas – es führt geradewegs ins Nichts.

Anders aber, der Philosoph der Bombe – ist er nicht gerade deswegen von ihr im Übermaß fasziniert (und Interpreten, die seine Obsession teilen, mit ihm)? Versteht er nicht selber den antiatomaren »Feuerwehrmann« als »Zwilling des Pyromanen« (Ketzereien 233)? Ja, arbeitet nicht der vermeintliche Anti-Nihilist Anders, das personifizierte »Gewissen des Atomzeitalters«, mit seiner Destruktion der »geseiten Seierei«, des gesollten Sollens, mit seinem Hohn auf den »Sinn« und seiner Erosion jedes Grunds der Endlösung des Annihilismus seinerseits zu? Ist die Bombe nicht in den Erschütterungen seiner rücksichtslosen Fragen philosophisch mehr als je sonst explodiert?

An letzterem ist nichts zu deuteln, allerdings auch nichts daran, daß Anders in seiner über jeden moralischen Zweifel erhabenen Praxis stets engagiertester Antinihilist war. Die »Ver-Nichtsung durch das Urtheil« verführt ihn nicht, klammheimlich oder offen mit der »Ver-Nichtung durch die Hand« zu sympathisieren. Theorie, auch wo sie es mit bodenlosen Grund-Fragen und scheiternden Letztbegründungsversuchen zu tun hat, hat ohnehin nicht das letzte Wort. Das gebührt nicht dem »Metaphysiker«, sondern dem »Menschenfreund«, wenngleich diese Entgegensetzung in den Ohren orthodoxer Metaphysiker besonders schrill klingen mag.

Für alle Fälle werden schon innerhalb des theoretischen Nihilismus die Grenzen fixiert. Wenn der destruktiv gewordene »Weltgeist« seine nihilistische Frohbotschaft vom Ende aller Dinge mit zynischer Offenheit verkündet, so hält Anders dagegen fest: Die »Ungeseitheit« des Seins, die Unbegründbarkeit des Sollens bedeutet keineswegs, daß damit nun das Nicht-sein-Sollen begründet wäre. Unter keinen Umständen ist das Nicht-Begründete zu verwechseln mit einem begründeten Nichts, das, was »nichts als da« ist, mit dem, was »zu nichts da« wäre, und zwar nun nicht mehr im Sinn einer Freisprechung von allen Zwecken, sondern einer negativen Teleologie nach dem Ende der positiven. Sie wäre das nihilistische Pendant enttäuschter idealistischer Zwecksetzungen.

Wenn es wie auf der verbrannten Erde von Hiroshima gegen Schlußfolgerungen dieser Art zu kämpfen gilt, dann fängt Anders zur Not sogar wie der gute alte Seinsgott Bamba sein ontologisches Tedeum zu singen an. Dann bejubelt er die Welt als »ingeniöse und unvergleichliche Erfindung«, in der dazusein »Spaß macht« (Hiroshima ist überall 79). Es lebe die ontologische Fun-Gesellschaft! Dann interessiert ihn die »Alternative ›schlechte Welt oder gute Welt‹«

gar nicht mehr, sondern er feiert die Welt, »sofern sie nur bleibt«, gleich als »die beste aller Welten«, als ob er Leibniz nie mit Voltaire und Schopenhauer verhöhnt hätte. Aber das sind Exaltationen, die sich dem Ausmaß der Bedrohung verdanken und nicht mit einer Restauration der Theodizee als Ontodizee nach dem Ende aller Sinnstiftungen zu verwechseln sind.

Dafür wird die externe Grenze zwischen theoretischem und praktischem Nihilismus um so schärfer gezogen: *»Mich als handelnden Menschen hat mein theoretischer Nihilismus niemals beeinflußt.«* »Mit *eiserner Inkonsequenz*« (Ketzereien 197f.) – so die ebenso paradoxe wie prägnante Formel – wird der unwiderlegliche Nihilismus limitiert. Wie Anders auf der einen Seite die moralistischen Fehlschlüsse von Hans Jonas vom Sein aufs Sollen, die Identifikation von Ontologie und Ethik nicht teilt, so widerspricht er auf der anderen Seite entschieden jedem anthropofugalen Denken, das auch einer solchen Praxis das Wort redet: Konsequenz, so oder so, ist nur um den Preis philosophievergessener Seinsfrömmigkeit oder gnadenloser Misanthropie zu haben. Das kontingente Menschenleben, die Menschenwürde bleibt für Anders ein absolutes Tabu, geradezu »heilig« (Ketzereien 217).

Der philosophische Ahne dieses Stillhalteabkommens zugunsten »anthropophiler«, ontophiler Praxis ist Kant: In seinem Zeichen wird der Dualismus der reinen praktischen und der theoretischen Vernunft erneuert. »Handle so, als ob die Maxime deines Handelns jederzeit zugleich auch begründet werden könnte«, lautet der – im Gegensatz zu Kant freilich seinerseits unbegründete – moralische Imperativ: Praxisphilosophie des Als-Ob. Vielleicht ist das nicht begründete und auch gar nicht begründungsbedürftige Wollen ohnehin wichtiger als das unbegründbare Sollen – obzwar um den Preis, daß die Praxisphilosophie in Dezisionismus übergeht.

Gegen die demoralisierende unendliche Iteration der Sinn- und der Sollensfrage muß man sich jedenfalls abschirmen – so Anders' Empfehlung zur Dereflexion –, wenn man dem Menschen und seiner Welt gut bleiben will. »*Nicht den Wurzeln* unseres Daseins und unseres Sprechens haben wir Philosophierenden heute nachzugehen, sondern den *Folgen* unseres Tuns« (Ketzereien 77). Der wahre Moralist begnügt sich mit dem Vorletzten, der Wahl eines mittleren, limitierten Horizontes zwischen moralischer Beschränktheit und Maßlosigkeit. Er handelt so, als ob Welt und Menschheit unter allen Umständen sein sollten und einen Sinn hätten. »Wenn ich Nihilist bin, was geht's mich an?«

Anders beharrt freilich darauf, daß es noch »viel tiefere Gründe« als die moralischen gibt (Hiroshima ist überall 79), so sehr moralische Begründungen das überhaupt Allertiefste zu bieten glauben. Er findet sie in einer weniger euphorischen und »amoureusen«, aber womöglich nachhaltigeren Form der Kontingenzerotik. Sie gilt der ins Extrem getriebenen ontologischen und realen Fragilität des Kontingenten, das mehr denn je des Beistands bedarf, ihn aber auch gerade deswegen verdient und gewinnt. Fern davon, nach Analogie des nihilistischen »Monismus-Schocks« für den »Kontingenzschock« Rache zu nehmen und es gleichsam in einer »Kontingenz in Aktion« dem Abgrund zu überantworten, dem es entstammt, überbietet Anders alle bisherigen Kompensationen der »transzendentalen Obdachlosigkeit« – Thomas Manns »Lob der Vergänglichkeit«, Max Horkheimers Lob der Verlassenheit – mit einem Lob der Sinnlosigkeit, der Grundlosigkeit. Wie wenig nobel wäre es auch, noch zu stoßen, was metaphysisch längst gefallen ist und physisch endgültig zu fallen droht. Auf dem »trostlos dürren Grunde der Sinnlosigkeit« sprießt nun die »Komplizenhaftigkeit der Traurigen« (Antiquiertheit I 231). Kontingenzverwandtschaft bindet sie zusammen. »Wärme ist wichtiger als Sinn«, ja, die

Wärme entspringt geradezu dem unwiderruflichen Verlust des Sinns: so das letzte Glaubensbekenntnis des »Menschenfreundes«, der den »Metaphysiker«, den »Ketzer«, den theoretischen Nihilisten und seine heiklen Fragen gar nicht mehr zu verabschieden braucht, vielmehr sich mit ihm verbünden kann.

Die Probe auf diese neue Allianz läßt sich auf der Gegenseite machen, wo ein auf das Positive eingeschworener Anti-Nihilismus, der überhaupt keine letzten Grund-, Sinn- und Sollensfragen hat und haben will, das Geschäft des real existierenden Annihilismus um so besser besorgt. In Sachen Nihilismus muß man allezeit mit paradoxen Konstellationen rechnen.

Der neue annihilistische Weltgeist wäre nicht der Weltgeist, wenn seine traditionell listige Vernunft nicht ihr Geschäft wie bei dem Hegelschen Vorfahren hinter dem Rücken aller Beteiligten, wenngleich objektiv mit ihrer tätigen Hilfe besorgte. Die Organisation verselbständigter technischer Produktionsprozesse, die prinzipielle Begrenztheit des menschlichen Vorstellungsvermögens und seine hoffnungslose Diskrepanz zum Hergestellten, schließlich die tatsächliche Unvorstellbarkeit dessen, was »an der Zeit« ist, verbinden sich dabei. Der Schleier der Ideologien tut ein übriges, jedes auch nur halbwegs angemessene Situationsbewußtsein zu verhindern. Insgesamt herrscht bis auf die Privilegien einiger Philosophenköpfe doch nur sehr bedingt der »Kairos der Ontologie«.

Die »telos- und eidoslosen«, gleichermaßen anschauungs- wie gestaltlosen hochspezialisierten Herstellungs- und Bedienungsvorgänge, seien sie vordergründig technisch-produktiver oder militärisch-destruktiver Natur, entziehen das Ziel, auf das alles zuläuft, jeder adäquaten Wahrnehmung. Eine Realschizophrenie neuen, kollektiven, alltäglichen, normalen Typs, welche die Irrenhäuser der Vergangenheit zu beschaulichen Winkelidyllen macht, sorgt dafür, daß die ›Täter‹ nicht wissen, was sie »tun«. Was früher für die Schöpfung reserviert war – jetzt macht sich die »annihilatio« gleichsam »ex nihilo« (Antiquiertheit II 68). Ihr Vehikel, die Bombe, ist das zu Große, das Monströse, das geschichtlich »Überschwellige«, das sich weit besser als das so harmlose unterschwellige Unbewußte dem Bewußtsein verbirgt. Die Bombe ist im Übermaß real, ja das »ens realissimum«, seiender als alles Seiende, was die theolosophische Tradition aufzubieten hatte, aber ins Irreale führend; im höchsten Maße spezifisch und doch so unfaßbar wie bisher nichts.

Das Nichts aber, das sie inauguriert, ist nicht einmal das unendlich Kleine – es ist eben nichts; und so wird es zur Crux einer Vorstellungskraft, die hier als invertierte gefordert ist. Begrenztes »Nichtsein« (etwa das Totsein eines geliebten Menschen) sich vorzustellen, ist schon schwierig genug (Die atomare Drohung 96): eine paradoxe Leistung, weil eine Negation, eine Abwesenheit in der Imagination irgendwie existent gemacht werden muß. Doch jetzt ist eine *»totale Abstraktion«* gefordert, »die als Denk- und Vorstellungsleistung unserer Leistung totaler Vernichtung« entsprechen müßte. Hier geht es nicht mehr um »das Nichtsein von etwas Partikularem innerhalb eines als seiend und weiterseiend substituierten Weltrahmens«, wie noch Fink unterstellt, sondern um die Abstraktion auch von diesem Rahmen selbst, einschließlich derer, die sich ihn machen. Wie soll das auch nur möglich sein? Der Mensch bleibt in seinen Vorstellungen anthropomorph und ontomorph, das Nichts wiederum gänzlich unfaßbar: Die »Transzendenz des Negativen« (Die atomare Drohung 96) ist der ontologische Schleier über dem Nichts.

Mit der Metaphysik der »Kosmologischen Humoreske« wäre zwar festzuhalten, daß gerade das bombige Nichts nicht das Nichts schlechthin meint, sondern die Vernichtung, deren »bösen« und insoweit wieder faßbaren Charakter das primordiale Nichts von Frau Nu erst im Laufe der prätentiösen Seinsgeschichte annimmt. Die für eine unerschrockene Formulierung der Grund-Frage wesentliche Differenz zwischen der Transzendenz des Nichts und der des Vernichtend-Negativen ist nicht aus dem Auge zu verlieren. Anders' Verbindung seiner Vorstellung der »Hölle« mit der des zweiten Todes, der die Menschen ins Futurum exactum des »Wir werden nicht einmal gewesen sein« stößt, gilt eben einer »Hölle«, die als solche, wenn auch nur als solche, wieder imaginierbar ist, nicht dem »reinen Nicht« Mephistos, das sich der Vorstellung wie der Wertung gleichermaßen sperrt. Selbst der nihilistische Weltgeist von Hiroshima unterscheidet noch zwischen »Nichts« und »Vernichtung«. Einzuräumen allerdings, daß für Anders die totale Vernichtung des »ganzen Todes« in ein schlechthinniges Nichts führt, das dank der »Transzendenz« des nun restlos »Negativen« in der Tat der Vorstellung entzogen ist.

»Apokalypseblindheit« auf allen Ebenen ist die Folge. Das »Ende der Vorstellung« im Welttheater geht mit dem Ende aller Vorstellungen einher. Die realste aller Drohungen ist unfaßlich, weil das, was sie dank der Bombe als dem »ens realissimum« androht, das »ens irrealissimum« ist. Die bisher singulärste, unverwechselbarste aller Vernichtungspraktiken führt in ein Nichts völliger Konturenlosigkeit.

Für Anders dispensieren diese Aporien keineswegs von den Anstrengungen der invertierten Vorstellungskraft, um wenigstens deren Scheitern erfahren und nutzbar machen zu können. Warum sollten sich ausgerechnet die Hersteller des bombigen Nichts als Vorsteller auf die Haut der faulen Vernunft legen dürfen! Doch die »Apokalypseblindheit« ist zugleich in der objektiven Überschwelligkeit der Bombe wie in konstitutiver Nichtsblindheit fundiert.

In bezug auf die Grund-Frage aber heißt das: Sie ist so

gründlich, so umfassend wie nie zugleich gestellt wie *verstellt*. Insofern entspricht das Porträt des Weltgeistes auf dem Boden von Hiroshima mit seiner zynisch-direkten Einladung in die unverhohlen nihilistische Show keineswegs den Tatsachen: Nichtsahnend, richtiger: das Nichts nicht ahnend, ja, überhaupt nicht imstande, es auch nur irgendwie »ahnen« zu können, bewegt sich die Welt um so sicherer auf das Nichts zu.

Freilich stehen noch sehr viel schlichtere Mittel als die anspruchsvolle *»Transzendenz des Negativen«* und die Überschwelligkeit der Bombe zur Herstellung von Apokalypse- und Nichtsblindheit zur Verfügung. Der annihilistisch listigen Vernunft genügt es, wenn sie sich das Tarnkappenprinzip, das einige neuere Inkarnationen des objektiven Geistes vom Stealth-Bomber bis zur Radar-Simulation so überzeugend repräsentieren, zu eigen machen kann.

Einmal profitiert sie mehr denn je von den euphorisierenden Einflüssen des Fortschritts. Gewiß, bei einigen professionell übelgelaunten Apokalyptikern mag der Fortschritt in die Krise geraten sein. Aber bei den ausschlaggebenden ökonomischen und technischen Machern, ganz zu schweigen von ihrem applaudierenden Konsumenten-Publikum, ist er selbstverständlich weiterhin in Kraft. Sie haben es stets nur mit den Komparativen des »immer Besseren« zu tun – so sehr, daß sich das vermeintlich so beherrschende »non plus ultra« der Superlative tagtäglich als bloße Vorstufe erweist. Wie aber sollte der verabsolutierte Komparativ den Gründen für das schlichte »ob überhaupt« nachfragen wollen?

Und dann sind die »Herren der Bombe«, die sich in ihrer Rolle als »Sicherheitspolitiker« inzwischen ironischerweise umso sicherer fühlen, je mehr »Herren der Bombe« es gibt, so sehr sie objektiv »Nihilisten in Aktion« sein mögen, nicht bloß persönlich zumeist freundliche Figuren – sie sind auch erklärte theoretische Antinihilisten, wertefreudig und gedankenarm. Nietzsches Argwohn, daß man eine Katastrophe wittern müsse, wo man einen Wert sehe, bekümmert sie nicht, im Gegenteil: Sie bestätigen ihn nur zu gerne. Nichts liegt ihnen ferner, als Grund-Fragen zu stellen: Die haben sie immer schon positiv beantwortet. Im Gegensatz zu ihren nihilistischen Vorgängern ist sie ihnen so fremd, daß sie sie nicht einmal verdrängen müssen.

Kann man darin nicht sogar eine wünschenswerte Kompensation dafür entdecken, daß die Grund-Frage immer mehr ins Grundlose geführt hat, und zwar so sehr, daß bei dem vollendeten theoretischen Nihilisten Anders nichts mehr einen zureichenden Seinsgrund verspricht? Wo es keine Antwort mehr gibt, wollen doch sie wenigstens nur das Beste! Der gesellschaftlich dominante Positivismus des Lebens will sich ohnehin nicht gerne an die Wurzeln gehen lassen. Wahrhaftig ein neuer glänzender Beweis für die Vernunft in der Geschichte, daß just in dem Moment, in dem die Philosophie ihre Erosionsarbeit vollendet hat, die Grund-Frage nur noch einige verquere Köpfe umtreibt, die sich damit zu trösten suchen, daß Fragen um so frag-würdiger werden, je seltener man sie stellt (Der Blick vom Mond 168). So können sie gottlob auch nur diese frag-würdigen Zeitgenossen irritieren!

Doch leider besorgt dieser Positivismus, der sich seiner Antworten sicher zu sein glaubt, zuverlässiger als die rabiateste Philosophie es je könnte, das Geschäft des Annihilismus, während die theoretisch vollendete nihilistische Philosophie, gerade indem sie alles in den Strudel ihrer bodenlosen Frage reißt, wenigstens den Vorzug hat, daß sie keinerlei Sicherheiten mehr aufkommen läßt.

Die Gesamtsituation, auf welche die Grund-Frage am vorläufigen Ende ihrer Geschichte führt, ist dadurch allerdings kaum entschärft. Von Leibniz zu Anders: Welchen Radikalisierungsprozeß hat sie durchlaufen!

Mit der frohgemuten Überzeugung, daß nicht bloß diese unsere Welt die beste aller möglichen, vielmehr die Schöpfung trotz der Konkurrenz eines einfacheren und leichteren Nichts das überhaupt Beste sei, hat diese Geschichte begonnen. Mit Schopenhauers radikaler Verneinung der Konversionsontologie, der stabilen alten Gleichung zwischen dem Sein und dem Guten, hat sie einen Abgrund aufgerissen, aus dem auch Nietzsches verzweifelter Lebensrettungsversuch nicht mehr herausführen konnte. Seitdem ist nach der Theodizee auch die Bio-, die Ontodizee philosophisch so gründlich gescheitert, daß nicht einmal mehr die im Nichts begründete Freiheit, der heroische Absurdismus der Existenzphilosophie ihr aufhelfen konnte, zu schweigen von der Bergung des Seienden im »Haus des Seins« durch den angeblichen »Platzhalter des Nichts«, der sich als pastoral wohlvertrauter Hirte entpuppte. Auch die hoffnungsvolle Ontologie des Noch-Nicht-Seins blieb fruchtlos. Das »Beil des Nichts« fällte sie wie alles zuvor. Ja, selbst das honorigste »Prinzip Verantwortung« konnte die glückliche Symbiose von Sein und Gutem, Ontologie und Ethik nicht mehr restaurieren.

Und nun, zum unseligen Ende, zeigt ein persönlich völlig unverdächtiger Zeuge, daß der »Seierei« mit den Mitteln philosophisch zureichender Gründe kaum noch zu helfen ist, nur mit einer Zuwendung, die sich ganz und gar der ontologischen und realen Fragilität des Kontingenten verdankt – und das in einer Situation, wo die faktischen Begrenzungen, welchen der Nihilismus in seiner bisherigen Geschichte unterlag, selber genauso annihiliert sind wie zuvor schon im Denken der Sinn des Seins als höchsten Werts.

Mehr noch: Während die Grund-Frage objektiv so radikal gestellt ist wie noch nie; während die Philosophie sie mit dem ihr eigenen Frage-Mut so zugespitzt hat, daß sie dem Dasein die letzten Sinnprothesen wegschlägt, treibt eine

Gesellschaft, für die sie nicht einmal eine Frage ist, immer sicherer auf ihre Endlösung zu.

Was soll die Philosophie in dieser Situation tun? Wo die Sinnrestaurationen nicht mehr verfangen, bleibt ihr nichts anderes übrig, als weiterzufragen, wohl wissend, daß das zu immer bedenklicheren Resultaten führen kann. Hamlet, der in seiner Eigenschaft als Metaphysiker nur weiterlebte, um vom philosophierenden Selbstmörder zum potentiell selbstmörderischen Philosophen zu werden, stellt mehr denn je seine Frage. Von den beiden Antipoden, die er miteinander konfrontierte, um sie auf den etwaigen Grund ihres etwaigen Vorrangs zu befragen, hat sich der von der abendländischen Tradition favorisierte immer schwächer, der diskreditierte immer stärker erwiesen. Wie gut, daß letzterer, genau betrachtet, weder stärker noch schwächer sein kann. Wonach anders also fragen als nach – Nichts.

ZWEITER TEIL

Nichtsvergessenheit

Wenn die Menschen geboren werden, dann »kommen sie aus dem Nichts«, ohne daß da Etwas gewesen wäre, das »noch nicht« gewesen wäre.

Wenn die Menschen »im Nichts« bleiben, dann bleiben »sie« nichts, ohne daß da Etwas irgendworin bliebe.

Wenn die Menschen leben, dann sind sie »nicht mehr nichts«.

Wenn die Menschen leben wollen, dann wollen sie nichts weniger als »ins Nichts«.

Wenn die Menschen unsterblich leben wollen, dann wollen sie nie mehr »ins Nichts«.

Wenn die Menschen nicht mehr leben wollen, dann wollen einige »hier« nicht mehr leben, andere wollen »ins Nichts«.

Wenn die Menschen sterben, dann »gehen sie ins Nichts«, ohne daß da noch Etwas wäre, das »nicht mehr wäre«.

Das Entstehen, Bestehen und Vergehen menschlichen Lebens verweist so in unterschiedlicher Weise auf »das Nichts« oder schlicht: »nichts«. Es ist der Grenzbegriff und die Gegenmöglichkeit eines Lebens, das geboren wird und stirbt, nicht anders als alle Natur, das als menschliches aber nicht »von Natur aus« ist. Das Sein der Menschen ist problematisch, gerade weil es für sie etwas gibt, das es »an sich« nicht gibt: das Nichts. Ob sie wollen oder nicht, »aus dem Nichts kommend«, »ins Nichts gehend« ist ihr prekärer Ort zwischen Sein und Nichts. Keine bewußte Lebensbejahung ohne die Negation des Nichts; selbst die bewußtlose vollzieht sie faktisch. Keine Lebensverneinung – und sie ist immer bewußt – ohne die Bejahung des Nichts. Die Idee der Schöpfung, der Akt der Zeugung und der Geburt setzen das Nichts, an dessen ortlose Stelle sie ein Etwas setzen, voraus. Zugleich steht es für die Gegenmöglichkeit einer verneinten Schöpfung, wo das Leben keinen zureichenden Grund für das Leben entdeckt. Kein anfänglicher Anfang, kein endliches Ende ohne das Nichts. Die Vernichtung oktroyiert es, wie das Diktat der Geburt das Etwas nicht »im Nichts« beläßt. Es verneint das Dasein und verhindert, daß es ein Gefängnis ist. Allein von Gnaden des Nichts kann das Dasein eine Sache der Freiheit sein. Im Zeichen des Nichts geht das Dasein am weitesten auf Distanz zu sich: »Warum ist überhaupt Etwas und nicht vielmehr Nichts?« Das Sein und das Nichts sind »das unzertrennliche Paar« (so Sartre) – bis daß der Tod es scheidet.

Doch was ist das Nichts? Und wenn es wirklich und wahrhaftig *nichts* ist, was *ist* es dann? Hegels »Wissenschaft der Logik« läßt dem artikellosen *»Sein, reines Sein«* noch das artikulierte *»Nichts, das reine Nichts«* folgen. Es geht aber um nichts,
gar nichts.

1. KAPITEL

Seins- oder Nichtsvergessenheit? Das ontomorphe Denken. Das anderste Andere. Vom Untergang des Nichts im Abendland. Ex oriente nihil. Komplikationen mit dem Nirwana.

So elementar das Nichts für das menschliche Selbstverständnis ist, so wenig wollen die Menschen in der Regel davon wissen – aus naheliegenden Gründen, die Schopenhauer erhellt hat: Was lebt und leben will, scheut seinen Antipoden, seinen Gegenbegriff und seine Gegenmöglichkeit. Viel lieber vergißt es das Nichts – obwohl dieses ihm als solches eigentlich nichts anhaben kann. Und das gilt auch für die Philosophie, soweit sie noch im Denken das fraglos sich selber wollende Leben ist: Weit mehr als von »Seinsvergessenheit«, wie es Heideggers seinshöriges Denken unterstellt, ist sie von Nichtsvergessenheit bestimmt. Wegen der Fixierung auf die »Seinsvergessenheit« wurde die Nichtsvergessenheit ihrerseits stets vergessen: eine vergessene Nichtsvergessenheit.

Das völlige Vergessen ist indessen für ein Dasein, das in so massiver Weise mit dem Nichts konfrontiert ist, nicht ohne weiteres möglich. Deswegen ist die Nichtsvergessenheit nur relativ, genauer: sie nimmt spezifische Formen an, Vorstellungsformen, die Entstellungsformen sind. Das Dasein deutet das Nichts aus seiner Optik. Das Nichts wird dem Sein kommensurabel gemacht, es erhält Seinsgestalt, wie das Leben dem Tod Lebensgestalt gibt – zumal wo es ihn als Schrecken aller Schrecken erlebt. Beruht der Anthropomorphismus auf einer Projektion der Gestalten des Menschlichen in einen scheinbar transzendenten Himmel, so ist die Aneignung des Nichts ontomorph, ontozentrisch, seinsförmig, seinszentriert. Es ist gleichsam ein metaphysischer Ethnozentrismus, den die menschliche Gattung, besonders der Stamm der Ontologen, mit Vorliebe pflegt. Metaphysik und Ontologie sind für ihn Synonyme. Selbst wo er die »Meontik«, die »Meontologie«, die Nichtseinslehre, aus der Taufe gehoben hat, verstand diese sich allenfalls als eine Art von Außenstelle, von Sonderbehörde der Ontologie, schon terminologisch nicht mehr als ihr negativer Abkömmling. Selbst, wo die Metaphysik das Sein als »Nicht-Nichts« bestimmte und mit der doppelten Negation gleich doppelt ans Nichts verwies – so wenigstens den krudesten Tautologien der Ontologie entgehend, Wesen des Seins sei es, Sein von Seiendem zu sein – tat sie das nur, um dem Sein auf die dialektischen Sprünge zu helfen.

Dementsprechend ist die Aufgabe gestellt: Hat die Erkenntniskritik der Moderne einschließlich der poststrukturalistischen und dekonstruktivistischen Postmoderne »das Andere« von den Projektionsformen des »Eigenen« zu befreien versucht, so ist das am meisten dort vonnöten, wo es um das Sein und das Nichts geht. Denn das Nichts ist das »Andere« par excellence; wenn man es steigern könnte: das »anderste Andere«, ohne auch nur die Bedeutung haben zu können, die Mystik und negative Theologie dem »Ganz Anderen« geben. Eine Kritik der Nichtsvergessenheit also als Kritik der Projektionsformen der Ontomorphie. Das Sein bestimmt das Bewußtsein.

Diese Aufgabenstellung gilt vorab für die abendländische Philosophie. Sie ist die seinsbesessenste, nichtsvergessenste und in diesem Sinn, freilich auch nur in diesem, die »menschlichste« Philosophie, aus der am rückhaltlosesten der Wille zum Sein spricht. Vor dem allzu frohgemut annoncierten »Untergang des Abendlandes« im Nichts ist das Nichts im Abendland untergegangen. Selbst wo die abendländische Philosophie sich eingehender mit dem Nichts befaßt hat, wollte sie doch eigentlich vom Nichts nichts wissen. Das Sterbenlernen, das sie seit ihren Anfängen proklamierte, verstand sie nur selten sans phrase. Philosophieren als Sterbenlernen heißt aber: Lernen, was nichts und was das Nichts sei.

Zwar hat die immer noch gravierend unterschätzte praktische Philosophie des Hellenismus, der dem sterbenden Sokrates folgenden Nachsokratiker mit ihrer Unerschrockenheit gegenüber dem »entübelten« Tod, ihrer Apologie des freien Todes, dazu ihrem Erbe an der »silenischen« Weisheit der Tragödie, daß der Güter höchstes die Nichtgeburt, das zweithöchste das frühe Sterben sei, es in dieser Hinsicht erheblich weiter als der Platonismus und der ihm folgende christliche »Platonismus fürs Volk« gebracht. Auch die griechische Naturphilosophie mit ihren atomistischen Spekulationen über das Leere ist nie von jenem panischen »horror vacui« gepeinigt gewesen, der den Geschöpfen des allmächtigen Schöpfergottes den Kopf verbiestert und das Herz beklemmt. Aber diese Sklavenseelen des Seins, in denen der Todestrieb nur soweit blühte, wie er dem Lebenstrieb metaphysisch zu Willen war, haben das abendländische Denken bestimmt.

Wo diese Sklavenseelen in ihrer Lehre von der »creatio ex nihilo« einem im Verhältnis zur griechischen Kosmologie vordergründig radikalisierten Nichts-Begriff anhingen, taten sie das allein, um den Ruhm ihres Gottes als Herrn des Seins zu mehren und das Nichts mitsamt seinem diabolischen Platzhalter als das schöpferisch Verworfene, ja Widersacherische zu diskriminieren. Metaphysik ist für sie Ontologie, und Ontologie Ontotheologie: der zweifache Kniefall vor Gott und dem Sein. Die Nichtswissenschaft aber wird zum Stoff der Diabologie, Raum geistiger Höllenfahrten, die solange dauern müssen, bis auch in der Finsternis das Licht eines »himmlischen Nichts« aufleuchten kann.

Das soll nicht heißen, daß es keine abendländische Denkgeschichte des Nichts gäbe, die Interesse verdiente. Die Kritik der Nichtsvergessenheit kann vielmehr ganz gut von den Resultaten dieser Denkgeschichte leben. Die Geschichte der Grund-Frage kommt schon gar nicht ohne die zugehörigen Nichtsbegriffe aus, wie seinsaffirmativ diese letzten Endes auch sein mögen. Schon aus Abwehr- und Integrationsgründen, ganz zu schweigen von der zwanghaften Logik »binärer« Begriffe, schloß die Präokkupation für das Sein eine Auseinandersetzung mit dem Nichts ein. Seitdem die christliche Welt sich nach dem »Tod Gottes« auch selber vor das Nichts gestellt sieht und der Nihilismus alle Anstalten macht, sich zu vollenden, steht die Karriere des Nichts sogar hinter der des Seins nicht mehr zurück. Sartres epochemachender Doppeltitel »Das Sein und das Nichts« hat die Emanzipationsgeschichte des Nichts ausdrücklich sichtbar gemacht. Jetzt sind sie »das unzertrennliche«, wenngleich so ungleiche »Paar«. Im ganzen aber ist dem abendländischen Denken durchaus Nichtsvergessenheit zu attestieren.

Sie ist freilich keineswegs nur das Symptom einer »Geistes«-Geschichte. Die Besitz- und Seinsgier des westlichen Subjektes, das möglichst alles haben und möglichst immer sein will (wie sie ihrerseits begründet sein mag, steht auf anderen Blättern als diesen), liefert vielmehr die Motivation dazu. Die fromme Alternative einer pastoralen Psychoanalyse zwischen »Haben oder Sein« war für dieses Subjekt nie eine: Das Sein war es immer, was es am meisten haben wollte. Selbst wo ihm die »Begegnung mit dem Nichts« gelang, wurde dieses doch wieder so bestimmt, daß es in die Seinsordnung integriert werden konnte. Entweder wurde es so wie das »himmlische Nichts« auch für den Gebrauch hienieden positiviert. Oder dem Nichts wurden, und das herrschte vor, aus der Optik des Seins bedrohliche, chaotische, zerstörerische Eigenschaften zugeschrieben, die es negativierten.

In beiden Fällen herrschte zu Zwecken der Seinsvergewisserung und -bekräftigung die Nichtsvergessenheit.

Östlichem Denken, zumal dem Buddhismus in seinen verschiedenen Formen, schreibt die religionswissenschaftliche und philosophische Komparatistik im Gegensatz dazu vollste Nichtspräsenz zu. Sie stellt westliches und östliches Denken geradezu als das von Sein und Nichts einander entgegen. Mit einigem Recht. So etwas wie die Inthronisierung des Nirwana hat es im Westen nicht gegeben, bis Schopenhauer es der Welt als Wille und Vorstellung verschrieb und ausgerechnet der Triebtheoretiker Freud zugleich mit dem Todestrieb das »Nirwanaprinzip« entdeckte. Erst im »Schatten des Nihilismus« hat der Westen ironischerweise mit dem Entwicklungsvorsprung des Ostens in Sachen Nichts gleichgezogen. Die Präokkupationen des westlichen Subjekts hat der Buddhismus schon gar nicht geteilt. So seinsbegierig war er nie. Ex oriente lux? Ex oriente nox! Eine ganze Kultur hat hier im Zeichen des Nirwana einem höchsten Gut nachgeeifert, in dem die westlichen Antipoden meist nur den Schrecken aller Schrecken entdecken konnten. Allein in den mystischen Strömungen des Christentums, die es riskieren, die »unio mystica« mit ihrem Gott im Zeichen des Nichts zu suchen, gibt es etwas Vergleichbares; allein diese große, auch großartige Ausnahme scheint den Gegensatz von westlicher nichtsvergessener Seinsfixierung und östlicher seinsbefreiter Nichtspräsenz zu relativieren. Christliche Mystik – das ist der Osten im Abendland. Aber näher besehen, opfert auch sie dem Seinsgott, den sie nicht lassen kann. So »leer« werdend, daß sie immer wieder vom Nichts singt und sagt, meint sie die Fülle des Seins.

Freilich bestätigt auch der Buddhismus in letzter Instanz nicht das Bild eines buchstäblich zu verstehenden östlichen »Nihilismus« oder »Nirwanismus«, das die Nichts-Phobie des Westens öfters von ihm entworfen hat. Mit wenigen

Ausnahmen (der Sautrantika-Richtung des ›Hinayana‹-Buddhismus, den Madhyamikas des ›Mahayana‹-Buddhismus) halten fast alle buddhistischen Schulen an dem fest, was im Westen auf den Begriff des »relativen Nichts« getauft und mit dieser Einschränkung am deutlichsten von dem Eurobuddhisten Schopenhauer vertreten worden ist: Nirwana zwar als das »Verlöschen« aller Daseinsfaktoren, von Gier, Haß und Verblendung, von Leid und Wiedergeburt – der Buddhismus hat mit Geburt und Fortdauer, mit Selbsterhaltung und Selbststeigerung, die dem Westen das Liebste sind, nichts im Sinn. Im Gegensatz zum Hinduismus kennt er überhaupt kein Selbst. Es ist schwerlich ein krasseres Mißverständnis möglich als das der westlichen Esoterik, die im buddhistischen Kreislauf der Geburten statt des karmischen Schuldzusammenhangs, aus dem es sich zu befreien gilt, die ersehnte Wiedergeburt, im Verlöschen die Auferstehung sucht. Fatalerweise wird der Osten am meisten dort vom verblendeten westlichen Subjekt kolonisiert, wo es ihm zu folgen glaubt.

Aber selbst das buddhistische Nirwana ist ausdrücklich »nicht etwas Nichtvorhandenes«, kein absolutes Nichts, sondern ein moderat relatives. Es ist nicht ohne eine ironische Pointe, daß ausgerechnet dort, wo in der zen-buddhistisch inspirierten Philosophie das »absolute Nichts« gegen westliche Verkennungsformen ausgespielt wird: in der Schule von Kyoto, es wieder als Raum der uneingeschränkten Liebe und Freiheit positiviert, in letzter Instanz retheologisiert wird. Die Zumutung, die von ihm ausgeht, ist allein die des Verlöschens des Selbst. Im übrigen bleibt das buddhistische Nichts der »todlose Ort« einer Erlösung, von der nur modo negativo gesprochen wird, das »Ungeborene«, »Ungewordene«, »Ungeschaffene«, »Ungestaltete« ... – das Samyutta-Nikaya bietet nicht weniger als 33 Benennungen dafür auf. Weil der »mittlere Weg« des Buddhismus an nichts mehr haften will, vermeidet er prinzipiell die Fixierung auf die Gegensätze und Gegensatzbegriffe, die Verneinungen nicht anders als die Bejahungen, das Nichtsein nicht anders als das Sein.

»Weder Sein noch Nichtsein« soll deswegen die Zauberformel lauten, welche die unhintergehbaren existentiellen und logischen Alternativen bannt. Doch jenseits der Gegensätze gibt es wieder ein anderes, wenn auch »ganz anderes« Sein, jedenfalls nicht schlicht nichts. Auch der Buddhismus gehört so letzten Endes in die Geschichte der Nichtsvergessenheit. Im folgenden tritt Schopenhauers Nichtsbegriff für ihn, die westliche Mystik für einige der zugrundeliegenden Impulse ein.

Versucht wird zunächst eine Kritik symptomatischer positivierender wie negativierender Formen der Nichtsvergessenheit. Der dabei implizit leitende Nichtsbegriff wird anschließend entfaltet werden. Nicht daß damit nach Art der Heideggerschen Seinsandacht eine »nihilologische«, gar »nihilophile« Gegenveranstaltung abgehalten werden sollte. Eine Verteidigung des Nichts gegen die philosophisch Gebildeten unter seinen Verächtern, eine Art von ontologischer Bürgerinitiative ist nicht beabsichtigt. Das Nichts braucht keinen Beistand, schon gar nicht in einer Jetztzeit, die ihm faktisch, wenn auch nicht ideologisch, überaus gewogen ist. Als solches kann es ihn auch nur schwerlich finden. Ja, wie sollte auch nur vergessen werden können, was per *definitionem* nichts ist? Aber es wird sich zeigen, was alles vergessen werden kann, wenn man vom Nichts sagt, was alles es nicht ist.

Doch, noch einmal, was ist das Nichts? Und wenn es *nichts* ist, was *ist* es dann?

2. KAPITEL

Das »Kreuz des Verstandes«. »Nichts« und »niemand«. Sagt, wer »Nichts« sagt, nichts? Paradoxien des Nichtsbegriffs. »Nichts-gibt-es-nicht«. Die antike Ontologie will vom Nichts fast nichts wissen. Parmenides' kugeliges Sein. Gorgias macht mit dem Nichts Geschäfte. Platons Sein des Scheins. Basilides' »linguistic turn«. Neuzeitliche Nichtswissenschaft im Wirbel des Seins: Hebbels ontologische Drehkrankheit. Feuerbachs Anti-Theologie des Nichts-Gespensts. Die »weiße Malerei«. Wovon man nicht sprechen kann, darüber hat man gedacht.

Unsere Sprache redet wie selbstverständlich von »nichts«. Sie braucht »das Nichts« aber nur mit dem bestimmten Artikel zu versehen und es großzuschreiben, und schon gehen derartige Irritationen von ihm aus, daß sich das Denken am liebsten des Begriffs entledigen würde, wenn schon die Sprache das Wort nicht verleugnen kann. So »einfach« und »leicht« das Nichts zum Beispiel selbst dem Gottes- und Seinsfreund Leibniz im Vergleich zu den Komplikationen und Erschwernissen des Etwas scheint, spricht er ihm doch die Denkbarkeit, wenn auch nicht die Benennbarkeit ab (Opuscules et fragments inédits, Paris 1903, 255). Wovon man noch sprechen kann, darüber kann man nicht notwendigerweise denken! Selbst die dialektischste Vernunft kann das Nichts an die Grenze des Un-, wenn nicht Irrsinns bringen – und doch ist es kein sinnloser Begriff. Es ist ein logisches und ontologisches Problem, das der Logik und Ontologie den Grund unter den Füßen wegreißt – und gerade so provoziert es sie wie nichts sonst. Es verwickelt das Denken in heillose Widersprüche – und um so weniger kann dieses der Auseinandersetzung mit ihm entgehen.

Die Schwierigkeiten des Nichtsbegriffs haben immer wieder dazu geführt, ihn ganz liquidieren zu wollen. Eigentlich nur logisch, daß es mit allen Auskünften, was das Nichts sei, nichts sein kann. Größer noch jedenfalls als »die Schwierigkeit, nein zu sagen« (Klaus Heinrich) ist die Schwierigkeit, »Nichts« zu sagen. Die Versuche, das Nichts für vollständig nichtig zu erklären und es auf dem schnellsten Weg wieder – doch wohin? etwa ins Nichts? – zu verweisen, sind denn auch so alt wie die Nichtsphilosophie selber, nicht erst charakteristisch für einige Strömungen der modernen Philosophie, die – wie etwa Henri Bergsons Destruktion des »selbstzerstörerischen« Nichtsbegriffs oder Rudolf Carnaps Attacke auf Heideggers nichtendes Nichts – die »Scheinprobleme« der Metaphysik durch »logische Analyse der Sprache« überwinden will und bei dem ehemaligen Heidegger-Schüler Ernst Tugendhat mit den Akten über die Seinsfrage auch die über die Nichtsfrage endgültig zu schließen versucht (Philosophische Aufsätze, Ffm. 1992, passim). Das ehrwürdige Alter der Negation des Nichts mag man freilich auch als paradoxen Beleg für seine außerordentliche Überlebenskraft deuten.

Ohnehin ist das Nichts eine zu wichtige Angelegenheit, um es allein seinen logisch-sprachanalytischen Überwindern zu überlassen. Schelling nennt es im Zusammenhang mit der christlichen »creatio ex nihilo« das »Kreuz des Verstandes« (ed. K.F.A. Schelling VII 372). Wohlan, er nehme auch dieses Kreuz auf sich.

Nur ist dies leichter gesagt als getan. Auch wenn man einstweilen von den Schrecken des Todes und der Finsternis absieht, die der menschliche »Platzhalter des Nichts« meist mit ihm verbindet – dem Denken, wieviel mehr dem Fühlen, wird hier eine totale Abstraktionsleistung zugemutet. Um ein endliches, geborenes, sterbendes, schaffendes oder auch nicht schaffendes, sich selbst behauptendes oder vernichtendes Etwas denken zu können, das sein kann oder auch nicht, muß es etwas denken, das kein Etwas mehr ist und als solches nicht mehr gedacht werden darf. Es sieht sich auf einen Begriff verwiesen, der sich seinem Begreifen entzieht.

Das Denken mag sich anstelle der pompösen Rede von »dem Nichts« mit der einfachen Negation »nicht« zu behelfen versuchen: Vor dem Anfang der Welt – wenn es einen gegeben haben sollte –, vor dem Anfang des Etwas, das, des Jemand, der ich bin – den es gegeben hat –, gab es die Welt, gab es mich noch nicht. Nach dem Ende der Welt – wenn es eines geben sollte -, nach meinem Ende – das es geben wird –, wird es die Welt, wird es mich nicht mehr geben. Doch die Vertracktheit dieses Davor und Danach liegt darin, daß es nichts übrigläßt, was auch nur in der Form eines negativen Existenzsatzes festgehalten werden könnte. Den Einwand, daß es doch die Potenz vor dem Akt, die Möglichkeit vor der Verwirklichung, das Ei und den Samen vor der Befruchtung gab, wie es hernach zumindest das verwesende Wesen noch geben wird, darf man getrost den Seinsfrommen überlassen, die um jeden Preis irgend etwas retten möchten. Zweifellos ist er richtig – genauso richtig wie die Feststellung, daß es in der Natur kein absolutes Vakuum gibt. Aber das Rest-Etwas, an dem hier unbedingt festgehalten werden soll, ist für entstehende und vergehende Wesen, die ihre definitiven Grenzen kennen, doch etwas wenig, zu wenig, näher besehen – nichts.

Vor der Welt, vor mir gab es die Welt, gab es sie und mich keineswegs »nicht« oder gar »noch nicht«; und es gab auch nicht ein »sie« und ein »mich«, das es »nicht« oder »noch nicht gab«; an ihrer und meiner Stelle war vielmehr schlicht und einfach und gänzlich indifferent – nichts. Das berühmte zenbuddhistische Koan, wie mein Gesicht vor der Geburt aussah, ist gegenstandslos; und eben das ist die Lösung: »Ich« hatte keines – und nicht einmal ein Nicht-Gesicht. »Nichts«

ist die einzige Negation, die das Etwas ohne Rest annulliert. Und denkt man gar an diejenigen, die es mangels Schöpfung oder Geburt nie gegeben hat und nie geben wird, so ist da kein »Niemand« und kein »Nirgendwo« – das hielte noch die negative Spur einer Abwesenheit, eines Fehlens, einer Verhinderung fest –, sondern gar nichts, eine Negation ohne irgendwie seiende Negativität für das Negierte.

Was dann mit der Substantivierung von »nichts« zu »dem Nichts« passiert; ob sie den Begriff unvermeidlich substantialisiert und hypostasiert, wie es die sprachanalytische Kritik rügt; ob gar das großgeschriebene Nichts unter allen Umständen unter dem Theologieverdacht stehen muß, unter dem es als Nachfahre des mystischen Nichts zweifellos steht, oder ob es in bestimmtem Sinn beibehalten werden kann, soll einstweilen offenbleiben. Das Folgende geht erst einmal vom großgeschriebenen Nichts aus, nicht zuletzt deswegen, weil gerade so das charakteristische Dilemma des Nichts-Begriffs am deutlichsten wird: Einerseits wird gesprochen von »dem Nichts«, das es also offenbar in irgendeiner Weise gibt. Andererseits ist dieses Nichts weiß Gott am allerwenigsten: Nichts gibt es nicht. Man muß den schönen Namensscherz, den sich der bedeutende mongolische Kinderphilosoph Fritz Mühlenweg mit dem Unnamen seines anziehenden »Nicht-gibt-es-nicht« gemacht hat, nur um ein kleines ergänzen, damit »Nichts-gibt-es-nicht« zum Namen eines nicht Namhaften wird. Selbst »im Nichts« gibt es nun einmal nichts – so wie »es« nichts nimmt.

Eigentlich ist es nur zu verständlich, daß dem, was es gibt, bei dem, was es nicht gibt, Hören und Sehen vergeht, es sei denn, es hörte und sähe weiterhin, wie es das gewohnt ist, und verfehlte eben damit das Nichts. Auf jeden Fall scheint hier sein Denk- und Vorstellungsvermögen aus subjektiven wie aus objektiven Gründen hoffnungslos überfordert zu werden. Sartre hat das Problem mit einem gewissen Understatement glossiert: »Was hat man für Mühe, sich das Nichts vorzustellen!« (Der Ekel 130). Wie sehr muß sich selbst ein Goethe strebend bemühen, letzten Endes freilich ziemlich erfolgreich, sich in der Rolle Mephistos ein »Nichtsein« zu denken, von dem er gesprächsweise gegenüber dem Kanzler von Müller glaubt, daß »ein denkendes Wesen« es sich überhaupt nicht denken könne (am 19. Oktober 1823). Nietzsche wiederum diagnostiziert, als er noch Schopenhauerianer ist, unterschwellig aber schon der Verführung der »indischen Circe« entrinnen will, den Grund der verlorenen Liebesmüh um das Nichts präzise: »Ich kann mir das Nichtsein nicht vorstellen. Das Seiende ist Empfindung und Vorstellung. Das Nichtseiende wäre etwas, was nicht Empfindung und Vorstellung wäre. Das Vorstellende kann sich nicht ›nicht vorstellen‹, wegvorstellen. (...) Das Nichtsein ist nicht zu denken (KSA VII 543, 575). Selbst wenn dem Seienden die totale Abstraktion von sich möglich wäre, würde es in ähnliche Widersprüche verwickelt werden wie die, denen in Nietzsches Analyse schon der Wille zum Nichts nicht entging: Im Vorstellungsakt würde die behauptete Annullierung des Vorstellenden dementiert, so wie der Wille zum Nichts den Willen bekräftigt, den er zu verneinen behauptet.

Nietzsche wendet den Widerspruch positiv im Sinn seines Versuches der Nihilismusüberwindung. Es ist nicht ohne Ironie, daß ausgerechnet er, der sonst keine Gelegenheit ausläßt, dem Subjekt an die Wurzeln zu gehen, sich dabei einer Rückversicherung bedient, der sich das antiskeptizistische, antiidealistische Denken seit Descartes, selbst bei dem im »Wegdenken« so virtuosen Kant, immer wieder bedient hatte. Sie läuft darauf hinaus, das denkende Ich gerade als zweifelndes, »wegvorstellendes« gegen den »genius malignus« totaler Annihilation zum Fels des Realismus zu machen.

Doch Sartres »Ekel«-Held, der nichts lieber will, als der ekelerregenden Existenz ins Nichts zu entfliehen, empfindet nur das niederschmetternde Gefühl, daß es kein Entkommen gibt, weil noch das Nichts eine existierende Idee ist, denkbar, sagbar nur von Existierendem, das nicht nichts, sondern in der Welt ist. Die logischen Widersprüche des Nichtsbegriffs führen mehr denn je auf die ausweglose Immanenz des Daseins als Gefängnis zurück.

Und auch unabhängig von allen Widersprüchen und Grenzen des Subjekts, welches das Nichts zu denken versucht, ganz objektiv: Wie sollte das Nichts überhaupt als Nichts vorstellbar, denkbar, sagbar sein? Ist es als solches nicht grundsätzlich unvorstellbar, undenkbar, unsagbar – Exponent der schlechthinnigen *»Transzendenz des Negativen«* (Günther Anders), die sich jeder Erfassung entzieht?

Jedenfalls führt jeder Versuch zu sagen, was das Nichts sei, auf dasselbe Problem: Was per definitionem nichts, nichts als nichts sein soll, ist als Gedachtes, Gesagtes, Vorgestelltes nicht mehr nichts. Es soll etwas gedacht werden, was *nichts* ist. Aber das kann nur um den Preis getan werden, daß etwas gedacht wird, was nichts *ist*, also nicht völlig nichts ist. Daß ein Akt der Verneinung, auch ein Sprechakt umfassender Verneinung, sich selber bejaht, mag noch hingehen. Hier aber gewinnt das Signifikat eines Begriffs, der die denkbar umfassendste Negation bezeichnet, zumindest begriffliche Realität. Im Anschluß an die scholastische Terminologie gesagt, die noch Kant in seiner Kategorientafel des vierfachen Nichts aufgreift (Kritik der reinen Vernunft A 290ff.; B 346ff.): Es ist zum *»ens rationis«* (»et orationis«, ließe sich hinzufügen) geworden, zum *»leeren Begriff ohne Gegenstand«*.

Daß es ganze Kategorientafeln pluraler »Nichtse« geben kann, ist womöglich noch erstaunlicher als die Tatsache, daß das Nichts so etwas wie eine Geschichte hat. Es zeigt offenbar nicht bloß Charakter, sondern etliche Charaktere. Und es nimmt sich dafür Zeit, historische Zeit, die von der Nichtsphilosophie weiteren Zeitaufwand fordert. Einer der spätantiken Nichts-Experten, Augustinus, beeilt sich denn auch, seinem Sohn Adeodat die irritierende Tatsache zu vermitteln, daß das Nichts nicht in demselben Sinn etwas bezeichnet wie die anderen Wörter und doch, ja gerade so mehr Zeit als diese kostet (»De magistro« 2, 3). Diese ausgerechnet »für nichts« aufzubringen, wiederum setzt voraus, daß man irgendein Interesse am Nichts hat. Aber ein Interesse »an nichts«? Wie auch immer: Gedacht wird es, wie wäre es da nicht irgendwie seiend? Gesagt wird es, wie wäre es da noch nichts?

Schon das konkretere sprachliche Nichtsgeschick deutet auf erhebliche Komplikationen. Das Griechische oder Französische etwa bietet in Sachen Nichts mehr Differenzierungsmöglichkeiten als das Deutsche. Dafür hält dieses für das Nichts den ganzen Pomp seines großgeschriebenen und mit dem bestimmten Artikel versehenen Namens bereit, wenn auch nur um den Preis seiner Vergegenständlichung und Verselbständigung. Schon im Mittelhochdeutschen bedeutet der Genitiv »nihtes niht«, dem sich das »Nichts« etymologisch verdankt, nicht etwa eine Bejahung durch doppelte Verneinung, sondern eine Verstärkung: bekräftigtes Nichts. So gesehen scheint die deutsche Sprache das angestammte »Haus des Nichts«. Müßte das aber nicht eigentlich leer sein, ein Gehäuse ohne Bewohner, ein Ort ohne Stelle, eine nicht sowohl verlassene als nie bezogene Bleibe? Kurz: Dieses Un-Ding von Sprach- und Gedankending scheint in unauflösbare Paradoxien zu führen. Sie waren in der philosophischen Nichtsgeschichte seit je einer der bevorzugten Gründe für die Verwerfung des Nichtsbegriffs.

Vier Beispiele aus der antiken Philosophie, die diese Paradoxien in aller Schärfe zeigen. Das Lehrgedicht des Eleaten Parmenides vertritt in der Auseinandersetzung mit der

Lehre Heraklits vom einzig beständigen Werden und Vergehen aller Dinge eine radikal nichtskritische Position. Dike, die Göttin der Gerechtigkeit, die allem das seine gibt, konfrontiert den Adepten der wahren Philosophie mit einer Art von ontologischer Antizipation der Hamlet-Frage. »Sein oder nicht sein« – das ist auch für Parmenides die Frage. Zwei »Wege der Forschung« gibt es. »Der eine zeigt, daß das Seiende ist und daß es unmöglich ist, daß es nicht ist (...). Der andere aber behauptet, daß es nicht ist und daß es dieses Nichtsein notwendig geben müsse« (Die Vorsokratiker, ed. Capelle 165). Doch nur der erste ist der Pfad der Wahrheit: Das Seiende ist. Nichtsein ist nicht, und zwar in keiner Weise, auch in der Sprache und dem Denken nicht. »Das Nichtseiende kannst du weder erkennen (...) noch aussprechen.« Nichtseiendes denken, heißt nicht denken. Denken heißt, Seiendes denken. Für Parmenides kommt es darauf an, Denken und Sein, vollständig identisch gesetzt, im Sein zu halten. Gegen die irritierende Paradoxie, daß Nichtseiendes doch irgendwie sein könnte, wappnet er sich mit den Mitteln der Tautologie.

Nichtsdestoweniger schließt solche tautologische Gewißheit das Denken des Satzes, daß Nichtseiendes nicht ist, ein. Der Versuch, die alleinige Existenz des Seins zu denken, muß eine doppelte Verneinung zu Hilfe nehmen: die Geburt der abendländischen Ontologie aus dem Geist der Negation der Negation. Parmenides kann gar nicht umhin, das Nichtseiende zu denken, wenn er zu seiner Seinswahrheit kommen will. Er muß sowohl vom Wort wie vom Begriff Gebrauch machen, wenn er zeigen will, daß es mit dem Nichtseienden nichts sei. Was will man mehr von einer authentischen Nichts-Philosophie für das Nichts verlangen! Ausgerechnet von Parmenides' Nichts-Verwerfung aus ist der Schritt zur Konzeption einer Nichtsphilosophie nicht weit.

Und dann alle die schönen Prädikate, die Parmenides dem Sein zuschreibt! »Ungeboren«, »unvergänglich«, »unveränderlich«, »unbeweglich«, »unerschütterlich«, »unverletzlich«, »unteilbar« soll das Sein sein – Melissos aus Samos fügt wenig später die Schmerz- und Leidlosigkeit hinzu. Wieviel Nichtseiendes, wie viele Negationen müssen offenbar gedacht werden, um das Allerpositivste zu denken. Wie das Identitätsprinzip irritierende Paradoxien vermeiden soll, so dementiert das Sein des Parmenides unter dem Bilde einer »wohlgerundeten Kugel« all jene negativ besetzten Modi, von denen er durchaus weiß: Verletzlichkeit, Fragmentierung, Zeitlichkeit. Weit plausibler – das ist die ironische Pointe – würden die meisten Prädikate der Lobeslitanei auf das Sein nach dem Vorbild des Buddhismus, der exakt dieselben Prädikate dem Nirwana zuschreibt, mit dem Nichtsein in Verbindung gebracht. Der Lebensfreund Nietzsche hat deswegen heftig gegen dieses »knollig-kugelrunde, durch und durch todt-massive und starr-unbewegliche Sein« (I 850) polemisiert, das für ihn nichts anderes als der Statthalter »des Nicht-Seins, des *Nichts*« (VI 78) ist. »Die besten Nihilisten unter den Philosophen waren bisher die Eleaten. (...) Sein und Nichts ist da identisch« (XI 490). Das ist sarkastisch gesagt, aber triftig. Dieses Denken versucht sich mit einer gleichsam seinsmagischen Beschwörung gegen alle Seinsgefährdungen zu immunisieren. Es ist seins- und nichtsvergessen zugleich. Sich just vom Sein eine Unverletzlichkeit zu erhoffen, die es im Sein nun einmal nicht geben kann, das ist womöglich noch paradoxer als alles, was man vom Nichts sagen mag.

Den tautologischen Festschreibungen und Identitätsbeschwörungen des Parmenides sucht der Sophist Gorgias im Zeichen eines bedenkenlosen »anything goes« zuvorzukommen, für das es weder Nichtseiendes noch Seiendes gibt. Das ist die sophistische Parodie der buddhistischen Heilszauberformel »weder Sein noch Nichtsein«. Doch um so uneingeschränkt schalten und walten zu können, macht Gorgias wieder von der paradoxesten Nichtswissenschaft Gebrauch.

Wenn es das Nichtseiende gibt, dann müssen ihm zugleich Sein wie Nichtsein zukommen. »Sofern es nämlich als nichtseiend gedacht wird, wird es nicht sein; sofern es nichtseiend *ist*, wird es dagegen sein. Es ist aber vollkommen widersinnig, daß etwas zugleich ist und nicht ist. Es gibt also das Nichtseiende gar nicht« (Die Vorsokratiker, ed. Capelle 345 f.). So weit, so logisch. Wenn es aber zugleich für Gorgias »überhaupt nichts«, auch nicht das Seiende gibt, dann steckt in diesem »überhaupt nichts« wieder das Nichtseiende, das es offenbar doch irgendwie gibt. Im übrigen darf man natürlich nicht vergessen, daß der hochentwickelte sophistische Sinn für Paradoxien mit ihrem obligatorischen Verblüffungseffekt die Geschäftsgrundlage einer profitablen und insofern höchst seienden Berufsausübung war. Eines könnte der Sophist zweifellos am wenigsten hinnehmen: wenn es damit tatsächlich nichts wäre.

Ein erklärter Anti-Sophist wie Platon läßt sich unter diesen Umständen verständlicherweise die Pointe nicht entgehen, gerade die Existenz des Sophisten zum Gegenstand seiner Diskussion der Lehre vom Sein und vom Nichts zu machen. Aber auch dem »Vater« Parmenides wird dabei »Gewalt angetan« (Sophistes, ed. Stephanus 241 d): König Ödipus treibt Nichtsphilosophie! Er ist Ontologe und Meontologe zugleich. Im ganzen nimmt Platon eine Mittelstellung zwischen eleatisch-identitätsphilosophischer Seinsaffirmation und der sophistischen Verflüssigung aller Begriffe ein.

Thematisch schließt Platon an ein Problem an, das implizit schon im Lehrgedicht des Parmenides enthalten war, ohne daß dieser gemerkt hätte, daß damit die Botschaft der Göttin vom Nichtsein des Nichtseienden in gewissem Umfang unterlaufen wurde: Wenn alles Reden von »Entstehen«, »Vergehen« und »Nichtsein« bloß Gebrauch von »*leeren* Namen« ist (ed. Capelle 167f.), dann muß es doch immerhin leeres Gerede sein. Für Platon heißt das: Wenn es Falsches, wenn es Schein gibt – und den gibt es, wofür schon der Sophist steht –, was ist dann das Sein des Scheins?

Im »Theaitet« erneuert Platon zwar noch einmal ausdrücklich die Bindung des Denkens und Vorstellens ans Sein (ed. Stephanus 189 a/b): Wer vorstellt, was nicht ist, der stellt nichts vor, und wer nichts vorstellt, der stellt überhaupt nicht vor. Und im »Sophistes« (237 bff.) spitzt Platon zu: Von dem »in keiner Weise Seienden« läßt sich überhaupt nichts widerspruchsfrei denken noch auch nur aussprechen. Es hat weder Einzahl noch Mehrzahl. Es verdient keinen Singular und keinen Plural, keinen so oder so bestimmten Artikel, nicht einmal das Personalpronomen »es«. Und schon gar nicht darf es irgendwie mit dem Sein verknüpft werden, und wäre es auch nur in der Weise, daß es als das Undenkbare und Unaussprechliche benannt würde.

Wie kann man aber diese evidente Logik mit der nicht minder evidenten Existenz des Scheins in Einklang bringen? Nur indem das Sein wie das Nichtsein des Scheins so bestimmt wird, daß beides in gewisser Hinsicht ist und in anderer Hinsicht nicht. Gerade als Schein *ist* der Schein das, was kein wahres Sein ist. Nichtseiendes bezeichnet hier nichts Entgegengesetztes zum Seienden, sondern ein in der Weise des Scheins und des Falschen von ihm Abweichendes, Abfallendes, Seinsvergessenes, das aber als solches, als auf das wahre Sein modo negativo Bezogenes, *ist*. So entdeckt Platon der Sache nach, was dann in der Philosophiegeschichte des Nichts als »nihil relativum«, als »relatives Nichts« figurieren wird.

Das Nichts wird freilich auf diesem Wege eben auch nur als relatives zugelassen. Das »in keiner Weise Seiende«, das in der Scholastik den Namen eines »nihil negativum« erhalten wird und in der Tat die sprachlichen Spezifikationen nicht zuläßt, die Platon ihm abspricht, ist als negiertes zwar da, aber eben auch nur als negiertes. Das »nihil relativum« wiederum wird allein deswegen zugelassen, weil nur mit seiner Hilfe die für eine polemische Philosophie unerläßliche Unterscheidung des Wahren vom Schein möglich ist. Hinter der scheinbaren Konzession an das Nichtseiende steht eine überaus folgenreiche Umdefinition: Die Reduktion auf einen relativ nichtigen, minderen Seins- und Wahrheitsgrad, einen »defizienten Modus« des wahren Seins, wird fortan eine der beliebtesten Möglichkeiten sein, das Nichts zu diskriminieren. Die Gleichsetzung von Sein und Wahrem, Schein und minderem Sein, ist das Pendant zur konversionsontologischen Gleichsetzung von Sein und Gutem, Nichtsein und defizient seiendem Sein.

Die vielleicht radikalste Konsequenz schließlich aus den Schwierigkeiten zu sagen, was das Nichts sei, hat in der antiken Philosophie der Gnostiker Basilides gezogen. In seinem Bemühen, einen absoluten, wahrhaft anfänglichen Anfang zu denken, der in keiner Weise von einer verfehlten Schöpfung infiziert ist, entwirft er ein »Es war einmal«, wo »nichts da war, (...) keine Substanz, nichts Substanzloses, nichts Einfaches, nichts Zusammengesetztes, nichts Nicht-Zusammengesetztes«. Wie der »mittlere Weg« des Buddhismus will diese gnostische Mystik die Fixierung auch auf die Gegensatzbegriffe vermeiden. Wo aber »nichts da war«, da war »nicht einmal das Nichts da, sondern einfach, klar und ohne Sophisterei, es war überhaupt nichts« da; auch kein »es war« war da. »Wenn ich (...) sage ›es war‹, so nicht, um ein Sein auszusagen, sondern um das anzudeuten, (...) daß überhaupt nichts war.« Dieser radikale Gnostiker, dessen »linguistic turn« in Sachen Nichts konsequenter ausfällt als bei manchem Denker des 20. Jahrhunderts, durchstreicht schlüssigerweise das Subjekt wie das Prädikat gleichermaßen. Ja, für ihn war selbst kein »Unsagbares« da: Das »überhaupt nichts« ist »nicht einfach ein Unsagbares, das genannt (bezeichnet) wird; wir nennen es unsagbar, es ist aber nicht einmal unsagbar. Denn das, was nicht (einmal) unaussprechlich ist, wird ›nicht einmal unaussprechlich‹ genannt, ist aber über jeden Namen, der genannt werden kann, erhaben« (Die Gnosis, ed. Foerster I 86 f.). Wenn jede Aussage über das Nichts es unter der Hand wieder zu einem Etwas macht, dann kann nur die totale Aussageverweigerung dem »überhaupt nichts« gerecht werden.

Wie Basilides allerdings unter diesen Umständen überhaupt noch reden, wie er gar von dem schwarzen Schimmel eines »nichtseienden Gottes« und eines nicht-wollenden Wollens reden kann, von dem der vergangenheitsfreie Anfang einer »nicht-seienden Welt« ausgeht – das wird das Geheimnis dieser gnostischen Theosophie bleiben, die zwar Gott und die der Schöpfung vorgeordnete »Welt« von den Blessuren des geschaffenen Seins befreien, aber doch einen Gott übrigbehalten will und nicht etwa bloß ein Nichts, das »überhaupt nichts« wäre.

Parmenides, Gorgias, Platon, Basilides: Sie alle zeigen so die logisch-ontologische Paradoxie, in der sich das Sprechen vom Nichts unvermeidlich bewegt.

Parmenides durchstreicht zugunsten des alleinigen Seins des Seienden das undenkbare und unaussprechbare Nichtseiende, von dem er freilich immer noch weiß und sagen kann, daß es nicht ist.

Basilides durchstreicht das Seiende zugunsten eines »überhaupt nichts«, von dem er überhaupt nichts sagen kann, nicht einmal, daß es war, aber immer noch weiß, daß es das Reich eines nicht-seienden Gottes für das nicht-wollende Wollen einer nicht-seienden Welt ist.

Gorgias durchstreicht das Sein *und* das Nichts zugunsten

der Indifferenz von Sein und Nichts, von der er freilich alles zu sagen weiß, was im Sinn seines ganz und gar nicht indifferenten sophistischen Seins ist.

Platon schließlich verbindet zugunsten der Differenzierung von Wahrheit und Schein das Sein *mit* einem Nichts, das freilich nur ein relatives, defizientes Nichts ist. Die Relativierung scheint die einzige Möglichkeit zu sein, vom Nichts zu reden, während der Versuch, das Nichts als das in keiner Weise Seiende, als »überhaupt nichts« im Denken und Sprechen zu fixieren, nur um den Preis eines Selbstwiderspruchs möglich ist. Dieses Dilemma kehrt in der Geschichte des abendländischen Denkens, soweit es die unvermeidliche Paradoxie jedes Versuches, vom Nichts zu reden, nicht benutzt hat, den Nichtsbegriff überhaupt als philosophischen Sondermüll zu entsorgen, hartnäckig wieder, z.B. in einer besonders turbulenten wie freilich auch ergiebigen Phase der Nichtsgeschichte, mehr als zweitausend Jahre nach Platon, bei zwei Autoren des 19. Jahrhunderts, die unter dem Einfluß der dialektischen Logik Hegels stehen und doch eigene Wege gehen: Ludwig Feuerbach und Friedrich Hebbel.

Philosophisch begabt, aber der Schulphilosophie als Autodidakt distanziert genug gegenüberstehend, hat der Denkerdichter Hebbel hier eines seiner ausgeprägtesten Talente nutzen können, das in der Nichtswissenschaft unerläßlich ist: eben den Sinn für Paradoxien. In seinen Tagebüchern stellt er prägnant fest: »An das Nichts kann man nicht denken, ohne ihm etwas zu schenken, wenigstens den Namen, der es schon zu Etwas macht und es aus der Sphäre der Ununterscheidbarkeit, der es angehört, erhebt« (ed. Werner, T. 3320). Ausgerechnet das Nichts, das alles zu nehmen scheint, wird im Denken und Sprechen mit etwas beschenkt, ja, »zu Etwas« gemacht: welche Ironie! Doch die Heiterkeit will sich darob nicht so recht einstellen, eher ein Geistes- und Gefühlszustand, den Hebbel in einem Epigramm als »Wirbel« bezeichnet: »*Der Wirbel des Seins.* Denke dir einmal das Nichts! Du denkst es dir neben dem Etwas! Aber, da denkst du's dir nicht! Hier ist der Wirbel des Seins!« (VI 339).

Der »Wirbel«, den der Versuch, das Nichts zu denken, auslöst, ist einer des Seins. Er packt Hebbel besonders, als er Hegels »Wissenschaft der Logik« zu verstehen versucht, aber buchstäblich mit Füßen tritt, weil er die von Hegel behauptete Identität von Sein und Nichts nicht begreifen kann. »Alles kann man sich denken, Gott, den Tod, nur nicht das Nichts. Hier ist wenigstens für mich der einzige Wirbel« (T. 1353). Eigentlich ist das für ihn auf fallend, »da das Nichts doch ein Gegensatz ist« und die Gegensätze gedacht werden müssen, wenn man die »Sätze« denken will. Auch kann man sich »ohne Mühe ein Nichts neben einem Etwas denken«, ein verräumlichtes oder auch ein verzeitlichtes relatives Nichts vor oder nach »einem Etwas«. Hebbel meint »aber das Nichts überhaupt, das Nichts an (...) Stelle des Alls, das Nichts ohne Vergangenheit und Zukunft, das Nichts, welches nicht allein die *Wirklichkeit*, sondern auch die *Möglichkeit* alles übrigen ausschließt« (T. 1353). Das relative Nichts »neben einem Etwas« ist nicht das »Nichts überhaupt«, das Nichts ohne Eigenschaften, das weder eine Zeit noch einen Ort noch irgendeine Modalität kennt.

Dieses jedoch kann man nur um den Preis aus der »Sphäre der Ununterscheidbarkeit, der es angehört«, herausheben, daß man ihm einen Namen schenkt, der seinem ›Wesen‹ widerstreitet. Und schon ist man wieder im »Wirbel des Seins«. Kurzum: Wer über das »Nichts überhaupt« denken und sprechen will, verliert den Boden unter den Füßen. Eine Art von ontologischer Drehkrankheit scheint die spezifische Pathologie des Nichtsdenkers, was freilich die Aussicht eröffnet, ihn auf dem schnellsten Wege dorthin zu befördern, wohin er im Denken zu wollen scheint: eben ins Nichts.

Anders Ludwig Feuerbach. Um der ontologischen Drehkrankheit zu entgehen, verweist er in seiner »Kritik der Hegelschen Philosophie« das Nichts unverzüglich aus der Logik auf das Gebiet des bloßen »Vorstellens« (Sämtl. Werke, Leipzig 1846, II 229). Auch Gespenster kommen »in unserm Vorstellen« vor, ohne der Logik würdig zu sein. Das Nichts aber – so noch Henri Bergsons Tractatus logico-exorcisticus – ist das Gespenst aller Gespenster, weit mehr noch als die theologischen Gespenster der Vergangenheit, die man wenigstens in Anthropologie zurückübersetzen kann. In was könnte man das Nichts zurückübersetzen, wenn man es nicht in irgendein transzendentes Sein zurückübersetzen will? Dem Hegelschen Nichts-Gespenst rückt Feuerbach um so mehr mit seiner taghellen Logik zu Leibe, auch wenn er dabei ausgiebig von Hegel profitiert.

Angeblich wird mit dem Nichts etwas Bestimmungsloses, ein Nicht-Etwas gedacht. Indem es aber gedacht wird, wird es auch schon bestimmt und zu einem Etwas gemacht, also eben nicht als Nichts gedacht: so Feuerbach in Übereinstimmung mit Hebbel. »Das Nichts widerlegt sich selbst.« Und »das Denken des Nichts ist ein *sich selbst* widerlegendes Denken«. »Das Denken kann nicht über das Seiende hinaus.« Schlimmer: »Wer Nichts denkt, denkt eben nicht« (SW II 224ff.), lautet die alte Parmenideische Gleichung. Alles aber mag man dem Philosophen vorwerfen, nur nicht, daß er nicht denkt. Denn würde er damit nicht das, was er vorstellt, wenn er das Nichts denkt – ein Gespenst? Warum also nicht besser das Nichts einfach nichts sein lassen?

So ganz kann freilich auch Feuerbach das Denken des Nichts nicht lassen. In seinen »Gedanken über Tod und Unsterblichkeit« gewinnt es immerhin soweit Geltung, daß es, wenn es nach teleologischen Maßstäben mit dem Sein nichts ist, »das beste wäre, wenn nichts wäre, denn nur im Nichts wäre alle Zwecklosigkeit vermieden«, während »das

Sein als solches« nach diesen Maßstäben »das Zwecklose ist« (Werke I, Ffm. 1975, 144ff.), ganz und gar »umsonst« wie dann für Nietzsches Nihilismus-Diagnose. Feuerbach räumt das zwar nur aus Gründen der Argumentationsteleologie ein; aber wenn, wie hier, die logische Frage für einen Moment hinter der existentiellen Grund-Frage nach Sein oder Nichts zurücktritt, weiß er doch ziemlich viel vom klein- und vom großgeschriebenen, vom unanfechtbaren Nichts.

Der nichtsfreundlichere Hebbel wiederum bekennt, daß es für ihn sogar »eine Versuchung« ist, den in Paradoxie und Konfusion führenden Gedankengang ins Nichts zu gehen, und zwar immer wieder zu gehen, der er »nicht widerstehen« kann. Was auch immer sonst das Nichts sein mag – für das Denken ist es auf jeden Fall eine Attraktion! Hebbel fügt hinzu, daß er »über diesen Punkt gedacht« hat, solange er denkt. In diametralem Gegensatz zu aller vermeintlichen Identitätsgewißheit von Sein und Denken gehören für ihn Denken und Nichts zusammen, und zwar nicht bloß das risikolose Denken des bescheideneren, relativen Nichts »neben dem Etwas«, sondern das risikofreudige des »Nichts überhaupt«. Der Nichtsbegriff ist für ihn ebenso denknotwendig wie seine Paradoxie unvermeidlich. Kein *»Wirbel des Seins«* ohne Wirbel des Nichts.

Der gesunde Menschenverstand freilich liebt den Wirbel nicht. Er hat es lieber gerne widerspruchsfrei – wie es nun einmal in Sachen Nichts beim besten Willen nicht ist. Auch die vernünftige Vernunft der Philosophie stürzt sich nicht gerne in den Wirbel der Paradoxien. Sie fürchtet nicht ohne Grund im Nichts den Abgrund des Seins wie der Vernunft.

Und ist denn das »Nichts überhaupt« nicht wirklich unfaßlich? Nichts zu sagen, scheint doch die einzige Möglichkeit, das Nichts zu sagen – wie nichts zu denken oder gar nicht zu denken, die einzige Möglichkeit, das Nichts zu denken, scheint.

Die am meisten nichtserfahrene östliche Mystik hat dafür ein besonders aufschlußreiches Beispiel gegeben, ausgerechnet mit sinnfälligen Mitteln, in der vom Taoteking und vom Zen-Buddhismus inspirierten Malerei. Sie hat nicht nur »die Farben getötet«, die Meisterschaft der Reduktion, des Weglassens geübt – wobei, anders als in der europäischen Ästhetik, gerade das Weggelassene das Wesentliche ist, nicht das durch Weglassung Hervorgehobene –, sondern in der »weißen Malerei« buchstäblich gar nichts gezeigt, um der absoluten Leere innezuwerden. Diese Malerei begeht gleichsam künstlerischen Selbstmord, um ihrem aller Darstellbarkeit widersprechenden »Sujet« zu entsprechen. Sie scheint damit eine für die Paradoxien des Nichts wichtige Hypothese von Günther Anders zu widerlegen: daß die Malerei angesichts der schlechthinnigen *»Transzendenz des Negativen«* »›zur Positivität verurteilt‹« sei – anders als Sprache und Literatur, die immerhin Sachverhalte verneinen »oder gar vom Nichts reden« können. »Der Maler kennt nur das Ja, er ist ein Gefangener des Parmenides, weder für das ›Nicht‹ noch für das ›Vielleicht‹ stehen ihm optische Korrelate zur Verfügung« (Mensch ohne Welt. Schriften zur Kunst und Literatur, München 1984, 227f.).

Auch die Malerei des europäischen 20. Jahrhunderts macht – etwa mit dem weißen und dem schwarzen Quadrat von Malewitsch – keine Ausnahme davon. In ihren Formen und Dualismen zeigt sie immer noch etwas, bleibt also in diesem Sinn »positiv«. Die unbestimmt und grenzenlos weiße östliche Malerei indessen – entgeht sie nicht in der Tat der behaupteten »›Zwangspositivität‹« und damit der Verfehlung ihres sujetlosen ›Sujets‹?

So ist sie gedacht. Aber auch sie entrinnt dem Dilemma, sich irgendwie äußern zu müssen, selbst wo absolute Leere intendiert ist, nicht ganz. »Was ist am schwierigsten zu malen?« fragt Meister Ike-no Taiga im 18. Jahrhundert. »Einen weißen Raum zu malen, wo nichts gezeichnet wird – das ist die schwierigste Aufgabe der Malerei« (zitiert nach T. Izutsu: Philosophie des Zen-Buddhismus, Reinbek 1979, 153). Nun, diese Aufgabe könnte man noch lösen, indem man das Stück Papier oder Seide schlicht leer ließe. Aber dann wäre es eben auch gänzlich bedeutungsleer, von insignifikant leerem Papier nicht mehr zu unterscheiden, während es der weißen Malerei darum geht, der Leere als solcher innezuwerden und sie als solche zu zeigen.

Die »weiße Malerei« hat darauf mit der »Inschrift-auf-weißem-Papier« reagiert (ebd. 140f.), die dem leeren Papier sprachlich seine Bedeutung gibt. Diese Kompromißbildung aber führt nur auf die unvermeidliche Paradoxie jeder Darstellung des Nichts zurück. Nur wer sich um die Unterschiede der leeren Blätter überhaupt nicht mehr kümmerte, entginge ihr, hätte aber auch nichts mehr zu schaffen, zu malen, zu zeigen. Nur wer nicht einmal mehr »Om« oder »Mu« oder »nihtes niht« murmelte, wäre widerspruchsfrei, hätte aber buchstäblich nichts mehr zu sagen.

Wie man es also auch dreht und wendet, alle Versuche, das Nichts zu fassen, münden am Ende in den meistzitierten Satz der Philosophie des 20. Jahrhunderts, der Sprachkritik und Mystik in einer allgemeinen Maxime vereint, auf daß die Philosophie den Mund halte und nur »das Mystische« sich zeige, Wittgensteins gestrenges: »Wovon man nicht sprechen kann, darüber muß man schweigen« (Tractatus logico-philosophicus, Satz 7).

Allerdings: *Wovon* man nicht sprechen kann und *worüber* man schweigen muß, *davon* und *darüber* hat man gedacht. Um auch nur einen Widerspruch für die Rede vom Nichts feststellen zu können; um es als undenkbar und unaussprechlich abzuweisen, obwohl es doch in der Sprache wie im Denken faktisch seinen – wie auch immer prekären – Ort hat, muß man einen bestimmten Nichtsbegriff unterstellen, und zwar eben nicht den eines eingeschränkten, relativen Nichts, von dem und über den man durchaus noch sprechen und denken könnte, sondern den eines »Nichts überhaupt«. Warum muß man über das Nichts schweigen? Weil man nicht widerspruchsfrei, also nicht sinnvoll vom Nichts sprechen kann. Warum kann man nicht sinnvoll vom Nichts sprechen? Weil man sagen müßte, was das Nichts ist. Warum kann man nicht sagen, was das Nichts ist? Weil das Nichts *nichts* ist, also nicht *ist*. Doch das, immerhin, läßt sich vom Nichts sagen. Ja, man muß es sagen, wenn man sagen will, warum man vom Nichts nicht sprechen kann. Daß die zitierten antiken Nichtskritiker wie ihre modernen Nachfahren den verleugneten Nichtsbegriff haben, obwohl, nein: gerade indem sie ihn negieren, ist bei Parmenides, Gorgias, Platon offensichtlich. Um überhaupt das Sein denken zu können, können sie gar nicht auf das Nichts verzichten. Der Gnostiker Basilides wiederum könnte von seinem »überhaupt nichts« überhaupt nichts, nicht einmal die Unsagbarkeit, aussagen, wenn er es nicht eben so auf den Begriff gebracht hätte.

Die von Hebbel exemplarisch vollzogene Denkbewegung hat demgegenüber den Vorzug, nicht nur das Dilemma, sondern auch seine Aussagekraft deutlich zu machen. Er gerät ja nur in den *»Wirbel des Seins«*, weil er einen Begriff vom Nichts hat, der über den komplikationslosen Begriff des »Nichts neben dem Etwas« hinausgeht und ihn gerade so, nur so in die Paradoxie hineintreibt. Die Paradoxie ist die authentische Form des Redens von »Nichts«.

Die prekäre Realität des Nichts im Denken wie in der Sprache ist im übrigen höchst schlüssig. Man muß sie nur in einem Sinn wenden, auf den Julius Bahnsen aufmerksam gemacht hat. Denn kann man überhaupt mehr Adäquatheit verlangen, als wenn das »recht eigentlich *Nichtige«* allein eine »Sprachrealität« gewinnt, »welche nicht erfüllter ist als wie ein Schatten ohne Körper (...), der blosse Schein von einem Sein« (Der Widerspruch im Wissen und Wesen der Welt II 453)?

Trotzdem beruhigt sich die philosophische Nichtswissenschaft lieber bei einem eingeschränkten Nichts, von dem sie dann in der Tat einiges zu sagen weiß. Nach dem Vorbild Platons vernichtet sie gleichsam das »Nichts überhaupt«, um als untauglichen Platzhalter nur ein moderiertes, relativiertes Rest-Nichts neben, vor oder nach dem Etwas übrigzulassen, das unterschwellig vom Seinsbegriff infiltriert ist. Ontomorphe Denkmuster, dahinter der metaphysische Ethnozentrismus eines Denkens, das dem Diktat des Willens zum Sein gehorcht, bestimmen die nichtsvergessene Preisgabe des »Nichts überhaupt«.

3. KAPITEL

Relativiertes und verabsolutiertes Nichts. Schopenhauer bekommt Angst vor der eigenen nihilistischen Courage. Kants Null ohne Nullität. Nirwana bei Schopenhauer. Ansichten von der Lichtseite der Nichtswissenschaft. Mainländer will endlich Schluß machen. »Es ist vollbracht.« Aber so ganz doch nicht. Ein metaphysischer Muttersohn denkt sich die Erlösung. Durch Nacht zum Nichts.

Die Moderation des Nichtsbegriffs wird besonders deutlich bei dem Denker, der eigentlich am allerwenigsten im Rufe der Nichtsvergessenheit steht, sich vielmehr am grandiosen Schluß seines Hauptwerkes »frei« zum Nichts bekennt, bei Schopenhauer: »Vor uns bleibt allerdings nur das Nichts«, das »leere *Nichts*« (I 525 ff.). Schopenhauers letztes Wort nach einem endlos langen Gedankenstrich, der den Atem wie den Gedanken anhält, bevor die ganze »reale Welt« mit »allen ihren Sonnen und Milchstraßen« zusammenstürzt, lautet »– Nichts«. Einen vergleichbar radikalen Schluß hat vor Schopenhauer nur die »Schwarze Romantik« in den »Nachtwachen« des Bonaventura, da freilich unter dem Schutz der Pseudonymität, gewagt. Doch dieses großgeschriebene Nichts wird von Schopenhauer beruhigend relativiert. Ausgerechnet er, dieser »nihilophilste« unter den großen Philosophen, wird zum Kronzeugen nichtswissenschaftlicher Halbherzigkeit.

So wie das Nichts Schopenhauer zufolge zunächst »vor uns« steht, macht es einen entschieden »finstern Eindruck«. Und wir Menschen sind wie Kinder, die »das Finstere fürchten« – keine guten Aussichten für einen Autor, der seinen Lesern bei aller Rücksichtslosigkeit denn doch irgend etwas Positives mitgeben will. Woher soll er das angesichts definitiv drohender Leere nehmen? Vorerst kann er nur den »finstern Eindruck« selber zum Thema machen und uns unsere Abneigung erklären: Gleiches erkennt allein Gleiches – so Schopenhauers Rückgriff auf den »alten«, nicht veralteten Satz des Empedokles, der sich hier als Antizipation des Gesetzes der Ontomorphie zu erkennen gibt. Onto-, im engeren Sinn biomorphe Allergien, Verfälschungen sind im höchsten Maß im Spiel, wenn das menschliche Leben da von sich abstrahieren soll, wo es am allermeisten an sich interessiert ist. Der Wille zum Leben, der wir selbst sind, ist des Widerwillens gegen das Nichts voll. Solange dieser Wille sich bejaht, hat er mit dem Nichts nichts im Sinn. Will man den Kindern des Lebens gleichwohl das Nichts nahebringen, dann muß man einerseits zu zeigen versuchen, daß es mit dem Leben selber nichts ist, andererseits, daß es so schlimm, so nichtig mit dem Nichts denn doch nicht steht.

Dieser Absicht dient Schopenhauers Auseinandersetzung mit den Begriffen des »absoluten« und des »relativen Nichts«. Terminologisch schließt er unmittelbar an die Kantische Kategorientafel der diversen Nichtse, mittelbar an den Sprachgebrauch der scholastischen und rationalistischen Schulphilosophie mit ihrer Unterscheidung von »nihil negativum« und »nihil privativum« an. Das erste meint ein im vollen Sinn »negatives«, schlechthinniges Nichts, das zweite ein »beraubtes«, durch Seinsmangel gekennzeichnetes Nichts.

Kant hatte sich schon in dem von Julius Bahnsens Realdialektik über alles geschätzten »Versuch, den Begriff der negativen Größen in die Weltweisheit einzuführen«, um das Nichts verdient gemacht. Sein »nihil privativum«, das »Zero«, die Null, bezeichnet indessen trotz dieser Zahlensymbolik keine »Nullität«, sondern etwas durchaus Reales, weil es über den bloßen Mangel, die Abwesenheit hinaus die Folge einer realen Entgegensetzung, das Ergebnis einer nicht bloß rechnerisch zustandegekommenen Subtraktion ist. Die Beispiele dafür sind Schatten, Kälte, Vernichtung, Unlust, Schulden, Verbote, kurz: Formen der Negativität.

Das Motiv, aus dem Kant auf die Realität der »negativen Größen« solchen Wert legt, ist untergründig spürbar: Er will das Negative nicht hinwegrationalisieren, wie es die philosophische Theodizee mit ihrer Umtaufung aller Übel in einen bloßen »Mangel an Sein« versucht hatte. Das konnte Schopenhauers negativer Ontologie mit ihrer Lehre von der fatalen Positivität des Übels wohl gefallen! Für die Nichtsbestimmung ergibt sich freilich diese Konsequenz: Das »nihil privativum« ist umso weniger »nichts überhaupt«, als es die Verneinung und Vernichtung eines Etwas meint.

Kants »nihil negativum« scheint demgegenüber wirklich »gar nichts«, eben ein »negatives Nichts« zu bezeichnen. Doch es entpuppt sich nur als das logisch unmögliche »Unding« eines sich selber widersprechenden Begriffs. Geht Schopenhauer da nicht einen entscheidenden Schritt weiter? Übereinstimmend mit Kant und der Tradition begreift er das »nihil privativum« als Verneinung eines »bestimmten Etwas«, die aus der Sicht des Lebenswillens so real ist, daß er ihr unmittelbar das Minuszeichen zuordnet. Das »nihil negativum« avanciert dagegen zum »absoluten Nichts«, das »in jeder Beziehung«, »von jedem möglichen Standpunkt aus und in jedem möglichen Sinne nichts« wäre (II 711). Folgerichtig wird dem »nihil negativum« als absolutem das »relative« neben dem »privativen Nichts« entgegengestellt. Die terminologische Veränderung soll den Gegensatz so deutlich wie möglich machen: Schopenhauer radikalisiert den Unterschied der Nichtse.

Allerdings tut er das nur, um dem »absoluten Nichts« dann jede Denkbarkeit zu bestreiten. »Näher betrachtet aber ist kein absolutes Nichts, kein ganz eigentliches *nihil negativum* auch nur denkbar.« Das ist allein der Begriff eines »relativen Nichts«, der sich »immer nur auf ein bestimmtes Etwas bezieht, welches er negirt«. »Jedes Nichts ist ein solches nur im Verhältniß zu etwas Anderem gedacht, und setzt dieses Verhältniß, also auch jenes Andere, voraus.« Und wenn es »in jeder Beziehung Nichts« zu sein scheint, so gibt sich doch »von einem höhern Standpunkt aus betrachtet, oder einem weitern Begriff subsumirt, immer wieder nur ein *nihil privativum*« zu erkennen (I 525). Schopenhauer totalisiert das relative Nichts.

Er tut das nicht, weil es ihm primär darauf ankäme, der Nichtserkenntnis Grenzen zu ziehen und die Relativität aller unserer Begriffe und Positionen zu unterstreichen. Begnügte er sich damit, dann würde er dahingestellt sein lassen, ob das, »was allerdings für uns überhaupt nichts ist« (II 711), »von jedem möglichen Standpunkt aus und in jedem möglichen Sinne« nichts ist oder ob sich von einem »höhern Standpunkt« aus etwas »Höheres« zeigt. Das könnte der Fall sein – oder auch nicht. Doch Schopenhauer deutet hier wie beim Willen als »Ding an sich« erkenntniskritische Grenzbestimmungen in positive Wesensbestimmungen um. Wenn er das Nichts auch ein bloß »empirisches« nennt (II 558), so im sicheren Gefühl, daß jenseits der Empirie anderes, nein: das »Ganz Andere« ist. Der transzendente Verstandesgebrauch, den er mit Kant verbietet, könnte transzendenter nicht sein. Und auch das Motiv dafür ist offensichtlich: Versucht Kant nach eigenem Bekenntnis mit seinen Kritiken Platz für den Glauben zu schaffen, so verheißt Schopenhauers Kritik des Nichtsbegriffs ein Reich, das nicht mehr von dieser Welt ist, wenn es nichts mehr mit der Welt ist.

Die Totalisierung des »relativen Nichts« betont zwar die bestimmte Negation desjenigen Daseins, das wir kennen und sind. Schopenhauers »relatives Nichts« ist aus dieser Perspektive die schlüssige Konsequenz aus seiner negativen Ontologie: der Lehre von der fatalen Positivität des Übels. Es hebt das auf, was in so penetranter Weise ist, obwohl es besser nicht wäre. Zugleich aber kann das, was für den objektivierten Willen zum Leben als »leeres *Nichts*« erscheint, erscheinen muß, zum Versprechen eines wahreren Seins werden, wenn man nur einen Standpunkt wählt, der Plus- und Minuszeichen vertauscht, indes nicht bloß der »umgekehrte«, sondern eben der »höhere« ist. »Der Begriff *Nichts* in seiner allgemeinsten Bedeutung« bezeichnet nur die Negation des *»Seienden«* als des »allgemein als positiv Angenommenen« (I 526), das in Wahrheit leer und nichtig ist, während das für uns Leere und Nichtige die Fülle birgt. Insofern hält sich das Risiko in Grenzen, wenn Schopenhauer sich zum seligen Ende der »Welt als Wille und Vorstellung« frei zu einem Nichts bekennt, das so negativ dann doch nicht ist.

Schopenhauers Rezeption des Nirwana-Begriffs zeigt diese Wendung deutlich. Er bezeichnet in Übereinstimmung mit der dominierenden buddhistischen Lehre dezidiert ein »relatives Nichts«. Übersetzt als »Erloschen«, spricht er zwar die totale »Negation dieser Welt, oder des *Sansara*« aus (II 707). Von letzterer darf »kein einziges Element (...) zur Definition, oder Konstruktion des Nirwana« verwendet werden. Kein »Bild, Begriff und Wort«, das aus der Welt stammt, kann das »absolute Gegentheil« zu ihr ausdrücken (II 707f.). Aber schon der (Un-)Begriff eines »absoluten Gegentheils« impliziert die Relativierung des Nirwana. Denn Gegenteile sind per definitionem immer relativ. Und letzten Endes kommt es auf die unendliche Positivität an, die in der Negativität des Nirwana steckt.

Welcher Art die Verheißungen sind, die das Nirwana birgt, deutete schon jenes »seelige Nichts« an, das für Schopenhauers Version der Grund-Frage das »absolute Gegentheil« zum unseligen und nichtigen Dasein war. Nun läßt die scheinbar so nüchterne erkenntniskritische Relativierung noch deutlicher erkennen, daß es um ein altneues mystisches

Evangelium geht, in dem östliche und westliche Mystik zusammenkommen können.

Befreit von der antagonistischen Verfassung des begrenzten, vereinzelten Lebens, das mit sich hoffnungslos zerfallen ist und beständig die Zähne in sein eigenes Fleisch schlägt, verweist das relativierte Nichts einmal auf ein nicht mehr individuiertes, nicht mehr in Subjekt und Objekt zerrissenes, im Krieg der Subjekte zerstörtes All-Eines. So wenig Schopenhauer noch auf dem Standpunkt der theistischen christlichen Mystik steht, so sehr sprechen aus ihm älteste mystische Sehnsüchte. Sein Nihilismus intendiert ex negativo eine »unio mystica«, die im »seeligen Nichts« alle Wesen wiedervereinigen soll.

Die Widersprüche dieser Position werden zumal in Schopenhauers handschriftlichem Nachlaß sichtbar. Da ist einerseits der Wunsch deutlich, das »Nichtsein« nicht mit tradierten theologischen Begriffen verwechselt zu sehen. Wollte man »dies uns ganz Unbekannte statt x oder y, *Gott* nennen und also, in der Kürze, sagen: Gott ist das, was wir sind, wenn wir die Welt nicht sind« (HN IV/I 103), dann hätte man zwar das Wort »Gott« gerettet, aber nicht seinen ursprünglichen Sinn. Den alten Anhänglichkeiten entgegenkommend, würde man nur Verwirrung stiften. »Im Begriff ›Gott‹« liegt für die Tradition, »daß er das Seyn der Welt will« (HN III 343), während jetzt das Nichtwollen und Nichtsein der Welt, ihre »grade Verneinung« (HN IV/I 103) gemeint ist. Der Begriff »Nirwana« anstelle von »Gott« »ist ungleich passender« (HN IV/I 230). In seinem Exemplar einer der Schriften des Indologen Isaac Jacob Schmidt streicht Schopenhauer das Wort »Gottheit« siebenmal durch und setzt dafür »Nirwana« und »Nicht-Seyn«. Und wo Schmidt die »Vereinigung mit der Gottheit« in Aussicht stellt, setzt Schopenhauer dafür schlicht »Nichts« (HN V 346f.). Klarer geht es nicht. Die radikale Alternative der Grund-Frage lebt wieder auf.

Andererseits werden der Frömmigkeit der Mystik einschließlich der christlichen schönste Versöhnungsangebote gemacht. Philosophie und Mystik haben unterschiedliche Aufgaben und Kompetenzen. Die Philosophie kann nur einen *»negativen* Karakter« haben, während die Mystik positiv verfährt. Aber eben deswegen ergänzen sich beide vorzüglich. Die Philosophie beeilt sich, ihren Negationen den Trost hinzuzufügen, daß ihr »Nichts« so wörtlich nicht gemeint sei. Und die Mystik, gleich ob die christliche, die islamische oder die hinduistische und buddhistische, verkündet, daß »Nichts« und »Nirwana« allein »die endliche Erlösung«, das »Aequivalent unserer ewigen Seeligkeit« (V 328) verheißen. Die vertraute »Heiligkeit ohne Schranken« (HN II 364) ist das Ziel.

Auch in bezug auf das neben Gott höchste Gut der Tradition: die Unsterblichkeit, gewährt das relativierte Nichts metaphysische Rückversicherung. Wenn das rast- und ziellose Drängen und Treiben des blinden Lebenswillens endet, so ist das doch kein endgültiges Ende. Das »empirische Nichts«, in das der Tod uns stößt, ist nicht auch überempirisch eines. Dem relativierten, verzeitlichten Nichts entspricht vielmehr der relativierte Tod. »›Ihr seid nicht Nichts‹« (II 568), lautet die frohe Botschaft, die der doppelten Negation eine verstärkte Bejahung abgewinnt.

Das Nichts »ganz eigentlich kennen zu lernen«, so Schopenhauer mit einem ironischen Understatement, »wäre sehr interessant« (II 558). Doch das kann er auch andächtiger sagen. Die schöne Metapher der antiken Philosophie von der »Meeresstille des Gemüths« (I 527) wird in einem wieder latent christlichen Geist so umgeschrieben, daß uns aus dem Gesicht der Asketen, Mystiker und Heiligen jener Friede entgegenblickt, »der höher ist als alle Vernunft, (...) jene tiefe Ruhe, unerschütterliche Zuversicht und Heiterkeit, deren bloßer Abglanz im Antlitz, wie ihn Raffael und Correggio dargestellt haben, ein ganzes und sicheres Evangelium ist« (I 528). »Ekstase, Entrückung, Erleuchtung, Vereinigung mit Gott usw.«, wie die Chiffren der Tradition auch lauten mögen, sollen einen Zustand bezeichnen, in dem sich der Wille zum Dasein und Wohlsein gewendet, dem Nichts zugewendet hat und doch nicht schlechthin nichts übriggeblieben ist. Der »Abglanz« von »Zuversicht und Heiterkeit«, also keineswegs von negativen Tugenden, sondern solchen, mit denen Schopenhauer vollends zum positiven Denker, ja, man kann es nicht anders sagen, zum Optimisten mutiert, weiß von einem ganz anderen Glanz zu künden, als er von einem bloß »relativen Nichts« ausgehen kann. Die selige Ruhe des »allgenugsamen Nichts« (II 674), die der rastlose individuierte Lebenswille gestört hat, wird für einen Nihilismus, der sich als Quietismus zu erkennen gibt, der Statthalter des verlorenen und wiederzugewinnenden Paradieses. Ein »höherer Standpunkt« scheint in der Tat schwer denkbar. Denn was könnte es für den Willen zum Leben Willkommeneres geben als die Beruhigung, daß er in der scheinbaren Leere des Nichts am sichersten im »Haus des Seins« ist. Freilich fällt damit auch Schopenhauer unter die Diagnose, die er dem nichtsfürchtigen Denken als Symptom des Willens zum Leben stellt. Selbst er bleibt ein Sklave des Seins.

Auf dem Wege der Relativierung nimmt so das Nichts, dessen »finstern Eindruck« die Menschen und auch die meisten Philosophierenden unter ihnen fürchten, wieder Lichtgestalt an. Scheint die Sonne des Seins, seit Platons Ontotheologie die herrschende Metapher, zunächst vom »schwarzen Loch« eines »nihil negativum« verschlungen zu werden, so geht sie gerade aus dem Abgrund des Nichts um so glänzender und schöner wieder auf. Das ist die wahre Ansicht von der Lichtseite der Nichtswissenschaft.

Bereits Schopenhauer sieht indessen den Einwand, den

Nietzsche so vehement gegen Parmenides richtet: Das vielversprechende *»Seyn außer der Zeit«*, von dem die Herren Idealisten seit Kant so getrost reden, unterscheidet sich nicht recht vom »Nichtseyn« (HN III 603). Denn wie sollte etwas, das *»nie*, folglich *nicht*, folglich *nirgends«* ist, sein können? Nein, das *»Seyn«* ist nur um den Preis *»außer der Zeit«*, daß es Todesgestalt annimmt. Und das Sein in der Zeit? Traditionsgemäß wird in ihr alles Vergängliche zunichte. Aber Schopenhauer weiß darüber hinaus, bevor er mit dem Nichts auch den Tod relativiert: Das Sein in der Zeit wird zum »völligen Nichts«. Es »verbirgt nicht etwa diese Nichtigkeit hinter einem künstlichen Schein, um uns zu täuschen. Nein, frei und unverhohlen wird es immerfort, unter unsern Händen, zu nichts«, zu »lauter Nichts« (HN I 130). Das ist der mystische Begriff von »luter niht«, nun aber wörtlich genommen. Dieses »völlige Nichts« ist das »nihil negativum«. Die Menschen »beruhigen« sich nur gerne »in der Hoffnung«, nach dem nichtigen Sein in der Zeit gehe außer ihr »gleich ein neues wieder an!« (HN I 130). Und deswegen fangen sie von einem bloß partiellen Nichts zu phantasieren an.

Dabei scheint ein »völliges Nichts« nicht einmal mehr »finster« und »leer« sein zu können, es sei denn, Furcht und Abscheu der Menschen machten es dazu. Schwierig freilich ist es, das Nichts nicht mit Wertungen zu besetzen, weil hinter diesen die Bejahungen und Verneinungen des Lebens stehen, das sich am allerwenigsten, wo es um seinen Antipoden geht, seine ontomorphe Optik nehmen läßt. Selbst dort zeigt sich das noch, wo in der ausdrücklichen Opposition gegen Schopenhauers Relativierung des Nichts der Nichtsbegriff so radikalisiert wird, daß er keinen Seinsrest mehr übrigzulassen scheint: in der Philosophie Philipp Mainländers. Ohne den Rang Schopenhauers auch nur annähernd zu erreichen, hat sie für die Charakteristik der Nichtsvergessenheit außerordentliche Aussagekraft.

Angetrieben von einem Willen zum Tode, der weder Aufschub noch Reserven kennt, fürchtet dieser Selbstmörder in den unter der Hülle des »relativen Nichts« verborgenen Verheißungen zunächst nur eine weitere Bedrohung: die Fortsetzung der Seinsmisere. Von ihr kann nur ein definitives Nichts befreien. Um dahin zu gelangen, bestreitet Mainländer Schopenhauers »nihil relativum« nicht prinzipiell; er relativiert es seinerseits nur, indem er es verzeitlicht: Das vorweltliche »Über-« oder »Ursein«, aus dessen Zersplitterung die Welt entstand, war im Verhältnis zum individuierten Seienden ein *»relatives* Nichts« (Philosophie der Erlösung, ed. W.H. Müller-Seyfarth, I 29). Die christliche Lehre von der »Schöpfung aus nichts« kann man retten, wenn man ihr den Sinn einer »creatio ex nihilo relativo« gibt.

Aber auch das Sein ist nur ein »ens relativum«. Denn in und mit der Welt betreibt der auseinandergefallene Gott konsequent sein Selbstmordprojekt. Schöpfung und Erlösung fallen zusammen. Und der höchste aller Selbstmörder hofft dank dem philosophierenden Selbstmörder, der ihm souffliert, nicht etwa auf eine Fortsetzungsgeschichte in höheren, reineren Sphären; ihm soll keine Ewigkeit die Wunden heilen, die Sein und Zeit ihm geschlagen haben. Er möchte vielmehr wirklich Schluß machen. Als Gott in die Welt eingegangen ist, da ist er als Gott schon gewesen. Nun will er auch noch verwesen, und zwar restlos. Das Ziel der Bewegung vom Ur- und Übersein über das *»Sein in das Nichtsein«* (I 215) ist der *»absolute Tod«*, die *»völlige Vernichtung«*, das *»absolute Nichts«* – eben das »nihil negativum«, das nur der unbelehrbar auf sich beharrende Wille zum Leben, und spräche er aus einem Schopenhauer, nicht als solches gelten lassen will.

Der Schluß des ersten Bandes der »Philosophie der Erlösung« (I 357f.) ist dementsprechend als Gegenstück zu dem scheinbaren Schlußwort der »Welt als Wille und Vorstellung«

konzipiert. Auch Mainländer weiß, wie sehr dem Willen zum Leben vor dem »finstern Eindruck des Nichts« graut. Von daher der »natürliche Hang«, ihm doch in irgendein lichtes Etwas zu entrinnen. Soweit die Menschen gläubig sind, halten sie sich an einen liebevollen Gott-Vater und das Himmelreich eines »neuen Jerusalem«. Selbst wenn sie es zur Mystik bringen, stellen sie sich lieber statt nächtig-nichtiger Schwärze die lichtdurchfluteten »Stätten des ewigen Friedens« vor. Die Versuche, noch das buddhistische Nirwana im Verlöschen mit der Aureole eines Himmelreiches zu erleuchten, sind ihr Widerschein; sie sind freilich nur den »spitzfindigen Schülern« des Buddha anzulasten (II 107). »Nirwana soll kein Ort sein und dennoch sollen die Seligen darin wohnen; im Tode der Erlösten soll jedes Lebensprinzip vernichtet werden und dennoch sollen die arhats *leben*« (I 619). Ein ermäßigter Buddhismus, der in ein paradisiertes Nirwana ausweicht, die Mystik des alten »Franckforters«, des Verfassers der »Theologia teutsch«, die sich in ein entgrenztes Himmelreich stürzt, und der neue »Franckforter« Schopenhauer kommen darin überein, daß sie sich und alle Welt in ein »nihil relativum« retten wollen.

»Mainländer« aber – so der pseudonyme doppelte Anti-«Franckforter« – als der wahre »Weise blickt fest und freudig dem *absoluten Nichts* in's Auge« (I 358). »Das Himmelreich *nach* dem Tode ist, wie Nirwana, das *Nichtsein*; denn wenn man diese Welt und das Leben in ihr überspringt und von einer Welt, die nicht diese Welt, und von einem Leben, das nicht dieses Leben sei, spricht – wo ist denn da irgend ein Anhaltspunkt?« Nein, »das Himmelreich nach dem Tode, Nirwana und das absolute Nichts« sind »Eines und dasselbe« (I 620).

Deswegen kann der Weise beim letzten Rückblick auf das Leben vor dem Übertritt in die »absolute Leere« des *»absoluten Nichts«* auch die Gestalt des atheistisch gewordenen Gottessohnes annehmen und mit ihm, zugleich mit Goethes

Nihilisten Mephisto, Bilanz ziehen. »Es ist vollbracht!« (I 345) lautet der definitiv erleichterte Stoßseufzer des Erlösers der bedrängten Kreatur, der zum Selbsterlöser geworden ist. Die von Anfang an untrennbare Einheit von Schöpfungs- und Erlösungswerk wird auf der Schädelstätte des Seins ein für allemal besiegelt. Und weil der Stoßseufzer so abschließend ist, kann er auch eine andere Färbung als die der Düsternis von Golgotha gewinnen: Mit einer von der Mystik inaugurierten, Schopenhauers und Bonaventuras Finale überbietenden Nichts-Litanei, einem förmlichen Nichts-Exzeß, kann der »freudig bis in's Innerste seiner Seele« erbebende, erlöst-erlösende Weise jubilieren: »Nichts wird mehr sein, Nichts, Nichts, Nichts: – O dieser Blick in die absolute Leere! – « (II 511). Schwerlich hat ein philosophierender Gottessohn jemals euphorischer das Nichts willkommen geheißen. Dringt aber in das so exzessiv angebetete »absolute Nichts« nicht schon wieder das alte göttliche »summum bonum« ein? Wird das Nichts, statt ein schlichtes »nihil negativum« zu sein, in diesem Sinn nicht schon wieder *ver*absolutiert – mit dem paradoxen Effekt, daß es sich wieder dem »nihil relativum« angleicht?

Es fehlt nicht an Indizien dafür. Das relative Nichts des Anfangs und das absolute Nichts des Endes unterscheiden sich in einem wesentlichen Aspekt nicht, aus dem erneut die Wünsche des metaphysischen Symbiotikers Mainländer sprechen: Die »absolute Ruhe« (I 320), die in der bewegungslosen »einfachen Einheit« vor der Weltschöpfung war – sie wird im universellen Friedhofsfrieden danach wiederkehren. Von der christlichen »requies aeterna« nur durch ihr nihilistisches Vorzeichen unterschieden, ist die ewige Ruhe der wesentliche Charakter des Nichts. Sie ist das, was das Vorher und das Nachher, Gott und das Nichts verbindet und aus der angeblich linearen, teleologischen Bewegung vom Übersein über das Sein ins Nichts doch wieder eine zyklische Bewegung:

die Grundfigur aller metaphysischen Muttersöhne, macht. Nur haben Tod und Leben, Hölle und Paradies so die Plätze getauscht, daß »das Leben die Hölle, und die süße stille Nacht des absoluten Todes die Vernichtung der Hölle ist« (I 216).

Das von der Triebhaftigkeit und Ruhelosigkeit des Lebens gepeinigte, das vereinsamte und verlassene Kind singt mit glänzenden Augen sein nihilistisches Lied von der stillen, der heiligen Nacht des Nichts. Ja, der nihilistische Missionar Mainländer ist so sehr von seiner Sendung durchdrungen, daß er das Kunststück fertigbringt, im Osten der Zukunft, wo doch eigentlich nur wie im untergangsbestimmten Westen die beruhigende Schwärze des Nichts wartet, mit »Siegesgewißheit« eine »Morgenröthe« aufscheinen zu sehen (II 242). Nietzsches »Morgenröthe« und Jakob Böhmes mystische »Aurora oder Morgenröthe im Aufgang« könnten nicht hoffnungsvoller gefärbt sein.

Das hindert nicht, daß Mainländers Nichtsbegriff beträchtliche Präzisionsgrade erreichen kann. »Lediglich in Folge einer vorurtheilsfreien, reinen kalten Erkenntniß unserer Vernunft«, »ohne den Glauben an eine Einheit in, über oder hinter der Welt, ohne Furcht vor einer Hölle oder Hoffnung auf ein Himmelreich nach dem Tode, ohne mystische intellektuelle Anschauung, ohne unbegreifliche Gnadenwirkung, ohne Widerspruch mit der Natur und unserem Bewußtsein vom eigenen Selbst« (I 217) soll man in die Bewegung zum »absoluten Tod« eintreten. »Ihr werdet weder ein Himmelreich noch eine Hölle im Grabe finden« (II 218). »Jenseits der Welt ist weder ein Ort des Friedens, noch ein Ort der Qual, sondern nur das Nichts. Wer es betritt, hat weder Ruhe, noch Bewegung, er ist zustandslos wie im Schlaf, nur mit dem großem Unterschied, daß auch das, was im Schlafe zustandslos ist, nicht mehr existirt: der Wille ist vollständig vernichtet« (I 350f.). Bleibt das »nihil relativum« noch jener von Gier, Haß und Verblendung geprägten Gegensatzlogik verhaftet, welcher der »mittlere Weg« des Buddhismus zu entgehen trachtet, so ist nun das »nihil negativum« das wahre ausdehnungslose Reich des »weder-noch«, der wahre »U-topos«, der Nicht-Ort, in dem Hölle und Himmel, Furcht wie Hoffnung aufgehoben sind. Es ist nicht einmal die Ruhe und läßt noch die Zustandslosigkeit des Schlafes hinter sich, die ihm im stillgelegten Leben am nächsten kommt. Weder »entsetzt« noch »tief befriedigt« (I 345), sondern gelassen bis zur Gleichgültigkeit wird der Weise ihm entgegensehen.

Aber es ist auch etwas Karges, so »karg«, wie nur das Nichts sein kann, dieses konsequent gefaßte »nihil negativum« – zu karg für einen metaphysischen Symbiotiker, den die ungeduldige Sehnsucht nach einer beseligenden absoluten Ruhe gepackt hat. So drängt es ihn, das Nichts zu antizipieren und ihm die Gestalt seiner Wünsche zu geben. Und schon füllt sich die Leere des Nichts wieder mit jenen Verheißungen, die es zum Statthalter des abhanden gekommenen Himmelreiches machen. Wie »das *Schöne* (...) der Reflex aus dem *vor*weltlichen Dasein« ist, so ist das »*Gute* der kühle Schatten, den das *nach*weltliche Nirwana in den ›schwülen Tag‹ des Lebens vorauswirft« (II 509). Den Anspruch auf das Schöne und Gute, das Wahre ohnehin, gibt Mainländer nicht preis. Und da ist natürlich auch das Erhabene zur Stelle: »Das absolute Nichts ist das wahrhaft Erhabene, das absolut Erhabene. (...) Man versuche einmal zu denken, daß die ganze Welt untergegangen sei, Nichts, Nichts, kein Sandkorn mehr da sei und man wird sofort erhaben gestimmt werden, d.h. man wird sich furchtbar abgestoßen und gleich wieder von der süßen Heimath angelockt fühlen. Nur den echten Denker stimmt das absolute Nichts nicht erhaben: es macht ihn *nur* contemplativ« (II 476).

Was macht er aber, wenn er nur kontemplativ ist? Kontempliert er etwa das Nichts? Zumindest in der Reflexion will er doch das »Glück« des zustandslosen Zustands empfinden (I 216), der als solcher kein Glück und keine Reflexion mehr kennt. Bevor der »absolute Tod« kommt, geht ihm als der Nacht aller Nächte nach der »Nacht«, dem »Sturm«, dem »Gewitterhimmel« des triebhaften Lebens erst einmal der »Tag« des »süßen Herzensfriedens«, des »reinen Äthergewölbes« voraus (I 340). Und jenseits von Himmel und Hölle kehrt mit der von Mainländer gleichermaßen wie von Schopenhauer hochgeschätzten »Meeresstille des Gemüths« auch das Himmelreich eines Friedens wieder, der »höher ist als alle Vernunft« (I 217).

So spricht Mainländer zwar in einer bis dahin unerhört radikalen Weise von einem *»absoluten Nichts«*. Aber mit dem schlichten Begriff eines »nihil negativum« ist es auch bei ihm letzten Endes nichts. Das Nichts wird vielmehr so verabsolutiert, daß das alte Absolutum, fern davon, in ihm endgültig unterzugehen, wiederkehrt. Mainländers absolutes ist ein unter der Hand vergöttlichtes Nichts. So konträr zu Schopenhauer er zunächst zu argumentieren scheint – beide können sich der abendländischen Nichtsdiskriminierung nur um den Preis entziehen, daß sie das Nichts, unter umgekehrtem Vorzeichen nichtsvergessen, positivieren. Statt sich damit zu begnügen, daß im Nichts ein Sein erlischt, das ruheloses Leiden ist und genug hat, wenn es nicht mehr, wenn nichts mehr ist, setzt sich bei Mainländer nicht anders als bei Schopenhauer ein »metaphysisches Bedürfnis« durch, das vom Nichts alles das erwartet, was sich die Tradition von der Erlösung, der »ewigen Ruhe«, dem wiedergewonnenen Paradies, der Vereinigung mit Gott versprochen hatte. »Dona nobis pacem«, sagen beide als bekennende positive Nihilisten nun zum Nichts als dem alt-neuen Reich, das nicht von dieser Welt ist. Noch gerade diese beiden leidenschaftlichsten Liebhaber des Nichts können es nicht »sein« lassen, was sein Name allein verspricht: nichts als nichts.

4. KAPITEL

Das positivierte Nichts

Die Negativierung des Nichts ist die vorherrschende Tendenz abendländischer Nichtsvergessenheit. Die Positivierung, wie sie Schopenhauer und Mainländer betreiben, ist seltener, für den gesunden philosophischen und theologischen Gottes- und Seinsverstand auch meist suspekter; aber sie ist nicht weniger symptomatisch, weil auch sie die ontomorphe Optik nicht aufgibt. Das Werten konnte das abendländische Denken mit einigen raren Ausnahmen ohnehin seit je nicht lassen, am wenigsten, wo es um Sein und Nichts ging. »Jenseits von Gut und Böse« kam es auch dort nicht an, wo es das ausdrücklich auf sein Panier schrieb. Noch Nietzsches vermeintlicher Immoralismus befehdete die »indische Circe« mit den Mitteln einer Wertelehre, die auf Krankheitsbegriffe, zumal den der Krankheit zum Tode, rekurrierte, während Schopenhauer, nach wie vor diesseits von Gut und Böse, selbst den Weg ins lösend-erlösende Nichts zu einer Sache der Moral, des Mitleids, der den Willen wendenden Erkenntnis, der Kontemplation machte und Mainländer die vorbildliche Askese gleich bis zur Selbsttötung trieb.

Exemplarisch für die Positivierung des Nichts stehen im folgenden drei Formen:

– die Mystik, die aus Allem Nichts macht, um aus dem Nichts Alles zu gewinnen: Sie vergöttlicht das Nichts;
– die dialektische Philosophie, die aus dem Nichts das Vehikel des Werdens werden läßt: Sie kreiert das schöpferische Nichts;
– die Fundamental- und Existenzialontologie, die es für

die Lichtung des Seins, die Selbstgewinnung des Für-sich-seins in Dienst nimmt: Sie »verseit« gleichsam das Nichts.

Mit höchsten Gehalten gefüllt, wird das Nichts in allen drei Formen scheinbar emphatisch bejaht. Doch gerade so wird es verneint, sein schlichtes Wesen, nichts als nichts zu sein, verleugnet.

Fromme Nichtsexzesse. Juan de la Cruz auf dem Berg Karmel. Louis Aragons negative Mystik: Alles ist Quatsch. Revision des Traumas der Geburt. Der Tod als »doctor mysticus«. Mystischer Nihilismus. Alles ist Nichts – aber das Nichts ist Alles. Schwierigkeiten mit dem gebärenden Nichts. Der trinitarische Schöpfungsroman.

Die westliche Mystik »nichtsvergessen« zu nennen, scheint absurd. Bezeichnet sie nicht jene Ausnahmeerfahrung des seinsbegierigen, dem Monotheismus des Ichs hörigen Abendlandes, die seine Wertehierarchie radikal in Frage stellte und folgerichtig immer wieder in Kollision mit deren dogmatischen Stellvertretern geriet? Würde diese Mystik nicht weit richtiger »nichtsbesessen« genannt?

In der Tat ist das Verhältnis der Mystik zum Nichts so ambivalent, daß sie sich manchmal einem mystischen Nihilismus nähert. Sie lebt aus dem noch für Freuds Traumdeutung so wichtigen Sinn für den »Gegensinn der Urworte« (Ges. Werke VIII 215), der im Ägyptischen etwa das gleiche Zeichen für »Alles« und »Nichts« setzt und im Deutschen umgangssprachlich »nichts« meint, wenn etwas »alle« ist.

Meister Eckhart, Seuse, Tauler, Cusanus, Weigel, Böhme, Czepko, Angelus Silesius, lange vor ihnen Pseudo-Dionysius und Johannes Scotus Eriugena, zu schweigen vom gnostischen und neuplatonischen Chorus Mysticus und der kabbalistischen Tradition – sie alle sind des Nichts voll. Einer der großen spanischen Mystiker, Juan de la Cruz, kann sich gar nicht genug daran tun: Nicht weniger als siebenmal wiederholt er das Wort »nichts (nada)«, wenn er seinen »Pfad auf den Berg Karmel des vollkommenen Geistes«

beschreibt: »nichts, nichts, nichts, nichts, nichts, nichts und auf dem Berge nichts« – »nada, nada, nada, nada, nada, nada y en el Monte nada.« Und in den dazugehörigen Versen sieht sich das »Alles« (»todo«) allemal vom Nichts umarmt. Wenn man über das Nichts nur tautologisch reden kann, dann hat Juan de la Cruz das in dieser Nichts-Litanei zum tautologisch-mystischen Exzeß gesteigert. Seine Mystik ist buchstäblich »Nadismus«, dieser »doctor mysticus« so sehr der »Lehrer des Nichts«, daß fromme Seelen, die um die Reinheit seiner Lehre besorgt waren, sich prompt bemüht fühlten, diesen Ehrentitel zurückzuweisen – so die deutsche Übersetzerin von Juan de la Cruz: »*Er ist nicht* der Lehrer des Nichts. In keinem der Titel seiner Werke scheint das Wörtlein nada auf« (Johannes vom Kreuz, ed. Schneider I, XVII). Warum auch, wenn das Nichts sachgerechterweise nur ein »Wörtlein« ist?

Das Echo von Juan de la Cruz' mystischer Tautologie ist Jahrhunderte später noch in der nihilistischen Aktualisierung zu hören: in Louis Aragons surrealistischem »Manifest«, das mit allem so gründlich wie möglich aufräumt, angefangen bei den Künstlern, den Schöpfern, fortgesetzt mit den Religionen, den Parteien, endend in finaler Leere: »Endgültig Schluß jetzt mit dem ganzen Quatsch! Weg damit! Mit allem! Überhaupt nichts mehr! Nichts mehr! nichts! NICHTS! NICHTS! NICHTS!« (Geschichte des Surrealismus, Reinbek 1965, 22). Die negative Litanei des vom »überhaupt nichts mehr!« zum kapitalen »NICHTS!« fortschreitenden Manifests, das fast die göttliche nihilistische Siebenzahl von Juan de la Cruz erreicht und noch die Ausrufezeichen hinzufügt, will endgültig Schluß machen, weil – mit der angemessenen Salopperie gesagt – alles »Quatsch«, alles sinnlos ist. Der Surrealist entpuppt sich als invertierter Mystiker, der vom Nichts erwartet, was es allein verspricht: »NICHTS!«

Nun, »alles ist Quatsch«, das sagt sein frömmerer mystischer Vorfahre keineswegs. Aber auch er räumt auf dem Jahrmarkt der Eitelkeiten und Eigenheiten auf. Die Kreatur, den Menschen, das in sich vertrotzte Ich, das auf sich begrenzte Etwas und die an sich verlorene Welt enttarnt er allesamt gleichermaßen als nichts. Und wie Juan de la Cruz bezeichnet auch Meister Eckhart alle Kreaturen als ein »luter niht«: Sie sind nicht einmal »klein« – sie sind rein nichts (ed. Quint, I 69). So gründlich wollte es bei allem Sinn für kreatürliche Distanzen nicht einmal die päpstliche Weisheit wissen, die Meister Eckharts Lehre verurteilte. Ihr zum Trotz muß der Mystiker nach Angelus Silesius »nichts in allem« sehen (ed. Held I 111). Denn »Alles« ist »Nichts«, weil es bloße »Eigenheit« ist, wie einer der großen philosophischen Wiederentdecker der Mystik, der Jakob Böhme des Idealismus: Schelling, später pointiert (Die Weltalter, ed. Schröter I 19). Dieser Nichtsbegriff meint ein negativ besetztes, nichtiges Etwas, das desto entschiedener verworfen wird, je mehr es sich noch als Etwas spreizt und auf seinen Besitzständen beharrt.

Der mystische Weg in Erkenntnis, spiritueller und asketischer Praxis zielt deswegen auf die Ertötung, die Annihilation, das Leerwerden von allem, was nichtig und doch nicht völlig Nichts, noch Etwas ist. Er will das »Nichts der Eigenheit« (Schelling ebd.). Der pietistische Mystiker Gerhard Tersteegen macht sich eben diesen Reim auf das Nichts:

Nichts

Nichts haben, als nur Gott in allen,
Nichts wollen, als nur ihm gefallen,
Nichts können in dir selber mehr,
Nichts sein: dies ist die höchste Lehr.
(Geistliches Blumengärtlein, ed. Steinkopf 592).

Der wahre Mystiker ist sogar

Immer im Nichts

Wenn Gott dir gute Gaben giebet,
Sink sanft ins Nichts und dich ausleer;
Läßt er dich arm, sei unbetrübet,
Sink sanft ins Nichts und nichts begehr! (ebd. 654)

Das kleingeschriebene »nichts«, das alles vormals Begehrte negiert, führt in ein großgeschriebenes »Nichts« als Ziel, das freilich nicht gewollt werden kann, sondern sich nur dem sanften Sinken gewährt. Im Prozeß des Leerwerdens kehrt die »Eigenheit« in jenen willen- und selbstlosen Zustand zurück, in dem sie war, bevor sie wurde. Mystik – darin liegt eine der frappantesten Übereinstimmungen zwischen westlicher und östlicher Mystik – will die Geburt, die Genesis einer zersplitterten Schöpfung revidieren.

Für den Gnostiker Basilides geht es um die Rückkehr in ein leeres, armes und eben deshalb schönes Nichts. Aber auch wo keine gnostischen Allergien gegen die verfehlte Schöpfung mitspielen, geht die Mystik gerne »zu Grunde«, das heißt in den vorgängigen »Grund« oder »Urgrund« zurück. Die kabbalistische Mystik kehrt in das Ur-Nichts wieder ein, aus dem in einem Akt der Selbsteinschränkung Gottes die Welt entstanden ist. Weigel, Czepko, Böhme stimmen mit Meister Eckhart darin überein, daß der mystisch annihilierte Mensch wieder das ist, was er einst war: Nichts. Wissenlos, willenlos, begierdelos, bedürfnislos, leidlos war es, ohne Habe, ohne Sein, ohne Eigenschaft, ja, ganz und gar ohne Welt, da diese nur mit der Geburt wurde. Jakob Böhme taucht sogar über den »Urgrund« in den »Ungrund« vor allen Seinsgründen zurück. Czepko räumt ein, daß es neben der mystischen auch eine reale Ertötung gibt, die vor die Schöpfung und die Geburt zurückführt: Für diesen Mystiker ist der Tod der reale, der praktizierende »doctor mysticus«.

Indem der Mystiker »nichts in allem« sieht und sich wieder »zu nichts« macht, kommt er bei einem Nichts an, das er mit dem Namen der Tradition zwar weiterhin als »Gott« bezeichnen kann, mit einem letzten Eigen-Namen also, aber einem, der die umfassende Aufhebung aller »Eigenheit« intendiert. Für Johannes Scotus Eriugena ist das wesenlose göttliche Wesen völliges Nichts, für Meister Eckharts mystischen »mittleren Weg« »weder dies noch das«, für Angelus Silesius das »lautere Nichts«, das Meister Eckhart der Kreatur zugeschrieben hatte. Die Radikalität dieser Formeln ist nicht zu unterschätzen: In der Kirchen- und Ketzergeschichte haben weniger riskante Aussagen für eine höchst reale Vernichtung der »Eigenheit« gesorgt. Über die für die dogmatische Tradition schon problematische negative Theologie geht diese negative Mystik jedenfalls entschieden hinaus. Will die erstere nur »via negationis«, indem sie begrenzende positive Wesensbestimmungen verweigert und gleichsam über den göttlichen Ausbund an Transzendenz beständig den Kopf schüttelt, das »Ganz Andere« des verborgenen Gottes aufscheinen lassen, so wird das »nicht« der negativen Theologie von der Mystik zum »Nichts« eskaliert.

Nur auf den ersten Blick scheint es dabei so, daß die Mystik jene Attribute, welche die Tradition Gott zugeschrieben hatte, bloß etwas gründlicher auslegt; näher besehen, räumt sie mit etlichen seiner konstitutiven Bestimmungen auf. Meister Eckhart spricht ihm Güte, Wesen und Wahrheit ab. Die Theosophie Jakob Böhmes kann nicht einmal »von Gott sagen, daß Er (...) böse oder gut sey, daß Er in sich selber Unterschiede habe. (...) Er hat keine Neiglichkeit zu etwas, denn es ist nichts vor Ihme, darzu Er sich könnte neigen, weder Böses noch Gutes: Er ist in sich selber der Ungrund, ohne einigen Willen gegen der Natur und Creatur, als ein ewig Nichts (...) Er ist weder Licht noch Finsterniß, weder Liebe noch Zorn« (ed. Peuckert, IV 4f.). Sein »ewig

Nichts« ist »eine Stille ohne Wesen oder Farben, auch keine Tugend« (VI 8).

Schelling gibt dazu wieder die philosophische Explikation: »Ein jedes Ding hat Eigenschaften, woran es erkannt und gefaßt wird; und je mehr es Eigenschaften hat, desto faßlicher ist es. Das Größte ist rund, ist eigenschaftslos« (Die Weltalter, ed. Schröter I 15). Schellings Über-Ding ist ein »Nichts ohne Eigenschaften«. Wenn nämlich jede Eigenschaft eine Begrenzung, jede Bestimmung einen Ausschluß, jede »determinatio« nach der Formel Spinozas eine »negatio« impliziert und jedes Etwas als Etwas nicht mehr Alles sein kann, dann muß das Höchste die vollständige Verneinung jedes Etwas, das Nicht-Etwas, nach mittelhochdeutschem Sprachgebrauch das verneinte »iht«, eben das »n-ihts« sein.

Damit aber ist auch der letzte Eigen-Name, der göttliche, hinfällig. Die Mystik ordnet Gott das Nichts vor. Und das Nichts ist für sie Gott-los. Angelus Silesius spricht vom »lauteren Nichts« als einer »Über-Gottheit«. Für Jakob Böhme geht der »Ungrund« des Nichts dem Gottvater als dem »Urgrund« voraus. Liegt bei der mystischen Nichts-Begeisterung schon dort, wo sie noch »Gott« sagt, manchmal die Vermutung nahe, daß sie das Nichts meint, so scheint es sich hier um einen vollendeten Nihilismus in mystischem Gewande zu handeln. Ernst Blochs prägnante Formel vom »Atheismus im Christentum« wäre zum »Nihilismus im mystischen Christentum« zuzuspitzen.

Schon Nietzsches Entlarvungspsychologie hat diagnostiziert, daß »das Verlangen nach einer unio mystica mit Gott« dem »Verlangen des Buddhisten in's nichts, Nirvana« entspreche. Beide entspringen dem »nur zu begreiflichen allgemeinen Satthaben«. Beide wollen eine »Radikalkur«. Und die versprechen sie sich entweder von der Vereinigung mit dem stillschweigend annihilierten Gott oder gleich vom

»Nichts« (V 266). Das Nichts ist gleichsam der Gott der Mystik sans phrase. In Büchners »Danton« wird er unverhohlen als der (wieder)zugebärende »Weltgott« des nihilistischen Evangeliums proklamiert.

In letzter Instanz ist die nihilistische Mystik sogar so rigoros, daß sie sich selbst den Namen des »Nichts« versagt, weil auch er noch eine letzte Bestimmung und Begrenzung impliziert. An nichts festzuhalten, heißt dann, nicht einmal am Nichts festzuhalten. Die westliche Mystik entspricht hier am deutlichsten der östlichen, die in der Philosophie Nagarjunas auch das Nichts verwirft und im Zeichen umfassender Leere (»sunyata«) jede Fixierung – und wäre es die Fixierung auf die Fixierungslosigkeit – zu vermeiden sucht, freilich auch da noch etwas meidet und von etwas spricht. Triftig ist jedoch, daß derjenige, der »Nichts« sagt, aber nur »Nein« meint, der negativen Fixierung noch nicht entronnen ist (vielleicht auch gar nicht entrinnen will). Der Satz vom zu vermeidenden Widerspruch erhält insofern einen mehr als bloß logischen Sinn. Die Maxime eines tolstoianisch inspirierten Christentums: »Widersteht nicht dem Bösen«, wird ontologisch überboten: »Widersteht, widersprecht nichts – nicht einmal im Zeichen des Nichts!«

Auch der Gnostiker Basilides mit seiner Negation selbst der Negationen sucht den letzten Positionen zu entrinnen. Pseudo-Dionysius fordert sowohl zum Verlassen des Seienden wie des Nichtseienden auf. Die kabbalistische Mystik ordnet dem Ur-Nichts noch das gänzlich unbestimmte, unendliche, unfaßliche, unaussprechliche »En-sof« vor. Und wenn Meister Eckhart und Cusanus wieder in »Gott« als das »Unendliche« einkehren, so in ein »Drittes«, das weder Etwas noch Nichts ist; das weder ist noch nicht ist.

So führt das mystische Nichts, das mit der Verwerfung der Welt der »Eigenheit« beginnt, von Gott und dem Über-Gott über das Über-Wesen und das Über-Seiende nicht nur zum

Nichts; Angelus Silesius erklimmt auch den letzten, den Über-Gipfel des mystisch-nihilistischen Berges Karmel und lehrt die Menschen das Über-Nichts:

Die Gottheit ist ein nichts
Die zarte Gottheit ist ein nichts und übernichts:
Wer nichts in allem sicht, Mensch glaube, dieser sichts.
(ed. Held I 111).

Wer allerdings noch das zart-göttliche »übernichts« sieht und sehen will, der ist nicht eigentlich »auf nichts« aus. Er folgt vielmehr einem Impuls, der die Nichts-Exzesse des mystischen Nihilismus konterkariert und insgesamt die Mystik bestimmt: Nur weil der Mystiker Alles will, macht er aus Allem Nichts – und zwar so, daß die umfassende Negation in ein anderes, positiveres Nichts führt.

Tersteegen hat sich auch auf diese Metamorphose seinen Reim gemacht:

Die Schule der Weisheit
Der ist gelehrt,
Wer nichts für sich begehrt,
Wer nichts will sein bei allen,
Wer sich auch selbst nicht will gefallen.
Wer in sich selbst nichts find't,
Als daß er wie ein kleines Kind
Sonst nichts will wissen, nichts will denken,
Als in sein Nichts sich zu ersenken.
O schönes Nichts,
Du Fülle alles Lichts
(Geistliches Blumengärtlein 170).

Unvermittelt wandelt sich das »nichts« des Eigenseins und Eigenwillens, wenn es seiner Nichtigkeit nur inne wird, zum »schönen Nichts«, das in der Gleichschaltung aller irdisch-überirdischen Reime die Fülle alles Lichts entbirgt.

Meister Eckhart beeilt sich zu versichern, daß die Verneinung des göttlichen »Wesens« im Zeichen des »Über-Wesens« eine Erhöhung, keinesfalls eine Degradation beabsichtige. Wenn Seuse aus Gott »n-ihts« macht, so bleibt er doch ein »allerwesentlichstes ihts«. Cusanus nimmt das Nichtsein als überragende Seinsweise in die Seinsordnung zurück; für ihn ist die Negation der Negation, anders als die verstärkte Verneinung es im Mittelhochdeutschen nahelegt, doch wieder die absolute Bejahung. Und auch wo der Mystiker vom Über-Gott zum Über-Nichts vordringt, gilt diesem nach wie vor seine ganze Liebe, die zu mystischer Vereinigung drängt. Wenngleich er es nicht mehr »Gott« nennt, so wird es auch ohne diesen Namen, ja, gerade ohne ihn um so mehr vergöttlicht. In seiner Grenzenlosigkeit, die dem Über-Nichts sogar verbietet, nichts zu sein, ist es nichts weniger als schlicht nichts, sondern birgt unversehens wieder eines der vertrautesten Prädikate Gottes: seine Allumfassendheit.

»Er ist das Nichts und das Alles«, formuliert Jakob Böhme die zentrale Formel dieser Mystik (ed. Peuckert XV 5). Die »höchste Verneinung« ist für seinen philomystischen Nachfolger Schelling »Eins ... mit der höchsten Bejahung«. Wenn alles vereinzelte Etwas »im Seyn befangen ist«, so ist »das Nichtseyende« doch nicht »absoluter Mangel an Wesen, es ist nur das dem eigentlichen Wesen entgegengesetzte, aber darum in seiner Art nicht minder positive Wesen«. »Es ist die reine Froheit in sich selber, die sich selbst nicht kennt, die gelassene Wonne, die ganz erfüllt ist von sich selber und an nichts denkt, die stille Innigkeit, die sich freut ihres nicht Seyns (...) Ja wohl ist es Nichts, aber wie die lautre Freyheit ein Nichts ist; wie der Wille, der nichts will, der keiner Sache begehrt, dem alle Dinge gleich sind, und der darum von keinem bewegt wird. Ein solcher Wille ist Nichts und ist Alles« (Die Weltalter, ed. Schröter I 15 ff.). Sagt die pantheistische Mystik: »Eins und Alles« (»Hen kai pan«), so die in diesem positivierten Sinn und allein in ihm »pan-nihilistische« Mystik mit einer Formel, die Friedrich Heinrich Jacobi in polemischer Absicht, aber höchst zutreffend geprägt hat: »Nichts und Alles«, »Ouden kai panta« (Briefwechsel, ed. Henkel v 321). Immer geht es ums Ganze.

Gott, das Sein, das Wesen, das Etwas wird nur in dem Maße vernichtigt, wie das Nichts vergöttlicht wird. Welche Schwierigkeiten sollte es unter diesen Umständen bereiten, seine »Eigenheit« dem Nichts anheimzugeben, wenn das Nichts alles wiedergibt?

Freilich stellt sich um so mehr die Frage, warum denn das göttliche Nichts-All, in das der Mystiker wieder eingeht, indem er alle »Eigenheit« des Etwas annihiliert und vor die zersplitterte Welt zurückgeht, den Weg der Schöpfung gegangen ist. Der Rückgang in den »Ungrund«, der als solcher allen Gründen nicht sowohl vorausliegt als ihnen vielmehr entgegensteht, kollidiert damit, daß der christliche Mystiker und sein Gott unter den traditionellen dogmatischen Vorgaben zur Schöpfung determiniert bleiben. Der mystische Wille zum Nicht-Etwas, zum N-ihts, und der »Wille zum Ihts« (Jakob Böhme) vertragen sich nur schlecht miteinander. Das »gebärende Nichts« ist die Frucht dieser Mesalliance.

Schelling fragt: »Wodurch wurde diese Seligkeit bewogen, ihre Lauterkeit zu verlassen und herauszutreten in das Seyn?« Er versucht, die Frage so zu lösen, daß die göttliche Nichtsseligkeit nie wirklich »aus sich selbst herausgetreten«, vielmehr »ewig nur in sich selbst« geblieben sei. Aber er unterliegt dafür dem Zwang, die für eine Schöpfung nötige Bewegung und Willentlichkeit mit der Konstruktion einer Selbstzeugung und Selbstgeburt des Ewigen doch irgendwie in das selbstgenügsame Nichts-All hineinbringen zu müssen. Der alte, nie beigelegte, nicht beizulegende Konflikt zwischen göttlicher Autarkie und schöpferischem Drang, der selbst unter der Voraussetzung eines mystisch-pantheistischen Bei-sich-Bleibens der »Gottheit« auf seine Äußerung nicht verzichten kann, bricht wieder auf.

Böhme räumt ein, daß die Gründe für das »Fiat« der Schöpfung im Dunkeln liegen. Wir sollen sie nicht wissen; »denn dieß turbiret uns« (VI 159) – was ihn freilich nicht hindert, der »Turbirung« so gründlich abzuhelfen, daß sie sich noch vertieft. Seine Auslegung des Trinitätsmythos soll das grundlose mystische Nichts-All mit dem Schöpfungsgrund des Etwas harmonisieren: »Er (Gott) ist das Einige Wesen, und ist nichts vor Ihme oder nach Ihme, daran oder darinnen Er Ihme könte einen Willen schöpfen oder fassen; Er hat auch nichts das ihn gebäret oder giebet; Er ist das Nichts und das Alles, und ist ein Einiger Wille, in deme die Welt, und die gantze Creation lieget, in Ihme ist alles gleich-ewig ohne Anfang (...).

Derselbe ungründliche, unfaßliche, unnatürliche und uncreatürliche Wille, welcher nur Einer ist, und nichts vor Ihme noch hinter Ihme hat: (...) Der ist und heißet der Einige GOtt; welcher sich in sich selber fasset und findet, und GOtt aus GOtt gebieret.

Als nemlich: Der erste unanfängliche Einige Wille, welcher weder Böse noch Gut ist, gebieret in sich das Einige ewige Gute, als einen faßlichen Willen, welcher des ungründlichen Willens Sohn ist, und doch in dem unanfänglichen Willen Gleich-Ewig; und derselbe andere Wille ist des ersten Willens ewige Empfindlichkeit und Findlichkeit, da sich das Nichts in sich selber zu Etwas findet (...).

Also heißet der ungründliche Wille Ewiger Vater; und der gefundene, gefassete, geborne Wille des Ungrundes heißet sein geborner oder Eingeborner Sohn, (...) darinnen sich der Ungrund in Grund fasset« (XV 5).

Wer das fassen kann, der fasse es. In Böhmes trinitarischem Familienroman der Gottheit muß alles zusammenkommen, damit der Schöpfungsgrund im ewigen Ungrund gefunden werden kann und all-einige, unanfängliche und selbstgenugsame Väter dank des ihnen innewohnenden Gebärvermögens zu Söhnen kommen, die ein geschaffenes Etwas und doch ewig sind.

Wieviel spekulativen Tiefsinn aber auch mystische Theosophie aufbringen mag, die Kluft zur Schöpfungslehre zu schließen – sie schafft selber nur ein Symptom dafür, daß der Riß zwischen dem Etwas, das Nichts ist, und dem vergöttlichten Nichts, das Alles ist, nicht gekittet werden kann. Auf der Trümmerstätte des zersplitterten Nichts-Alls, als das sich die Schöpfung erweist, kann nur noch die finale Form des vergöttlichten Nichts: das erlösende Nichts der nihilistischen Mystiker des 19. Jahrhunderts, nach dem Tod Gottes mit alldem aufräumen, was Alles sein sollte, aber besser Nichts geblieben wäre, weil es mit ihm leider Gottes nichts Gutes, geschweige denn etwas Göttliches war.

4.2 Das schöpferische Nichts

Hegels dialektische Coproduktion: Sein+Nichts=Werden. Das reine und doch nicht so reine Nichts. Die Eule der Minerva fliegt ins Licht. Max Stirner stellt seine Sache auf Nichts. Der Einzige ohne Eigenschaften, aber mit einem ganz alten Sparren. Gottfried Benns formfordernde Gewalt des Nichts.

Das Dilemma, wie man schöpferische Bewegung in die selbstgenügsame Ewigkeit bringt, ist weit über die Mystik hinaus die Crux aller Lehren, die mit einem Absoluten beginnen. Wie und warum fängt überhaupt in ihm ein Prozeß an, wenn es wirklich das Absolute ist – und dann noch ein solcher, dessen Resultat lauter Relativitäten und Nichtigkeiten sind?

Die abendländische Tradition hat indessen mit dem Nichts etwas in ihrem Repertoire, das, so sehr es nichts zu sein und aus ihm also auch nichts werden zu können scheint, zum Vehikel der Bewegung, zum Ausgangspunkt kreativer Umtriebigkeit werden kann – gleichsam zur Unruhe in der bis dahin stehenden Zeit des Seins, ja zum mitschöpferischen Moment. Noch im »Faust« klingt das an: Unerachtet der Destruktivität, die das Bild des aktiven Nihilisten Mephisto bestimmt, muß er der »unbedingten Ruh« entgegenwirken und, »als Teufel, schaffen« (v 341 ff.).

Die dialektische Logik Hegels ist das frappierendste philosophische Beispiel dafür, wie dem Nichts ein kreativer Impuls abgewonnen werden kann. Sie veranstaltet eine Art metaphysischer Co-Produktion, in der das Sein und das Nichts einander umarmen, weil sie immer schon wissen, daß ihrer Verbindung das Werden entspringen soll. Unter dem Titel eines wechselseitigen Übergangs des Einen in das

Andere inszeniert Hegels Philosophie ein kompliziertes dialektisches Hochzeitsfest. Und die philosophische Nichtswissenschaft entpuppt sich wieder als Geburtshelferin der Ontologie, die Meontik als Maieutik.

Immerhin werden Sein und Nichts dabei zunächst paritätisch behandelt – so sehr, daß man in bezug auf dieses metaphysische Connubium nicht einmal zu sagen wüßte, welches von beiden die Mutter, welches der Vater des Werdens ist. Und auch sonst wird das Nichts tunlichst von allen Bestimmungen freigehalten, die es zu eng, zu bestimmt fassen könnten. Hegel respektiert allem Anschein nach, daß das Nichts überhaupt nichts ist. *»Das reine Nichts«*, das im ersten Kapitel der »Wissenschaft der Logik« dem *»reinen Sein«* auf dem Fuße folgt, wenn es auch damit nicht mehr ihr erstes Wort ist, soll rein nichts sein.

Den Paradoxien des Nichts als »ens rationis« (»et orationis«), aus denen die ontologisierende Nichtswissenschaft ihre nichtsvergessenen Argumente gewonnen hatte, gibt Hegel dementsprechend eine ganz andere Wendung: So richtig es ist, daß das Nichts »an dem Denken, Vorstellen, Sprechen usf. sein Sein« hat (ed. Lasson 88), ist es doch zugleich vom Sein unterschieden, da es *nur* am Denken sein Sein hat. Es ist »nicht das Sein für sich selbst« und »als solches«.

Gefaßt als *»Abwesenheit* des Seins«, so wie die »Finsternis (…) nur *Abwesenheit* des Lichts, die Kälte nur Abwesenheit der Wärme« ist – die Beispiele übernimmt Hegel aus Kants Kategorientafel der Nichtse für das »nihil privativum« –, bezeichnet es noch »nicht das Nichts überhaupt, sondern das Nichts vom Licht, Wärme usf.«, bestimmte Negationen also, »inhaltige Nichts« (89), die in der Tat immer relativ bleiben. Hegel aber will im Unterschied dazu ein »Nichts überhaupt« denken. Er findet es in dem *»reinen Nichts«*, das »einfache Gleichheit mit sich selbst, vollkommene Leerheit, Bestimmungs- und Inhaltlosigkeit; Ununterschiedenheit in ihm selbst« ist, nicht das »dem *Etwas* entgegengesetzte« Nichts, sondern die »abstrakte, unmittelbare Negation, das Nichts rein für sich, die beziehungslose Verneinung – was man, wenn man will, auch durch das bloße: *Nicht* ausdrücken könnte« (67f.). Dieses *»Nicht«* wird im 20. Jahrhundert die sprachanalytische Heidegger-Kritik zur Entsorgung der Nichtsfrage nicht mehr bloß fakultativ wie Hegel, sondern kategorisch proklamieren.

Daß man, gleich ob unter dem Namen des hypostasierten »Nichts« oder des bescheideneren bloßen *»Nicht«*, so etwas Unerhörtes wie eine »beziehungslose Verneinung« denken könne, ist gewiß eine irritierende Behauptung: Verneinungen implizieren nun einmal immer Beziehungen, wenn auch negative. Trotzdem hat Hegel mit dieser paradoxen Formel möglicherweise einen wesentlichen Aspekt des Nichtsbegriffs entdeckt. Festhaltenswert jedenfalls, daß sein *»reines Nichts«* von allen Beziehungen, zumal denjenigen, die es als etwas Defizitäres, als Abwesenheit von Sein, Wärme oder Licht etikettieren, freigesprochen ist. Die »vollkommene Leerheit« führt zwar schon wieder in diese Richtung; indes läßt die von Hegel beobachtete religions- und geistesgeschichtliche Genealogie, die als Quelle der Nichts-Philosophie die »orientalischen Systeme, wesentlich den Buddhaismus« nennt, keinen Zweifel daran, daß das Nichts auch als »das Leere« ein »absolutes Prinzip« meinen soll (68).

Doch nun bereitet die dialektische Nichtswissenschaft ihre ontologische Wendung vor. Dem *»reinen Nichts«* spricht Hegel zunächst »dieselbe Bestimmung oder vielmehr Bestimmungslosigkeit und damit überhaupt dasselbe« zu, »was das reine *Sein* ist. *Das reine Sein und das reine Nichts ist also dasselbe*« (67). Das läßt immerhin noch die Möglichkeit offen, daß sich – etwa im Sinn der nihilistischen Sophistik des Gorgias – das *»reine Sein«* als das *»reine Nichts«* entpuppen könnte. Die Applikation dieses Satzes ist sogar außerordentlich kühn, sie scheint die lichtmetaphysisch-christliche Tradition völlig zu revidieren. Stellt man sich nämlich das Sein »unter dem Bilde des reinen Lichts, als die Klarheit ungetrübten Sehens, das Nichts aber als die reine Nacht« vor, so wird man bei näherem Zusehen leicht gewahr, »daß man in der absoluten Klarheit so viel und so wenig sieht als in der absoluten Finsternis, daß das eine Sehen so gut als das andere, reines Sehen, Sehen von Nichts ist. Reines Licht und reine Finsternis sind zwei Leeren, welche dasselbe sind« (78).

Der noch nicht vom reinen Sehen geblendete Blick wird zwar wohl weiterhin sehen wollen, daß Sein und Nichts nicht in gleicher Weise so leer sind, daß das Sein nichtssagend und das Nichts seinsagend wäre. Evidenterweise abstrahieren die Begriffe, wenn sie überhaupt noch etwas besagen sollen, bei aller Bestimmungslosigkeit nicht von diesem Unterschied. Sartre wird das bei aller Vorliebe für das Sein und das Nichts als »das unzertrennliche Paar« an Hegels Logik mit Recht rügen. Gleichwohl gelingt Hegel das Kunststück, das jedem Artisten in der ontologischen Zirkuskuppel Ehre machen würde und nur einen erdverbundenen Geist wie Hebbel dazu provozieren konnte, die »Wissenschaft der Logik« mit Füßen zu treten, paritätisch das »Eine« in das »Andere« übergehen zu lassen, und zwar so, »daß das Sein in Nichts, und das Nichts in Sein – nicht übergeht, – sondern übergegangen ist« (67), ohne daß man beides überhaupt dingfest machen könnte.

Damit freilich findet die Parität auch ihr Ende. Denn dieser Übergang führt nicht etwa gleichermaßen ins Nichts wie ins Sein. Er bezeichnet ganz im Gegenteil die Bewegung des Werdens, auf »daß Nichts nicht Nichts bleibe, sondern in (...) das Sein übergehe« (68 f.). Und aus der Bewegung des Werdens, so sehr es sich beim reinen Nichts und beim reinen Sein um rein logische Bestimmungen der Bestimmungslosigkeit handeln soll, entsteht am Ende durchaus etwas Bestimmtes. »Ex nihilo aliquid fit«, weiß diese dialektische Wissenschaft im Widerspruch zu den Tautologien einer Metaphysik, die dem Nichts mit ihrem »ex nihilo nihil fit« nur wenig abgewinnen konnte, von Anfang an. Gerade das angeblich gänzlich unvermittelte Nichts, die »beziehungslose Verneinung«, erhält Mittlerfunktion. Und es kann sie erhalten, weil es unterschwellig immer schon vom Sein infiltriert ist. So rein ist Hegels *»reines Nichts«* denn doch nicht. Wie sollte es auch sonst dem Sein zum Werden verhelfen können.

Die weiteren Stationen nach dem komplizierten dialektischen Auftakt sind denn auch im Geiste der Schöpfung konzipiert. Obwohl jede Stufe des Werdens weiterhin aus Sein und Nichts komponiert ist; obwohl in jedem Vergehen das Sein ins Nichts übergeht, werden alle Momente des Werdens, auch die negierten, so sorgsam aufgehoben, daß letzten Endes nichts verlorengeht. Das gilt zumal für die Geschichte als Fortschritt des Geistes im Bewußtsein der Freiheit, die freilich von der Freiheit zum *»reinen Nichts«* nichts wissen will. Am Ende steht die Selbstvergewisserung des aboluten Geistes, der sich immer schon sicher sein konnte, daß selbst die Macht des Negativen seine Macht war. Mag Hegel auch den »spekulativen Karfreitag« als »Schädelstätte« des absoluten Geistes inszenieren, wo »alles Sein im Abgrund des Nichts« versinkt; mag die philosophische »Eule der Minerva«, die offenbar »das reine Licht« des Anfangs der »Wissenschaft der Logik« verschlafen hat, ihre Erkundungsflüge erst mit Einbruch der Dämmerung beginnen, so wissen beide doch, daß sie nicht ins Nichts, sondern ins angestammte Reich der Metaphysik des Lichts wollen.

Wie es die erklärte Absicht der Hegelschen Logik ist, die bestimmte Negation als positives Bewegungsmoment zu nutzen, so wird also auch die unbestimmte Negation des *»reinen Nichts«* unter der Hülle der Identität des Seins und des Nichts positiviert. Gewiß, Hegel räumt ein, daß man von allem Möglichen abstrahieren kann. Abstrahiert man vom Sein, dann »bleibt allerdings nur das Nichts« – bei Hegel nicht anders als bei seinem Antipoden Schopenhauer. Doch man braucht nur getrost im Stile dieses Abstrahieren-Könnens fortzufahren. »Es kann nämlich auch vom Nichts abstrahiert werden, und dann bleibt nicht Nichts, (...) sondern man ist so wieder im Sein angekommen«, »gottlob!«, wie Hegel hinzufügt; und schon mündet die ganze Raffinesse der dialektischen Bewegung in den Heimathafen der Tradition wieder ein – wie denn gottlob »auch die Schöpfung der Welt eine Abstraktion vom Nichts ist« (86). Der Teufel, sofern er nicht Bewegungsmoment, sondern das »nur Negative« ist, das Hegel perhorresziert, hat angesichts dieser Abstraktion nichts mehr zu lachen. Widersprüchlicher geht es kaum: Just der Abstraktion aller Abstraktionen, die das *»reine Nichts«* zu sein scheint, wird im trauten Verein mit dem Sein jene »Abstraktion vom Nichts« abgewonnen, welche die Weltschöpfung ist. Die christliche »creatio ex nihilo« wird auf den dialektisch avancierten Begriff gebracht.

Es ist nicht ohne eine ironische Pointe, daß diese Konstruktion gerade dort am deutlichsten wird, wo das Christentum mit aller Heftigkeit verneint wird. Einer der linkshegelianischen Söhne des philosophischen Schöpfervaters: Max Stirner, dieser vermeintlich »Einzige« mit seinem ererbten »Eigentum«, plaudert in seinem Konzept eines individualistischen Anarchismus die schöpferischen Geheimnisse des Nichts unverhohlen aus. »Ich hab' Mein' Sach' auf Nichts gestellt«, lautet frei nach Goethe das neue nihilistische Kirchenlied, mit dem er, Gott durch das Nichts ersetzend, sein Werk eröffnet und beschließt. Man braucht nur noch das »juchhe« zu ergänzen, das bei Goethe dem Nichts hinzugefügt worden war.

»Gott und die Menschheit haben ihre Sache auf Nichts

gestellt, auf nichts als auf Sich. Stelle Ich denn meine Sache gleichfalls auf *Mich*, der Ich so gut wie Gott das Nichts von allem Andern, der Ich mein Alles, der Ich der Einzige bin. Hat Gott, hat die Menschheit, wie Ihr versichert, Gehalt genug in sich, um sich Alles in Allem zu sein: so spüre Ich, daß es *Mir* noch weit weniger daran fehlen wird, und daß Ich über meine ›Leerheit‹ keine Klage zu führen haben werde. Ich bin (nicht) Nichts im Sinne der Leerheit, sondern das schöpferische Nichts, das Nichts, aus welchem Ich selbst als Schöpfer Alles schaffe« (Der Einzige und sein Eigentum, Leipzig 1882², 7f.). Das »Ich« des »Einzigen« tritt die Nachfolge des toten Gottes und der antiquierten Menschheit an. Die mystische Verschränkung von Nichts und Allem wird dabei so auf den Kopf gestellt, daß der »Einzige« als Inbegriff der von der Mystik verworfenen »Eigenheit« zum »Nichts von allem Andern« wird, um sich selber »Alles in Allem« zu sein. Dieses Nichts ist kein reines Nichts, sondern bestimmteste Negation, ein relatives, ja, ein destruktives Nichts. Aber deswegen ist es noch kein leeres, vielmehr ein schöpferisches Nichts, aus dem der neue Demiurg, der selbstschöpferische »Einzige«, sich schafft. Dazu muß sich er sich nur von allen »Sparren«, allen Fetischen der Tradition, allen »höheren« Wesen und Werten befreien. Das Vakuum, das er herstellt, wird er dann mit sich füllen.

Diese selbstschöpferische Annihilation von »allem Andern« hatte vor Stirner und auch vor Hegel schon die antinihilistischen Zeitgeistkritiker auf den Plan gerufen. Friedrich Heinrich Jacobis Polemik etwa gegen den Fichteschen Ich-Idealismus, der nichts gelten läßt als das, was er selbst »gesetzt« hat und dafür erst einmal alles in Gedanken aufheben, zu Nichts machen muß, höhnt: »Vernichtend lernte ich erschaffen« (Werke, ed. Köppen III 23). Jean Paul diskreditiert die »gesetzlose Willkür des jetzigen Zeitgeistes, der lieber ichsüchtig die Welt und das All vernichtet«, um sich nur

»freien Spielraum im Nichts« für das Ich zu schaffen, ohne das und um das herum »nichts als Nichts« ist (ed. Berend, IX 467f., 501). Ich und Nichts formieren das als Idealismus kaschierte nihilistische Syndrom. Im 20. Jahrhundert wird die antiexistenzialistische Polemik die Konstellation von »Nichtung« und Selbstentwurf im Werk Sartres als »nihilistisch« denunzieren. Den »Einzigen« freilich können solche Einwände gar nicht erreichen. Das, was die Kritiker ihm vorwerfen, ist genau das, was er für sich und durch sich will. Und dafür ist der »Einzige« auch bereit, seinen Preis zu zahlen. Im *Einzigen* kehrt selbst der Eigner in sein schöpferisches Nichts zurück, aus welchem er geboren wird. »Jedes höhere Wesen über Mir, sei es Gott, sei es der Mensch, schwächt das Gefühl meiner Einzigkeit und erbleicht erst vor der Sonne dieses Bewußtseins. Stell' Ich auf Mich, den Einzigen, meine Sache, dann steht sie auf dem Vergänglichen, dem sterblichen Schöpfer seiner, der sich selbst verzehrt, und Ich darf sagen: Ich hab' mein' Sach' auf Nichts gestellt« (378f.).

Auch der Einzige also muß in sein relatives Nichts zurückkehren, um sich zu gewinnen. Er kann sich nicht in einer Bestimmung seines »Wesens«, gar einer Definition seiner selbst ausdrücken, weil ihn das fixieren und kommensurabel machen würde: so wieder Stirners Existenzialismus avant la lettre, zugleich die Fortsetzung der negativen Theologie mit solipsistischen Mitteln. Wenn nach Aristoteles das Individuum schon »ineffabile«, unaussprechbar ist, so ist der »Einzige« schlechthin unprädizierbar: ein Mann ohne Eigenschaften (*die* Einzige gibt es nicht). Allein in der Negation von »allem Anderen« gewinnt er Konturen. Ja, recht besehen, bleibt er so leer, wie es das perhorreszierte »leere« Nichts ist, auch wenn er behauptet, es selbstschöpferisch zu füllen, weil es das Nichts nur aus sich einfach zu keinem Etwas bringt.

Eine einzige Bestimmung bleibt allerdings unter allen Umständen, eine Negation, die sich nun gegen den »Einzigen« selber richtet: Er ist ein »sterblicher« Einziger, der wie »alles Andere« auch »sich selbst verzehrt«. Wenn er »seine Sache« also auf sich stellt, hat er sie in jedem Sinn »auf Nichts« gestellt, aber nun nicht mehr mit der kreativen Verheißung des Anfangs, sondern der Definitivität des Endes. Neben Schopenhauers »Welt als Wille und Vorstellung« und den »Nachtwachen« von Bonaventura ist Stirners »Einziger und sein Eigentum« – nun ja, nicht das einzige, aber doch eines der drei Werke der Epoche, das mit dem Nichts schließt.

Doch die »Sonne des Bewußtseins« des »Einzigen« erbleicht auch vor dieser Finsternis nicht. Sein Wille, sich, »sein' Sach'« eben auf dieses Nichts zu stellen, bleibt unverändert, »juchhe«! Es ist nun einmal sein höchstpersönliches Nichts, wie er glaubt. Unversehens taucht freilich hinter seinem Rücken einer der ältesten »Sparren« der von ihm verworfenen theologischen Tradition auf: der Begriff der »causa sui«, der »Ursache seiner selbst«, vom göttlichen Kopf auf die Füße einer individualistisch-anarchistischen Immanenz gestellt, ein Monotheismus des Ichs, der dem Nichts zwar keine ganze Welt, die interessiert Stirner überhaupt nicht, nein, etwas viel Spezielleres, eben den »Einzigen«, abgewinnen will.

Stirner konkretisiert so Hegels »Nichts« als Vehikel des allgemeinen Werdens zu einer individuell kreativ werdenden Potenz. Es gewinnt zwar nur als »Nichts von allem Anderen« Konturen. Auch bleibt es von Sterblichkeit tingiert. Trotzdem kann der Einzige seine Sache ohne größere Risiken »auf Nichts« stellen, wenn dieses so wenig das Nichts meint, daß es eine weitere Schöpfungsgeschichte auf den Weg bringt und der singuläre Selbstschöpfer sich als Erbe seines ältesten Ahnen erweist.

Wie weit die Tradition des schöpferisch begabten Nichts reicht, läßt sich im 20. Jahrhundert nicht nur am Sartreschen Existentialismus ablesen, sondern auch an einer dezidiert künstlerischen Variante des anarchistischen »solus ipse«: an Gottfried Benns Ästhetizismus.

Eigentlich scheint Benns Nihilismus unüberbietbar. Mit Emphase stellt er »sein' Sach' auf Nichts«. Von der lyrischen »Lehre vom Zerfall« in den »Morgue«-Gedichten bis zum radiologisch zersetzenden bösen Blick des »Radardenkers« kennt er nur »zwei Dinge: die Leere und das gezeichnete Ich«. Aber gerade diesem wenig versprechenden Paar läßt sich eine »Belle Alliance« abgewinnen – wenn nur ein wieder kreativ werdendes Nichts die Beziehung stiftet. Nietzsche hatte seine ästhetische Biodizee dem Nihilismus entgegenzustellen versucht. Benn will dem Nihilismus selber die schöpferischen Energien abgewinnen: dank des »Gesetzes von der formfordernden Gewalt des Nichts«, dem »Gesetz der Produktiven« (Essays und Reden, Ffm. 1989, 454). Es versteht sich zwar »bionegativ«, was das Leben betrifft, ist aber durchaus positiv, was das Leben der Kunst und des Künstlers betrifft: »Transzendenz der schöpferischen Lust« – so positiv, daß der solcherart immer schon verleugnete Nihilismus ein auf seine Weise »biopositives« Drittes Reich wenigstens anfangs entschlossen mittragen kann. So sieht es also aus, wenn ein schöpferisch transzendiertes Nichts mit Gewalt die Form fordert und der Nihilismus kunst- und staatstragend wird, während ein ganz und gar unschöpferisches Nichts wenigstens den Vorzug hat, Nichts zu bleiben – und sonst nichts.

4.3 Das verseite Nichts

Heideggers nichtendes Nichts. Das Nichts wird »babig«. Carnaps Überwindung der Metaphysik durch logische Nichtsanalyse. Angst statt Logik. Der Platzhalter des Nichts. Ex nihilo ens fit. Die Wacht am Sein. Hirte und Rektor. Sartre nichtet Hegel und Heidegger. Ob Etwas fehlt, wenn Nichts ist. Das »geseinte« Nichts.

Von der gegebenenfalls staatstragenden Gewalt des Nichts weiß auch Heidegger zu künden. Das von der Mystik vergöttlichte, bei Hegel coproduktiv, bei Stirner und Benn kreativ gewordene Nichts ontologisiert er zu einem Nichts, das sich als anderer Name des Seins entpuppt. Sein vermeintlich »anfänglicheres« Denken, das die Metaphysik »verwinden« will, ist in diesem Jahrhundert das herausragende Beispiel dafür, wie die abendländische Philosophie ihrer Seinsobsession erliegt. Heidegger ist der Hörige des Seins.

Trotzdem mutet es zunächst ebenso absurd an wie im Falle der Mystik, seinem Denken Nichtsvergessenheit vorzuwerfen. Außer einer ironischen Pointe verspricht es nicht viel. Heideggers Diagnose der »Seinsvergessenheit« liefert dabei offenbar nur das willkommene Stichwort, indes ein höchst fragwürdiges, weil Heideggers verschwiegener Platonismus noch die »Seinsvergessenheit« hypostasierend vom Sein her denkt als das von ihm geschickte Geschick, nach Art der »Gottverlassenheit«.

Aber wie auch immer, ist denn Heideggers unvergleichliche Freiburger Antrittsvorlesung »Was ist Metaphysik?«, die nach eigener Einschätzung das Nichts als ihr »einziges Thema« bedenkt (22f.), nicht der Zentraltext neuerer Nichtsphilosophie, vergleichbar allenfalls Sartres nicht ohne Heidegger zu denkendes »Das Sein und das Nichts«? Hat

Heidegger der ihren logischen Obsessionen erliegenden Wissenschaft nicht unübertrefflich klargemacht, daß das Nichts die eigentliche Dimension ursprünglichen metaphysischen Fragens ist? Hat er der von ihren Überlebenskämpfen geplagten Philosophie nicht just auf dem abgründigen Grunde des Nichts unerwartet ein Fundament gegeben? Sonst hat sie doch nichts mehr zu lachen. Alle Gegenstände, die sie einmal ihr eigen nannte, haben ihr die Einzelwissenschaften geraubt. Aber diesen einen »Gegenstand«, wahrhaftig einen sui generis, sollte ihr keine der nun einmal nur mit dem Seienden befaßten anderen Disziplinen nehmen können!

Tatsächlich scheint man das Nichts nicht gründlicher verstehen zu können, als Heidegger es tut. Eine engere Beziehung als die, welche er zwischen menschlichem Dasein, Angst, Freiheit und »nichtendem Nichts« herstellt, ist jedenfalls nur schwer denkbar. Mit Nachdruck schreibt Heidegger »es groß« (22); ja, auf engstem Raum läßt er aus dem kleingeschriebenen »nichts« der Wissenschaft, die nach seiner kalkuliert provozierenden Formulierung »nicht denkt«, das großgeschriebene »Nichts« des Denkens werden.

Einer wissenschaftlichen Analyse mußte sich angesichts dieses Sprunges der Vorwurf, hier werde nicht eigentlich gedacht, geradezu aufdrängen. Prompt ist denn auch Heideggers Text von einer auf dem Standpunkt der Wissenschaft stehenden Philosophie: Rudolf Carnaps »Überwindung der Metaphysik durch logische Analyse der Sprache« (in: Erkenntnis 2/1931, 219ff.), einem exekutiven Strafgericht unterzogen worden. So sensationell, wie diese Kritik anfänglich erscheinen mochte, war sie freilich nicht. Fritz Mauthners nichtskritischer »linguistic turn«, Bergsons antinihilistischer »elan vital« waren ihr im Geiste vorangegangen. Das Nichts hatte nur beide Attacken überlebt.

Carnaps polemische Blütenlese sucht Heidegger nachzuweisen, daß er sinnlose metaphysische Scheinsätze formuliere, weil er »das Nichts«, das die Umgangssprache benutze, um negative Existenzsätze zu formulieren (»Draußen ist nichts«), fälschlich als Gegenstandsnamen verwende. Dabei verwickle er sich in kontradiktorische Sätze (»Es gibt das Nichts ...«), also in jene Paradoxien, die die nichtskritische Philosophie seit je betont hat. Im übrigen mache Heidegger, wie in der Metaphysik üblich, mit dem »nichtenden Nichts« von einem völlig bedeutungslosen Wort Gebrauch: Warum nicht gleich von »babig« oder ähnlich einfallsreichen Buchstabenfolgen faseln?

Das ist zwar keine besonders geglückte Parodie auf die philosophische Unsinnspoesie. Das »nichtende Nichts« ist so »babig« denn doch nicht. Nicht umsonst läßt ein Unsinnstheoretiker wie Louis Aragon mit seinem hochentwickelten Wahrnehmungsvermögen für alle Arten des »Quatsches« das Nichts, ja nur das Nichts gelten. Aber zielsicher spießt Carnap das Hauptgebrechen der Nichtsphilosophie: die Hypostasierung ihres nichtseienden »Gegenstandes«, auf.

An zwei Punkten eröffnet Carnaps Austreibung der Metaphysik freilich wieder die Möglichkeit für ihre Rückkehr. Einmal hält er sie für einen sich als Theorie mißverstehenden Ausdruck des Lebensgefühls – inadäquat zwar im Gegensatz zu dessen adäquatem Ausdruck in der Kunst, aber eine Ausdrucksform immerhin. »Metaphysiker sind Musiker ohne musikalische Fähigkeit« (240). Das klingt doch für einen metaphysizierenden Begriffsmagier wie Heidegger gar nicht so schlecht, zumal die Musik selber nicht ohne eine gewisse Affinität zum Nichts auskommt. Besteht sie etwa nicht aus dem Wechsel- und Gegenspiel von Laut und Stille, Gesang und Schweigen, hörbarem Etwas und unerhörtem Nichts?

Außerdem räumt Carnap ein, daß die Umgangssprache negative Existenzsätze kennt, die man ohne größeren Aufwand in eine »logisch korrekte Sprache« übersetzen kann.

Wenigstens das kleingeschriebene »nichts« ist so zu retten. Ob aber soviel gewonnen ist, wenn man den Satz »Draußen ist nichts« in die Formulierung übersetzt: »Es gibt nicht (existiert nicht, ist nicht vorhanden) etwas, das draußen ist«, oder gar im schönsten logisch-positivistischen Esperanto in die Formel »$\sim(\exists x)\cdot dr(x)$«? (230). Das scheint doch noch »babiger«, wenn sich ein Neologismus dieser Qualität überhaupt steigern läßt.

Auf jeden Fall »gibt es« in der Normalsprache so etwas wie »nichts«. Und dieses »nichts« hat den Vorzug, daß es weitaus prägnanter, gründlicher als der »logisch korrekte Satz«, zu schweigen von der logischen Symbolisierung, ausdrücken kann, daß draußen oder wo auch immer schier gar nichts ist. Zur Probe versuche man, Carnaps Heidegger-Diagnose in Carnaps Sprache zu formulieren: »Es gibt nicht (existiert nicht, ist nicht vorhanden) etwas, das Heidegger sagt«, kurz: »$\sim(Hx)\cdot dr(x)$«. Oder sollte man nicht doch vielleicht besser sagen: »Heidegger sagt nichts«? Es scheint so, daß auch Carnaps Exekution die Überlebenskraft zumindest des kleingeschriebenen »nichts« bekräftigt.

Heidegger selber hat sich ohnehin nicht von logischen Analysen irritieren lassen. Gegen sie hat er sich ja schon präventiv verwahrt. Vom Nichts, das die Wissenschaft »als das Nichtige« ablehnt und preisgibt (26f.); von dem sie nur in der Form weiß, daß sie von ihm nichts wissen will, weil es das Nichts per definitionem »nicht gibt«, will er ganz entschieden etwas wissen.

Das heißt nicht, daß er sich der Paradoxie jedes Fragens, was das Nichts sei, des »widersinnigen Begriffs eines seienden Nichts« (30) nicht bewußt wäre. Denn »das Nichts ist nichts, (...) die völlige Unterschiedslosigkeit, (...) weder ein Gegenstand noch überhaupt ein Seiendes. Das Nichts kommt weder für sich vor noch neben dem Seienden«, und deswegen geht man schon irre, wenn man es auch nur nennt.

Aber der Logik gebührt hier nicht das letzte, noch viel weniger das erste Wort, sondern der Angst. Diese »Grundstimmung« führt allemal weiter als die Logik, eben ins Nichts. Wohl verschlägt uns die Angst das Wort, zumal jedes »›Ist‹-Sagen«. Doch gerade so »offenbart sie das Nichts«, richtiger: »Das Nichts enthüllt sich in der Angst«, in welcher es »das Dasein umdrängt«, und zwar so heftig, »daß wir selbst – diese seienden Menschen – inmitten des Seienden« uns entgleiten (32 f.).

Die »abweisende Verweisung auf das entgleitende Seiende im Ganzen«, »als welche das Nichts in der Angst das Dasein umdrängt« (34), ist das tautologische »Wesen des Nichts: die Nichtung«. Sie soll ausdrücklich weder mit der »Vernichtung des Seienden« verwechselt werden, noch soll sie einer »Verneinung« entspringen. Das ist logisch nur schwer nachzuvollziehen, weil noch im Begriff des »Abweisens« und »Entgleitens« die »Verneinung« implizit enthalten ist. Heidegger will allem Anschein nach hinter den Zumutungen von Hegels »beziehungsloser Verneinung« nicht zurückstehen. Aber für ihn ist klar: Reklamiert die Logik das Nichts als Ausdruck einer verneinenden Verstandeshandlung für sich; ist seine Bedeutung im »gemeinen« Verstandesgebrauch – der mit dieser Definition freilich gelinde überstrapaziert scheint – auf »die vollständige Verneinung der Allheit des Seienden« geschrumpft (29), so ist es in Wahrheit anfänglicher als die Verneinung: ja, diese hat ihren Ursprung im Nichts, »nicht umgekehrt«. »Das Nichts selbst nichtet.«

Wissen im eigentlichen Sinn kann man das nicht, jedenfalls nicht vom »Nichts selbst«, wenn es nur »nichtet« und sonst nichts. Aber es gibt einen »Platzhalter des Nichts«, das sich ängstigende »Dasein«, den Menschen, dem die schwierige Aufgabe der Platzhalterei anvertraut werden kann. Eine plastische Metapher, auch wenn sie aus der Perspektive der logisch verfahrenden Wissenschaft nicht unproblematisch ist. Denn welchen Platz könnte der Mensch für das Nichts halten, wenn das Nichts als Nichts nun einmal ohne jeden Platz ist? Indessen hat diese Reaktivierung überkommener Stellvertreterideen durch den Mesnersohn Heidegger im Dienste der Nichtsphilosophie ihre paradoxe Logik: Das Nichts bedarf gerade als solches der Repräsentation. Sonst wäre es nicht einmal »nichts«, und noch viel weniger würde es »nichten«.

Platzhalterisch sich hineinhaltend in das Nichts (35), wahlweise »hineingehalten in das Nichts« (von wem nur?), ist das menschliche Dasein »über das Seiende im Ganzen hinaus«. »Im Nichts des Daseins kommt zugleich erst das Seiende im Ganzen seiner eigensten Möglichkeit nach, d. h. in endlicher Weise, zu sich selbst« (40). Das Dasein transzendiert also sich und das »Seiende im Ganzen«, aber nicht in irgendeinen Himmel, sondern in das von der Angst enthüllte offenbare Nichts. Und erst so gewinnt es »Selbstsein« und »Freiheit«, weil es nur im Bezug zum Nichts sich zum Seienden im Ganzen wie zu sich selber verhalten kann: ein Motiv, das Sartres Nichts- und Freiheitsphilosophie vehement akzentuieren, auch umakzentuieren wird.

So weit, so gut – jedenfalls für ein nicht vergessenes Nichts. Näher besehen, wird unter der Hülle des »nichtenden Nichts« indessen eine »Kehre« vorgenommen, nach der es sich unversehens als Medium der Seinsoffenbarung entpuppt. Kryptotheologische wie national-heroische Motive sind dabei trotz aller Absagen an die » Onto-Theologie« (19) und eine »›heroische Philosophie‹« (47) spürbar.

In seiner vornehmeren Form enthüllt sich das Nichts als »Schleier des Seins« (52). Das »nichtende Nichts« nämlich meint nicht etwa ein »nihil negativum«, mit dem Heidegger ausdrücklich nichts im Sinn hat (Werke IX, 122), sondern dank seines Verweisungscharakters ein unterschwellig positiviertes Nichts. Mag auch »im Sein des Seienden ... das Nichten des Nichts« geschehen, so kehrt sich das in Wahrheit so um, daß »im Nichten des Nichts« das »Sein des Seienden« geschieht. Je schärfer in der Folge die ontologische Differenz zwischen Sein und Seiendem markiert wird, um so mehr beschränkt sich das Nichts auf das bescheidenere, auch bei Heidegger reüssierende »Nicht des Seienden« und entpuppt sich gerade so als »das vom Seienden her erfahrene Sein« (IX 122). Sollte das Nichts zunächst mehr als bloß den »Gegenbegriff zum Seienden« hergeben, so ist es nun nicht einmal mehr ein echter Gegenbegriff. Heidegger genügt die Paradoxie jeder Rede, die zu sagen versucht, was das Nichts sei, um es dem Sein zuzuschlagen: Das Sein findet »seine Grenze nur am Nichts (...), und sogar das Nichts ›gehört‹ uns zum ›Sein‹« (Einführung in die Metaphysik 64). In Wirklichkeit also kein grenzüberschreitendes Denken: heim ins Reich des Seins!

Ebenso Verheißungsvolles gilt für die Angst, die das Nichts offenbart. Sie scheint am allerwenigsten auf eine Positivierung des Nichts zu deuten. Aber unverhofft leuchtet uns eine entschieden »helle Nacht des Nichts der Angst« (34). Diese Angst will nicht mit einer »gedrückten Stimmung« verwechselt werden. Was hätte ein Fundamentalontologe überhaupt mit »gedrückten Stimmungen« und also – horribile dictu! – mit »Psychologie und Psychoanalyse zu tun«? (12). Nein, im Gegenteil, in der Helle »des Nichts der Angst« ersteht die »ursprüngliche Offenheit des Seienden als eines solchen: daß es Seiendes ist – und nicht Nichts« (34).

Der angstbegabte »Platzhalter des Nichts« gibt sich so als ontopastoraler »Hirt des Seins« zu erkennen. Das »nichtende Nichts« avanciert zum Hort ausgezeichneter Seinspräsenz. Die Nichtskunde, die Heidegger bringt, ist Seinsoffenbarung: »ex nihilo omne ens qua ens fit« (40) – »aus dem Nichts wird das Seiende als ein solches«, lautet Heideggers

Fortschreibung der christlichen »creatio ex nihilo«. Was Hegel das vom Nichts vermittelte Werden, ist Heidegger das vom Nichts vermittelte Sein. Das vermeintlich am radikalsten fragende Denken ist nach wie vor »ancilla theologiae«, Magd der Ontotheologie. Wie der »freie« Nichts-Bekenner Schopenhauer unter dem Etikett des »relativen Nichts« das Sein und das Nichts die Plätze und die Vorzeichen tauschen läßt und zum Künder des Ganz Anderen wird, so ist der vordergründig so nihilophile Heidegger mit seinem »nichtenden Nichts« ontophil bewegt. Immer ist er schon unterwegs ins »Haus des Seins«. Man muß sich nur leiten lassen von dem Geist einer Seinsandacht, die »auf dem Weg über das Nichts an das Sein zu denken versucht« (22), auf daß der Mensch »das Sein im Nichts erfahren lerne« (47), und schon spricht sich das Nichts als »das Sein selbst« aus: Das »Nichts west als das Sein« (46).

So nimmt Heidegger am Nichts das vor, was an einem »nichtenden Nichts« am allerwenigsten vorgenommen werden sollte: Im Dienste der Seinsoffenbarung wird es gleichsam verseit. Heideggers »nichtendes Nichts« ist das als Nichts vernichtete Nichts. Die Rede von der »Seinsvergessenheit« verdeckt die eigene Nichtsvergessenheit. Von der »ontologischen Differenz« zwischen Sein und Seiendem kann dann um so mehr Wesens gemacht werden, als die durchaus grundlegendere Differenz zwischen Sein und Nichts in ontologischer Indifferenz untergeht.

Ein gleichermaßen Heidegger- wie seinshöriges Denken wird dagegen nichts einzuwenden haben. Mit jener eigentümlichen Verkehrung, die nach Nietzsches antinihilistischer Sendung bei Heidegger am deutlichsten zu beobachten ist, okkupiert indessen die Vernichtung die Leerstelle des verseiten Nichts. Drastisch zeigt das Heideggers »Wissensdienst« am Sein. Der Vorlesungstext von 1929 wußte bei aller Allergie dagegen, die »Nichtung« des Nichts mit Verneinung und Vernichtung verwechselt zu sehen, schon von der »Härte des Entgegenhandelns und der Schärfe des Verabscheuens (...), dem Schmerz des Versagens« – das ist transitiv gemeint! – und »der Schonungslosigkeit des Verbietens« zu künden (37). Das Nachwort von 1943 revidiert diese Tendenz nicht etwa, wie es die Heidegger-Apologetik gerne sähe – es akzentuiert sie. Scheinbar widersteht es der Logik der instrumentellen Vernunft: dem »verbrauchenden«, »verzehrenden Charakter der Rechnung« (48), doch nur, um die instrumentelle Unvernunft in Form des »Opfers« heiligzusprechen. Denn das Opfer als die »Verschwendung des Menschenwesens« im Dienste der »Wächterschaft des Seins« und als Dank für sie (49) ist das offenbare Geheimnis des »nichtenden Nichts«.

Wenn das Dasein sich in das Nichts hineinhält, soll es Selbstsein und Freiheit gewinnen. Und das Denken, das dem »Anspruch des Seins« antwortet, will das geschichtliche Wesen des Menschen »der einzigen Notwendigkeit überantworten, die nicht nötigt, indem sie zwingt«. Doch es spricht ausdrücklich mit der Stimme des Gehorsams (51). Müßte man es also nicht eigentlich servil nennen? Auf jeden Fall ist »das Opfer der Abschied vom Seienden auf dem Gang zur Wahrung der Gunst des Seins« (50).

Danken und Denken, in der freiwilligen Abdankung des Denkens schon gleichgeschaltet, marschieren vollends im Gleichschritt. Das unterschwellig katholisierende, onto-pastorale Denken des Mesnersohns kann nun mit der »Ermächtigung der Mächte des Seienden«, soweit sie sich an der Universität manifestieren, in die Form eines manifest nationalsozialistischen Seinsermächtigungsgesetzes gebracht werden. Das »nichtende Nichts« läßt sich offenbar am wirksamsten positivieren, wenn es einen abschiedlichen Opferweg inauguriert. In der »Nachbarschaft zum Unzerstörbaren« macht es denn auch nichts, wenn es bei aller Positivität manchmal zerstörerisch, also wirklich »nichtend« ist.

Das trifft auf Sartres weder pastorales noch ermächtigendes Denken keineswegs zu. Auf eine nur für notorische Nihilismus-Überwinder verdächtige Weise scheint das Nichts gar nicht authentischer verstanden werden zu können, als es »Das Sein und das Nichts« tut. Aber auch Sartre setzt die Geschichte der abendländischen Nichtsvergessenheit fort, zunächst, indem er es, scheinbar negativistisch, so entleert, daß es vollständig in die Abhängigkeit vom Sein gerät, dann, indem er das wie bei Heidegger verseite Nichts als grundlosen Grund der Freiheit positiviert.

Eigentlich ist Sartre durch die größere Differenziertheit der französischen »Nichts«-Begriffe privilegiert. Welche Pein mußte das für das sprachgläubige Denken Heideggers sein, das nur dem Deutschen und dem Griechischen die philosophische Kompetenz zusprach und das Nichts ohnehin für eine auszeichnende deutsche Spezialität hielt. Mag es auch »die Sprache« selber sein, die spricht, so spricht die französische ausgezeichneterweise so nuanciert vom Nichts, daß Sartre mit ihr zwischen dem in der deutschen Übersetzung kleingeschriebenen »nichts« (rien), das faktisch nichts ist, und dem großgeschriebenen »Nichts« (néant), das an das Für-sich des Bewußtseins gebunden ist, unterscheiden kann.

Das könnte Sartre in die Richtung führen, ein »nihil negativum« neben dem »nihil relativum« gelten zu lassen, vielleicht sogar ein »weltjenseitiges Nichts« im Sinn einer »absoluten Negation« (Das Sein und das Nichts, Reinbek 1995, 78) zu denken. Manchmal scheint sich in seinem nicht immer kohärenten, eher verwirrenden Sprachgebrauch dergleichen abzuzeichnen. Nichtsdestoweniger favorisiert er im ganzen ein seinsimmanentes, verseites Nichts.

Das wird just in seiner brillanten Kritik an der »dialektischen Auffassung des Nichts« bei Hegel deutlich, der er seinerseits Verfehlung des Nichts vorwirft (63 ff.). Wenn für Hegels Logik das reine Sein und das reine Nichts dasselbe sind, so beharrt Sartre: »(...) das Sein ist leer *von* jeder Bestimmung außer der Identität mit sich selbst; aber das Nichtsein ist leer *von Sein*. Kurz, was man hier gegen Hegel in Erinnerung bringen muß, ist, daß das Sein *ist* und daß das Nichts *nicht ist*« (69).

Wenn das Nichts aber »leer *von Sein*« ist, ist es dann ein privatives, seinsberaubtes Nichts, wie es der Leib- und Magenbegriff der Ontotheologie will? Oder ist es, gerade weil nicht seiend, nicht einmal mehr »leer«? Ein Beispiel, das Sartre eher beiläufig gibt, birgt in dieser Hinsicht einige Sprengkraft: Was für einen Zeitgenossen von Duns Scotus an Geschichte nach ihm kommt, alle die unerhörten Errungenschaften der technischen Welt vom Auto bis zum Flugzeug, die jede Engelsperspektive verblassen lassen, fehlen ihm nicht etwa; »für ihn, der keine Beziehung irgendeiner Art zu diesen Gegenständen und den dazugehörigen Techniken hat«, gibt es da vielmehr »etwas wie ein absolutes, undenkbares und unenthüllbares Nichts« (898 f.). Und was wäre, so kann man das Beispiel pointieren, wenn auch er nicht wäre; wenn es überhaupt kein Für-sich gäbe, an seiner Statt einfach nur nichts? Dieses Nichts bezeichnete auf jeden Fall keinerlei Mangel.

Gleichwohl wird das Nichts von Sartre als »Loch« (78) bestimmt. Diesem »Loch« fehlt etwas: die ontologische Füllung. Deswegen ist es der *»Ruf nach Sein«* (1049). Jene »schwarzen Löcher«, die so schwarz sind, daß aus ihnen nicht einmal mehr die Botschaft vom Verlöschen des Lichtes, geschweige denn ein *»Ruf nach Sein«* dringt, haben ihre Karriere noch nicht angetreten. Und Sartre hätte sich wohl auch nicht gerne in ihnen verloren. Er hört den *»Ruf nach Sein«*, ja, im Begriff des »Nichts« ist er für ihn immer schon positiv erhört.

»Leer *von Sein*«, leer »*von dieser Welt* und von jeder Gesamtheit, die die Form von Welt angenommen hat« (70), ist das Nichts immer »logisch später, da es das Sein voraussetzt, um es negieren zu können« (69). Wenn wir von einem ontologisch früheren Nichts vor der Welt, aus der sie hervorgegangen wäre, einem möglichen Nichts nachher sprechen, so können diese Bestimmungen nur aus der Perspektive des Seins vorgenommen werden. Ein »*Dieses*, das *nicht war*«, ein »Noch-nicht-sein« und ein »Nicht-mehr-sein« (382) kann nur »auf einem Welthintergrund« erscheinen. Das Nichts, das dem Ende einer Melodie folgt, ist *deren* Ende; es gehört als Stille wie die letzte Note mit zur Melodie (807). Das Nichts ist also nicht unspezifiziert, kein Nichts ohne alle Eigenschaften. Nähme man sie ihm, dann »würde die Negation selbst schwinden und einer totalen Unbestimmtheit Platz machen, die undenkbar wäre, selbst und vor allem als Nichts« (70). In der Tat, so leer, daß der Begriff nichtssagend wäre, ist »das Nichts« nicht. Er ist im buchstäblichsten Sinn »Nichts«-sagend. Deswegen kann Sartre mit Hegel gegen Hegel die Formel Spinozas von der »determinatio« als »negatio« umkehren: Jede Negation ist Determination.

Das Sein begründet für ihn sogar das Nichts, und zwar nicht bloß im Sinn des »logischen Vorrangs«. Das Nichts kann vielmehr seine »Wirksamkeit« nur vom Sein herleiten, während dieses »in keiner Weise des Nichts bedarf«. Als das, welches *»nicht ist«*, kann das Nichts »nur eine entliehene Existenz haben«. Es ist ein seinsbedingtes Nichts, das nur »in den Grenzen des Seins angetroffen« werden kann, die Sartresche Fassung des »relativen Nichts«, ein höchst unreines Nichts, zwar noch nicht »dasselbe« wie das »reine Sein«, aber so abhängig, daß »das totale Verschwinden des Seins nicht der Beginn der Herrschaft des Nicht-seins wäre, sondern im Gegenteil das gleichzeitige Schwinden des Nichts. *Nicht-sein gibt es nur an der Oberfläche des Seins*« (70).

Keine Gefahr also oder, je nach ontophiler oder nihilistischer Couleur, keine Chance. Dieses immanente Nichts ist derart mit dem Sein in innigster Symbiose verbunden, daß diese nur um den Preis des gemeinsamen Selbstmords geschieden werden kann.

Und was wäre auch dagegen einzuwenden. Zweifellos ist das Nichts so leer von Sein, daß es begriffliche Realität nur auf dem Boden des Seins haben kann; zweifellos impliziert es als »negatio«, gleich ob als Noch-nicht oder Nicht-mehr, eine negative Bestimmung, die in dem Sinn vom Sein abhängig ist, daß sie sich auf ein Sein bezieht.

Allerdings ist auch der Seinsbegriff zumindest so relativ, daß es schwerfällt, das Sein bei all seiner massiven Positivität, ohne Rückgriff auf die Negation seines Antipoden, auf das »Nicht-nichts« zu begreifen, es sei denn, der »Logos« begnügte sich, wie er es hier freilich besonders gerne tut, mit der Tautologie, daß das Sein *ist*. Die »Grenzen des Seins«, in denen das Nichts allein angetroffen werden soll, sind schon gar nicht ohne Regress auf das Nichts als ihr Jenseits zu bestimmen. Auch Sartre räumt ein, daß Ende und Beginn einer Melodie »durch ein zweifaches Nichts« begrenzt sind (807). Der Tod ist vollends janusköpfig. »Grenze-als-Situation« wird er zwar nur unter der Bedingung, daß er gegen Wittgensteins Satz für ein »*Ereignis des Lebens* gehalten wird«. Nichtsdestoweniger deutet er zugleich auf ein »Jenseits des Lebens« als das »absolute Aufhören von Sein« (912ff.).

Und *welche* begriffliche Realität hat denn das Nichts? Nur die des bestimmten Nichts, der Leere, des Noch-nicht und Nicht-mehr? Oder auch die eines Nichts, das nichts ist und sonst nichts, also nur im Begriff *ist*; das so »leer *von Sein*« ist, daß es nicht einmal mehr leer *ist*?

Warum das Nichts als Nichts nur im Sein auftauchen kann, fragt Sartre jedenfalls nicht. Etwa gerade deswegen, weil »im Nichts« nicht einmal »das Nichts« ist? Weil im

»Loch« des Seins nicht einmal mehr das »Loch« als »Loch« ist? Einen Nichtsbegriff, der zwar noch Begriff wäre, aber zugleich sagte, daß und warum das Nichts auch nur noch ein Begriff ist, kennt diese seinsgebundene Nichtsphilosophie jedoch nicht. Und warum würde das Nicht-sein nicht mit dem »totalen Verschwinden des Seins« seine Herrschaft antreten? Etwa gerade deswegen, weil zwar noch die Vernichtung, nicht aber das Nichts von irgendeiner Herrschaft mehr weiß? Wenn es zusammen mit dem Sein schwände, so wäre exakt nicht einmal mehr »das Nichts«, sondern nur noch – nichts. Und niemand könnte, niemand müßte das mehr sagen. Kurz, was man hier gegen Sartre in Erinnerung bringen muß, ist, daß in der Tat nur das Sein ist, aber das Nichts, gerade indem es *nicht ist*, ist, was es ist – nichts.

Noch deutlicher verseit der Nichtsbegriff, den Sartre Heideggers »phänomenologischer Auffassung des Nichts« entgegenstellt (71 ff.). Wie sehr sie ihrerseits schon verseit ist, sieht Sartre nicht.

Mit seiner gegenüber Hegel durchaus fortgeschrittenen »Theorie des Nichts« – so Sartres Einschätzung – versucht Heidegger einen Gesichtspunkt jenseits der Welt zu gewinnen, von dem aus die Welt ihre Konturen erhält. Einerseits entsteht das Dasein dabei als ein »Auftauchen des Seins im Nicht-sein«, andererseits »›steht‹ die Welt im Nichts ›aus‹« (73). Das jetzt unverhofft als »absolutes« (rien) firmierende Nichts gibt der Welt sogar derart dezidiert ihre Konturen, daß es die »Grenze des Seins« markiert, innerhalb dessen es zuvor nur auftauchen sollte, und die »Totalität« der Welt als solche trägt und einrahmt, gerade weil es außerhalb dieser Totalität bleibt (339).

Aber »dieses Nichts *ist* nichts außer der menschlichen Realität« (339 f.), auch wenn es *»sich«* noch so sehr »nichtet«. »Obwohl das Verb ›sich nichten‹ erdacht worden ist, um dem Nichts noch den leisesten Anflug von Sein zu nehmen, muß man zugeben, daß allein *das Sein* sich nichten kann« (80). Das Nichts ist kein aus eigener Macht »sich nichtendes Nichts«, »das Nichts ›wird genichtet‹«, und zwar in so unerhörter Weise, daß Sartre und seine deutschen Übersetzer schon einen Neologismus dafür bemühen müssen: »das Nichts *›wird geseint‹*.« Mehr kann das Sein wahrhaftig nicht vom Nichts verlangen, denn gleich ob »genichtet« oder *»geseint«* – als Nichts wird es so vernichtet, weil verseit.

Scheint es zunächst bei Sartre so, daß die notwendige Bedingung der Möglichkeit, nein zu sagen auf alle Fragen, zumal die existentiellen und ontologischen, »eine ständige Anwesenheit des Nicht-seins (...) in uns und außer uns« ist (63), so begründet das Nichts nun, anders als selbst bei Heidegger, keineswegs die Verneinung. Umgekehrt steckt im Nichts schon die Verneinung, und zwar eine, die es »als *Akt*« nur deswegen begründen kann, »weil es die Verneinung als *Sein* ist« (73 f.). Die »geborgte Existenz« des Nichts verdankt sich allein einem fortdauernden »ontologischen Akt« (172), der die Positivität des Seins nur zu brechen scheint, in Wahrheit bekräftigt. Damit ist auch Sartre wieder in den Heimathafen der Ontologie eingelaufen: Die ontologische Differenz von Sein und Nichts geht bei ihm womöglich noch deutlicher als bei Heidegger in ontologischer Indifferenz unter. Auch er entmächtigt das Nichts. Wenn das Nichts nicht *»geseint«* wäre, fiele es völlig – ja wem nun? etwa dem Nichts? – nein, dem Sein anheim (79). Denn dann wäre es überhaupt nicht – was eigentlich das Präziseste ist, was man über es sagen kann. Aber hier soll nun einmal das Nichts nicht nichts und um so mehr *»geseint«* sein.

Das Für-sich ist sein grundloser Grund. »Sich nichtend«, ist es das Sein, durch welches das Nichts als genichtetes zur Welt kommt und das Für-sich selber seine prekäre Existenz gewinnt. Sein Nichts ist kein »Nichts im allgemeinen«, kein Nichts überhaupt, kein Nichts schlechthin, sondern ein

Nichts, das in seiner Leere dem privativen Nichts der Tradition wieder verdächtig zu ähneln scheint. Aber gerade in der klaffend aufgerissenen Lücke der Nichtung, im »Loch des Seins« ereignet sich Positivstes: Es ist wie für die dialektische Tradition das altneue Wunder einer Schöpfung aus nichts. Grund seines geworfenen Seins kann das Für-sich zwar nicht werden, nur Grund seines eigenen Nichts. Sich nichtend aber gewinnt es sich als Freiheit. Und als Freiheit gewinnt es dem Nichts als dem seinen und *»geseinten«*, als dem nicht sowohl »privativen« als »privatisierten«, individualisierten, seine beste Seite ab. Wenn es auch nicht Herr des Seins wie weiland der Schöpfer ist, so doch immerhin Herr seines genichteten Nichts. Wie Stirners »Einziger« könnte Sartres Für-sich sagen: »Ich hab' mein' Sach' auf Nichts gestellt, mein Nichts.«

Gerade die Freiheit ist dem Nichts indessen so eng verbunden, daß sie weder dem Nichts noch sich gerne etwas nehmen läßt, und machte man ihr noch so viele Seinsversprechungen. Sie wird sich nicht auf ein moderiertes, verseites Nichts beschränken wollen. Deswegen wird sie weiterfragen: Warum kann das Für-sich überhaupt wählen? Wohin kann es sich überschreiten? Zwischen welchen Alternativen kann es entscheiden? Warum kann es radikal verneinen und wirklich und wahrhaftig Grund seines eigenen Nichts sein? Doch deswegen, weil das Nichts nichts ist, und zwar so schlechthin nichts, daß es am Ende nicht einmal mehr Nichtung und Ver-Nichtung ist. Denn noch die positivste, gerade die freieste Freiheit sucht und findet im Nichts nicht mehr und nicht weniger als – nichts.

5. KAPITEL

Das negativierte Nichts

Übergänge vom guten zum bösen Nichts. Ernst Blochs Heils- und Unheilslinie. Ontologie des Noch-Nicht-Nichts-Seins. Kältetod des Prinzips Hoffnung? Das »Beil des Nichts«. Christentum im Atheismus. Ein marxistischer Leibniz.

Das vergöttlichte Nichts-All der Mystik, das schöpferische Nichts der dialektischen Philosophie, schließlich das verseite Nichts des Fundamentalexistenzialismus stehen für Formen der Nichtsvergessenheit, die dem Nichts höchste Seinsgehalte zuschreiben. Doch so sehr bejaht das Nichts dabei auch scheint, wird es als solches verneint. Die Nichtsphilosophie will mit ihm auf das »Ganz Andere« als Platzhalter des noch lebenden oder schon toten Gottes hinaus.

Unverhohlener, direkter allerdings und auch weit populärer, obgleich in ihrer Zerrspiegelbildlichkeit unschwer als der feindliche Zwilling dieses Nichts erkennbar, diejenigen Formen der Nichtsvergessenheit, die es buchstäblich »schlecht machen«. Naheliegend genug; denn ist nicht das Wesen des Nichts naturgemäß das Negative? Der Wille zum Leben kann jedenfalls meist nicht anders, als im Nichts seinen Widerpart zu sehen, die Schwundstufe, die Entbehrungsform des Seins, den Feind des Lebens, Zerstörung und Vernichtung, kurz: das böse Nichts.

Dazwischen liegen Nichtsbegriffe, die Gegensätzlichstes vereinen wollen – mit der Konsequenz, daß das scheinbar so konturenlose Nichts nicht nur Charakter, sondern gleich mehrere Charaktere zeigt. Die marxistische Metaphysik Ernst Blochs bietet dafür ein bezeichnendes Beispiel. Mit ihren

»ontologischen Grundbegriffen« »Nicht«, »Noch-Nicht« und »Nichts« versus »Alles« versucht sie, Positivierung und Negativierung zusammenzudenken, gegen Heidegger und das ganze existenzialistische Gerede von Sein und Nichts, wie sie glaubt, und in der Tat in anderen Begriffen und mit anderen Akzenten, mit ihm aber übereinstimmend in Nichtsvergessenheit. Über alle ideologischen Fronten hinweg sind selbst sonst gegensätzlichste Geister eines Sinnes in der Tradition der Seinshörigkeit.

Am Anfang steht, wie erinnerlich (Prinzip Hoffnung 356ff.), das nackte, leere »Daß«; doch es ist zugleich das »Nicht« dessen, was es nicht ist. Dieses »Nicht« ist »nicht oder nicht mehr ein eigentliches. Es wäre sonst nicht einmal möglich, ein Wort für Nicht zu haben« (XIII 243): Auch Bloch läßt sich diese Paradoxie nicht entgehen. Unter keinen Umständen ist dieses »Nicht« mit dem »Nichts« zu verwechseln. »Nicht« und »Nichts« müssen vielmehr »zunächst so weit voneinander gehalten werden wie möglich« (PrH 356), denn dieses »Nicht« ist ein »Null an Haben«, das »bereits Nicht-Haben« ist. Das ganze »Abenteuer des Geschehens« (XIII 249) liegt zwischen »Nicht« und »Nichts«.

Das »Nicht« ist ein »Nicht-da«, das es nicht bei sich aushält. Es will weg aus dem leeren »Daß« und hin zu einem Etwas, das seinen Hunger stillen kann. So ist es »der Anfang zu jeder Bewegung«, das dynamische Moment im nackten »Daß«. So treibt es und gärt und gebärt es. Es ist noch leer, aber eben diese Leere ist erfüllt von einer Abneigung gegen die Leere, dem »horror vacui« der »natura naturans«, der schaffenden Natur, der sich denn auch bei Bloch als »originärer Daß- und Setzungs-Faktor«, als »intensiver Verwirklichungsfaktor« zeigt, die Welt in Gang bringend und nach den Gesetzen der »creatio continua« in Gang haltend. Das »Nicht« ist noch unbestimmt; und deswegen will es zu positiver Bestimmung. Kein Wunder, daß es geradezu einen

»Abscheu (...) vor dem Nichts« hat (PrH 356ff.), aus dem man unschwer den »horror nihili« Blochs vor dem vermeintlichen zeitgenössischen Nichts- Kult heraushören kann – vor einem Nichts, das für Bloch aber auch nicht etwa nichts, sondern etwas im höchsten Maße Negatives ist. Kurzum: Wie in der dialektischen Philosophie Hegels und der Hegel-Nachfolge das Nichts, so ist dieses »Nicht« das Vehikel schöpferischer Bewegung, eine produktive Kraft, eine Negation, die positivste Position kreiert.

Im »Noch-Nicht«, das auch das scheinbar rettungslos dem Nichts anheimgefallene »Nicht-Mehr« als noch nicht Erledigtes einschließen kann, gewinnt die immer noch relativ unbestimmte Negation bestimmtere Tendenz. Der Doppelcharakter des »Nicht« als Weg-von und Hin-zu, als Unzufriedenheit und Sehnsucht konkretisiert sich im utopischen Sichvorweg-Sein und zugleich in weitertreibender Negation, in »unberuhigter Verneinung« (360ff.). Nun gibt es plötzlich sogar eine unverhoffte Allianz zwischen »Nicht« und »Nichts«. Als Macht des Widerspruchs, welche die selbstgenügsame Immanenz zersprengt; als »Vernichtung inadäquaten Gewordenseins«, die zerstört, was wert ist, zu Grunde zu gehen; die völlig zu Recht auf die Schädelstätte des Nicht-Mehr-Seins befördert, was noch nicht das Wahre war; als Erschwerung der Evidenz der vermeintlichen Lösungen, der »faulen Apotheosen«, darf es eine Verbindung mit dem produktiven »Nicht« eingehen. In der altvertrauten Rolle der Negation der Negation, die in vermeintlicher Positivität versteckt ist, wird es dialektisch brauchbar. Erst am Ziel, in der Genesis am Ende, die den Grund des Anfangs gibt, soll sich entbergen, was einstweilen noch in vorgeschichtlicher Latenz liegt: das »Alles«, das »Hen kai Pan«, mit dem der marxistische Mystiker Bloch die Unio von Mensch und Welt und Natur, die Identität von Subjekt und Objekt umgreift. So die Heilslinie vom »Daß« über das »Nicht« und »Noch-Nicht« einschließlich eines produktiv gewordenen relativen »Nichts« zum »Alles«. Alle Negationen können Positivstes entbergen, wenn sie nur gehörig dialektisch vermittelt werden.

Es gibt aber auch die Möglichkeit einer Unheilslinie. Darüber hat sich selbst das Prinzip Hoffnung angesichts einer anhaltenden Vorgeschichte so belehrt, daß es keine »Zuversicht«, nur einen »Optimismus mit Trauerflor« gewährt, der prinzipiell enttäuscht werden kann. Diese Linie steht im Zeichen eines rundum negativierten Nichts.

Sie beginnt mit der Verabsolutierung des Sehnens im Hunger des »Nicht«. Anstelle der Sehnsucht nach Etwas steht dann zehrende Sucht, die gar kein Was mehr will. »Jagendgejagt«, *»entfremdet und unfrei, endlos in sich gebannt«*, geht die Sucht »allemal auf Nichtiges« und macht die *»Perpetuierung des Mangelns«*, das *»Fehlen des Was«* so sehr zum einzigen Was, daß sie »zuletzt das Nichts« setzt (XIII 252 ff.). Schopenhauers Wille, in der Tradition von Eduard von Hartmann das »Thelische«, das nichts weniger als teleologisch ist, sind die Ahnen dieser Sucht nach Nichts. Das verdinglichte Sehnen, das von keinen Zielen und Erfüllungen mehr weiß, ist die erste Negativierungsform des Nichts, die Perversion des produktiven »Nicht« durch dessen Totalisierung, ein Moloch, der alles verschlingt, weil er von nichts wirklich wissen will, ein *»dezidiertes«* Nichts (257).

Es kann aber noch schlimmer kommen. Denn auf der Schädelstätte der Geschichte, die immer mehr einer »Mördergrube« ähnelt, spottet das Nichts, nun verstanden als Vernichtung, zunehmend aller Rettungsversuche. Die »Antiklimax« von *»Krankheit, Chaos, Anti-Sinn«* kann münden in ein Nichts, das als Gegensatz des »Alles« das *»totale Umsonst«* wäre: nicht bloß dezidiertes, sondern definitives, »total negatives«, »absolutes Nichts« (PrH 363 f., XIII 255). In ihm wäre die Vernichtungspotenz allmächtig geworden. Den in Tendenz und Latenz befindlichen Weltprozeß würde es negativ beenden. Statt der Genesis am Ende, die den Grund des Anfangs entbärge, brächte es eine Apokalypse ohne messianisches Reich. So ist das Nichts eine »extrem gegenutopische Kategorie« (PrH 11). Die famose »Ontologie des Noch-Nicht-Seins« schrumpft auf eine Ontologie des Noch-Nicht-Nichts-Seins.

Den kosmologischen Ausdruck für die Gefahr aller Gefahren bietet die Entropie, der Kältetod des Weltalls, in dem der Wärmestrom des »Prinzips Hoffnung« erstürbe. Die den Lebenden schon bekannte Form ist der Tod als »Beil des Nichts« – der Exitus buchstäblich als Exekutive des Nichts. Er ist, wie die Entropie es wäre, für Bloch das Negative im wertenden und ontologischen Sinn schlechthin. Bemüht, den utopischen Gehalt noch des »Wunschbilds Nirwana« zu heben, sieht Bloch zwar, daß statt der üblichen Todesangst die Lebensangst das *»absolute* Nichts« als »Wunschüberwindung des *wertlosen* Nichts« des Lebens und des *»betrügerischen* Nichts« des bloß scheinbaren Todes wollen kann (Pr.H 1343). Aber er kann sich sofort beruhigen: Auch das »Nirwana« meint als das »Ruhe-Novum« nur eine andere »Unsterblichkeit ohne Sterblichkeit und Unsterblichkeit« im üblichen Sinn.

Bloch ist und bleibt ein Tod-Feind. Deswegen gelten die utopischsten Spekulationen des »Prinzips Hoffnung« der Todüberwindung. Der Tod als »Beil des Nichts« – das ist die erlittene Vernichtung. Hamlet, der bei Shakespeare sowohl an der Nichtigkeit des sterblichen Lebens leidet wie daran, daß er des Nichts nicht sicher ist, leidet bei Bloch folgerichtig nur »am Nichts«. »Vom Nichtsgedanken ist er angekränkelt« (Leipziger Vorlesungen, Ffm. 1985, IV 237). Blochs »militanter« Optimismus visiert das Nichts »feindselig« an (XV 238).

Ja, die Hölle, das Satanische, das Böse, mehr: das Urböse muß als mythologische Chiffre für das absolute Nichts bei einem gläubigen Marxisten dienen, der entschlossen ist, den

Nihilismus mit dem Prinzip Hoffnung zu überwinden. »Das Satanische ist (...) die gänzliche Nihilierung« (Pr H 1532 f.). Blochs Atheismus ist dezidierter Nicht-Nihilismus. Ja, das latente Christentum im Atheismus statt des verheißenen »Atheismus im Christentum« ist so mächtig, daß alle Tintenfässer dieser Welt nicht ausreichen, den Teufel so schwarz an die Wand zu malen, wie ein negativiertes Nichts gemalt zu werden verdient. Der verkappte Dualist im Dialektiker Bloch setzt sich so durch, daß er das Nichts fast zu einem Gegenprinzip macht.

Der Schrecken darüber muß aber dem Maler selber in die Glieder gefahren sein. Denn zugleich trägt er Sorge dafür, daß die Schwärze nicht überhand nimmt. Nun zeigt er, daß mit der geschrumpften Ontologie des Noch-Nicht-Nichts-Seins auch Trotz einhergehen kann. Selbst das angeblich »absolute«, »total negative«, »gegen-utopische« Nichts des »totalen Nihilismus«, tröstet Bloch die Kinder des Prinzips Hoffnung, liegt nicht etwa uranfänglich der Welt »nichtend zugrunde«. Es ist auch nicht die doppelte Nacht vor und nach dem »Tag des Seins« (Pr H 11). Es kann vielmehr nur voreilig absolut gesetzt werden. Wohl nährt sich seine Mächtigkeit aus dem *»ungewonnenen* Weltprozeß«: »Es frißt an der Zeit, die sich erfüllen will« (XIII 256). An sich selber aber hat es weder Sein noch Zeit. Es gibt nur eine »negative Geschichtsphilosophie des Nichts« (XIII 256).

Überhaupt gibt es keine unabhängige Ontologie des Nichts. Denn immer und überall bleibt das Nichts sekundär, geboren aus dem »Nicht-Haben«, und noch als »Nichts-Haben« bloß eine »Gegenart Haben« wie noch als »Nichts-Sein« eine »Gegenart Sein«. »Sein« bleibt stets »der übergreifende Begriff«. Und zwar nicht einfach das »Sein *überhaupt*«, sondern das *»positive* Sein« (XIII 252). Dieses, nicht etwa ein auf die doppelte Negation geschrumpftes Nicht-Nichts, ist der Gegenbegriff zum entmächtigten Nichts. Die Gleichungen der Konversionsontologie und ihre Steigerungen gelten auch für Bloch: Je seiender, desto positiver; je positiver, desto seiender. Von einer negativen Ontologie à la Schopenhauer will er nichts wissen. Daß das böse Nichts bei aller Potenz dem guten Sein stets untergeordnet bleibe; daß es nie den Rang eines Prinzips gewinnen könne, verkündet vielmehr die im Zeichen des »Prinzips Hoffnung« firmierende neue Theolosophie.

Wenn das Nichts gleichwohl geschichtlich im Vormarsch ist und der Nihilismus zu reüssieren scheint, dann treibt gerade das die Herausbringung des Utopischen dialektisch voran. Je schlimmer, desto besser also? Das nun gerade nicht. Aber je drohender das Nichts, um so drängender doch das »Alles«: so die fast magische Beschwörung der Entscheidung im sich zuspitzenden Welt-Krieg zwischen Sein und Nichts. Dieses darf sich solange in all seiner Negativität geltend machen, wie es als *»verwendet-besiegtes«* (fast in alliterierender Nachbarschaft zu Heideggers »Verwindung« der seinsvergessenen Metaphysik) »zum Besten dient« (Pr H 362 f.): so die Geschichtsmetaphysik Blochs, der die Rolle eines marxistischen Schelling mit dem Loblied auf das Beste im ganzen überbietet als marxistischer Leibniz.

In diesem Rahmen darf sogar ein entschiedener Nihilist wie der von Hegel als Exponent des »nur Negativen« geschmähte Mephisto seinen luziferischen Beitrag zum Weltprozeß leisten (Pr H 1239, XIII 78). Denn auch er muß, »als Teufel, schaffen« und »zum Besten dienen«, auf daß in der Genesis am Ende jenes der Konversionsontologie entlehnte »Fülle-Sein« (XIII 256) herrscht, das einstweilen nur der »schöne Augenblick«, solange er verweilt, verspricht. Und »der Herr« kann sich freuen, daß selbst ein Atheist, der ihn seinerseits dem »Beil des Nichts« überantwortet, den Geist, wenn auch nicht den Buchstaben der Theodizee erneuert mit einem geschichtsmetaphysischen Kirchenlied.

5.1 Das verteufelte Nichts

Mephisto, der Sohn des Nichts. Das Nichts wird böse. Der Mephistophelismus des 19. Jahrhunderts. Carl Daubs satanisiertes Nichts. Die Heilige Allianz gegen das Nichts. Die Seinsliebe wäscht ihre Hände in Unschuld.

Aber wird sich denn ein Mephisto an diese Rolle halten? Oder wird der berühmteste Teufel der Weltliteratur nicht seine diabolische Freude darin finden, wie Gott der zu bleiben, der er ist: der herausragende Platzhalter eines buchstäblich »verteufelten« Nichts?

In dieser Rolle sind ihm freilich problematischere Eigenschaften zuzuschreiben, als man sie meist wahrnimmt, wenn man sich an seiner Boshaftigkeit delektiert. Mephisto entpuppt sich in der Tat als der, als »das Böse«.

Die höhere Dramaturgie des Goetheschen Welt-, Über- und Unterwelttheaters integriert Mephisto zunächst als eine Art von negativistisch nörgelndem Hofnarren in den Hofstaat des göttlichen »Herrn«. Zu Anfang wie zu Ende ist er eine entmächtigte Macht. Der Autor des »Faust« ist kein Dualist, kein Manichäer, der dem Teufel den Rang eines gleichgewichtigen Gegenprinzips einräumte. Die Satansmesse der Walpurgisnacht, die diesen Eindruck vermitteln könnte, wird in die »Faust«-Paralipomena abgedrängt.

Mephisto selber annonciert sich als »einen Teil von jener Kraft, die stets das Böse will und stets das Gute schafft« (v. 1335 f.) – als ob er Spezialist für positive Dialektik wäre. Die Frommen im Lande haben sich denn auch diese famose Formel vom Guten des Bösen in ihrer Zitatkultur nie nehmen lassen. Aber man darf selbst einem Teufel nicht alles glauben. Warum sollte er so bereitwillig abdanken?

Nach seiner durchaus anspruchsvolleren, der Theogonie Hesiods folgenden Selbstdeutung ist Mephisto »... ein Teil des Teils, der Anfangs alles war,/Ein Teil der Finsternis, die (Subjekt!) sich das Licht (Objekt!) gebar« (1349f.), des uranfänglichen »Chaos vielgeliebter Sohn«, »in Nacht geboren, Nächtlichem verwandt« (8010 und 8027). Sieht man davon ab, daß Mephisto gelegentlich Rückfälle in die biblische Version seiner Entstehungsgeschichte erleidet (»Uns hat er in die Finsternis gebracht«, 1783), ist also selbst der Dualismus von Licht und Finsternis sekundär. Am Anfang war nicht das göttliche »Wort« oder der »Sinn«, die »Kraft« oder die »Tat«, von denen Fausts scheiternder Übersetzungsversuch des Anfangs der johanneischen Frohen Botschaft spricht, sondern »die Nacht«, »Mutter Nacht«. Und am Schluß stellt sich nur das »reine Nicht« wieder her, das am Anfang war. Mit dem nichtig Geschaffenen ist es dann so gründlich »vorbei«, als ob es nie gewesen und das »reine Nicht« das »Ewig Leere« geblieben wäre. Wenn Goethe in seinem eingangs zitierten Gespräch mit dem Kanzler von Müller am 19. Oktober 1823 behauptet, »es sei einem denkenden Wesen durchaus unmöglich, sich ein Nichtsein, ein Aufhören des Denkens und Lebens zu denken«, so spricht daraus zwar seine Todesfurcht, sein kontraphobischer Unsterblichkeitsglaube, der sich mit dem erkenntnistheoretischen Leib- und Magensatz der nichtsvergessenen abendländischen Ontologie über die Undenkbarkeit des Nichtseins bestens verbünden kann. Aber das hat Goethe nicht gehindert, einen Mephisto zu schaffen, der sich nicht bloß das »Aufhören«, sondern sogar das »reine Nicht« denken kann.

In seiner »vollkommenen Einerleiheit« zeigt dieses auch nichts von den bösen Vorzeichen, die guter Glaube ihm angedichtet hat. Ja, mit dem »reinen Nicht« redet mephistophelischer Scharfsinn fast schon wie ein logischer Analytiker, dem daran gelegen ist, die reine Negation und sonst nichts auszudrücken. Mit Hegels coproduktivem, mit Blochs gärend-gebärendem »Nicht« hätte er sich jedenfalls nicht anfreunden können. Kurz: Mephisto weiß sich als Teil einer Finsternis, die sich keineswegs als Abfall von der Fülle des Lichts, als Defekt des Seins, vielmehr als ungetrübtes »Nicht« begreift. Er ist, wenn man so will, ein Muttersohn, aber was für einer!

Mit der Licht-Geburt indessen, einer Mißgeburt, ist es – so Mephistos umgekehrter Paradies- und Sündenfall-Mythos – zu Spaltung und Streit gekommen. »Das stolze Licht« macht nun »Mutter Nacht« Rang und Raum streitig (1351 f.). Sollte man unter diesen Umständen nicht statt des Teufels das Licht »luziferisch« nennen?

Wie auch immer: Das »Etwas«, diese »plumpe Welt«, die sich seitdem »dem Nichts entgegenstellt«; deren unzureichender Grund sich in der anfänglichen Nacht verliert, schillert in zwiespältigen Qualitäten, die dem Teufel ebenfalls verschiedene Rollen zuteilen. Einerseits ist das »Etwas« nichts wert – im doppelten Sinn: es ist nichtig, zumal »sub specie mortis«; und es ist des Nichts wert. Diesem »Etwas« und seinem Schöpfer, der nun statt der uranfänglichen Nacht für die Spottgeburt des Daseins verantwortlich gemacht wird, tritt Mephisto als »stets verneinender Geist« entgegen. Die Gaben des »Herrn« wandelt er »kalt und frech« »mit einem Worthauch«, der das Wider-Wort zum schöpferischen »Logos« ist, »zu Nichts« (3244 f.). Auf der Erde ist ihm ewig »nichts recht« (295). Nur das Nichts wäre ihm recht.

Andererseits ist die »plumpe Welt« von einer penetranten Beharrungskraft, ja, von einer hybriden Kreativität, der selbst ein Mephisto nur schwer beikommen kann.

»So viel als ich schon unternommen,
Ich wußte nicht ihr beizukommen, (...)
Und dem verdammten Zeug, der Tier- und Menschenbrut,

Dem ist nun gar nichts anzuhaben:
Wie viele hab' ich schon begraben!
Und immer zirkuliert ein neues, frisches Blut« (1365 ff.).

So sieht sich der Teilhaber des anfänglichen und des finalen Nichts nicht bloß als Verneiner, sondern als Vernichter gefordert, als – aktiver Nihilist. Dem Nichtigen gegenüber, das hartnäckig simuliert, zu sein, bis der Tod ihm sagt, was es ist, ist das, was die Menschen »Sünde, Zerstörung, kurz das Böse« nennen (1342 f.), das »eigentliche Element« der Wahrheit und der Wiedergewinnung des anfänglichen Nichts. Mephistos Doppelrolle ist die Offenbarung der Nichtigkeit des »Etwas« und die Annihilierung der verfehlten Schöpfung zugleich.

Das »Etwas« und seine Anwälte in höheren Regionen lassen sich freilich nicht abhalten, ihn weiterhin das zerstörerische Böse zu nennen. So wenig Faust sich zum Beispiel bei seinem abgebrochenen Selbsttötungsversuch vom Gefahrenbild des Nichts schrecken läßt, so identifiziert er doch den Teilhaber des anfänglichen Nichts unverzüglich als Vernichter, welcher der »ewig regen, heilsam schaffenden Gewalt« die »kalte Teufelsfaust« entgegensetzt (1359 ff.). Und die Konstruktion des Dramas gibt ihm recht damit: Sie zeigt Mephisto tatsächlich als »Widerdämon«, der mehr als bloß »das Böse will«. »Gutes zu Bösem« umzuwenden (9073), das Sein wieder in Nichts zu verkehren – das ist vielmehr seine Absicht. Wie von Günther Anders' »Kosmologischer Humoreske« ausfabuliert, ändert das anfängliche, konkurrenzlose Nichts jetzt, freilich auch erst jetzt, in der Reaktion auf die hybriden Prätentionen des »stolzen Lichts« und die Penetranz des »plumpen Etwas«, seinen Charakter: Mephisto wird der Exponent eines zur Macht der Vernichtung gewordenen reaktiven Nichts, eines Nicht-Mehr, welches mit dem »Etwas« und seiner »Brut« auch das Noch-Nicht vernichten will.

Dieser teuflische Charakter Mephistos, damit das Wesen des von ihm verkörperten Nichts, läßt sich an der Zerstörungsspur ablesen, die er als praktizierender Nihilist in der Tragödie hinterläßt: Alles soll wieder »zu Grunde« gehen. Der Weg dazu kann wie im zweiten Teil direkt über Parteienhaß und Krieg, Mord und Zerstörung führen. Der erste Teil wählt den diabolisch-indirekten und um so wirksameren über das Leben – eben jenes Leben, das so sehr dem Nichts den Raum streitig zu machen scheint. Das Leben ist der sicherste Weg ins Nichts. Am liebsten hält sich Mephistos Nekrophilie an »die vollen, frischen Wangen« (320): Das Leben hat Liebe im Leibe. Doch wenn die Liebe erst einmal Leben im Leibe hat, endet es zuverlässig im Tod.

Mehrere Leichen säumen folgerichtig den Lebensweg, den Mephisto als Liebesmakler im ersten Teil für Faust arrangiert (im zweiten kommt das alte Liebespaar Philemon und Baucis hinzu): die des Gretchen-Bruders Valentin, des von Faust empfangenen Kindes und Gretchens selber. Sie, die bei Mephisto von Anfang an spürt, daß er »an nichts keinen Anteil nimmt« (3488) – so ihre doppelte Verneinung ohne Bejahung – widersteht ihm, dem Bösen, instinktiv, ohne verhindern zu können, daß sie sein Opfer wird. Fausts Zerschlagung der »schönen Welt« konkretisiert sich nach der Anleitung Mephistos als Zerstörung Gretchens. Sie soll mit ihm »zu Grunde gehn« (3365) – zum wiederholten Mal fällt das Leitwort von Mephistos aktiv-nihilistischem Programm.

Die statistische Auskunft des Zynikers, Gretchen sei »die Erste nicht«, begreift den Fall als Regel; die ganze Welt ist ja nur alles, was der diabolisch arrangierte Fall ist, wie es zuvor die Gnosis vom demiurgischen Machwerk wußte und Wittgenstein es hernach in der Form eines »Tractatus logico-philosophicus« kühl aussprechen wird. Der faustische Unmensch ist zwar noch so menschlich geblieben, daß ihm die Statistik nicht helfen kann; bei allem Drang zur Totalität hängt er dem Besonderen, dem »Etwas« an. Eben damit aber erreicht der Protagonist des Nichts, worauf er es abgesehen hat: daß das »Etwas« selber wieder ins Nichts will. Fausts Widerruf seiner Geburt ist nur vom Standpunkt höherer »Herren« ein Schuldbekenntnis. Für Mephisto bedeutet er die in seinem Sinn zur Vernunft gekommene Selbstaufhebung dessen, was besser nie gewesen wäre.

Allerdings darf Mephisto damit nicht recht behalten. Mit der Rettung Gretchens und Fausts steht er am Schluß beider Teile als betrogener Betrüger da. Die »schaffende« wird als rettende Gewalt gleich zweimal so tätig, daß sie *sich* bestätigt, indem sie die irregehenden, aber strebenden Menschen der Macht des Negativen entwindet und in den erlösten »Allverein« (11807) heimführt.

Für Mephisto sieht die Abschlußbilanz dementsprechend düster aus: wollte er das »Etwas« als müßige Episode verstehen, die es mit seiner tätigen Hilfe zu beenden galt, so wird jetzt die sich über ein ganzes Welttheater erstreckende Herrschaft des Nichts als bloße Episode der Schöpfungs- und Heilsgeschichte relativiert. Es bleibt substanzlos-ohnmächtiges, nichtiges Nichts.

Das »Faust«-Drama, symptomatisch für eine ganze Tradition der Nichtsvergessenheit, verteufelt und entmächtigt also zugleich das Nichts. Im Prädikat eines »verteufelten Nichts« klingt zwar auch Anerkennung an: Nur schwer kann man sich der Anziehungskraft dieses Nichts entziehen, zumal, wenn ihm jene Kombination an Witz, Geistreichtum und auch Unterhaltungswert mitgegeben ist, mit der Goethe seinen Mephisto so großzügig ausgestattet hat. In der Rollenprägung durch einen – freilich bis zur Kollaboration mit höheren Herren – welterfahrenen Zyniker wie Gustaf Gründgens ist dieses anziehend-verteufelte Nichts nur zu sich selbst gekommen. Außerdem wird dem so überzeugend inkarnierten Nichts eine Selbstauslegung eingeräumt, die es als »reines Nicht«, mephistophelisch gesagt: als »nihil immaculatum«, von jeder Diskriminierung freispricht. Wenn es sich doch einmal befleckt, dann mit dem Sein. In seinem Zeichen wird die Hierarchie der Lichtmetaphysik umgekehrt.

Doch in diesem »reinen Nicht« spricht sich keineswegs Mephistos wirkliches Wesen aus. Als Gegenspieler der schaffenden, erhaltenden und rettenden Gewalt wird er stigmatisiert. »Nichtswürdig«, des Nichts würdig, wie ihm das »Etwas« scheint, wird er zu Recht von Faust genannt. Der »Schaden« ist seine »Lust«, Vernichtung, »in tiefverruchten Stunden ... menschlichem Geschlecht« ersonnen (11689f.), das teuflische Metier par excellence. In diametralem Gegensatz zum vergöttlichten Nichts der Mystik, das aus Allem nur deswegen Nichts macht, um dem Nichts Alles abzugewinnen, wie Faust es mit der mystischen Grundformel ausspricht (6256) und der »Pater Ecstaticus« es als Vorsänger diverser seliger und mystischer Chöre anstimmt (11862ff.), geht Mephisto das Nichts buchstäblich über alles. Als negativer Mystagoge führt er es wieder nach Kräften herbei. So bedauerlich das auch für einen derart attraktiven Nihilisten sein mag: Von Gottes und Goethes Gnaden ist Mephisto am Ende doch nur der Protagonist eines dämonisierten Nichts, des Willens zur Verneinung, der Macht der Vernichtung, die es ihrerseits zu vernichten gilt.

Wie wirksam diese Rollenzuschreibung ist, läßt sich an der tief ambivalenten Haltung des Zeitalters zum Mephistophelismus ablesen. Von Schopenhauer bis Nietzsche und weit über sie hinaus macht sich die Zitatkultur des 19. Jahrhunderts immer wieder mit Mephistos prägnanten Versen auf die Nichtigkeit und Nichtswürdigkeit alles Entstehenden ihren Reim. In der Rolle Mephistos wird der Nihilismus sogar so tolerabel, daß er immerhin zum geistigen Probehandeln taugt. Doch die partielle Identifikation findet ihre Grenzen in dem Bewußtsein, daß Verneinung und Vernichtung weder das erste noch das letzte Wort, geschweige denn die abschließende Tat sind. Schopenhauers Wiederentdeckung des »Ganz Anderen« im Rücken des Nichts zeigt das klar. Und Nietzsche verurteilt die »Ver-Nichtsung durch das Urtheil« und die »Ver-Nichtung durch die Hand«, die präzise Doppelformel für den Mephistophelismus, zu – Ver-Nichtsung und Ver-Nichtung.

Will man das verteufelte Nichts indessen nicht nur in seinem poetischen und philosophischen Abglanz kennenlernen, so sucht man es besser auf seinem angestammten theologischen Terrain auf. Hier hat einer der heute vergessenen Zeitgenossen Mephistos: der protestantische Heidelberger Theologieprofessor Carl Daub mit seiner voluminösen Schrift »Judas Ischarioth oder das Böse in Verhältniß zum Guten« (Heidelberg 1816/8) eine monströse antimephistophelische Beschwörung veranstaltet. Sie gewinnt ihrerseits fast diabolisches Format.

Die Verbindung von Bösem und Nichts in der Vernichtung wird von Daub noch abgründiger als um die gleiche Zeit von der Theosophie Franz von Baaders gesehen – so abgründig, daß kaum noch der Begriff eines verteufelten Nichts hinreicht; es muß ein satanisiertes Nichts sein. Daub weiß: »*der Satan haßt das Seyn*, und besonders darin erkennt man ihn (...), daß er Alles, was ist und wird, in Nichts verwandeln, zu Nichte machen, zerstören, vernichten will« (1. Heft 109). Über die perverse Psychopathologie des satanischen Lebens weiß Daub genauestens Bescheid: Es herrscht das Prinzip Destruktion; aus Seinshaß resultiert Nekrophilie. Bestrebt, »Nichts in Alles zu bringen, und das Weltall zu vereiteln« (140), ist Satan das »absolut unvernünftige und unnatürliche«, weil schöpfungsfeindliche Wesen. »Der Teufel (...) ist nicht das Erschaffen, sondern das Vernichten – nicht das Erhalten, sondern das Zerstören« (2. Heft 446).

Sein Wille zur Vernichtung reicht so weit, daß auch im Denken das Sein zu Nichts gemacht werden soll. Destruktion ist der eigentliche Impuls hinter jeder Form geistiger Verneinung, nicht etwa bloß ihre Wirkung: Der verneinende Geist ist der wahre Praktiker der Zerstörung. Ex negativo kommt der Primat des Geistes wieder zu fragwürdigen Ehren: »Das Verneinen, gegründet im Nichtseyn, hat zu seinem Princip das Vernichten, die verneinende ist in ihrem Ursprung die alles zu vernichten strebende Macht; der Teufel (...) hat sich als Satan zu seinem Urheber: mit dem das Nichtseyn Wollen beginnt ungetheilt und unzertrennlich das ein Nichtseyn Denken, mit dem Streben, alles zu vernichten, das Verneinen« (421).

Die historische Probe aufs nihilistische Exempel bleibt nicht aus: »Das Seyn durch Nichtseyn, das Leben durch den Tod, das Licht durch die Finsterniß bedingend und beschränkend«, denkt der verneinende Geist als »Zeitgeist« in der eigentlichsten Bedeutung des Wortes, das heißt als zeitlich limitierender, beendigender Geist, das »Etwas (...) nur vom Grund des Nichtseyns und um des Nichts willen« (438).

Der wieder fromm gewordene Friedrich Schlegel liefert in seinen »Philosophischen Vorlesungen« die Illustration dazu: »Das Verneinungssystem«, in der Epoche der Revolutionen real geworden, ist nichts anderes als »philosophischer Satanismus« (ed. Windischmann II 497). Das mag in der Tat für das im Zeichen des »être supreme« operierende System des Tugendterroristen Robespierre gelten. Aber auch das coproduktive Nichts der Hegelschen Logik, das schöpferische Nichts des Linkshegelianismus hat sich nun unwiderruflich ins Böse verwandelt. Die Trinität von Gott, Sein und Bejahung formiert jene Heilige Allianz im Dienste des Status quo, in deren Dienst der philosophisch-politische Anti-Satanismus Carl Daubs und Friedrich Schlegels denkt.

Für Daub ist es freilich mit einer diesseitigen Demagogenverfolgung noch nicht getan. Er besorgt die Exekution des Satanismus so gründlich, daß die von der christlichen Liebesreligion inspirierte Seinsbejahung in ein eigentümliches Licht gerät. Obwohl das »*in sich* Böse« das »Etwas« nur vom »Grund des Nichtseyns und um des Nichts willen« denkt, ist es seinerseits »ein Etwas, (...) Position in der Negation« (1. Heft 142). Gerade deswegen müssen Verneinung und Vernichtung auch den Negierer selber erfassen. Das ist der Grund, warum Daub das Böse im Namen des satanisierten Christusverräters und Selbstvernichters Judas Ischarioth denkt. Der Selbstmord ist die sozusagen logische selbstdestruktive Wendung des verneinenden Geistes. Er »entsagt aller Liebe zum Guten: Sie geht in ein ewiges Verkennen und Hassen des Guten, hiemit zugleich geht seine Liebe zum Bösen in den Haß des Bösen über, und erreicht seine Verzweiflung den höchsten Grad; des Tages Licht, die Schöpfung und ihren Urheber hassend, und das Böse, dessen Grund und sich selber verabscheuend, bringt er sich um; so daß in diesem Selbstmord der durch den Gottes-Haß bedingte Selbsthaß des Satans, welchem dieser Selbstmörder gleich geworden, geschichtlich vor Augen liegt« (1. Heft 170). Wie großmütig war Goethe noch mit Mephisto verfahren, indem er den betrogenen Betrüger am Schluß bloß einer selbstironischen Selbstkritik überließ. Doch einem frömmeren Mann wie Daub genügt das nicht. Er muß den Satan und seinen menschlichen Platzhalter gleich in den Selbstmord treiben.

Nun könnte auch die zur Selbstvernichtung fortschreitende Negation noch ein halbwegs gnädiges Ende finden, indem sie überhaupt ein Ende fände; das wäre eigentlich die naheliegende Konsequenz. Wer freilich so wie Daub auf dem Boden der Liebe zum Sein denkt, für den schließt die Logik der Vernichtung und Selbstvernichtung ein ewig unseliges Sein nicht aus. Das war seit je die Pointe einer Liebesreligion gewesen, deren Sadismus im Satanismus sein bevorzugtes Objekt und seine Projektionsform fand. Der »Quäler und der Gequälte« (Schopenhauer) sind auch in diesem Sinne eines. Derjenige, der, »wie der Satan, Gott und die Schöpfung haßt«, wird »dazu verdammt, sich selber, den Satan und seine Werke zu hassen, ohne doch von ihm und ihnen lassen zu können« (169). Und über ihn kann beruhigt ein »Urtheil der Verdamniß« gefällt werden, »ohne selber ein verdammliches zu seyn«. Das kann man wohl eine elegante Exekution nennen. Der Richter muß sich die Hände nicht schmutzig machen.

So kommt es bei Daub zu dem schönen Resultat, daß der Erzfeind alles Seins einschließlich des eigenen dem Sein auf ewig nicht entgeht. Nicht sowohl krank als böse zum Tode ist er, ohne sterben zu können. Die Satanisierung des Nichts als des »Prinzips Destruktion« geht einerseits so weit, daß es nicht einmal sich selber schont. Doch um keinen Preis darf es das so folgerichtig tun, daß es sich selber ins Nichts entkommen könnte. Daubs satanisiertes Nichts ist am allerwenigsten – nichts.

Fatale Aussichten also für alle Erzfeinde des Seins. Unfreiwillig hat Daubs Kritik des Mephistophelismus die nötige selbstkritische Selbstverneinung freilich gleich mitgeliefert. »Das Nichts nemlich für Nichts anzuerkennen, und somit wenigstens in der negativen Wahrheit zu seyn, ist ihm, dem Sohne des Nichts, unmöglich, er muß dasselbe als Nichts, das Etwas sey, denken« (2. Heft 447). Doch diesem Zwang unterliegt der »Sohn des Seins« offenbar in noch höherem Maße. Verneinung und Vernichtung des »philosophischen Satanismus« müßten nur etwas konsequenter das Nichts als Nichts denken, um »in der negativen Wahrheit zu seyn«.

5.2 Das beraubte Nichts

Augustinus rettet sich vor dem Dualismus. Völliges und Beinahe-Nichts. Der unendliche Mangel an Sein. Ganz unten. Das höllische Ende der Konversionsontologie: Die Ewigkeit des verdammten Seins. Ein kinderlieber Kirchenvater. Nur Leibniz läßt Gnade walten.

Das verteufelte Nichts hat den Vorzug, daß es einen Feind und einen Schuldigen präsentiert. Aber es birgt auch die Gefahr, daß es zum dualistischen Gegenprinzip avanciert. In Mephistos Mythologie des anfänglichen Anfangs liegt das »reine Nicht« selbst dem Dualismus von Licht und Finsternis voraus. Hier sind Reduktionstechniken erfordert, die das Nichts entmächtigen, ohne es deshalb gleich ganz zu vernichten. Am besten ist es, wenn sich die böse Macht der Seinsberaubung selber als beraubtes, bis zur Kümmerlichkeit vermindertes und verarmtes Sein entpuppt. Denn gibt es etwas Präziseres als die Aussage, daß das Nichts ein Mangelzustand sei? Geringeres als das Nichts läßt sich doch nicht denken: Es fehlt dem Nichts einfach an allem, was irgendwie, geschweige denn wahrhaft ist.

Dieser Reduktionsabsicht kommt der Begriff der »steresis«, der »privatio«, der »Beraubung«, mit dem die griechisch-christliche Konversionsontologie seit ihren Anfängen den »defizienten Modus« des Seins zu diskreditieren versucht, vorzüglich zustatten. Der in diesem Sinn räuberisch begabteste und einflußreichste Kirchenlehrer ist Augustinus. Als Renegat muß er sich mit einer Deutlichkeit, die keinen Zweifel läßt, von der Ketzerei distanzieren, der er angehört hat: dem manichäischen Dualismus. Der hatte nach seiner Deutung aus dem Nichts ein Etwas, und nicht bloß ein Etwas, sondern eben ein satanisiertes Gegenprinzip gemacht. Auch bei dem bekehrten Augustinus klingt das noch so weit an, daß er dem höchsten Wesen, »dessen Schöpfermacht alles, was ist, das Sein verdankt« (De civitate Dei, ed. Thimme XII 2), »das Nichtseiende« entgegensetzt. »Denn dem, was ist, steht das Nichtsein gegenüber.« Doch dieses ist und hat »kein Wesen«. Augustinus nimmt ihm die manichäische Selbstmächtigkeit und das Selbstsein; er entsubstantialisiert es. Er macht aus ihm, was er selber nach seiner Konversion zum Konversionsontologen ist: Das Nichts ist der Kastrat des Seins.

In seinen Vorträgen zum Evangelium des Johannes, bei dem er klarer zu sehen scheint als der scheiternde Bibelübersetzer Faust, verwahrt er sich folgerichtig gegen das Mißverständnis, den Satz: »Ohne das Wort ist nichts geworden«, so aufzufassen, als ob das Nichts etwas sei (ed. Specht I 13). »Nichts«, so der Kommentar »Über den Wortlaut der Genesis«, wird das genannt, »was es überhaupt nicht gibt« (ed. Perl II 71). Die Situation ist klar: Der absoluten Souveränität Gottes korrespondiert das absolute Nichtsein des Nichts. Vor der Schöpfung war Gott »und sonst nichts«, »überhaupt nichts«; denn Schöpfung ist Schöpfung aus Nichts – erst mit ihr wird »aus dem Nichts ein Etwas gemacht« (Confessiones, ed. Thimme XII 3ff.).

Mit der Schöpfung allerdings hat sich die Situation einschneidend verändert. Wie dann bei Mephisto, wenngleich mit ganz anderen Vorzeichen, ändert das anfängliche Nichts mit dem Auftritt des Etwas seinen Charakter, nur daß es bei Augustinus nun nicht die Macht der Vernichtung, sondern die Ohnmacht des minderen Seins repräsentiert. Jetzt gibt es Seiendes, das auf Grund seiner Herkunft aus Nichts und der Vorgabe, daß sich Schöpfer und Geschöpf unterscheiden müssen, mit Nichts gemischt ist; jetzt gibt es zwischen Gott und dem »völligen Nichts« das »Fast«-, das »Beinahe-Nichts«.

Das ist die Form, in der das Nichts innerhalb der Schöpfung begegnet. Da bezeichnet es einen Zustand, der durch Mangel, Hunger, Leere, Nacktheit, Beschränktheit, Endlichkeit, die Finsternis als das »Fehlen des Lichts«, die Leere als Abwesenheit der Fülle, das »Haben« eines »Nicht-Habens« gekennzeichnet ist. Das »Fast-Nichts« ist ein verarmtes, begrenztes Sein – unendlich von göttlicher Seinsvollkommenheit unterschieden. Es unterliegt der Zeit und dem Wechsel, schließlich der »Beraubung des Lebens, die Tod genannt wird« (Über den Wortlaut der Genesis, 11 17). Seiner hinfälligen Natur wohnt eine unverhohlene Tendenz ins völlige Nichts inne. Vor allem aber ist es anfällig für die Sünde, das Böse, »die Ursache, durch die der Mensch das, was er liebte«: das Leben, verliert.

Das Böse wiederum als »Mangel des Guten« ist gleichfalls nichts wahrhaft Seiendes. In diesem Sinn ist »die Sünde nichts, und nichts werden die Menschen, wenn sie sündigen« (Vorträge über das Evangelium des Johannes 1 13). Böses wie Nichts werden als verarmte Seinsformen verstanden. Diese Doppelbewegung ist entscheidend. Die Sünde, das Böse wird in dem Maße nichts, wie das Nichts moralisiert und zugleich depotenziert wird. Denn die Seinsminderung des Bösen wie die Beraubung des Nichts gestatten Augustinus, die göttliche Seinsordnung von der nachhaltigeren Befleckung mit einem Makel freizuhalten, der seinerseits seiend wäre. Die moralische Nichtswürdigkeit und das minderwertige Nichts gehören als Minderseiendes zusammen: »(...) die Mutter aller Laster ist nach dem Willen unserer Vorfahren danach benannt worden, was ›überhaupt nichts‹ ist, das heißt nach dem Nichts.« Was aber ist dieses Nichts, dieses angebliche »überhaupt nichts«? »Ein Nichts ist (...) all das, was (...) sich auflöst, (...) was gleichsam dauernd sich verliert« (De beata vita, ed. Voss 189).

Selbst wenn die »Minderung des Guten« im Bösen »bis

hin zu gänzlichem Nichtsein« reicht, wird nur die konversionsontologische Hierarchie wirksam, die nach dem Schöpfungsmythos der »Confessiones« mit dem Nichts den untersten Rang aller Dinge markiert. Unter dem Schöpfer gibt es den Himmel, unter dem Himmel die Erde. Sie aber, fast schon ein Nichts, »nah dem Nichts«, ist so tief unten, daß es unter ihr nur noch das »völlige Nichts« gibt. Dieses »völlige Nichts« fällt nicht etwa aus der vertikalen Seins- und Wertordnung heraus, weil es inkommensurabel wäre; Augustinus läßt sich auf der Seinsleiter seines Gottes nur so weit hinab, bis es sich unter der letzten Seinssprosse als das Leerste und zugleich Niedrigste verliert. Er raubt ihm das Sein, hält aber an seinem Unwert fest. Ja, gerade das »völlige Nichts« soll das im höchsten Maße beraubte Nichts sein. Es bezeichnet nicht mehr den – als solchen immerhin noch seienden – Mangel von Etwas *an* Etwas, wie es Aristoteles mit seiner Lehre von der »steresis« intendiert hatte, sondern den schlechthinnigen Mangel an allem, die totale Abwesenheit.

An diesem Punkt allerdings holt Augustinus die eigene Logik ein. Jedes Sein soll ein Gutes und das Böse nur der Mangel des Guten sein. Selbst der Mangel aber *ist* nur, sofern er noch am Sein und am Guten teilhat. »Wäre das Gut (...) durch Verderbnis aufgezehrt, so bliebe auch die Verderbnis nicht zurück, da kein Sein da ist, das ihr das Dasein ermöglichen könnte. Daraus folgt aber auch, daß das, was man das Böse nennt, nicht da ist, wenn kein Gut vorhanden ist« (Enchiridion, ed. Babel 39). So ist es, nur anders, als Augustinus es meint. Er will darauf hinaus, daß noch das Böse nur von Gnaden des Guten sei. Wenn aber die Verderbnis so gründlich wird, daß sie ins Nichts führt, gibt es auch keine Verderbnis mehr und noch weniger ein als Mangelzustand diskriminiertes Nichts. Das zum Nichts gewordene Böse und das defiziente Nichts gibt es dann nicht einmal mehr in der Form der Abwesenheit. Die gänzliche Seinsberaubung entzieht auch dem Beraubtsein den Boden. Gerade das »völlige Nichts« ist nicht einmal mehr »unten«. Welchen Sonnengesang will aber ein Augustinus noch anstimmen, wenn es kein Unten und also kein Oben und keine Finsternis des Nichts mehr gibt?

Vermutlich deswegen ist ihm so sehr daran gelegen, das Nichts dann doch wieder in jener eigentümlichen Weise im Sein zu erhalten, die man »die Hölle« nennt. In bezug auf ihre Einrichtung und Bevölkerung kommt es bei dem gottseligen Augustinus zu schmerzhaften Widersprüchen. Denn das zu nichts gewordene Böse und das verarmte Nichts – sie sind eigentlich und wahrhaft nicht. Aber die Hölle – sie ist. Und sie ist nicht nur, sondern sie ist in jenem Maße seiend, in dem nur eine Hölle seiend sein kann. An ihren Pforten macht die Lehre vom bloß privativen Charakter des Negativen, ja, die ganze Konversionsontologie mit ihrer Gleichsetzung des Seins und des Guten, des Nichtseins mit dem Schlechten halt. Eigentlich müßte ihr zufolge das Nichtsein die Strafe aller Strafen sein, so wie das völlige Nichts den untersten Rang der Wertehierarchie markiert. In der Tat ist das die Schlußfolgerung, wenn den Geschöpfen die Auslöschung aus dem Buch des Lebens angedroht wird. Doch diese Möglichkeit, die der Schöpfer als Pendant zur »creatio ex nihilo« mit seiner »potestas annihilationis« durchaus hätte und die er in der jüdischen Tradition auch tatsächlich nutzt, eröffnet sein patristischer Stellvertreter nicht, weil sie für die verworfenen Geschöpfe von einem höchsten Gnadenakt nicht mehr zu unterscheiden wäre. Strafe und Gnade, Erlösung und Vernichtung fielen zusammen. Die Hölle aber als das definitivste Sein des Bösen und der Strafe muß unter allen Umständen sein. Die ewige Verdammnis zum Sein ist das Negativ der so guten, vor lauter Seins-, Gottes- und Menschenliebe überfließenden Konversionsontologie, ihr wahrhaftig böses Ende.

Die unverdammlichen Verdammnisurteile eines Theologen wie Carl Daub, der noch dem Selbstmörder die Ausflucht ins Nichts versagt, haben also ihre Tradition. Der Kirchenvater und Daub unterscheiden sich zwar in bezug auf den Seinscharakter des Bösen: Daubs satanisiertes Nichts ist manichäischer, als es selbst bei Augustinus war. Beide aber stellen ihre Logik bereitwillig auf den Kopf, wo es um das Lieblingskind ihres Geistes: die Lehre von der Hölle geht.

Ja, dem Gottesfreund Augustinus ist so sehr an der Bevölkerung, wenn nicht Überbevölkerung der real existierenden Hölle gelegen, daß er selbst die früh verstorbenen Kinder, die nicht getauft wurden, nicht getauft werden konnten; die tatsächlich nur von einem Mangel, einem Glaubensmangel, einem privativen Nichts geschlagen sind, den ewigen Höllenstrafen überantwortet. In diesem Exempel einer gnadenlosen dogmatischen Verhärtung nimmt die scheinbar so menschenferne Ontologie des Nichts ihre sadistischste Wendung, wie sich an der Kritik zeigt, die Leibniz, der »St. Augustinus« eigentlich hochschätzt, an der befremdlichen Kinder-Lehre des kirchenväterlichen Kinderfreundes geübt hat.

Mit Augustinus teilt er das Bemühen, dem Negativen nur einen minderen Seinsgrad zuzuerkennen. Gegen die manichäischen Anwandlungen seines Zeitgenossen Pierre Bayle sucht er daraus entscheidende Argumentationshilfen zum Zwecke der Entlastung des allgültigen, allmächtigen und allweisen Gottes zu gewinnen: Gott hält es mit dem Positiven. Das Übel in seiner Bandbreite von der metaphysisch vorgegebenen Endlichkeit der Geschöpfe über das moralisch Böse bis zum physischen Leiden einschließlich von Mangelerscheinungen wie Irrtum, Dunkel, Unwissenheit, Kälte bezeichnet nur Seinsberaubungen, hinter denen keine effiziente, sondern eine defiziente Ursache steht. In bezug auf das

Universum ist das Übel so gut wie nichts (Theodizee, ed. Buchenau § 19).

Keineswegs aber sind die ewigen Höllenstrafen nichts. »Spreche ich hier von Verdammung und Hölle, so verstehe ich Schmerzen darunter und keine bloße Beraubung der höchsten Glückseligkeit« (§ 92). Leibniz hält sich insofern schon an die Erkenntnis von Büchners »Danton«: »Man kann das Böse leugnen, aber nicht den Schmerz«, während Augustinus wohl eher sagen würde: »Ich leugne das wahre Sein des Bösen, aber ich will die Hölle und ich will den Schmerz.«

Gerade aber, weil die Verdammung von schmerzhaftester Realität ist, findet es Leibniz »sehr hart«, sie ausgerechnet über die unschuldigen Kinder zu verhängen, »um nichts Schlimmeres zu sagen«. Gleich mehrfach kommt er darauf zu sprechen: Der »Verdammung der nichtwiedergeborenen Kinder«, auch der Erbsündenlehre des Augustinus, soweit sie die Verdammung begründen soll, kann Leibniz einfach »keinen Geschmack abgewinnen« (§ 283). Nicht umsonst hat man den seinem Meister begeistert folgenden Augustiner-General Gregor von Rimini den »Folterer der Kinder«, den »tortor infantum« genannt, wie Leibniz anmerkt.

Zu Recht. Das relative Nichts dieser Kinder an Leben wie an Glauben wird wie das Fast-Nichts der Sünde und des Bösen verbannt in die Hölle. Und die Hölle ist auch hier keineswegs nichts. Die Lehre vom beraubten Nichts und vom Nichtsein des Bösen schließt vielmehr unter dem tätigen Zugriff kirchenväterlicher Hände ein höllisches Sein so wenig aus, daß selbst das kaum Seiende dem negativen »ens realissimum« überantwortet wird. Wie gnädig wäre es, wenn dieses beraubte Nichts wirklich nichts wäre oder gar von Anfang an geblieben wäre.

5.3 Das leere Nichts

Jean Pauls gottverlassenes Nichts. Nietzsches unendliches Nichts. Was es mit unserer Heiterkeit auf sich hat. Hyperions »horror vacui«. Die »Nachtwachen« von Bonaventura und das »eigentliche Nichts«. Ein Über-Hamlet. Das leere Echo.

Die Selbstentwertung aller bisherigen höchsten Werte, vorab des Seins als Wert, die nach der Deutung Nietzsches die Krisis des europäischen Nihilismus auslöst, steht im Zeichen des Nichts. Am Ende bleibt nur noch ein völlig leeres Nichts übrig. Während Augustinus das beraubte Nichts noch in den Dienst der Gottes- und Seinsordnung stellen kann, droht dieses Nichts nun wirklich alles zu verschlingen. Soweit die von der Heraufkunft des Nihilismus verstörten Menschen es noch nicht gelernt haben, diesem Prozeß mit Gelassenheit zuzusehen und sich zu überzeugen, daß die Leere, geschweige denn das Nichts, so schlimm nicht ist, leiden sie darunter. Allenfalls bringen sie es dazu, dem Abgrund mit verzweifelter Entschlossenheit zu überantworten, was ihm sowieso sicher ist. Im übrigen blicken sie angstgetrieben dem leeren Nichts ins leere Angesicht.

Eines der großen, tief zwiespältigen Zeugnisse für die Angst vor dem leeren Nichts ist Jean Pauls »Rede des toten Christus vom Weltgebäude herab, daß kein Gott sei« – eine vom Erzähler des »Siebenkäs« selber außerordentlich kühn, wenn nicht blasphemisch empfundene Dichtung. Nur die Deklarierung als Albtraum bindet sie an die frömmere Tagesordnung zurück.

Rückhaltloser als Jean Pauls verwaister Gottessohn kann man nicht um seinen verlorenen Vater trauern. Aus der Frage des sterbenden Christus am Kreuz, warum Gott ihn verlassen habe, wird die Klage des toten Christus über seine endgültige Gottverlassenheit. Was bleibt, wenn kein Vater und kein Gott mehr ist? »So weit das Sein seine Schatten wirft«, starrt den ergebnislos suchenden Christus nur eine »bodenlose Augenhöle an ...; und alles wurde leer« (ed. Berend, 1/6, 247ff.). Die Leere ist das Grundgefühl des atheistischen »Blumenstücks«. »Groß wie der höchste Endliche« hebt der Gottessohn seine noch sehenden »Augen empor gegen das Nichts und gegen die leere Unermeßlichkeit«; und es bricht aus ihm heraus: »Starres, stummes Nichts! Kalte, ewige Nothwendigkeit! Wahnsinniger Zufall! Kennt ihr das unter euch? Wann zerschlagt ihr das Gebäude und mich? (...) Wie ist jeder so allein in der weiten Leichengruft des All! Ich bin nur neben mir – O Vater! o Vater! wo ist deine unendliche Brust, daß ich an ihr ruhe? – Ach wenn jedes Ich sein eigner Vater und Schöpfer ist, warum kann es nicht auch sein eigner Würgengel sein?« Doch es antwortet ihm – nichts. Das Schweigen der unendlichen Räume, das die Kosmotheologie Pascals noch einmal beredt gemacht hatte, auch wenn sein Gott nicht mehr der der Philosophen sein konnte, ist endgültig.

Das antwortlose Nichts ist die Abwesenheits-, die Entbehrungsform des toten Gottes, dessen Stelle das zur Selbstschöpfung verdammte Ich noch nicht wie bei Stirner füllen kann. Dem »juchhe!«, mit dem der Einzige »sein' Sach' auf Nichts« stellt, steht das »Ach« des Vereinzelt-Einsamen entgegen. Im leeren Weltenraum, der nicht mehr Gottes- und noch nicht Menschenraum ist, wird das Ich seinem Vereinsamungstrauma überlassen. Nicht einmal die aktive Beendigung seiner Verlustgeschichte, indem es wenigstens zu seinem eigenen Würgeengel würde, ist ihm möglich. Auf der gott-losen Schädelstätte herrscht vielmehr eine sich wiederkäuende Ewigkeit. Unter diesen Umständen ist es nur zu verständlich, daß der Erzähler des »Siebenkäs« mit »geringern Schmerzen die Unsterblichkeit als die Gottheit leugnen« will. Erst, wenn die »Riesenschlange der Ewigkeit« die Welten zerquetscht und den »unendlichen Tempel« des Alls zermalmt, wird eine »letzte Stunde« gewährt, die dank der Tatsache, daß selbst Albträume, indem sie enden, zu Wunscherfüllungen werden, in ein gnädiges Erwachen übergeht.

Fast ein ganzes nihilistisches Jahrhundert später braucht Nietzsches »toller Mensch« (»Die Fröhliche Wissenschaft«, 125. Stück) die Distanzierung durch Traum und Erwachen nicht mehr. Am hellichten Tag, sarkastischerweise mit der Laterne des menschen-, nicht gottsuchenden Kynikers ausgestattet, will er den »auf dem Markt« versammelten Menschen die atheistische Botschaft vom toten, vom getöteten, vom ermordeten Gott bringen. Warum auch nicht, wenn die »*nächsten Folgen* dieses Ereignisses (...) durchaus nicht traurig und verdüsternd, vielmehr wie eine neue (...) Art von Licht, Glück, Erleichterung, Erheiterung, Ermuthigung« sind (343. Stück). Eine »neue Morgenröthe« zieht herauf. Der Horizont erscheint endlich wieder frei, das Meer für die Ausfahrt aller »›freien Geister‹« endlich wieder offen. Soweit dieses Gegenstück zum »tollen Menschen« – Nietzsches tatsächlich »Fröhliche Wissenschaft«. Selbst dort, wo sie in einem zweiten Gegenstück (dem 285.) den Verlust der Vatergestalt konstatiert, in der das ruhelose Herz (Augustinus' »cor inquietum« meldet sich noch einmal zu Wort) Weisheit und Güte, Macht und Liebe, den »Wächter und Freund« gefunden hatte, nimmt sie das für den »Menschen der Entsagung« nur als Appell, immer höher zu steigen und »nicht mehr in einen Gott *auszufließen*«.

Doch der »tolle Mensch« ist noch zu sehr ein Geschöpf des Röckener Pastorensohns Nietzsche, als daß seine unfröhliche Wissenschaft nicht auch von ganz anderen Geschichten berichten müßte. Der »freie Horizont« mutet ihn wie ein weggewischter Horizont an, das offene Meer wie eine ungeheure Leere. Und statt der Morgenröte aller »›freien Geister‹« ziehen Schatten über Schatten herauf, die immerfort in »Nacht und mehr Nacht« überzugehen drohen. Der »todte Gott« wirft wie einst der Buddha »einen ungeheuren schauerlichen Schatten« für die hinterbliebenen menschlichen Höhlenbewohner – so Nietzsches neoplatonisches Höhlengleichnis (108. Stück), das dem christlichen »Platonismus fürs Volk« in der Stimmung gar nicht so ferne steht. Mit Gott ist die »Sonne untergegangen«, spitzt Nietzsches neoplatonisches Sonnengleichnis zu; der Tod Gottes ist »Sonnenfinsternis«. Die Erde selber hat sich »von ihrer Sonne losgekettet«. Ziellos, ortlos, orientierungslos irrt sie nach der atheistischen kopernikanischen Wende durch einen kalten, finsteren, leeren Raum. Die Leere aber trägt einen vertraut erschreckenden Namen: Sie ist der gottverlassene Raum des »unendlichen Nichts«.

Seinen traumatisierten Bewohnern gelingt es nicht, sich damit zu trösten, daß es im Unendlichen so oder so kein Oben, kein Unten, keinen definierbaren Ort, kein fixierbares Ziel, keine Orientierung gibt, noch weniger damit, daß man im Nichts überhaupt keine Orientierung mehr braucht. Um ihnen wie sich jede Möglichkeit der Ausflucht zu versperren, verurteilt Nietzsche in der düstersten Auslegung der Wiederkunftlehre vielmehr alles Leben zur unentrinnbaren Verdammnis eines zugleich völlig sinnlosen wie ewigen Nichts (XII 213).

Dieses ewig-sinnlose, »unendliche Nichts« ist, heilloser noch als für Jean Pauls »toten Christus«, das Negativ des toten Gottes. Unter dem Unendlichen tut es in seiner Nachfolge auch das Nichts nicht. Nur ist es jetzt eine definitiv entleerte Unendlichkeit. Nietzsches nihilistische, antipascalsche Kosmotheologie stimmt das Requiem auf das Gestirn aller bisherigen Gestirne an, das noch einmal kurz als »roter Riese« aufleuchtet, bevor es in jenem »schwarzen Loch«

verschwindet, aus dem nicht einmal mehr Todesnachrichten nach außen dringen.

Die »›freien Geister‹«, die auf dem Markt zusammenstehen, haben zwar überhaupt »noch Nichts« vom »Lärm der Todtengräber« gehört, überhaupt »noch Nichts von der göttlichen Verwesung« gerochen; sie erfreuen sich eines trivialen Atheismus ohne Verlustgefühle. Der »tolle Mensch« aber ist voll von der unendlichen Leere des Nichts. Das »ungeheure Ereignis« des Mordes an dem »Heiligsten und Mächtigsten, was die Welt bisher besaß«, ist bei ihm mit seinem vollen Schwergewicht schon angekommen. Seine Metapher von den Zeiträumen, die das »Licht der Gestirne« bis zu den Menschen braucht, stellt die tatsächlichen Lichtverhältnisse nur auf den Kopf: Hier ist es ja gerade nicht das Licht, sondern die Information vom Erlöschen, vom Sterben des Sterns der Sterne, die noch nicht richtig auf dem »Markt« der Erde angekommen ist, während er bereits weiß, was nicht mehr leuchtet und ist.

Man mag sich fragen, ob die marktgängigen Atheisten wirklich so trivial sind, wie der »tolle Mensch« sie gerne hätte. Sind sie ihm am Ende etwa voraus, weil sie *nichts mehr* von Totenlärm und Verwesung hören und riechen? Mit Höhlenbewohnern haben sie jedenfalls nur wenig gemein. Aber der »tolle Mensch« ist nun einmal entschlossen, auf seinen fatalen Vorsprung nicht zu verzichten. Er leidet noch unter dem Tod Gottes – was diesen Basistext des modernen Atheismus als Form eines inständigen Atheismus seit je so überaus anziehend für Apologeten und Wiedertäufer gemacht hat. Ja, der »tolle Mensch« will sich seinen Verlust so wenig nehmen lassen, daß er noch dem Gefühl der Befreiung, der Heiterkeit, die ihn gelegentlich mit den lachenden »freien Geistern« verbindet, tief mißtraut. *»Was es mit unserer Heiterkeit auf sich hat?«* (343. Stück) fragt er sich. Bei Gott, nicht viel!

Auch Nietzsche markiert so eine Verlustgeschichte, die

vom Tod Gottes in ein grenzenlos leeres Nichts führt – in ein Nichts, das nicht einfach nichts, sondern der Raum einer schmerzhaft empfundenen Abwesenheit ist. Nietzsches »unendliches Nichts« ist die klaffende Herzenswunde einer ins Kosmische gesteigerten Katastrophe metaphysischer Vaterlosigkeit. Daß man sich, wenn man denn noch im Nichts eine neue Heimat suchen müßte, auch einer »indischen Circe« in die Arme werfen könnte – diese Verheißung leuchtet ihm nicht. Noch gerade im Gefühl des Verlusts und der Leere will er der treueste Jünger des toten Gottes, des Seinsgottes sein.

In seinem gottverlassenen Nichts-Gefühl ist Nietzsches »toller Mensch« der jüngere Bruder von Jean Pauls »totem Christus«. Aber er ist nicht der einzige und nicht einmal der radikalste. Hölderlins Hyperion etwa sieht wenig später als Jean Paul nur noch Leere in sich, Leere um sich, Leere über sich. Und bei ihm kommt der Verlust der Unsterblichkeit als zweiter Form der Transzendenz hinzu. Sophokles' Lob der Nicht-Geburt und des möglichst schnellen Todes, als Motto dem zweiten Band des »Hyperion« vorangestellt, ist vergessen. Konnte Jean Pauls »toter Christus« auf das ewige Leben noch eher als auf den Vater-Gott verzichten – im Gegensatz zu der Vermutung Schopenhauers, die Menschen würden eher ihre Götter als ihre Unsterblichkeitsdogmen opfern (II 186) –, so verbinden und verstärken sich für Hyperion beide Verlusterfahrungen zu der eines totalisierten Nichts: »O ihr Armen, die ihr (...) auch so durch und durch ergriffen seyd vom Nichts, das über uns waltet, so gründlich einseht, daß wir geboren werden für Nichts, daß wir lieben ein Nichts, glauben an's Nichts, uns abarbeiten für Nichts, um mälig überzugehen in's Nichts – was kann ich dafür, daß euch die Knie brechen, wenn ihr's ernstlich bedenkt? (...) Wenn ich hinsehe in's Leben, was ist das letzte von allem? Nichts. Wenn ich aufsteige im Geiste, was ist das Höchste von allem? Nichts« (ed. Beissner, III 45 f.).

Das achtmalige »Nichts«, das selbst die mystischen Nichts-Exzesse des Juan de la Cruz und die surrealistische Litanei Louis Aragons auf die Erlösung vom »Quatsch« des Seins überbietet, ist der Inbegriff einer »unendlichen Leere«, in der nicht bloß Gott, sondern auch das todbestimmte Leben einschließlich der Liebe, des Glaubens und der Arbeit untergegangen ist. Dahinter die hochgespannten Ansprüche eines enttäuschten Mystikers, der nach dem von seinen Tübinger Stiftsgenossen Hegel und Schelling geteilten Wahlspruch immer noch »Eins und Alles« will und »alle die armseeligen Mitteldinge von Etwas und Nichts« haßt, einschließlich seiner selbst: »Wir sind nichts; was wir suchen, ist alles (...) Was mir nicht Alles, und ewig Alles ist, ist mir Nichts« (Fragment von Hyperion, ed. Beissner III 164, 184). Die »unendliche Leere« des Nichts markiert den Endpunkt der Enttäuschungsgeschichte des vergeblich gegen die Begrenzungen des vereinzelten und vergehenden Lebens anrennenden Ichs.

Diese Erfahrung der Leere prägt schließlich in radikalster Form jenen pseudonymen romantischen Text, der zwar kein nihilistisches Manifest, aber eine einzige Nichts-Demonstration ist: die »Nachtwachen« von Bonaventura. Die Nichtigkeit des Lebens in der Zeit und seine Vereinsamung im gottverlassenen kosmischen Raum bilden hier gleichsam die beiden Dimensionen des Nichts, seine transzendentalen Formen der Anschauung – aber nun einer solchen, bei der es nichts mehr zu sehen gibt.

Wohin Bonaventuras nihilistischer Nachtwächter unter seinen diversen Masken – als Freigeist, Hamlet, Poet, Hanswurst, Alchimist – auch blickt: Er erblickt nur noch die Masken des Nichts. Der selbstmörderische Dichter, auf dessen Hinterlassenschaft er trifft, geht noch »Gott, oder Nichts« entgegen (8. Nachtwache). Der alchimistisch-schwarzkünstlerische Vater indes ist über solch gnädige Alternativen hinaus. Er scheint im Sarg »dem Nichts Trotz bieten zu wollen«, so wie der Sohn »ergrimmt in das Nichts schauen und Brüderschaft mit ihm machen« will (16. Nachtwache). Doch Trotz und Grimm und Zorn »wie alles übrige« gehören »auch mit zum Nichts«. Noch die Reaktionen, die dem Nichts gelten, sind – nichts.

Das »große schreckliche Ich«, vor dessen Fichtescher Inthronisierung selbst der sonst so kühne Dichter der »Nachtwachen« erschrickt – stets »an sich selbst zehrend« und »im Verschlingen« sich wiedergebärend –, ist so mit sich »allein im Nichts«, daß es mehr als von ererbten Unsterblichkeitshoffnungen von der Drohung, vielleicht nicht sterben zu können, umgetrieben ist (14. Nachtwache). Das Hamlet-Problem kehrt wieder: Muß man den Tod gerade wegen der Unsterblichkeit fürchten? Doch »Gottlob«, es gibt einen wirklichen Tod, und dahinter »ist nichts«! Wenigstens auf diese Gewißheit ist Verlaß. Sowohl für den Menschen, dieses »Schwanzstück der Schöpfung«, ihr Hogarthsches »Tailpiece«, wie die Welt insgesamt gilt: »Es ist alles Nichts.«

Diese Einsicht bringt freilich nicht einmal die mephistophelische Befriedigung, die sie für einen Teufel haben mag. Selbst seine Hinterlassenschaft, soviel länger als Gott er auch lebt, ist nur eine einzige diabolische Spiegelfechterei: »Das Leben ist nur das Schellenkleid, das das Nichts umgehängt hat, um damit zu klingeln und es zuletzt grimmig zu zerreißen und von sich zu schleudern. Es (...) würgt sich selbst auf und schlingt sich gierig hinunter, und eben dieses Selbstverschlingen ist die tückische Spiegelfechterei, als gäbe es etwas, da doch, wenn das Würgen einmal innehalten wollte, eben das Nichts recht deutlich zu Erscheinung käme« (8. Nachtwache). Leben entsteht »nur durch ein fortlaufendes Sterben«, wie es das Sterben nur unter der Voraussetzung des nichtigen Lebens gibt: »Nur die Lebende stirbt« (10. Nachtwache). Der Glaube der theolosophischen Tradition, daß noch das Nichtige der Teilhabe am Sein bedürfe, um auch nur nichtig zu sein, scheint damit wieder anzuklingen. Doch hier kommt es gerade dann zur deutlichen Erscheinung des Nichts, wenn überhaupt kein Etwas mehr die Illusion erweckt, es wäre. Vor dem »eigentlichen Nichts«, dem wahren »nihil negativum«, das Bonaventura inthronisiert, bevor selbst ein Schopenhauer es sogleich wieder verwirft, vor dem »absoluten Tod« ist Leben *und* Sterben nichts (8. Nachtwache). Das restlose Nichts verschlingt auch die Nichtigkeit.

Die Fortsetzung des Schöpfungsaktes verbietet sich unter diesen Umständen von selber. Die dem *»Absagebrief an das Leben«* entgegengestellte *»Apologie des Lebens«* verfängt nicht mehr. Zeugung und Geburt sind allein Götzendienst an der »Naturkraft« als »schrecklicher Gebärerin«. Das verhinderte Shakespearesche Elternpaar tritt in der vierzehnten Nachtwache lieber in einen Briefwechsel ein, als miteinander zu schlafen. Der »liebende Hamlet« räumt zwar ein: »Sieh, auch ich (...) habe beim Teufel Lust, das Menschenkind mit dir fortzupflanzen.« Aber es ist eine fatale Lust: »O, wäre die verwünschte Larve nicht, es hätten dann die Erdensöhne hienieden gewiß dem Jüngsten Tage einen Possen gespielt durch ein Gesetz gegen die Bevölkerung, damit unser Herrgott, oder wer sonst zuletzt den Erdball noch einmal anschauen will, ihn zu seiner Verwunderung von Menschen durchaus entvölkert gefunden hätte« (14. Nachtwache). Nur die Physik der Geschlechtsliebe sorgt dafür, daß die Bevölkerungskatastrophe, die Erdballbevölkerung *als* Katastrophe, weitergeht.

Ist aber erst einmal das Verwirrspiel am Ende, dann kann der Nachtwächter wie der von ihm beobachtete Freigeist ruhig in das »eigentliche Nichts« schauen, das nicht einmal mehr leer ist (8. und 14. Nachtwache). Und selbst ein Hamlet könnte sich »ganz froh und lustig ... in das ewige Nichts hinunterstürzen«. Er müßte nur die alte »einfältige« Frage seines Vorgängers nach »Sein oder Nichtsein« zu den Akten legen und »das Sein erst um das Sein selbst« befragen, um

»über das Nichtsein etwas Gescheutes auszumitteln«. Es ist ein nihilistisch vollendeter Über-Hamlet, den Bonaventura hier kreiert. Die übliche positive Wendung der Ontologie wird genau umgekehrt: Will diese in ihrer von Heidegger verseiten Form das »nichtende Nichts« befragen, um über das »Sein selbst« etwas »Gescheutes auszumitteln«, so gewinnt Bonaventura aus dem »Sein selbst« die Lichtung des »eigentlichen Nichts«. Der Prozeß gegen die Idee der Schöpfung und die Heiligsprechung des Seins wird von diesem romantischen Anti-Ontologen so rabiat angestrengt, daß man sich kaum wunderte, wenn er auch noch explizit fragte: »Warum ist überhaupt Etwas und nicht vielmehr Nichts?« Aber er hat die Frage ja längst beantwortet, richtiger unterlaufen: Es gibt gar nichts wirklich Seiendes, sondern nur den nichtigen Schein von Etwas und im übrigen Nichts, das »eigentliche Nichts«. Tabula rasa. Was will ein Nihilist mehr, was will er noch weniger.

Allerdings kann es auch ein Bonaventura in letzter Instanz nicht bei dieser Art von Eigentlichkeit belassen. Auch er ist noch so sehr von der Verlustgeschichte des gott- und seinsverlassenen Ichs, von der Desillusionierungsgeschichte des idealistischen Subjekts geprägt, das möglichst alles möglichst auf ewig wollte, daß selbst in seinem Nichts Abwesenheit und Entbehrung widerhallen. Der pseudonyme Autor selber, Bonaventura, ist hier nichts als der Widerhall seines scholastischen Namens-Ahnens, der in seinem »Pilgerbuch der Seele zu Gott« das Nicht-Sein in bewährter Manier als »privatio«, als »Beraubung« des Seins diskriminiert (ed. J. Kaup, München 1961, 123).

So ist denn auch das Ende der »Nachtwachen«, eine nihilistische Litanei, die gründlicher noch als Schopenhauers und Stirners abschließendes Nichts dieses gleich dreifaltig und beim letzten Mal wie dann Aragons Finale des »Quatsches« im Sperrdruck zu beschwören wagt, bei aller Radikalität noch von dem leeren Echo des Seins bestimmt: »›Ich streue diese Handvoll väterlichen Staub in die Lüfte und es bleibt – Nichts!‹

Drüben auf dem Grabe steht noch der Geisterseher und umarmt Nichts!

Und der Widerhall im Gebeinhause ruft zum letzten Male – Nichts! – « (16. Nachtwache).

Von dem toten Vater, der auf den überirdischen verweist, zerfallen noch die Relikte des vergangenen Lebens. Der Staub ist zwar etwas. Doch auch von ihm bleibt – »Nichts!«

Selbst auf dem Grabe können die geisterseherisch begabten Menschen das Umarmen nicht lassen. Doch was sie umarmen, ist »Nichts«!

Es gibt einen letzten Ruf. Doch der ist ein bloßer Widerhall. Und was da widerhallt, ist »Nichts«! – ein von seiner Leere noch stigmatisiertes Nichts.

Die verwaiste Sohneshand kann den väterlichen Staub indessen nur solange verstreuen, wie Staub und Hand noch sind.

Die Arme der Liebe können die Leere nur solange umfassen, wie die Arme und die Leere als Raum der Entbehrung und Abwesenheit noch sind.

Der Widerhall des Todes kann »Nichts« nur solange rufen, wie er und der Tod noch sind. Hat das »Würgen« aber sein Ende, dann ist »recht deutlich« – nichts.

Kurz: Nur das vergängliche, verlassene Leben, soweit es noch nicht den ganzen Tod gestorben ist, der auch das Vergehen vergehen läßt, kennt noch einen »äffenden Widerhall«, der die Leere um so schneidender spürbar macht, je hohnvoller er sie füllt. Das »eigentliche Nichts« aber, so weiß es Bonaventuras Über-Hamlet wohl, ohne daß ihm das letzte Wort bliebe, gibt überhaupt »keinen Ton« mehr. Was also, wenn es auch keinen Tod und keine Leere, keinen Mangel und kein minderes Sein, keine Verneinung und keine Vernichtung mehr im »eigentlichen Nichts« gibt?

6. KAPITEL

Revue der Nichtsvergessenheit

Ontopsychologische Motive. Das Nirwanaprinzip, mystisch. Die (selbst-)schöpferische Lust. Eine seinsmagische Beschwörung. Kompromißbildungen. Das Prinzip Destruktion. Christlicher Sadomasochismus. Die Depression der verwaisten Kinder Gottes. Ironie des Nichts?

Als Heidegger die »Seinsvergessenheit« als »Seinsgeschick« dachte, da hatte das noch im Entzug einen Vorzug: Es war das »Sein selbst«, was sich verbarg, wie es die Art eines rechtschaffenen verborgenen Gottes ist. Um die Nichtsvergessenheit steht es schlichter, ohne daß es darum besser stünde. Da entzieht sich – nichts. Es sind nur die menschlichen »Platzhalter des Nichts«, die sich nichtsvergessen etwas nehmen oder zu geben glauben.

Der Versuch, im Rahmen einer Revue der Nichtsvergessenheit wenigstens andeutungsweise die Impulse zu umreißen, die hinter den verschiedenen Positivierungs- und Negativierungsformen stehen, stößt auf symptomatische ontophile und nihilophobe Impulse.

Die Mystik macht aus Allem Nichts, um aus dem Nichts Alles zu gewinnen. Die Annihilation der »Eigenheit« im Nichts der Gottheit, in der östlichen Mystik das Verlöschen des von Gier, Haß und Verblendung umgetriebenen »Samsara« im erlösenden Nirwana, läßt ein leidhaftes Dasein hinter sich, das sich in wahnhafter Vereinzelung und ruhelosem Durst erschöpft.

Doch mit solcher Befreiung, die auch der Tod als praktizierender Mystiker dem Leben gewährt, mag sich die Mystik nicht begnügen. Über den Weg der Negation will sie das Ganze positiv. Und sie will eine entschieden *selige* Ruhe. Die mystische Seele gibt den nur zu verständlichen Erlösungswünschen des umgetriebenen Lebens einen totalisierenden Überschwang. Sie verheißt umfassende symbiotische Verschmelzung statt der kümmerlichen irdischen Dionysien und die Lösung *aller* Spannungen für das müde, aber noch nicht todmüde Dasein, dessen Befriedigungen nur das Reservoir neuer Wünsche sind. Freuds »Nirwanaprinzip«, das Eros und Thanatos, Todestrieb und Lustprinzip in der Intention auf Spannungsreduktion verbindet, umreißt den doppelten Impuls der Mystik präzise.

Soweit die Mystik christlich gestimmt ist, will sie die Wonnen der »Unio mystica« möglichst schon in diesem, spätestens, sofern hienieden noch Differenzerlebnisse drohen, im »ewigen Leben«, das in krasser Verkehrung der Begriffe mit der »ewigen Ruhe« gemeint ist. Dieser Art von Ewigkeit ist zwar östliche Mystik durchaus abgeneigt: Wenn der christliche Mystiker nur voller, reiner, heiliger in seinem göttlichen Nichts wiedergeboren werden möchte, so sagt der östliche entschieden dem Trauma von Geburt und Wiedergeburt ab. Aber auch er intendiert ein im Rücken der relativen Negationen positiviertes Nichts. In diesem Sinn hat Kants sonst so unverständige Persiflage auf die »sinesischen Philosophen« im »Ende aller Dinge« recht: »in dunkeln Zimmern, mit geschlossenen Augen« strengen sie sich an, ihr »vermeintes seliges Ende aller Dinge« als »Zusammenfließen mit der Gottheit im Nichts zu denken und zu empfinden« (Werke IX 185).

Die christliche Mystik suspendiert in ihren radikalsten Formen alle Namen, auch den ihres verborgenen Gottes, an dem atheistische östliche Mystik ohnehin nicht interessiert ist, am Ende selbst den Namen des Nichts. Aber für beide ist es das »summum bonum«, das sich auf der nicht mehr sichtbaren Lichtseite des Nichts verbirgt und in der Erleuchtung entbirgt. Hier wie dort wird das Nichts zum Inbegriff eines vergöttlichten »Ganz Anderen«, das letzten Endes doch nicht so anders ist. Das Nichts ist aber weder Gott noch das Nirwana noch das »Ganz Andere«. Es ist vielmehr – nichts.

In der dialektischen Philosophie wird das Nichts im trauten Verein mit dem Sein zum coproduktiven Vehikel des Werdens. Sie spricht ihm zwar vollkommene Leerheit, Inhalts- und Beziehungslosigkeit zu, so daß das Nichts das allen Bestimmungen und den mit ihnen einhergehenden Restriktionen Vorausliegende zu bezeichnen scheint. Näher besehen, ist es jedoch so gehaltvoll, dynamisch und bezugsfreudig, daß es schöpferische Bewegung in das sonst selbstgenügsam-starre Absolute bringen kann – eine Bewegung, an deren Ende nichts weniger als das Nichts, vielmehr die Selbstvergewisserung des Absoluten steht.

Diese Rolle des Nichts, mit welcher der »Logos« des Seins noch, gerade seinem Antipoden den Beitrag zum gemeinsamen Schöpfungswerk abverlangt, wird vom linkshegelianischen Anarchismus nachdrücklich betont: Erst einmal ist mit allem Vorgegebenen, Abgelebten, aber noch Herrschenden »tabula rasa« zu machen, wenn etwas Neues, Eigenes begonnen werden soll. Das Ich zumal muß »sein' Sach'«, gleich welche es dann am Ende ist, erst einmal »auf Nichts« stellen, wenn es sich als »den Einzigen« will. Aus diesen Ruinen kann sich dafür um so strahlender, unverwechselbarer, authentischer die Selbstschöpfung erheben, im ästhetischen Nihilismus des 20. Jahrhunderts die Schöpfung der Kunst dank der »formfordernden Gewalt des Nichts«.

So wird dieses Nichts zum Versprechen eines autonomen, eines absoluten, eines wirklich anfänglichen Anfangs. Gerade so steht es freilich in einer Tradition, die auf die Schöpfung aus nichts kapriziert ist. Der Einzige will mit sich beginnen und sonst nichts; gerade so beginnt und endet er als Erbe von etwas, das am allerwenigsten sein Eigentum ist. Er will voraussetzungslos sein – und ist dabei im höchsten Maße konditioniert. Er glaubt sich unvermittelt – und ist dabei nur unmittelbar zu jenem Gott, der als Repräsentant des Monotheismus des Ichs sein ältester Ahne ist. Das Nichts ist aber weder ein Anfang, noch vermittelt es mit dem Sein die Bewegung des Werdens, noch ist es an sich selbst irgendwie schöpferisch. Es ist vielmehr – nichts.

Die Fundamentalontologie macht das Nichts zum Platzhalter des Seins. Um keinen Preis soll das Sein ins Seiende verrechnet werden. So nichtet das jeder bloßen Verneinung vorgeordnete Nichts so gründlich, daß das Seiende im Ganzen entgleitet. Nur die Angst erfüllt den leeren Raum des nichtenden Nichts. Doch dieses meint nicht eigentlich Nichts. Das nichtende ist vielmehr das lichtende Nichts, und zwar wieder eines »Ganz Anderen«, das sich im Stande der vollendeten Seinsvergessenheit nur noch so offenbaren kann: negative Fundamental-Ontotheologie. Auf dem Weg über das Nichts versichert sich das Sein seiner selber; ja, gerade indem es sich dem aussetzt, was ihm den Boden unter den Füßen wegzureißen droht, gewinnt es so zuverlässig Halt, daß im Nichten des Nichts sich das Wunder aller Wunder ereignet: »daß Seiendes ist.« Das Nichts nichtet als verseites. Als verseites aber ist es als Nichts vernichtet. In dem doppelten Sinn, den das »Beschwören« einer Gefahr als ihr Vergegenwärtigen und Überwinden hat, beschwört das seinshörige Denken gleichsam seinsmagisch das Nichts, um es in ontologischer Indifferenz als Nichts unter- und in seinem traditionsgemäß allein ermächtigten Antipoden aufgehen zu lassen.

Der Existenzialismus markiert demgegenüber mit Schärfe die Grenze zwischen Sein und Nichts als Abgrund der Freiheit. Aber auch sein Nichts ist eines, das nach Sein verlangt und so vom Sein abhängig ist, daß es nur als *»geseintes«* ist.

Auch er beschwört das Nichts seinsmagisch, daß sich das Für-sich in dem Maße gewinnt, wie es das Nichts als Nichts nichtet.

Das Nichts aber braucht keine Beschwörung. Es ist weder der leere Raum der Angst noch das Loch des Seins. Es ist weder nichtend noch lichtend. Es ist vielmehr – nichts.

Die Positivierungsformen der Nichtsvergessenheit machen so nur scheinbar tabula rasa, um dem Nichts wieder unverzüglich abzugewinnen, was es dank einem in der Tat wundersamen ontologischen Wunder an Verheißungen birgt. Sie füllen es direkt oder indirekt mit höchstem Seinsgehalt, zumindest seinsförderlichen Qualitäten, und schreiben ihm auf dieser Basis Wert zu. Scheinbar nichtsliebend, nihilophil, sind sie in Wahrheit zwanghaft seinsfixiert. Das Sein kann und will von sich nicht lassen. Und so stillt es ausgerechnet im Zeichen des Nichts die Sehnsüchte, heilt es die Wunden, die nichts anderes als das Sein selber geschlagen hat.

Die Negativierungsformen der Nichtsvergessenheit scheinen demgegenüber konträr in den Wertungen wie in den Bildern und Begriffen. Indessen operieren sie noch obsessiver, auch bornierter, aus der Optik des Seins und motiviert vom Willen zu seiner Selbstbehauptung. Vom »horror nihili« inspiriert, sind sie noch direkter nichtsfürchtend, nihilophob. Nichtsvergessenheit eskaliert hier zur Diskriminierung des Nichts.

Positivierungs- und Negativierungsformen können sich verbinden – unterschwellig, am deutlichsten in der angstbestimmten Beschwörung des verseiten Nichts, hängen sie ohnehin zusammen. Das eigentlich charakterlose Nichts zeigt in den Übergangsformen, etwa bei Ernst Bloch, gleich mehrere Charaktere: eine Kompromißbildung. Aber eine Ontologie des Noch-Nicht-Seins, die – je nach geschichtlicher Erfahrung, vielleicht einer Verdüsterung, vor der selbst die

Hoffnung als Prinzip nicht geschützt ist – auch auf eine Ontologie des Noch-Nicht-Nichts-Seins schrumpfen kann, muß die Pluralität der Nichtse nutzen. Mit einem gärend-gebärenden »Nicht« sorgt sie für einen Anfang, der freilich Gefahr läuft, im leeren Nichts haltloser Sucht zu erstarren. Mit einem dialektisch brauchbaren Nichts sorgt sie für den Fortgang der Bewegung in Richtung auf das »Alles«, die freilich auch in einem definitiven Nichts enden kann. Das »Beil des Nichts« hängt über einer Geschichte, die sich ebenso riskant wie hoffnungsträchtig zwischen Nichts und Alles bewegt. Doch das Nichts ist weder gärend und gebärend noch nichtig und leer. Weder hilft es der Geschichte auf die Sprünge, noch ist es ihr Todesurteil und ihre finale Exekution. Es ist vielmehr – nichts.

Bei hinreichend eindeutiger Verteufelung zeigt sich das Nichts als radikal böse Macht der Negation. Mephisto ist ein in der Verneinung verharrender negativer Mystiker, der wieder aus allem »reines Nicht« machen will, nachdem aus dem anfänglichen Nichts »plumpes Etwas« geworden ist.

Diese Korrektur eines Fehlers von weltumfassenden Ausmaßen macht sich freilich bei aller Nichtigkeit des »Etwas« nicht ganz von selber. Es muß nachgeholfen werden, wenn dieses wieder »zu Grunde« gehen soll. So wird aus der Verneinung das, womit das nichtsvergessene, nihilophobe Denken das Nichts zumeist identifiziert: die Macht der Vernichtung, das Prinzip Destruktion, und aus Mephisto tatsächlich etwas Böses. Die menschliche Angst vor der Zerstörung artikuliert sich in der Verteufelung des Nichts. Gleichzeitig wird im Zeichen des verteufelten Nichts die Lust der Negation, der Trieb zur Destruktion projektiv abgewehrt. Doch das Nichts ist weder eine Macht der Verneinung noch der Vernichtung. Es ist vielmehr – nichts.

Das beraubte Nichts nimmt sich demgegenüber weit unverfänglicher und bescheidener, ja, geradezu kümmerlich aus. Es wird als Schwundstufe, als »defizienter Modus« des Seins im Rahmen der göttlichen Seinsordnung bestimmt. Es ist der Kastrat des Seins. Unterhalb der letzten Seinsreste gibt es nur noch völliges Nichts, das jedoch nicht schlicht nichts, sondern die unterste Stufe eines Abstiegs, eines »gradus ad nihilum« ist: unendlicher Mangel an Sein. Im übrigen ist das geschaffene Sein aus Sein und Nichts gemischt. Seinem Schöpfer gegenüber ist es so hörig, so masochistisch gestimmt, daß es sich, statt ihn für die mitgegebenen Seinsdefekte verantwortlich zu machen, permanent selber entwerten muß. Es fühlt sich so vollständig unterlegen, daß es sich selbst in der Form der Sünde, des Bösen nicht als selbständige Macht behaupten kann, vielmehr auch da noch, in seinem verminderten Sein, nur von Gnaden des Seins ist. Sein relativ seiendstes Sein erlangt es nur in der Hölle, an deren Pforten das konversionsontologische Reich des Seins als des Guten endet. Sie ist das negative »ens realissimum«. Ja, die in die Schaffung der Hölle investierten sadomasochistischen Energien erweisen sich sogar als so mächtig, daß noch das des Glaubens ermangelnde Nichts der ungetauften Kinder der ewigen Verdammnis überantwortet wird.

Kurzum: In der Hölle nähert sich das beraubte Nichts dem verteufelten wieder an. Aber diese Verbindung hat für ein ungnädig gestimmtes, theolosophisch gebildetes Bewußtsein nun einmal den doppelten Vorzug, daß sie das Böse und die Bösen in den Abort aller Orte bannen und zugleich um jede höhere Potenz bringen kann.

Doch auch wo gnädigere Stimmungen herrschen, gestattet das beraubte Nichts die Entmächtigung alles Widrigen. Es ist ja in Wahrheit nicht. Im Dunkel eines gefährlichen Waldes, in dem sich sonst ein Mephisto mit den Seinen tummeln mag, pfeift die Theolosophie ihr Lied vom starken Sein und vom schwachen Nichts. Das Nichts ist aber weder ein »defizienter Modus« des Seins noch leidet es irgendeinen

Mangel; es ist weder mächtig noch ohnmächtig, weder höllisch noch himmlisch, es ist vielmehr – nichts.

Das leere Nichts schließlich verweist auf einen doppelten Verlust. Mit dem Tod Gottes, den die hilfsbedürftige Menschenseele, jedenfalls die »anima naturaliter christiana«, als Tod eines Vaters erlebt, fühlt sie sich kosmisch vereinsamt. Und auch wo sie selber den Gottesmord begeht, fühlt sie sich von dem »ungeheuren Ereignis« so geschlagen, daß das »unendliche Nichts« ihr zum Negativ des bisher »Heiligsten und Mächtigsten« wird. Das gottverlassene Menschenkind trauert in der Grenzenlosigkeit seiner Depression einem unendlichen Verlust nach.

Mit dem Ende des Unsterblichkeitsglaubens wiederum verliert es jede jenseitige Rückversicherung. Nach dem Vater ist es auch mit dem Vaterhaus nichts. Und wenn die insgesamt eher von mütterlich-symbiotischen Sehnsüchten geprägte Mystik einen bergenden Schoß verhieß, so sind die Menschen jetzt ohne metaphysisches Elternpaar völlig schutzlos ihrer transzendentalen Heimatlosigkeit ausgesetzt, verwaiste Kinder des Nichts: Wo geh'n wir denn hin, immer ins Leere, am Himmel kein Halt, die Erde hohl, der Mensch nichtig, alles Seiende eine bloße Maske des Nichts. Der passive, nicht wie bei Mephisto aktiv werdende Nihilismus ist von der einst auf die Natur projizierten Furcht vor dem Leeren gepackt, die jetzt mit keinem Seinssubstitut mehr kompensiert werden kann.

Das Nichts aber kennt weder Verlust noch Entbehrung. Es droht weder mit Tod noch mit Vereinsamung. Es ist genausowenig der Schrecken einer Leere, in der alles Etwas vergeht, wie das Versprechen einer Fülle, die das begrenzte und nichtige Etwas zum Alles erweitert, genausowenig der Abgrund eines schwarzen Nichts, der alles verschlingt, wie die Helle eines »weißen Nichts« (Jean Paul), das alles entbirgt. Es ist vielmehr – nichts.

Alle Formen der Nichtsvergessenheit verfehlen so das, was sie so intensiv betrauern, berauben, verteufeln, wie auf der anderen Seite, was sie so schöpferisch bejahen, verseien, ersehnen. Daß man indes an etwas scheitern kann, was nicht ist – das wäre die subtilste Rache des Nichts, wenn es sich auch nur rächen könnte und wollte. Für die Nichtsphilosophie ist es die unfreiwillig selbstironische Pointe der Nichtsvergessenheit.

7. KAPITEL

Das nichtsige Nichts. Much ado about nothing. Das Nichts schüttelt den Kopf. Nichts und Vernichtung. Die Nacht, die nicht einmal mehr nächtig ist. Die beziehungslose Verneinung. Die Gleichgültigkeit von Sein und Nichts. Nullphilosophie. Auf das Nichts wetten? Lichtenbergs existentielles Remis. Ödipus nimmt der Sphinx den Schrecken. Rote Riesen und Schwarze Löcher. Eine gewesene Frau. Hamlet wird gelassen – als vollendeter Nihilist.

Wie kann aber das Nichts überhaupt »vergessen« werden? Schreibt ihm nicht selbst die Rede von der Nichtsvergessenheit noch einen defizienten Modus zu, gegen dessen Zuschreibung sie – unter anderem – angeschrieben ist? Lautete nicht die Ausgangsfrage: Was *ist* das Nichts, wenn es *nichts* ist? Führt hier nicht alles unvermeidlich auf die Paradoxie zurück, Aussagen über etwas zu machen, das nichts sein soll?

So ist es. Allerdings, wie bei jenen Nichts-Kritikern, die über das schweigen zu müssen glauben, wovon sie nicht widerspruchsfrei sprechen können, dabei aber sehr wohl über das denken, wovon sie nichts sagen wollen, bekräftigt diese Paradoxie nur die sprengende Aussagekraft des Nichtsbegriffs. Analog den Empfehlungen der Hermeneutik, es komme nicht darauf an, aus dem hermeneutischen Zirkel heraus-, sondern auf geeignete Weise in ihn hineinzukommen, empfiehlt es sich, gar nicht erst zu versuchen, den Wirbel der Nichts-Paradoxien zu vermeiden, sondern sich in ihn hineinzustürzen, um möglicherweise zu erfahren, was es mit diesem paradoxen Sprach- und Gedankending auf sich hat.

Das »aus dem Nichts kommende«, »ins Nichts gehende«

Dasein, das in ihm seinen Gegenbegriff und seine Gegenmöglichkeit hat, entgeht diesen Paradoxien ohnehin nicht. Im Gegenteil, die Aporien, in die sich das Denken verwickelt, wenn es auch nur irgendwie, und wäre es in der Absicht, den Begriff zu verwerfen, über das Nichts zu denken und zu sprechen beginnt, irritieren nur um so mehr ein Dasein, das sich, ob es will oder nicht, als entstehendes und vergehendes, als »schaffendes« und »geschaffenes«, als vernichtbares und (selbst)vernichtungsfähiges zu Sein und Nichts verhalten muß. Die Philosophie des Nichts ist so prekär wie unhintergehbar, weil die existentiellen Fragen, die hinter ihr stehen, unhintergehbar sind. Das Nichts hat seinen »Sitz im Leben«, weil das Leben keinen fraglosen »Sitz im Leben« hat. Es hilft alles nichts: In Sachen Nichts bleibt dem Dasein nichts erspart – nicht einmal die strapaziöse Anstrengung des Begriffs. Was also, noch einmal, *ist* das Nichts, wenn es *nichts* ist?

Negationen wie »nein«, »nicht«, »kein«, »niemand«, »niemals«, »nirgendwo« erfüllen ihre Funktion im Rahmen von Urteilen und Sprachhandlungen, die noch in der Negation die Spezifität des Negierten festhalten und mit ihr die spezifische Negativität der Negation: als Verneinung eines positiven Urteils, einer Aufforderung, einer Bejahung, eines Jemand, eines Ortes, einer Zeit. Der Terminus »nichts« hingegen, gleich ob in seiner Funktion als negatives Indefinitpronomen oder in seiner substantivierten Form »das Nichts«, bezeichnet eine nicht mehr spezifizierte Negation ohne Rest und gerade deswegen ohne spezifische Negativität. Gleichwem, gleichwas es von der Tradition entgegengestellt wurde: dem »Seienden«, dem »Sein«, dem »Alles«, der »Allheit des Seienden«, dem »Etwas« oder »überhaupt Etwas« – es bezeichnet seine schlechthinnige Verneinung. »Nichts« sagt »nichts«, wortwörtlich »nichts«, ohne darum »nichtssagend« zu sein. Die singuläre Bedeutung dieser vollständigsten und zugleich leersten aller Negationen ist es, so schlechthin zu negieren, daß nicht einmal mehr in der Negation noch etwas Bestimmtes als Negiertes festgehalten wird.

Der Unterschied von »Nichts« und »Niemand« kann das noch einmal exemplifizieren: Wer »Niemand« statt »Jemand« sagt, beschreibt noch die Spur einer Vernichtung oder eines Fehlens, sei es eines wirklichen oder auch nur eines möglichen »Jemand«. Wer aber »Nichts« statt »Jemand« sagt, der meint eine rest- und spurenlose schlechthinnige Negation ohne auch nur irgendwie seiende Negativität für das Negierte.

Fixiert man mit »dem Nichts« die Grenze des Seins oder des Seienden, so die strikteste aller Grenzen und zugleich eine, wo das Seiende buchstäblich »an nichts« grenzt; »jenseits« von der nichts ist.

Versteht man das Nichts als Gegenbegriff von »überhaupt Etwas«, so steht damit kein Etwas einem Etwas entgegen, sondern ein so restloses Nichts, daß es nicht einmal mehr gegen Etwas ist.

Bezeichnet man mit dem Nichts die Gegenmöglichkeit des Daseins, so eine, die *dessen* Möglichkeiten, die Möglichkeiten eines in bestimmter, nämlich problematischer Weise Seienden betrifft. »Es selbst« aber ist so schlechthin nichts, daß es »in ihm« nicht einmal mehr Möglichkeiten und Gegenmöglichkeiten gibt, wie es freilich auch keine Möglichkeiten und Gegenmöglichkeiten nimmt. Denn »das Nichts« nimmt und gibt – nichts.

Kurz: »Das Nichts« – insoweit mit Hegel – ist frei von jeder Bestimmung, bis auf die eine – insoweit mit Sartre –, die Negation jeder irgendwie positiven Bestimmung, und wäre es die Bestimmung eines Mangels, zu sein.

Folgerichtig kann jeder Versuch zu sagen, was das Nichts ist, nur sagen, was es nicht ist. Doch darum ist es noch nicht »nichtig« im Sinn der Nichtsvergessenheit. Nicht einmal

»nichtet« es im Heideggerschen Sinn. Das »Wesen des Nichts« ist nicht die »Nichtung« als »abweisende Verweisung auf das entgleitende Seiende im Ganzen«, vielmehr sein schlechthinniges Nichtwesen, ohne deshalb schon ein »Unwesen« zu sein. Das Nichts, man verzeihe den Neologismus, der auf das fatalste mit Heideggers Tautologien zu wetteifern scheint, ist – »nichtsig«, sein wesenloses »Wesen« allein die »Nichtsigkeit«. Das »nichtsige Nichts«, gleichermaßen frei von ontomorpher Projektion wie von nichtsvergessener Negativierung, bezeichnet jenes Nichts, das die Tradition als »eigentliches Nichts«, in der radikalisierten Wendung des Begriffs seit Schopenhauer als »nihil negativum« diskutiert hat, um es meist sogleich wieder zu entwerten oder ganz zu verwerfen.

Wenn vom Nichts nur gesagt werden kann, was es nicht ist, so liegt darin tatsächlich eine gewisse Übereinstimmung mit der »via negationis«, welche die Mystik, die negative Theologie geht. Doch wo diese sich im Nichts-All ihres verborgenen Gottes verlieren und finden will, läßt das »nichts« sagende und »nichts« meinende »Nichts« nichts übrig.

Gerade deswegen läßt sich freilich auch mit einer Vielzahl negativer Aussagen umschreiben, was alles das nichtsige Nichts nicht ist. Es ist und es hat nichts, an keinem Ort, nirgends, in keiner Zeit, nie. Es ist ohne Existenz und hat keine Essenz. Es ist das »Nichtetwassein und das Nichtdasein in Einem in schlechthinniger Einigkeit und Einfachheit« (Max Scheler: Vom Ewigen im Menschen, Werke v 264), ohne daß es all das, was da in so reichhaltiger Weise negativ von ihm ausgesagt wird, *wäre*. Alle Positivierungs- und Negativierungsformen der Nichtsvergessenheit schreiben ihm ein bestimmtes Wesen zu, während das Nichtsein und das Nichtwesen im Nichts zusammenfallen, ja, es schon der Unterscheidung von Sein und Wesen jede Grundlage entzieht.

Das Nichts tut nichts und leidet nichts. Es hat kein Aussehen, kein Geschlecht, keinen so oder so beschaffenen Charakter, genaugenommen nichts, was dieses oder jenes Personalpronomen, diesen oder jenen bestimmten oder unbestimmten Artikel rechtfertigen könnte. Wenn man ihm gleichwohl einen Artikel verleiht, so spottet es um so mehr jeder Beschreibung; denn die hier eigentlich sachgerechte unbestimmte Redeweise »ein Nichts« bezeichnet unangemessenerweise ein als nichtig bestimmtes Etwas, während der scheinbar so unangemessene hypostasierende bestimmte Artikel wenigstens »das Nichts« als Nichts fixiert.

Das Nichts ist weder klein noch groß – nichts, was seine Großschreibung nahelegte, aber auch nichts, was seiner artikellosen Kleinschreibung einen diminutiven Sinn gäbe. Unerachtet seiner substantivischen oder prädikativen Verwendung gewinnt es weder Substanz noch prädikativen Gehalt. Läßt die christliche Ontotheologie ihren Schöpfer sprechen: »Ich bin, der ich bin«, so ist das Nichts, sozusagen die ontologische Bescheidenheit höchstpersönlich, so mit sich identisch, wie allein Nichts mit Nichts identisch sein kann, ohne auch nur mit sich identisch zu *sein*. Nach der triftigen Formulierung Feuerbachs ist es »eben Nichts, (...) weiter läßt sich darüber« nach seiner Überzeugung »Nichts sagen« (Sämtl. Werke, Bd. II, Leipzig 1846, 229). Daß Nichts nichts ist – frei nach Feuerbach und Jaspers –, »ist genug«.

Nur negative Tautologien werden ihm gerecht, ja, nicht einmal diese, denn wenn das Nichts *Nichts* ist, dann *ist* das Nichts nicht. Es streicht auch noch den Seinsrest durch, den ihm die Kopula »ist« unterschieben könnte: Nichts ist mit nichts kopuliert. Es ist eben ein nur als Sprach- und Gedankending existierendes Un-Ding, das in demselben Atemzug annulliert wird, in dem man von ihm spricht.

So endet die Frage, was das Nichts sei, mit einer Antwort, bei der im strikten Sinn jedes ihrer Elemente durchzustreichen wäre:

Nichts ist Nichts.

Heidegger hat das »Sein« eine Zeitlang durchkreuzt und das auch für das Umdenken und Umschreiben des Nichts gefordert (Zur Seinsfrage, in: Wegmarken 239), um seinsvergessene Gewöhnungen des Denkens abzugewöhnen und auszudrücken, daß es mit dem Sein vorderhand nichts ist. Aber das solcherart gleichsam gevierteilte Nichts meint ausdrücklich kein »nichtiges Nichts« (247), sondern übereinstimmend mit der »via negationis« die Wegbereitung für die Frage nach dem Sein.

Hier hingegen sagt die Durchstreichung: In bezug auf das nichtsige Nichts ist jedes Wort, jeder Buchstabe eigentlich zuviel. Das Shakespearsche »Much ado about nothing« trifft das; man muß es nur wörtlich verstehen: »Viel Lärm um nichts« herrscht, weil alles Reden Lärm ist, wo es »um nichts« geht. Die konventionellen Schreib- und Aussageweisen sind jedenfalls allesamt unvermeidlich irreführend.

Man kann unter diesen Umständen seine Zuflucht zur konsequenten Aussageverweigerung nehmen – was freilich nicht davon befreit, wenigstens zu denken, warum man hier schweigt.

Oder man entfesselt – wie der virtuoseste Dialektiker des Buddhismus, Nagarjuna – eine unaufhörliche Rotation, die jeden Begriff, auch den des Nichts, annihiliert, um im Niemandsland des »Weder-Noch« von Sein und Nichtsein freilich den U-topos der erlösenden Leere zu finden.

Oder man wählt, wie der Zen-Buddhismus mit seiner einzigartigen Mischung von Komik und respektlosem Tiefsinn, Bilder, die auf paradoxe Weise zeigen, was nicht logisch gesagt werden kann: das Trinken aus einer Teetasse, die so leer ist, daß sie nichts enthält; das Klatschen mit nur einer Hand; die Form der »weißen Malerei«, deren Fläche nichts abbildet. Ein vom Zen inspirierter Zarathustra-Jünger aus der Stadt, die da heißt »die bunte Kuh« (IV 97), könnte es mit Hilfe des Zeichens »Mu« (wie »Nichts«) gar zum begriffslosen philosophischen Wiederkäuer, zum »Muhen« bringen.

Oder man könnte schließlich nach dem Vorbild der Carnapschen negativen Existenzsätze seine Zuflucht zu Symbolisierungen nehmen, die in der Tat jede Verwechslung vermeiden: »~(∃x)-dr(x)«. Aber das wäre bei etwas so Schlichtem wie dem Nichts doch etwas zu kompliziert. Und da auch alle anderen Symbolisierungen, Einklammerungen und Durchstreichungen mit endlosen Komplikationen verbunden wären, wird hier an den konventionellen Schreibweisen festgehalten. Auch die Anführungszeichen werden nur dort gesetzt, wo sie zur ausdrücklichen Markierung des Terminus oder zu Zwecken der Distanzierung von bestimmten Verwendungsweisen erforderlich sind. Selbst die zumal in der deutschen Tradition so beliebte, von der logisch-sprachkritischen Analyse so perhorreszierte Substantivierung »das Nichts« ist in dem Maße – allerdings auch nur in dem Maße – legitim, wie sie dem Nichtsbegriff nicht unter der Hand wieder hypostasierend ein Etwas unterschiebt, sondern ihn als Inbegriff der schlechthinnigen Negation begreift. Mit diesem Vorbehalt wird auch hier weiterhin von der Großschreibung Gebrauch gemacht.

Selbst das schlechthinnigste Nichts, das völlige »nihil negativum« aber scheint jener Relativierung nicht entgehen zu können, gegen die sich die hier geübte Kritik an allen bloß relativen Nichtsbegriffen als Form der Nichtsvergessenheit so bestimmt verwahrt hat. Denn alle Negationen, wie umfassend und unbestimmt sie auch seien, können ihren Sinn nur in Relation zu »überhaupt Etwas« gewinnen, das sie negieren, und wäre es bloß ein grammatisches Objekt.

Außerdem keine Negation ohne Negierenden: So wie das Wort »sein« im Sinne von »existieren« nach Fritz Mauthner (Wörterbuch der Philosophie, I 162) »eine Art Kopfnicken oder Bejahen« ist, so schüttelt nach der komplementären Einsicht Wittgensteins (Philosophische Untersuchungen, Nr. 547) in jeder Negation, und wäre es in der distanziertesten logischen Operation, ein Negierender »innerlich den Kopf«. Also sogar eine doppelte Relativität.

Das aber deutet keineswegs, wie noch bei Schopenhauer, auf irgendwelche positiven Qualitäten, die gleichsam im Rücken der Relativierung lägen. Und es bedeutet auf der anderen Seite noch weniger, daß der Nichtsbegriff wieder von jener Negativität ereilt würde, die die Geschichte der Nichtsvergessenheit so hartnäckig auf ihn projiziert hat. Vielmehr – das ist die paradoxe Pointe, deren nicht nur logische und ontologische, sondern existentiell gravierende Bedeutung sich gleich zeigen wird – ist der Nichtsbegriff so relativ und zugleich so total, daß er überhaupt nichts übrigläßt, was seinerseits in irgendwelchen Relationen stehen könnte. Er ist nicht bloß relativ, wie es alle Negationen sind, sondern besteht so ausschließlich in Relation, daß er keinerlei Substrat negativer Relation festhält. Ihm bleibt kein »Erdenrest«, kein Seinsrest »zu tragen peinlich«. Die paradoxeste Spezialität des so unspezifischen »nichtsigen Nichts«, dieser vollständigsten und insofern negierendsten aller Negationen, ist, noch einmal, man kann es einem nichtsvergessenen Denken nicht oft genug sagen, die schlechthinnige Negation ohne Negativität für ein Negiertes.

Wenn die neuere Nichtskritik von den logischen Analytikern bis zu den neoscholastischen Konversionsontologen in überraschender Eintracht gegen den Nichtsbegriff eingewendet hat, daß ihm keinerlei Korrelat entspreche, so trifft das in einem unverhofften Sinn tatsächlich ins Schwarze. Denn das Nichts ist wirklich und wahrhaftig – nichts. Wer den Nihilismus damit zu überwinden glaubt, daß das Nichts nicht sei, rennt so sperrangelweit geöffnete Türen ein, wie nur das Nichts sie öffnen kann, ohne daß es auch nur eine Türe wäre.

Wird das Nichts durch seinen Begriff unvermeidlich ontologisiert, so wird es auch nur als solcher ontologisiert, sein Signifikat wird im selben Atemzug annulliert.

Kurzum: Wenn die Tradition der Nichtsvergessenheit immer das »nihil relativum« *gegen* das »nihil negativum« ausgespielt hat, so gilt nun: Gerade als völliges »nihil relativum« bezeichnet das »nichtsige Nichts« ein völliges »nihil negativum«.

Soviel paradoxer Tiefsinn, der seinerseits im Nichts zu enden scheint, verlangt freilich nach weiterer Erläuterung. Die Schwierigkeit liegt ja nicht nur darin, den Seins-Suggestionen zu entgehen, die vom Nichtsbegriff als Sprach- und Gedankending ausgehen; nicht nur darin, etwas zum Objekt des Denkens zu machen, das rein gar nichts, also auch kein Objekt im üblichen Sinn mehr ist. Durch die strikte Respektierung der Relativität des Nichtsbegriffs soll vielmehr etwas gedacht werden, das nicht einmal mehr etwas Relatives ist. Das Denken – so die Zumutung – soll sich auf etwas beziehen, was ohne jeden Bezug ist, weil da nichts mehr ist, was einen Bezug haben könnte

Das Ausmaß dieser Schwierigkeit für das Denken, zu schweigen vom Fühlen, vom Erleben, zeigt sich am deutlichsten in der Kontrastierung des Nichts mit seinem lebens- und sterbenswichtigsten Pendant: der Vernichtung. Ontologisch wie existentiell ist alles daran gelegen, sie nicht mit dem Nichts zu konfundieren. Eben das aber ist in der Geschichte der Nichtsvergessenheit immer wieder gemacht worden. Sie hat nicht nur in ontologischer Indifferenz das Nichts stets vom Sein her bestimmt – sie hat auch den Unterschied von Nichts und Vernichtung in meontologischer Indifferenz untergehen lassen.

Wie der Nichtsbegriff bezeichnet »Vernichtung« eine Negation, indessen von einer geradezu penetrant seienden, höchst ernstzunehmenden Negativität für das Negierte. Das

Kopfschütteln, von dem Wittgenstein spricht, kann äußerst heftig sein, gleich ob es den Kopfschüttelnden selber oder eine ganze Welt betrifft.

Gleich aber, ob die Vernichtung erlitten oder zugefügt, frei gewählt oder hingenommen, ersehnt oder geflohen wird – sie annihiliert ein Etwas, das in dem Maße nicht mehr ist, wie sie ist. Ihrerseits ist sie aber auch nur solange, wie noch nicht nichts ist. Wenn aber nichts mehr ist, dann ist auch die Vernichtung nicht mehr. Und wenn noch nichts ist, dann ist auch noch keine Vernichtung. Kurz: Wenn *nichts* ist, ist die *Vernichtung* nicht.

Vernichtung als Sterben ist der Schrecken der sterblich Lebenden, die leben und weiterleben wollen; die »Vernichtung« meinen, aber »Tod« und »Nichts« sagen, obwohl das Nichts *nichts* ist und nicht *ist*, also nichts trifft und betrifft. Vernichtung ist die Horrorgestalt des Nichts.

Vernichtung als Töten ist der Schrecken der Tötbaren, vielleicht die zerstörerische, »teuflische« Lust der Tötenden. Deren Triumph aber markiert zugleich das Ende ihrer Macht. Deswegen muß die sadistische Lust ihren Opfern einen Lebensrest lassen, denn auch die Qual ist nicht mehr, wenn nichts mehr ist. Und selbst ein mephistophelischer Herostrat, der alles »zu Grunde« richten will, muß Etwas übriglassen, wenn er das Echo seiner Macht hören will. Vernichtung ist die Terrorgestalt des Nichts.

Vernichtung als Selbstvernichtung ist die Verzweiflungstat, aber auch der Trost der Leidenden, die Erleichterung der Mühseligen und Beladenen, die Stillung der Ruhelosen; sie ist die aktive Macht einer Selbstverneinung, mit der die Lebenden sich das zufügen, was sie dereinst ohnehin trifft, sie aber nicht mehr abwarten können oder wollen; die Selbstdurchstreichung eines Lebens, das sich nicht mehr bejaht und vielleicht noch nie bejaht hat. Denn das bloße Weiterleben der nun einmal Geborenen – das Weiterrollen von einmal geworfenen Kugeln auf einer dem Ende zugeneigten Lebensfläche – ist noch keine Bejahung. Selbstvernichtung ist die Erlösungsgestalt des Nichts – so wie das ersehnte Sterben seine Hoffnungsgestalt ist. Wer in diesem Sinn das Nichts will, will die Vernichtung. Nietzsches Diagnose, daß selbst der passive Nihilismus lieber noch das Nichts wolle als nicht wolle, trifft den Selbstvernichtungswillen. Doch nur für die noch Leidenden und Lebenden ist das Nichts Erlösung. Nur für die noch auf das Lebensrad des Ixion Geflochtenen ist es die Verheißung einer ungeduldig erwarteten seligen Ruhe. Für die Toten aber ist das Nichts so still, daß es nicht einmal mehr die ewige Ruhe ist – genausowenig, wie es für sie der Frieden oder auch nur das gnädige Dunkel der Nacht ist. Und die Ungeborenen wissen weder von Licht noch von Finsternis. Kein »Stern« leuchtet ihnen, wie freilich auch kein Stern den Geborenen aufgeht in der Finsternis.

Wir hören die Stille. Wir fühlen die Leere. Wir sehen die Finsternis. Wenn wir das tun, hören, fühlen, sehen wir nicht etwa nicht, wie man nach Art der Seinslogik des Parmenides sagen könnte, sondern wir hören, fühlen, sehen die gegenstandslose Gegenständlichkeit, den zustandslosen Zustand, den ortlosen Ort einer Abwesenheit. Aber die Abwesenheit, auf die sich unsere Aufmerksamkeit richtet; das grammatische Objekt, das der zugehörige Satz noch formuliert und so auch jenseits des Satzes noch suggeriert, ist seinerseits nichts, was still, leer, finster, gegenstandslos, abwesend wäre; es ist vielmehr – nichts.

Nach einem Aperçu von Günther Anders ist »die Nacht gut, um nicht die Nacht zu sehen« (Die Antiquiertheit des Menschen II 203). Doch die »Nacht« des Nichts ist so nächtig, daß in ihr überhaupt nichts mehr zu sehen und sie nicht einmal eine Nacht mehr ist. Heideggers »Einführung in die Metaphysik« (20f.) zitiert Knut Hamsuns »Nach Jahr und Tag«: »Er« (Hamsuns Held, August Weltumsegler) »sitzt hier« (in der Einsamkeit des Hochgebirges) »mitten zwischen seinen Ohren und hört die wahre Leere. Ganz komisch, ein Hirngespinst. Auf dem Meer rührte sich etwas, und dort gab es einen Laut, etwas Hörbares, einen Wasserchor. Hier trifft Nichts auf Nichts und ist nicht da, ist nicht einmal ein Loch.« Schlüssiger, obwohl von Heideggers Seinsbesessenheit nur allzubald wieder vergessen, kann man es nicht sagen, daß Nichts, anders als für Sartre, nicht einmal ein »Loch« mehr ist und kein Vakuum hinterläßt. Wo die »wahre Leere« gehört wird, ist da »der Rest Schweigen«? »Nein«, so die Hamlet-Korrektur des späten Horkheimer (Ges. Schriften VI 401), »der Rest ist Nichts« – Nichts ohne Rest.

Wenn der Nichtsbegriff aber eine schlechthinnige Negation bezeichnet, die nicht einmal mehr etwas Negiertes übrigläßt; wenn er das Sein wie das Wesen restlos durchstreicht, dann wird am Nichts als gegenstandslosem Gegenstand auch die Kategorie der Relation zunichte, nach Eduard von Hartmann die »Urkategorie«, ohne die der Begriff als Begriff nicht zu denken ist. Nichts ist nichts – und sonst nichts, also in keiner Hinsicht etwas. Anders als das Sein, das in seinen Relationen ist und lebt, hebt das Nichts auch alle Relationen auf, ohne daß da etwas Aufhebendes und etwas Aufgehobenes bliebe: Nichts »konsumiert sich sozusagen selbst« (N. Luhmann: Die Gesellschaft der Gesellschaft, Ffm. 1997, 898). »Consummatum est«, würde es in einer radikalisierten Version des Johannes-Evangeliums als der gründlichere Erlöser sagen, der auch die Erlösung vom Erlöser und von der Erlösung vollbringt und weder Höllen- noch Himmelfahrten mehr kennt und braucht – wenn es überhaupt noch Etwas sagen würde und sagen könnte.

»Das nicht Seiende«, pointiert Platon im »Parmenides«, hat »auf keine Art ein Sein an sich«. Folglich haben auch die Relationen hier keine Stelle mehr: »Weder Größe also noch

Kleinheit noch Gleichheit hat es an sich. – Freilich nicht. – (...) Und wie? Können wohl die Anderen irgendwie für es sein, wenn überhaupt nichts für es sein soll? Das kann nicht sein. – Also weder ihm ähnlich noch unähnlich, noch einerlei mit ihm noch verschieden davon sind die Anderen. – Freilich nicht. – Und wie? Kann wohl ein Davon oder Dafür, ein Etwas oder Dieses oder Dessen oder Eines-andern oder Für-ein-anderes (...) oder irgend etwas anderes Seiendes, kann dergleichen wohl für das nicht Seiende sein? – Das kann es nicht« (ed. Stephanus 164 a). Im Exzeß der Negationen, der freilich auf das »nicht« nicht verzichten kann, wird dem »nicht Seienden« zu Recht alles abgesprochen, alles »Sein an sich« wie alles Sein »für es« und »Für-ein-anderes«.

Jetzt wird auch die befremdliche Behauptung der Hegelschen »Logik« halbwegs verständlich: Das *»reine Nichts«* ist die »beziehungslose Verneinung« (ed. Lasson I 68) – das reine, nichtsige Nichts, so sehr die Verneinung als Begriff nach wie vor nur als Beziehung zu denken ist.

Selbst Hegels Intimfeind Schopenhauer kann hier anschließen. In den nachgelassenen Berliner Manuskripten von 1813 erklärt er zwar zunächst: *»›Nichts‹«*, bewußt in Anführungszeichen gesetzt, *»ist ein bloßer Verhältnißbegriff.«* Das muß es auch sein, wenn es jenes ausschließlich »relative Nichts« sein soll, zu dem selbst der nihilophile Schopenhauer seine Zuflucht nehmen will. Doch warum und in welchem Sinn ist das *»›Nichts‹«* ein *»bloßer Verhältnißbegriff«*? Die Antwort ist noch paradoxer als alles, was man leidgeprüft in Sachen Nichts schon gewohnt ist: »Nämlich das was mit einem andern *in keiner Art von Verhältniß steht*, wird von diesem Andern *Nichts* genannt und nennt auch wieder dieses Andre *Nichts*« – wobei der hypostasierende Begriff auch durch das negative Existenzurteil wiedergegeben werden kann: »es *ist* gar nicht« (HN I 34).

Nun, ein *»bloßer Verhältnisbegriff«* für das, was »mit einem andern *in keiner Art von Verhältniß steht«* – das ist eine arge Zumutung, die nach Erläuterung verlangt. Schopenhauer meint ein Wechselverhältnis, das sich in Wechselbegriffen niederschlägt, mit denen vehemente Wertungen verbunden sind: Für das Leben in Raum und Zeit gilt das Außerzeitliche und Außerräumliche als Nichts, »daher denn auch ›Nichts‹ ursprünglich nur das bezeichnet was nicht in Zeit und Raum ist« (HN I 35), was kein *»Etwas«* ist – so wie umgekehrt von einem außerräumlichen und außerzeitlichen »Standpunkt« aus das zeit- und raumgebundene Leben als Nichts gilt.

Freilich ist es schon ziemlich schwierig, sich einen außerzeitlichen und außerräumlichen »Standpunkt« zu denken. Und der Sache nach triftig ist die Verhältnislosigkeit nur für das schlechthinnige, das nichtsige Nichts. Jedes *»Etwas«* steht in allen möglichen Arten von Verhältnissen zu »einem andern«, zumal zu *seinem* Andern: dem relativen *»›Nichts‹«*, etwa wenn es sich von der Vernichtung bedroht glaubt: weil das *»Etwas«* ist und die Vernichtung *für es* ist. Dementsprechend wird es auch von »Werth« und »ohne Werth«, von *»Viel«* und *»Wenig«* sprechen, in bezug auf sein Anderes von so »Wenig«, daß es *»›Nichts‹«* ist. *»In keiner Art von Verhältniß* mit einem andern« steht indessen das nichtsige Nichts; und eben deswegen ist es ein *»bloßer Verhältnisbegriff«*. Hier allein ist die paradoxe Bestimmung höchst verhältnismäßig. Hier allein kann man nicht mehr von »Werth« und »ohne Werth«, von *»Viel«* und *»Wenig«* sprechen, weil das Nichts so »wenig« ist, daß es nicht einmal mehr »wenig« ist.

Auch Heideggers am Ende verseite Meontologie führt in dieselbe Richtung. Sie ist darauf aus, die Einzigartigkeit und Unvergleichbarkeit des Seins zu unterstreichen, im Unterschied zum Seienden, das sehr wohl vergleichbar ist. Die Unvergleichbarkeit des Seins aber kann sich paradoxerweise nur zeigen im Vergleich zum unvergleichbaren Nichts: »Das

Sein (...) kann mit nichts sonst verglichen werden. Das Andere zu ihm ist nur das Nichts. Und da gibt es nichts zu vergleichen« (Einführung in die Metaphysik, 4. A. 60). In der Tat, weil nämlich das Nichts so unvergleichbar ist, daß es nicht einmal *ist*.

Selbst der seinsfromme Anti-Gnostiker Hans Jonas muß einräumen, daß das Nichts alle Vergleiche, alle Relationen sprengt. »Mit dem Nichts ist kein Vergleich nach Graden möglich« (Das Prinzip Verantwortung 96), zumal das Nichts als solches nun einmal »insich selbst vollkommen ist«. Ja, nicht bloß »nach Graden«, sondern überhaupt kein Vergleich ist hier möglich, weil dem Nichts »schlechterdings gar nichts«, weder Wert noch Unwert zusprechbar ist (100). Daß dann gerade diese Nichtzusprechbarkeit von Wert oder Unwert an das Nichts einen Wert höherer Ordnung, nicht bloß einen »Vorrang«, sondern einen »absoluten Vorrang des Seins vor dem Nichts« begründen soll, ist allein der Tatsache zuzuschreiben, daß hier die vermeintlich ontologisch begründbare Ethik eines Seinsfreundes spricht – abgesehen davon, daß ein »absoluter Vorrang« nicht weniger unerhört ist als etwa ein relatives Absolutes es wäre. Denn ein Vorrang ist naturgemäß immer relativ. Vorzugslos wie allerdings auch ohne Nachteil hingegen ist nur, was »schlechterdings gar nichts ist«: das nichtsige Nichts.

Alle Formen der Nichtsvergessenheit sind dadurch gekennzeichnet, daß sie das Nichts aus der Perspektive des stets in Seins- und Wertrelationen stehenden Lebens wieder zu Etwas machen, das seinerseits in bestimmten, positivierten oder – wie zumeist – negativierten Relationen steht. »Für uns« ist dann das Nichts wieder ein Etwas, an das ein Versprechen oder eine Drohung, eine Hoffnung oder eine Furcht geknüpft ist. Menschliches Leben setzt sich zum Nichts in Beziehung. Ja, insofern es sterbliches, geborenes, schaffendes oder nicht schaffendes, sich selbst oder anderes

Leben bejahendes oder verneinendes Leben ist, das mit dem Nichts den Grenz- und Gegenbegriff, die Gegenmöglichkeit zu dem Etwas, das es ist oder das durch es ist, wie zu allem, was ist, bezeichnet, kann es gar nicht umhin, das zu tun. Überhaupt nicht über das Nichts zu denken oder zu sprechen, noch einmal, ist für das, was »aus dem Nichts kommt«, »ins Nichts geht«, nicht möglich. Und es ist auch keineswegs die Schlußfolgerung aus der Kritik aller nichtsvergessenen Nichtsbegriffe im Zeichen eines nichtsigen Nichts. Sich aber zum Nichts in Beziehung setzend, relativiert das Dasein es. Es temporalisiert das Nichts als »Nicht-Mehr« und »Noch-Nicht«. Es sieht in ihm die Vernichtung oder die Erlösung. Es schreibt ihm wieder die Spur ein, die der »Niemand« als Negation des »Jemand« für das individuierte Dasein ist. Es verweigert die Totalabstraktion, die das Nichts als restloseste aller Negationen, ohne auch nur eine Realabstraktion zu *sein*, fordert. Das Dasein kann das Nichts jedoch nur als solches denken, indem es nicht mehr die Optik des Seins auf es projiziert und es als das gelten läßt, was es allein »ist«: nichtsiges Nichts, die schlechthinnige Negation, die nicht einmal mehr etwas Negiertes übrigläßt. Nichts ohne Rest.

Darin aber liegt für die Auseinandersetzung mit der Grund-Frage die entscheidende Provokation. Denn mit allen Relationen ist hier auch allen Wertungen, ja jedem Maßstab der Boden entzogen, ohne daß das Nichts auch nur das Bodenlose wäre. Es sprengt die Seinsordnung so sehr, daß es in keinem Sinn mehr in sie integrierbar ist, ohne ihr auch nur entgegenzustehen. »Das Sein *und* das Nichts«, »das Nichts *gegen* das Sein«: mit beiden Sätzen ist es in diesem Sinn nichts.

Nicht obwohl, sondern gerade weil ontologisch schlechthin different, ist das nichtsige Nichts axiologisch völlig indifferent. Es ist ganz und gar *inkommensurabel*. An ihm zerbricht die Ordnung der Werte, ohne daß es sie auch nur umwertete. Es ist in der Tat, was Nietzsche für das sich unter allen Umständen selber wollende transmoralische Leben reklamierte: »Jenseits von Gut und Böse« – so sehr die Vernichtung für uns nach wie vor gut oder böse ist. Mit den tradierten Inbegriffen des »summum bonum« und des »maximum malum«, mit Gott und Teufel hat es schon gar nichts gemein.

Mit einem zentralen Begriff der antiken, vorab der stoischen Philosophie gesagt, der neuerdings für das »Glück der Gleichgültigen« und eine unverbiesterte Bestimmung der »postmodernen Indifferenz« (Manfred Geier) nutzbar gemacht worden ist: Es ist ein »Adiaphoron«, ein wertmäßig nicht Unterschiedenes, Gleichgültiges, aber nun im denkbar umfassendsten Sinn, nicht, wie in der Stoa, bloß auf das sittlich Gleichgültige zwischen dem Guten und dem Schlechten bezogen (was nicht hindert, daß ethische Konsequenzen für die Lebensführung durchaus eingeschlossen sind, wie die Auseinandersetzung mit dem »ganzen Tod« und dem »Diktat der Geburt« zeigt).

Das nichtsige Nichts trägt keinerlei Vorzeichen. Es kennt kein Plus und kein Minus, kein Besser und Schlechter, keine Fülle und keinen Mangel. Daß es der »defiziente Modus von Sein« wäre, das »Privative«, der Kastrat des Seins, konnte nur von einer Philosophie gedacht werden, die als Ontologie dem Sein, als Theolosophie dem Herrn des Seins hörig war. »Defiziente Modi« gibt es nur innerhalb des Seins.

Ob hier gleichwohl die relative Differenzierung der stoischen Güterlehre innerhalb der »Adiaphora« zwischen dem bedingt Wünschenswerten und dem bedingt zu Verwerfenden nicht doch greife, dergestalt etwa, daß das Schon-, Noch- und Weitersein immerhin das relativ Bessere, das Noch-nicht- und Nicht-mehr-Sein das relativ Schlechtere wäre, steht einstweilen dahin. Die Rechnung, wenn man denn rechnen will, kann auch, und zwar mit möglicherweise besserer Begründung, ganz anders ausfallen. Genug, das nichtsige Nichts weiß von alledem nichts. Es kennt keinen Komparativ. Das »Ende des Komparativs«, das Günther Anders für den absurden atomaren Overkill konstatiert hat, weil es kein »töter als tot« gibt, gilt im striktesten Sinn für das Nichts. Man kann es nicht steigern noch auch nur vergleichen, da es hier nach der Einsicht Heideggers nichts zu vergleichen gibt.

Wenn es eine halbwegs angemessene Symbolisierung für dieses inkommensurable Nichts gäbe, so wäre es die Null. Es ist nur schlüssig, daß der am wenigsten nichtsvergessene Osten – Indien – die Null erfunden hat, auch wenn erst die Araber das Zeichen für das »Leere« als »tziphra« für den Rest der Welt transkribiert haben, aus der dann im Frankreich des 14. Jahrhunderts die »chiffre« aller Chiffren geworden ist. Die Null, weder das Minus-Zeichen, mit dem die Nichtsvergessenheit das Nichts mit Vorliebe stigmatisiert hat, noch das Plus-Zeichen, das es positivierte, ist das relativ adäquateste Nichts-Symbol – »relativ« deswegen, weil noch dieses Symbol sich der Paradoxie jeder Bezeichnung des Nichts nicht entziehen kann. Dieses »null- und nichtsige« Nichts ist auch nicht eigentlich *zwischen* den Koordinaten von Plus und Minus, sondern *jenseits* davon zu lokalisieren.

Selbst Kants bemerkenswerter »Versuch, den Begriff der negativen Größen in die Weltweisheit einzuführen«, der das Zero, die Null als Resultat eines Subtraktionsaktes und Symbol des »privativen« Nichts begreift, muß einräumen, daß vom Nichts immerhin nichts Positives mehr hinweggenommen werden kann (ed. Buchenau II 215). Es ist in jedem Betracht unverminderbar, unanfechtbar. Den Fall »O – A« gibt es nicht. Und »O – O« – so Kants absurd zugespitzte Formel – ergibt immer nur »O«.

Aufschlußreicher noch, daß die gerne mit dem Nichts befaßte deutsche Romantik eine ganze Null-Philosophie entwickelt hat, die jedes Plus und Minus transzendiert. Der romantische Naturphilosoph Lorenz Oken will mit dem »Zero = 0« als höchster Idee zwar auf eine mathematisierte Mystik hinaus, die »Zero« und »Nichts« sagt, weil sie »Alles« im vergöttlichten Nichts finden will (Lehrbuch der Naturphilosophie 1843[3], 4ff.). Aber der Gott dieser Mathematomystik, von dem die »positiven« Akte des »Ponirens«, des Setzens, des Bejahens von einem Etwas ausgehen und in den die »negativen« der Aufhebung zurückkehren, wird schon paritätisch mit beiden Vorzeichen versehen: »Gott = + 0 –« (20), lautet die stupende Formel, die wissenschaftlicher Tiefsinn hier für die »coincidentia oppositorum« ersonnen hat. Und am Ende wird das Zero, die Null, das Nichts ganz für sich ohne jedes positive oder negative Vorzeichen von Oken gedacht. Die grammatische Form, in der es allein beschrieben werden kann, ist das »weder – noch«. Es ist »weder endlich noch unendlich, weder groß noch klein, weder ruhend noch bewegt«. Alles dieses ist es nicht (7), wie Oken mit Platons Nichtswissenschaft weiß. Das Nichts hat »nur eine einzige Eigenschaft (...), nehmlich die, keine zu haben« (10).

Robert Musils »taghelle Mystik« noch überbietend, ist es für eine weder taghelle noch nachtdunkle Mystik »das Nichts ohne Eigenschaften«. Es bezeichnet das Jenseits aller Vorzeichen, ohne auch nur ein Jenseits zu sein. Da muß schon das Schreckgespenst des Nihilismus herandräuen, damit ein trotz allem heroisch Aushaltender wie Ernst Jünger der nihilistischen Welt mit dem Grundgefühl der Reduktion und des Reduziertwerdens die »Bewegung zum Nullpunkt« zuschreiben kann (Werke V 265). Das meint Vernichtung, aber nicht jenes Nichts, das der Nullpunkt ist, ohne auch nur noch Null und Punkt zu sein.

Wenn das Nichts aber ein »Adiaphoron« ist, wird dann nicht auch alles Sein unvermeidlich dazu – ebenso gleichgültig, wie es, weil nun nichts mehr zu vergleichen ist? Und muß die »Adiaphorie« von Sein und Nichts nicht eine fundamentale Gleichgültigkeit in der Lebenspraxis zur Folge haben? Solche Indifferenz wäre aus der Optik des Seins die wahre »Gefahr aller Gefahren«, von der Nietzsches Nihilismus-Kritik spricht, nicht ein Nihilismus als noch im Negativen positiver »Wille zum Nichts«.

Nietzsche hat denn auch in seinem späten Nachlaß die »an sich denkbare«, lebbare »Adiaphorie« der »Buddhisten« unter den griechischen Philosophen, vorab der pyrrhonischen Skeptiker, mit einem stärkeren, vertieften Nihilismus in Verbindung gebracht. Analog zur stoischen und epikureischen »Apathia« und »Ataraxia« ist die »Adiaphoria« als praktizierte Gleichgültigkeit für ihn Ausdruck einer prinzipiellen *»Impassibilität«*, die keine Reaktionen zeigt, einer *»weisen* Müdigkeit«, die sich im Unglauben »an die Wichtigkeit aller Dinge« artikuliert (XIII 258, 272, 276ff.). Wie das »A-diaphoron«, dem sie entspricht, ist die »A-diaphoria« analog der »A-pathia« nicht »anti«, ohnehin nicht »pro«; entschieden ist sie allein in ihrer Indifferenz.

Bei aller widerwilligen Bewunderung, die noch beim Philosophen des Willens zur Macht für die in der Indifferenz liegende Stärke anklingt, bekämpft er die »Adiaphorie« indes, weil er den wirklich vollendeten Nihilismus: den der Indifferenz, um jeden Preis überwinden will. Leben heißt für ihn: Different sein wollen. Das ontozentrische und ontomorphe Denken, das aus Nietzsche noch einmal mit aller verzweifelten Leidenschaft spricht, kann und will eine sich nicht bloß auf Lust und Schmerz, Gut und Schlecht, sondern auf Sein und Nichts erstreckende »Adiaphorie« unter keinen Umständen gelten lassen.

Deswegen hat dieses Denken seit je versucht, das Nichts unter allen Umständen zu einer nicht gleichgültigen Größe zu machen. Die Geschichte der Nichtsvergessenheit ist auch die Dokumentation des seinsobsessiven Versuchs, der Vergleichgültigung von Sein und Nichts zu entgehen. Das konnte selbst mit einem positiven Vorzeichen für das Nichts geschehen. Das eigentliche Telos der Nichtsvergessenheit ist indessen die Nichtsdiskriminierung. Auf dem Boden des mit dem unstillbaren Willen zur Selbstbehauptung und Selbststeigerung identifizierten Abendlandes mußte das Nichts zu einem schlechteren Seinsgrad werden – zu dem, was nicht nichts, sondern unendlich viel weniger als das Sein ist.

Folgerichtig haben die Metaphern, die Gefühle der Leere, der Armut, der Kälte und zumal der Finsternis das Nichts okkupiert, in der das Licht nicht leuchtet und die selber das Licht nicht erblickt. Das Sein, das Gute und das Wahre erfreuten sich ihrer prästabilierten Harmonie: »Wär' nicht das Auge sonnenhaft,/die Sonne könnt' es nie erblicken/Läg' nicht in uns des Daseins Selbstbehauptungskraft/Wie könnte uns das Sein entzücken« – so hätte der Neo-Plotiniker Goethe auch schreiben können, als er die Gegenmythen seines Mephistopheles im Zeichen der Lichtmetaphysik verabschiedete. Und so verdunkelt das Licht des Seins das Nichts.

Das Nichts ist aber so sehr nichts, so leer, so arm, so kalt, so finster, daß es weder leer noch arm noch kalt noch finster ist. »Im Nichts« ist selbst das Nichts nicht. Wenn es das Nichts »gibt«, so in dem Sinn, daß es »im Nichts« überhaupt nichts gibt, das etwas geben oder nehmen könnte. Die vielleicht paradoxeste Pointe der Geschichte der Nichtsvergessenheit liegt darin, daß die Relativierung des Nichts, die ihm noch irgendeinen Seinsgehalt ließ, es auf eben dieser Basis diskriminieren konnte, während der Begriff eines schlechthinnigen, nichtsigen Nichts, der ihm alles nimmt, es jedem Diskriminierungsversuch entzieht.

Wenn Nichts nichts ist – und was sollte es anderes sein können –, wenn es überhaupt nichts an sich hat – und was sollte es an sich haben können –, wenn es in keiner Beziehung steht – und in welcher Beziehung sollte es stehen können –, dann trifft jede der zahlreichen defizitären Zuschreibungen, von denen der philosophische Kopf voll ist und das seinsbegierige Herz überfließt, es nicht. Es hat keinen Nachteil, genausowenig wie das Sein von Vorteil ist. Im Nichts gibt es nichts zu fürchten – genausowenig wie vom Sein ein Geschenk zu erhoffen ist. Allen Gewinn- und Verlustrechnungen, gleich ob in ihren kruderen oder subtileren Formen, die das Sein gegenüber der Nacht des Nichtseins als Licht und als Geschenk annoncieren, ist hier der Boden entzogen.

Wenn die Mitglieder der physisch-metaphysischen Risikogesellschaft aber um jeden Preis darauf beharren wollten, eine existentielle Gewinn- und Verlustrechnung aufzustellen, so spräche sie eher für Schopenhauers Anti-Pascalsche Wette auf den Vorzug des Nichtseins als für einen Vorzug des Seins.

Zunächst wäre das Nichtsein auf keinen Fall »schlechter« oder »weniger«, schon gar keine Unglückseligkeit, denn es weiß von nichts, also auch von keinem Verlust der Lust, des Guten, des Wahren, des Schönen oder was auch immer an Herrlichkeiten das Sein dem Sein versprechen mag. Alle behaupteten Seinsvorzüge und Nichtsnachteile sind ans Sein gebunden, für das Nichts gelten sie nicht.

Das hat vor Schopenhauer eine schon angedeutete Überlegung des großen Lichtenberg gezeigt, der so vorurteilslos war, daß er das massivste aller Vorurteile: das des ontozentrischen Denkens, in Frage zu stellen wagte. Lichtenbergs ontologisches »Sudelbuch« annulliert die Superiorität des Seins über das Nichts und gibt mit einer sprachkritischen Reflexion auf die Ontomorphie unserer Begriffe auch den Grund dafür: »Die wenigsten Menschen haben wohl recht über den Wert des *Nichtseins* gehörig nachgedacht. Unter Nichtsein nach dem Tode stelle ich mir den Zustand vor, in dem ich mich befand, ehe ich geboren ward. Es ist eigentlich nicht Apathie, denn die kann noch gefühlt werden, sondern es ist gar nichts. Gerate ich in diesen Zustand – wiewohl hier die Wörter *ich* und *Zustand* gar nicht mehr passen; es ist, glaube ich, etwas, das dem ewigen Leben völlig das Gleichgewicht hält. *Sein* und *Nichtsein* stehen einander, wenn von empfindenden Wesen die Rede ist, nicht entgegen, sondern *Nichtsein* und *höchste Glückseligkeit*. Ich glaube, man befindet sich gleich wohl, in welchem von beiden Zuständen man ist ...« (Schriften und Briefe, ed. W. Promies, München 1975², II 409f.). Kurzum: Nichts ist nicht diskriminierbar.

Das Nichtsein kennt weder ein Gefühl noch einen Zustand noch ein Ich, denn es ist »gar nichts«. Und deswegen hält es dem »ewigen Leben«, auf das sich die liebe Seele so sehr kapriziert, »völlig das Gleichgewicht«. Sogar wenn man sich vom Sein die »höchste Glückseligkeit« verspräche, befände man sich im Zustand des Nichtseins, gleich ob nach dem Tod oder vor der Geburt, »gleich wohl«, obwohl hier recht besehen wieder nicht von »Zustand« und »Wohlsein« die Rede sein kann und Lichtenberg als Skeptiker von Profession so vorsichtig bleibt, das alles, er wiederholt es, nur zu »glauben«. Ist man sich hier aber so gewiß, wie man sich des Nichtseins des »gar nichts« sein kann, so gilt in der Tat: Selbst die Maximalalternative von Nichtsein und völligem Glück ergäbe allenfalls ein existentielles Remis in der Frage nach dem Vorzugscharakter des Seins.

Wenn aber, wie nicht bloß wahrscheinlich, sondern ziemlich sicher, nicht »höchste«, sondern begrenzte Glückseligkeit, wenn das Leiden des Lebens die Alternative ist, dann neigt sich die Schale bedenklich dem Nichts zu. Ja, ein einziges Leiden entscheidet nach der Einsicht Schopenhauers alles. Denn in bezug auf das Leiden reicht es vollauf, wenn es »im Nichts« *faktisch* nicht ist, während die Verlustrechnung, die der Seinsfreund in bezug auf das »im Nichts«

entgangene Glück präsentieren möchte, an die *Empfindung* des Verlusts gebunden bleibt, die »im Nichts« genausowenig wie alles andere ist. Die Option für das Nichts kann mit viel weniger zufrieden sein, nämlich mit nichts. Daß Nichts nichts ist – an Leiden – und »im Nichts« nichts entgeht – an Glück –, genügt.

Mathematisiert könnte der Anti-Pascalsche Calcül der Wette auf das Nichtsein etwa so aussehen:

(-)N+ - S (+)

Die eingeklammerten und die nicht eingeklammerten Vorzeichen sollen sagen: Das Nichtsein wäre in bezug auf den Verlust der Lust kein realisiertes Minus, in bezug auf das annullierte Leiden ein gar nicht realisationsbedürftiges faktisches Plus, das Sein in bezug auf das ihm anhaftende Leiden ein sehr wohl realisiertes Minus, in bezug auf den Gewinn an Lust dennoch gegenüber dem empfindungslosen Nichtsein kein Plus.

Kurzum: Nur *völlige* Glückseligkeit könnte die existentielle Rechnung egalisieren. Selbst völlige Glückseligkeit könnte sie *nur* egalisieren. Bestenfalls ein existentielles Remis.

Indessen haftet allen Rechnungen dieser Art, und wären es die triftigsten, das Stigma eines kalkulatorischen Geistes an, das die Schopenhauer-Kritik dem persönlich sehr gut von seinen Renten lebenden pessimistischen Couponschneider in Verkennung des nihilistischen Kerns seiner Überlegungen stets gerne angeheftet hat: Der »homo oeconomicus«, welcher der Bourgeois auch in Lebens- und Sterbensfragen ist, kann das Rechnen einfach nicht lassen. Er will unter keinen Umständen verlieren. Geradezu panisch perhorresziert er das Risiko. Und nur wenig freut ihn mehr am Nichts, als daß es so risikolos ist. Wie schal, wie klein, wie eng gedacht!

Da ist es nicht ohne Ironie, daß eine nicht mehr nichtsvergessene Nichtswissenschaft auch statuiert, daß noch der nichtsfreundlichste Calcül an das Sein gebunden ist, während man »im Nichts« nicht einmal mehr zugunsten des Nichts rechnen kann oder muß. Wenn es risikolos ist, dann gleich derart, daß es nicht einmal mehr dem Begriff »Risiko« offensteht. Die Sprengung aller Calcüls, die *Ent*wertung, nicht die *Um*wertung aller Werte, ist die Pointe der Nichtswissenschaft. Will der »homo oeconomicus« wissen, ob sich »das Geschäft des Lebens lohne«, so beantwortet eine weder nichtsvergessene noch seinsbesessene Philosophie, einerseits bescheidener, andererseits rabiater, die Grund-Frage der neuzeitlichen Philosophie mit der »Adiaphorie«, der Gleichgültigkeit von Sein und Nichts. Nicht weil das Sein nun schlechter, das Nichts besser wäre als vormals gedacht, sondern weil das Nichts nach der schlichten Formulierung Lichtenbergs »gar nichts«, weil es nichtsig ist.

Dieses Resultat freilich ist gegen eine 2500jährige Tradition anhaltender Seinsobsession mit Nachdruck festzuhalten: *Das Sein hat keinerlei Vorrang vor Nichts*. Denn vor was sollte es einen Vorrang haben, wenn Nichts nichts ist? Welchen minderen Rang sollte Nichts haben, wenn es nichts ist? Es »verschlingt« jeden Wert, ohne selber darum etwas »Wertloses« oder auch nur etwas »Verschlingendes« zu sein.

Wenn der Begriff des »Wertes« den auszeichnenden Vorrang und das Sein-Sollen von Etwas bedeuten soll, dann *hat das Sein keinen Wert*. Wenn Nihilismus die Entwertung der bisherigen höchsten Werte, vor allem des Seins als Wert ist, dann ist das in der Tat vollendeter Nihilismus, und zwar ein solcher, der auch nicht das Nichts als neuen höchsten Wert inthronisiert. Für einen wirklich vollendeten Nihilismus gibt es keinen Wert. Die Wert- und die Seinsfreunde mögen ihn immer wieder inständig überwinden – er weiß, daß es an ihm nichts zu überwinden gibt, weil es am Nichts nichts zu überwinden gibt.

Keineswegs ist es deswegen, nach der Formulierung Heideggers, mit dem »Sein selbst nichts«. Es bleibt durchaus, was es ist – wenn und solange es ist. Wie Nichts bleibt, was es »ist«: nichts, nichtsiges Nichts. Aber es wird dem Sein der Vorzugscharakter genommen. Die Zuflucht zu kompensatorischen Sinnstiftungen, die es gestatten, wenigstens einen begrenzten Sinn zu retten, ist im Rahmen seinsinterner Relationen möglich, vielleicht hilfreich und überlebenswichtig, wenn sich das Leben sonst auf keine Sinnkrücke mehr stützen kann. Doch für das Sein selber vis-à-vis dem Nichts gilt, daß es weder Sinn hat noch Sinn ist. Preisgeben muß es die narzißtische, ontozentrische Illusion, daß es das Positive und der Antipode, dem es sich und den es sich entgegenstellt, ohne daß dieser ihm seinerseits entgegenstünde, das Negative wäre.

Wittgensteins verzweifeltes Postulat im »Tractatus logico-philosophicus«, daß »der Sinn der Welt (...) außerhalb ihrer liegen« müsse, während es »*in* ihr keinen Wert« gebe (6.41), stellt die Sinnverhältnisse auf den Kopf: In ihr mag es diesen oder jenen Wert geben; außer ihr liegt weder der Sinn noch überhaupt Etwas, vielmehr – nichts. Um so triftiger freilich der Satz, mit dem Wittgenstein die große Schlußkadenz des »Tractatus« eröffnet – eine unverhohlene Proklamation der »Adiaphorie«: »Alle Sätze sind gleichwertig« (6.4) – jedenfalls dann, wenn es um Sein oder Nichts geht: Es gibt hier keinen höher- und keinen minder-wertigen Satz. Sein ist ohne Grund. Nichts ist nicht einmal mehr der Abgrund. Und deswegen gibt es nichts, worumwillen eher Etwas, warum überhaupt Etwas sein sollte und nicht Nichts. Alle philosophischen Versuche in der Bio-, der Ontodizee müssen wie einst die der Theodizee mißlingen.

Das ist die Antwort, die der philosophierende Ödipus, von dem Schopenhauer an Goethe schrieb, ohne seine Rolle ganz zu übernehmen, als vollendeter Nihilist auf die Hamlet-Frage der neuzeitlichen Philosophie nicht mehr auf dem

Herzen behält. Mit der Geschichte des Seins als des Guten ist es für ihn vorbei.

Macht ihn das heimatlos wie die verwaisten Kinder des leeren Nichts, nachdem er – schon einige Zeit ist das her – den Herrn des Seins getötet hat, der wie gewohnt den Vorrang in den Hohlwegen des Lebens gefordert hatte, jetzt aber auch keine mütterlich wärmende ontologische Heimstatt mehr ihm eine letzte Zuflucht bietet? Vielleicht wird Ödipus tatsächlich an Unbehaustheit leiden – wie sein jüngerer Bruder Faust, der so gründlich wissen wollte, daß er dem »Logos« als »Wort« und »Sinn« das Lebenslicht ausblies.

Auch den ohnehin stets unschlüssigen Hamlet wird es zunächst kaum heiterer stimmen, wenn er bei den existentiellsten Entscheidungen, die das Leben ihm aufdringt, solange er ist, auf keine Entscheidungshilfe rechnen kann, ohne daß er sich indes der Entscheidung selber enthalten könnte. Die Haltung des Weder-Noch, das famose »Weder Sein noch Nichtsein«, zu dem einige seiner glücklicheren Brüder im Geiste ihre Zuflucht zu nehmen versuchten, bleibt für ihn illusionär, weil er weiß, daß man sich in den Fragen von Leben und Sterben, Geburt und Nichtgeburt nicht nicht verhalten kann.

Ja, vielleicht wird Hamlet sich ein letztes Mal vom Nichts genarrt fühlen, wenn er sieht, daß ausgerechnet in einer Situation, in der ihm selber das Weder-Noch unmöglich ist, das Weder-Noch des Nichts jenseits von Gut oder Schlecht, Licht oder Finsternis jedwede positive oder negative Entscheidungshilfe verweigert. Nur zu gut kann er unter diesen Umständen sogar die Bilanzbuchhalter des Lebensgeschäftes verstehen, gleich ob die positivistischen oder die pessimistischen, die um jeden Preis nach einer existentiellen Rechenhilfe verlangen. Mutiert Hamlet am Ende gar zum »Dezisionisten«? Das wäre bei diesem notorischen Zauderer wahrhaftig der ironische Gipfel seiner Karriere.

Nun, einer wie er tendiert wahrscheinlich nach wie vor eher zum Quietisten und Skeptiker, bedenkenreich und tatenarm. Ebenso wahrscheinlich allerdings auch, daß er und Ödipus die Experten für Krankheitsgewinn bleiben, die sie seit je waren.

Das Lebensrätsel der Sphinx lösen sie immerhin soweit, daß sie ihm den Schrecken nehmen, und zwar gerade indem sie das Rätsel aller Rätsel beim Wort nehmen. Noch einmal agieren sie in der Rolle des Meontologen, um zu zeigen, daß die Sphinx des Lebens sie mit nichts mehr einschüchtern, ihnen mit buchstäblich nichts mehr drohen kann.

Wenn nämlich das Nichts die Abwesenheit alles dessen sein soll, was ist, dann ist das nichtsige Nichts auch die Abwesenheit der Abwesenheit.

Wenn es der Mangel schlechthin sein soll, dann fehlt »in ihm« nichts. Der »*unendliche* Mangel an Sein« ist keiner mehr. Nichts leidet weder an ihm noch an überhaupt Etwas.

Wenn Etwas »aus Nichts« entsteht, so war doch vorher, vor seinem anfänglichen Anfang, an »seiner« Statt nicht weniger, sondern – nichts, und zwar so vollständig, daß noch die Rede vom »Noch-Nicht«, die das Leben aus der Optik des Seins gebraucht, hier keine Statt hat. Nichts weiß von keinem »Noch-Nicht«.

Wenn Etwas, das sein könnte, nicht entsteht, so ist doch nur für das, was ist, an »seiner« Statt weniger; im übrigen ist da nicht einmal »Niemand«, die Negation eines »Jemand«, sondern – nichts.

Wenn Etwas »ins Nichts« vergeht, so ist es nicht mehr: Im Unterschied zum »Noch-Nicht«, das an sich nicht und nur für andere ist, trifft und betrifft das »Nicht-Mehr« tatsächlich das Etwas. Wenn das Etwas aber ins Nichts vergangen ist, so ist es auch nur für die Überlebenden »nicht mehr«; an »seiner« Statt ist – nichts. Nichts weiß von keinem »Nicht-

Mehr«. Das schlechthinnige Ende ist auch das »Ende des Endes« (Günther Anders).

Kurz: Wir werden nicht mehr sein. »Wir« werden nichts sein. »Wir« waren nichts. »Wir« mußten nicht sein. Es mußte nichts sein. Es muß nichts sein. Etwas kann sein – oder auch vielmehr nichts.

Alle aus der Optik des Seins vorgenommenen Bestimmungen hingegen haben ihre Berechtigung auch nur für dieses. In bezug auf das Nichts aber werden sie von jenem »Gravitationskollaps« ereilt, der, mit der faszinierendsten astrophysikalischen Metapher der Gegenwart, sich in den »Schwarzen Löchern« ereignet. Nichts ist so gründlich nichts, daß von ihm nicht einmal mehr die Information von der Vernichtung der Sterne übrigbleibt. Mögen sich die »Roten Riesen« sterbender Sterne noch so sehr aufgebläht haben – kein Widerschein, kein letztes Licht dringt nun mehr von ihnen nach außen. Und mit dem Sterben der Sterne gibt es auch keinen Beobachter mehr, der Kunde davon geben könnte.

Doch selbst dieser suggestive Vergleich hinkt noch. Denn wenn ein »Schwarzes Loch« durch die Summe aller Körper definiert ist, die es verschlungen hat, so ist es eine Art von kosmischem Moloch. Das Nichts aber ist nichts dergleichen. Wenn die Vernichtung in der Tat etwas »verschlingt«, so ist »im Nichts« auch der Albtraum des Verschlingens in eins mit den Sternen, ihrem Sterben und allen Todeszeugen verschlungen.

Mit diesem Resultat könnte sich bei allem Zaudern womöglich sogar ein zum Astroontologen gewordener, über dänische Königshöfe hinausblickender Hamlet zufriedengeben. Wie er immer schon wußte, gedankenblasser Melancholiker, der er nun einmal war, daß das Sein kein guter Traum ist, weiß er nun, daß im Nichts wenigstens keine schlechten Träume mehr kommen, weil das Nichts weder schlecht noch überhaupt ein Traum ist. Jetzt hat er auch verstanden, was der erste Totengräber ihm sagen wollte, er aber angesichts der Nichtigkeit des Lebens noch nicht verstehen konnte: »*Hamlet.* Für was für einen Mann gräbst du es (Ophelias Grab)? *Erster Totengräber.* Für keinen Mann. *Hamlet.* Für was für eine Frau denn? *Erster Totengräber.* Auch für keine. *Hamlet.* Wer soll denn darin begraben werden? *Erster Totengräber.* Eine gewesene Frau, Herr; aber Ruhe ihrer Seele, sie ist tot! *Hamlet.* Wie genau der Bursch ist! (...) das Zeitalter wird so spitzfindig, daß der Bauer dem Hofmann auf die Fersen tritt« (V, 1).

Der Tod macht nicht nur alle gleich, sondern ununterscheidbar – so die subversive Spitzfindigkeit. Doch sie lebt aus ontologischer Präzision. Das scheinbare Paradox, daß im Grab weder Mann noch Frau, sondern eine *gewesene* Frau liegt, wird gelöst durch die Absolutheit des Todes, der nur für den Blick von außen Vernichtung von etwas Spezifischem ist, aber gerade als ganzer Tod keine Differenzen und keinen Verlust mehr kennt.

Zwischen Himmel und Erde von den strapaziösen Schulweisheiten der Metaphysik provoziert, ist Hamlet sogar noch einen Schritt weitergekommen. Sie werden ihn nun nicht mehr irritieren, im Gegenteil: Die triumphalen Einwände der Logiker, die ihm keineswegs fremd waren; die Widersprüche eines Nichts, das so schlechthin nichts sein sollte, daß es ein nichtsiges Nichts, aber noch als solches im Denken wie in der Sprache *war*; die Paradoxien »gewesener Frauen« und zwischen Sein oder Nichtsein schwankender Männer, die lieber noch das Nichts wollten als nicht wollten – sie alle bestärken Hamlet nur. Was soll er denn anderes denken oder wollen oder am Ende tun, solange er noch nicht Nichts ist?

Und hat er nicht auch beste Aussichten? Denn nicht einmal mehr die Frage nach Sein oder Nichts, die ihn so sehr umgetrieben hat, wird »im Nichts« noch sein. So gründlich hätte er es sich selbst in seinen kühnsten Träumen nicht gedacht, als es ihn so sehr nach dem Nichts verlangte, daß ihm nur seine Nichtsigkeit fraglich schien.

Doch gerade deswegen kann Hamlet es nun gelassen abwarten. Das unterscheidet ihn von seinen ungeduldigen Nachfolgern. Wenn seine Frage ihn manchmal zum Narren zu machen drohte, dann will er von dieser, der lebensförderlichsten Paradoxie des Nichts, wie vordem der philosophierende Ödipus doch auch seinen Krankheitsgewinn haben.

Man darf ihm also getrost die Prognose stellen, daß er sein Leben zu Ende leben wird; daß sein so oder so, früher oder später im Nichts terminierendes »Elend« tatsächlich zu höheren Jahren kommen wird. Neben allen anderen Vorzügen hätte das für Hamlet auch den nicht gering zu schätzenden Vorzug, daß er vom depressiven Melancholiker zum Neostoiker, im Rahmen seiner Möglichkeiten gar zum Neoepikureer werden könnte. Seine neugewonnene »Adiaphorie« gegenüber Sein und Nichts gäbe der stoischen »Apathie«, der epikureischen »Ataraxie« ihr unerschütterliches Fundament.

Muß man sich ihn am Ende gar wie Sisyphos als einen »glücklichen Menschen« vorstellen? Tatsächlich, wenn er einen besonders guten Tag hat, dann kann auch für ihn noch einmal die Seinsrose als »Nichts-, als Niemandsrose« auf dem grundlosen Grunde des nichtsigen Nichts erblühen. Als versierter Erotiker, der er seit je war und auch als vollendeter Nihilist geblieben ist, wird er möglicherweise wie einer seiner sehr späten Nachfahren von »Kontingenzerotik« singen und sagen. Seine ganze dialektische Raffinesse wird er anstrengen, um sich zu überzeugen, daß gerade ein völlig grundloses Sein der Singularitäten rarste ist. Wie trivial, wie gewöhnlich, wenn sie begründungsfähig, gar letztbegründungsfähig wäre. Nein, gerade das Grundlose, das durch nichts (durch Nichts?) Gerechtfertigte ist das Unwägbare, Unersetzliche, Unvergleichliche! Es ist sozusagen konkurrenzlos.

Aber selbst dann wird Hamlet beharren, daß das Nichts nicht anders als das Sein das Inkommensurable, das Konkurrenzlose ist; daß die Vorzugslosigkeit des Seins, die Nichtdiskriminierbarkeit des Nichts seine Antwort auf die Frage nach Sein oder Nichts ist. Man darf seine »Adiaphorie« nicht mit Euphorie verwechseln. Anders als die frohgemuten Seinsblumenfreunde vergißt er nicht, daß seine Seins-, Nichts- und Niemandsrose den Namen der »gewesenen Frau« Ophelia trug und daß beide genügend Motive hatten, ihr eigenes Dasein im Nichts zu enden wie alles durch sie mögliche weitere Dasein im Nichts bleiben zu lassen.

Schon gar nicht wird er sich aufreden lassen, selbst wenn alle Seinsblütenträume reiften, daß das Nichts das trostlose Land des Nichtblühens verwelkter oder vor der Zeit gebrochener Rosen wäre. Den Erkenntnisgewinn seiner Leidensgeschichte, die zu seiner Seins- und Nichtsgeschichte wurde, wird er nicht preisgeben. Hamlet bleibt vollendeter Nihilist: gleichgültig gegenüber Sein und Nichts. Denn –

Nichts ist nichts.
Nichts entgeht nichts.
»Im Nichts« vergeht nichts.
Nichts ist nichts.
Gar nichts.
nichts

NAMENREGISTER

Ludger Lütkehaus, geboren 1943, Professor für Literaturwissenschaft an der Universität Freiburg i. Br., Mitglied des deutschen P.E.N.-Zentrums. 1979 Sonderpreis der Schopenhauer-Gesellschaft. 1996 Preis für »Buch und Kultur«. 1997 Max Kade Distinguished Visiting Professor an der University of Wisconsin-Madison.

Zahlreiche Veröffentlichungen zur Literatur, Philosophie und Psychologie des 18. bis 20. Jahrhunderts:
Dieses wahre innere Afrika (Texte zur Entdeckung des Unbewußten vor Freud. Frankfurt a. M. 1989; Neuausgabe: *Tiefenphilosophie*. Hamburg 1995) – *»O Wollust, o Hölle«* (Die Onanie – Stationen einer Inquisition. Frankfurt a. M. 1992; italienische Ausgabe: Milano 1994) – *Philosophieren nach Hiroshima* (Über Günther Anders. Frankfurt a. M. 1992) – Arthur Schopenhauer, *Reisetagebücher* (Zürich 1988) – *Die Schopenhauers* (Der Familienbriefwechsel zwischen Johanna, Heinrich Floris, Adele und Arthur Schopenhauer. Zürich 1991; Taschenbuchausgabe: München 1998; italienische Ausgabe: Palermo 1996) – Arthur Schopenhauer, *Der Briefwechsel mit Goethe* und andere Dokumente zur Farbenlehre. Zürich 1992) – *Hegel in Las Vegas* (Amerikanische Glossen. Freiburg i. Br. 1992) – *Kindheitsvergiftung* (Freiburg 1996) – *Unfröhliche Wissenschaft* (Marburg 1994) – *Schöner meditieren.* Der esoterisch verhunzte Buddhismus. Marburg 1995) – *Psychoanalyse ohne Zukunft ?* (Frankfurt a. M. 1996) – *Das Buch als Wille und Vorstellung* (Der Briefwechsel zwischen Arthur Schopenhauer und F. A. Brockhaus. München 1996) – Arthur Schopenhauer, *Über die Verhunzung der deutschen Sprache* (Freiburg i. Br. 1997) – *Go West* (Ein amerikanisches Stichwörterbuch. Freiburg i. Br. 1998) – *Mein anticomputeristisches Manifest* (Marburg 1999) – *Nietzsche zum Vergnügen* (Stuttgart 1999) – *Hannah Arendt und Martin Heidegger* (Eine Liebe in Deutschland. Marburg 1999) – *Mythos Medea* (Leipzig 2001) – *Ein heiliger Immoralist* (Paul Rée. Marburg 2001) – *Schwarze Ontologie* (Über Günther Anders. Lüneburg 2002) – Günther Anders, *Glossen, Aphorismen* (München 2002) – *Schopenhauer zum Vergnügen* (Stuttgart 2002) – *Unterwegs zu einer Dingpsychologie* (Gießen 2002).
Herausgeber der Wiener Fritz-Mauthner-Ausgabe (Wien 1997 ff.)
Herausgeber der Zürcher Schopenhauer-Ausgabe, der ersten Werkausgabe nach den Fassungen letzter Hand (5 Bände und 1 Beibuch. Zürich 1988, 6. Auflage 2006).

Zur Erstausgabe von Ludger Lütkehaus' Lebenswerk:

»Eine eindrucksvolle philosophische Anstiftung zur Gelassenheit.«
Rüdiger Safranski

»Mit Misanthropie hat diese Philosophie von der puren Nichtigkeit des Nichts nichts zu tun. Dagegen spricht schon die Lust an der Polemik, am scharfsinnigen Aphorismus. Eher möchte diese Nichts-Philosophie befreien von der Angst, von der Angst um sich selbst und um die Welt.«
Wolfgang Sofsky, Neue Zürcher Zeitung

»Selten hat mir ein solcher Stoff so viel Vergnügen gemacht. Dies aus drei Gründen. Einmal wegen des Autors Belesenheit, dann wegen seiner Konsequenz, den Dingen auf den Grund zu gehen, sie mal rationalistisch heiter, mal unnachsichtig bohrend, mal mokant flapsig aufzugreifen, anzugreifen, begreiflich zu machen. Das vielleicht Schönste aber: Die beglückende Formulierungskunst des Ludger Lütkehaus, eine Diktion, so singulär wohl wie das Werk.« **Karlheinz Deschner, Die literarische Welt**

»Zählt zu den raren Glücksfällen des Lebens. Scharfsinnig, geistreich und mit funkelndem Sprachwitz rückt der Autor dem Nichts auf den Leib. Mag sein, daß der dem Nichts ruhigen Sinnes entgegensieht. Der Leser dieses Buches tut es gelegentlich mit lautem Lachen. Ein Lesegenuß ersten Ranges.«
Rolf Löchel, literaturkritik.de

»Ludger Lütkehaus macht durch die Fülle seiner Lesefrüchte den Umgang mit dem Nichts angenehmer. Er bietet etwas. Er bietet Entlastung.«
Jürgen Busche, Badische Zeitung

»Ein Entwurf mit ungeschminkt fundamentalem Anspruch. Sein Eigensinn, seine Dichte und sein leichtfüßig pointierter Stil, seine Belesenheit und sein beherzter, alltagspraktischer Zugriff machen diesen Trumm zu einem philosophischen Werk von gehöriger Subverson.« **Guido Graf, Basler Zeitung**

»Ein vergnügliches und unglaublich gut geschriebenes Buch.«
Renée Scheu, Tages-Anzeiger, Zürich

»Ein fulminantes Philosophiegeschichtswerk.« **taz**

»Die schöne, anregende Seite dieses bedeutenden Buches: sein philosophischer Eros, die nichtende Lust an der Weltanschauungsentrümpelung. Die Lektüre erzeugt oft ein – der Autor möge die Metapher verzeihen – Lichtgefühl, daß es doch Neues unter der Sonne gebe."
Ulrich Wanner, Frankfurter Allgemeine Zeitung

»Ein solches Buch müßte eigentlich noch viel länger sein.« **Die Zeit**